数字文化产业
出海和跨境合作的法律实务

コンテンツ産業の海外進出とクロスボーダー提携の法律実務

协力律师事务所　日本渥美坂井律师事务所◎编

（日本篇）

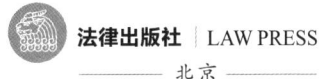

图书在版编目（CIP）数据

数字文化产业出海和跨境合作的法律实务. 日本篇：汉、日对照 / 协力律师事务所，日本渥美坂井律师事务所编. -- 北京：法律出版社，2025. -- ISBN 978 -7 -5244 -0078 -3

Ⅰ. D913.04

中国国家版本馆 CIP 数据核字第 2025NY7572 号

| 数字文化产业出海和跨境合作的法律实务（日本篇）（汉、日对照）
SHUZI WENHUA CHANYE CHUHAI HE KUAJING HEZUO DE FALÜ SHIWU（RIBEN PIAN）（HAN、RI DUIZHAO） | 协力律师事务所
日本渥美坂井律师事务所 | 编 | 策划编辑　朱海波　杨雨晴
责任编辑　朱海波　杨雨晴
装帧设计　鲍龙卉 |

出版发行　法律出版社	开本　787 毫米×1092 毫米　1/16
编辑统筹　法律应用出版分社	印张　36　　　字数　700 千
责任校对　蒋　橙	版本　2025 年 5 月第 1 版
责任印制　刘晓伟	印次　2025 年 5 月第 1 次印刷
经　　销　新华书店	印刷　北京盛通印刷股份有限公司

地址：北京市丰台区莲花池西里 7 号（100073）
网址：www.lawpress.com.cn　　　　　　　　销售电话：010 - 83938349
投稿邮箱：info@ lawpress.com.cn　　　　　　客服电话：010 - 83938350
举报盗版邮箱：jbwq@ lawpress.com.cn　　　　咨询电话：010 - 63939796
版权所有・侵权必究

书号：ISBN 978 -7 -5244 -0078 -3　　　　　　定价：180.00 元

凡购买本社图书，如有印装错误，我社负责退换。电话：010 - 83938349

编委会

主　编　游闽键　　　笠原智惠

副主编　陈凤琴　　　张玲娜

作　者　宫塚久　　　笠原智惠　　松浦雅幸　　伊藤晴国　　手塚崇史
　　　　　　菅原佐知子　陈凤琴　　　凑健太郎　　中村京子　　杉本贤太
　　　　　　星野真太郎　黄志翔　　　神崎华绘　　下林希美　　森　茜
　　　　　　赵　飞　　　游闽键　　　张玲娜　　　叶　晨　　　郑鸣捷
　　　　　　严　帅　　　林　迅　　　杨　芳　　　张立峰

主编简介

游闽键

上海市协力律师事务所律师，一级律师，上海知识产权研究所高级研究员，上海市文化创意产业协会副会长，上海市版权协会副会长，世界知识产权组织（WIPO）仲裁与调解中心调解员及仲裁员、上海国际仲裁中心仲裁员、上海经贸商事调解中心调解员。

曾获"首届东方大律师"称号、获"全国优秀律师""国家实施知识产权战略先进工作者"、获上海市劳动模范、全国劳动模范；入选"浦东开发开放30年30人"；连续多年入选ALB和钱伯斯知识产权优秀律师榜单、LEGALBAND中国顶级律师排行榜知识产权第一梯队律师、多次入选"世界知识产权智囊300强"等。

笠原 智惠

现为日本娱乐法律师联盟理事。获选Expert Guides2022的科技传媒通讯商法领域女律师、ALB亚洲杰出50强TMT律师、Managing Intellectual Property（MIP）IP Stars日本的专利法明星律师和商标法明星律师。

连续多年入选信息科技法领域和传媒娱乐法领域的 The Best Lawyers in Japan律师、The Legal 500 Asia Pacific 2024 Leading Individuals的知识产权领域和TMT领域律师、Who's Who Legal Japan的生命科学领域律师。

副主编简介

陈凤琴

日本法务省批准的外国法事务律师（中国法），兼任艾美柯技术株式会社(AIMECHATEC,Ltd.,东京交易所上市公司)外部监事，自2005年以来，一直在律师事务所从事中日之间的法务工作，曾任LINE株式会社中国法顾问，在跨境投资和交易、数据合规和隐私保护、数字文化产业的监管合规和知识产权等领域积累了丰富的经验，连续多年入选国际商业交易、公司和并购法这两个领域的The Best Lawyers in Japan律师。

张玲娜

上海市协力律师事务所高级合伙人、中国音像与数字出版协会游戏产业研究专家委员会委员、上海市律师协会数字科技与人工智能专业委员会委员、上海知识产权研究所高级研究员、上海汉服版权中心特聘顾问、上海市文化创意产业促进会知识产权专业委员会委员、协力游天下"网游俱乐部"主理人。

曾获2024年度LEGALBAND中国律师特别推荐榜15强：游戏与电竞、2024年度Benchmark Litigation商业纠纷"未来之星"、第九届浦东新区十大杰出青年律师等荣誉。曾服务过包括盛趣游戏、腾讯游戏、韩国亚拓士、三七互娱、域起游戏、贪玩游戏、叠纸游戏、塔人游戏、边锋游戏、波客城市、B站、战旗平台等数十家中内外游戏关联企业。

曾参与编写日本贸易振兴协会上海办事处委托的2010年期的《假冒品对策手册》（模做対策マニュアル〔中国編〕）、《网络游戏20年经典案例律师评注》等书籍。法学及日语双专业，通过日语能力考试一级，同时具有知识产权师、EXIN认证数据保护官DPO等资质。

作者一览表

宫塚久（撰写第三章、第五章）

日本律师

渥美坂井律师事务所・外国法共同事业

业务领域：劳动法、民事诉讼、公司法务、税法

笠原智惠（撰写第一章、第四章、第八章）

日本律师

渥美坂井律师事务所・外国法共同事业

业务领域：知识产权、IT/TMT、娱乐法、生命科学、食品和农林水产法务

松浦雅幸（撰写第三章、第六章）

日本及美国纽约州律师

渥美坂井律师事务所・外国法共同事业

业务领域：并购、IT/TMT、国际贸易对日投资、竞争法

伊藤晴国（撰写第四章）

日本及美国纽约州律师

渥美坂井律师事务所・外国法共同事业

业务领域：知识产权、IT/TMT、体育和娱乐法、生命科学

手塚崇史（撰写第二章、第三章、第七章）

日本及美国纽约州律师

渥美坂井律师事务所・外国法共同事业

业务领域：税法、国际贸易、知识产权交易

菅原佐知子（撰写第三章及翻译校对）

日本律师

渥美坂井律师事务所・外国法共同事业

业务领域：公司法务、对日投资、环境和地球温暖化对策

陈凤琴（撰写第一章及翻译校对）
日本外国法事务律师（中国法）
中国律师
渥美坂井律师事务所·外国法共同事业
业务领域：跨境投资和交易、个人隐私和数据安全、劳动法、娱乐法

凑健太郎（撰写第五章）
日本及英国律师
渥美坂井律师事务所·外国法共同事业
业务领域：国际仲裁、国内民事诉讼、国家贸易、竞争法、亚洲法务

中村京子（撰写第六章）
日本律师
渥美坂井律师事务所·外国法共同事业
业务领域：知识产权、个人隐私和数据安全、食品和农林水产法务

杉本贤太（撰写第六章）
日本律师
A&S福冈律师事务所律师法人
业务领域：个人隐私和数据安全、IT/TMT、知识产权

星野真太郎（撰写第四章）
日本律师
渥美坂井律师事务所·外国法共同事业
业务领域：个人隐私和数据安全、IT/TMT、知识产权、体育与娱乐

黄志翔（校对）
中国台湾律师★★★
渥美坂井律师事务所·外国法共同事业
业务领域：对日投资、知识产权、生命科学

神崎华绘（撰写第三章）
日本律师
渥美坂井律师事务所·外国法共同事业
业务领域：劳动法、民事诉讼、IT/TMT

下林希美（撰写第三章）
日本律师
渥美坂井律师事务所·外国法共同事业
业务领域：劳动法、民事诉讼、婚姻家庭法

森茜（撰写第六章）
日本律师
渥美坂井律师事务所·外国法共同事业
业务领域：知识产权、体育与娱乐、食品和农林水产法务

赵飞（翻译和校对）
取得中国法律职业资格★★★
渥美坂井律师事务所·外国法共同事业
业务领域：对日投资、知识产权、体育与娱乐

★★★没有注册为日本的外国法事务律师

张玲娜（撰写第一章、第二章及翻译校对）
中国律师
上海市协力律师事务所
业务领域：知识产权、公司法律、网络游戏保护与维权

叶晨（撰写第二章）
中国律师
上海市协力律师事务所
业务领域：知识产权、海外投资贸易、劳动人事

张立峰（撰写第一章、第二章、第八章及翻译）
中国律师
上海市协力律师事务所
业务领域：知识产权、数据合规

林迅（撰写第三章）
中国律师
上海市协力律师事务所
业务领域：知识产权、商标代理注册、民商事诉讼

严帅（撰写第三章）
中国商标代理人
上海金盛协力知识产权代理有限公司
业务领域：商标代理注册、版权代理登记

郑鸣捷（撰写第三章）
中国律师/专利代理师
上海市协力律师事务所
业务领域：通信、计算机、机械、自动化、医疗器械、化工、医药、材料等领域专利争议解决

杨芳（撰写第三章）
中国律师/专利代理师
上海市协力律师事务所
业务领域：专利诉讼、公司治理及诉讼业务

序文 | 序言

序言 /Preface

在全球化浪潮席卷的今天，数字文化的跨界交流与融合正以前所未有的速度推进，中国数字文化产品的出海更是成为了世界内容产业中一道亮丽风景。然而，随着数字文化产品跨越国界，进入国际市场，尤其是像日本这样拥有独特文化和法律体系的国家时，如何确保产品合规、文化适应并成功落地，便成为一个亟待解决的难题。

本书《数字文化产业出海和跨境合作法律实务》，正是基于这一背景应运而生。它不仅汇聚了众多数字文化企业在日本市场摸爬滚打积累的宝贵实务经验，更从宏观视角出发，对中国数字文化产品出海的整体规划进行了深入探讨。我们希望通过这本书，为那些勇敢踏入异国他乡、寻求文化共鸣与市场机遇的中国数字文化企业，提供一份详实、实用的法律实务指南。

开篇之际，让我们想象这样一幅画面：当中国的动漫、游戏、音乐等数字文化瑰宝，以流畅的日语界面、遵循日本法律框架的姿态，优雅地登陆东瀛岛国，这不仅能赢得市场的热烈反响，更能促进中日两国文化的深度交流与相互理解。这正是本书所追求的愿景——让中国数字文化产品在国际舞台上绽放光彩，同时确保每一步都坚实地踏在法律的安全线内。

本书的核心，在于将复杂的法律实务操作化繁为简，为有意进军日本市场的中国数字文化企业或个人提供一套全面而实用的指南。在宏观层面，我们深入剖析了中日文化贸易的法律环境、版权保护制度、以及跨国合作中的法律风险管理，为读者勾勒出清晰的战略规划蓝图；在微观上，则通过大量一手案例，如典型案例分析、法律纠纷应对、合同制定与审查等，将理论知识转化为可操作的实战技巧，确保每一步都精准无误。

为满足这一需求，本书由上海市协力律师事务所（中国）与渥美坂井律师事务所·外国法共同事业（日本）共同编撰，旨在为中国数字文化企业及从业人员提供关于数字文化产业的出海背景、合规挑战以及日本法律制度和市场环境的实用解读。两家律所基于长期合作关系，通过本书为中国企业在日本市场的顺利拓展提供切实支持。

序文/Preface

　グローバル化が進む現代、コンテンツの国境を越えた交流と融合は、かつてない速度で進行しています。特に、中国のコンテンツは、世界のコンテンツ市場において重要な存在となり、その海外進出が注目されています。しかし、中国発のコンテンツが国境を越え、とりわけ日本のように独自の文化や法制度を持つ市場に参入する際には、適法性の確保、文化的適応、そして市場への円滑な展開という課題が浮き彫りになります。

　本書『コンテンツ産業の海外進出とクロスボーダー提携の法律実務』は、こうした背景の下、誕生しました。本書は、日本市場における実践を通じて得られた貴重な経験を体系化するとともに、中国コンテンツ製品の海外進出における総合的な見地を探求しています。本書を通じて、異国の地で文化の共鳴と市場の可能性を追求する中国のコンテンツ企業に対し、実践的かつ具体的な法律ガイドを提供することを目指しています。

　まず、次のような情景を思い描いてみてください。中国のアニメやゲーム、音楽といったコンテンツの宝物が、流暢な日本語インターフェースと日本の法律フレームワークに沿った形で日本市場に登場します。その結果、市場から熱烈な支持を得るだけでなく、日中両国間の文化交流と相互理解の深化をも促進する——これこそ、本書が目指すビジョンです。中国のコンテンツが国際舞台で輝きを放つ一方、法的に安全で確実な道筋を歩むことが重要です。

　本書の核心は、複雑な法律実務を簡潔かつ実践的に解きほぐし、日本市場への進出を目指す中国のコンテンツ企業や個人に対し、包括的で役立つガイドを提供することにあります。マクロ的には、日中間の文化貿易を取り巻く法律環境、著作権保護制度、クロスボーダー提携における法的リスクの管理を詳述し、読者に明確な戦略的ビジョンを提示します。一方でミクロ的には、実際の事例や法的紛争への対応、契約書の作成と審査など、理論を具体的な実務スキルに変えるための手法を多

在本书中，上海市协力律师事务所团队基于多年服务中国数字文化产业"出海"的丰富经验，详细分析了中国数字文化产业的发展现状，并深入解读了中国相关的鼓励政策及法律监管框架。重点阐述了出海过程中面临的数据合规要求和各类跨境合作合同内容，以帮助读者更全面地理解中国企业在国际化过程中的机会与挑战。

与此同时，渥美坂井律师事务所·外国法共同事业团队对日本的法律制度及市场环境作了详细介绍，重点解读了著作权法、商标法、不正当竞争防止法及个人信息保护法等与数字文化产业密切相关的主要法律。结合游戏监管、影视作品制作、音乐发行、在线出版、短视频发行等代表性数字文化产业，说明了这些法律在不同场景中的适用。此外，书中还涵盖了外国企业投资日本市场的程序及投资时的注意事项，涉及外商投资监管、公司法、并购与合资、民法与消费者保护、劳动法、争议解决机制以及税收制度等关键领域。

日本在内容产业方面拥有深厚的文化积淀和丰富的产业经验。其动漫、电影、音乐等文化内容在全球享有极高声誉，影响力广泛。我们殷切期待中日两国在内容文化领域的合作能够持续深化，为全球市场创造更多新的价值。

作为本书的编纂者，我们深知，数字文化出海不仅仅是商业行为，更是文化传播与交流的深刻体现。因此，我们不仅分享了法律实务的"硬实力"，更融入了对于中日文化差异、市场特性的深刻理解，以及如何在尊重与理解的基础上，构建共赢合作模式的"软实力"。

我们期待，通过这本书，产生更多推动中国数字文化走向世界的使者。无论你是数字文化产业的从业者，还是对中日文化交流充满热情的学者、学生，或是政策制定者，都能从中找到宝贵的启示与实用的工具。让我们携手，以法律为帆，文化为舵，共同驶向那片广阔无垠的数字蓝海。

是为序。

2024 年 11 月

上海市协力律师事务所

渥美坂井律师事务所·外国法共同事业

全体作者

序言 /Preface

角的に紹介しています。

　この目的を達成するために、本書は上海市協力法律事務所（中国）と渥美坂井法律事務所・外国法共同事業（日本）の共同執筆により編纂されました。両事務所は長年の協力関係に基づき、中国企業が日本市場において事業を円滑に展開するための実質的な支援を提供することを目指しています。

　本書の中で、上海市協力法律事務所は中国コンテンツ産業の「海外進出」に関する豊富な経験を基に、中国コンテンツ産業の現状を詳細に分析するとともに、海外進出で直面するデータ適法性や各種のクロスボーダー提携契約内容について詳述しています。一方、渥美坂井法律事務所・外国法共同事業は、日本における法制度や市場環境について解説し、著作権法、商標法、不正競争防止法、個人情報保護法などコンテンツ産業に関連する主要な法律を分かりやすく説明しています。また、ゲーム規制や映像制作、音楽配信、オンライン出版、ショート動画配信などの具体的な場面における法適用も具体例を挙げて解説しています。

　日本は、コンテンツ産業において深い文化的基盤と豊富な産業経験を有し、アニメ、映画、音楽などのコンテンツは世界的に高い評価を受けています。日中両国がこの分野における協力をさらに深め、グローバル市場に新たな価値を創出することを期待しています。

　本書を編纂するにあたり、私たちは、コンテンツ産業の海外進出が単なる商業活動に留まらず、文化交流の象徴であることを深く認識しています。そのため、本書では法律実務の「ハードスキル」のみならず、日中両国の文化的差異や市場特性への深い理解、そして相互尊重と共感に基づく共創の「ソフトスキル」にも重きを置いています。

　本書を通じて、中国コンテンツの世界進出を支える架け橋となっていただける方が増えることを願っています。デジタル産業の関係者、日中文化交流に情熱を注ぐ学者や学生、政策立案者など、あらゆる方々にとって、本書が貴重な洞察と実用的なツールを提供することを願っています。法律を帆に、文化を舵として、広大なコンテンツの海原へと共に漕ぎ出しましょう。

2024 年 11 月
上海市協力律師事務所
渥美坂井法律事務所・外国法共同事業
執筆者一同

目次 | 目录

目录 /Contents

第 1 章 引言 2
一、数字文化产业出海的发展背景 2
 （一）文化强国战略背景 4
 （二）国家文化数字化战略的实施 8
 （三）全球开放资源及技术发展 10
 （四）数字文化企业全球化发展需求 12
 （五）小结 14
二、我国数字文化产业出海概况 16
三、日本内容产业的概要、文化和审美意识及消费行为的特点 24
 （一）日本内容产业概要 24
 （二）日本与内容产业相关的政府机构及产业促进政策 26
 （三）日本内容的文化和美学意识及消费行为特点 30
四、数字文化全球化的数据合规新挑战 40
 （一）背景 42
 （二）中国数字文化企业出海合规建议 48
 （三）启示 64
五、数字文化跨境合同的种类及主要注意事项 64
 （一）主要合同种类 66
 （二）主要注意事项 74

目次 /Contents

第 1 章　はじめに ……………………………………………………………… 3
一．コンテンツ産業の海外進出の発展背景 ………………………………… 3
　（一）文化強国戦略の背景 …………………………………………………… 5
　（二）国家コンテンツ産業デジタル化戦略の実施 ………………………… 9
　（三）グローバルなオープンリソースと技術の進展 ………………………11
　（四）コンテンツ企業のグローバル化発展の需要 …………………………13
　（五）まとめ ……………………………………………………………………15
二．中国コンテンツ産業の海外進出概況 ……………………………………17
三．日本のコンテンツ産業の概要、文化・美意識・消費行動の特徴 …… 25
　（一）日本のコンテンツ産業の概要 …………………………………………25
　（二）日本のコンテンツに関連する政府機関と産業促進政策 ……………27
　（三）日本のコンテンツにおける文化・美意識・消費行動の特徴 ………31
四．コンテンツ産業のグローバル化におけるデータコンプライアンスの新たな課題 …………………………………………………………………………41
　（一）背景 ………………………………………………………………………43
　（二）中国のコンテンツ企業の海外進出に関するコンプライアンスの提案 ………………………………………………………………………………49
　（三）示唆 ………………………………………………………………………65
五．コンテンツ関連のクロスボーダー契約の種類と留意事項 ……………65
　（一）主な契約の種類 …………………………………………………………67
　（二）主要注意事項 ……………………………………………………………75

第2章　内容产业的法律框架 ········· 82
一、中国数字文化产业"走出去"扶持政策介绍 ········· 82
（一）国家层面 ········· 82
（二）地方层面 ········· 90
二、中国境外投资法规介绍 ········· 102
（一）前言 ········· 102
（二）宏观指导及法律法规体系 ········· 102
（三）备案核准及报告程序 ········· 110
（四）境外经营合规要求 ········· 116
三、中国的数据出境相关法律法规介绍 ········· 122
（一）法律 ········· 122
（二）行政法规 ········· 124
（三）部门规章 ········· 126
（四）国家标准 ········· 130
四、日本对外商投资的监管（外汇及外国贸易法）及投资优惠政策 ········· 132
（一）日本对外商直接投资监管 ········· 132
（二）日本的投资优惠政策 ········· 138

第3章　数字文化产业出海日本的法律实务 ········· 146
一、对日投资的形态 ········· 146
（一）对日投资形态及比较 ········· 146
（二）股份公司与合同公司的比较 ········· 148
（三）日本分公司和日本子公司设立的手续 ········· 152
（四）登记后的各种申报等 ········· 158
（五）据点的运营 ········· 160
（六）解散和清算 ········· 162
（七）投资日本形式和课税概要 ········· 166
二、并购和合资经营 ········· 170
（一）并购 ········· 170
（二）合资经营 ········· 178

第2章 コンテンツ産業の法的枠組み ……… 83
一．中国のコンテンツ産業の海外進出に関する奨励政策 ……… 83
（一）国家レベル ……… 83
（二）地方 ……… 91
二．中国の対外投資に関する法規制 ……… 103
（一）前書き ……… 103
（二）マクロガイダンスおよび法規制体系 ……… 103
（三）届出・許認可および報告手続き ……… 111
（四）海外事業のコンプライアンス要件 ……… 117
三．中国のデータ越境移転に関する法規制の紹介 ……… 123
（一）法律 ……… 123
（二）行政法規 ……… 125
（三）部門規章 ……… 127
（四）国家標準 ……… 131
四．日本の対内投資規制（外国為替及び外国貿易法）および投資優遇政策 ……… 133
（一）日本の対内直接投資規制 ……… 133
（二）日本の投資優遇政策 ……… 139

第3章 コンテンツ産業の日本進出に関する法律実務 ……… 147
一．進出の形態 ……… 147
（一）進出形態および比較 ……… 147
（二）株式会社と合同会社の比較 ……… 149
（三）日本支店の設置および日本子会社設立の手続 ……… 153
（四）登記後の各種届出等 ……… 159
（五）拠点の運営 ……… 161
（六）解散・清算 ……… 163
（七）進出形態と課税の概要 ……… 167
二．M&Aと合弁事業 ……… 171
（一）M&A ……… 171
（二）合弁事業 ……… 179

三、劳动管理 ··· 182
　（一）劳动者类型 ····································· 182
　（二）劳动合同的成立 ······························· 186
　（三）就业规则 ······································· 192
　（四）工资 ··· 196
　（五）劳动时间、休息、休息日 ···················· 202
　（六）休假 ··· 204
　（七）职场安全与环境 ······························· 208
　（八）辞职、解雇、劳动合同终止及离职后的义务 ···· 212
　（九）社会保险与中日社会保障协定 ·············· 222
　（十）工会 ··· 226
四、签证和在留资格 ···································· 230
　（一）签证和在留资格 ······························· 230
　（二）就业资格的种类 ······························· 230
　（三）在留卡及在留管理制度 ······················ 232
　（四）高度人才外国人优待制度 ···················· 232

第4章　知识产权 ······································· 234
一、在中国国内进行境外知识产权布局路径及方案 ···· 234
　（一）数字文化产业海外专利布局 ················· 234
　（二）数字文化产业海外商标布局 ················· 248
　（三）数字文化产业海外著作权保护 ·············· 258
二、在日本的知识产权战略的制定与实施 ··········· 260
　（一）日本知识产权 ································· 260
　（二）知识产权合作与使用授权许可 ·············· 280

第5章　争议解决 ······································· 308
一、争议解决制度概览 ································· 308
二、诉讼外争议解决方式（ADR） ·················· 310
　（一）日本ADR ······································· 310
　（二）ADR的优点 ···································· 310
　（三）ADR种类 ······································· 312

三．労働管理
- （一）労働者の類型 …183
- （二）労働契約の成立 …187
- （三）就業規則 …193
- （四）賃金 …197
- （五）労働時間、休憩、休日 …203
- （六）休暇 …205
- （七）職場の安全と環境 …209
- （八）退職・解雇・雇止め、退職後の義務 …213
- （九）社会保険と日中社会保障協定 …223
- （十）労働組合 …227

四．ビザ・在留資格
- （一）ビザ（査証）と在留資格 …231
- （二）就労資格の種類 …231
- （三）在留カードおよび在留管理制度 …233
- （四）高度人材外国人に対する優遇制度 …233

第4章　知的財産権 …235
一．中国における海外知的財産権の戦略の策定と実行 …235
- （一）コンテンツ産業の海外特許登録 …235
- （二）コンテンツ産業の海外商標の登録 …249
- （三）海外著作権保護 …259

二．日本における知財戦略の策定と実行 …261
- （一）日本の知的財産権 …261
- （二）知的財産権に関する提携とライセンス …281

第5章　紛争解決 …309
一．紛争解決制度の概観 …309
二．裁判外紛争解決手続（ADR） …311
- （一）日本におけるADR …311
- （二）ADRのメリット …311
- （三）各種のADR …313

三、民事诉讼制度 ······ 320
　（一）民事诉讼程序 ······ 320
　（二）诉讼和解 ······ 322
　（三）第一审的终结 ······ 324
　（四）异议申诉 ······ 324
　（五）知识产权纠纷 ······ 326
四、民事保全制度 ······ 326
五、民事执行制度 ······ 328
六、国际纠纷解决：管辖、冲突法的规则、外国判决和外国仲裁裁决的执行 ······ 330
　（一）国际司法管辖权 ······ 330
　（二）冲突法的规则 ······ 332
　（三）外国当事人的诉讼参与 ······ 334
　（四）外国判决的执行 ······ 336
　（五）执行外国仲裁裁决等 ······ 336

第6章　数字文化产业的日本法监管注意点 ······ 340
一、日本的游戏监管注意点 ······ 340
　（一）日本游戏监管概述 ······ 340
　（二）资金结算法 ······ 340
　（三）赠品表示法 ······ 348
　（四）特定商业交易法 ······ 362
　（五）电信业务法 ······ 368
　（六）游戏真实货币交易（RMT） ······ 372
　（七）非同质化代币（NFT） ······ 372
　（八）刑法赌博罪 ······ 380
　（九）元宇宙相关各种问题 ······ 384
　（十）用户协议制定时的注意事项等 ······ 400
　（十一）AI生成的内容著作权 ······ 406
二、动画、电影、电视剧制作相关合同的审核要点 ······ 408
　（一）制作委员会方式——日本独特的共同经营体 ······ 408
　（二）制作委员会合同和法律上的注意事项 ······ 412
　（三）制作委员会和《金融商品交易法》上的注意点 ······ 430

三．民事訴訟制度 …321
- （一）民事訴訟の手続 …321
- （二）訴訟上の和解 …323
- （三）第一審の終結 …325
- （四）不服申立て …325
- （五）知的財産権紛争 …327

四．民事保全制度 …327

五．民事執行制度 …329

六．国際的紛争解決：管轄、抵触法のルール、外国判決・仲裁判断の執行 …331
- （一）国際裁判管轄 …331
- （二）抵触法のルール …333
- （三）外国に所在する当事者の裁判手続への参加 …335
- （四）外国判決の執行 …337
- （五）外国仲裁判断等の執行 …337

第6章 コンテンツ産業における日本の法規制のチェックポイント …341

一．日本におけるゲーム規制に関する留意点 …341
- （一）日本のゲーム規制 …341
- （二）資金決済法 …341
- （三）景品表示法 …349
- （四）特定商取引法 …363
- （五）電気通信事業法 …369
- （六）RMT …373
- （七）NFT …373
- （八）刑法賭博罪 …381
- （九）メタバースに関する諸問題 …385
- （十）利用規約策定にあたっての留意事項等 …401
- （十一）AI によって生成されたコンテンツの著作権 …407

二．アニメ、映画、ドラマ制作関連契約のチェックポイント …409
- （一）製作委員会方式——日本独自の共同事業体 …409
- （二）製作委員会契約と法律上の留意点 …413
- （三）製作委員会と金融商品取引法上の留意点 …431

三、音乐发行、在线出版、短视频发布相关的注意点 ········· 432
 （一）音乐发行 ········· 432
 （二）在线出版 ········· 438
 （三）短视频发布 ········· 442
四、个人信息保护法 ········· 448
 （一）个人信息保护法概要 ········· 448
 （二）个人信息、个人数据等用语的定义 ········· 450
 （三）个人信息处理的规定 ········· 458
 （四）隐私政策的记载和注意事项 ········· 468

第7章 跨境交易和征税 ········· 476

一、课税制度概况 ········· 476
二、法人所得税概要 ········· 478
 （一）日本法人的设立和日本分公司的设置及税务申报 ········· 478
 （二）法人所得税的征收和税率 ········· 478
 （三）对法人所得各项税款 ········· 482
三、个人所得征税概要 ········· 498
 （一）居民的概念及课税范围 ········· 498
 （二）所得税的课税和税率 ········· 500
 （三）个人居民税 ········· 506
四、组织重组税制 ········· 508
五、对外国法人、非居民的所得课税 ········· 510
六、国际课税制度 ········· 512
 （一）转移定价税制 ········· 512
 （二）过小资本税制 ········· 514
 （三）过大支付利息税制 ········· 514
七、税收协定 ········· 516
 （一）中日税收协定 ········· 518
 （二）日本新加坡税收协定 ········· 520
 （三）日本香港税收协定 ········· 522
八、消费税 ········· 524
 （一）消费税概要 ········· 524

三．音楽配信、オンライン出版、ショート動画配信関連のチェックポイント……433
 （一）音楽配信関連……433
 （二）オンライン出版関連……439
 （三）ショート動画配信関連……443
四．個人情報保護法……449
 （一）個人情報保護法の概要……449
 （二）個人情報、個人データ等の用語の定義……451
 （三）個人情報の取扱いに関する規制……459
 （四）プライバシーポリシーの記載事項と留意点……469

第7章 クロスボーダー取引と課税……477
一．課税制度の概観……477
二．法人所得課税の概要……479
 （一）日本法人の設立または日本支店の設置と税務届出……479
 （二）法人所得課税と税率……479
 （三）法人所得への各種税金……483
三．個人所得課税の概要……499
 （一）居住者の概念と課税の範囲……499
 （二）所得税の課税と税率……501
 （三）個人住民税……507
四．組織再編税制……509
五．外国法人・非居住者に対する所得課税……511
六．国際課税に関する制度……513
 （一）移転価格税制……513
 （二）過小資本税制……515
 （三）過大支払利子税制……515
七．租税条約……517
 （一）日中租税条約……519
 （二）日本シンガポール租税条約……521
 （三）日本香港租税条約……523
八．消費税……525
 （一）消費税の概要……525

（二）课税交易的判断标准和近期修改 ·················· 528
　九、印花税 ································· 530
　十、资本金额和课税 ························· 532

第8章　机遇与课题 ························· 534
　一、全球化思考和本地化运营 ··················· 534
　　（一）日本的热门内容 ························ 534
　　（二）从热门内容来看广泛流通和对当地企业的授权许可 ········· 536
　　（三）知识产权保护 ························ 538
　　（四）知识产权的利用 ······················ 538
　　（五）本地化 ···························· 540
　　（六）总结 ···························· 542
　二、中日关于AI生成物著作权相关问题的异同探讨 ············ 542
　　（一）AI生成物的作品性 ······················ 544
　　（二）AI生成物的作者要件 ····················· 548
　　（三）AI训练合理使用问题 ····················· 550

（二）課税される取引の判断基準と近時の改正 …………………………529
　九．印紙税 …………………………………………………………………531
　十．資本金額と課税 ………………………………………………………533

第8章　チャンスと課題 …………………………………………………535
　一．グローバルに考え、ローカルに活動する方法 ……………………535
　　（一）日本の人気コンテンツ …………………………………………535
　　（二）人気コンテンツに見る広範な流通と現地企業への許諾 ………537
　　（三）知的財産権の保護 ………………………………………………539
　　（四）知的財産権の利用 ………………………………………………539
　　（五）ローカライゼーション …………………………………………541
　　（六）まとめ ……………………………………………………………543
　二．日本と中国におけるAI生成物著作権に関する考えの相違についての
　　　考察 ……………………………………………………………………543
　　（一）AI生成物の作品性 ………………………………………………545
　　（二）AI生成物の著作者要件 …………………………………………549
　　（三）AIの訓練における合理的使用の問題 …………………………551

数字文化产业出海和跨境合作的法律实务（日本篇）

（汉、日对照）

第1章
引 言

一、数字文化产业出海的发展背景

在全球化的浪潮中,数字文化产业作为文化创新和国际交流的重要力量,正日益成为展示国家软实力和文化自信的窗口。中国,作为一个拥有五千年文明史的国家,正站在数字时代的前沿,推动着一场前所未有的文化出海运动。

数字文化产业以文化创意内容为核心,依托数字技术进行创作、生产、传播和服务,呈现技术更迭快、生产数字化、传播网络化、消费个性化等特点,有利于培育新供给、促进新消费。当前,数字文化产业已成为文化产业发展的重点领域和数字经济的重要组成部分。[1] 随着国家文化数字化战略的深入实施,中国数字文化产业迎来了历史性的机遇。国家政策的大力支持,为文化产业的数字化转型提供了方向和动力。技术的进步,尤其是5G、云计算、大数据和人工智能等,为文化产品的创新和传播提供了强大的工具。这些技术的融合,不仅极大地提高了文化产品的生产效率,而且丰富了文化体验的形式,使文化内容更加生动、互动和沉浸。市场需求的广阔和经济效益的显著,为中国数字文化产品走向世界提供了坚实的基础。从游戏《王者荣耀》海外版的全球成功,到《原神》在国际市场的卓越表现,再到网络文学的全球热潮,中国数字文化产品正以其独特的魅力和创新的形式,赢得全球消费者的青睐。这些成功案例不仅展现了中国数字文化产业的竞争力,也为其他文化产品出海提供了宝贵的经验和启示。

---

[1] 参见《文化部关于推动数字文化产业创新发展的指导意见》。

第1章

はじめに

一．コンテンツ産業の海外進出の発展背景

　　グローバル化の波の中で、中国におけるコンテンツ産業は、文化革新と国際交流の重要な力として、国家のソフトパワーと文化的自信を示すものとなっている。五千年の文明史を持つ中国は、デジタル時代の最前線に立っており、これまでになくコンテンツ産業の海外進出を推進している。

　　コンテンツ産業は、文化的創造性を基盤とし、デジタル技術を活用して創作、生産、伝播、サービスを提供する分野である。技術の変化が早く、生産はデジタル化・ネットワーク化が進み、消費は個別化の傾向が強まっている。これにより、新たな供給を育成し、新たな消費を促進することが期待されている。現在、デジタル文化産業は文化産業の発展における重要な分野であり、デジタル経済の主要な構成要素となっている[1]。国家の文化デジタル化戦略が力強く実施される中で、中国のコンテンツ産業は、歴史的な機会を迎えている。国家政策による強力な支援によって、コンテンツ産業のデジタル転換に方向性と推進力を与えている。技術の進歩、特に5G、クラウドコンピューティング、ビッグデータ、人工知能などは、文化製品の革新と普及にとって、強力なツールとなっている。これらの技術の融合は、文化製品の生産効率を大幅に向上させ、文化体験の形式を豊かにし、文化コンテンツを、より生き生きとした、インタラクティブで没入感のあるものにしているのである。中国のコンテンツ製品が世界に進出するための確固たる基盤として、広大な市場の需要と顕著な経済効果が挙げられる。ゲーム「王者・耀」の海外版のグローバルな成

---

　　[1]　中国文化部が発表した「数字文化産業のイノベーション発展を推進するための指導意見」。

全球化趋势为中国数字文化企业提供了更广阔的舞台。通过国际合作和文化交流，中国数字文化企业能够更顺利地进入国际市场，与全球消费者进行深入的互动和交流。同时，全球化也带来了新的挑战，如地缘政治风险和复杂的国际市场环境。面对这些挑战，中国数字文化企业需要加强顶层设计，推进跨文化管理，不断创新业态和生产方式，以实现可持续发展。

（一）文化强国战略背景

文化强国战略是推动数字文化产业出海的核心动力。在全球化的今天，文化不仅是一个国家的灵魂，更是其国际影响力的重要体现。中国，这个历史悠久的文明古国，正通过文化强国战略，加速推动本土文化走向世界，提升国家软实力。在这一战略的引领下，数字文化贸易成为中华文化扩大国际影响力的重要突破口。我国数字文化产业锚定文化强国目标，通过不断地创新和优化，已发展成为全球数字文化领域的新力量。数字内容平台成为文化出海的主渠道，数字文化企业积极利用全球开放资源，探索文化与科技的相互融合，提升中华文化的国际传播效能。

数字化转型的加速是这一战略实施的关键。后疫情时代，文化消费的数字化转型加速，推动了文化产业的数字化发展。2021年，数字和网络文化特征明显的行业小类营业收入占文化企业营业收入的比重显著增加，中国游戏产品海外市场收入超过180亿美元，同比增长16.59%，海外市场规模及用户增幅已反超国内，[1]中国音像与数字出版协会游戏工委发布的《2023年中国游戏产业报告》显示，2023年我国自研产品海外实销收入163.66亿美元（约合人民币1180亿元），规模连续4年超千亿元人民币。[2]该数据显示出数字内容的核心地位和主导作用，这一转型不仅提升了文化产业的整体

---

[1] 参见《中企加码海外市场：看重"云"支撑 开辟新赛道》，载人民日报数字传播：https://baijiahao.baidu.com/s?id=1732343787184131077&wfr=spider&for=pc，最后访问日期：2024年10月25日。

[2] 参见《〈庆余年2〉火到海外：中国文化出海，成功打开了一个缺口》，载腾讯网：https://new.qq.com/rain/a/20240520A04AL700，最后访问日期：2024年10月25日。

功や、「原神」の国際市場での卓越した成果、さらにはネット文学のグローバルな熱狂に至るまで、中国のコンテンツ製品は、その独自の魅力と革新的な形式で、世界中の消費者からの支持を得ている。これらの成功事例は、中国のコンテンツ産業の競争力を示すだけでなく、他のコンテンツ製品の海外展開に対しても、貴重な経験と示唆を与えている。

グローバル化の傾向は、中国のコンテンツ企業に、より広い舞台を提供している。国際協力と文化交流を通じて、中国のコンテンツ企業は、国際市場にスムーズに進出し、世界中の消費者と深い対話と交流を行うことができる。一方で、グローバル化は、地政学的リスクや複雑な国際市場環境といった新たな課題ももたらす。これらの課題に直面する中で、中国のコンテンツ企業は、トップレベルの設計を強化し、クロスカルチャーマネジメントを推進し、業態と生産方式の革新を続けることで、持続可能な発展を実現する必要がある。

(一) 文化強国戦略の背景

文化強国戦略は、コンテンツ産業の海外展開を推進する核心的な原動力である。グローバル化が進む今日、文化は単なる国の魂にとどまらず、その国際的な影響力の重要な表れでもある。歴史ある文明国である中国は、文化強国戦略を通じて、本土文化を世界に広げ、国家のソフトパワーを強化している。この戦略のもと、コンテンツ貿易は中国文化の国際的な影響力を拡大するための重要な突破口となっている。中国のコンテンツ産業は、文化強国の目標に向けて、継続的な革新と最適化を進め、グローバルなコンテンツ分野における新たな力として成長している。デジタルコンテンツプラットフォームは、文化の海外展開の主要なチャネルとなり、コンテンツ企業は、グローバルなオープンリソースを積極的に活用し、文化とテクノロジーの相互融合を探求して、中華文化の国際的な伝播効果を高めている。

DX化の加速は、この戦略の実施における重要な要素である。ポストパンデミック時代において、文化消費のデジタル化転換が加速し、文化産業のデジタル化が進展している。2021年には、デジタルおよびネットワーク文化の特徴が顕著な業種の営業収益が文化企業全体の営業収益に占める比率が大幅に増加した。中国のゲーム製品の海外市場収益は180億ドルを超え、前年同期比で16.59%の成長を遂げ、海外市場の規模とユーザーの増加率は国内市場を上回った[1]。中国音像とデジタル出版協

---

[1] Baiduウェブサイト (https://baijiahao.baidu.com/s?id=1732343787184131077&wfr=spider&for=pc)（最終閲覧日：2024年10月25日）。

竞争力，也为数字文化产业的出海奠定了坚实的基础。

到目前为止，中国数字文化企业出海已经有非常多令人瞩目的出海成功案例。譬如游戏方面，《王者荣耀》海外版《Arena of Valor》在全球173个国家和地区发行，拥有16种语言版本，并在全球拥有超过2亿注册玩家，AOV通过文化融合和本地化策略，如与不同地区文化元素的联动和英雄皮肤的推出，成功吸引了当地玩家的兴趣和参与，如与《一拳超人》《死神》等知名IP的合作，以及推出具有中国元素的"龙之国"新版本，都有助于提升游戏的吸引力和文化共鸣。[1] 米哈游开发的《原神》自2020年9月发布以来，在全球范围内取得了巨大成功，2023年12月，该游戏在美国、日本、韩国、德国等竞争激烈的市场中，策略类游戏畅销榜前10名常年有半数以上来自中国游戏公司，其中《原神》以1.4亿美元收入稳坐美国游戏市场收入榜首。[2] 网络小说也是出海大军之一，2023年，中国网络文学"出海"市场规模超40亿元，海外原创作品约62万部，海外访问用户约2.3亿。前不久，"阅文全球华语IP盛典"在新加坡录制时一票难求，成为当地备受关注的"文化事件"。网文国际平台"起点"上，点击量超千万的中国网络文学作品超过百部，《赘婿》《地球纪元》《大国重工》等16部中国网文还被大英图书馆收录。[3]

---

[1] 参见《全球多地榜首！Arena of Valor 传说对决刷新海外 MOBA 品类游戏榜单》，载搜狐网：https://www.sohu.com/a/518680466_121198369，最后访问日期：2024年10月25日。

[2] 参见《〈庆余年2〉火到海外：中国文化出海，成功打开了一个缺口》，载腾讯网：https://new.qq.com/rain/a/20240520A04AL700，最后访问日期：2024年10月25日。

[3] 参见《"国潮"出海，看数字+如何赋能"世界潮"》，载国际创意与可持续发展中心：https://city.cri.cn/20240407/864f8a76-7f50-ebff-742f-f043589a60e5.html，最后访问日期：2024年10月25日。

会ゲーム委員会が発表した「2023年中国ゲーム産業報告」によると、2023年には、中国の自社開発製品の海外実売収益が163.66億ドル（約1180億元）に達し、その規模は4年連続で千億元を超えている[1]。これらのデータは、デジタルコンテンツの中心的な地位と主導的な役割を示しており、この転換は文化産業全体の競争力を向上させるだけでなく、コンテンツ産業の海外展開に対する堅実な基盤を築いている。

現在までに、中国のコンテンツ企業の海外展開には多くの注目すべき成功事例がある。例えば、ゲーム分野では、ゲーム「王者荣耀」（英語版「Arena of Valor」）が世界173か国と地域で展開され、16言語版が提供されており、全世界で2億人以上の登録プレイヤーを有している。AOVは、異なる地域の文化要素とのコラボレーションや、ヒーロースキンの導入などのローカライズ戦略を通じて、地元プレイヤーの興味と参加を引き付けることに成功している。例えば、「一拳超人」や「死神」などの有名IPとのコラボレーションや、中国の要素を取り入れた「ドラゴンキングダム」新バージョンの導入などが、ゲームの魅力と文化的共鳴を高める助けとなっている[2]。また、miHoYoが開発した「原神」は、2020年9月の発売以来、全世界で大成功を収めている。2023年12月には、アメリカ、日本、韓国、ドイツなどの競争が激しい市場において、戦略ゲームの売上ランキングの上位10位のうち半数以上を中国ゲーム会社の製品が占めており、その中でも「原神」はアメリカのゲーム市場で1.4億ドルの収益を上げ、売上ランキングのトップに位置している[3]。ネット小説も海外展開の一翼を担っており、2023年には、中国のネット文学「出海」市場の規模が40億元を超え、海外のオリジナル作品は約62万部、海外アクセスユーザーは約2.3億人に達している。最近、「閲文全球華語IP盛典」がシンガポールで開催され、チケットが入手困難なほどの関心を集め、現地での「文化イベント」として注目された。ネット文学国際プラットフォーム「起点」では、クリック数が千万を超える中国のネット文学作品が100部以上あり、「贅婿」「地球紀元」「大国重工」など16部の中国ネット文学作品が大英図書館に収蔵されている[4]。

---

[1] Tencentウェブサイト（https://new.qq.com/rain/a/20240520A04AL700）（最終閲覧日：2024年10月25日）。
[2] TOM.COMウェブサイト（https://news.tom.com/202201/4102829241.html）（最終閲覧日：2024年10月25日）。
[3] Tencentウェブサイト（https://new.qq.com/rain/a/20240520A04AL700）（最終閲覧日：2024年10月25日）。
[4] UNESCOウェブサイト（https://city.cri.cn/20240407/864f8a76-7f50-ebff-742f-f043589a60e5.html）（最終閲覧日：2024年10月25日）。

（二）国家文化数字化战略的实施

中国国家文化数字化战略是一项全面推进文化产业数字化转型的国家级规划。该战略旨在通过建设文化数字化基础设施和服务平台，形成线上线下融合、立体覆盖的文化服务供给体系。到"十四五"规划时间末，将基本建成这一体系，实现中华文化全景呈现和数字化成果全民共享。战略重点包括构建中华文化数据库、夯实数字化基础设施、搭建文化数据服务平台、发展数字化文化消费新场景、推进国家文化大数据体系建设、加快文化产业数字化布局、构建文化数字化治理体系等。通过这些措施，旨在提高文化产品的创作效率、丰富文化体验形式，并增强中华文化的国际传播力。

国家文化数字化战略的提出和实施，是文化领域在我国整体推进数字化建设的时代大背景下的必然选择。党的二十大报告提出的"实施国家文化数字化战略"，为数字文化产业的发展提供了政策支持和方向指引。最新数据显示，我国数字文化产业融资规模显著增长，成为文化产业中增长势头最为迅猛的产业门类之一。[1]

数字文化出海的四大亮点体现了这一战略的实施效果。2023年2月16日，《中国数字文化出海年度研究报告（2022年）》在第十二届中国数字出版博览会上正式发布，当代中国与世界研究院副院长孙明代表课题组发布报告成果，报告全面梳理了网络文学、网络动漫、在线影视剧、网络游戏、网络音乐、短视频及直播等我国六大新型数字文化业态出海情况，游戏影视异军突起；[2]"国风"内容持续做精，文化影响落地显效；传播主体多元壮大，构建立体对外推广格局；目标受众聚焦"Z世代"，圈粉青年势头正旺。这些亮点不仅展示了中国数字文化产业的国际竞争力，也为未来的出海发展提供了宝贵的经验和启示。

---

[1] 参见《以数字技术赋能文化产业》，载中国服务贸易指南网：http://tradeinservices.mofcom.gov.cn/article/wenhua/rediangz/202401/160318.html，最后访问日期：2024年10月25日。

[2] 参见当代中国与世界研究院：《中国数字文化出海年度研究报告（2022年）》，载搜狐网：https://www.sohu.com/a/643557686_121123922，最后访问日期：2024年10月25日。

（二）国家コンテンツ産業デジタル化戦略の実施

中国国家コンテンツ産業デジタル化戦略は、コンテンツ産業のデジタル化を全面的に推進するための国家レベルの計画である。この戦略の目的は、コンテンツのデジタル化に必要なインフラとサービスプラットフォームを構築し、オンラインとオフラインを融合させた立体的な文化サービス供給システムを形成することにある。「十四五（第 14 次 5 カ年計画）」の終わりまでに、このシステムの基本的な構築を完了し、中国のコンテンツのデジタル表現とその成果を全国民で共有することを目指している。この戦略の重点項目には、中華コンテンツデータベースの構築、デジタルインフラの強化、コンテンツデータサービスプラットフォームの開発、新たなコンテンツ消費シーンの展開、国家コンテンツビッグデータシステムの推進、コンテンツ産業のデジタル化促進、そしてコンテンツデジタル化ガバナンスシステムの構築などが含まれている。これらの施策により、コンテンツ制作の効率を向上させ、コンテンツ体験の多様化を図り、中華コンテンツの国際的な発信力を強化することが狙いである。

国家コンテンツデジタル化戦略の提案と実施は、中国がデジタル化を全面的に推進するという時代背景の中での必然的な選択である。中国共産党第 20 回党大会の報告では、「国家コンテンツデジタル化戦略の実施」が強調され、コンテンツ産業の発展に対する政策的な支援と方向性が示された。最新のデータによると、中国のデジタルコンテンツ産業の資金調達規模は大幅に増加しており、同産業内で成長著しい分野となっている[1]。

さらに、コンテンツの海外展開に関しても、この戦略の実施効果が表れている。2023 年 2 月 16 日、第 12 回中国デジタル出版博覧会で正式に発表され、現代中国と世界研究院の孫明副院長が課題チームの代表者を務める「中国デジタル文化海外年度研究報告書（2022 年）」によると、中国のネット文学、ネットアニメ、オンライン映画、ネットゲーム、ネット音楽、ショートビデオ、生放送といった 6 つの新しいデジタル文化の業態が海外進出を加速させており、特にゲームと映画・テレビ分野が急成長している[2]。「国風」コンテンツが精緻化を続け、文化的影響力が現地に定着していること、多様な伝播主体が増強され、立体的な対外プロモーション体制

---

[1]「デジタル技術を活用した文化産業の活性化」、「中国サービス貿易ガイドライン」ウェブサイト（http://tradeinservices.mofcom.gov.cn/article/wenhua/rediangz/202401/160318.html）（最終閲覧日：2024 年 10 月 25 日）。

[2] 当代中国と世界研究院：「中国デジタル文化海外進出年次研究報告（2022 年）」、Sohu ウェブサイト（https://www.sohu.com/a/643557686_121123922）（最終閲覧日：2024 年 10 月 25 日）。

（三）全球开放资源及技术发展

全球开放资源的利用是数字技术快速发展和数字文化产业出海的重要支撑。随着数字技术的发展，全球知识、信息和数据成为开放性资源，具有更快的传播速度和更容易获取的特点。数字文化企业通过利用这些资源，提升了数字文化贸易的效率和效果。企业的传统"所有权"优势向数字化转型，新的竞争优势在于能够"利用"数字化的开放资源。通过交叉许可、联盟和收购等方式，数字文化企业能够专注于特定的活动或过程，并在这些过程中保持竞争优势。

科技与文化的融合进一步丰富了文化"走出去"的表现形式。文旅企业积极探索科技与文化的融合，运用数字技术赋能文化资源的数字化、文化生产的数字化和文化传播的数字化，全景式呈现中华文化。AI和区块链等新技术的应用为数字文化产业提供了新的发展方向。腾讯集团首席运营官任宇昕指出，积极搭建各类数字文化出海平台，为讲述中国故事创造全球化的表达渠道。[1] 同时，AIGC（生成式人工智能）在文本翻译中的应用，使得网络文学作品能够大体量、规模化地走向世界。[2]

例如，敦煌研究院推出的"数字敦煌"云体验项目，通过先进的虚拟现实技术，向全球观众展示了中华文化的独特魅力。[3] 中国（浙江）影视产业国际合作区利用新媒体传播和数字制作技术，将华语影视作品发行至全球180多个国家和地区，2021年实现影视出口收入1166万美元，同比增长76%。[4]《中国唱诗班》以动漫的形式呈现了我国传统诗词和历史典故，把《元日》《相思》《游子吟》等中国古代诗词融入动漫

---

[1] 参见《腾讯任宇昕：科技与文化相互作用的速度、广度和深度指数级提升》，载新京报：https://baijiahao.baidu.com/s?id=1777097299799003590&wfr=spider&for=pc，最后访问日期：2024年10月25日。

[2] 参见《网络文学扬帆出海》，载中国贸易服务指南网：http://tradeinservices.mofcom.gov.cn/article/wenhua/rediangz/202402/161582.html，最后访问日期：2024年10月25日。

[3] 参见《"国潮"出海，看数字+如何赋能"世界潮"》，载国际创意与可持续发展中心：https://city.cri.cn/20240407/864f8a76-7f50-ebff-742f-f043589a60e5.html，最后访问日期：2024年10月25日。

[4] 参见《数量全国第一！杭州多个数字文化平台入选国家文化出口基地创新实践案例》，载腾讯：https://new.qq.com/rain/a/20220928A03Z7Z00，最后访问日期：2024年10月25日。

が構築されていること、またターゲットオーディエンスが「Z世代」に集中し、若者層の人気が急上昇していることが報告されている。これらのポイントは、中国のコンテンツ産業の国際競争力を示すだけでなく、将来の海外展開に向けた貴重な経験と示唆を提供している。

(三) グローバルなオープンリソースと技術の進展

グローバルなオープンリソースの活用は、デジタル技術の急速な発展とコンテンツ産業の海外展開を支える重要な要素である。デジタル技術の進化により、グローバルな知識、情報、データがオープンリソースとして提供され、より迅速に伝達され、容易にアクセスできるようになっている。コンテンツ企業はこれらのリソースを活用することで、コンテンツ貿易の効率と効果を高めている。企業の従来の「所有権」優位性からデジタル化への転換が進み、新たな競争優位性は「利用する」ことにある。クロスライセンス、アライアンス、買収などの手法を通じて、コンテンツ企業は特定の活動やプロセスに集中し、それらのプロセスで競争優位性を維持している。

技術とコンテンツの融合は、文化の「海外展開」の表現形式をさらに豊かにしている。コンテンツと観光企業は、デジタル技術を活用してコンテンツ資源のデジタル化、コンテンツ生産のデジタル化、文化伝播のデジタル化を進め、中華文化を全体的に示しているし、AIやブロックチェーンなどの新技術の応用は、コンテンツ産業に新たな発展の方向性を示している。テンセントグループのCOOである任宇昕氏は、さまざまなコンテンツの海外展開プラットフォームを積極的に構築し、中国の物語をグローバルに表現するためのチャネルを創出することの重要性を指摘している[1]。同時に、AIGC（生成型人工知能）のテキスト翻訳への応用により、ネット文学作品が大規模かつ広範囲に世界へ展開できるようになっている[2]。

敦煌研究院が展開する「デジタル敦煌」クラウド体験プロジェクトは、先進的なバーチャルリアリティ技術を駆使して、世界中の観客に中華文化の独自の魅力を示している[3]。中国（浙江）映画産業国際協力パックは、新メディアの普及とデジタ

---

[1] Finance east money ウェブサイト (https://finance.eastmoney.com/a/202309152849026250.html)（最終閲覧日：2024年10月25日）。

[2] 中国商務部ウェブサイト (http://tradeinservices.mofcom.gov.cn/article/wenhua/rediangz/202402/161582.html)（最終閲覧日：2024年10月25日）。

[3] UNESCO ウェブサイト (https://city.cri.cn/20240407/864f8a76-7f50-ebff-742f-f043589a60e5.html)（最終閲覧日：2024年10月25日）。

作品，在日本举办的 TBS 数字内容大赛中拿到金奖。[1]

（四）数字文化企业全球化发展需求

数字文化企业积极寻求"出海"的现象，是近年来中国文化产业国际化发展的重要趋势。这一趋势不仅体现在政策支持和市场需求的推动下，还通过多种具体实践和战略部署得以实现。

一方面，全球化使文化企业能够接触到更广阔的市场和消费者群体，为品牌提供了更多的曝光机会。通过与国际文化机构的合作、参与国际文化交流活动等方式，数字文化企业可以更顺利地进入国际市场。例如，阅文集团作为网文出海的先行者，通过出版授权、翻译出海和模式出海等方式，与海外创作者合作培育网络文学 IP，并推出了起点国际门户网站，2017 年阅文集团推出海外门户起点国际（WebNovel），截至 2023 年年底，起点国际已上线中国网文翻译作品约 3800 部，培养海外网络作家约 41 万名，推出海外原创作品约 62 万部，海外访问用户数累计突破 2.3 亿，覆盖 200 多个国家和地区。[2] 中国数字文化企业通过出版授权、翻译出海、模式出海等多种方式，与海外创作者和机构合作，共同培育网络文学、游戏、影视等文化产品。阅文集团的起点国际门户网站便是这种合作模式的典范，它不仅推广了中国网络文学，还激发了全球用户的创作热情。

---

[1] 参见《文化强国战略下我国数字文化贸易高质量发展研究》，载人民网：http://paper.people.com.cn/rmlt/html/2022-11/04/content_25947863.htm，最后访问日期：2024 年 10 月 25 日。

[2] 参见《(经济观察)聚焦"数字出海"上海在线新经济企业加速海外布局》，载新浪网：https://k.sina.com.cn/article_1784473157_6a5ce64502002ulnz.html，最后访问日期：2024 年 10 月 25 日。

ル制作技術を活用し、中国語映画作品を180以上の国と地域に配信し、2021年には映画海外収益が1166万ドルに達し、前年同期比で76%の成長を達成した[1]。「中国唱詩班」は、アニメ形式で中国の伝統的な詩や歴史的なエピソードを表現し、「元日」「相思」「游子吟」などの古代詩をアニメ作品に取り入れ、日本で開催されたTBSデジタルコンテンツ大会で金賞を受賞した[2]。

（四）コンテンツ企業のグローバル化発展の需要

コンテンツ企業が積極的に「海外進出」を模索する現象は、近年の中国コンテンツ産業の国際化発展の重要なトレンドである。このトレンドは政策支援と市場の需要によって推進されるだけでなく、さまざまな具体的な実践と戦略的な展開によっても実現されている。

一方で、グローバル化によってコンテンツ企業はより広い市場と消費者層に接触できるようになり、ブランドには多くの露出機会が与えられるようになる。国際文化機関との協力や国際文化交流活動への参加などを通じて、コンテンツ企業はよりスムーズに国際市場に参入できる。例えば、閲文グループはネット文学の海外進出の先駆者として、出版権の許諾、翻訳による海外進出、モデルの海外進出などを通じて、海外のクリエイターと協力し、ネット文学のIPを育成し、起点国際ポータルサイトを立ち上げた。2017年に、閲文グループが海外向けポータルの起点国際（WebNovel）を発表し、2023年末までに、起点国際では、約3800部の中国ネット文学の翻訳作品が公開され、約41万人の海外ネット作家を育成し、約62万部の海外オリジナル作品がリリースされた。また、累計で2.3億人を超える海外ユーザーが訪問し、サービスは200以上の国と地域をカバーしている[3]。中国のコンテンツ企業は出版権の許諾、翻訳による海外進出、モデルの海外進出など多様な方法で、海外のクリエイターや機関と協力し、ネット文学、ゲーム、映画などの文化製品を共同で育成している。閲文グループの起点国際ポータルサイトはこの協力モデルの典型例であり、中国のネット文学を普及させるだけでなく、世界中のユーザーの創作意欲を刺激している。

---

[1] Tencentウェブサイト（https://new.qq.com/rain/a/20220928A03Z7Z00）（最終閲覧日：2024年10月25日）。
[2] People.comウェブサイト（http://paper.people.com.cn/rmlt/html/2022-11/04/content_25947863.htm）（最終閲覧日：2024年10月25日）。
[3] （経済観察）「デジタル海外進出」に焦点を当て、上海のオンライン新経済企業が海外展開を加速」、Sinaウェブサイト（https://k.sina.com.cn/article_1784473157_6a5ce64502002ulnz.html）（最終閲覧日：2024年10月25日）。

另一方面，国内游戏市场的监管政策趋严，特别是自 2018 年起，国内游戏版号发放暂停，审批流程严格，导致许多游戏企业难以在国内市场获得新的增长点。2023 年国家新闻出版署发布的《网络游戏管理办法（草案征求意见稿）》进一步加强了对网络游戏的管理，规范行业秩序，保护用户合法权益，同时注重未成年人的网络保护。这些措施使得国内游戏企业在获取新用户和扩大市场份额方面面临较大挑战。鉴于国内对游戏行业的严格监管以及市场饱和度的提高，大量中国游戏企业正积极寻求出海机会，希望通过开拓国际市场来实现持续发展。这一趋势不仅反映了企业对国内市场环境变化的应对策略，也展示了中国游戏产业在全球化背景下的竞争力和潜力。

（五）小结

在全球化的大背景下，中国数字文化产业的出海之旅正展现出前所未有的活力与潜力。从国家文化数字化战略的深入实施，到技术革新的持续推进，再到市场需求的广泛开拓，中国数字文化产业正站在一个新的历史起点上。

面对国内政策环境的变化，以及国际市场的多样化需求，中国数字文化企业表现出了强大的适应能力和创新精神。通过本土化策略、品牌建设、技术应用、市场研究和跨文化合作，这些企业不仅在海外市场取得了显著成就，也为全球文化多样性作出了积极贡献。同时，全球化带来的挑战也要求企业加强顶层设计，推进跨文化管理，不断创新业态和生产方式。这不仅是对企业自身发展战略的考验，也是对国家文化软实力的一次重要展示。

一方、国内のゲーム市場の規制政策が厳しくなり、特に2018年以降、国内のゲーム版号の発行が一時停止され、審査プロセスが厳格化されたことで、多くのゲーム企業は、国内市場において新たな成長点を見出すことが困難になっている。2023年国家新聞出版署が発表した「オンラインゲーム管理規則（草案の意見募集）」は、オンラインゲームの管理をさらに強化し、業界の秩序を規制し、ユーザーの合法的権益を保護し、同時に未成年者のネット保護にも注力している。これらの措置により、国内のゲーム企業は新規ユーザーの獲得や市場シェアの拡大において大きな課題に直面している。国内のゲーム業界に対する厳しい規制および市場の飽和度の向上に鑑み、多くの中国のゲーム企業は積極的に海外進出の機会を模索し、国際市場の開拓を通じて持続的な発展を実現しようとしている。このトレンドは、国内市場環境の変化に対する企業の対応戦略を反映するだけでなく、中国のゲーム産業がグローバル化の背景で持つ競争力と潜在力も示している。

（五）まとめ

グローバル化という世界的潮流の中で、中国のコンテンツ産業の海外進出は、かつてない活力と潜在力を発揮している。国家文化デジタル化戦略の実施、技術革新の継続的推進、そして市場需要の広範な開拓により、中国のコンテンツ産業は新たな歴史的出発点に立っている。

国内の政策環境の変化や国際市場の多様な需要に直面し、中国のコンテンツ企業は素晴らしい適応能力と革新精神を発揮している。ローカライズ戦略、ブランド構築、技術応用、市場調査、異文化協力を通じて、これらの企業は海外市場で顕著な成果を上げているだけでなく、世界の文化多様性に積極的に貢献している。同時に、グローバル化がもたらす課題に対処するため、企業はトップレベルのデザインを強化し、異文化管理を推進し、業態と生産方式を絶えず革新する必要がある。これは企業自身の発展戦略に対する試練であるだけでなく、国家における文化やソフトパワーの重要な啓示でもある。

二、我国数字文化产业出海概况

数字化浪潮中，中国数字文化产业正以其独特的创新力和文化魅力，扬帆远航至全球各个角落。本节将深入探讨这一领域的快速发展概况，解析其背后的驱动力，并展望未来的发展趋势。

根据《中国国际文化贸易发展报告（2023）》统计，2022年我国对外文化产品贸易进出口总额为1802.7亿美元，出口贸易额约为1636.8亿美元，进口贸易额约为165.9亿美元。尤其亮眼的是，自有品牌和IP频繁出海，网络文学、网络游戏、网络短剧等新兴文化贸易产品的国际影响力不断提升。[1]2023年我国服务贸易稳中有增，规模创历史新高，全年服务进出口总额65,754.3亿元，同比增长10%，其中出口26,856.6亿元，下降5.8%，进口38,897.7亿元，增长24.4%；服务贸易逆差12,041.1亿。我国数字文化产业在新业态的引领下，实现了显著的经济增长。2023年，16个文化新业态行业小类的营业收入达到了52,395亿元，比上一年增长了15.3%，快于全部规模以上文化企业7.1%，文化新业态行业对全部规模以上文化企业营业收入增长的贡献率为70.9%。[2]

数字文化产业已经成为中国文化产业中增长势头最为迅猛的产业门类之一。中国数字文化产业出口近年来呈现出持续增长的态势，这得益于中国对文化产业的高度重视以及数字化技术的快速发展。在全球经济一体化的背景下，中国数字文化产业正以其独特的魅力和创新力，逐步走向世界舞台的中央。数字文化产品具有轻量化、碎片化传播特点，传播过程交互性、社交性极强，契合"Z世代"的文化需求与生活方式，2023年2月发布的《中国数字文化出海年度研究报告（2022年）》表明，[3]"以网络文学、网络动漫、在线影视剧、网络游戏、网络音乐、短视频及直播等六大业态为代表的数字文化产品和服务成为中华文化'走出去'的一支重要力量，在市场拓展、内容做精、主体做强、'Z世代'聚焦等四大方面取得新进展，展现新气象，并取得了海外

---

[1] 参见《培育文化贸易竞争新优势》，载中国服务贸易指南网：http://tradeinservices.mofcom.gov.cn/article/yanjiu/pinglun/202407/165584.html，最后访问日期：2024年10月25日。

[2] 参见《国家统计局：2023年文化企业发展持续回升向好》，载北京日报客户端：https://baijiahao.baidu.com/s?id=1789479477796421946&wfr=spider&for=pc，最后访问日期：2024年10月25日。

[3] 参见《中国数字文化出海的历史机遇与发展方向》，载https://finance.sina.cn/2024-07-15/detail-inceerff9073817.d.html，最后访问日期：2024年8月4日。

二．中国コンテンツ産業の海外進出概況

　　デジタル化の波の中で、中国のコンテンツ産業は、その独自の革新力と文化的魅力により、世界の隅々へと展開している。本節では、この分野の急速な発展状況を詳しく探り、その背後にある推進力を解析し、今後の発展の方向性を展望する。

　　「中国国際文化貿易発展報告書（2023）」の統計によると、2022年の中国の対外文化製品貿易輸出入総額は1802.7億ドルに達し、そのうち、輸出貿易額は約1636.8億ドル、輸入貿易額は約165.9億ドルであった。特に注目すべきは、自社ブランドとIPが次々と海外市場に進出し、ネット文学、ネットゲーム、ネットドラマなどの新興文化貿易製品の国際的な影響力が着実に拡大していることである[1]。2023年には、中国のサービス貿易は安定した増加を見せ、その規模は過去最高を更新し、年間サービス輸出入総額は65,754.3億元で、前年比10%増加した。そのうち、輸出は26,856.6億元で5.8%減少した一方、輸入は38,897.7億元で24.4%増加した。サービス貿易の逆差は12,041.1億元に達している。中国のデジタル文化産業は新たな業態にリードにより顕著な経済成長を遂げている。2023年には、16の文化新業態業界の小類の営業収入は52,395億元に達し、前年から15.3%増加した。その増加率は、全規模以上の文化企業の平均を7.1%ポイント上回り、文化新業態業界が全規模以上の文化企業の営業収入増加に対して79%の貢献率を記録している[2]。

　　コンテンツ産業は、中国の文化産業の中で最も急成長している産業カテゴリの一つとなっている。中国のコンテンツ産業の海外進出は、ここ数年で持続的な成長を見せており、これは中国が文化産業を重視していることやデジタル技術が急速に発展したことによるものである。グローバル経済の一体化の中で、中国のコンテンツ産業はその独自の魅力と革新力をもって、徐々に世界の舞台の中心へと進出している。コンテンツ製品は、デジタル化された伝播の特徴を持ち、伝播過程におけるインタラクティブ性やソーシャル性が非常に強く、"Z世代"の文化的ニーズやライフスタイルに合致している。2023年２月に発表された「中国コンテンツの海外進出に

---

〔1〕「文化貿易における新たな競争優位性の育成」、中国サービス貿易ガイドラインウェブサイト（http://tradeinservices.mofcom.gov.cn/article/yanjiu/pinglun/202407/165584.html）（最終閲覧日：2024年10月25日）。

〔2〕「国家統計局：2023年、文化企業の発展が引き続き回復し、好調に推移」、北京日報ウェブサイト（https://baijiahao.baidu.com/s?id=1789479477796421946&wfr=spider&for=pc）（最終閲覧日：2024年10月25日）。

各界的关注与认可"。在新型技术的驱动下，文化产业与其深度融合，持续拓展文化领域的新边界，从而催生出网络视频、网络直播、网络文学、网络音乐、网络游戏、电子竞技、动漫等一系列数字文化新业态。数字文化产业通过数字技术实现创作、生产、传播和服务的全面升级，其特点表现为技术更新换代迅速、生产过程数字化、传播渠道网络化以及消费模式个性化。这一新兴业态正有力地推动中国文化产业实现高质量发展，为文化繁荣注入新的活力。

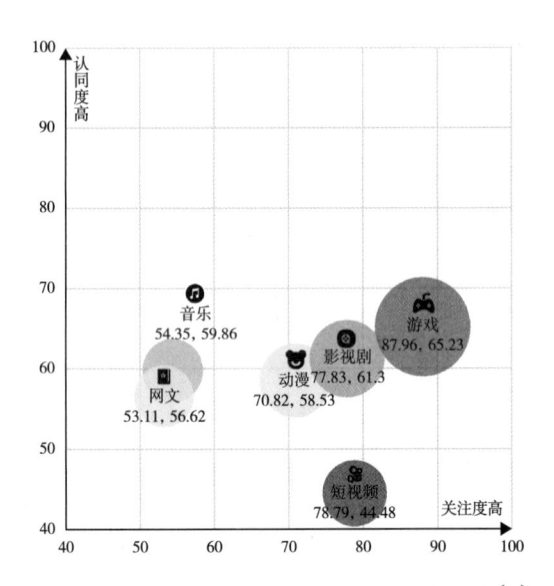

图 1-1　中国数字文化出海的海外接受度图谱[1]

---

[1] 参见当代中国与世界研究院：《中国数字文化出海年度研究报告（2022年）》，载搜狐网：https://www.sohu.com/a/643557686_121123922，最后访问日期：2024年10月25日。

関する年次研究報告（2022年）」[1]は、「ネット文学、ネットアニメ、オンライン映画・ドラマ、ネットゲーム、ネット音楽、ショートビデオおよびライブ配信などの6大業態を代表とするコンテンツ製品とサービスは、中国文化の「海外進出」において重要な役割を果たし、市場の拡大、コンテンツの精緻化、主体の強化、"Z世代"へのフォーカスなど4つの主要な側面で新たな進展を見せ、新しい風貌を示し、海外の各界からの関心と認識を得ている」としている。新しい技術の発展により、文化産業の各分野は互いに影響を与え合い、文化分野において、継続的に新しい分野を生み出し、拡張している。その結果、ネット動画、ネットライブ配信、ネット文学、ネット音楽、ネットゲーム、eスポーツ、アニメなど、一連のコンテンツ新業態が生まれた。コンテンツ産業は、デジタル技術を通じて創作、製造、伝播、サービスの全面的なアップグレードを実現しており、その特徴として、技術の更新が迅速であること、製造過程がデジタル化されていること、伝播チャネルがネットワーク化されていること、そして消費モデルが個性化されていることが挙げられる。この新興業態は、中国文化産業発展を高いレベルで力強く推進し、文化の繁栄に新たな活力を注入している。

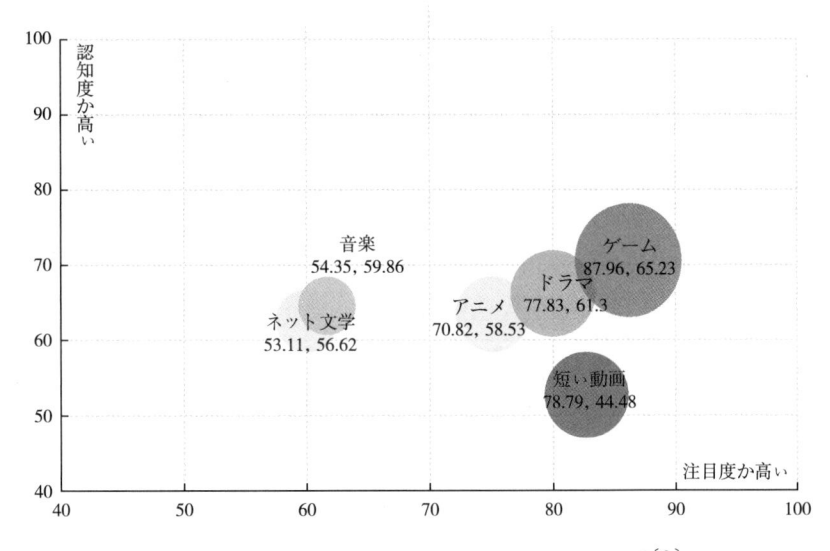

図1-1　中国のコンテンツの海外受容度マップ[2]

---

[1]「中国デジタル文化の海外進出における歴史的機会と発展方向」、Sinaウェブサイト（https://finance.sina.cn/2024-07-15/detail-inceerff9073817.d.html）（最終閲覧日：2024年10月25日）。

[2]「当代中国と世界研究院が《中国デジタル文化海外進出年次研究報告（2022年)》を発表」、Sohuウェブサイト（https://www.sohu.com/a/643557686_121123922）（最終閲覧日：2024年10月25日）。

中国数字文化出海的方式多种多样。包括网络文学、动漫和游戏在内的数字文化作品，通过网络平台跨越地域限制，向世界各地的用户提供多彩的文化享受。这些作品不仅以其娱乐性和互动性吸引用户，更融入了深厚的中国文化精髓和核心价值，成为中国文化软实力的显著代表。例如，游戏《原神》《王者荣耀》《三国志》等，巧妙地将中国的历史故事、地域特色、建筑风格、非物质文化遗产、音乐戏曲、武术传统、节日习俗、中药知识以及茶艺文化等元素融入游戏设计中，不仅增强了游戏的吸引力，也使中华优秀传统文化的韵味得以充分展现。在影视领域，中国的电影和电视剧作品以其丰富的题材和数量走向国际。近年来，海外上映的中国电影类型多样，包括动作片、喜剧片、动画片和战争片等，已经在包括澳大利亚、新西兰、韩国、英国、日本、美国、意大利、俄罗斯、加拿大、法国、荷兰和柬埔寨在内的29个国家和地区的院线上映。其中，《长津湖》《你好，李焕英》《唐人街探案3》《流浪地球2》《战狼2》《满江红》等影片在全球票房排名中取得了显著成绩，成为中国电影产业国际化的亮点。

中国特有的短视频、直播等新媒体形式也为中国数字文化出海提供了新的机遇。例如，TikTok（抖音国际版）的全球下载量已超过49.2亿次，成为全球第五大最受欢迎的社交应用；[1] StarMaker 2020年总营收为6.2亿元，产品覆盖全球100多个国家，并在多个市场成为头部音频应用。[2] 其他如Kwai、WeTV、iQIYI、Boomplay、Tiya、Uplive、Yumy、NovelToon、Webnovel等数字文化企业，分别成为短视频、长视频、语音社交、视频社交、直播图文等领域知名数字文化品牌，全球用户规模实现快速增长，取得较好的经济效益与社会效益。[3] 通过短视频和直播，中国文化能够更直观、生动地展示给全球观众，进一步加深国际社会对中国文化的理解和认同。

---

[1] 参见《抖音/TikTok成为全球第五大最受欢迎的社交应用，仅用了7年时间！》，载搜狐网：https://it.sohu.com/a/778594193_114822，最后访问日期：2024年10月25日。

[2] 参见《周亚辉的"新作"音频社交软件StarMaker营收破6.2亿》，载人民资讯网：https://baijiahao.baidu.com/s?id=1694378214521732181&wfr=spider&for=pc，最后访问日期：2024年10月25日。

[3] 参见邵明华：《中国数字文化出海的历史机遇与发展方向》，载人民论坛：http://www.rmlt.com.cn/2024/0715/707355.shtml，最后访问日期：2024年10月25日。

中国のコンテンツの海外進出には多様な方法がある。例えば、ネット文学、アニメ、ゲームなどのコンテンツ製品は、オンラインプラットフォームを通じて世界中のユーザーに豊富な文化体験を提供している。これらの製品は、高いエンターテイメント性とインタラクティブ性を持つだけでなく、豊かな中国文化の要素や核心的価値観も含んでおり、中国文化のソフトパワーを示す重要な媒体となっている。例えば、ゲーム「原神」、「王者荣耀」、「三国志」などは、中国の歴史文化資源を創造的に転換し、歴史的な逸話や地域文化、建築文化、非物質文化遺産の技術、音楽や演劇、武道文化、祭りや民俗文化、中医薬文化、茶文化などをゲームのストーリーに有機的に組み込むことで、ゲームの魅力を高め、感動を与え、中華の優れた伝統文化の大きな魅力を引き出している。また、映画やドラマの海外進出においては、多くの作品と豊富な題材が特徴的であり、近年では海外の映画館で上映される中国映画には、アクション、コメディ、アニメ、戦争などの多様なジャンルが含まれている。これらの映画は、オーストラリア、ニュージーランド、韓国、イギリス、日本、アメリカ、イタリア、ロシア、カナダ、フランス、オランダ、カンボジアなど29か所の国と地域にわたって展開されている。その中で、「長津湖」、「你好，李焕英」、「唐人街探案3」、「流浪地球2」、「戦狼2」、「満江紅」などの中国映画は、世界の映画興行成績の上位にランクインしている。

　　ショートビデオやライブ配信などの新メディア形式は、中国のコンテンツの海外進出に新たな機会を提供している。例えば、TikTok（ディザトーン国際版）は、世界でのダウンロード数がすでに49.2億回を超え、世界で5番目に人気のあるソーシャルアプリケーションとなっている[1]。StarMakerは、2020年に総売上6.2億元を達し、製品は世界の100を超える国々で展開され、多くの市場で頭トップのオーディオアプリケーションになっている[2]。その他の企業として、Kwai、WeTV、iQIYI、Boomplay、Tiya、Uplive、Yumy、NovelToon、Webnovelなどがあり、それぞれショートビデオ、ロングビデオ、音声ソーシャル、ビデオソーシャル、ライブ配信などの分野で有名なコンテンツブランドとして、グローバルなユーザー規模の急成長を

---

　　[1]「抖音/TikTokが世界で5番目に人気のあるソーシャルアプリに、わずか7年で達成！」、Sohuウェブサイト（https://it.sohu.com/a/778594193_114822）（最終閲覧日：2024年10月25日）。
　　[2]『周亜輝の「新作」音声ソーシャルアプリStarMaker、収益が6.2億元を突破』、人民資訊網ウェブサイト（https://baijiahao.baidu.com/s?id=1694378214521732181&wfr=spider&for=pc）（最終閲覧日：2024年10月25日）。

从地区的角度来看，中国数字文化产业的海外扩张覆盖了广泛的地区，并在世界范围内取得了良好的发展。中国数字文化产业的海外扩张的范围和深度均得到了有效地扩大，从整体来看，北美、欧洲、东亚、南亚、东南亚、拉丁美洲、中东、非洲等，遍及世界大部分国家和地区。数字文化出海的重点国家不仅有美国、日本、韩国、欧洲各国等发达国家，还有印度、越南、印度尼西亚、菲律宾、泰国、马来西亚、埃及、尼日利亚、巴西、墨西哥等发展中国家。中国数字文化出海呈现出以亚洲近文化市场为重心，向欧美等全球范围不断突破的出海版图。亚洲地区与中国文化相近，有着相似的历史背景和文化传统，这使得中国数字文化内容在亚洲市场具有较高的接受度和传播效果。同时，随着"一带一路"倡议的深入实施，中国与沿线国家的文化交流日益频繁，数字文化内容在这一区域也展现出了强大的传播力和影响力。

当前，世界百年未有之大变局加速演进，新一轮科技革命和产业变革深入发展，国际力量对比深刻调整，中国发展面临新的战略机遇。在数字技术领域，人工智能技术加速迭代，为文化科技融合创新提供了条件。经济全球化进程加速，国际市场联系日益紧密，国际文化市场机会增多。国家层面高度重视文化"走出去"，为文化出海提供力所能及的政策支持。加之中国历史文化资源丰富，为文化创意转化、文化内容创新生产提供了无限空间。上述因素叠加之下，中国数字文化出海面临着难得的历史机遇。中国政府还出台了一系列政策措施，鼓励和支持数字文化产业的出口。这些政策包括设立专项资金、搭建国际交流平台、推动文化贸易便利化等，为数字文化产业的国际化发展提供了有力保障。

数字文化是数字技术时代文化发展的必然趋势，数字文化出海是新时代推进中华文化国际传播、增强国家文化影响力、提高国家文化软实力的重要路径。在数字经济迅猛发展的时代背景下，中国文化出海的载体正经历着前所未有的变革，展现出全新的形式。依托于互联网这一强大载体，数字文化内容正在全球范围内广泛传播，成为文化交流互鉴的新路径，不仅极大地推动了全球文化产业的发展，也为各国拓展国际文化贸易提供了重要的渠道。

実現し、経済的および社会的に良好な効果を上げている[1]。ショートビデオやライブ配信を通じて、中国の文化はより直感的で生き生きとした形でグローバルな観客に示され、国際社会における中国文化の理解と認識をさらに深めている。

地域の観点から見ると、コンテンツの海外展開は広範な地域をカバーしており、世界的に良好な発展を遂げている。中国のコンテンツの海外展開は、その範囲と深度が効果的に拡大しており、全体的に見て、北米、ヨーロッパ、東アジア、南アジア、東南アジア、ラテンアメリカ、中東、アフリカなど、世界のほとんどの国と地域に及んでいる。コンテンツが展開されている国々には、アメリカ、日本、韓国、ヨーロッパ各国などの先進国だけでなく、インド、ベトナム、インドネシア、フィリピン、タイ、マレーシア、エジプト、ナイジェリア、ブラジル、メキシコなどの発展途上国も含まれる。中国のコンテンツの海外展開は、アジアの近文化市場を中心に、欧米などの世界規模へと進出を続けている。アジア地域は中国文化に近く、歴史的背景や文化的伝統が似ているため、中国のコンテンツはアジア市場で高い受容性と伝播効果を持っている。同時に、「一帯一路」構想の深化に伴い、中国と沿線国の文化交流がますます頻繁になり、この地域におけるコンテンツの影響力も強化されている。

現在、世界は百年に一度の大変革の時期を迎えており、新たな技術革新と産業変革が進展し、国際的な勢力図が大きく変化している中で、中国は新たな戦略的機会に直面している。デジタル技術の分野では、人工知能技術が急速に進化し、文化と技術の融合イノベーションに貢献している。経済のグローバル化が進む中で、国際市場との連携が一層緊密になり、国際文化市場の機会も増加している。国家レベルで文化の海外進出に高い関心を持ち、可能な限り政策支援を行っている。さらに、中国は豊富な歴史文化資源を持ち、文化創造の転換や文化コンテンツの革新的な生産に無限の可能性を与えている。これらの要素が重なり合い、中国のコンテンツの海外進出は貴重な歴史的機会に直面している。中国政府はまた、一連の政策措置を講じ、コンテンツ産業の海外進出を奨励し支援している。これらの政策には、特別基金の設立、国際交流プラットフォームの構築、文化貿易の円滑化の推進などが含まれ、コンテンツ産業の国際化発展に強力な保障を与えている。

コンテンツはデジタル技術時代の文化発展の必然的な流れであり、コンテンツの海外進出は新時代において中華文化の国際的な伝播を推進し、国家の文化的影響

---

[1] 邵明華「中国デジタル文化の海外進出における歴史的機会と発展方向」、人民フォーラム（http://www.rmlt.com.cn/2024/0715/707355.shtml）（最終閲覧日：2024年10月25日）。

三、日本内容产业的概要、文化和审美意识及消费行为的特点

（一）日本内容产业概要

日本国内内容市场总额为14兆3642亿日元（2023年），占国内生产总值（GDP）的2.43%。从世界范围来看，日本的内容产业规模仅次于美国、中国，居世界第3位（2022年）。

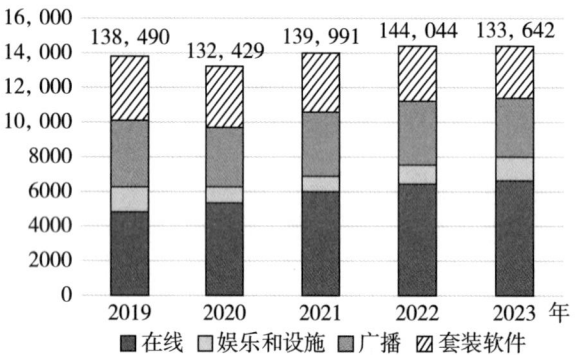

成套软件	视频软件、音乐软件、家用游戏（软件销售）、报纸、书籍、杂志、电子词典
广播	商业地上波电视台、NHK、商业CS/BS电视台、CATV、商业广播电台
娱乐和设施	电影院、卡拉OK、街机游戏
在线	视频发布、音乐发行、家用游戏（在线）、PC在线游戏、智能手机游戏、数据库服务、电子出版、智能手机信息服务、在线广告

（亿日元）	2019年	2020年	2021年	2022年	2023年推算
成套软件	37,511	34,811	34,304	31,392	29,741
广播	38,510	35,376	36,954	37,070	35,239
娱乐和设施	13,786	8659	8504	11,081	11,825
在线	48,683	53,583	60,229	64,501	66,837
总金额	138,490	132,429	139,991	144,044	143,642

图1-2 2018～2023年日本的内容市场按媒体分类的变化

资料来源：株式会社Human Media网站：https://humanmedia.co.jp/database，最后访问日期：2024年10月25日。

力を高め、文化的ソフトパワーを向上させる重要な手段である。デジタル経済が急速に発展する時代背景の中で、中国の文化の海外進出の手段はかつてない変革を経験しており、新たな形を見せている。インターネットという強力なプラットフォームに依拠し、デジタル文化コンテンツは世界中に広く伝播し、文化交流と相互学習の新たな手段となっている。これは、世界の文化産業の発展を大いに促進するだけでなく、各国に国際文化貿易を拡大するための重要なチャネルを提供している。

三．日本のコンテンツ産業の概要、文化・美意識・消費行動の特徴

（一）日本のコンテンツ産業の概要

日本の国内コンテンツ市場合計は14兆3,642億円（2023年）であり、国内総生産（GDP）の2.43％を占めている。世界的に見ると、日本のコンテンツ産業は、米国、中国に次ぎ、世界的第3位（2022年）の規模を有している。

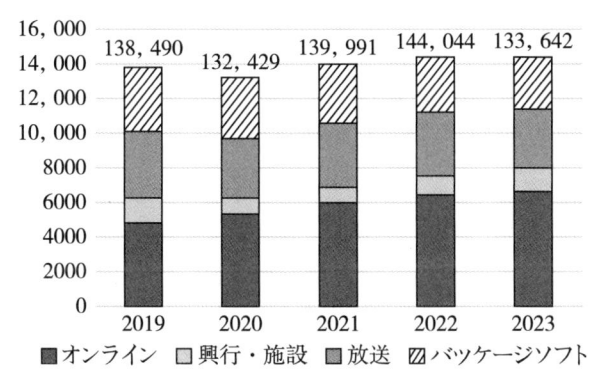

バッケージソフト	映像ソフト、音樂ソフト、家庭用ゲーム（ソフト販売）、新聞、書籍、雑誌、電子辞書
放送	民放地上波テレビ、NHK、民間CS・BS、CATV、民放ラジオ
興行・施設	映画館、カラオケ、アーケードゲーム
オンライン	映像配信、音楽配信、家庭用ゲーム（オンライン）、PCオンラインゲーム、スマホゲーム、データベースサービス、電子出版、スマホ情報サービス、オンライン広告

（億円）	2019年	2020年	2021年	2022年	2023年推計
バッケージソフト	37,511	34,811	34,304	31,392	29,741
放送	38,510	35,376	36,954	37,070	35,239
興行・施設	13,786	8659	8504	11,081	11,825
オンライン	48,683	53,583	60,229	64,501	66,837
合計	138,490	132,429	139,991	144,044	143,642

図 1-2　2018～2023年の日本のコンテンツ市場のメディア別推移

出典：株式会社ヒューマンメディアウェブサイト（https://humanmedia.co.jp/database/）（最終閲覧日：2024年10月25日）。

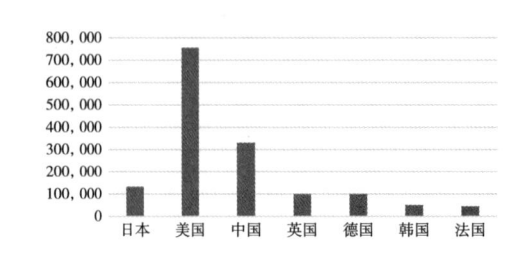

	日本	美国	中国	英国	德国	韩国	法国
总计（亿日元）	131,385	755,409	332,378	101,846	98,243	49,272	46,747
前年同比变化（日元）（%）	1.50	31.81	22.11	19.51	15.81	10.28	3.78
前年同比变化（美元）（%）	15.25	10.06	1.96	-0.21	-3.30	-7.92	-13.35
前年同比变化（当地货币）（%）			6.46	11.46	8.85	10.28	-2.46

覆盖领域：影院、电视、视频软件、视频发布、音乐软件、在线音乐发行、收音机、家用游戏（软件销售）、家用游戏（在线）、电脑在线游戏、智能手机游戏、图书、杂志、电子出版、报纸、网络广告

图 1-3　2022 年日本和世界的媒体和内容市场规模

＊由于没有海外统计数据，卡拉 OK、街机游戏和在线数据库没有包含在统计内。因此，日本市场的规模与日本国内统计有所不同。

资料来源：株式会社 Human Media 网站：https://humanmedia.co.jp/database/，最后访问日期：2024 年 10 月 25 日。

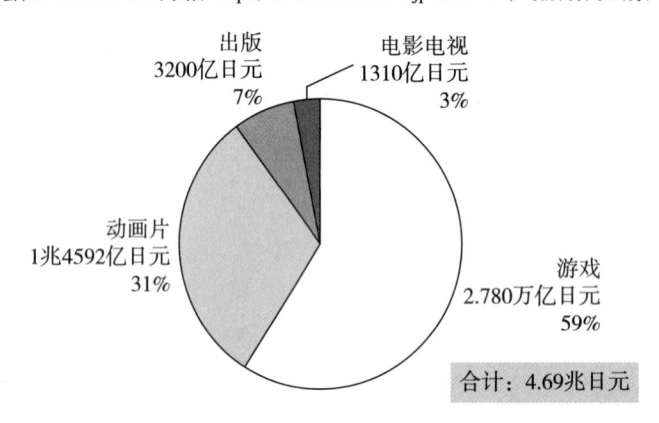

图 1-4　2022 年日本数字文化产业的海外销售按领域分类构成比例（音乐除外）

注：不包括音乐的海外出口额。

资料来源：株式会社 Human Media 网站：https://humanmedia.co.jp/database/，最后访问日期：2024 年 10 月 25 日。

（二）日本与内容产业相关的政府机构及产业促进政策

日本与内容产业相关的监督机构有多个，具体取决于内容和内容的使用情况而有所不同。对于存在多个与内容产业有关的监管和支持机构，有人指出，从内容产业振兴和支持的角度来看，有必要进行改进。[1] 未来，通过统一有关内容产业的支持措施

---

[1]　是枝裕和导演的日本版 CNC 的建议等（载《日本经济新闻》2024 年 8 月 22 日）。

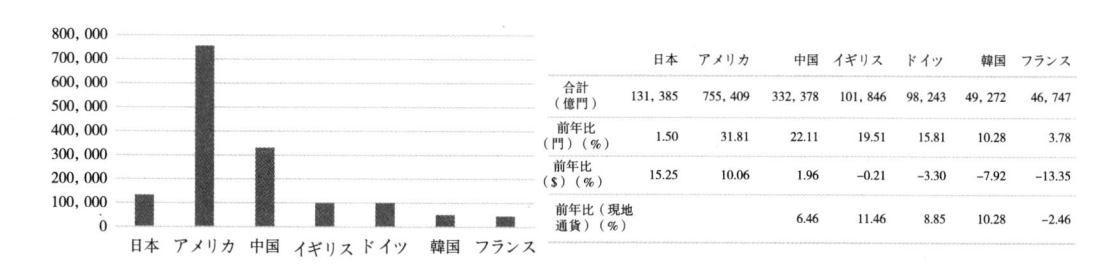

	日本	アメリカ	中国	イギリス	ドイツ	韓国	フランス
合計（億円）	131,385	755,409	332,378	101,846	98,243	49,272	46,747
前年比（円）（％）	1.50	31.81	22.11	19.51	15.81	10.28	3.78
前年比（$）（％）	15.25	10.06	1.96	-0.21	-3.30	-7.92	-13.35
前年比（現地通貨）（％）			6.46	11.46	8.85	10.28	-2.46

掲載分野
- 映画館
- テレビ
- 映像ソフト
- 映像配信
- 音楽ソフト
- 音楽配信
- ラジオ
- 家庭用ゲーム（ソフト販売）
- 家庭用ゲーム（オンライン）
- PCオンラインゲーム
- スマホゲーム
- 書籍
- 雑誌
- 電子出版
- 新聞
- オンライン広告

※カラオケ、アーケードゲーム、オンラインデータベース等は海外統計が存在しないため、集計に含んでいない。
そのため日本の市場規模は国内集計と異なる。

図1-3　2022年の日本と世界のメディア・コンテンツ市場規模

出典：株式会社ヒューマンメディアウェブサイト（https://humanmedia.co.jp/database/）（最終閲覧日：2024年10月25日）。

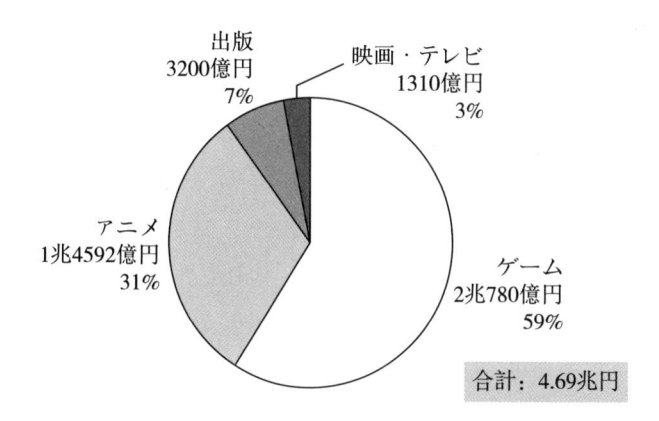

図1-4　2022年の日本のコンテンツの海外売上のジャンル別構成比（音楽を除く）

- 出版 3200億円 7%
- 映画・テレビ 1310億円 3%
- アニメ 1兆4592億円 31%
- ゲーム 2兆780億円 59%
- 合計：4.69兆円

出典：株式会社ヒューマンメディアウェブサイト（https://humanmedia.co.jp/database/）（最終閲覧日：2024年10月25日）。

（二）日本のコンテンツに関連する政府機関と産業促進政策

　日本のコンテンツに関連する監督官庁は複数存在しており、コンテンツの内容、コンテンツの利用状況に応じて様々に分かれている。コンテンツに関する監督や支援の機関が複数存在することについては、コンテンツ振興・支援の点から改善が必

等，希望内容产业相关的振兴支持能更加有效，然而，在现阶段，了解各个相关部门的支持政策非常重要。

表 1-1 内容产业的政府体制

经济产业省	数字厅	文化厅	内阁府	总务省	观光厅	外务省
内容产业课	其他	文化经济课著作权课等	知识产权战略总部	内容振兴课		
酷日本政策课	·艺术与经济社会研讨会 ·时尚未来研究会 ·酷日本机构	·日本贸易振兴促进机构 ·人才培养 ·元宇宙Metaverse/Web 3	·知识产权促进计划酷日本战略 ·数据平台 ·反盗版措施	·广播内容产业	·对内投资消费振兴	·日本之家 ·在外使馆
·内容 IP 强化研究会 ·海外展开支援（J-LOD）						

资料来源：日本经济团体联合会网站：https://www.kantei.go.jp/jp/singi/titeki2/wg_contents/dai1/pdf/siryou2.pdf，最后访问日期：2024 年 10 月 25 日。

日本内容产业定位上，不仅要建立以美国和中国等分发平台为中心的商业模式，还需要根据日本文化内容，面向全球市场进行业务拓展。以在世界范围内享有高度人气的日本内容相关知识产权的优势为业务核心，着眼于多元化发展，目标是面向全球市场开展业务。[1]

以内容产业产生的知识产权为起点，面向全球消费者开展多元化业务，不仅提升文化内容本身的价值，还需要形成以知识产权为中心的制作和消费的经济活动生态系统（经济圈），从而实现企业利益的最大化。[2]

---

[1] PwC 咨询合同会社：《围绕内容 IP 强化我国内容产业竞争力的建议》（2022 年 3 月），载日本经济产业省网站：https://www.meti.go.jp/policy/mono_info_service/contents/downloadfiles/report/r3contentskaigaitenkaisokushinjigyou.pdf，最后访问日期：2024 年 10 月 25 日。

[2] PwC 咨询合同会社：《围绕内容 IP 强化我国内容产业竞争力的建议》（2022 年 3 月），载日本经济产业省网站：https://www.meti.go.jp/policy/mono_info_service/contents/downloadfiles/report/r3contentskaigaitenkaisokushinjigyou.pdf，最后访问日期：2024 年 10 月 25 日。

要であるとの指摘もなされている[1]。将来において、コンテンツに関する支援策等の統一化によりコンテンツ関連の振興支援がより実効的になされることが望まれるが、現時点においては、それぞれの省庁が関連する支援策を把握することが重要である。

表1-1　コンテンツに関する政府の体制

経済産業省	デジタル庁	文化庁	内閣府	総務省	観光庁	外務省
コンテンツ産業課	他	文化経済課著作権課等	知財戦略本部	コンテンツ振興課		
クールジャパン政策課 ・コンテンツIP強化研究会 ・海外展開支援（J-LOD）	・アートと経済社会検討会 ・ファッションの未来研究会 ・クールジャパン機構	・JETRO ・人材育成 ・メタバース/Web3	・知的財産推進計画クールジャパン戦略 ・データプラットフォーム ・海賊版対策	・放送コンテンツ	・インバウンド振興	・ジャパンハウス ・在外公館

出典：日本経済団体連合会ウェブサイト（https://www.kantei.go.jp/jp/singi/titeki2/wg_contents/dai1/pdf/siryou2.pdf）（最終閲覧日：2024年10月25日）。

　日本のコンテンツ産業においては、米国や中国などの配信プラットフォームでの流通を中心としたビジネスモデルにとどまらず、日本のコンテンツに即した、グローバル市場を対象にしたビジネス展開が望まれる。世界中で高い人気を有する日本のコンテンツに関する知的財産権の優位性を事業の軸に据え、多元的展開を念頭に、グローバル市場を対象にビジネス展開を行うことが目標とされている[2]。コンテンツに生じる知的財産を起点として、世界中の消費者に対して多元的なビジネスの展開を行うことにより、コンテンツ自体の価値を高めながら、知的財産権を中心とした制作と消費の経済活動のエコシステム（経済圏）を形成し、企業の利益の最大化を図っていく必要がある[3]。

---

[1]　是枝裕和監督による日本版CNCの提言など（日本経済新聞2024年8月22日）。
[2]　PwCコンサルティング合同会社「コンテンツIPを中心とした我が国のコンテンツ産業の競争力強化に向けた提言」（2022年3月）、経済産業省ウェブサイト（https://www.meti.go.jp/policy/mono_info_service/contents/downloadfiles/report/r3contentskaigaitenkaisokushinjigyou.pdf）（最終閲覧日：2024年10月25日）。
[3]　PwCコンサルティング合同会社「コンテンツIPを中心とした我が国のコンテンツ産業の競争力強化に向けた提言」（2022年3月）、経済産業省ウェブサイト（https://www.meti.go.jp/policy/mono_info_service/contents/downloadfiles/report/r3contentskaigaitenkaisokushinjigyou.pdf）（最終閲覧日：2024年10月25日）。

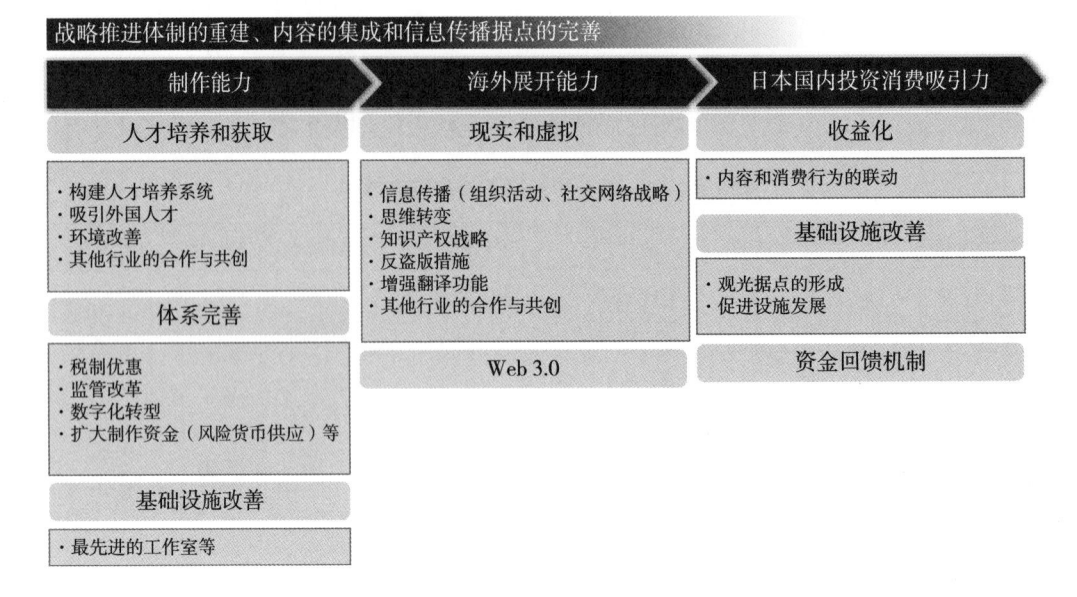

| 数字文化产业出海和跨境合作的法律实务（日本篇）（汉、日对照）

战略推进体制的重建、内容的集成和信息传播据点的完善

制作能力	海外展开能力	日本国内投资消费吸引力
人才培养和获取	现实和虚拟	收益化
・构建人才培养系统 ・吸引外国人才 ・环境改善 ・其他行业的合作与共创	・信息传播（组织活动、社交网络战略） ・思维转变 ・知识产权战略 ・反盗版措施 ・增强翻译功能 ・其他行业的合作与共创	・内容和消费行为的联动
体系完善		基础设施改善
・税制优惠 ・监管改革 ・数字化转型 ・扩大制作资金（风险货币供应）等	Web 3.0	・观光据点的形成 ・促进设施发展
基础设施改善		资金回馈机制
・最先进的工作室等		

图 1-5 考虑措施清单

资料来源：日本经济团体联合会网站：https://www.kantei.go.jp/jp/singi/titeki2/wg_contents/dai1/pdf/siryou2.pdf，最后访问日期：2024 年 10 月 25 日。

（三）日本内容的文化和美学意识及消费行为特点

日本的文化内容在全球范围内广受认可和喜爱。这些内容涵盖了多种媒体形式——动画、漫画、电影、音乐、游戏、小说、戏剧、古典艺术等，每种形式都具有独特的文化价值和美学意识，吸引了大量的受众。日本的美学意识以"和"的精神为代表，注重细节和精致。动画和漫画不仅描绘日常生活，还以超现实的卡通形象设计和幻想元素为特色。

日本人的消费行为特点在于重视产品的质量和原创性，对作品有较高的质量要求。此外，与作品相关的周边商品和限量版也非常受欢迎，许多收藏爱好者热衷于此。随着技术的进步，数字分发也在迅速增加。

这些内容共同塑造了日本的文化身份，在日本国内外拥有众多狂热粉丝。各类别独特的美学和消费行为特点，是日本文化产业在全球成功的原因之一。

以下是对各类别特征的详细说明。

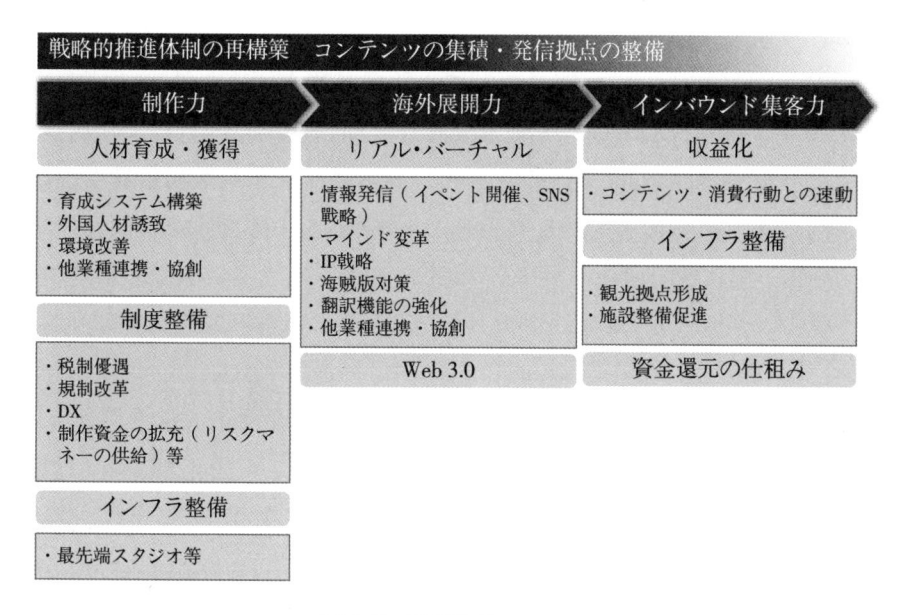

| 戦略的推進体制の再構築 | コンテンツの集積・発信拠点の整備 |

制作力	海外展開力	インバウンド集客力
人材育成・獲得	リアル・バーチャル	収益化
・育成システム構築 ・外国人材誘致 ・環境改善 ・他業種連携・協創	・情報発信（イベント開催、SNS戦略） ・マインド変革 ・IP戦略 ・海賊版対策 ・翻訳機能の強化 ・他業種連携・協創	・コンテンツ・消費行動との連動
制度整備		インフラ整備
・税制優遇 ・規制改革 ・DX ・制作資金の拡充（リスクマネーの供給）等	Web 3.0	・観光拠点形成 ・施設整備促進
		資金還元の仕組み
インフラ整備		
・最先端スタジオ等		

図 1-5　検討施策メニュー

出典：日本経済団体連合会ウェブサイト（https://www.kantei.go.jp/jp/singi/titeki2/wg_contents/dai1/pdf/siryou2.pdf）（最終閲覧日：2024年10月25日）。

（三）日本のコンテンツにおける文化・美意識・消費行動の特徴

　日本のコンテンツは、世界中で広く認識され、愛されている。多岐にわたるメディアを含むその多様なカテゴリー-アニメ、マンガ、映画、音楽、ゲーム、小説、演劇、古典芸能-は、それぞれが独自の文化的価値と美意識を持ち、多くの人々をひきつけている。日本の美意識は「和」の精神に象徴されるように、細部に対する目配りと、繊細さが重要視される。アニメやマンガでは、日常的な描写のみならず、非現実的なキャラクターデザインやファンタジックな要素も特徴の一つとされている。

　日本人の消費行動の特徴として、製品の質やオリジナリティを重視する傾向があり、作品には一定の質が求められる。また、作品に関連したグッズ、限定版なども人気で、熱心なコレクターも多い。また、テクノロジーの進化に伴い、デジタル配信も急速に増加している。

　これらのコンテンツは、それぞれが日本の文化的アイデンティティを形成し、国内外で熱狂的なファンを生み出している。各ジャンルが持つ独自の美意識と消費行動の特性は、日本のコンテンツ産業が世界的に成功している要因の一つである。

　以下に各カテゴリーの特徴を詳しく説明する。

1. 动画

动画是日本现代文化的代表性表现形式之一，其特点之一是故事的深度和主题的多样性，适合从儿童、青少年到成人的不同观众。动画的核心魅力在于其视觉吸引力、鲜艳的色彩运用和情感丰富的卡通形象设计。动画在日本国内外都非常受欢迎，人们不仅可以通过电视和电影院观看，还可以通过购买 DVD、流媒体观看、参加活动等方式来享受。此外，购买与动画相关的商品也非常常见，形成了一个庞大的市场。

2. 漫画

日本漫画的起源据说可以追溯到鸟兽戏画（12～13 世纪）或北斋漫画（1818～1878 年），是日本独特发展的文化形式。漫画的目标读者群体非常广泛，从儿童到成人都有对应的内容。此外，通过将小说或解说书改编为漫画，可以将其内容传达给更广泛的读者群体。漫画通过视觉叙事和大胆表达表情与动作，能够增强情感共鸣和紧张感，形成其他媒体无法实现的独特表现形式。

漫画通常通过周刊、月刊杂志和单行本来阅读，近年来数字化进程加速。在漫画咖啡馆和图书馆中阅读漫画也很常见。漫画粉丝社区非常活跃，粉丝通过同人志、卡通形象扮演（Cosplay）等活动来支持自己喜欢的作品。

3. 电影

从历史上看，日本电影涵盖了多种类型，包括黑泽明和小津安二郎等大师的真人电影，手塚治虫、宫崎骏、高畑勋等人的动画电影，以及现代的细田守和新海诚等人的作品。

日本电影强调现实主义和人物故事，具有独特的美学风格，反映了日本社会的现实、历史和文化，通常处理细腻的人物故事和哲学主题。此外，还经常展示自然的美丽。

日本电影制作的特点是，传统上制片人的权力较小，而导演在实际制作中拥有更大的权力。在真人电影的拍摄现场，通常会用导演的名字来称呼工作团队，如"黑泽组"等。

虽然电影主要在电影院观看，但在家通过 DVD 或在线流媒体观看的情况也在增加。电影节和户外影院也很受欢迎。

1. アニメ

アニメーション（アニメ）は現代の日本文化の代表的な表現形式である。物語の深さやテーマの多様性も特徴で、子ども、若者向けから大人向けまで幅広いジャンルがある。視覚的な魅力、鮮やかな色彩使用、感情豊かなキャラクターデザインが、アニメの魅力の中核を成している。

アニメは国内外で幅広い層に消費され、テレビ放送や劇場映画に加えて、DVDの購入、ストリーミング視聴、イベント参加などの多様な形で楽しまれる。また、アニメ関連商品の購入も一般的であり、大きな市場を形成している。

2. マンガ・コミック

日本の漫画・コミック（マンガ）は、そのルーツを鳥獣戯画（12～13世紀）や北斎漫画（1818～1878年）に求められるともいわれており、日本独自の形で発展した文化である。子ども向けのものから大人向けのものまで、想定する読者層やその内容は非常に幅広いものとなっている。また、小説や解説書をマンガ化することにより、より広い読者にその内容を伝える手段としても利用される。視覚的なストーリーテリングと、表情や動作を大胆に表現することで、感情移入や緊迫感を高め、他のメディアでは得られない独自の表現が可能となっている。

マンガは週刊誌・月刊誌といった雑誌や単行本で広く読まれ、最近ではデジタル化も進んでいる。マンガ喫茶や図書館での閲覧も一般的である。ファンコミュニティが非常に活発で、ファンは、同人誌や漫画のキャラクターのコスチュームプレー（「コスプレ」）、イベントなどを通じて作品を支持する。

3. 映画

日本映画は歴史的に見ても、黒澤明や小津安二郎などの巨匠による実写映画から、手塚治虫にはじまり、宮崎駿、高畑勲などにより発展を遂げ、細田守、新海誠などが活躍する現代のアニメ映画まで、多岐にわたる作品が生み出されている。

日本映画はリアリズムや人間ドラマが強調され、独特の美学を持ち、日本社会の現実や歴史、文化を反映したものが多く、繊細な人間ドラマや哲学的なテーマを扱うことが多い。また、自然の美しさを捉えた映像も多く見られる。

日本映画製作の特徴として、伝統に製作（プロデューサー）の権限より、実際の制作を行う監督（ディレクター）の権限が強く、実写映画の撮影現場では、監督の名前を使用して、「●●組（たとえば、「黒澤組」など）」と呼ばれることも多い。

映画は映画館での鑑賞が主流であるが、家庭でのDVD鑑賞やオンラインストリーミングも増えている。映画祭やアウトドアシネマも人気である。

4. 音乐

包括 J-POP 在内的日本现代音乐，以旋律优美和情感丰富的歌曲为特点。表演形式随着时代变化而演变，从昭和时代的"歌谣曲"盛行时期的独唱或二重唱，到昭和后期至平成时期"偶像"的繁荣和乐队热潮，近年来则多为 7~8 人到 10 人以上的团体形式活动。作为日本独特的文化，支持正在成长中的"偶像"，而不是已经成功的表演者，也是一种常见的形式。为了支持这些正在成长中的"偶像"，举办与粉丝近距离接触的活动和握手会也是其特点之一。

音乐的消费方式多种多样，包括购买 CD、付费下载到数字音乐流媒体欣赏。另外，现场演唱会和音乐节也特别受欢迎，吸引了大量粉丝参加。

5. 游戏

日本是全球知名的游戏大国，拥有任天堂、索尼、史克威尔艾尼克斯等许多大公司。日本的电子游戏在全球范围内享有很高的影响力，以高质量的图形、独创的游戏设计和深刻的故事而闻名。卡通形象设计也具有高度的美学水平。有些游戏以历史人物为原型，还有些游戏以刀剑等物品拟人化的卡通形象登场，这些游戏也因超越游戏本身的"声援活动"而备受欢迎。

从家庭用游戏机到移动游戏、PC 游戏，玩家可以在各种平台上享受游戏。游戏发布日排长队的现象并不罕见，在线多人游戏体验也很受欢迎。游戏内购买和下载内容等新的消费形式也在逐渐普及。

6. 小说

日本小说种类繁多，包括轻小说、纯文学、推理小说等，以深刻的心理描写和精巧的情节为特点。从 1008 年前后开始创作的紫式部的《源氏物语》为代表的传统古典文学和现代文学共存，探索多样的文体和主题。纯文学常常深入探讨人类内心和社会问题。此外，如太宰治的"私小说"也很常见。

虽然纸质书籍仍然是主流，但电子书的普及也在推进。文学奖获奖作品和畅销书特别受到关注。

4. 音楽

J-POP をはじめとする日本の現代音楽は、メロディアスで感情表現豊かな楽曲が特徴である。実演家の形式は、時代とともに変化しており、「歌謡曲」全盛の昭和時代においては、単独またはデュオでの実演家が多かったが、昭和後半から平成にかけて「アイドル」の隆盛やバンドブームがあり、近時は、7～8人から10名以上を擁するグループでの活動が多くなっている。日本独自の文化として、完成した形でのパフォーマーではなく、未完成な「アイドル」を応援するという形態での支持も多く見られる。未完成の「アイドル」を応援するために、ファンとの距離感が近いイベントや握手会などの開催が行われる点も特徴である。

CD の購入やダウンロード販売からデジタル音楽のストリーミングまで、音楽の消費方法は多岐にわたる。他方、ライブコンサートや音楽フェスは特に人気があり、多くのファンが参加する。

5. ゲーム

日本は世界的なゲーム大国であり、任天堂、ソニー、スクウェア・エニックスなど、多くの大手企業がある。日本のビデオゲームは世界的な影響力があり、そのクオリティの高いグラフィックス、独創的なゲームデザイン、深いストーリーが評価されている。キャラクターのデザインにも高い美意識が見られる。歴史的人物をモデルにしたゲームや、刀剣などのモノを擬人化したキャラクターが登場するゲームなどにより、ゲームを超えた「推し活」も人気である。

家庭用ゲーム機からモバイルゲーム、PC ゲームに至るまで、幅広いプラットフォームでゲームが楽しまれている。ゲームのリリース日には長蛇の列ができることも珍しくなく、オンラインでのマルチプレイヤー体験も人気である。ゲーム内課金やダウンロードコンテンツなど、新しい消費形態も普及している。

6. 小説

日本の小説は、ライトノベルや純文学、ミステリーなど、多様なジャンルがあり、深い心理描写と緻密なプロットが特徴である。1008 年頃から書き始められたといわれる紫式部の「源氏物語」に代表される伝統的な古典文学と現代文学が共存しており、多様な文体とテーマが探求されている。純文学では、人間の内面や社会問題を深く掘り下げた作品が多い。また、太宰治に代表されるような「私小説」も多く見られる。

紙の書籍が主流であるが、電子書籍の普及も進んでいる。文学賞の受賞作品やベストセラーには特に高い関心が寄せられる。

7.戏剧

日本的戏剧种类繁多，从表现日本古代故事的剧目，到采用欧美文学和戏剧作品题材的剧目，再到音乐剧形式，均广受欢迎。四季剧团和松竹歌剧团等定期演出的团体拥有大量的忠实粉丝。

8.古典艺术（能、狂言、文乐、歌舞伎）

能乐（包括能和狂言）[1]起源于传统日本的各种艺能，并结合了在与海外交流频繁的8世纪从中国传入的艺能后形成的含有"滑稽"意味的"猿乐"而形成。室町时代（14～16世纪），由观阿弥（1333～1384年）率领的猿乐剧团不仅因其出色的表演而广受欢迎，还积极地将歌舞元素和当时流行的其他艺能特征融入猿乐，与其子世阿弥共同将能乐发展至巅峰。到了江户时代（17～19世纪），猿乐被定为幕府的仪式用官方艺能，能和狂言成为武士阶层的表演艺术。

能乐在2001年被联合国教科文组织宣布为"人类口头及非物质遗产代表作"，2008年被列入"人类非物质文化遗产代表作名录"，作为持续了600年以上的舞台艺能，其价值在国际上得到了认可。

文乐[2]形成于1600年前后，由音乐性讲述艺能"净琉璃"和人偶操作艺能结合形成"人偶净琉璃"。17世纪80年代，近松门左卫门为著名的人偶净琉璃讲述者竹本义太夫创作了许多名作，确立了人偶净琉璃的流行。在人偶净琉璃的鼎盛时期，人偶的眼睛、嘴巴、手指等可以细腻地动作，表现更接近人类。此外，人偶也有了腿，由一个人操作变为三人分工操作。

1955年文乐被指定为国家重要非物质文化遗产，2003年被联合国教科文组织宣布为"人类口头及非物质遗产代表作"，2008年被列入"人类非物质文化遗产代表作名录"。

---

[1] 参见《历史/联合国教科文组织无形文化遗产能乐的魅力》，载日本艺术文化振兴会网站：https://www2.ntj.jac.go.jp/unesco/noh/jp/history/，最后访问日期：2024年10月25日。

[2] 参见《联合国教科文组织无形文化遗产 文乐的魅力》，载日本艺术文化振兴会网站：https://www2.ntj.jac.go.jp/unesco/bunraku/jp/，最后访问日期：2024年10月25日。

7. 演劇

日本古来の物語を演ずるものから、欧米の文学・演劇作品に題材を求めるもの、ミュージカル形式をとるものまで、日本においては多くの演劇が楽しまれている。劇団四季や松竹歌劇団など、定期的に公演を行う団体には、多くの固定ファンがいる。

8. 古典芸能（能、狂言、文楽、歌舞伎）

能楽（能および狂言）[1]は、従来の日本に存在した様々な芸能に、海外との交流が盛んであった8世紀頃、中国大陸から伝来した芸能が混じり合ってできた、「滑稽」という意味を持つ「猿楽（さるがく）」を起源にするといわれている。室町時代（14～16世紀）に猿楽の一座を率いていた観阿弥（1333～1384年）は、優れた演者として人気を集めるだけでなく、歌舞的な要素や、当時流行していた他の芸能の特長なども、積極的に猿楽へ取り入れ、息子・世阿弥とともに能を大成させていった。江戸時代（17～19世紀）には、猿楽は幕府の式楽（儀式用の公式な芸能）と定められ、能と狂言は武家社会の芸能として定着した。

能楽は、2001年にユネスコが「人類の口承及び無形遺産に関する傑作」として宣言、2008年には「人類の無形文化遺産の代表的な一覧表」に記載され、600年以上も続いてきた舞台芸能としての価値が国際的に認められるに至った。

文楽[2]は、1600年頃、音楽的な語りの芸能である「浄瑠璃」と人形操りの芸能が出会うことにより「人形浄瑠璃」として成立した。

1680年代頃、人気を博した人形浄瑠璃の語り手である竹本義太夫のために、近松門左衛門（ちかまつもんざえもん）は多くの名作浄瑠璃を生み出し、人形浄瑠璃の人気を確立させた。その後の人形浄瑠璃隆盛期には、人形も大きく変化し、目や口、指などが細かく動くようになり、より人間に近い表現が可能になった。また、人形に足も付き、一人で動かしていた人形を、三人で分担して操るようになった。

1955年に文楽は国の重要無形文化財に指定され、2003年にはユネスコにより「人類の口承及び無形遺産に関する傑作」として宣言、2008年に「人類の無形文化遺産の代表的な一覧表」に記載されている。

---

[1]「歴史｜ユネスコ無形文化遺産　能楽への誘い」日本芸術文化振興会ウェブサイト（https://www2.ntj.jac.go.jp/unesco/noh/jp/history/）（最終閲覧日：2024年10月25日）。

[2]「ユネスコ無形文化遺産　文楽への誘い」日本芸術文化振興会ウェブサイト（https://www2.ntj.jac.go.jp/unesco/bunraku/jp/）（最終閲覧日：2024年10月25日）。

歌舞伎[1]起源于江户时代初期（17世纪初），由自称出云巫女的阿国将奇特的服装和发型融入自己的舞蹈而形成了"歌舞伎舞"。除了舞蹈，还融合了戏剧和音乐元素，歌舞伎因此广受欢迎，但因过度繁荣而遭到限制，女性表演被禁止，转为由成年男性表演。这一历史背景延续至今，现代的歌舞伎表演者几乎都是成年男性，连女性角色也由男性演出。

歌舞伎不仅演出为歌舞伎创作的作品，还将前代艺能如能乐、狂言及同时代艺能如人偶净琉璃的作品作为重要剧目。此外，也演出从单口相声、评书、小说等艺能和文化中改编的作品，以及现代以漫画为原作的作品。

9. 卡通形象

在日本，除从漫画、动漫等衍生出的卡通形象外，文具等物品上的卡通形象也非常受欢迎，并发展成为娱乐内容。例如，三丽鸥的凯蒂猫Hello Kitty、玉桂狗和San-X的轻松熊、角落生物等。作为日本代表性内容之一的凯蒂猫Hello Kitty最初是作为文具、儿童用品的插画而广受欢迎，后来发展为动画、吉祥物等娱乐内容。日本的文化有时被称为"可爱文化"，在"可爱文化"的发展中，凯蒂猫Hello Kitty等卡通形象发挥了重要作用。

10. 内容间的交流融合和多媒体化

在日本的内容产业中，各个内容不仅独立存在，还经常相互融合。例如，受欢迎的漫画系列《海贼王》最初是漫画，后来被改编为动画，并成为歌舞伎的原作。漫画《哆啦A梦》从漫画改编为电视动画，还被制作为电影上映。此外，哆啦A梦的文具和玩偶也很受欢迎。

---

[1] 参见《历久弥新的古典艺能／歌舞伎的特征／联合国教科文组织无形文化遗产　歌舞伎的魅力》，载日本艺术文化振兴会网站：https://www2.ntj.jac.go.jp/unesco/kabuki/jp/feature/feature1.html，最后访问日期：2024年10月25日。

第 1 章　引言

　　歌舞伎[1]は、江戸時代の初め頃（17世紀初頭）に現われた、奇抜で派手な服装や髪型でおかしな行動をする人たちの新規で先進的な風俗を、出雲の巫女（みこ）を名乗るお国（おくに）という女性が、自らの踊りに取り入れた「かぶき踊り」がその始まりとされている。舞踊だけでなく演劇や音楽などの要素も取り込み、歌舞伎は人気を集めるが、あまりの盛り上がりのために弾圧を受け、女性が演じることが禁じられたことから、成人男性のみで演じる歌舞伎が誕生した。その歴史的な背景から、現代においても、歌舞伎の演者はほぼ成人の男性のみであり、女性の役も男性が演じる。

　　歌舞伎では、歌舞伎のために作られた作品だけでなく、能や狂言などの前の時代に成立した芸能や、人形浄瑠璃など同じ時代に発展した芸能から、歌舞伎へ移された作品も歌舞伎の重要なレパートリーになっている。さらに、落語や講談、小説といった芸能や文化と互いに影響を与え合う中から作品が生まれ、現代では、マンガを原作とした作品も演じられる。

9. キャラクター

　　コミック、マンガなどから派生するキャラクターの他に、日本では文具等に使用されるキャラクターが人気となり、エンターテインメントのコンテンツとして発展する形態がある。例えば、サンリオのハローキティ、シナモンロール、San-Xのリラックマ、すみっコぐらしなどがある。日本の代表的コンテンツともいえるハローキティは、もともと「ファンシーグッズ」といわれる文房具、子ども用アメニティ製品のイラストとして作られたものが人気を博し、アニメーション、キグルミ等によるエンターテインメントに発展している。日本のコンテンツは時に「カワイイ文化」と称されることがあるが、「カワイイ」の発展において、ハローキティをはじめとするキャラクターが果たした役割は大きい。

10. コンテンツ間の交流・マルチメディア化

　　日本のコンテンツ産業においては、個々のコンテンツが独立して存在するのみならず、複数のコンテンツが共存することは珍しくない。例えば、人気漫画シリーズの「ワンピース」は、コミックとして創作されたものであるが、アニメーション化され、歌舞伎の原作にもなっている。マンガ「ドラえもん」は、コミックからテレビ用アニメーションとなり、映画館上映用の映画も制作されている。また、ドラ

---

　　[1]「つねに新しい古典芸能｜歌舞伎の特徴｜ユネスコ無形文化遺産 歌舞伎への誘い」日本芸術文化振興会ウェブサイト（ https://www2.ntj.jac.go.jp/unesco/kabuki/jp/feature/feature1.html）（最終閲覧日：2024年10月25日）。

内容之间的交流融合现象早在人偶净琉璃（文乐）和歌舞伎的时代就已存在，这对日本人来说非常熟悉。通过这些交流融合，可以吸引各个内容的粉丝。例如，在古典艺能之一的歌舞伎中引入现代漫画作品，不仅可以吸引歌舞伎的新粉丝，还可以让年青一代对歌舞伎产生兴趣。

四、数字文化全球化的数据合规新挑战

据商务部服贸司司长王东堂介绍，2021年我国对外文化贸易额首次突破2000亿美元；2022年对外文化贸易额超过2200亿美元，同比增长约11%，其中文化产品进出口额1803亿美元，文化服务进出口额414亿美元，华经产业研究院数据显示，2023年中国文化产品出口金额为14,481,164.7万美元。[1]我国文化产品进出口规模多年居世界第一位，发展对外文化贸易，是加快建设文化强国和贸易强国的必然要求。对外文化贸易规模不断增长的背后，数据合规问题也日益凸显，给企业更进一步全球化带来巨大阻碍。

百度总裁李彦宏曾经说过，"中国人更加开放，或者说对于这个隐私问题没有那么敏感。如果说他们愿意用隐私换，或者交换便捷性或者效率的话，很多情况下他们是愿意这样做的"。[2]这句话不完全正确，但是从一定程度上反映出我国企业对于个人数据保护意识与国际标准存在一定差距，当国内数字文化企业出海时，这种差距可能就会带来数据合规风险。本书将以中国内某视频分享软件的国际版T公司的国际化道路上的数据合规问题作为参考，在一定程度上了解全球范围对于数据合规的要求及保护现状。

---

[1] 参见《2023年中国文化产品出口金额统计分析》，载华经情报网：https://www.huaon.com/channel/tradedata/964121.html，最后访问日期：2024年10月25日。

[2]《北青报：要看到"愿意用隐私交换便捷"的逻辑错误》，载人民网：http://opinion.people.com.cn/n1/2018/0328/c1003-29892844.html，最后访问日期：2024年10月25日。

えもんの文具やぬいぐるみなども人気である。

　コンテンツ間の交流については、人形浄瑠璃（文楽）と歌舞伎の時代から見られる現象であり、日本人にとってはなじみのあるものである。これらの交流により、それぞれのコンテンツのファンを取り込むことが可能であり、古典芸能の一つである歌舞伎において、現代のマンガ作品を取り入れることによって、歌舞伎に若い世代の新しいファンを生むことなどにも役立っている。

四．コンテンツ産業のグローバル化におけるデータコンプライアンスの新たな課題

　商務部サービス貿易司の王東堂司長によると、2021年には中国の対外コンテンツ貿易額が初めて2000億ドルを超え、2022年には対外コンテンツ貿易額が2200億ドルを超え、前年比約11%の成長を遂げた。その内訳として、コンテンツ製品の輸出入額は1803億ドル、コンテンツサービスの輸出入額は414億ドルであり、華経産業研究院のデータによれば、2023年には中国のコンテンツ製品の輸出額は14,481,164.7万ドルに達している[1]。中国のコンテンツ製品の輸出入規模は長年にわたり世界一であり、中国がコンテンツの面でも貿易の面でも更に強国となるためには、対外コンテンツ貿易の発展が必須である。一方、対外コンテンツ貿易の規模が着実に大きくなるに伴い、データコンプライアンスの問題がますます顕著になっており、この問題は、企業のさらなるグローバル化に大きな障害をもたらしている。

　百度の会長である李彦宏氏は、かつて、「中国人は開放的というべきか、プライバシーの問題に対して、それほど敏感ではない。彼らがプライバシーと引き換えに便利さや効率を得ようとする場合、多くの場合、彼らはそうすることを厭わない」と述べた[2]。この言葉は完全に正しいわけではないが、中国企業の個人データ保護に対する意識と国際基準との間には一定の差があることを表している。このため、国内のコンテンツ企業が海外進出する際には、この差が、データコンプライアンスリスクをもたらす可能性がある。本稿では、国内のある動画共有ソフトウェアの国際

---

　[1] Huaon.com ウェブサイト（https://www.huaon.com/channel/tradedata/964121.html）（最終閲覧日：2024年10月25日）。

　[2] People.cn ウェブサイト（http://opinion.people.com.cn/n1/2018/0328/c1003-29892844.html）（最終閲覧日：2024年10月25日）。

（一）背景

国内某视频分享软件的国际版 T 公司在全球用户中具有极高普度和影响力，截至 2023 年 6 月，该视频分享软件的下载量超过 35 亿次，全球用户超过 16 亿，其中月活跃用户达到 11 亿，其还获得 2023 年美国最受欢迎的社交媒体应用程序。然而，各国政府对 T 公司的态度并不友好，根据独立报的不完全统计，[1] 目前全球多达 18 个国家和地区对抖音国际版 T 公司实施禁令，图 1-6 中，深灰色为部分禁止，黑色为完全禁止。

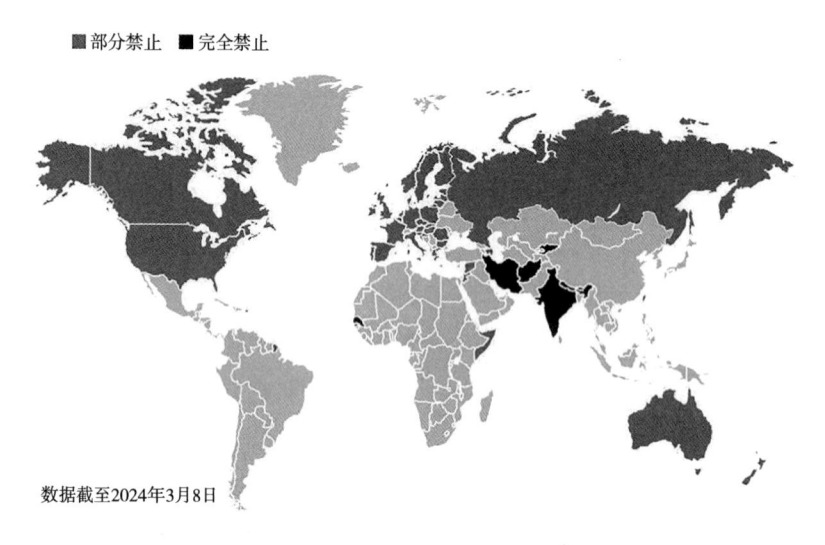

图 1-6 TikTok 在哪些地方被禁了？

对全世界范围内各国政府对 T 公司作出限制或者作出处罚的原因的梳理，大部分原因是源于数据合规问题，详见表 1-2 的总结：

---

[1] 参见 "TikTok ban: Why a total block in the US could be so devastating"，载独立报：https://www.independent.co.uk/tech/tiktok-ban-us-date-map-latest-b2510724.html，最后访问日期：2024 年 10 月 25 日。

版であるT社の国際化の過程で起こったデータコンプライアンス問題を参考にし、グローバルなデータコンプライアンスの要求と保護の現状を一定程度理解することを目指す。

（一）背景

国内のある動画共有ソフトウェアの国際版であるT社は、世界中のユーザーの間で広く普及し、非常に強い影響力を持っている。2023年6月時点で、この動画共有ソフトウェアのダウンロード数は35億回を超え、グローバルユーザーは16億人以上であり、その中で月間アクティブユーザーは11億人に達している。また、2023年にはアメリカで最も人気のあるソーシャルメディアアプリケーションとして評価された。しかし、各国政府のT社に対する態度は好意的ではない。インディペンデント紙の統計によると、現在、世界で18の国や地域が国際版T社に対して禁止措置を実施している。下記の図1-6中、ダークグレーは一部禁止、黒色は完全禁止を示している[1]。

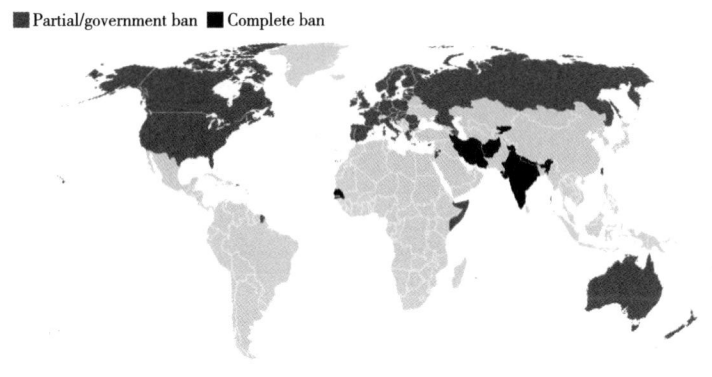

図1-6　Where is TikTok banned?

T社に対する各国政府の制限や処罰の理由について整理したところ、大部分の理由がデータコンプライアンス問題に起因しており、詳細は下表1-2のとおりである。

---

[1] INDEPENDENTウェブサイト（https://www.independent.co.uk/tech/tiktok-ban-us-date-map-latest-b2510724.html）（最終閲覧日：2024年10月25日）。

表 1–2　各国 / 地区 / 机构对 T 公司禁止情况

序号	时间	地区	主要原因
1	2020 年 6 月	印度[1]	"损害了印度的主权和完整、印度的国防、国家安全和公共秩序""以未经授权的方式窃取和秘密传输用户数据"
2	2020 年 10 月	巴基斯坦[2]	担心存在宣传不道德内容的风险
3	2022 年 4 月	阿富汗[3]	以保护年轻人不被"误导"
4	2023 年 3 月	欧盟委员会[4]	公务工作人员设备禁止下载。保护委员会免受网络安全威胁和可能被利用来针对委员会企业环境进行网络攻击的行动
5	2023 年 3 月	比利时[5]	公务工作人员设备禁止下载。存在多个安全漏洞，引发了对其处理用户个人数据的担忧，并为可能监视用户数据敞开了大门
6	2023 年 3 月	英国[6]	政府设备禁止下载。存在潜在的安全风险，尤其是由于其需要用户授权访问设备上的敏感信息，这可能导致个人数据泄露和隐私侵犯

---

[1]　参见 "India bans TikTok, WeChat and dozens more Chinese apps"，载 BBC：https://www.bbc.co.uk/news/technology-53225720，最后访问日期：2024 年 10 月 25 日。

[2]　参见 "Which countries have banned TikTok and why?"，载 euronew：https://www.euronews.com/next/2024/03/14/which-countries-have-banned-tiktok-cybersecurity-data-privacy-espionage-fears，最后访问日期：2024 年 10 月 25 日。

[3]　参见 "Taliban Bans TikTok, Popular Video Game In Afghanistan"，载 REGIONS：https://www.rferl.org/a/taliban-bans-tiktok-video-game-pubg/31814523.html，最后访问日期：2024 年 10 月 25 日。

[4]　参见 "Commission strengthens cybersecurity and suspends the use of TikTok on its corporate devices"，载 European Commmission：https://ec.europa.eu/commission/presscorner/detail/en/ip_23_1161，最后访问日期：2024 年 10 月 25 日。

[5]　参见 "All Belgian governments ban use of TikTok on staff devices"，载 The Brussels Times：https://www.brusselstimes.com/401861/all-belgian-governments-ban-use-of-tiktok-on-staff-devices，最后访问日期：2024 年 10 月 25 日。

[6]　参见 "TikTok banned on UK government devices as part of wider app review"，载 GOV.UK：https://www.gov.uk/government/news/tiktok-banned-on-uk-government-devices-as-part-of-wider-app-review，最后访问日期：2024 年 10 月 25 日。

表 1-2　各国／地域／機関による T 社への禁止措置

番号	時間	地域	主要な理由
1	2020/6	インド[1]	「インドの主権と統一性、インドの防衛、国家安全保障および公共秩序を損ない」、「無許可でユーザーデータを窃取し秘密裡に転送する」
2	2020/10	パキスタン[2]	不道徳な内容の宣伝リスクがあるため
3	2022/4	アフガニスタン[3]	若者が「誤解」しないようにするため
4	2023/3	欧州委員会[4]	公務員のデバイスへのダウンロードを禁止。委員会をサイバーセキュリティの脅威から保護し、委員会の企業環境を標的とした攻撃行動を防ぐため
5	2023/3	ベルギー[5]	公務員のデバイスへのダウンロードを禁止。複数のセキュリティ脆弱性が存在し、ユーザー個人データの処理に対する懸念が生じ、ユーザーデータへの監視リスクを高める可能性があるため
6	2023/3	イギリス[6]	政府のデバイスへのダウンロードを禁止。潜在的なセキュリティリスクがあり、特にデバイス上のセンシティブ情報へのアクセスを要求するため、個人データの漏洩やプライバシー侵害を引き起こす可能性があるため

---

[1]　BBC ウェブサイト（https://www.bbc.co.uk/news/technology-53225720）（最終閲覧日：2024 年 10 月 25 日）。
[2]　Euro news ウェブサイト（https://www.euronews.com/next/2024/03/14/which-countries-have-banned-tiktok-cybersecurity-data-privacy-espionage-fears）（最終閲覧日：2024 年 10 月 25 日）。
[3]　Radio Free Europe Radio Liberty ウェブサイト（https://www.rferl.org/a/taliban-bans-tiktok-video-game-pubg/31814523.html）（最終閲覧日：2024 年 10 月 25 日）。
[4]　EC ウェブサイト（https://ec.europa.eu/commission/presscorner/detail/en/ip_23_1161）（最終閲覧日：2024 年 10 月 25 日）。
[5]　The Brussels Times ウェブサイト（https://www.brusselstimes.com/401861/all-belgian-governments-ban-use-of-tiktok-on-staff-devices）（最終閲覧日：2024 年 10 月 25 日）。
[6]　UK 政府ウェブサイト（https://www.gov.uk/government/news/tiktok-banned-on-uk-government-devices-as-part-of-wider-app-review）（最終閲覧日：2024 年 10 月 25 日）。

续表

序号	时间	地区	主要原因
7	2023年3月	新西兰[1]	部分政府雇员设备禁止下载。 与其他司法管辖区一样，新西兰之所以限制政府访问TikTok，是出于数据安全考虑
8	2023年3月	挪威[2]	部长和官员设备禁止下载
9	2023年3月	法国[3]	公务人员专业手机禁止下载。 通常缺乏足够的网络安全和数据保护措施
10	2023年3月	瑞典[4]	军方工作人员设备禁止下载。 可能存在安全风险
11	2023年4月	澳大利亚[5]	政府设备禁止下载或移除。 可能存在严重的安全和隐私风险，特别是由于其广泛收集用户数据并暴露于外国政府的超法定指令
12	2024年4月	美国[6]	4月23日，美国参议院通过一项涉TikTok的法案。该法案要求中国字节跳动公司剥离对旗下短视频应用程序TikTok的控制权，否则该应用程序将被禁止在美国上架

---

[1] 参见"New Zealand is the latest country to ban TikTok from government devices"，载engadegt：https://www.engadget.com/new-zealand-is-the-latest-country-to-ban-tiktok-from-government-devices-143539571.html?guccounter=1&guce_referrer=aHR0cHM6Ly93d3cuYmluZy5jb20v&guce_referrer_sig=AQAAAFcT5asFUL_cemjD3WZLnkUJUANnPUxuw72xThWEDNTId6Q1gLK-rJARAsptKTk0l51bdTuXaEzbfO6FVMypxnFX5AuCDt8jS-rHkVhpIgOGdvNbWSWLBorcfECJ5RBSRhAgsdr0q5ucWHWlWTn57ZCeOpIe7YmQ_WnEauUpmbjG，最后访问日期：2024年10月25日。

[2] 参见"Norwegian parliament joins the government in TikTok ban"，载THE LOCAL：https://www.thelocal.no/20230324/norwegian-parliament-joins-the-government-in-tiktok-ban，最后访问日期：2024年10月25日。

[3] 参见"France bans TikTok, all social media apps from government devices"，载CSO：https://www.csoonline.com/article/574861/france-bans-tiktok-all-social-media-apps-from-government-devices.html，最后访问日期：2024年10月25日。

[4] 参见"Swedish Military Bans Chinese-Owned TikTok on Work Phones"，载The Defense Post：https://www.thedefensepost.com/2023/03/28/swedish-military-bans-tiktok/#:~:text=Sweden%E2%80%99s%20military%20said%20Monday%20it%20was%20banning%20staff,of%20similar%20decisions%20from%20authorities%20in%20Western%20countries，最后访问日期：2024年10月25日。

[5] 参见"Australia bans TikTok on government devices over security concerns"，载Reuters：https://www.reuters.com/world/asia-pacific/australia-ban-tiktok-government-devices-media-reports-2023-04-03/，最后访问日期：2024年10月25日。

[6] 参见"Biden just signed a potential TikTok ban into law. Here's what happens next"，载Cable News Network：https://edition.cnn.com/2024/04/23/tech/congress-tiktok-ban-what-next/index.html，最后访问日期：2024年10月25日。

続表

番号	時間	地域	主要な理由
7	2023/3	ニュージーランド[1]	一部の政府職員のデバイスへのダウンロードを禁止。他の司法管轄区と同様に、ニュージーランドが政府アクセスを制限するのはデータセキュリティの考慮から
8	2023/3	ノルウェー[2]	大臣と官僚のデバイスへのダウンロードを禁止する
9	2023/3	フランス[3]	公務員の仕事用携帯へのダウンロードを禁止。十分なサイバーセキュリティとデータ保護対策が欠如しているため
10	2023/3	スウェーデン[4]	軍の職員のデバイスへのダウンロードを禁止。セキュリティリスクがある可能性があるため
11	2023/4	オーストラリア[5]	政府のデバイスへのダウンロードを禁止。特にユーザーデータを広範に収集し、オーストラリアの国内法が及ばない外国政府の指令の影響を受ける可能性があり、深刻なセキュリティとプライバシーのリスクが存在する可能性があるため
12	2024/4	アメリカ[6]	4月23日、米国上院はT社に関する法案を可決。中国バイトダンス社に対し、短編動画アプリT社の管理権を放棄しない場合、アメリカでのアプリの提供を禁止する内容

---

[1] Engadget ウェブサイト (https://www.engadget.com/new-zealand-is-the-latest-country-to-ban-tiktok-from-government-devices-143539571.html?guccounter=1&guce_referrer=aHR0cHM6Ly93d3cuYmluZy5jb20v&guce_referrer_sig=AQAAAFcT5asFUL_cemjD3WZLnkUJUANnPUxuw72xThWEDNTId6Q1gLK-rJARAsptKTk0151bdTuXaEzbfO6FVMypxnFX5AuCDt8jS-rHkVhpIgOGdvNbWSWLBorcfECJ5RBSRhAgsdr0q5ucWHWlWTn57ZCeOpIe7YmQ_WnEauUpmbjG) (最終閲覧日: 2024年10月25日).

[2] THE LOCALウェブサイト (https://www.thelocal.no/20230324/norwegian-parliament-joins-the-government-in-tiktok-ban) (最終閲覧日: 2024年10月25日).

[3] CSO ウェブサイト (https://www.csoonline.com/article/574861/france-bans-tiktok-all-social-media-apps-from-government-devices.html) (最終閲覧日: 2024年10月25日).

[4] The Defense Post ウェブサイト (https://www.thedefensepost.com/2023/03/28/swedish-military-bans-tiktok/#:~:text=Sweden%E2%80%99s%20military%20said%20Monday%20it%20was%20banning%20staff,of%20similar%20decisions%20from%20authorities%20in%20Western%20countries) (最終閲覧日: 2024年10月25日).

[5] Reuters ウェブサイト (https://www.reuters.com/world/asia-pacific/australia-ban-tiktok-government-devices-media-reports-2023-04-03/) (最終閲覧日: 2024年10月25日).

[6] CNN ウェブサイト (https://edition.cnn.com/2024/04/23/tech/congress-tiktok-ban-what-next/index.html) (最終閲覧日: 2024年10月25日).

表 1-3　各国对 T 公司及关联公司处罚案例

序号	时间	主管机构	主要原因	罚金/和解金
1	2019年2月	美国联邦贸易委员会[1]	Musical.ly[2] 非法收集儿童信息	570万美元
2	2021年7月	荷兰数据保护局[3]	因违反了 GDPR 第 12 条第 1 款、第 83 条以及荷兰行政法（UAVG）第 14 条第 3 款	750,000欧元
3	2023年4月	英国的隐私监管机构[4]	因违反 DPA 和英国通用数据保护条例（UK GDPR）而不当收集、处理了用户（包括儿童）个人数据	1270万英镑
4	2023年9月	爱尔兰数据保护委员会[5]	违反 GDPR 第 5（1）（c）和 25（1）及（2）条的 1 亿欧元罚款，违反第 5（1）（f）条的 6500 万欧元罚款，以及违反第 12（1）和 13（1）（e）条的 1.8 亿欧元罚款	3.45亿欧元
5	2024年3月	意大利竞争管理局[6]	违反了《消费者法典》中关于误导性广告、不公平商业行为和消费者保护的规定	1000万欧元

（二）中国数字文化企业出海合规建议

随着我国数字文化企业在国内蓬勃发展，产品/服务出海是大部分企业扩大盈利点、提升品牌影响力的首选方案。如何有效地避免数据合规风险，建议要从三个角度

---

[1] 参见 "Video Social Networking App Musical.ly Agrees to Settle FTC Allegations That it Violated Children's Privacy Law"，载 FEDERAL TRADE COMMISSION：https://www.ftc.gov/news-events/news/press-releases/2019/02/video-social-networking-app-musically-agrees-settle-ftc-allegations-it-violated-childrens-privacy，最后访问日期：2024 年 10 月 25 日。

[2] 参见 "字节跳动全资收购了 musical.ly 与抖音海外版升级为新 TikTok"，载 TechWeb：https://www.techweb.com.cn/it/2018-08-02/2691937.shtml，最后访问日期：2024 年 10 月 25 日。

[3] 参见 "Boete TikTok vanwege schenden privacy kinderen"，载 AUTORITEIT PERSOONSGEGEVENS：https://autoriteitpersoonsgegevens.nl/actueel/boete-tiktok-vanwege-schenden-privacy-kinderen，最后访问日期：2024 年 10 月 25 日。

[4] 参见 "ICO fines TikTok £12.7 million for misusing children's data"，载 ICO：https://ico.org.uk/about-the-ico/media-centre/news-and-blogs/2023/04/ico-fines-tiktok-127-million-for-misusing-children-s-data/，最后访问日期：2024 年 10 月 25 日。

[5] 参见 "Inquiry into TikTok Technology Limited - September 2023" 载 AN COIMISIÚN UM CHOSAINT SONRAÍ DATA PROTECTION COMMISSION：https://www.dataprotection.ie/en/dpc-guidance/law/decisions-made-under-data-protection-act-2018/Inquiry-into-TikTok-Technology-Limited-September-2023#TikTok，最后访问日期：2024 年 10 月 25 日。

[6] 参见 "PS12543 - Italian Competition Authority: TikTok sanctioned for an unfair commercial practice"，载 AGCM：https://en.agcm.it/en/media/press-releases/2024/3/PS12543，最后访问日期：2024 年 10 月 25 日。

表 1-3　各国による T 社および関連会社への処罰例

番号	時間	主管機関	主要な理由	罰金／和解金
1	2019/2	アメリカ連邦取引委員会（FTC）[1]	Musical.ly[2]が違法に子供の情報を収集したため	570 万ドル
2	2021/7	オランダデータ保護局[3]	GDPR12 条 1 項、83 条およびオランダ行政法（UAVG）14 条 3 項に違反したため	750,000 ユーロ
3	2023/4	英国のプライバシー監督機関[4]	DPA および英国一般データ保護規則（UKGDPR）に違反し、ユーザー（子供を含む）の個人データを不適切に収集、処理したため	1270 万ポンド
4	2023/9	アイルランドデータ保護委員会[5]	GDPR5(1)(c) および 25(1) および (2) 条に違反したため 1 億ユーロの罰金、5(1)(f) 条に違反したため 6500 万ユーロの罰金、12(1) および 13(1)(e) 条に違反したため 1.8 億ユーロの罰金	3.45 億ユーロ
5	2024/3	イタリア競争・市場保護委員会（AGCM）[6]	《消費者法典》中の誤解を招く広告、不公平な商行為および消費者保護の規定に違反したため	1000 万ユーロ

（二）中国のコンテンツ企業の海外進出に関するコンプライアンスの提案

　　中国のコンテンツ企業が国内で急成長する中、製品やサービスの海外展開は、ほとんどの企業にとって、利益の拡大やブランドの影響力を高めるための最良の選択肢となっている。データコンプライアンスのリスクを効果的に回避するためには、

---

[1] FTC ウェブサイト（https://www.ftc.gov/news-events/news/press-releases/2019/02/video-social-networking-app-musically-agrees-settle-ftc-allegations-it-violated-childrens-privacy）（最終閲覧日：2024 年 10 月 25 日）。

[2] 2017 年 11 月に Tiktok が Musical.ly を買収した（最終閲覧日：2024 年 10 月 25 日）。

[3] AUTORITEIT PERSOONSGEGENENS ウェブサイト（https://autoriteitpersoonsgegevens.nl/actueel/boete-tiktok-vanwege-schenden-privacy-kinderen）（最終閲覧日：2024 年 10 月 25 日）。

[4] ICO ウェブサイト（https://ico.org.uk/about-the-ico/media-centre/news-and-blogs/2023/04/ico-fines-tiktok-127-million-for-misusing-children-s-data/）（最終閲覧日：2024 年 10 月 25 日）。

[5] Data Protection Commission ウェブサイト（https://www.dataprotection.ie/en/dpc-guidance/law/decisions-made-under-data-protection-act-2018/Inquiry-into-TikTok-Technology-Limited-September-2023#TikTok）（最終閲覧日：2024 年 10 月 25 日）。

[6] AGCM ウェブサイト（https://en.agcm.it/en/media/press-releases/2024/3/PS12543）（最終閲覧日：2024 年 10 月 25 日）。

来进行数据合规设计。

1. 参照 GDPR 在出海前进行数据合规

首先，建议参照 GDPR 进行出海前数据合规。GDPR 是指欧盟《通用数据保护条例》（General Data Protection Regulation，GDPR），国际上的各国或地区都有各自的数据合规相关立法，国内企业出海进行数据合规不可能满足全世界所有国家的规定和要求，这样操作既不现实也无必要。推荐参照 GDPR 进行数据合规有两方面的理由：一方面，GDPR 适用于所有欧洲经济区，需要提示的是欧洲经济区不等于欧盟，其范围要大于欧盟，欧洲经济区包括 27 个欧盟成员以及冰岛、列支敦士登、挪威，其覆盖面非常广，只要企业的业务内容涉及数据处理，且主体或业务内容涉及欧洲经济区的任何一个地区都必须遵守 GDPR；另一方面，日本、韩国、东南亚、美国加利福尼亚州、阿根廷、巴西等国家和地区在构建或完善自己的数据保护法律体系时，大多参照或借鉴了 GDPR 的原则和规定，GDPR 在一定程度上代表国际标准，具有较高的通用性，从便利角度参照 GDPR 进行数据合规，可以快速帮助将数据合规水平与国际标准接轨。

其次，建议在出海前进行。根据 GDPR 第 25 条规定的"数据保护的设计与默认 Data protection by design and by default"也称 DPbDD 义务，GDPR 的《实施及合规指南》给出了更进一步的要求：

—主动而不是被动；预防而不是补救

—隐私作为默认设置

—隐私嵌入设计中

—全功能—正和，而不是零和

—端到端安全—全生命周期保护

—能见度和透明度—保持开放

—尊重用户隐私——以（……为例）用户为中心

我国《个人信息安全规范》中也有类似的"个人信息安全工程"的规定。也就是说，数据保护在软件设计时就应当进行考虑，并在软件开发中进行具体落地，而非等软件开发完成后进行对应修改。在上述的 Musical.ly 非法收集儿童信息案中我们也可以发现，软件在设计时若未将实名认证、未成年人保护设计、数据最小化原则等融入软件设计中，软件开发完成后再进行修改，很可能整体成本更高，甚至由于各种原因

以下の３つの視点からデータコンプライアンスを設計することをお勧めする。

1.GDPRを参照して海外進出前にデータコンプライアンスを実施する

まず、海外進出前にGDPRを参照してデータコンプライアンスを実施することをお勧めする。GDPRとは、欧州連合（EU）の「一般データ保護規則（General Data Protection Regulation, GDPR）」を指す。国際的には、各国・地域がそれぞれデータコンプライアンスに関する立法を行っているが、国内企業が全ての国の規則や要求を満たすのは現実的ではなく、また不必要である。GDPRを参照する理由は二つある。一つは、GDPRは全ての欧州経済地域（EEA）に適用される点である。ここで注意すべきは、欧州経済地域はEUとは異なり、その範囲はEUよりも広いことである。欧州経済地域には27のEU加盟国に加え、アイスランド、リヒテンシュタイン、ノルウェーが含まれている。そのため、データ処理に関係する業務や主体が欧州経済地域のいずれかの地域に関連する場合、GDPRに従う必要がある。もう一つの理由は、韓国、日本、東南アジア、アメリカのカリフォルニア州、アルゼンチン、ブラジルなどが、データ保護法体系を整備または改良する際にGDPRの原則や規定を参照または借用していることである。GDPRは一定程度で国際基準を代表し、高い汎用性を持っているため、GDPRを参照してデータコンプライアンスを実施することで、迅速に国際基準と整合させることができる。

次に、GDPR25条に規定されている「データ保護の設計とデフォルト（Data protection by design and by default、DPbDD義務）」に従うことが推奨される。GDPRの「実施及びコンプライアンスガイドライン」では、以下の要求が示されている：

●積極的であること、受動的でないこと；予防的であること、補救的でないこと

●プライバシーをデフォルト設定とすること

●プライバシーを設計に組み込むこと

●全機能はゼロサムではなく、ウィンウィンであること

●エンドツーエンドのセキュリティ―全ライフサイクル保護

●可視性と透明性―オープンであること

●ユーザーのプライバシーを尊重すること―ユーザー中心であること

中国の「個人情報安全規範」にも似たような「個人情報安全プロセス」の規定がある。つまり、データ保護は、ソフトウェア開発後に修正を行うのではなく、ソフトウェア設計時に考慮し、ソフトウェア開発中に具体的に実施するべきである。例えば、Musical.lyの違法な児童情報収集のケースでは、ソフトウェア設計時に実

最终仍无法达到完全合规的目的，2023 年 9 月，爱尔兰数据保护委员会对 T 公司罚款 3.45 亿欧元的原因之一，即认为 T 公司经过整改仍然存在违反 DPbDD 义务的情况。

因此，建议具有国际视野的国内数字文化企业，在产品 / 服务开发初始阶段，就将数据保护作为基础要求融入产品 / 服务开发过程中。对标 GDPR 进行事先数据合规是一种比较经济的做法，但是不能完全满足所有国家的数据合规要求，在产品 / 服务具体落地时，仍然要结合当地法律进行适当调整。

2. 数据合规要点

我国《个人信息保护法》在一定程度上借鉴了 GDPR，这有助于中国企业对 GDPR 的理解。下文将就重点合规事项，比照《个人信息保护法》与 GDPR 的异同、结合数字文化企业的常见业务场景，提出合规建议及方案。

（1）区分"控制者"和"处理者"

在卡通形象的定义上，GDPR 与《个人信息保护法》有较大的区别。出海企业首先需要对自身卡通形象进行明确，卡通形象确定与权责直接挂钩，只有在明确卡通形象定位的前提下，方能明确合规义务的范围及相应风险。

表 1-4

依据	GDPR	《个人信息保护法》
数据决策者	"控制者"指单独或共同决定个人数据处理目的和方法的自然人、法人、公共当局、机关或其他机构 来源：《通用数据保护条例》（EU）2016/679；第 4（7）条	第 73 条　本法下列用语的含义： （一）个人信息处理者，是指在个人信息处理活动中自主决定处理目的、处理方式的组织、个人

名認証、未成年者保護設計、データ最小化原則などを組み込まないと、ソフトウェア開発後の修正は全体的なコストが高くなり、さまざまな理由で完全なコンプライアンスが達成できない可能性がある。2023年9月、アイルランドデータ保護委員会がT社に対して3.45億ユーロの罰金を課した理由の一つは、T社が修正後もDPbDD義務に違反していると判断されたためである。

したがって、国際的な視野を持つ中国のコンテンツ企業は、製品やサービスの開発初期段階からデータ保護を基本要求として組み込むことをお勧めする。GDPRに準拠して事前にデータコンプライアンスを実施することは比較的経済的な方法であるが、全ての国のデータコンプライアンス要件を完全に満たすわけではないので、製品やサービスの具体的な展開時には、現地の法律に基づいて適切に調整する必要がある。

2. データコンプライアンスの要点

中国の「個人情報保護法」は、ある程度GDPRを参考にしており、これにより中国企業のGDPR理解を助けている。以下では、主要なコンプライアンス事項について、「個人情報保護法」とGDPRの違いを比較し、コンテンツ企業の一般的なビジネスシーンに基づいてコンプライアンスの提案と対応策を提示する。

(1)「データ管理者」と「データ処理者」の区別

役割の定義において、GDPRと「個人情報保護法」には大きな違いがある。海外展開を行う企業は、まず自社の役割を明確にする必要がある。役割の決定は権限と責任に直接関連しており、役割を明確にすることで、コンプライアンス義務の範囲や関連するリスクを明確にすることができる。

表1-4

法律根拠	GDPR	「個人情報保護法」
データ管理者	「管理者」とは、個人データの処理の目的と方法を単独で、または共同で決定する自然人、法人、公共機関、機関、またはその他の組織を指す。出典：「一般データ保護規則」(EU) 2016/679;4(7)条	73条　本法における用語の定義は以下の通りである：(一)個人情報処理者とは、個人情報処理活動において処理の目的や方法を自主的に決定する組織や個人を指す

续表

依据	GDPR	《个人信息保护法》
数据处理者	"处理者"指代表控制者处理个人数据的自然人、法人、公共当局、机关或其他机构 来源:《通用数据保护条例》(EU) 2016/679；第4(8)条	第21条第1款 个人信息处理者委托处理个人信息的，应当与受托人约定委托处理的目的、期限、处理方式、个人信息的种类、保护措施以及双方的权利和义务等，并对受托人的个人信息处理活动进行监督

从上述法条对比中可以发现，GDPR中的"控制者"基本上对应《个人信息保护法》的"个人信息处理者"，GDPR中的"处理者"在《个人信息保护法》中没有明确的定义，比较接近"受托人"这一卡通形象。因此，企业如果对数据具有决策权的，需要比照"控制者"进行数据合规，而不是"处理者"。

以GDPR中的卡通形象定义来看，"控制者"与"处理者"的责任具有较大的区别，具体详见表1-5：

表1-5

GDPR"控制者"的义务	GDPR"处理者"的义务
控制者对确保依照GDPR处理个人数据负有最终责任： —确定处理活动的目的 —实施技术和组织措施以确保数据保护并证明已按照GDPR进行处理 —实施适当的政策 —实施基于设计和基于默认的数据保护原理，并执行数据保护影响分析（DPIA） —确保任何第三方处理者都遵守规则将个人数据泄露通知独立监管机构	仅在控制者的"控制下"执行处理活动： —确保授权处理个人数据的人员已对机密性作出承诺或负有适当的法定保密义务 —采取第32条"安全处理"规定的所有措施 —如果处理者因自行确定加工的目的和手段而违反了本条例，则该处理者应被视为该处理的控制者 —确定处理的技术方面，例如用于处理的系统，如何存储数据、安全措施、传输机制等

结合《个人信息保护法》对"控制者"和"处理者"的法律关系的定义——委托关系，"控制者"对自身以及"处理者"的所有行为承担最终责任，如果由于"处理者"的原因导致数据泄露，"控制者"也要对此承担责任，"处理者"必须完全在"控制者"的指示下进行处理活动。

続表

法律根拠	GDPR	「個人情報保護法」
データ処理者	「処理者」とは、管理者に代わって個人データを処理する自然人、法人、公共機関、機関、またはその他の組織を指す。出典：「一般データ保護規則」(EU) 2016/679；4 (8) 条	25条　個人情報処理者が個人情報処理を委託する場合、委託先との間で委託の目的、期限、処理方法、個人情報の種類、保護措置、および双方の権利と義務について取り決めを行い、委託先の個人情報処理活動を監督する必要がある

　上記の法律条文の比較から、GDPRの「管理者」は基本的に「個人情報保護法」の「個人情報処理者」に対応していることがわかる。一方、GDPRの「処理者」は「個人情報保護法」中には明確な定義がなく、比較的「受託者」という役割に近い。そのため、企業がデータに対して決定権を持っている場合、データコンプライアンスにおいては「管理者」として扱う必要があり、「処理者」として扱うべきではない。

　GDPRの役割定義に基づくと、「管理者」と「処理者」の責任には大きな違いがある。詳細は下表1-5のとおりである。

表1-5

GDPR「管理者」の義務	GDPR「処理者」の義務
管理者は、GDPRに従って個人データを処理する最終的な責任を負う。 ・処理活動の目的を決定する ・データ保護を確保し、GDPRに従って処理されたことを証明する技術的および組織的措置を実施する ・適切なポリシーを実施する ・設計段階およびデフォルトでのデータ保護原則を実施し、データ保護影響評価（DPIA）を実施する ・いかなる第三者処理者も規則を遵守していることを確認し、個人データの漏洩を独立した監督機関に通知する	処理活動を管理者の「コントロール下」でのみ実施する。 ・個人データを処理する権限のある者が機密性についての誓約を行っているか、または適切な法的機密義務を負っていることを確認する ・32条「安全な処理」で規定された全ての措置を講じる ・処理者が自ら目的や手段で処理を決定したことにより本規則に違反した場合、その処理者はその処理の管理者とみなされる ・処理の技術的側面を決定する（例えば、処理に使用するシステム、データの保存方法、安全措置、伝送メカニズムなど）

　「個人情報保護法」における「管理者」と「処理者」の法的関係の定義は、すなわち委託関係であるから、「管理者」は、自身および「処理者」の全ての行為に対して最終的な責任を負う。つまり、「処理者」の原因でデータ漏洩が発生した場合、「管理者」もその責任を負うことになる。一方で、「処理者」は「管理者」の指示に完全

（2）GDPR对于"同意"的标准更为严苛

无论是在GDPR中，还是在《个人信息保护法》中，"同意"都是数据处理的重要合法事由之一，但是两者的标准并不完全相同，GDPR对"同意"的构成要求更为严格。GDPR的《实施及合规指南》中对于"同意"给出了更明确的要求：

——同意必须自由作出，该条例明确指出，在数据主体和控制者之间存在明显不平衡的特定情况下，同意不应成为处理个人数据的有效法律依据。

——同意还必须是"具体的"，这意味着同意必须具体说明处理的确切目的。

——确保"知情"的同意与"具体"的同意密切相关，数据主体如未获充分通知，便不能同意某些事情。

——同意必须"毫不含糊"，一般要求书面同意，且书面同意不得具有误导性，而且必须清楚表明数据主体实际上同意处理。

——必须在"声明或明确的肯定行动"中给予同意，肯定行动是数据主体所做的，而不是他们通过不作为而实现的。

——向儿童提供的信息及对儿童的保护（包括取得父母同意），任何未满16周岁的人，无法同意为信息社会服务处理个人数据，因此必须征得对儿童拥有监护权的人的同意。

回顾上述T公司处罚案例，大部分是由于"同意"的环节存在瑕疵而导致违规处罚。譬如，在2019年2月的"Musical.ly案例"中，FTC指控Musical.ly"未能通知家长关于收集儿童个人信息的做法，未能获得家长同意，未能删除家长请求删除的信息，以及保留了超出合理必要时间的儿童个人信息"。在2021年7月的案例中，荷兰数据保护局认为"T公司违反了GDPR第12条第1款，该条款要求以清晰、简单、易懂的方式向数据主体提供有关个人数据处理的信息，特别是当信息针对儿童时"。"T公司未能提供荷兰语的隐私政策，这影响了荷兰儿童理解和行使他们的数据保护权利"。在2023年9月的3.45亿欧元的巨额罚款案件中，也涉及GDPR第12条第1款的违规问题，爱尔兰数据保护委员会认为，T公司在注册时默认将未成年用户的账户设置为"公开"，所有人都观看和评论未成年人发布的视频，这将导致13岁以下儿童也能接触到有风险的内容。此外，通过"家庭配对"链接时T公司没有验证用户是否为儿童用户的父母或监护人。

に従ってデータ処理活動を行わなければならない。

(2) GDPRにおける「同意」の基準はより厳格

GDPRと「個人情報保護法」の両方において、「同意」はデータ処理の重要な適法性根拠の一つであるが、基準は完全に一致しているわけではなく、GDPRの「同意」に関する要求はより厳格である。GDPRの「実施及びコンプライアンスガイドライン」では、「同意」に対して以下のような明確な要求が示されている。

・同意は自由に行う必要があり、データ主体と管理者の間に明らかな不均衡が存在する場合、同意は個人データ処理の有効な法的根拠とはならない。

・同意は「具体的」でなければならず、これは同意が処理の正確な目的を具体的に示す必要があることを意味する。

・「知る上で」の同意と「具体的」の同意は密接に関連しており、データ主体が十分に通知されていない場合、同意を行うことはできない。

・同意は「明確」でなければならず、一般的には書面による同意が要求され、書面による同意は誤解を招かず、データ主体が実際に処理に同意していることを明確に示さなければならない。

・同意は「明示的な声明または明確な積極的行動」の中で行われなければならず、その積極的行動はデータ主体が行うものであり、不作為によって実現されるものではない。

・子供に対する情報提供と子供への保護（親の同意を含む）：16歳未満の者は情報社会サービスにおいて個人データ処理に同意できないため、親権者の同意が必要である。

上記のT社の罰則事例を振り返ると、多くは「同意」の段階に不備があったために違反が発生している。たとえば、2019年2月の「Musical.ly案件」では、FTCはMusical.lyが「子供の個人情報収集について保護者に通知せず、保護者の同意を得ず、保護者の要求に応じて情報を削除せず、合理的に必要な期間以上の期間子供の個人情報を保持していた」と指摘した。2021年7月のケースでは、オランダデータ保護局は「T社がGDPR12条1項に違反したと判断し、データ主体に対して個人データ処理に関する情報を明確でシンプルでわかりやすい方法で提供する必要があるとしている。特に情報が子供に関するものである場合は重要である。」とし、T社がオランダ語のプライバシーポリシーを提供しなかったことが、オランダの子供たちがデータ保護の権利を理解し行使するのに影響を及ぼした、と判断した。2023年9月の3.45億ユーロの罰金案件でも、GDPR12条1項の違反問題が関与しており、アイルランドデータ保護委員会は、T社が登録時に未成年ユーザーのアカウントをデ

结合上述规定以及常见的业务场景，建议出海企业在设计"同意"时重点注意以下四个方面的合规：

第一，"同意"的设计必须体现让用户（数据主体）主动作出，而非默认作出。也就是说，不论通过勾选框、按键抑或其他对话框形式，GDPR 要求的"同意"需要体现用户的主动作出的表现形式，譬如，如果是勾选代表同意，那么系统默认值应该是未勾选的状态，通过用户主动勾选来体现主动表示同意，如果勾选代表不同意，那么系统默认值应该是勾选的状态，通过用户主动取消勾选来体现主动表示同意。

第二，"同意"前需要向用户对数据收集的目的、范围以及可能带来的影响等关键信息进行充分阐明。从 T 公司处罚案例中还可以看出，部分当局对于阐述的语言也有要求，建议相应文本最好用当地的官方语言。

第三，用户作出同意和撤回同意应该同样便利，且用户撤回同意后，企业应当及时对数据进行处置。

第四，对未成年人数据的处理，必须得到监护人的同意。未成年人相关数据，不论在我国还是国际上都是严格保护的。这种保护是系统的，从整体来看，至少包含实名认证制度、监护人授权、内容分级、敏感数据处理等多个维度的保护制度，这个要求同时也体现了 DPbDD 义务。

需要提示，"同意"作为数据处理的重要合法依据之一，对违反该要求的行为将面临处以尽可能高的行政罚款，最高可达 20,000,000 美元或全球年营收额 4%，以较高者为准。

（3）数据最小化原则

GDPR 和《个人信息保护法》，对数据最小化原则均进行了明确的规定，从立法层面两者基本上是一致，均对数据处理与处理目的的相关性、必要性进行了限制。

フォルトで「公開」と設定し、全ての人が、未成年者が公開する動画を見たりコメントしたりできるようにしたことが、13歳未満の子供がリスクのあるコンテンツにアクセスする原因となるとしている。また、「ファミリーペアリング」リンクを通じて、T社が、ユーザーが子供の親または保護者であるかどうかを確認しなかった点も問題視された。

上記の規定および一般的なビジネスシーンを踏まえて、海外展開企業が「同意」を設計する際に重点的に注意すべき4つのコンプライアンス点は以下の通りである。

「同意」の設計はユーザー（データ主体）が自発的に行う形式である必要がある。つまり、チェックボックス、ボタン、またはその他のダイアログ形式であれ、GDPRが要求する「同意」はユーザーが自発的に示すものでなければならない。たとえば、同意を示すチェックボックスがある場合、システムのデフォルト値は未チェックの状態で、ユーザーが自発的にチェックを入れることによって同意を示す必要がある。逆に、チェックが同意しないことを示す場合は、システムのデフォルト値がチェックされた状態で、ユーザーが自発的にチェックを外すことによって同意を示す必要がある。

「同意」の前に、ユーザーにデータ収集の目的、範囲、および可能性のある影響などの重要な情報を十分に説明する必要がある。T社の罰則事例からもわかるように、一部の当局は、説明の言語にも要求がある。したがって、関連するテキストはできるだけ現地の公式言語で提供することが望ましい。

ユーザーが同意を行いまた撤回することが同様に簡便であるべきである。また、ユーザーが同意を撤回した後、企業はデータを速やかに処理しなければならない。

未成年者のデータ処理には、保護者の同意が必要である。未成年者に関するデータは、中国国内でも国際的にも厳格に保護されている。この保護は体系的であり、全体的には、少なくとも認証制度、保護者の承認、コンテンツの分類、センシティブデータの処理など複数の保護制度を含んでいる。この要求はDPbDD義務にも反映されている。

「同意」はデータ処理の重要な合法的根拠の一つとして、違反行為には可能な限り高額な行政罰金が課される可能性があり、最高で20,000,000ドルまたはグローバルな年間売上の4％、そのいずれか高い方が適用される。

(3) データ最小化の原則

GDPRと「個人情報保護法」の両方で、データ最小化の原則が明確に規定されており、立法レベルで両者は基本的に一致しており、データ処理と処理目的の関連性および必要性について制限をかけている。

表 1-6

GDPR 中的"数据最小化"规定	《个人信息保护法》中的"数据最小化"规定
个人数据处理应确保充分、相关和仅限于与处理目的有关的必要信息	第 6 条　处理个人信息应当具有明确、合理的目的，并应当与处理目的直接相关，采取对个人权益影响最小的方式。 收集个人信息，应当限于实现处理目的的最小范围，不得过度收集个人信息

GDPR 对于实现"数据最小化"的目标，在《实施和合规指南》中提供了"数据映射（DATA MAPPING）"这一实现路径。简单来说，数据映射用于明确了解组织处理的所有个人数据，包括数据的来源、用途和流动路径，数据映射有四个关键要素：数据项、格式、传输方法和位置，通过对这四个关键要素的梳理，我们可以就某个业务的数据流进行绘图工作，从而确定哪些数据是必要的、哪些数据是不必要的，哪些数据与处理目的直接相关，哪些数据并不相关，最终满足数据最小化原则。

根据现有案例不完全统计，数据最小化是比较常见的合规风险点。在 2023 年 9 月的 T 公司 3.45 亿欧元的巨额罚款案件中，也涉及 GDPR 第 5 条第 1 款（c）"数据最小化"的违规问题。另外，2023 年 10 月，我国工业和信息化部发布的《关于侵害用户权益行为的 App（SDK）通报》，通报了 22 款 App、SDK 存在侵害用户权益行为，通报超半数的原因违反了《个人信息保护法》最小化收集（数据最小化）的原则，包括超范围收集个人信息，App 强制、频繁、过度索取权限。[1]

需要提示，数据最小化原则作为数据处理的基本原则，对违反该原则也将面临处以尽可能高的行政罚款，最高可达 20,000,000 美元或全球年营收额 4%，以较高者为准。

（4）跨境数据传输

企业出海情况下，很多时候需要将数据传回国内的场景，此时需要注意跨境传输的相关要求。大部分国家对于跨境数据传输要求都是比较严格的，GDPR 对于跨境数

―――――――

〔1〕 参见《工信部通报！22 款 App 侵害用户权益》，载京报网：https://baijiahao.baidu.com/s?id=1781137823442641231&wfr=spider&for=pc，最后访问日期：2024 年 10 月 25 日。

表 1-6

GDPR の「データ最小化」の規定	「個人情報保護法」の「データ最小化」の規定
個人データの処理は、十分かつ関連性があり、処理の目的に必要な情報に限るべきである	六条　個人情報の処理は、明確で合理的な目的を持ち、処理の目的に直接関連するものでなければならない。また、個人の権利に対する影響を最小限に抑える方法を採用する必要がある。 個人情報の収集は、処理目的を達成するための最小限度に制限し、過度に収集してはならない

　GDPR は「データ最小化」の目標を実現するために、「データマッピング（DATA MAPPING）」という実現手段を提供している。簡単に言うと、データマッピングは、組織が処理する全ての個人データを明確に理解するために使用される。これには、データの出所、用途、流れのパスが含まれる。データマッピングには、データ項目、形式、転送方法、位置という4つの重要な要素がある。この4つの要素を整理することで、特定のビジネスのデータフローを図示し、どのデータが必要で、どのデータが不要であるか、どのデータが処理目的に直接関連しているか、どのデータが関連していないかを判断し、最終的にデータ最小化の原則を満たすことができる。

　既存のケースからの統計によると、データ最小化は比較的一般的なコンプライアンスリスクポイントである。2023年9月のT社に対する3.45億ユーロの巨額罰金案件でも、GDPR5条1項（c）「データ最小化」の違反問題が含まれている。また、2023年10月には、中国の工業情報部が「ユーザー権益侵害行為に関するAPP（SDK）通報」を発表し、22件のAPPおよびSDKがユーザー権益を侵害していると通報した。通報の過半数は「個人情報保護法」の最小化収集（データ最小化）の原則に違反しており、これには範囲外の個人情報収集、APPの強制的、頻繁、過度な権限要求が含まれている[1]。

　データ最小化原則はデータ処理の基本原則として、これに違反するとできる限り高い行政罰金が科せられることに注意が必要である。最高で 20,000,000 ドルまたはグローバルな年間売上の 4% の、いずれか高い方が適用される。

(4) データ越境移転

　企業が海外展開を行う場合、多くの場合、データを国内に戻す必要がある。この場合、データ越境移転に関する要件に注意する必要がある。ほとんどの国はデー

---

[1] Baidu ウェブサイト（https://baijiahao.baidu.com/s?id=1781137823442641231&wfr=spider&for=pc）（最終閲覧日：2024年10月25日）。

据传输既有宽松便利的部分也有严格的部分。

第一，在欧洲经济区内进行数据传输，要求是非常宽松的，一般情况下不被视为"跨境处理"，也就是基本不受限制。譬如 T 公司的首个海外数据中心在爱尔兰，那么 T 公司在意大利、法国等欧洲经济区内的数据，传输到位于爱尔兰的数据中心，基本不受限制，不被视为跨境处理。

第二，基于充分性认定决定的传输，是指欧盟委员会认定某第三国或该国的某地区或该国的某个或多个特定部门，或国际组织具备充分性保护的情况下，可以向该第三国或国际组织传输个人数据，此类传输不需要任何特定的授权。欧盟委员会根据第 95/46/EC 号指令作出了充分性认定，承认安道尔、阿根廷、加拿大、法罗群岛、根西岛、以色列、马恩岛、日本、泽西岛、新西兰、瑞士、美国和乌拉圭提供了充分的保护。也就是说，在上述国家的企业与欧洲经济区的企业进行数据传输也不受限制，等同于在欧洲经济区内传输。

第三，约束性企业规则（BCR）。企业团体或从事联合经济活动的企业集团，可利用经批准的具有约束力的企业规则，来做从欧盟到同一企业团体或从事联合经济活动的企业集团的跨国传输，前提是此类公司规则包含所有关键原则和可执行的权利，以确保个人数据的各类传输具有适当的安全保障。一般在跨国企业中比较常见，在获得批准后，企业内部的跨国数据传输则不受限，但不包括向企业外进行数据传输。

除此之外，常见的还有标准合同条款（SCC）等形式下可进行限制较小的跨境数据传输。将数据从欧盟境内传输到其他国家则需要严格遵守跨境传输的规定，否则也将面临最高可达 20,000,000 美元或全球年营收额 4% 的处罚，以较高者为准。2023 年 5 月，欧盟隐私监管机构日前向 Facebook 母公司、美国科技巨头 Meta 开出一张 12 亿欧元的巨额罚单，理由是 Meta 将欧盟用户数据传输到美国，负责监管 Meta 欧盟业务的爱尔兰数据保护委员会称，Meta 公司不顾 2020 年欧洲法院的裁决，继续向美国传输欧洲公民的个人数据，违反了 GDPR 规定，并要求 Meta 公司在作出决定后的 5

タ越境移転に対して厳しい要件を設けているが、GDPR には一部緩和された部分と厳格な部分がある。

第一に、欧州経済領域内でのデータ移転は非常に緩やかであり、一般的には「クロスボーダー処理」とはみなされず、基本的には制限を受けない。例えば、T 社の最初の海外データセンターがアイルランドにある場合、T 社がイタリアやフランスなどの欧州経済領域内でのデータをアイルランドのデータセンターに転送することは、基本的には制限されず、クロスボーダー処理とはみなされない。

第二に、「十分性認定」に基づく移転である。これは、欧州委員会が特定の第三国、またはその国の特定の地域、特定の部門、または国際機関が十分な保護を提供していると認定する場合、その第三国または国際機関への個人データの移転が認められることを指す。このような転送には特別な許可は必要ない。欧州委員会は 95/46/EC 指令に基づいて、アンドラ、アルゼンチン、カナダ（商業組織）、フェロー諸島、ガーンジー、イスラエル、マン島、日本、ジャージー、ニュージーランド、スイス、アメリカ、ウルグアイに対して十分性認定を行っている。つまり、これらの国の企業と欧州経済領域内の企業とのデータ移転も制限されず、欧州経済領域内の転送と同等とみなされる。

第三に、「拘束的企業規則（BCR）」である。企業グループや共同経済活動を行う企業グループは、承認された拘束力のある企業規則を利用して、EU から同じ企業グループ内または共同経済活動を行う企業グループへの越境移転を行うことができる。これらの企業規則には、個人データの移転に適切なセキュリティ保障が確保されるための全ての主要原則と実行可能な権利が含まれている必要がある。一般的に国際企業で見られる方法であり、承認を得た後は企業内部でのデータ越境移転は制限されないが、企業外へのデータ移転は含まれない。

この他にも、「標準契約条項（SCC）」など、制限が少ないデータ越境移転の形式もある。それ以外の場合、EU から他国へのデータ移転は厳格な越境移転規定を遵守する必要がある。そうしないと、最高で 20,000,000 ドルまたは全世界の年収の 4％ の罰金が科される可能性がある。2023 年 5 月には、欧州のプライバシー規制機関が Facebook の親会社である米国のテクノロジー大手 Meta に対して 12 億ユーロの巨額罰金を科した。その理由は、Meta が EU のユーザーデータを米国に移転し、2020 年の欧州裁判所の判決を無視して、EU 市民の個人データを米国に転送し続けたためである。アイルランドのデータ保護委員会は、Meta に対して決定後 5 か月以内に米国

个月内，暂停任何向美国传输个人数据的举措。[1]这里需要补充说明的是，就本书撰写时美国虽然是充分性认定的国家之一，但该案案发时，在 Schrems Ⅱ 案中欧盟法院认定隐私盾协议无效，以至于 Meta 的跨境数据传输的合法性存在严重瑕疵。

（三）启示

随着数字经济的异军突起、数据作为当前经济中重要生产力，全球对于数据的收集、使用等高度重视。国内数字文化企业在产品/服务开发、市场运营等方面具有较丰富的经验积累，在市场全球化的浪潮中，国内数字文化企业产品/服务具有很强的竞争力。

T公司作为国内短视频分享软件的代表企业之一，其以精准的算法、优秀的产品功能很快在国际范围获得广泛用户的喜爱，无疑是成功出海的企业典范之一。同时，我们也需要看到由于数据合规问题，T公司在全球的处境非常严峻，严重影响企业信誉以及长期经营环境。然而通过具体分析，这些数据合规问题并非无法达成或者达成成本过高，往往是由于产品/服务初创期对于数据合规的意识不足所致，该风险完全可以有效避免。

随着我国《个人信息保护法》不断实践，国内对个人数据的监管并不低于 GDPR 的要求。特别是对有出海规划的企业，建议在产品/服务如何策划阶段、设计初期，在遵守《个人信息保护法》的基础上，对标国际数据保护相关规定开展数据合规工作，有计划、有规划地全面降低数据合规风险。

五、数字文化跨境合同的种类及主要注意事项

在当今全球化的商业环境中，数字文化领域的跨境合同扮演着至关重要的卡通形

---

[1] 参见《欧盟开出 GDPR 出台以来最大罚单　企业盼欧美隐私协议尽快生效》，载第一财经网：https://baijiahao.baidu.com/s?id=1766672074105528210&wfr=spider&for=pc，最后访问日期：2024 年 10 月 25 日。

への個人データ転送を停止するよう要求した[1]。ここで補足する必要があるのは、本記事執筆時点では米国は十分性認定を受けた国の一つであるが、Schrems II 案件において欧州裁判所がEU・米国間の個人データの移転枠組みとなる「プライバシーシールド」を無効としたため、Meta のクロスボーダーデータ転送の合法性には深刻な欠陥が存在していた、という点である。

（三）示唆

デジタル経済の急成長に伴い、データは現在の経済における重要な生産力となり、データの収集や利用が世界的に重要視されている。国内のコンテンツ企業は、製品やサービスの開発、マーケット運営などの分野で豊富な経験を持ち、市場のグローバル化の波の中で、強力な競争力を持つ製品やサービスを展開している。

T社は国内のショートビデオ共有ソフトウェアの代表的企業の一つであり、精密なアルゴリズムや優れた製品機能により、国際的に広く支持を得た成功した企業の典型例である。しかし、データコンプライアンスの問題により、T社はグローバルにおいて非常に厳しい状況に直面しており、企業の信頼性や長期的な経営環境に深刻な影響を及ぼしている。しかし、具体的に分析すると、これらのデータコンプライアンスの問題は解決できないわけではなく、コストが過度に高いわけでもない。多くの場合、製品やサービスの初期段階でデータコンプライアンスに対する意識が不足しているために生じるリスクであり、これは効果的に回避することが可能である。

中国「個人情報保護法」の実施が進む中で、国内の個人データの規制はGDPRの要求に劣るものではない。特に海外展開を計画している企業に対しては、製品やサービスの企画段階や設計初期において、個人情報保護法を遵守するだけでなく、国際的なデータ保護関連規定を参照し、計画的かつ戦略的にデータコンプライアンスの取り組みを進めることを推奨する。

五．コンテンツ関連のクロスボーダー契約の種類と留意事項

現代のグローバル化されたビジネス環境において、コンテンツ分野のクロスボ

---

[1] Baidu ウェブサイト（https://baijiahao.baidu.com/s?id=1766672074105528210&wfr=spider&for=pc）（最終閲覧日：2024 年 10 月 25 日）。

象。这些合同不仅确保了交易的透明度和公平性，还促进了供应链各环节的顺畅运作。然而，由于跨境合同涉及来自不同国家或地区的当事人，其交易活动自然跨越了国界，因此它们同时受到多个不同国家法律体系的共同监管。这一特性导致在合同起草和履行过程中，我们需细致而审慎地考量各种潜在的法律差异和潜在冲突，以确保合同的合规性与可执行性，进而保障各方当事人的权益。

数字文化相关的跨境合同，由于其标的的多样性、商业模式的复杂性，此类合同往往涉及多个法律领域，包括但不限于国际贸易法、公司法及知识产权法等。另外，政治风险、汇率风险以及法律风险等，均可能对合同的执行产生深远影响，同样也需要被注意到。在法律适用与争端解决方面，跨境合同尤其需明确选定适用的法律及管辖法院。这既关乎合同各方在特定法律环境下的权益与义务，也涉及在发生争议时如何高效、公正地解决争端。通常，合同会明确规定采用仲裁或诉讼等特定的争端解决方式，以确保争议能够得到及时、公正且有效地处理。

接下来，我们将详细探讨数字文化跨境合同的种类及其主要事项，以便为相关企业和法律从业者提供实用的指导和参考。

（一）主要合同种类

1. 跨境电子商务合同

跨境电商的实践中，合同扮演着至关重要的卡通形象，它们不仅确保了交易的透明度和公平性，还促进了供应链各环节的顺畅运作。其中，跨境电子商务合同是这一领域最为基础的合同类型，其交易本质是通过平台进行货物或服务的买卖，一般来说，其需要详细约定商品或服务的在线交易细节，包括但不限于商品的详细描述、价格设定、购买数量、支付方式以及交货方式等，也包含了售后服务的相关条款。

在游戏在线服务场景下，跨境电子商务合同相关权利义务主要以用户协议或者类似形式体现，重点需要结合当地的合同法、消费者保护法、数据安全法以及未成年人保护法等进行合规设计。譬如，针对游戏中的道具购买费，是否可以退款、退款方式等，不同国家有不同的要求。在美国联邦贸易委员会（FTC）对《堡垒之夜》处以 5.2

ーダー契約は重要な役割を果たしている。これらの契約は取引の透明性と公平性を確保するだけでなく、サプライチェーンの各段階の円滑な運営を促進する。しかし、クロスボーダー契約は異なる国や地域の当事者が関与し、その取引活動が国境を越えるため、複数の異なる国の法規制を受ける。この特性により、契約の適法性と実行可能性を確保し、各当事者の権利を保護するためには、契約のドラフトと履行の過程において、さまざまな法的差異と潜在的な衝突を慎重に考慮する必要がある。

コンテンツに関連するクロスボーダー契約は、対象の多様性やビジネスモデルの複雑性のため、国際貿易法、会社法、知的財産法など、複数の法律分野に関わることがよくある。また、政治リスク、為替リスク、法的リスクなどが契約の履行に深刻な影響を与える可能性があり、それらにも注意が必要である。法適用と紛争解決については、クロスボーダー契約において、特に準拠法および管轄裁判所を明確に選定する必要がある。これは、一定の法的環境における契約当事者の権利と義務に関わり、紛争が発生した場合の効率的かつ公正な解決方法にも関わる。通常、契約では、仲裁や訴訟などの一定の紛争解決方法を明確に規定し、紛争が迅速、公正かつ効果的に処理されるようにする。

次に、コンテンツのクロスボーダー契約の種類とその留意事項について詳しく検討し、関連企業や法曹界の方に実用的な指針と参考を提供する。

(一) 主な契約の種類

1. 越境電子商取引契約

越境電子商取引の実務において、契約は重要な役割を果たし、取引の透明性と公平性を確保し、サプライチェーンの各段階の円滑な運営を促進する。越境電子商取引契約はこの分野で最も基本的なタイプの契約であり、その取引の本質はプラットフォームを通じた商品やサービスの売買にある。一般的に、商品やサービスのオンライン取引の詳細（商品説明、価格設定、購入数量、支払方法、配達方法など）を詳しく規定し、アフターサービスの関連条項も含まれる。

ゲームオンラインサービスのシナリオでは、越境電子商取引契約に関連する権利義務は、利用規約などの形式で反映される。この場合、現地の契約法、消費者保護法、データセキュリティ法、未成年者保護法などを考慮してコンプライアンス設計を行うことが重要である。例えば、ゲーム内のアイテム購入費用に対する返金の可否、返金方法など、国ごとに異なる要求がある。米国連邦取引委員会（FTC）が

亿美元的罚款案中,[1]其中一项被认定违反公平交易的行为即无法退费/退费障碍,然而,在中国在线服务是不要求提供退费服务的,两者具有巨大差别,需要国内企业重点注意。

2. 数据跨境传输合同

数据跨境传输合同,作为跨国企业间为确保数据安全、隐私保护和合规性而达成的重要协议,其内容涵盖了数据的收集、存储、处理、传输和使用等多个环节。

鉴于不同国家和地区的数据保护法规存在差异性,企业在进行跨境业务时,务必严格遵守各方法律规定,以免因违反法规而面临法律诉讼和相应的经济处罚。特别是在涉及敏感数据的跨境数据传输过程中,一旦发生信息泄露或隐私侵犯事件,企业将面临严峻的法律责任以及声誉上的巨大损失。

就技术层面而言,为防止黑客利用潜在的系统漏洞进行攻击,窃取或破坏重要数据,企业需采取安全可靠的数据传输方式和先进的加密技术,确保数据在传输过程中的完整性和安全性。

此外,企业在签订和执行合同时,还需警惕可能存在的技术风险、操作风险等多种风险因素,这些风险均可能对合同的顺利执行和数据安全产生不利影响。因此,企业应提前进行风险评估,并制定相应的应对措施,以确保业务的稳健进行。

3. 跨境数字文化产品服务合同

跨境数字文化产品服务合同不仅涵盖了数字音乐、电子书、网络游戏等虚拟产品的跨国交易,还涉及相关的技术支持、版权转让以及市场推广等服务。然而,由于跨国交易的复杂性以及数字产品的特殊性,跨境数字文化产品服务合同也面临着诸多风险点。

文化差异是跨境数字文化产品服务合同的主要风险。不同国家和地区的文化背景、价值观和消费习惯不同,可能导致产品在目标市场接受度低或产生误解。签订前,双方应了解目标市场文化,确保产品适应性。

---

[1] 参见 "Fortnite Video Game Maker Epic Games to Pay More Than Half a Billion Dollars over FTC Allegations of Privacy Violations and Unwanted Charges",载 FTC:https://www.ftc.gov/news-events/news/press-releases/2022/12/fortnite-video-game-maker-epic-games-pay-more-half-billion-dollars-over-ftc-allegations,最后访问日期:2024年10月25日。

『フォートナイト』に対して5億2000万ドルの罰金を科した事例では[1]、公平取引に違反した行為として、返金不可／返金障害が認定されたが、中国のオンラインサービスでは返金サービスの提供が要求されておらず、両者には大きな違いがあるため、国内企業は特に注意が必要である。

2. データ越境移転契約

データ越境移転契約は、企業がデータの安全性、プライバシー保護、コンプライアンスを確保するために締結する重要な契約である。この契約には、データの収集、保存、処理、転送、利用などの複数の段階が含まれる。

異なる国や地域のデータ保護規制の違いを考慮し、企業はクロスボーダービジネスを行う際に、各国の法規を厳守する必要がある。特に、センシティブデータの越境移転において、情報漏洩やプライバシー侵害が発生した場合、企業は深刻な法的責任を負い評判のダメージに直面することになる。

技術的な観点からは、潜在的なシステムの脆弱性を利用した攻撃からデータを保護するために、安全で信頼性のあるデータ転送方法と高度な暗号化技術を採用する必要がある。

また、企業は契約の締結と履行の際に、技術リスクや操作リスクなどの多種多様なリスク要因を警戒し、これらのリスクが契約の円滑な履行とデータの安全性に悪影響を及ぼす可能性があることを認識する必要がある。そのため、企業は事前にリスク評価を行い、適切な対策を講じることで、事業の安定した進行を確保する必要がある。

3. クロスボーダーコンテンツ製品・サービス契約の定義と主なリスクポイント

この種の契約には、デジタル音楽、電子書籍、オンラインゲームなどのバーチャル製品のクロスボーダー取引が含まれるだけでなく、関連する技術サポート、著作権譲渡、および市場プロモーションなどのサービスも含まれる。しかし、クロスボーダー取引の複雑性とデジタル製品の特殊性のため、クロスボーダーコンテンツ製品・サービス契約には多くのリスクポイントが存在する。

文化の違いは、クロスボーダーコンテンツ製品サービス契約の主なリスクである。異なる国や地域の文化背景、価値観、消費習慣が異なるため、製品がターゲット市場で受け入れられない可能性や誤解を生じる可能性がある。契約締結前に、双

---

[1] 51 Federal Trade Commissionウェブサイト (https://www.ftc.gov/news-events/news/press-releases/2022/12/fortnite-video-game-maker-epic-games-pay-more-half-billion-dollars-over-ftc-allegations)（最終閲覧日：2024年10月25日）。

同时建议，权利方在加入境外市场前，就文化产品的进行知识产权侵权审查及知识产权布局，避免纠纷。

4. 跨境知识产权许可合同

在全球化背景下，跨境知识产权的转让与许可交易日益频繁，这一领域所面临的法律风险不容忽视。由于不同国家和地区的法律体系存在差异，知识产权的交易往往面临复杂多变的法律环境。一般来说，这类合同通常涵盖了知识产权的使用条件、授权范围、使用期限、支付方式、违约责任等多个方面，旨在确保知识产权的合法、合规使用，促进技术的跨国传播和市场的共同发展。

在跨境知识产权许可合同中常见的法律风险包括：跨境电商知识产权投诉，因不熟悉境外平台规则导致商标、专利、版权侵权；海外展会警告，因展品涉及专利、商标、版权侵权被撤展或扣押；海关扣押，因知识产权侵权嫌疑货物被查封；海外诉讼，面临高额赔偿和市场损失；337调查，因专利侵权被禁止进入美国市场；跨境技术交易风险，涉及专利侵权和技术流失。此外，还需注意技术进出口管制和数据跨境传输合规风险。

5. 跨境技术开发和支持合同

跨境技术开发和支持合同，作为国际商业合作中不可或缺的一环，旨在明确双方或多方在跨国技术项目中的权利和义务。这类合同不仅涵盖了技术的研发、优化，还包含了技术服务的提供、维护以及可能的升级等各个方面。常见的包括跨境云服务器租用、数据存储 / 分析服务、支付系统接入、软件开发等。

此类合同中，技术转移和知识产权保护风险也是需要重点重视。在跨境技术合作中，技术的转移和分享往往涉及核心的商业机密和知识产权。如何确保这些敏感信息在跨国传输和使用过程中不被泄露、滥用或侵犯，是合同双方需要共同关注和解决的问题。此外，技术的合法性和合规性也需要进行充分的审查和评估，以避免因技术本身的问题而引发法律风险。

方はターゲット市場の文化を理解し、製品の適応性を確保する必要がある。

また、権利者は、海外市場に参入する前に、コンテンツ製品に対する知的財産権の侵害調査および知的財産権の保護を行い、紛争を回避することをお勧めする。

4. クロスボーダー知的財産権ライセンス契約

グローバル化の背景の中で、国境をまたがる知的財産権の譲渡とライセンス取引はますます頻繁になっている。この分野が直面する法的リスクは無視できない。異なる国や地域の法制度の違いにより、知的財産権の取引は、複雑で変化する法的環境に直面している。一般に、この種の契約には、知的財産権の使用条件、ライセンス範囲、使用期間、支払方法、違約責任などの多くの側面が含まれ、知的財産権の合法的かつコンプライアンスに準拠した使用を確保し、技術のクロスボーダー普及と市場の共同発展を促進する。

クロスボーダー知的財産ライセンス契約において一般的な法的リスクには、以下のものが含まれる：越境電子商取引における知的財産権のクレーム（海外プラットフォームの規則への不慣れに起因する商標・特許・著作権の侵害）；海外展示会での警告（展示品が特許・商標・著作権の侵害に該当する疑いのために撤去または押収されること）；知的財産侵害の疑いで物品が税関で押収されること；海外訴訟（高額な賠償や市場損失のリスク）；337条調査（特許侵害のため米国市場への参入禁止のリスク）；クロスボーダー技術取引リスク（特許侵害や技術流出が含まること）。また、技術の輸出入管理およびデータの越境移転のコンプライアンスリスクにも注意が必要である。

5. クロスボーダー技術開発およびサポート契約

クロスボーダー技術開発・サポート契約は、国際ビジネス協力において欠かせない要素であり、クロスボーダー技術プロジェクトにおける双方または複数の当事者の権利と義務を明確にすることを目的としている。この種の契約には、技術の研究開発や最適化だけでなく、技術サービスの提供、保守、および可能なアップグレードなどの全ての側面が含まれる。一般的なものには、クロスボーダークラウドサーバーのレンタル、データストレージ／分析サービス、決済システムの導入、ソフトウェア開発などが含まれる。

このような契約において、技術の移転および知的財産権の保護リスクも特に重要視されるべき点である。クロスボーダー技術提携では、技術の移転および共有がコアな企業秘密や知的財産権に関わることが多く、これらのセンシティブ情報が国境を越えて伝送・利用される過程で漏洩、悪用、または侵害されないようにすることは、契約当事者双方が共同で注目し解決すべき問題である。さらに、技術の適法

6.境外营销和推广合同

营销和推广系国内数字文化产品快速打开市场的重要方式，一般需要与第三方服务商签订合同，包括广告投放、市场推广活动、社交媒体管理等。合同需明确推广策略、预算、效果评估等条款。

宣传推广素材中知识产权侵权或虚假宣传的现象需要特别注意。譬如，中国社交媒体上流行的"拔签子"游戏引起关注，Playrix 公司通过这一模型推广在海外平台上获得显著影响，但玩家发现游戏中无"拔签子"元素。2020 年 9 月 30 日，英国广告基准协会（ASA）裁决 Playrix 公司游戏宣传与实际内容不符，涉嫌欺诈，并禁止其在英国播出。[1]

7.海外数字文化产品分销和代理合同

以游戏行业为例，其发行方式通常可被划分为代理模式和自主运营模式两种基本形式。

在早期阶段，众多游戏企业倾向于通过代理的方式拓展海外市场。这一模式对于中国游戏企业来说，操作相对简便，且风险相对较低，主要需要注意收入的分配、结算以及运营中的法律风险分担等问题。然而，随着时间的推移，全球游戏市场的日趋成熟与竞争的加剧，单纯的代理出海模式逐渐显示出其固有的局限性，仅凭代理模式已难以满足中国游戏企业长期发展的战略需求。

近年来，诸多具备前瞻性的游戏企业开始积极寻求更为多元化和积极的出海策略。鉴于国外主流渠道相对集中，自主运营模式逐渐成为这些企业的首选。在此模式下，厂商直接通过 App Store、Google Play 等应用商店进行自主运营。尽管自主运营相较于代理模式在风险和收益上存在显著差异，但这也为企业提供了更多机会去深入了解不同国家和地区玩家的文化背景和游戏习惯，进而研究当地玩家的需求和喜好，制定更为精准的运营策略和推广方案，以确保游戏产品能够在当地市场成功落地并实现持续

---

[1] 参见《"挂羊头卖狗肉"买量广告惹祸！这家手游巨头被判广告违规》，载手机游戏企业动态网：http://www.gamelook.com.cn/2020/10/400441，最后访问日期：2024 年 10 月 25 日。

性とコンプライアンスも十分に検討および確認される必要があり、技術自体の問題から発生する法的リスクを回避するために重要である。

6. 海外マーケティングおよびプロモーション契約

マーケティングとプロモーションは、国内のコンテンツ製品が市場に迅速に浸透するための重要な手段であり、通常は第三者サービスプロバイダーと契約を結ぶ必要がある。この契約には、広告の配信、マーケティング活動、ソーシャルメディアの管理などが含まれる。契約では、プロモーション戦略、予算、効果評価などの条項を明確に規定する必要がある。

プロモーション素材における知的財産権侵害や虚偽の宣伝には特に注意が必要である。例えば、中国のソーシャルメディアで流行した「ピン引き抜きゲーム」が話題となり、Playrix社はこの斬新なプロモーションによって海外プラットフォームで顕著な影響を得たが、プレイヤーたちはゲーム内に「ピン引き抜き」要素がないことに気付いた。2020年9月30日、英国広告基準協会（ASA）は、Playrix社のゲーム宣伝が実際の内容と一致しておらず、詐欺の疑いがあるとして、英国での放映を禁止する決定を下した[1]。

7. 海外コンテンツ製品の流通および代理契約

ゲーム業界を例に取ると、その発行方法は主に代理モデルと自主運営モデルの2つの基本形態に分けられる。

初期段階では、多くのゲーム企業が代理の方式で海外市場を開拓することを好んでいた。このモデルは中国のゲーム企業にとって操作が比較的簡単であり、リスクも比較的低い。主に収益の配分、決済、および運営中の法的リスクの分担に注意が必要である。しかし、時間が経つにつれ、グローバルゲーム市場の成熟と競争の激化に伴い、単純な代理による海外進出モデルはその限界を徐々に露呈し、中国のゲーム企業の長期的な発展戦略のニーズを満たすことが難しくなってきた。

近年、多くの先見性を持つゲーム企業がより多様で積極的な海外進出戦略を模索し始めている。海外の主要なチャネルが比較的集中していることを鑑みて、自主運営モデルがこれらの企業の第一選択となりつつある。このモデルでは、ゲーム会社がApp StoreやGoogle Playなどのアプリストアを通じて直接自主運営を行う。自主運営は代理モデルと比べてリスクと利益の面で顕著な違いがあるが、それによ

---

[1] SOHU.comウェブサイト（https://www.sohu.com/a/425121752_120873309）（最終閲覧日：2024年10月25日）。

发展。

（二）主要注意事项

1. 法律适用与管辖权

由于各国法律体系的差异，同一份合同在不同国家可能会产生不同的法律效果。因此，在签订跨境合同时，选择适当的法律作为合同的适用法律就显得尤为重要。通常，当事人可以选择与合同关系最密切的法律作为适用法，如合同缔结地法、合同履行地法、当事人共同选择的法律等。同时，为了避免法律适用的不确定性，当事人还可以在合同中明确约定法律适用条款，确保合同的法律适用明确、清晰。

在跨境合作中，一旦发生争议，如何确定解决争议的管辖法院是另一个关键问题。一般来说，跨境合同的管辖权可以通过以下方式确定：一是合同中的管辖条款。当事人在签订合同时，可以约定将争议提交给某一特定国家或地区的法院管辖。这种约定具有法律效力，一旦发生争议，当事人应当遵守约定向指定的法院提起诉讼。二是根据国际私法规则确定管辖权。在某些情况下，如果合同中没有明确的管辖条款，可以根据国际私法规则确定管辖权。这些规则通常包括被告住所地法、合同签订地法、合同履行地法等。

2. 合同语言的确定

在跨境合同的签订过程中，合同语言的确定无疑是至关重要的一环。这不仅关乎合同双方的准确理解，更直接关系到合同能否顺利履行，以及未来可能出现的纠纷能否得到公正有效地解决。

中国数字文化企业在与境外方签合同时，可协商选择一种或者多种共同语言，确保准确传达合同意图并被双方理解。若无法达成一致，可寻求专业翻译服务。除主要语言外，合同可加入其他语言翻译版本，确保内容准确、完整，避免误解和纠纷。合同履行中，书面文件、通知等应使用合同规定语言。需使用其他语言沟通时，应在合同中明确并采取措施确保顺畅准确。

り企業は各国や地域のプレイヤーの文化背景やゲーム習慣を深く理解し、現地のプレイヤーのニーズや嗜好を研究し、より正確な運営戦略とプロモーションプランを策定する機会を得ることができる。これにより、ゲーム製品が現地市場で成功裏に展開し、持続的な発展を遂げることができるようになる。

(二) 主要注意事項

1. 準拠法と紛争解決方法

各国の法律体系の違いにより、同じ契約でも異なる国では異なる法律効果が生じる可能性がある。そのため、クロスボーダー契約を締結する際には、適切な準拠法を選択することが非常に重要である。通常、当事者は契約関係と最も密接な法律を準拠法として選択できる。例えば、契約締結地法、契約履行地法、当事者が共同で選択した法律などである。また、法律適用の不確定性を回避するために、当事者は契約書に準拠法条項を明確に定め、契約の準拠法を明確かつ一貫したものにすることができる。

クロスボーダー提携において、紛争が発生した場合にどの裁判所が管轄するかを決定することも重要な問題である。一般的に、クロスボーダー契約の管轄権は以下の方法で確定できる。

(1) 契約の管轄条項である。契約締結時に当事者が紛争を一定の国または地域の裁判所に付託することを合意することができる。この合意は法的効力を持ち、紛争が発生した場合、当事者は合意に従って指定された裁判所に訴訟を提起する必要がある。

(2) 国際私法の規則に基づく管轄権の確定である。契約中に明確な管轄条項がない場合には、国際私法の規則に基づいて管轄権を確定することができる。これらの規則には、被告の住所地法、契約締結地法、契約履行地法などが含まれる。

2. 契約言語の確定

クロスボーダー契約を締結する際に、契約言語の確定は極めて重要なステップである。これは当事者双方が正確に理解することに関わるだけでなく、契約が円滑に履行されるかどうか、そして将来の紛争が公正かつ有効に解決されるかどうかに直接関係している。

中国のコンテンツ企業が海外の相手方と契約を締結する際には、一つまたは複数の共通言語を選択することを協議することができる。これにより、契約の意図が正確に伝わり、双方に理解されることを確保する。合意に至らない場合には、専門の翻訳サービスを利用することが望まれる。主要な言語以外にも、契約書には他の

3. 支付条款

跨境支付有很多方式，比如电汇、信用卡支付和第三方支付平台。选择哪种方式和渠道，双方要考虑安全性、方便性和成本效益。合同中要写清楚具体信息，比如银行账户、手续费等。支付条款要包括支付方式、时间和地点。现在用的支付手段有两种：货币和票据。支付方式主要分为两类：直接付款、托收这类非银行信用付款方式和信用证这类银行信用付款方式。

国际贸易中，信用证（L/C）结算是最为广泛也是相对安全的结算方式，信用证结算为现代国际社会对外贸易广为接受。具体做法是，进口国的开证银行，根据进口商要求开证，授权出口商按照信用证规定的条款，签发以该行作为付款人的汇票，并保证在收到符合信用证条款规定的汇票和单据时，该行必定付款或者承兑的保证文件。

4. 税务条款

很多时候，合同中约定各方自行承担相应的税费，这看似是一个明确且简单的条款，然而在实际操作中，却往往是最容易产生误解和纠纷的部分。特别是在涉及跨境交易的合同中，这种条款可能会引发一系列的问题。原因在于，外国当事人可能对中国税务体系缺乏足够的了解，他们可能并不清楚在中国法律框架下需要承担的税费负担。同样，中国当事人也可能对外国的税务体系知之甚少，不了解在外国法律体系下可能面临的重重税费。这种信息的不对等和知识的缺乏，可能会导致合同执行过程中的误解和矛盾，甚至可能引发法律纠纷。因此，虽然合同中约定各自承担税费看似是一种分担责任的方式，但在跨境合同中，这并不能完全解决问题，还需要当事人双方对对方的税务体系有足够的了解和准备。

言語での翻訳版を追加し、内容の正確さと完全性を確保して誤解や紛争を避けることが重要である。

　契約の履行中、書面による文書や通知などは契約で定められた言語を使用する必要がある。その他の言語を使用してコミュニケーションを行う必要がある場合には、その言語使用について契約に明記し、スムーズかつ正確な意思疎通を確保するための措置を講じることが求められる。

　3. 支払条件

　クロスボーダー支払には、電信送金、クレジットカード決済、第三者決済プラットフォームなど、多くの方法がある。どの方法やチャネルを選ぶかについては、安全性、利便性、コスト効率を考慮する必要がある。契約書には、銀行口座や手数料などの具体的な情報を明記する必要がある。支払条件には、支払方法、日時、場所を含めるべきである。現在使用されている支払手段には、通貨と手形の2種類がある。支払方法は主に2つに分かれる：直接支払、または取立てのような非銀行信用の支払方法と、信用状（L/C）のような銀行信用の支払方法である。

　国際貿易において、信用状（L/C）決済は最も広く、かつ相対的に安全な決済方法であり、現代の国際社会での貿易で広く受け入れられている。具体的な手順としては、輸入国の開設銀行が輸入者の要請に応じて信用状を開設し、輸出者に対して信用状の規定に従った条件で、その銀行を支払人とする為替手形を発行することを認め、かつ、信用状の条件に適合する為替手形と書類を受け取った場合には、必ず支払や承諾を行うことを保証する。

　4. 税務条項

　多くの場合、契約書には各当事者がそれぞれの税金を負担するという条項が規定されている。一見、これは明確で簡単な条項のように見えるが、実際の運用では誤解や紛争を引き起こす最も一般的な部分である。特に、クロスボーダー取引に関する契約では、このような条項が一連の問題を引き起こす可能性がある。その理由は、外国の当事者が中国の税務システムについて十分に理解していない可能性があり、彼らが中国の法律の枠組みの中でどのような税金負担が必要かを把握していないことがあるからである。同様に、中国の当事者も外国の税務システムについてほとんど知識がないかもしれず、外国の法律体系下で直面する可能性のある多くの税金について理解していないことがある。このような情報の非対称性や知識の欠如は、契約の履行過程で誤解や矛盾を引き起こし、最終的には法律的な紛争を生じる可能性がある。そのため、契約書で各自の税金を負担するという規定は一見、責任分担の方法として見えるが、クロスボーダー契約においては完全に問題を解決するわけ

5. 知识产权条款

中国国际贸易促进委员会商业行业委员会负责发布的《对外经贸合作合同知识产权条款指南》中，详细阐述了关于跨境合同中知识产权条款的相关内容，并为实践操作提供了具体的指导和参考。

相对于国内合同而言，跨境合同在制定知识产权条款时，需要更加重视和考虑当地对于知识产权权属产生、转移以及授权等方面的差异。这是因为不同国家和地区在知识产权的法律制度、保护范围以及执行力度等方面都可能存在较大差异，因此在处理跨境合同中的知识产权问题时，需要更加细致和谨慎。此外，还需要关注当地知识产权法律的发展趋势和变化，以便及时调整和优化合同条款，确保合同的合法性和有效性。

6. 争议解决条款

在处理跨境纠纷中，相较于诉讼仲裁则会被认为是一种更为常见的争议解决方式。仲裁情况下，当事人可以选择将争议提交给一个或多个仲裁员进行裁决，而不是通过传统的法院诉讼程序。仲裁的灵活性是其在跨境合同中受欢迎的关键因素之一，双方可以自由选择仲裁地点、仲裁机构以及仲裁规则，这使得仲裁过程更加符合双方的期望和需求。例如，如果双方来自不同的国家，他们可以选择一个中立的仲裁地点，以避免任何可能的偏见。仲裁的保密性也是其优点之一，与公开的法院诉讼不同，仲裁的裁决通常是保密的，只有双方当事人和仲裁员知道具体内容。这对于那些希望保护商业机密和敏感信息的公司来说至关重要。

但是，也需要注意一些潜在的风险和挑战。例如，不同的国家可能对仲裁裁决的承认和执行有不同的法律规定，这可能导致裁决的执行变得困难。此外，仲裁过程可能需要双方承担较高的费用，包括仲裁员的费用、仲裁机构的费用以及法律代理费用等。

7. 交易合规性

跨境合同的交易合规性要求合同双方充分了解并遵守各国相关的贸易法律法规。这包括但不限于贸易管制、出口许可、关税及商品分类等方面的规定。合同双方应当

ではなく、当事者双方が相手の税務システムについて十分な理解と準備をする必要がある。

5. 知的財産権条項

中国国際貿易促進委員会商業業界委員会が発表した「対外経済貿易提携契約知的財産権条項ガイドライン」には、クロスボーダー契約における知的財産権条項についての詳細な説明があり、実務操作のための具体的な指導と参考が提供されている。

国内契約と比べて、クロスボーダー契約では知的財産権条項の策定において、現地の知的財産権の権利の発生、移転、および許諾に関する違いをより重視する必要がある。これは、国や地域によって知的財産権に関する法律制度、保護範囲、実施の強度などに大きな差異が存在するため、クロスボーダー契約における知的財産権問題の取り扱いには、より細かく慎重な対応が求められるからである。加えて、現地の知的財産権法の発展動向や変化にも注意を払い、契約条項を適時に調整・最適化することで、契約の合法性と有効性を確保する必要がある。

6. 紛解決条項

クロスボーダー紛争を扱う場合、訴訟に対して仲裁がより一般的な紛争解決手段とみなされることがある。仲裁の場合、当事者は争いを一人または複数の仲裁人に裁定させることができ、伝統的な裁判手続きによらずに解決することができる。仲裁の柔軟性は、クロスボーダー契約においてその人気の鍵となる要素の一つである。当事者は仲裁の場所、仲裁機関、および仲裁規則を自由に選択できるため、仲裁手続きは双方の期待とニーズにより合致するものになる。例えば、当事者が異なる国にある場合、中立的な仲裁地を選ぶことで、可能性のある偏見を避けることができる。

仲裁の秘密性もその利点の一つである。公開の裁判とは異なり、仲裁の裁定は通常非公開であり、当事者と仲裁人のみがその内容を知ることになる。これは、ビジネスの機密情報や敏感な情報を保護したい企業にとって非常に重要である。

しかし、いくつかの潜在的なリスクや課題にも注意が必要である。例えば、異なる国々は仲裁裁定の承認と執行について異なる法律規定を持っており、裁定の執行が困難になる可能性がある。さらに、仲裁手続きには、仲裁人の費用、仲裁機関の費用、法律代理費用など、比較的高い費用がかかることもある。

7. 取引の適法性

クロスボーダー契約における取引の適法性には、契約の両当事者が各国の関連する貿易法規を十分に理解し、遵守することを求める。これには、貿易規制、輸出

确保所从事的交易活动符合法律法规的要求，避免任何可能导致违规的行为发生。

在协力律师事务所代理的盛趣游戏、韩国亚拓士公司与韩国娱美德公司等系列案件中，其中有一件案件，即韩国亚拓士公司起诉韩国娱美德公司单方授权国内游戏公司《传奇》相关著作权，要求认定该授权协议无效，最终经上海知识产权法院一审、最高人民法院二审，支持了韩国亚拓士公司的诉请，该合同最终被认定无效。[1]

8.其他特殊条款

根据合同的具体性质和目的，可能还需考虑其他特殊条款，如保密协议、非竞争条款等。

总结而言，数字文化跨境合同需要综合考虑法律合规性、风险管理、合同执行的实际操作性，以及文化和市场的特殊性，确保合同能够适应不同国家的法律环境，同时保护合同各方的权益。

---

[1] 一审案号：(2016)沪73民初739号；二审案号：(2020)最高法知民终399号。

許可、関税および商品分類などの規定が含まれるが、これに限定されない。契約の両当事者は、取引活動が法律および規制の要求に合致することを確認し、違反の可能性がある行為を避けるべきである。

協力事務所が代理する盛趣ゲーム、韓国のアトラス社および韓国のユーメイド社との一連の案件の中で[1]、韓国アトラス社が韓国ユーメイド社を提訴し、国内のゲーム会社「伝説」に関する著作権の一方的な権限付与が無効であるとの認定を求めた案件がある。最終的に、上海知的財産権裁判所での一審および最高人民法院での二審を経て、韓国アトラス社の訴えが支持され、契約は最終的に無効とされた。

8. その他の特殊条項

契約の具体的な性質や目的に応じて、機密保持契約や競業避止条項など、その他の特殊条項を考慮する必要があるかもしれない。

総じて、コンテンツのクロスボーダー契約には、法律の遵守、リスク管理、契約履行の実行性、そして文化や市場の特殊性を総合的に考慮する必要がある。契約が異なる国の法律環境に適応し、契約の各当事者の権益を保護することを確保する必要がある。

---

[1] (2016) 滬 73 民初 739 号、(2020) 最高人民法院知民終 399 号。

第 2 章

内容产业的法律框架

一、中国数字文化产业"走出去"扶持政策介绍

在数字化浪潮与全球化背景下，中国数字文化产业正迈向国际舞台。为促进该产业的海外拓展，中国政府已制定一系列政策措施，旨在提供全方位的支持与激励。

本章将介绍国家与地方层面的关键政策，包括《中华人民共和国国民经济和社会发展第十四个五年规划和 2035 年远景目标纲要》及商务部等相关部门的具体实施意见。这些政策不仅明确了战略方向，更提供了财政、审批、金融及税收等方面的具体支持措施。从国家战略到地方实践，如上海浦东新区针对文创产业的"八大举措"，北京市对游戏出海企业的落地支持，以及深圳市对数字创意产业集群发展的专项措施，均体现了对数字文化产业国际化的重视与推进。

（一）国家层面

1.《中华人民共和国国民经济和社会发展第十四个五年规划和 2035 年远景目标纲要》（2021 年）

加强对外文化交流和多层次文明对话，创新推进国际传播，利用网上网下，讲好中国故事，传播好中国声音，促进民心相通。开展"感知中国"、"走读中国"、"视听中国"活动，办好中国文化年（节）、旅游年（节）。建设中文传播平台，构建中国语言文化全球传播体系和国际中文教育标准体系。

第2章

コンテンツ産業の法的枠組み

一．中国のコンテンツ産業の海外進出に関する奨励政策

　デジタル化の波とグローバル化の背景の中で、中国のコンテンツ産業は国際舞台に向けて進んでいる。この産業の海外進出を促進するために、中国政府は一連の政策措置を策定し、全面的なサポートとインセンティブを与えている。

　ここでは、国家レベルおよび地方レベルの重要な政策を紹介する。これらには、「中華人民共和国国民経済と社会発展第十四次五カ年計画と2035年長期目標概要」や、商務部等の関連部門による具体的な実施意見が含まれる。これらの政策は、戦略的な方向性を明確にしているだけでなく、財政、許認可、金融、税制などの具体的なサポート措置をも提供している。国家戦略から地方の実践に至るまで、例えば、上海浦東新区の文化創意産業に対する「八大措置」、北京市のゲーム海外進出企業への支援、そして深圳市のデジタルクリエイティブ産業クラスターの発展に関する特別措置などがとられており、コンテンツ産業の国際化に対する重視と推進が反映されたものとなっている。

（一）国家レベル

1.「中華人民共和国国民経済と社会発展第十四次五カ年計画と2035年長期目標概要」（2021年）

　対外文化交流と多層的な文明対話を強化し、国際的な情報発信を革新推進し、オンラインとオフラインを活用し、中国の物語を魅力的に語り、中国の声を広め、人々の心のつながりを通わせる。「中国を感じる」「中国を巡る」「視聴する中国」などの活動を展開し、中国文化年（祭り）、観光年（祭り）を円滑に運営する。中国語による発信プラットフォームを構築し、中国語文化の世界的な発信体系と国際的

实施文化产业数字化战略，加快发展新型文化企业、文化业态、文化消费模式，壮大数字创意、网络视听、数字出版、数字娱乐、线上演播等产业。加快提升超高清电视节目制播能力，推进电视频道高清化改造，推进沉浸式视频、云转播等应用。实施文化品牌战略，打造一批有影响力、有代表性的文化品牌。培育骨干文化企业，规范发展文化产业园区，推动区域文化产业带建设。积极发展对外文化贸易，开拓海外文化市场，鼓励优秀传统文化产品和影视剧、游戏等数字文化产品"走出去"，加强国家文化出口基地建设。

2.《国务院办公厅关于推进对外贸易创新发展的实施意见》（2020年）

加快发展新兴服务贸易。加快发展对外文化贸易，加大对国家文化出口重点企业和重点项目的支持，加强国家文化出口基地建设。加快服务外包转型升级，开展服务外包示范城市动态调整，大力发展高端生产性服务外包。

加快贸易数字化发展。大力发展数字贸易，推进国家数字服务出口基地建设，鼓励企业向数字服务和综合服务提供商转型。支持企业不断提升贸易数字化和智能化管理能力。建设贸易数字化公共服务平台，服务企业数字化转型。

3.商务部等《关于推进对外文化贸易高质量发展的意见》（2022年）

（1）聚焦推动文化传媒、网络游戏、动漫、创意设计等领域发展，开展优化审批流程改革试点，扩大网络游戏审核试点，创新事中事后监管方式。探索设立市场化运作的文物鉴定机构，鼓励社会力量参与博物馆展览、教育和文创开发。

（2）大力发展数字文化贸易。推进实施国家文化数字化战略，建设国家文化大数据体系。发挥国内大市场和丰富文化资源优势，加强数字文化内容建设，促进优秀文化资源、文娱模式数字化开发。支持数字艺术、云展览和沉浸体验等新型业态发展，积极培育网络文学、网络视听、网络音乐、网络表演、网络游戏、数字电影、数字动漫、数字出版、线上演播、电子竞技等领域出口竞争优势，提升文化价值，打造具有

な中国語教育の基準システムを構築する。

　コンテンツ産業のデジタル化戦略を実施し、新しいタイプのコンテンツ企業、コンテンツ業態、コンテンツ消費モデルの発展を加速する。デジタルクリエイティブ、ネット視聴、デジタル出版、デジタルエンターテインメント、オンライン放送などの産業を拡大する。超高画質テレビ番組の制作・放送能力を強化し、テレビチャンネルの高画質化改造を推進し、没入型ビデオ、クラウド放送などの応用を推進する。コンテンツブランド戦略を実施し、影響力のある代表的なコンテンツブランドを創出する。骨幹コンテンツ企業を育成し、コンテンツ産業園の模範となる発展を進め、地域コンテンツ産業ベルトの構築を推進する。対外コンテンツ貿易を積極的に発展させ、海外コンテンツ市場を開拓し、優れた伝統コンテンツ製品や映画・ゲームなどのコンテンツ製品の「海外進出」を奨励し、国家コンテンツ輸出基地の建設を強化する。

　2. 国務院弁公庁などの「対外貿易の革新発展の推進に関する実施意見」（2020年）

　新興サービス貿易の発展を加速する。対外コンテンツ貿易の促進を加速し、国家コンテンツ輸出の重点企業や重点プロジェクトへの支援を強化し、国家コンテンツ輸出基地の建設を推進する。サービスアウトソーシングの転換とアップグレードを加速し、サービスアウトソーシングのモデル都市の積極的な整備を行い、高度な生産性サービスアウトソーシングの発展を促進する。

　貿易のデジタル化の発展を加速する。デジタル貿易を大力で推進し、国家デジタルサービス輸出基地の建設を進め、企業のデジタルサービスおよび統合サービス提供者への転換を奨励する。企業の貿易デジタル化および知能化管理能力の向上を支援し、貿易デジタル化の公共サービスプラットフォームを構築し、企業のデジタル転換をサポートする。

　3. 商務部などの「対外コンテンツ貿易の高品質な発展を推進する意見」（2022年）

　（1）コンテンツメディア、オンラインゲーム、アニメ、クリエイティブデザインなどの分野の発展に焦点を当て、許認可手続きの最適化に向けた改革の試行を行い、オンラインゲームの許認可試行を拡大し、事中・事後規制の監督方式に改める。市場原理に基づく文化財鑑定機関の設立を検討し、民間事業者が博物館の展示・教育・文化創作の開発に参加することを奨励する。

　（2）コンテンツ貿易の発展を推進する。国家コンテンツデジタル戦略の実施を推進し、国家コンテンツビッグデータシステムの構築を進める。国内の大きな市場

国际影响力的中华文化符号。

（3）培育壮大市场主体。发挥国家文化出口重点企业、重点项目示范作用，实施文化贸易"千帆出海"行动计划，培育一批具有核心竞争力的文化贸易骨干企业。支持骨干企业与中小微企业建立良性协作关系，通过开放平台、共享资源、产业链协作等方式，引导中小微企业走"专精特新"国际化发展道路。培育文化贸易专业服务机构。

（4）加强国际化品牌建设。在动漫、影视、出版、演艺、游戏等领域培育一批国际知名品牌。挖掘中华老字号、传统品牌、经典标识形象的文化内涵，实现创造性转化和创新性发展，引导和推动企业加大创意开发和品牌培育力度，提升品牌产品和服务出口附加值。

（5）扩大文化领域对外投资。鼓励有条件的文化企业创新对外合作方式，优化资源、品牌和营销渠道，面向国际市场开发产品、提供服务，提高境外投资质量效益。鼓励优势企业设立海外文化贸易促进平台。推动深化与共建"一带一路"国家文化领域投资合作。

（6）在投入机制、创新金融服务、税收政策以及提升便利化水平四个方面提供政策支持。

（7）从加强组织领导、强化人才支撑、加强知识产权保护以及完善统计评价体系四个方面加强组织保障。

と豊富なコンテンツ資源の利点を生かし、コンテンツの構築を強化し、優れたコンテンツ資源やエンターテイメントモデルのデジタル開発を促進する。デジタルアート、クラウド展示、没入型体験などの新業態の発展をサポートし、ネット文学、ネット視聴、ネット音楽、ネットパフォーマンス、ネットゲーム、デジタル映画、デジタルアニメ、デジタル出版、オンライン放送、電子スポーツなどの分野での輸出競争優位性を培い、コンテンツ価値を向上させ、国際的に影響力のある中華文化のシンボルを創出する。

　(3) 市場主体の育成と強化。国家コンテンツ輸出の重点企業や重点プロジェクトのモデル作用を発揮し、コンテンツ貿易「千帆出海」行動計画を実施し、コア競争力のあるコンテンツ貿易の骨幹企業を育成する。骨幹企業と中小企業との良好な協力関係の構築を支援し、オープンプラットフォーム、リソース共有、産業チェーン協力などの方法を通じて、中小企業が「専門化、精密化、特異化、新奇化」な国際化の発展経路を歩むよう誘導する。コンテンツ貿易の専門サービス機関を育成する。

　(4) 国際ブランドの構築を強化する。アニメ、映画、出版、演芸、ゲームなどの分野で国際的に有名なブランドを育成する。中華老舗、伝統ブランド、クラシックロゴの文化的な意味を掘り下げ、創造的な転換と革新的な発展を実現し、企業の創造的開発とブランド育成の強化を促進し、ブランド製品とサービスの輸出付加価値を向上させる。

　(5) コンテンツ分野での対外投資を拡大する。条件の整ったコンテンツ企業に対して対外提携方法の革新を奨励し、リソース、ブランド、マーケティングチャネルの最適化を行い、国際市場に向けた製品の開発やサービスの提供を進め、海外投資の品質と効果を向上させる。優位な企業による海外コンテンツ貿易促進プラットフォームの設立を奨励し、「一帯一路」イニシアティブに基づく国とのコンテンツ分野での投資提携を強化する。

　(6) 投入メカニズム、金融サービスの革新、税制政策、利便性の向上の4つの方面で政策支援を提供する。

　(7) 組織のリーダーシップの強化、人的支援の強化、知的財産権保護の強化、および統計評価体系の改善の4つの方面で組織保障を強化する。

　「対外コンテンツ貿易高品質発展の推進に関する意見」は、ネットゲームの海外進出に対して積極的な推進効果を持ち、政策支援、許認可手続きの最適化、競争優位性の育成、コンテンツ貿易の発展促進、および中華文化の影響力の向上などの複数の方面でネットゲームの海外進出を力強く支援している。

4.商务部等《关于支持国家文化出口基地高质量发展若干措施的通知》(2021年)

(1)加快发展新型文化企业、文化业态、文化消费模式,壮大数字创意、网络视听、数字出版、数字娱乐、线上演播等产业,鼓励优秀传统文化产品、文化创意产品和影视剧、游戏等数字文化产品"走出去"。

(2)支持基地建立文化出口重点企业名录和重点项目库,建立重点企业联系制度,畅通基地所在省(区、市)相关部门与企业联系渠道,及时协调解决企业发展中遇到的问题和困难。积极支持、指导基地企业申报国家文化出口重点企业和重点项目。

(3)支持基地完善公共服务体系,提升公共服务水平。利用市场化方式为符合条件的文化贸易企业提供融资支持。积极支持基地内企业参加技术先进型服务企业认定,对经认定的技术先进型服务企业,减按15%税率缴纳企业所得税。

(4)鼓励金融机构积极发展符合文化贸易企业需求特点的信贷创新产品。鼓励金融机构通过出口买方信贷等方式支持符合条件的文化出口重点企业扩大出口。支持企业开展跨境人民币结算业务。提升外汇管理便利化水平,逐步简化外汇收支手续,提高资金结算效率。

(5)支持在具备条件的基地内海关特殊监管区域开展"两头在外"的数字内容加工业务,研究完善监管模式,鼓励企业为境外生产的影视、动漫、游戏等提供洗印、译制、配音、编辑、后期制作等服务。

(6)优化知识产权服务,为企业知识产权创造、运用、管理、保护等提供全链条服务,支持基地文化企业开展知识产权证券化试点,探索开展文化领域知识产权价值评估,支持企业加强涉外知识产权维权工作。

4. 商務部等「国家コンテンツ輸出基地の高品質な発展を支持する若干の措置に関する通知」(2021年)

(1) 新型コンテンツ企業、コンテンツ業態、コンテンツ消費モデルの発展を加速し、デジタルクリエイティブ、ネットワーク視聴、デジタル出版、デジタルエンターテインメント、オンライン放送などの産業を拡大する。また、優れた伝統コンテンツ製品、コンテンツ創意製品、映画、ゲームなどのコンテンツ製品を「海外に進出」することを奨励する。

(2) 基地においてコンテンツ出口重点企業名簿と重点プロジェクトデータベースの作成を支援し、重点企業との連絡制度を確立する。基地所在の省（区、市）に関連する部門と企業との連絡チャネルをスムーズにし、企業の発展における問題や困難をタイムリーに調整・解決する。基地内企業が国家コンテンツ出口重点企業および重点プロジェクトの申請を行う際に、積極的に支援・指導する。

(3) 基地の公共サービス体系を整備し、公共サービスのレベルを向上させる。市場化の手法を利用して、条件を満たすコンテンツ貿易企業に融資支援を提供する。基地内企業が技術先進型サービス企業認定に参加することを積極的に支援し、認定された技術先進型サービス企業には、15%の優遇税率で法人所得税を課する。

(4) 金融機関がコンテンツ貿易企業のニーズに適合する貸付イノベーション製品を積極的に開発すること、および輸出買手信用などの方法を通じて条件を満たすコンテンツ輸出重点企業の輸出拡大をサポートすることを奨励する。企業のクロスボーダー人民元決済業務の実施を支援し、外貨管理の利便性を高め、外貨収支手続きを段階的に簡素化し、資金決済の効率を向上させる。

(5) 条件を備えた基地内の税関特別監督区域で「製品の設計と市場がともに海外にある」のデジタルコンテンツ加工業務を行うことを支持し、監督モデルを改善するための検討を行う。企業が海外で制作された映画、アニメ、ゲームなどに対して、印刷、翻訳、吹き替え、編集、ポストプロダクションなどのサービスを提供することを奨励する。

(6) 知的財産権サービスを最適化し、企業の知的財産権の創造、利用、管理、保護に対して全チェーンサービスを提供する。基地内のコンテンツ企業が知的財産権の証券化試験を行うことを支援し、コンテンツ分野の知的財産権の価値評価を行うことを検討する。また、企業が対外知的財産権の権利保護を強化することを支援する。

5.《文化和旅游部关于推动数字文化产业高质量发展的意见》（2020 年）

（1）网络游戏作为数字文化的重要组成部分之一，鼓励结合中国文化特色的原创 IP，加强 IP 开发和转化，推动中华优秀传统文化创造性转化、创新性发展，发展社会主义先进文化，打造更多具有广泛影响力的数字文化品牌。

（2）鼓励推进技术、人才、资金等资源互动，培育一批具有国际竞争力的企业和一批海外年轻用户喜爱的产品。创新数字文化服务出口新业态新模式，发展数字贸易。深化数字文化产业"一带一路"国际合作，打造交流合作平台，向"一带一路"国家和地区提供数字化服务，合作开发数字化产品。鼓励企业通过电子商务、项目合作、海外并购、设立分支机构等方式开拓国际市场。支持数字文化企业参与境内外综合性、专业性展会，支持线上文化产品展览交易会等新模式。

（3）加大政策支持力度，提供财政、税收、金融等方面的优惠政策，支持中小企业发展，推动产业集聚和区域协调发展。

（二）地方层面

【上海地区】

1.《上海市社会主义国际文化大都市建设"十四五"规划》

加强国际传播能力建设。以上海实践讲好中国故事，传播中国精神和中国价值观，构建针对性强、富有成效的国际传播工作机制，提升上海国际传播能级和国际影响力。充分挖掘和用好各类民间资源，鼓励和支持各类民间主体参与对外传播。建好外宣全媒体矩阵，加大聚合传播力度。利用好部市共建布鲁塞尔中国文化中心平台，开展有影响力的文旅对外交流和宣传推广活动。发挥"感知上海"平台作用，引导外媒更加客观公正地报道中国及上海发展。大力推动全市"中华文化走出去"工作，推介优秀中华文化、上海文化品牌。更好提炼体现独特内涵的上海城市形象视觉符号体系，支持鼓励全市各方面使用上海城市形象对外推广标识、标语。实施精准传播工程，开展

5. 文化観光部など「コンテンツ産業の高品質な発展を推進する意見」（2020年）

（1）オンラインゲームはコンテンツ産業の重要な構成部分の一つとして、中国文化の特色を取り入れたオリジナルIPの開発を奨励し、IPの開発と転換を強化し、優れた中華伝統文化の創造的転換と革新的発展を推進する。社会主義の先進文化を発展させ、広範な影響力を持つコンテンツブランドを多く創出することを目指す。

（2）技術、人材、資金などのリソースの相互作用を促進し、国際競争力を持つ企業と海外の若年層ユーザーに人気のある製品を育成する。コンテンツサービスの新たな業態とモデルを革新し、デジタル貿易を発展させる。「一帯一路」国際協力の深化を図り、交流と協力のプラットフォームを構築し、「一帯一路」参加国と地域にデジタルサービスを提供し、デジタル製品の共同開発を行う。企業が電子商取引、プロジェクト協力、海外買収、支店設立などの方法で国際市場を開拓することを奨励し、国内外の総合的および専門的な展示会や、オンラインコンテンツ製品展示取引会などの新しいモデルに対しても支援を行う。

（3）政策支援を強化し、財政、税制、金融などの面で優遇政策を提供し、中小企業の発展を支援する。また、産業の集積と地域の協調発展を促進する。

「コンテンツ産業の高品質な発展を推進する意見」は、オンラインゲームの海外進出に対して多方面にわたる積極的な効果をもたらす。政策支援と方向性の指針を提供するだけでなく、革新と技術支援を奨励し、コンテンツ産業とデジタル経済の強い統合を促進し、優れた製品の供給を拡大し、国際協力と交流を推進する。これらの措置は、オンラインゲームの海外進出に対して有利な条件を与え、広がる可能性を創出している。

（二）地方

【上海地方】

1.「上海市社会主義国際文化大都市建設「十四五」計画」

国際的な発信能力の強化。上海の実践を通じて中国の物語を語り、中国の精神と価値観を広め、ターゲットを絞った効果的な国際発信のメカニズムを構築し、上海の国際的な発信レベルと影響力を高める。さまざまな民間リソースを十分に活用し、民間主体の対外発信への参加を奨励し支援する。全メディアによる広報マトリックスを整備し、情報発信の集約的な力を強化する。国と市が共同で設立したブリュッセル中国文化センターのプラットフォームを最大限に活用し、影響力のある文化・観光交流および宣伝活動を展開する。「上海を感じる」プラットフォームの役割を発揮し、海外メディアが中国と上海の発展をより客観的かつ公正に報道するよう

"魅力上海"城市形象推广活动。建设上海城市形象资源共享平台，展示上海城市形象IP。推进"城市背景板"工程，通过重大国际赛事、会展、节庆、论坛等平台，推动上海城市形象立体传播。用好"欢乐春节""世界城市日"等国家及我市重要对外文化交流活动平台，提升上海城市形象和美誉度。

2.《浦东新区促进文创类互联网平台产业高质量发展的若干政策举措》（八大举措）

（1）重大产业活动资金支持：每年提供不少于1亿元的资金支持重大产业活动，旨在推动包括游戏在内的文创产业的发展和国际化。这样的资金支持可以帮助游戏企业参与国际展览、赛事等活动，提升其国际知名度。

（2）文创活动补贴：对于吸引进入浦东的文创活动，最高将给予200万元的补贴。这对于计划在海外举办推广活动的游戏企业来说，是一项实质性的经济支持。

（3）优质空间提供：提供50万平方米优质空间，助力文创类互联网平台产业孵化集聚。游戏企业可以借此机会获得优质的办公空间，从而降低运营成本，提升研发效率。

（4）无偿资助：选择优质项目给予最高50万元的无偿资助，这可以激励游戏企业进行创新和研发，进而开发出更具竞争力的游戏产品。

（5）五年百亿投入：五年内拟投入超过100亿元，重点支持游戏产业的内容研发和技术创新。这是一项巨大的投入，将极大地推动游戏企业在内容和技术方面的进步，从而提升其出海竞争力。

（6）专班保障机制：建立工作专班保障新机制，特别是在知识产权保护方面提供全方位服务。这对于游戏企业来说至关重要，因为知识产权是游戏产品的核心价值所在，加强保护有助于企业在海外市场维护自身权益。

誘導する。市全体で「中華文化の海外進出」を強力に推進し、優れた中華文化や上海の文化ブランドを紹介する。独自の意味を体現する上海の都市イメージビジュアルシンボル体系をより良く精練し、全市の各方面が上海の都市イメージを対外プロモーションに使用することを支援・奨励する。精確な情報発信プロジェクトを実施し、「魅力上海」都市イメージプロモーション活動を展開する。上海の都市イメージ資源共有プラットフォームを構築し、上海の都市イメージIPを展示する。「都市バックドロップ」プロジェクトを推進し、国際的な主要スポーツイベント、展示会、祝祭、フォーラムなどのプラットフォームを通じて上海の都市イメージの多面的な情報発信を推進する。「ハッピースプリングフェスティバル」や「世界都市の日」などの国家および市の重要な国際文化交流活動プラットフォームを活用し、上海の都市イメージと評価を向上させる。

2.「浦東新区の文化創意系インターネットプラットフォーム産業の高品質な発展を促進するための若干の政策措置」（通称「八大措置」）

(1) 重大産業活動資金支援：毎年1億元以上の資金を重大産業活動に提供し、ゲームを含む文化創意産業の発展と国際化を推進する。この資金支援により、ゲーム企業は国際展覧会や大会に参加し、国際的な知名度を向上させることができる。

(2) 文化創意活動補助金：浦東に誘致された文化創意活動には、最大で200万元の補助金が支給される。これは、海外でのプロモーション活動を計画しているゲーム企業にとって、実質的な経済支援となる。

(3) 優良なスペース提供：50万平方メートルの優良なスペースを提供し、文化創意類インターネットプラットフォーム産業のイノベーションと集積を支援する。ゲーム企業はこれにより優良なオフィススペースを獲得し、運営コストを削減し、開発効率を向上させることができる。

(4) 無償助成：優良なプロジェクトに対して最大50万元の無償助成を行う。これにより、ゲーム企業は革新と研究開発を促進し、競争力のあるゲーム製品を開発することができる。

(5) 5年間で100億元の投入：5年間で100億元以上を投入し、ゲーム産業のコンテンツ開発と技術革新を重点的に支援する。この大規模な投入により、ゲーム企業はコンテンツと技術の両面での進歩を大いに促進し、海外市場での競争力を向上させることができる。

(6) 専門チームによる保障メカニズム：専門のチームを設立し、新しいメカニズムで特に知的財産権の保護に関する全面的なサービスを提供する。これは、ゲーム企業にとって非常に重要である。知的財産権はゲーム製品のコアバリューである

3.上海市普陀区委办公室等《普陀区关于推进贸易高质量发展的实施方案》(2021年)

(六)推动服务贸易创新发展。鼓励关键装备、零部件和技术专利进口,对纳入《鼓励进口技术和产品目录》产品做好技术合同认定并予以贴息支持。鼓励、支持企业参与国际标准制修订,提升产品、服务的国际竞争力。完善文化产业政策,适当增补文化出海相关扶持内容,鼓励和支持游戏、影视、动漫、音视频等作品出海,支持向海外出版具有独立知识产权的图文音像产品,增加文旅产品或服务的附加值,推动文旅 IP 走出去,力争 2021 年实现网络漫画出海 10 部,游戏出海收入增长 10—15%。加快数字贸易创新突破,培育一批有国际竞争力的数字企业。贯彻落实《上海市推动服务外包加快转型升级的实施方案》,加快重点服务外包企业培育,吸引集聚一批会计、审计、检测认证等专业服务类外包企业。鼓励信用保险创新试点,配套服务贸易信用保险产品,支持技术类、服务类产品走出去。

【北京地区】

《"十四五"时期北京经济技术开发区发展建设和二〇三五年远景目标规划》(2021年)

做优高端服务业和科技文化融合产业,对标引进全球一流的会计、审计及税务服务、信用评级、知识产权、咨询与评估服务、人力资源、金融服务等专业服务机构,支持游戏出海企业在区内落地,支持精品游戏内容海外发行。

繁荣文化消费。加快文娱产业落地,建设南海子体育休闲产业园,开展青少年体育培训、竞技体育项目体验和推广、休闲娱乐等活动,充分利用会展场地,积极承办体育联赛等大型赛事活动。加强与台湖演艺小镇协同发展,推动经开区科技产业与台湖演艺小镇文化产业融合,升级北京东南部演艺产业。积极培育国际娱乐产业集聚区,抓住全市推进国家文化出口基地、影视译制基地等项目建设精神,提升文化贸易功能,积极发展国际版权贸易,推动设立网络游戏审批绿色通道,引进游戏、赛事、演出等海外精品项目,积极引进国外知名演出经纪机构,举办国际视听影视展播等活动。结合科文融合产业,积极发展电竞赛事,实现产业发展与文化消费同步。

| 第 2 章　内容产业的法律框架 |

ため、保護を強化することで、企業は海外市場で自社の権利を守ることができる。

　　3．上海普陀区「普陀区の貿易高品質な発展を推進するための実施方案」（2021年）

　　（六）サービス貿易の革新と発展を推進する。主要な装置、部品、技術特許の輸入を奨励し、「技術と製品の輸入奨励目録」に含まれる製品については、技術契約の認定を行い、利子補助を提供する。企業が国際標準の策定・改訂に参加することを奨励し、製品やサービスの国際競争力を高める。コンテンツ産業政策を改善し、コンテンツ輸出に関連する支援内容を適宜補充する。ゲーム、映画、アニメ、音声・映像作品の海外進出を奨励・支援し、独自の知的財産権を持つ書籍、音声・映像製品の海外出版を支援し、文化・観光製品やサービスの付加価値を高め、文化・観光IPの海外進出を推進する。2021年にはネット漫画の海外進出を10作品達成し、ゲームの海外収益を10-15%増加させることを目指す。デジタル貿易の革新を加速し、国際競争力のあるデジタル企業を育成する。「上海市のサービスアウトソーシングの転換加速・アップグレード推進実施方案」を実施し、重点サービスアウトソーシング企業の育成を加速し、会計、監査、検測認証などの専門サービス系アウトソーシング企業を集積する。信用保険のイノベーションパイロットを奨励し、サービス貿易信用保険製品をサポートし、技術系、サービス系製品の海外進出を支援する。

【北京地方】

「"十四五"期間　北京経済技術開発区の発展建設と2035年の遠景目標計画」（2021年）

　　高品質なサービス業とテクノロジー文化融合産業の最適化を図り、世界一流の会計、監査、税務サービス、信用格付け、知的財産権、コンサルティングおよび評価サービス、人材サービス、金融サービスなどの専門サービス機関の導入を目指す。ゲームの海外進出企業が区域内に落ち着くことを支援し、優れたゲームコンテンツの海外発行をサポートする。

　　コンテンツ消費の振興を図る。エンターテインメント産業の立ち上げを加速し、南海子スポーツレジャー産業園を建設し、青少年向けのスポーツトレーニング、テクノロジースポーツプロジェクトの体験と推進、レクリエーション活動などを展開する。展示会場の利用を最大限に活用し、スポーツリーグなどの大型イベントの主催を積極的に行う。台湖演芸小鎮との協調発展を強化し、経済技術開発区のテクノロジー産業と台湖演芸小鎮のコンテンツ産業の融合を進め、北京東南部の演芸産業をアップグレードする。国際的なエンターテインメント産業集積区の育成を積極的に進め、市全体の国家コンテンツ輸出基地や映画・英語テレビ翻訳基地のプロジェ

【广东地区】

《深圳市关于加快培育数字创意产业集群的若干措施》(2023年)

本措施主要支持数字创意技术和设备、内容制作、设计服务、融合服务等四大业态发展,重点发展创意设计、网络视听、动漫游戏、数字文化装备以及数字创意新型业态,加快培育高水平产业集群,巩固相关领域在全国的领先地位。对符合条件的数字创意技术研发及应用、数字创意产品(服务)开发、重大平台和项目建设等,在产业政策、资金扶持、产业空间、人才培养、金融支持等方面予以优先支持。

1. 促进游戏电竞产业健康发展。鼓励游戏技术研发和内容原创,支持开发具有中国文化特色、适合特殊群体或特殊需求的功能游戏,支持游戏工具软件、动作捕捉、云游戏平台、新型游戏设备研发,鼓励游戏出口。加快推进电竞产业发展,建设国际电竞之都,出台专项扶持政策。对经认定的游戏研发项目,按《深圳市文化产业发展专项资金资助办法》及相关政策规定给予最高200万元资助。

2. 支持数字创意产品出口。支持数字创意企业通过电子商务、项目合作、海外并购、设立分支机构等方式开拓国际市场,加快向"一带一路"沿线国家和地区提供数字化产品和服务,支持游戏出海、影视、动漫出口、优秀传统文化"走出去"等数字创意产品和服务贸易,鼓励创建国家级、省级出口示范基地和示范企业。对经认定的优秀数字创意产品出口项目,按《深圳市文化产业发展专项资金资助办法》相关规定予以支持。

クト建設の精神を活かし、コンテンツ貿易機能を向上させ、国際著作権貿易を積極的に発展させる。オンラインゲームの許認可グリーンチャンネルの設置を推進し、ゲーム、イベント、演出などの海外の優れたプロジェクトの導入を進め、海外の有名な公演代理店を積極的に引き入れ、国際的な視聴覚・映画展示放映イベントを開催する。テクノロジーとコンテンツ融合産業に基づき、eスポーツイベントの積極的な発展を図り、産業の発展とコンテンツ消費の同時進行を実現する。

【広東地方】

「深圳市のデジタルクリエイティブ産業クラスター育成の加速に関する若干の措置」（2023年）

本措置は主にデジタルクリエイティブ技術と機器、コンテンツ制作、デザインサービス、融合サービスなどの四大業態の発展を支持し、創造的なデザイン、ネット視聴、アニメゲーム、コンテンツ装置およびデジタルクリエイティブ新型業態の発展を重点的に推進し、高水準の産業クラスターの育成を加速させ、関連分野の全国的なリーダーシップを強化する。条件を満たすデジタルクリエイティブ技術の研究開発および応用、デジタルクリエイティブ製品（サービス）の開発、重大プラットフォームおよびプロジェクトの建設に対して、産業政策、資金支援、産業スペース、人才育成、金融支援などの面で優先的に支援する。

1. ゲームおよびeスポーツ産業の健全な発展を促進する。ゲーム技術の研究開発とコンテンツのオリジナリティを奨励し、中国文化の特徴を持つ、特殊なグループや特殊なニーズに対応した機能ゲームの開発を支援する。また、ゲームツールソフトウェア、モーションキャプチャ、クラウドゲームプラットフォーム、新型ゲーム機器の研究開発を支援し、ゲームの輸出を奨励する。eスポーツ産業の発展を加速し、国際的なeスポーツの都市を建設し、特別支援政策を制定する。認定されたゲーム開発プロジェクトには、「深圳市コンテンツ産業発展専用資金補助方法」および関連政策に基づき、最高200万元の補助を行う。

2. コンテンツ製品の輸出を支援する。コンテンツ企業が電子商取引、プロジェクト協力、海外買収、支店設立などの方法で国際市場を開拓することを支援し、「一帯一路」沿線の国々および地域に対してデジタル製品とサービスを提供する。ゲームの海外進出、映画・アニメの輸出、優れた伝統文化の「海外進出」などのコンテンツ製品とサービスの貿易を支援し、国家級および省級の輸出モデル基地およびモデル企業の設立を奨励する。認定された優れたコンテンツ製品の輸出プロジェクトには、「深圳市コンテンツ産業発展専用資金補助方法」の関連規定に基づき支援する。

【海南地区】

1.《海南省人民政府办公厅关于印发海南省培育数据要素市场三年行动计划（2024—2026）》（2023年）

跨境应用场景试点行动。坚持开放发展，基于典型应用场景，探索安全规范的数据跨境流动方式。在贸易、航天、深海、医疗、旅游、教育等领域形成一批数据跨境典型应用案例。利用国际海缆、国际数据中心、海底数据中心、智算中心等基础设施，探索培育游戏出海、跨境直播、跨境贸易等典型应用。

2.《海南省超常规稳住经济大盘行动方案》和《海南省稳经济助企纾困发展特别措施》（2022年）

实施高新技术产业竞争力提升行动。制定数字经济发展实施方案，引导互联网企业实质性经营，推动游戏出海。精准服务行业龙头企业，大力支持骨干企业，拓展数字经济增量业务。探索建立网络直播服务机构白名单制度，引导直播行业平稳健康发展。

3.《三亚市加快数字经济产业发展若干措施（试行）》（2024年）

鼓励企业利用数据安全有序流动政策开展海外数字业务。充分利用海南自由贸易港数据安全有序流动政策，推动有序出海、来料加工等应用场景落地。对企业因业务需求发生的链路采购、服务器租赁、海外推广等费用给予补助。单个企业每年补助金额不超过实际发生费用10%，最高不超过50万元。

【湖南地区】

《湖南省数字经济促进条例》（2024年）

第十五条　县级以上人民政府及其有关部门应当探索文化和数字科技融合的有效机制，发展音视频内容、音视频装备、数字展览、网络视听、数字文博、数字动漫、网络游戏、数字出版、数字演艺、在线教育等重点产业，培育文化产业园区，壮大骨干文化企业。

通过数字技术创新文化表现形式和传播方式，推动数字文化贸易，发展跨境数字出版，支持动漫游戏出口，开展国际文化交流。通过数字化手段，强化工作推进机制、政策支撑和文化安全底线，保障文化新业态健康有序发展。

【海南地方】

1. 海南省《海南省データ要素市場育成三年行動計画（2024—2026)》(2023年)

クロスボーダー応用シナリオの試験運用。開放的な発展を貫き、典型的な応用シナリオに基づき、安全で規範的なデータの越境移転方法を探求する。貿易、宇宙、深海、医療、観光、教育などの分野で、データ越境移転の典型的な応用事例を形成する。国際海底ケーブル、国際データセンター、海底データセンター、AI計算センターなどのインフラを活用し、ゲームの海外進出、クロスボーダーライブ配信、クロスボーダー貿易などの典型的な応用を育成する。

2.「海南省経済安定行動計画」および「海南省経済安定と企業支援特別措置」(2022年)

ハイテク産業の競争力向上行動の実施。デジタル経済発展実施計画を策定し、インターネット企業の実質的な経営を指導し、ゲームの海外進出を推進する。業界のリーダー企業に対する精密なサービスを提供し、主要企業を大いに支援し、デジタル経済の新たなビジネスを拡大する。ネットライブ配信サービス機関のホワイトリスト制度の構築を探求し、ライブ配信業界の安定した健全な発展を促進する。

3.「三亜市デジタル経済産業の発展を加速するための若干の措置（試行）」(2024年)

企業によるデータの安全かつ秩序ある流動政策を利用した海外デジタルビジネスの促進。海南自由貿易港のデータの安全かつ秩序ある流動政策を十分に活用し、ゲームの海外進出、データ加工などの応用シナリオの実施を推進する。企業が業務ニーズにより発生するリンク購入、サーバーのレンタル、海外プロモーションなどの費用を補助する。単一の企業に対する補助金は、実際に発生した費用の10%を超えず、最高50万元までとなる。

【湖南地方】

「湖南省デジタル経済促進条例」(2024年)

第十五条　県レベル以上の人民政府およびその関連部門は、コンテンツとデジタル技術の融合に関する効果的なメカニズムを探求し、音声・映像コンテンツ、音声・映像機器、デジタル展示、ネット視聴覚、コンテンツ博物館、デジタルアニメ、ネットゲーム、デジタル出版、デジタルパフォーマンス、オンライン教育などの重点産業の発展を促進する。コンテンツ産業パークを育成し、主要なコンテンツ企業を強化する。

デジタル技術を通じてコンテンツの表現形式と伝達方法を革新し、コンテンツ貿易を推進し、越境デジタル出版を発展させ、アニメやゲームの輸出を支援し、国際的な文化交流を展開する。デジタル手段を活用して、業務推進メカニズム、政策

【福建地区】

《2023年数字福州国际品牌建设工作要点》（2023年）

推动数字产业集聚发展。加快构建新一代信息技术"543X"新赛道格局，打造更具竞争力的数字经济产业集群。深化"中国软件特色名城"建设，2023年软件业务收入增速达12%以上。做大做强东南大数据产业园，积极融入省大数据交易所平台建设。加快马尾区物联网产业集聚区、仓山区智能制造产业集聚区集群式发展，充分发挥人工智能计算中心赋能作用，2023年物联网产业基地产值达430亿元、人工智能核心产业规模超50亿元。持续完善"一县一赛道"格局，推动各县（市）区明确主攻赛道，建设具有本区域特色的数字经济产业集聚区，深化赛道园区精细化管理，细化任务时间表及路径图，打造一批承载赛道高质量发展的标杆性园区。聚焦元宇宙、鸿蒙、电竞、网络安全、信创、游戏出海等新兴领域，抢抓数字经济新风口。

【广西壮族自治区】

《广西高质量实施RCEP行动方案（2022—2025年）》（2022年）

加快发展服务贸易。在中国（广西）自由贸易试验区推进落实自由贸易试验区跨境服务贸易特别管理措施（负面清单）。支持RCEP其他成员国投资者在港航、金融、大健康等领域参与广西优质资源开发和重点产业项目建设，有序推进电信、互联网、教育、文化、医疗等领域相关业务开放。依托中国－东盟信息港，持续推广适应东盟国家本地化要求的智联云平台。支持中医医疗机构推广远程医疗诊断等"互联网＋医疗健康"新模式，建立中国－东盟民族医药远程诊疗试点平台。培育文化出口基地，创建中国－东盟游戏出口基地。

支援、コンテンツ安全のボトムラインを強化し、コンテンツ新業態の健全かつ秩序ある発展を保障する。

【福建地方】

「2023年デジタル福州国際ブランド構築作業要点」(2023年)

デジタル産業の集積発展を推進する。新しい世代の情報技術に基づく「543X」新しいトラックの構築を加速し、より競争力のあるデジタル経済産業クラスターを形成する。「中国ソフトウェア特色名城」の建設を深化させ、2023年のソフトウェア業務収入の成長率を12%以上にする。東南データ産業パークを拡大し、省のデータ取引所プラットフォームの構築に積極的に参加する。馬尾区のIoT産業集積区や倉山区のスマート製造産業集積区のクラスター発展を加速し、AI計算センターの機能を最大限に活用する。2023年には、IoT産業の基盤の生産額が430億元、AIのコア産業の規模が50億元以上を達成する。「一県一トラック」構図を継続的に改善し、各県（市）区が専攻するトラックを明確にし、地域特有のデジタル経済産業集積区を構築する。トラックエリアの精密管理を深化させ、タスクのタイムテーブルとパス図を細分化し、トラックの高品質な発展を支える一連の模範的なエリアを形成する。メタバース、ハーモニー、eスポーツ、ネットワークセキュリティ、情報化応用イノベーション、ゲームの海外進出などの新興分野に焦点を当て、デジタル経済の新たなトレンドを捉える。

【広西チワン族自治区】

「広西高品質なRCEP実施行動計画（2022—2025年）」(2022年)

サービス貿易の発展を加速。中国（広西）自由貿易試験区で、自由貿易試験区の越境サービス貿易特別管理措置（ネガティブリスト）を推進し、実施する。RCEP他の加盟国の投資家が港湾航運、金融、健康産業などの分野で広西の優れた資源開発や重点産業プロジェクトの建設に参加することを支援し、電気通信、インターネット、教育、文化、医療などの分野での業務開放を順次進める。中国-ASEAN情報港を基盤に、ASEAN各国のローカライズ要求に適応したスマート連携クラウドプラットフォームの普及を継続する。漢方医療機関の遠隔医療診断などの「インターネット＋医療健康」新モデルの普及を支援し、中国-ASEANの民族医薬遠隔診療試験プラットフォームを設立する。コンテンツ輸出基地を育成し、中国-ASEANゲーム輸出基地を創設する。

二．中国境外投资法规介绍

（一）前言

我国《企业境外投资管理办法》所称境外投资（Oversea Direct Investment，ODI），是指中华人民共和国境内企业直接或通过其控制的境外企业，以投入资产、权益或提供融资、担保等方式，获得境外所有权、控制权、经营管理权及其他相关权益的投资活动。通常理解的境外投资行为包括投资新设公司、跨境参股并购以及开设办事机构分公司等。

首先，国家在政策层面出具的宏观指导意见，引导和规范企业境外投资方向，帮助企业在出海前确定与理解拟所从事的出海业务的监管风向。在现行法律体系下，对境外投资确立了"备案为主、核准为辅"，对涉及敏感国家和地区、敏感行业的境外投资实行核准管理，其他情形境外投资实行备案管理。

同时，为引导境外投资企业的跨境合规经营、履行社会责任、共同互利共赢，商务部会同有关部门印发了《中国境外企业文化建设若干意见》《境外中资企业（机构）员工管理指引》《对外投资合作环境保护指南》《境外中资企业商（协）会建设指引》等文件。

另外，作为参考，日本政府的"海外投资者"定义包括依据外国法设立的法人、非本国居民的个人、主要营业所在海外的法人、非本国居民个人或外国法人直接间接拥有决策权的公司，以及非本国居民占半数以上董事席位的日本法人，其涵盖范围，可能会超出通常概念上理解的境外投资企业。跨境投资后，作为日本市场视野下的"外资企业""海外投资者"，如何尽快融入当地营商环境也是中国投资者出海的重要课题。

（二）宏观指导及法律法规体系

1. 境外投资方向的指导意见

2017年8月，国务院办公厅转发国家发展改革委、商务部、人民银行、外交部

二．中国の対外投資に関する法規制

（一）前書き

中国の「企業の海外投資管理弁法」における海外投資（Oversea Direct Investment、「ODI」という）とは、中華人民共和国の国内企業が、直接またはその支配下にある海外企業を通じて、資産、権益の投入や融資、保証の提供などの方法により、海外における所有権、支配権、経営管理権およびその他の関連権益を取得する投資活動を指す。一般的に理解される海外投資行為には、新会社の設立、クロスボーダーでの株式取得および合併買収、事務所や支店の設立などが含まれる。

まず、国家は政策面でのマクロガイドラインを示すことで、企業の海外投資の方向性を指導・規範化しており、企業が、海外進出前に、従事する予定の業務に対する規制の方向性を確認し、理解することを助けている。現行の法律体系においては、「届出を主体とし、許認可を補助とする」方針を確立しており、センシティブな国・地域やセンシティブな業界に関する海外投資については許認可管理を行い、その他の場合の海外投資については届出管理を行っている。

同時に、国外の投資企業における越境コンプライアンス運営、社会的責任の履行、共通の利益と相互の利益の達成を促進するために、商務部は関連部門と共に、「中国海外企業文化建設に関する若干の意見」、「海外中国資本企業（機関）従業員管理ガイドライン」、「対外投資協力環境保護ガイドライン」、「海外中国資本企業商（協）会建設ガイドライン」などの文書を発行した。

また、参考として、日本政府の「外国投資家」の定義には、外国法に基づいて設立された法人、外国に居住する個人、主要な営業拠点が海外にある法人、外国に居住する個人または外国法人が直接または間接的に決定権を有する会社、および外国に居住する個人が過半数の役員を占める日本法人が含まれる。この定義の範囲は、通常の概念で理解される海外投資企業を超える可能性がある。越境投資後、日本市場の視点から「外資企業」「外国投資家」として現地のビジネス環境に迅速に適応することは、中国の投資家にとって重要な課題となる。

（二）マクロガイダンスおよび法規制体系

1. 海外投資の方向性に関するガイダンス意見

2017 年 8 月、国務院弁公庁は国家発展改革委員会、商務部、人民銀行、外交部

《关于进一步引导和规范境外投资方向指导意见》对境外投资具体方向做出了较为明确的指导，其规定的鼓励、限制、禁止三个类别的概要如下：

鼓励开展的境外投资	（一）重点推进有利于"一带一路"建设和周边基础设施互联互通的基础设施境外投资。 （二）稳步开展带动优势产能、优质装备和技术标准输出的境外投资。 （三）加强与境外高新技术和先进制造业企业的投资合作，鼓励在境外设立研发中心。 （四）在审慎评估经济效益的基础上稳妥参与境外油气、矿产等能源资源勘探和开发。 （五）着力扩大农业对外合作，开展农林牧副渔等领域互利共赢的投资合作。 （六）有序推进商贸、文化、物流等服务领域境外投资，支持符合条件的金融机构在境外建立分支机构和服务网络，依法合规开展业务
限制开展的境外投资	（一）赴与我国未建交、发生战乱或者我国缔结的双多边条约或协议规定需要限制的敏感国家和地区开展境外投资。 （二）房地产、酒店、影城、娱乐业、体育俱乐部等境外投资。 （三）在境外设立无具体实业项目的股权投资基金或投资平台。 （四）使用不符合投资目的国技术标准要求的落后生产设备开展境外投资。 （五）不符合投资目的国环保、能耗、安全标准的境外投资。 其中，前三类须经境外投资主管部门核准
禁止开展的境外投资	（一）涉及未经国家批准的军事工业核心技术和产品输出的境外投资。 （二）运用我国禁止出口的技术、工艺、产品的境外投资。 （三）赌博业、色情业等境外投资。 （四）我国缔结或参加的国际条约规定禁止的境外投资。 （五）其他危害或可能危害国家利益和国家安全的境外投资

の「海外投資方向のさらなる指導と規範に関する指導意見」を公布し、海外投資の具体的な方向性について明確なガイダンスを示した。その規定する推奨、制限、禁止の三つのカテゴリーの概要は以下のとおりである。

推奨される海外投資	（一）「一帯一路」構築および周辺インフラの相互接続に有利な基礎インフラに対する海外投資を重点的に推進する。 （二）優位な生産能力、優良な設備および技術基準の輸出を伴う海外投資を着実に実施する。 （三）海外のハイテクおよび先進的製造業企業との投資協力を強化し、海外に研究開発センターを設立することを奨励する。 （四）経済効果を慎重に評価した上で、海外の石油、ガス、鉱業などのエネルギー資源の探査および開発に慎重に参加する。 （五）農業の対外協力を拡大し、農林水産および酪農などの分野で互恵的な投資協力を行う。 （六）商業、文化、物流などのサービス分野の海外投資を秩序正しく推進し、条件を満たす金融機関が海外に支店およびサービスネットワークを設立し、法令を遵守して業務を行う
制限される海外投資	（一）我国と外交関係がなく、戦争が発生している、または我国が締結した二国間または多国間条約で制限が定められているセンシティブな国および地域での海外投資。 （二）不動産、ホテル、映画館、エンターテイメント業、スポーツクラブなどの海外投資。 （三）具体的な実業プロジェクトがない状態での海外の株式投資ファンドや投資プラットフォームの設立。 （四）投資先の技術基準に適合しない後進的な生産設備を使用しての海外投資。 （五）投資先国の環境保護、エネルギー消費、安全基準に適合しない海外投資。 これらのうち、前三つのカテゴリーは海外投資主管部門の承認が必要である
禁止される海外投資	（一）国家の承認を受けていない軍事工業の核心技術や製品の海外輸出に関する投資。 （二）我国が禁止する技術、プロセス、製品を使用する海外投資。 （三）ギャンブル業、ポルノ業などの海外投資。 （四）我国が締結または参加する国際条約で禁止されている海外投資。 （五）国家の利益や国家安全を害する、または害する可能性のあるその他の海外投資

其中，包括游戏在内的数字文化应属于国家鼓励开展的境外投资项目，且已经有不少游戏产业公司投资日本市场取得较好的市场业绩和商业评价。

2. 敏感国家和地区、敏感行业境外投资敏感行业目录（2018年版）

（1）商务部《境外投资管理办法》（2014年）

商务部和省级商务主管部门按照企业境外投资的不同情形，分别实行备案和核准管理。企业境外投资涉及敏感国家和地区、敏感行业的，实行核准管理。企业其他情形的境外投资，实行备案管理。

实行核准管理的国家是指与中华人民共和国未建交的国家、受联合国制裁的国家。必要时，商务部可另行公布其他实行核准管理的国家和地区的名单。实行核准管理的行业是指涉及出口中华人民共和国限制出口的产品和技术的行业、影响一国（地区）以上利益的行业。限制出口的产品和技术可参考《出口许可证管理货物目录》《两用物项和技术进出口许可证管理目录》等相关规定。

（2）国家发展改革委《企业境外投资管理办法》（2017年）

实行核准管理的范围是投资主体直接或通过其控制的境外企业开展的敏感类项目。敏感类项目包括涉及敏感国家和地区的项目以及涉及敏感行业的项目。2018年《境外投资敏感行业目录》规定，敏感行业包括：ⅰ）武器装备的研制生产维修；ⅱ）跨境水资源开发利用；ⅲ）新闻传媒；ⅳ）根据国办发〔2017〕74号文，需要限制企业境外投资的行业包括房地产、酒店、影城、娱乐业、体育俱乐部，以及在境外设立无具体实业项目的股权投资基金或投资平台。

综上，商务部和国家发展改革委对于敏感行业的判断实务上存在不同处理。

その中で、ゲームを含むデジタル文化は、国家が奨励する海外投資プロジェクトに該当し、すでに多くのゲーム産業企業が日本市場に投資して良好な市場業績をおさめ、ビジネス上の評価を得ている。

2. センシティブな国・地域とセンシティブな業界「海外投資敏感業界リスト(2018年版)」

(1) 商務部「海外投資管理規則」(2014年)

商務部と省級商務主管部門は、企業の海外投資につき、状況に応じて、それぞれ届出管理と許認可管理を実施している。企業の海外投資が、センシティブな国・地域やセンシティブな業界に関連する場合、許認可管理が適用される。それ以外の海外投資については、届出管理が適用される。

許認可管理の実施対象国は、中華人民共和国と外交関係を樹立していない国や、国連の制裁を受けている国を指す。必要に応じて、商務部は許認可管理が適用される他の国や地域のリストを別途公表することがある。許認可管理の実施対象業界は、中華人民共和国の輸出制限対象の製品や技術に関連する業界、または複数の国（地域）の利益に影響を与える業界を指す。輸出制限対象の製品や技術については、「輸出許可管理貨物目録」、「両用物資と技術の輸出入許可管理目録」などの関連規定を参考にされたい。

(2) 発展改革委員会「企業海外投資管理規則」(2017年)

許認可管理が適用される範囲は、投資主体が直接またはその支配下にある海外企業を通じて行うセンシティブなプロジェクトである。センシティブなプロジェクトには、センシティブな国・地域に関連するプロジェクトや、センシティブな業界に関連するプロジェクトが含まれる。2018年の「海外投資敏感業界リスト」によれば、センシティブな業界には以下が含まれる。ⅰ) 武器装備の研究開発・生産・修理；ⅱ) 越境水資源の開発・利用；ⅲ) ニュースメディア；ⅳ) 国務院発〔2017〕74号通達に基づき、企業の海外投資が制限される業界には、不動産、ホテル、映画館、エンターテイメント業、スポーツクラブ、および海外に具体的な実業プロジェクトがない株式投資ファンドや投資プラットフォームが含まれる。

以上のように、商務部と発展改革委員会ではセンシティブ業界の判断において異なる取扱いがされる場合がある。

3. 行业相关的政策解答与指引

《境外投资敏感行业目录（2018年版）》	"娱乐业"，主要是指以下境外投资活动：（1）新建或并购境外室内娱乐设施（歌舞厅、电子游艺厅、网吧等）；（2）新建或并购境外游乐园、主题公园等；（3）新建或并购境外彩票公司。 "体育俱乐部"，主要指以下境外投资活动：新建或并购雇佣（或租用）运动员从事体育竞技、表演、训练、辅导、管理的组织、机构、企业等
《数字经济对外投资合作工作指引》	重点工作中第一项，积极融入数字经济全球产业链。鼓励数字经济企业加快布局海外研发中心、产品设计中心，汇聚全球创新要素，加强与境外科技企业在大数据、5G、人工智能、区块链等数字技术领域开展合作，联合研发前沿技术。鼓励开展数字技术产业化国际合作，加快国外先进技术与国内产业化优势对接融合，带动数字产品和服务贸易。鼓励企业加强国际上下游产业链合作，提升国际化发展水平

数字文化产业不属于境外投资敏感行业目录范围。

4. 主管部门的法律法规体系（2024年7月）

国家发展改革委	《企业境外投资管理办法》（国家发展和改革委员会令第11号） 《境外投资产业指导政策》（发改外资〔2006〕1312号） 《关于鼓励和引导民营企业积极开展境外投资的实施意见》（发改外资〔2012〕1905号） 《民营企业境外投资经营行为规范》（发改外资〔2017〕2050号） 《境外投资敏感行业目录（2018年版）》（发改外资〔2018〕251号） 《企业境外投资管理办法配套格式文本（2018年版）》（发改外资〔2018〕252号）等
商务部	《境外投资开办企业核准工作细则》（商合发〔2005〕527号） 商务部关于印发《境外中资企业（机构）报到登记制度》的通知（商合发〔2005〕447号） 《境外投资管理办法》（商务部令2014年第3号） 商务部办公厅关于印发《对外投资合作"双随机、一公开"监管工作细则（试行）》的通知（商办合函〔2017〕426号） 《对外投资备案（核准）报告暂行办法》（商合发〔2018〕24号） 《境外中资企业机构和人员安全管理指南》（2012年1月11日公布） 《对外投资备案（核准）报告实施规程》（商办合函〔2019〕176号） 《数字经济对外投资合作工作指引》（商合函〔2021〕355号）等

3. コンテンツ業界関連の政策と指針

「海外投資敏感業界目録（2018年版）」	「エンターテイメント業」とは、主に以下の海外投資活動を指す：(1) 海外室内娯楽施設（カラオケ、ゲームセンター、インターネットカフェ等）の新設または買収、(2) 海外遊園地、テーマパーク等の新設または買収、(3) 海外宝くじ会社の新設または買収。 「スポーツクラブ」とは、主に次のような海外投資活動を指す：スポーツ競技、演技、訓練、指導、管理に従事する選手を新規または買収して雇用（またはリース）する組織、機構、企業等
「デジタル経済対外投資協力活動ガイドライン」	重点活動の第1項は、デジタル経済のグローバル産業チェーンについて積極的に言及している。デジタル経済企業が海外研究開発センターや製品設計センターの設置を加速し、世界の革新的技術を集め、海外の科学技術企業とビッグデータ、5G、人工知能、ブロックチェーン等のデジタル技術分野において協力し、共同して最先端技術を研究開発することを奨励する。デジタル技術産業の国際協力の展開を奨励し、国外の先進技術と国内産業の優位性の連結融合を加速させ、デジタル製品とサービス貿易を促進する。企業が国際上下流の産業チェーン協力を強化し、国際化発展レベルを高めることを奨励する

デジタル文化産業は、海外投資のセンシティブ業界リストの範囲には含まれていない。

4. 所管部門別の法規制体系（2024年7月）

国家発展改革委員会	「企業海外投資管理方法」（国家発展改革委員会令第11号） 「海外投資産業指導政策」（発展外資〔2006〕1312号） 「民営企業の海外投資を積極的に促進する実施意見」（発展外資〔2012〕1905号） 「民営企業海外投資経営行為規範」（発展外資〔2017〕2050号） 「海外投資敏感業界目録（2018年版）」（発展外資〔2018〕251号） 「企業海外投資管理方法補足フォーマット（2018年版）」（発展外資〔2018〕252号）等
商務部	「海外投資企業設立許認可作業細則」（商合発〔2005〕527号） 商務部による「海外中資企業（機関）登録制度」の通知（商合発〔2005〕447号） 「海外投資管理方法」（商務部令2014年第3号） 商務部弁公庁による「対外投資協力「双ランダム、一公開」監督作業細則（試行）」の通知（商弁合函〔2017〕426号） 「対外投資届出（許認可）報告暫行方法」（商合発〔2018〕24号） 「海外中資企業機関および人員の安全管理ガイドライン」（2012年1月11日） 「対外投資届出（許認可）報告実施規程」（商弁合函〔2019〕176号） 「デジタル経済対外投資協力作業指針」（商合函〔2021〕355号）等

续表

外汇管理局	《关于境内居民通过特殊目的公司境外投融资及返程投资外汇管理有关问题的通知》（汇发〔2014〕37号） 《关于发布境内机构境外直接投资外汇管理规定的通知》〔汇发〔2009〕30号〕 《关于境内个人参与境外上市公司股权激励计划外汇管理有关问题的通知》（汇发〔2012〕7号） 《关于进一步深化改革 促进跨境贸易投资便利化的通知》（汇发〔2023〕28号） 《关于进一步推进外汇管理改革完善真实合规性审核的通知》（汇发〔2017〕3号） 《资本项目外汇业务指引（2024年版）》（汇发〔2024〕12号）等

（三）备案核准及报告程序

1. 申请手续流程的概述

在备案核准程序方面，境内企业进行海外直接投资或并购交易的，主要包括国家发展改革委对境外投资项目的核准或备案、商务部门境外投资行为的核准或备案，以及国家外汇部门外汇管理三个主管部门程序（涉及国资的企业还要获得国资委的批复）。其中，商务部和省级商务主管部门通过"境外投资管理系统"对企业境外投资进行管理，并向获得备案或核准的企业颁发《企业境外投资证书》。商务部门是境外投资企业设立核准或备案，而国家发展改革委是境外投资项目核准或备案，两者并不互为前提条件，申备过程中可同步分别启动两部委申备文件，外汇登记（权限已下放至银行）程序以前述两部门的核准备案完成为前提。

境外投资主体的要求，法律虽未规定境内企业成立需满足一定期限方能进行境外投资，但实务中如境内企业成立时间不足1年，境外投资审核较为严格，需要提供经审计的财务报表或投资主体控股股东或实际控制人最新经审计的财务报表，并要求未出现亏损等条件。

需要注意《企业境外投资证书》、核准文件、备案通知书的有效时间均为2年，期限内未从事所列境外投资的，证书将自动失效。核准文件、备案通知书可在有效期届满的30个工作日前提出延长有效期的申请。

続表

外貨管理局	「国内居住者による特殊目的会社を通じた海外投融資および帰国投資の外貨管理に関する通知」(会発〔2014〕37号) 「国内機関の海外直接投資外貨管理規定の通知」(会発〔2009〕30号) 「国内個人の海外上場企業株式インセンティブ計画への参加に関する外貨管理の通知」(会発〔2012〕7号) 「改革のさらなる深化および国際貿易・投資の便宜化の促進に関する通知」(会発〔2023〕28号) 「外貨管理改革のさらなる推進および実際の適法性審査の改善に関する通知」(会発〔2017〕3号) 「資本プロジェクト外貨業務指針(2024年版)」(会発〔2024〕12号)等

(三) 届出・許認可および報告手続き

1. 申請手続きの概要

届出・許認可手続きに関して、国内企業が海外直接投資や買収を行う場合、主に以下の三つの主管部門の手続きが含まれる：発展改革委員会による海外投資プロジェクトの許認可または届出、商務部門による海外投資行為の許認可または届出、そして国家外貨管理部門による外貨管理（国有資産を含む企業の場合、さらに国有資産管理委員会の承認が必要である）。商務部および省級商務主管部門は、「海外投資管理システム」を通じて企業の海外投資を管理し、届出または許認可を受けた企業に「企業海外投資証書」を発行する。商務部門は海外投資企業の設立許認可または届出を行い、発展改革委員会は海外投資プロジェクトの許認可または届出を行う。これら二つの手続きは相互に前提となっているものではなく、申請過程において同時に二つの部門の申請書類を提出することが可能である。外貨登録手続き（権限は銀行に委譲されている）は、これら二つの部門の許認可・届出が完了した後に行われる。

海外投資主体の要件について、法律上は、国内企業の設立から一定期間を経過しなければ海外投資を行えないとは規定していないが、実務においては、国内企業の設立から1年未満である場合、海外投資の審査は厳しくなる。この場合、監査済みの財務諸表や、投資主体の親会社または実質的支配者の最新の監査済み財務諸表の提出が必要となり、さらに損失がないことが条件とされる。

注意すべき点は、「企業海外投資証書」、「許認可書類」、「届出通知書」の有効期間はいずれも2年であり、期限内に所定の海外投資を行わなかった場合、これらの「証書」は自動的に無効となる点である。許認可書類および届出通知書の有効期間を延長する申請は、有効期限満了の30営業日前までに提出することができる。

企业终止已备案或核准的境外投资，应当在依投资目的地法律办理注销等手续后，向原备案或核准的商务部或省级商务主管部门报告。原备案或核准的商务部或省级商务主管部门根据报告出具注销确认函。

2. 发展改革委手续

申请人向所在地发改委部门申请项目，报送项目信息，境内投资人签署各项所需法律文件，待发改部门核准或备案，待发放核准文件或备案通知书，所需申请资料包括（供参考，以实际办理为准）：

（1）投资决策文件（董事会决议、股东会决议等）；

（2）资金来源真实合规证明（银行开具的资信证明或验资报告）；

（3）境外投资申报文件（企业申请境外投资项目备案的请示）；

（4）境外投资备案申请表／备案表；

（5）项目情况承诺说明函；

（6）财务报表（经审计的财务报表）；

（7）股权架构图；

（8）投资主体注册登记证明文件（营业执照）；

（9）投资协议或类似文件（具有法律约束效力的协议或类似文件）；

（10）境外投资真实性承诺书。

根据发改委11号令第16条，两个以上投资主体共同开展的项目，应当由投资额较大一方在征求其他投资方书面同意后提出核准、备案申请。如各方投资额相等，应当协商一致后由其中一方提出核准、备案申请。

3. 商务部手续

商务部门核准或备案，发放《企业境外投资证书》，所需申请资料包括（供参考，以实际办理为准）：

（1）境外投资备案表；

（2）营业执照复印件；

（3）前期工作落实情况说明；

（4）投资主体董事会决议；

（5）境外投资真实性承诺；

（6）境外投资并购协议（如有）。

企業がすでに届出または許認可を受けた海外投資を中止する場合、投資先の法律に従って抹消などの手続きを行った後、元の届出または許認可を行った商務部または省級商務主管部門に報告する必要がある。元の届出または許認可を行った商務部または省級商務主管部門は、報告に基づいて抹消確認書を発行する。

　2. 発展改革委員会（発改委）の手続き

　申請者は所在地の発改委部門にプロジェクトを申請し、プロジェクト情報を提出する。国内の投資者は必要な法的書類に署名し、発改委部門の許認可または届出を待つ。許認可書類または届出通知書の発行を待つ際、必要な申請資料は以下のとおりである。（参考用であり、実際の手続きに基づく一例）：

　（1）投資決定書類（取締役会決議、株主総会決議等）；

　（2）資金源の真実性および適法性の証明（銀行発行の信用証明または資本検証報告書）；

　（3）海外投資申請書類（企業による海外投資プロジェクトの届出申請書）；

　（4）海外投資届出申請書／届出書；

　（5）プロジェクトの状況説明書；

　（6）財務諸表（監査済みの財務諸表）；

　（7）株式構成図；

　（8）投資主体の登録証明書類（営業許可証）；

　（9）投資契約または類似書類（法的拘束力のある契約または類似書類）；

　（10）海外投資の真実性の誓約書。

　発改委第11号令第16条によると、二つ以上の投資主体が共同で行うプロジェクトについては、投資額が最も多い側が他の投資者の書面による同意を得て許認可または届出を申請する必要がある。各投資者の投資額が等しい場合は、協議の上で一方が許認可または届出の申請を行う。

　3. 商務部の手続き

　商務部門の許認可または届出が必要で、「企業海外投資証書」が発行される。必要な申請資料は以下のとおりである。（参考用であり、実際の手続きに基づく一例）：

　（1）海外投資届出書；

　（2）営業許可証のコピー；

　（3）前期業務の実施状況説明書；

　（4）投資主体の取締役会決議；

　（5）海外投資の真実性の誓約書；

　（6）海外投資の買収契約（該当する場合）。

根据商务部 3 号令第 14 条，两个以上企业共同开展境外投资的，应当由相对大股东在征求其他投资方书面同意后办理备案或申请核准。如果各方持股比例相等，应当协商后由一方办理备案或申请核准。如投资方不属于同一行政区域，负责办理备案或核准的商务部或省级商务主管部门应当将备案或核准结果告知其他投资方所在地商务主管部门。

4. 外汇管理部门

申请人先在其所在地银行办理境外直接投资登记，然后办理投资款的购付汇。境内银行应在取得银行业监督管理部门或其他相关主管部门的核准文件后，提交下列材料，到所在地国家外汇管理局分支机构办理境外直接投资外汇登记手续：

（1）书面申请并填写《境外直接投资外汇登记申请表》；
（2）外汇资金来源情况的说明材料；
（3）境内机构有效的营业执照或注册登记证明及组织机构代码证；
（4）境外直接投资主管部门对该项投资的核准文件或证书；
（5）如果发生前期费用汇出的，提供相关证明文件及汇出凭证；
（6）外汇局要求的其他材料。

外汇局审核上述资料后，在业务系统中予以登记信息，并向申请人颁发境外直接投资外汇登记证，在外汇指定银行办理境外直接投资资金汇出手续。外汇指定银行为申请人办理境外直接投资资金汇出的累计金额，不得超过业务系统中登记的境外直接投资外汇资金总额。

另外，境外直接投资前期费用 300 万美元且不超过中方投资总额 15% 的部分，境内机构可凭营业执照和组织机构代码证向所在地外汇局办理前期费用登记。（超过 6 个月未获得核准或备案的，须将剩余资金退回）

有关规定如下：

（1）《境内机构境外直接投资外汇管理规定》（2009 年）；
（2）《国家外汇管理局关于境外上市外汇管理有关问题的通知》（2014 年）；
（3）《国家外汇管理局关于进一步简化和改进直接投资外汇管理政策的通知》；
（4）《国家外汇管理局关于境内企业境外放款外汇管理有关问题的通知》（2015 年修正）；

商務部第3号令第14条によると、二つ以上の企業が共同で海外投資を行う場合、相対的な大株主が他の投資者の書面による同意を得て届出または許認可申請を行う必要がある。各投資者の持株比率が等しい場合は、協議の上で一方が届出または許認可申請を行う。投資者が同じ行政区域に属していない場合、届出または許認可を担当する商務部または省級商務主管部門は、その結果を他の投資者の所在地の商務主管部門に通知する必要がある。

4. 外貨管理部門

申請者はまず所在地の銀行で海外直接投資登録を行い、その後に投資資金の外貨購入および送金を行う。申請者は、国内銀行を通じて、銀行業監督管理部門またはその他の関連主管部門の許認可書類を取得した後、以下の資料を提出し、所在地の国家外貨管理局の支部で海外直接投資外貨登録手続きを行う：

(1) 書面申請および「海外直接投資外貨登録申請書」の記入；
(2) 外貨資金の出所に関する説明資料；
(3) 国内機関の有効な営業許可証または登録証明書および組織機構コード証；
(4) 海外直接投資主管部門による投資の許認可書類または証書；
(5) 前期費用の送金があった場合、関連説明資料および送金証明書；
(6) 外貨局が要求するその他の資料。

外貨局は上記資料を審査した後、業務システムに登録情報を記録し、申請者に海外直接投資外貨登録証を発行する。申請者は外貨指定銀行で海外直接投資資金の送金手続きを行う。外貨指定銀行が申請者のために行う海外直接投資資金の送金の累計金額は、業務システムに登録された海外直接投資外貨資金の総額を超えてはならない。

また、海外直接投資の前期費用が300万米ドル以下であり、かつ中国側投資総額の15%を超えない部分については、国内機関は営業許可証および組織機構コード証を提示して所在地の外貨局で前期費用登録を行うことができる。（許認可または届出を6ヶ月以上取得できなかった場合、残りの資金を返還する必要がある）

関連規定および通知：

(1)「国内機関の海外直接投資外貨管理規定」（2009年）；
(2)「国家外貨管理局による海外上場外貨管理に関する問題の通知」（2014年）；
(3)「国家外貨管理局による直接投資外貨管理政策のさらなる簡素化および改善に関する通知」；
(4)「国家外貨管理局による国内企業の海外融資外貨管理に関する問題の通知（2015年改正）」；

（5）《国家外汇管理局关于境内个人参与境外上市公司股权激励计划外汇管理有关问题的通知》。

5. 驻外使领馆报道及后续检查报告等

企业境外投资完成注册登记（或股权变更）完成后，在境外完成注册登记手续之日起30日内至我国驻投资所在国使（领）馆经商处（室）报到登记。

根据《商务部办公厅关于印发〈对外投资合作"双随机一公开"监管工作细则（试行）〉的通知》，境外投资检查内容中包含：

（1）境外企业是否落实人员和财产安全防范措施、建立突发事件预警机制和应急预案；

（2）境外企业是否按规定及时向驻外（使）领馆（经商处室）报到登记；

（3）境外企业的境内投资主体是否按规定报告境外投资业务情况和统计资料；

（4）根据管理需要确定的其他事项。

取得《企业境外投资证书》并开展对外投资活动的境内投资主体，需履行的事前、事中及事后关键环节信息包括：（1）并购意向报告；（2）报到登记报告；（3）半年报告及大额投资半年报告；（4）突发事件或重大不利事件报告等。

（四）境外经营合规要求

1.《企业境外经营合规管理指引》

第二条　适用范围

本指引适用于开展对外贸易、境外投资、对外承包工程等"走出去"相关业务的中国境内企业及其境外子公司、分公司、代表机构等境外分支机构（以下简称"企业"）。

法律法规对企业合规管理另有专门规定的，从其规定。行业监管部门对企业境外经营合规管理另有专门规定的，有关行业企业应当遵守其规定。

第三条　基本概念

本指引所称合规，是指企业及其员工的经营管理行为符合有关法律法规、国际条约、监管规定、行业准则、商业惯例、道德规范和企业依法制定的章程及规章制度等要求。

（5）「国家外貨管理局による国内個人の海外上場企業株式インセンティブ計画への参加に関する外貨管理に関する問題の通知」。

5. 在外公館への報告およびその後の検査報告等

企業が海外投資の登録（または株式変更）を完了した後、海外での登録手続き完了の日から30日以内に、中国の投資先国の在外公館（経済商務部）に実行登録を行う必要がある。

「商務部弁公庁による〈対外投資提携「双ランダム一公開」監督作業細則（試行）〉の通知」に基づき、海外投資の検査内容には以下が含まれる：

（1）海外企業が人員および財産の安全対策を実施し、緊急事態警告システムおよび緊急対応計画を確立しているかどうか。

（2）海外企業が規定に従って迅速に在外公館（経済商務部）に実行登録を行っているかどうか。

（3）海外企業の国内投資主体が規定に従って海外投資業務の状況および統計資料を報告しているかどうか。

（4）管理の必要に応じて決定されるその他の事項。

「企業海外投資証書」を取得し、対外投資活動を行う国内投資主体は、事前、事中および事後の重要な情報として、(1)買収意向報告；(2)報到登録報告；(3)半年報告および大規模投資半年報告；(4)突発事件または重大不利事件報告などを履行する必要がある。

（四）海外事業のコンプライアンス要件

1.「企業の海外事業におけるコンプライアンス管理ガイドライン」

第二条　適用範囲

本ガイドラインは、対外貿易、海外投資、対外請負工事などの「外向き」関連業務を行う中国国内企業およびその海外子会社、支店、代表機関などの海外拠点（以下「企業」と称する）に適用される。

法令が企業のコンプライアンス管理について特別な規定を設けている場合、その規定に従う。業界の監督機関が企業の海外事業におけるコンプライアンス管理について特別な規定を設けている場合、該当する業界の企業はその規定を遵守しなければならない。

第三条　基本概念

本ガイドラインにおけるコンプライアンスとは、企業およびその従業員の経営管理行為が、関係する法律、国際条約、規制、業界基準、商慣習、倫理規範、およ

第六条　对外贸易中的合规要求

企业开展对外货物和服务贸易，应确保经营活动全流程、全方位合规，全面掌握关于贸易管制、质量安全与技术标准、知识产权保护等方面的具体要求，关注业务所涉国家（地区）开展的贸易救济调查，包括反倾销、反补贴、保障措施调查等。

第七条　境外投资中的合规要求

企业开展境外投资，应确保经营活动全流程、全方位合规，全面掌握关于市场准入、贸易管制、国家安全审查、行业监管、外汇管理、反垄断、反洗钱、反恐怖融资等方面的具体要求。

第九条　境外日常经营中的合规要求

企业开展境外日常经营，应确保经营活动全流程、全方位合规，全面掌握关于劳工权利保护、环境保护、数据和隐私保护、知识产权保护、反腐败、反贿赂、反垄断、反洗钱、反恐怖融资、贸易管制、财务税收等方面的具体要求。

2.《民营企业境外投资经营行为规范》

一、总则

（四）民营企业在境外投资经营活动中应遵守我国和东道国（地区）的法律法规，遵守有关条约规定和其他国际惯例，依法经营、合规发展，加强境外风险防控。

（五）民营企业要以和平合作、开放包容、互学互鉴、互利共赢为指引，按照共商、共建、共享的原则，与东道国（地区）有关机构、企业开展务实合作，实现共同发展。

三、依法合规诚信经营

（十）履行国内申报程序。民营企业境外投资应按照相关规定，主动申请备案或核准。境外投资涉及敏感国家和地区、敏感行业的，须获核准；其他情形的，须申请备案。不得以虚假境外投资非法获取外汇、转移资产和进行洗钱等活动。

び企業が法に基づいて制定した規程や規則に適合することを指す。

第六条　対外貿易におけるコンプライアンス要求

企業が対外貨物およびサービス貿易を行う際には、経営活動全体のプロセスと全方位でのコンプライアンスを確保し、貿易規制、品質安全と技術基準、知的財産権保護などに関する具体的な要求を完全に把握し、関係する国（地域）が実施する貿易救済調査（アンチダンピング、補助金、セーフガード措置調査など）にも注意を払う必要がある。

第七条　海外投資におけるコンプライアンス要求

企業が海外投資を行う際には、経営活動全体のプロセスと全方位でのコンプライアンスを確保し、市場参入、貿易規制、国家安全審査、業界監督管理、外貨管理、独占禁止、マネーロンダリング防止、テロ資金供与防止などに関する具体的な要求を完全に把握する必要がある。

第九条　海外日常経営におけるコンプライアンス要求

企業が海外で日常的な経営を行う際には、経営活動全体のプロセスと全方位でのコンプライアンスを確保し、労働権利保護、環境保護、データとプライバシー保護、知的財産権保護、腐敗防止、贈収賄禁止、独占禁止、マネーロンダリング防止、テロ資金供与防止、貿易規制、財務税務などに関する具体的な要求を完全に把握する必要がある。

2.「民間企業の海外投資および経営行動規範」

一、総則

（四）民間企業は、海外投資および経営活動において、我が国およびホスト国（地域）の法律および規制、関係する条約規定およびその他の国際慣習を遵守し、法律に基づいて経営し、コンプライアンスを確保し、海外リスクの防止を強化する必要がある。

（五）民間企業は、平和的協力、開かれた交流、相互学習、相互利益の実現を指針とし、ホスト国（地域）の関連機関および企業と、協議・共同構築・共有の原則に従い、実務的な協力を行い、共に発展することが求められる。

三、法令遵守と誠実経営

（十）国内申告手続きの履行。民間企業の海外投資は、関連規定に従い、積極的に登録または許認可を申請する必要がある。海外投資がセンシティブな国や地域、センシティブな業界に関わる場合、許認可を取得する必要がある。その他の場合は、登録申請を行う必要がある。虚偽の海外投資を通じて外貨を不正に取得したり、資産を移転したり、マネーロンダリングを行ったりすることは禁止されている。

（十五）保护知识产权。民营企业境外分支机构应根据东道国（地区）法律、相关条约的规定，认真开展知识的创造、运用、管理和知识产权保护工作。应根据境外业务发展需要，适时办理专利申请、商标注册、著作权登记等，明确商业秘密的保护范围、责任主体和保密措施。民营企业境外分支机构开展经营活动，应尊重其他组织和个人知识产权，依法依规获取他方技术和商标使用许可。

（十六）消费者权益保护。民营企业在境外投资经营应依法保护消费者权益，避免侵犯消费者隐私，不得有虚假广告、商业欺诈等行为。

（十七）依法纳税。民营企业境外分支机构应按照东道国（地区）法律纳税，不得偷税漏税。

（十八）维护国家利益。民营企业在境外开展投资和经营活动应有助于维护我国国家主权、安全和社会公共利益，维护我国与有关国家（地区）关系。

（十九）避免卷入别国内政。民营企业境外投资经营应避免卷入当地政治、经济利益集团的纷争，不介入当地政治派别活动。

3.《境外中资企业（机构）员工管理指引》（2011年）

第三条　境内企业要认真了解和研究中国和东道国法律法规，特别是与劳动用工相关法律政策规定，并严格遵守，做到知法、守法，用法律规范用工行为，维护双方合法权益。

第九条　境外企业（机构）雇佣当地员工应严格按照法律规定履行必要招聘程序，与雇员签订劳动合同，为雇员提供符合法律规定及双方合同约定的工资待遇和社会医疗保险。

（十五）知的財産権の保護。民間企業の海外拠点は、ホスト国（地域）の法律および関連条約に従い、知識の創造、利用、管理、知的財産権の保護を真剣に行う必要がある。海外業務の発展に応じて、特許申請、商標登録、著作権登録等を適時に行い、営業秘密の保護範囲、責任主体および機密保持措置を明確にする必要がある。民間企業の海外拠点は、経営活動を行う際に、他の組織および個人の知的財産権を尊重し、法律に従って他者の技術および商標使用許可を取得する必要がある。

（十六）消費者の権益保護。民間企業は、海外投資および経営において消費者の権益を法に基づいて保護し、消費者のプライバシーを侵害せず、虚偽広告や商業詐欺などの行為を行ってはならない。

（十七）法に従う納税。民間企業の海外拠点は、ホスト国（地域）の法律に従って納税し、脱税や納税漏れを行ってはならない。

（十八）国家利益の保護。民間企業の海外投資および経営活動は、我が国の国家主権、安全および社会公共利益を守り、我が国と関連する国（地域）との関係を維持することが求められる。

（十九）他国の内政への関与を避ける。民間企業の海外投資および経営は、現地の政治、経済利益グループの争いに関与せず、現地の政治派閥活動に介入しないようにする必要がある。

3.「海外中資企業（機関）従業員管理指針」（2011年）

第三条　国内企業は、中国およびホスト国の法律および規制、特に労働関連の法律政策規定を十分に理解し、研究し、厳格に遵守する必要がある。法を知り、法を守り、法律に基づいて労働行為を規範し、双方の合法的権益を保護することが求められる。

第九条　海外企業（機関）が現地の従業員を雇用する際には、法律の規定に従って必要な採用手続きを厳格に実施し、従業員と労働契約を締結し、従業員に法律に基づいた賃金待遇および契約で定められた社会保険を提供する必要がある。

三、中国的数据出境相关法律法规介绍

中国的数据出境相关法律法规体系是随着数字经济的快速发展而逐步建立和完善的。数据作为重要的生产要素，在全球化背景下跨境流动日益频繁，但同时带来了数据安全和个人信息保护的挑战。中国高度重视数据出境的安全管理，经过近年来的发展，中国数据出境法律监管体系自国家法律层面到国家标准层面已经完成搭建初步框架，对中国数据出境规则有了较为规范的监管方式和路径，下文将介绍中国数据出境法律监管体系及数据出境的合规重点。

（一）法律

1.《中华人民共和国网络安全法》，2016年11月7日发布，自2017年6月1日起施行。在数据跨境流动管理制度的构建过程中，《网络安全法》第37条[1]起到了基石的作用，明确了我国数据跨境流动管理的基本要求。对《网络安全法》第37条规定的关键信息基础设施的运营者在中华人民共和国境内运营中收集和产生的个人信息和重要数据应当在境内存储存在两种解释路径，一种是"先跨境后存储"，另一种是"先处理后跨境"，[2]本书认同后一种观点，即关键信息基础设施运营者在中国境内收集和产生的个人信息和重要数据应当在中国境内进行即时存储，也就是处理过程中产生的各种数据，只要还没有进行安全评估，都要立即存储在中国境内。

---

[1]《网络安全法》第37条：关键信息基础设施的运营者在中华人民共和国境内运营中收集和产生的个人信息和重要数据应当在境内存储。因业务需要，确需向境外提供的，应当按照国家网信部门会同国务院有关部门制定的办法进行安全评估；法律、行政法规另有规定的，依照其规定。

[2] 参考资料详见《如何准确理解〈网络安全法〉第37条对据跨境流动的管理要求？》，载https://mp.weixin.qq.com/s/eCMBVoJ0qp7ulTnYbBQzRg，最后访问日期：2024年10月25日。

三．中国のデータ越境移転に関する法規制の紹介

中国のデータ越境移転に関する法規制体系は、デジタル経済の急速な発展に伴って段階的に構築および改善されてきた。データは重要な生産要素として、グローバルな背景で越境移転が頻繁に行われているが、同時にデータセキュリティや個人情報保護の課題ももたらしている。中国はデータ越境移転のセキュリティ管理を非常に重視しており、近年の発展を経て、中国のデータ越境移転の法規制体系は国家法律レベルから国家基準レベルまで初期の枠組みが構築され、中国のデータ越境移転規則に対して比較的規範的な監督方式とルートを確立した。以下に、中国のデータ越境移転の法規制体系およびデータ越境移転のコンプライアンスの重点を紹介する。

（一）法律

1．「中華人民共和国サイバーセキュリティ法」、2016年11月7日に公布され、2017年6月1日に施行された。データ越境移転管理制度の構築過程において、「サイバーセキュリティ法」37条は基礎的な役割を果たし、中国におけるデータ越境移転管理の基本要件を明確にした。「サイバーセキュリティ法」37条の規定に基づくと、重要情報インフラ運営者は、中華人民共和国国内で運営中に収集および生成された個人情報および重要データを国内に保管する必要があ[1]る。これには二つの解釈ルートがある。一つは「先に越境し、その後に保管する」、もう一つは「先に処理し、その後に越境する」というものである[2]。本稿では後者の見解を支持しており、重要情報インフラ運営者が中国国内で収集および生成した個人情報および重要データは、中国国内で即時に保管する必要がある、つまり処理過程で生成された各種データは、安全評価が完了するまでは中国国内に直ちに保管しなければならないというもので

---

[1]「サイバーセキュリティ法」第37条　重要情報インフラストラクチャーの運営者は、中華人民共和国国内での運営中に収集・生成された個人情報および重要データを国内に保存しなければなりません。業務上の必要により、どうしても国外に提供する必要がある場合は、国家インターネット情報部門が関係部門と共同で制定した方法に従って、安全評価を実施しなければなりません。法律や行政法規に別途の規定がある場合は、その規定に従います。

[2]　参考資料:「『ネットワークセキュリティ法』第37条におけるデータの越境移動に関する管理要件をどのように正確に理解するか？」、ウェブサイト（https://mp.weixin.qq.com/s/eCMBVoJ0qp7ulTnYbBQzRg）（最終閲覧日：2024年10月25日）。

2.《中华人民共和国数据安全法》，2021年6月10日发布，自2021年9月1日起施行。《数据安全法》第31条重申了《网络安全法》第37条对关键信息基础设施运营者的要求，并增加了对其他数据处理者的要求，即其他数据处理者在中华人民共和国境内运营中收集和产生的重要数据的出境安全管理办法，由国家网信部门会同国务院有关部门制定。结合《数据出境安全评估办法》第2条规定，只要跨境数据中包含了重要数据，无论数据处理者是否属于关键信息基础设施运营者，都会触发安全评估义务。

3.《中华人民共和国个人信息保护法》，2021年8月20日发布，自2021年11月1日起施行。《个人信息保护法》第38条第1款对个人信息出境问题进行了明确的规定，个人信息处理者因业务等需要，确需向中华人民共和国境外提供个人信息的，应当具备下列条件之一：（1）依照本法第40条的规定通过国家网信部门组织的安全评估；（2）按照国家网信部门的规定经专业机构进行个人信息保护认证；（3）按照国家网信部门制定的标准合同与境外接收方订立合同，约定双方的权利和义务；（4）法律、行政法规或者国家网信部门规定的其他条件。第39条、第40条、第41条、第42条、第43条对个人信息出境的三个路径也作了框架性规定。

（二）行政法规

1.《关键信息基础设施安全保护条例》，2021年7月30日发布，自2021年9月1日起施行。《关键信息基础设施安全保护条例》对关键信息基础设施范围作了规定，关键信息基础设施是指公共通信和信息服务、能源、交通、水利、金融、公共服务、电子政务、国防科技工业等重要行业和领域的，以及其他一旦遭到破坏、丧失功能或者数据泄露，可能严重危害国家安全、国计民生、公共利益的重要网络设施、信息系统等。哪些数据出境活动需要申报数据出境安全评估？一是关键信息基础设施运营者向境外提供个人信息或者重要数据。二是关键信息基础设施运营者以外的数据处理者向境外提供重要数据，或者自当年1月1日起累计向境外提供100万人以上个人信息（不含敏感个人信息）或者1万人以上敏感个人信息。属于《促进和规范数据跨境流动规定》第3条、第4条、第5条、第6条规定情形的，从其规定。

ある。

2.「中華人民共和国データセキュリティ法」、2021年6月10日に公布され、2021年9月1日に施行された。「データセキュリティ法」31条は、「サイバーセキュリティ法」37条の重要情報インフラ運営者に対する要件を再確認し、その他のデータ処理者に対する要件を追加した。すなわち、「その他のデータ処理者が、中華人民共和国国内で運営中に収集および生成した重要データの越境移転のセキュリティ管理方法は、国家ネットワーク情報部門が関連部門と合同で制定する」とのことである。「データ越境移転セキュリティ評価方法」2条の規定と併せて、越境データに重要データが含まれている場合、データ処理者が重要情報インフラ運営者であるかどうかに関係なく、セキュリティ評価の義務が発生する。

3.「中華人民共和国個人情報保護法」、2021年8月20日に公布され、2021年11月1日に施行された。「個人情報保護法」38条は個人情報の越境移転に関する明確な規定を行い、個人情報処理者が業務上の必要などから中華人民共和国国外に個人情報を提供する場合、以下の条件のいずれかを満たさなければならない。ａ）本法40条の規定に基づいて国家ネットワーク情報部門が組織するセキュリティ評価を通過すること。ｂ）国家ネットワーク情報部門の規定に基づいて専門機関が行う個人情報保護認証を受けること。ｃ）国家ネットワーク情報部門が制定する標準契約に基づき、国外受領者と契約を締結し、双方の権利と義務を定めること。ｄ）法律、行政法規または国家ネットワーク情報部門が規定するその他の条件。39条、40条、41条、42条、43条は個人情報の越境移転の三つのルートについても枠組みを規定している。

（二）行政法規

1.「重要情報インフラセキュリティ保護条例」、2021年7月30日に公布され、2021年9月1日に施行された。「重要情報インフラセキュリティ保護条例」は重要情報インフラの範囲を規定しており、重要情報インフラとは、公共通信および情報サービス、エネルギー、交通、水利、金融、公共サービス、電子政府、国防科学技術産業等の重要な業界および分野、ならびにその他破壊され、機能を失い、またはデータが漏洩した場合、国家の安全、国民の生計、公共の利益に重大な危害を及ぼす可能性のある重要なネットワーク施設、情報システム等を指す。どのようなデータ越境移転活動がデータ越境移転セキュリティ評価の申請を必要とするか。第一に、重要情報インフラの運営者が個人情報または重要データを国外に提供する場合である。第二に、重要情報インフラの運営者以外のデータ処理者が重要データを国外に

2.《网络数据安全管理条例》,2024年9月24日发布,自2025年1月1日起施行。该条例第三十五条规定了网络数据处理者向境外提供个人信息需要符合一些条件,比如:首先,通过国家网信部门组织的数据出境安全评估、按照国家网信部门的规定经专业机构进行个人信息保护认证、符合国家网信部门制定的关于个人信息出境标准合同的规定等。其次,明确了网络数据处理者在中华人民共和国境内运营中收集和产生的重要数据确需向境外提供的,应当通过国家网信部门组织的数据出境安全评估。网络数据处理者按照国家有关规定识别、申报重要数据,但未被相关地区、部门告知或者公开发布为重要数据的,不需要将其作为重要数据申报数据出境安全评估。

(三)部门规章

1.《网络安全审查办法》,2021年12月28日发布,自2022年2月15日起施行。该办法第7条规定,掌握超过100万用户个人信息的网络平台运营者赴国外上市,必须向网络安全审查办公室申报网络安全审查。就当次数据出境而言,通过了网络安全审查后是否就不用再重复进行数据出境安全评估?现有立法对此并未明确规定。[1]当然,该企业在上市以后的数据出境行为还是需要评估,但本次如果还需要进行安全评估的话是否就意味着进行重复评估。

2.《数据出境安全评估办法》,2022年7月7日发布,自2022年9月1日起施行。该办法第4条明确,有以下四种情形之一的,应当申报数据出境安全评估,一是数据

---

[1] 参见马光:《论我国数据出境安全评估制度构建》,载《上海政法学院学报(法治论丛)》2023年第3期。

提供する場合、または当年1月1日から累計で100万人以上の個人情報（センシティブ個人情報を除く）または1万人以上のセンシティブ個人情報を国外に提供する場合である。「規定」3条、4条、5条、6条の規定に該当する場合は、その規定に従うものとする。

2.「ネットワークデータ安全管理条例」は2024年9月24日に公布され、2025年1月1日より施行される。本条例の第35条では、ネットワークデータ処理者が国外へ個人情報を提供する際に満たすべき条件が規定されている。例えば、国家インターネット情報部門が実施するデータ越境安全評価を受けること、国家インターネット情報部門の規定に基づき専門機関による個人情報保護認証を取得すること、国家インターネット情報部門が制定する個人情報越境標準契約の規定を満たすことなどが挙げられる。

また、ネットワークデータ処理者が中華人民共和国国内での運営中に収集・生成した重要データを国外へ提供する必要がある場合、国家インターネット情報部門が実施するデータ越境安全評価を受ける必要があることが明確にされた。ネットワークデータ処理者は、関連規定に基づいて重要データを識別し申告するが、関係地域や部門から重要データとして通知または公表されていない場合、そのデータを重要データとしてデータ越境安全評価の対象とする必要はない。

（三）部門規章

1.「ネットワークセキュリティ審査弁法」、2021年12月28日に公布され、2022年2月15日に施行された。この弁法の7条は、100万人以上のユーザーの個人情報を掌握するネットワークプラットフォーム運営者が海外で上場する場合、ネットワークセキュリティ審査オフィスにネットワークセキュリティ審査を申請する必要があると規定している。今回のデータ越境移転について、ネットワークセキュリティ審査を通過した後は、再度データ越境移転セキュリティ評価を行う必要がないかについては、現行の立法では明確に規定されていない[1]。当然、企業は上場後のデータ越境移転行為についても評価を受ける必要があるが、今回の評価が重複評価を意味するかどうかは不明である。

2.「データ越境移転セキュリティ評価弁法」、2022年7月7日に公布され、2022年9月1日に施行された。この弁法の4条は、次の4つの状況のいずれかに該

---

[1] 参考資料：馬光「中国におけるデータ越境安全評価制度の構築に関する考察」、「上海政法学院学報」2023年第3期。

处理者向境外提供重要数据；二是关键信息基础设施运营者和处理 100 万人以上个人信息的数据处理者向境外提供个人信息；三是自上年 1 月 1 日起累计向境外提供 10 万人个人信息或者 1 万人敏感个人信息的数据处理者向境外提供个人信息；四是国家网信部门规定的其他需要申报数据出境安全评估的情形。申请者申报数据出境安全评估，应当通过所在地省级网信部门向国家网信部门提出。对数据出境的合法性、正当性、必要性论证是关键因素。通过数据出境安全评估的结果有效期为 2 年，自评估结果出具之日起计算。

3.《个人信息出境标准合同办法》，2023 年 2 月 22 日发布，自 2023 年 6 月 1 日起施行。该办法明确强调，个人信息处理者不得采取数量拆分等手段，将依法应当通过出境安全评估的个人信息通过订立标准合同的方式向境外提供。明确了个人信息出境标准合同的订立、备案等要求，为《个人信息保护法》视域下的个人信息跨境方式之一的"标准合同"提供了范本。[1]

4.《促进和规范数据跨境流动规定》，2024 年 3 月 22 日公布，自公布之日起施行。该规定从总体上来看适当放宽了数据跨境流动条件，适度收窄了数据出境安全评估范围，第 2 条规定，数据处理者应当按照相关规定识别、申报重要数据。未被相关部门、地区告知或者公开发布为重要数据的，数据处理者不需要作为重要数据申报数据出具安全评估。第 3 条规定，国际贸易、跨境运输、学术合作、跨国生产制造和市场营销等活动中收集和产生的数据向境外提供，不包含个人信息或者重要数据的，免予申报数据出境安全评估、订立个人信息出境标准合同、通过个人信息保护认证。

---

[1]《个人信息出境标准合同》模板，载 https://www.gov.cn/zhengce/202311/content_6917770.htm，最后访问日期：2024 年 10 月 25 日。

当する場合、データ越境移転セキュリティ評価を申請しなければならないと明確に規定している：①データ処理者が重要データを国外に提供する場合、②重要情報インフラの運営者および100万人以上の個人情報を処理するデータ処理者が個人情報を国外に提供する場合、③前年の1月1日以降、累計で10万人の個人情報または1万人のセンシティブ個人情報を国外に提供するデータ処理者が個人情報を国外に提供する場合、④国家ネットワーク情報部門が規定するその他のデータ越境移転セキュリティ評価を申請する必要がある場合。申請者は、所在地の省レベルのネットワーク情報部門を通じて国家ネットワーク情報部門にデータ越境移転セキュリティ評価を申請する必要がある。データ越境移転の合法性、正当性、必要性の論証が重要な要素である。データ越境移転セキュリティ評価の結果の有効期間は2年で、評価結果の発行日から計算される。

　　3.「個人情報越境移転標準契約弁法」、2023年2月22日に公布され、2023年6月1日に施行された。この弁法は、個人情報処理者が数量の分割などの手段を取ることにより、法律に基づいて越境移転セキュリティ評価を通過すべき個人情報を標準契約の形式で国外に提供することを禁止している。また、個人情報越境移転標準契約の締結、届出などの要件を明確にし、「個人情報保護法」の視点から見た個人情報の越境方式の一つである「標準契約」に関するモデルを提供している[1]。

　　4.「データの越境移転の促進と規制に関する規定」、2024年3月22日に公布され、公布日から施行された。この規定は全体的に見てデータ越境移転の条件を適度に緩和し、データ越境移転セキュリティ評価の範囲を適度に狭めている。2条は、データ処理者が関連規定に従って重要データを識別し、申請する必要があると規定している。関連部門や地域から重要データとして通知または公開されていない場合、データ処理者は重要データとしてデータ越境移転セキュリティ評価を申請する必要はない。3条は、国際貿易、越境輸送、学術協力、国際的な生産製造およびマーケティングなどの活動において収集および生成されたデータが国外に提供される場合、個人情報または重要データを含まない場合には、データ越境移転セキュリティ評価の申請、個人情報越境移転標準契約の締結、個人情報保護認証を免除されると規定している。

---

〔1〕「個人情報越境移転標準契約書モデル」、(https://www.gov.cn/zhengce/202311/content_6917770.htm)（最終閲覧日：2024年10月25日）。

（四）国家标准

1.《信息安全技术 个人信息安全规范》(GB/T 35273—2020)，自2020年10月1日起实施。个人信息是指以电子或者其他方式记录的能够单独或者与其他信息结合识别特定自然人身份或者反映特定自然人活动情况的各种信息，如姓名、出生日期、身份证件号码、个人生物识别信息、住址、通信通讯联系方式、通信记录和内容、账号密码、财产信息、征信信息、行踪轨迹、住宿信息、健康生理信息、交易信息等。判定某项信息是否属于个人信息，应考虑以下两条路径：一是识别，即从信息到个人，由信息本身的特殊性识别出特定自然人，个人信息应有助于识别出特定个人。二是关联，即从个人到信息，如已知特定自然人，由该特定自然人在其活动中产生的信息（如个人位置信息、个人通话记录、个人浏览记录等）即个人信息。符合上述两种情形之一的信息，均应判定为个人信息。

个人敏感信息是指一旦泄露、非法提供或滥用可能危害人身和财产安全，极易导致个人名誉、身心健康受到损害或歧视性待遇等的个人信息。通常情况下，14岁以下（含）儿童的个人信息和涉及自然人隐私的信息属于个人敏感信息。

2.《信息安全技术 个人信息跨境传输认证要求（征求意见稿）》，该文件规定了个人信息处理者跨境提供个人信息的基本原则、基本要求和个人信息主体权益保障要求。第5点要求开展个人信息跨境处理活动的个人信息处理者和境外接收方应签订具有法律约束力和可执行的文件，确保个人信息主体权益得到充分的保障。

3.《信息安全技术 重要数据识别指南（征求意见稿）》，该指南对识别重要数据的基本原则、考虑因素以及重要数据描述格式作了规定，值得注意的是重要数据不包括国家秘密和个人信息，但基于海量个人信息形成的统计数据、衍生数据有可能属于重要数据。

4.《信息安全技术 个人信息处理中告知和同意的实施指南》(GB/T 42574—2023)，自2023年12月1日起实施。该指南规定，个人信息处理者向境外提供个人信息的，需向个人告知境外接收方的身份、联系方式、处理目的、处理方式，个人信

（四）国家標準

1.「情報セキュリティ技術 個人情報セキュリティ規範」（GB/T 35273—2020）、2020年10月1日から施行されている。個人情報とは、電子またはその他の方法で記録されている特定の自然人の身元を単独でまたはほかの情報と組み合わせて識別することができる、または特定の自然人の活動状況を反映する様々な情報を指す。例えば、名前、生年月日、身分証明書番号、個人の生体認証情報、住所、連絡先、通信記録と内容、アカウントパスワード、財産情報、信用情報、行動履歴、宿泊情報、健康・生理情報、取引情報等が含まれる。ある情報が個人情報に該当するかどうかを判断するには、次の二つのルートを考慮する必要がある。一つは「識別」であり、情報から個人を識別することである。情報自体の特性から特定の自然人を識別できる情報は個人情報と見なされる。もう一つは「関連付け」であり、個人から情報を識別することである。特定の自然人に関連する情報（例えば個人の位置情報、通話記録、閲覧履歴等）は個人情報と見なされる。この二つの条件のいずれかを満たす情報は、個人情報と判断されるべきである。

個人のセンシティブ情報とは、一旦漏洩、違法提供または濫用されると、身体および財産の安全に危害を及ぼす可能性があり、個人の名誉や心身の健康に損害を与える、または差別的な扱いを受ける可能性が高い個人情報を指す。通常、14歳以下（含む）の子供の個人情報や自然人のプライバシーに関する情報はセンシティブ情報に該当する。

2.「情報セキュリティ技術 個人情報越境移転認証要件（意見募集稿）」、同標準は、個人情報処理者が個人情報を越境して提供する際の基本原則、基本要件、および個人情報主体の権利保護要件を規定している。5条では、個人情報越境処理活動を行う個人情報処理者と国外受領者が法的拘束力および執行力のある文書を締結し、個人情報主体の権利が十分に保護されることを確保することを求めている。

3.「情報セキュリティ技術 重要データ識別ガイドライン（意見募集稿）」、このガイドラインは、重要データを識別する基本原則、考慮すべき要素、および重要データの記述形式を規定している。重要データには国家秘密や個人情報は含まれないが、膨大な個人情報から生成される統計データや派生データは重要データに該当する可能性がある。

4.「情報セキュリティ技術 個人情報処理における告知と同意の実施ガイドライン」（GB/T 42574—2023）、2023年12月1日に施行された。このガイラインドは、個人情報処理者が個人情報を国外に提供する際、個人に対して国外受領者の身元、

息的种类、保存时间、保存区域（至少具体到国家或地区）以及个人向境外接收方行使相关权利的方式等内容，并取得个人的单独同意。（注：个人在自行了解境外接收方所公布的个人信息处理规则后，主动以邮件、短信息、点击启动服务、在线提交信息或直接确认等方式向境外接收方发送涉及其个人信息内容的，可视为作出了单独同意）如产品或服务中涉及个人信息出境的业务功能可与其他业务功能相分离的，个人信息处理者宜将涉及个人信息出境的业务功能与其他业务功能区分，以便个人针对个人信息出境作出单独同意。个人拒绝涉及个人信息出境的业务功能后，不能影响其他业务功能的正常使用。收集个人信息时已事前单独就个人信息出境取得个人同意，在满足出境其他条件的前提下，后续在出境时可不再次取得个人单独同意。

此外，国家各行业主管部门专门针对各领域、行业对数据出境亦作出了部分特别性规定，例如《国家健康医疗大数据标准、安全和服务管理办法（试行）》《人类遗传资源管理条例实施细则》等对金融、医疗、人类遗传资源等特定领域的数据出境作出专门性规定，涉及特定行业数据出境的除关注一般规定外，还需要注意特定领域、行业的特殊规定。

四、日本对外商投资的监管（外汇及外国贸易法）及投资优惠政策

（一）日本对外商直接投资监管

日本对外商直接投资监管主要规定在《外汇及外国贸易法》（以下简称《外汇法》）中。根据投资对象的不同，投资者需要履行事先申报和事后报告等义务。需要注意的是，《外汇法》中的申报并不是我们通常理解的申报（只要申报了就可以放心投资），而是需要经过政府当局的审查，审查期限原则上为30天，最长可以延长到5个月。如果审查中发现问题，政府可能会建议变更或中止投资。如果当事人不遵从这些建议，政府可以发出强制命令要求变更或中止投资。

連絡先、処理目的、処理方法、個人情報の種類、保存期間、保存場所（少なくとも国または地域まで具体的に）および個人が国外受領者に対して関連権利を行使する方法などを告知し、個別に同意を取得することを規定している。（注：個人が国外受領者の個人情報処理規則を自ら理解した後、メール、ショートメッセージ、サービスを開始するためのクリック、オンラインでの情報提出、または直接の確認などの方法で国外受領者に対して個人情報を提供する場合、それは個別に同意を行ったと見なされる）製品またはサービスの中で個人情報の越境移転に関わる業務機能がほかの業務機能と分離できる場合、個人情報処理者は個人情報の越境移転に関わる業務機能をほかの業務機能と区別することを推奨する。これにより、個人は個人情報の越境移転に関して個別に同意を行うことができる。個人が個人情報の越境移転に関わる業務機能を拒否した場合、ほかの業務機能の正常な利用には影響を及ぼさないようにしなければならない。個人情報を収集する際に、個人情報の越境移転に関して事前に個別に同意を取得し、越境移転のほかの条件を満たす場合、後続の越境移転時に再度個別に同意を取得する必要はない。

　さらに、国家の各業界主管部門は、各分野および業界に対してデータ越境移転に関する特別な規定も設けている。例えば、「国家健康医療ビッグデータ標準、安全およびサービス管理弁法（試行）」、「人類遺伝資源管理条例実施細則」などは、金融、医療、人類遺伝資源などの特定分野のデータ越境移転に関する特別規定を設けている。特定の業界データ越境移転に関しては、一般的な規定に加えて、特定分野および業界の特別規定にも注意を払う必要がある。

四．日本の対内投資規制（外国為替及び外国貿易法）および投資優遇政策

（一）日本の対内直接投資規制

　日本の対内直接投資規制については、外国為替及び外国貿易法（以下「外為法」という）が規定を置いている。投資先等によって、事前届出や事後報告といった義務が課されている。なお、事前届出については、届出という文言が外為法令では用いられているが、通常理解される届出、すなわち、一定の事項を届け出れば問題なく対内直接投資を行うことができるといったものではなく、届出を受けた政府は審査を行っており、審査期間は原則30日で、最大5か月まで延長できるものとされて

对于网络游戏、动画、漫画、音乐、电影等行业，通常只需要事后报告即可。事后报告应在投资行为发生后的 45 日内完成。

以下简要介绍一下外汇法中对外商直接投资的规定。这只是一个概述，不能覆盖所有特殊情况。因此，在设立日本分公司或日本子公司、收购日本公司股份等投资行为时，最好咨询律师等专业人士。

在外汇法中，外商直接投资主要分为以下几种类型：
（1）外国投资者收购日本上市公司（包括场外交易市场的公司）的股份或表决权，比例达到 1% 以上。需要注意的是，这里的比例包括与投资者有密切关系的人（与进行直接投资等的外国投资者有长期经济关系、亲属关系及其他类似这些的有特别关系的人，包括拥有表决权 50% 以上的法人等或其高管、取得者的配偶或直系血亲等）的股份或表决权。
（2）外国投资者收购日本非上市公司的股份或股权。
（3）外国投资者投资后有权决定对公司经营具有重大影响事项的议案：①日本国内公司的经营范围的实质性变更（该公司为上市公司等时，仅限于外国投资者持有表决权总数的 1/3 以上时）；②与董事或监事的选任有关的议案；③经营业务的全部转让等议案（对②及③，该公司为上市公司等时，仅限于外国投资者持有表决权总数的 1% 以上时）。
（4）外国个人或外国法人作为外国投资者在日本设立分公司、工厂或其他经营场所（代表处除外），或者实质上变更其种类或经营范围。
（5）外国投资者通过经营业务转让、吸收、分立和合并等方式，从日本法人处承继经营业务。

外国投资者是指非日本居民的个人、依据外国法律设立的法人，或在外国拥有主要经营场所的法人或其他团体（包括这些法人或其他团体在日本的分公司），或由这些人直接或间接拥有 50% 以上表决权的公司，或非日本居民的个人担任董监高或有代表权限的董监高超过半数的日本法人或其他团体等。

事先申报的目的：（1）避免敏感国家的投资者通过收购日本拥有重要技术的企业，导致日本的技术、数据、产品等流入敏感国家，损害国家安全；（2）即使进行投资和

いる。審査の結果、問題が認められれば、投資の変更や中止が勧告として求められることがある。当事者がこの勧告に従わないと、命令が発出されることになる。

　オンラインゲームやアニメ、コミック、音楽や映画といった産業については、結論的には事後報告で足りることが大半であろう。事後報告は、投資等行為を行った日から45日以内に報告が必要である。

　以下では、外為法の対内直接投資制度について概要を記載する。なお、以下の記載はあくまでも概要であって、例外等についての網羅的な記載は行っていないため、実際に日本支店や日本子会社の設立、日本会社の株式の取得等といった投資行為を行う際には、専門家に詳細を確認されたい。

　外為法では、対内直接投資はいくつかの類型に分かれているが、基本的には、外国投資家が行う、①国内の上場会社（店頭公開会社を含む。以下「上場会社等」という。）の株式または議決権の取得で、それぞれ出資比率または議決権比率が1％以上となるもの。なお、この場合の出資比率および議決権比率には、当該取得者と密接関係者（対内直接投資等を行う者と永続的な経済関係、親族関係その他これらに準ずる特別の関係にある者をいう。議決権の50％以上を保有されている法人等やその役員、取得者の配偶者や直系血族などである）である外国投資家が所有等するものを含む。②国内の非上場会社の株式または持分を取得すること。③外国投資家が、(i) 国内の会社の事業目的の実質的な変更（当該会社が上場会社等の場合、外国投資家が総議決権数の3分の1以上を保有している場合に限る。）または、(ii) 取締役もしくは監査役の選任に係る議案、(iii) 事業の全部の譲渡等の議案（(ii)および(iii)については、当該会社が上場会社等の場合、外国投資家が総議決権数の1％以上を保有している場合に限る。）について同意すること。④非居住者個人または外国法人である外国投資家が、国内に支店、工場その他の事業所（駐在員事務所を除く。）を設置し、またはその種類や事業目的を実質的に変更すること。⑤居住者（法人に限る。）からの事業の譲受け、吸収分割および合併によって事業を承継すること、等が対内直接投資の類型である。

　外国投資家とは、非居住者である個人や外国法令に基づいて設立された法人その他の団体または外国に主たる事務所を有する法人その他の団体（これらの法人その他の団体の在日支店を含む。）、これらの者により直接または間接に保有される議決権の合計が50％以上を占める会社、非居住者である個人が役員または代表権限を有する役員のいずれかが過半数を占める本邦の法人その他の団体、等のことをいう。

　事前届出の趣旨は、①懸念国の投資家が、日本の重要技術を有する企業を買収することにより、日本の技術・データ・製品等が懸念国に流出する懸念があること

收购的投资者本身不是敏感国家的投资者，也有可能被认为实质上处于敏感国家的影响下，需要警惕其资本关系等；（3）敏感国家的投资者也有可能通过在日本新设立法人等方式试图收购企业或获得高端人才。

满足以下①、②、③任一条件时，需要事先申报。事先申报必须在交易或行为实施日前6个月内完成：

①外国投资者的国籍或所在国（包括地区）不在日本及直投命令附表列出国家清单中；[1]

②投资方经营的业务包括指定行业；

③由伊朗相关人员进行的需要联合国安理会事先批准的经营伊朗投资行业的公司的股份或股权的取得等行为。

由于第①项中提到的直投命令附表列出国家中包含中国，而第③项仅与伊朗有关，因此，中国投资者只需注意上述第②项所规定的内容。

指定行业包括武器、飞机（包括无人机）、原子能、宇宙相关、可转用于军事的通用品的制造业、与传染病相关的医药品制造业、与高度管理医疗机器相关的制造业、与重要矿物资源相关的金属矿业和冶炼业等、进行特定离岛港湾设施等的整备的建设业、肥料（氯化钾等）进口业、永久磁铁制造业及材料制造业、机床和产业用机器人制造业等、半导体制造装置等制造业、蓄电池制造业及材料制造业、船舶零部件（发动机等）制造业、金属3D打印机制造业和金属粉末制造业、网络安全相关、电力、煤气、通信、供水、铁路、石油、供热、广播、客运、保安、农林水产、皮革相关、空运、海运。

网络游戏、动画、漫画、音乐、电影等产业不在上述指定行业中，因此，不需要事先申报，只进行事后报告即可。事后报告需在投资等行为实施后的45日内，通过日本银行提交给财务大臣及相关行业主管大臣（网络游戏、动画、漫画、音乐、电影等产业为经济产业大臣主管）。未进行事后报告或虚假报告者，将面临6个月以下的有期徒刑或者50万日元以下的罚金。

---

［1］参见《记载国家一览》，载日本银行网站：https://www.boj.or.jp/about/services/tame/faq/data/02tn-kuni.pdf，最后访问日期：2024年10月25日。

で、技術によっては、国の安全を損なう等のおそれがあること、②投資・買収を行う投資家自身が懸念国の投資家でなくとも、実質的に懸念国の影響下にあると見られる可能性もあり、資本関係等に注意が必要であること、③懸念国の投資家が日本に新たに設立した法人等を通じて、企業の買収や高度人材の獲得を図る可能性もあることなどに基づくものである。

事前届出となるのは、次の①、②、③のいずれかに該当する場合である。なお、事前届出は、取引または行為を行う日前6か月以内に行わなければならない。

①外国投資家の国籍または所在国（地域を含む。）が日本および掲載国以外のもの；[1]

②投資先が営む事業に指定業種に属する事業が含まれるもの；

③イラン関係者により行われる、国連安全保障理事会の事前承認により許可することが可能となるイランによる投資業種を営む会社の株式または持分の取得等の行為。

中国との関係では、①の掲載国に中国は含まれているため、また③はイランに関するものであるため無関係であり、もっぱら②との関係が問題となる。

指定業種には、武器、航空機（無人航空機を含む）、原子力、宇宙関連、軍事転用可能な汎用品の製造業、感染症に対する医薬品に係る製造業、高度管理医療機器に係る製造業、重要鉱物資源に係る金属鉱業・製錬業等、特定離島港湾施設等の整備を行う建設業、肥料（塩化カリウム等）輸入業、永久磁石製造業・素材製造業、工作機械・産業用ロボット製造業等、半導体製造装置等の製造業、蓄電池製造業・素材製造業、船舶の部品（エンジン等）製造業、金属3Dプリンター製造業・金属粉末の製造業、サイバーセキュリティ関連、電力業、ガス業、通信業、上水道、鉄道業、石油業、熱供給業、放送業、旅客運送、警備業、農林水産業、皮革関連、航空運輸、海運が定められている。

オンラインゲームやアニメ、コミック、音楽や映画といった産業については、上記の指定業種には含まれないであろうから、結局、事前届出は不要で、事後報告を行うことになるものと考えられる。事後報告は、日本銀行を経由して財務大臣および事業所管大臣（オンラインゲームやアニメ、コミック、音楽や映画といった産業では経済産業大臣）あてに、投資等行為を行った日から45日以内に報告が必要と

---

[1]「掲載国一覧」日本銀行ウェブサイト（https://www.boj.or.jp/about/services/tame/faq/data/02tn-kuni.pdf）（最終閲覧日：2024年10月25日）。

另外，在某些情况下，事先申报可以免除。提交事先申报后，如果日本政府审查认为可能损害国家安全，相关行业主管大臣可以提出中止建议。如果外国投资者未按规定办理申报或办理了虚假申报，且该投资可能损害日本国家安全，行业主管大臣可以对该外国投资者发布必要的措施命令，如命令其出售股份。

（二）日本的投资优惠政策

日本的投资优惠政策主要包括以下几种制度，此外还设有补助金发放制度。中资等外资企业能否使用这些制度，还需查看各个制度的详细内容，以下是这些制度的概要。

1. 国家战略特区[1]

国家战略特区制度旨在通过大胆的规章制度改革，创造"世界最佳营商环境"。在日新月异的经济形势中，该制度集中针对长期以来阻碍地方政府和企业创新的"顽固制度"，进行综合性制度改革，完善监管各类措施。

国家战略特区包括两个过程：突破顽固制度的"特例措施创设"和促使地方政府与民间企业活用特例措施的"个别项目认定"。任何人随时都可以提案"特例措施创设"，以便放松监管。

特例监管措施仅适用于国家战略特区，并通过"个别项目认定"来确认。同时，在国家战略特区实施的监管改革措施正在积极推广到全国，以便在全国范围内享受这些改革的成果。

目前，日本有13个国家战略特区，超过400个认定项目，不过，现在尚没有网络游戏和动画片、漫画、音乐和电影等行业相关的项目。

---

[1] 参见《国家战略特区》，载内阁府网站：https://www.chisou.go.jp/tiiki/kokusentoc/kokkasenryakutoc.html，最后访问日期：2024年10月25日。

されている。事後報告に関しては、報告をせず、または虚偽の報告をした者は、6か月以下の懲役または50万円以下の罰金という刑罰がある。

なお、事前届出には取得時事前届出免除制度があり、一定の場合には事前届出が免除されることがある。事前届出をして、日本国政府による審査の結果、国の安全を損なう等のおそれがある場合、関係大臣は、中止の勧告等を行うことが可能とされている。また、無届けや虚偽の届出により、日本国の安全を損なう等のおそれがある対内直接投資等を行った外国投資家に対し、株式の売却等の必要な措置命令を行うことが可能ともされている。

(二) 日本の投資優遇政策

日本の投資優遇政策としては次に掲げる制度がある。その他、補助金の交付制度もある。例えば、中国資本のいわゆる外資系企業が、これらの制度を用いることができるかは個別の制度の詳細を確認する必要があるが、制度概要について以下に記載する。

1. 国家戦略特区[1]

国家戦略特区制度は、成長戦略の実現に必要な、大胆な規制・制度改革を実行し、「世界で一番ビジネスがしやすい環境」を創出することを目的に創設された。経済社会情勢の変化の中で、自治体や事業者が創意工夫を生かした取組みを行う上で障害となってきているにもかかわらず、長年にわたり改革ができていない「岩盤規制」について、規制の特例措置の整備や関連する諸制度の改革等を、総合的かつ集中的に実施するものである。

国家戦略特区は、岩盤規制を突破する「特例措置の創設」と実現した特例措置を自治体や民間の方に活用してもらう「個別の事業認定」の二つのプロセスがある。「特例措置の創設」のための規制緩和提案は、誰でも行うことができ、随時募集が行われている。

規制の特例措置は国家戦略特区のエリア内でのみ活用することが可能で、二つ目の「個別の事業認定」のプロセスを経て、認定される。なお、国家戦略特区で行われた規制改革は、全国規模でその成果を享受できるよう、積極的に全国展開が進められている。

国家戦略特区では、13区域が指定されており、400を超える認定事業が行われ

---

[1]「国家戦略特区」内閣府ウェブサイト (https://www.chisou.go.jp/tiiki/kokusentoc/kokkasenryakutoc.html)（最終閲覧日：2024年10月25日）。

2.综合经济特区[1]

综合经济特区制度是为了顺应产业结构及国际竞争条件的变化、少子高龄化的加剧等经济社会形势的变化，综合性地推进产业的国际竞争力的提升及激发地区活力的措施，旨在提高日本经济社会的活力并谋求持续发展。

综合经济特区制度接受来自地方的监管改革提案，在每个特区设置"国家和地方协议会"，为推进项目而协商和立项。综合经济特区有两种，一种是国际战略综合特区（集聚能成为日本经济增长引擎的产业和功能），另一种是地区活力提升综合经济特区（通过最大限度地利用地区资源的地区活力提升措施，提高地区力量）。一旦得到认定，作为监管和制度的特例措施，根据地方政府的措施实施，在有地方政府负责任的参与下，可以限定在地区内实施深入的监管特例措施。另外，除了个别法律等特例措施之外，对于地方政府事务，除行政规章规定的事项外，在国家战略综合经济特区中，也允许为了提升国际竞争力而降低法人税（投资税额扣除5%~12%、特别摊销17%~40%）。作为金融上的支援措施，根据2023年通过的法律，也允许利息补贴制度（0.7%以内，5年）。

在娱乐方面，札幌市曾被指定为内容产业相关的地区活力提升综合经济特区，讨论过以影像领域为主的海外摄影团队的签证的明确化和内容产业强化对策支援项目（海外文化内容行业展会的参展和召开、举办研讨会、实施共同人才培养等）等议题，但该指定已被解除（应札幌市的要求）。[2]

不过，虽然还没有通过，东京都涉谷区目前提出了娱乐城市特区的提案。[3] 如果这些特区提案获得采纳，投资这些地区有可能享受一定的优惠政策。

---

[1] 参见《综合特区》，载内阁府网站：https://www.chisou.go.jp/tiiki/sogotoc/index.html，最后访问日期：2024年10月25日。

[2] 参见《札幌内容特区2016年4月1日指定解除特区申请》，载内阁府网站：chttps://www.chisou.go.jp/tiiki/sogotoc/toc_ichiran/toc_page/t01_sapporo.html，最后访问日期：2024年10月25日。

[3] 参见《涉谷的娱乐城特区提案》，载内阁府网站：https://www.chisou.go.jp/tiiki/kokusentoc_wg/pdf/19-tokyu.pdf，最后访问日期：2024年10月25日。

ているが、オンラインゲームやアニメ、コミック、音楽や映画といった産業に関するものは現状はない模様である。

2. 総合特区[1]

総合特区制度では、産業構造および国際的な競争条件の変化、急速な少子高齢化の進展等の経済社会情勢の変化に対応して、産業の国際競争力の強化および地域の活性化に関する施策を総合的かつ集中的に推進することにより、日本の経済社会の活力の向上および持続的発展を図るためのものである。

地域からの規制改革等の提案を受け、特区ごとに設置する「国と地方の協議会」でプロジェクト推進に向け協議して成立する制度である。総合特区には2種類あり、国際戦略総合特区（日本の経済成長のエンジンとなる産業・機能の集積拠点の形成）と地域活性化総合特区（地域資源を最大限活用した地域活性化の取組みによる地域力の向上）である。これらに認定されると、規制や制度の特例措置として、地域の取組みに応じ、地域の責任ある関与の下、踏み込んだ規制の特例措置を区域限定で実施できるようになり、また、個別の法令等の特例措置に加え、地方公共団体の事務に関し、政省令で定めている事項を条例で定められることとするほか、国際戦略総合特区においては国際競争力強化のための法人税の軽減（投資税額控除5％〜12％特別償却17％〜40％）が認められる。金融上の支援措置としては、利子補給制度（0.7％以内、5年間）が2023年に成立した法令により可能となった。

エンターテインメントとの関係では、かつて札幌市がコンテンツにかかる地域活性化総合特区に指定され、主に映像分野において海外からの撮影部隊の在留資格の明確化やコンテンツ産業強化対策支援事業（海外コンテンツマーケットの出展・開催、セミナー開催、共同人材育成の実施等）が検討等されていたが、現在は指定が解除されている（札幌市からの要望）[2]。

また、未だ採択されていないが、東京都渋谷区が現在、エンタテイメントシティ特区の提案を行っているようである[3]。仮にこれらが特区として採用されれば、こ

---

[1] 「総合特区」内閣府ウェブサイト（https://www.chisou.go.jp/tiiki/sogotoc/index.html）（最終閲覧日：2024年10月25日）。

[2] 「札幌コンテンツ特区【平成28年4月1日指定解除特区からの申請による】」内閣府ウェブサイト（https://www.chisou.go.jp/tiiki/sogotoc/toc_ichiran/toc_page/t01_sapporo.html）（最終閲覧日：2024年10月25日）。

[3] 「渋谷におけるエンタテイメントシティ特区の提案」内閣府ウェブサイト（https://www.chisou.go.jp/tiiki/kokusentoc_wg/pdf/19-tokyu.pdf）（最終閲覧日：2024年10月25日）。

3. 其他地域指定特例制度

还有一些特例制度，如结构改革特区（旨在对于不符合实际情况的行政监管，通过限定地区进行改革，推进结构改革，以刺激地方发展）、复兴特区和产业再生特区（旨在通过集聚产业等，确保和创造就业机会，通过活用地方特点振兴产业，由此促进2011年东日本大地震受灾地区的经济）、城市再生特别地区（该地区可以施行放宽建筑物容积率等措施）等制度。但是，这些制度可能不直接提供政策优惠。不过，对城市再生特别地区，东京都港区的赤坂地区的计划中提及了旨在聚集发展娱乐区，可能会存有一些机会。[1]

4. 研究开发税制与"创新盒"税制

（1）研究开发税制

原则上，企业支出的试验研究费从其支出年度开始的若干年内，都可以作为费用，计入企业损益。但是，研究开发税制允许将部分费用，以税额扣除的形式，从实施试验研究的企业的应纳法人税中扣除，而不是计入损益。

研究开发税制每年都会进行修订，因此每年都需要确认适用对象的试验研究费的范围，但是，研讨是否可以使用该税制，本身还是很有用的。

在现行制度中，研究开发税制由"一般试验研究费金额相关的税额扣除制度"、"中小企业技术基础强化税制"以及"特别试验研究费金额相关的税额扣除制度"三种制度构成，三种制度均允许上述税额扣除，但是，不能同时选择"一般试验研究费金额相关的税额扣除制度"和"中小企业技术基础强化税制"。

（2）"创新盒"税制

"创新盒"税制是在2024年税制改革中导入的制度，适用于从2025年4月1日到2032年3月31日开始的各会计年度。

---

[1] 参见《城市再生特别地区（赤坂二、六丁目地区）城市规划（草案）概要》，载内阁府网站：https://www.chisou.go.jp/tiiki/kokusentoc/tokyoken/tokyotoshisaisei/dai19/siryou12.pdf，最后访问日期：2024年10月25日。

の地域に進出することにより一定の優遇施策を受けられる可能性がある。

3. その他の地域指定等による特例制度

以上のほか、構造改革特区（実情に合わなくなった日本国の規制について、地域を限定して改革することにより、構造改革を進め、地域を活性化させることを目的とするもの）、復興特区・産業再生特区（産業の集積等による雇用機会の確保・創出を図るとともに、地域の特性を活かした産業を振興することにより、2011年に発生した東日本大震災の被災地域の経済の活性化を図ることを目的とするもの）、都市再生特別地区（建物の容積率等を緩和するなどの措置が可能となるもの）があるが、直接的な優遇は受けられないであろう。ただし、都市再生特別地区に関しては、東京都港区の赤坂地区でエンタメの集積を目指している旨の記載があるため、何らかのメリットがあるかもしれない。[1]

4. 研究開発税制とイノベーションボックス税制

(1) 研究開発税制

試験研究費を支出した場合、その費用は基本的にはその支出した年度から何年間かにわたって費用として、法人の損金に算入するのが原則である。しかし、研究開発税制においては、その費用の一部を、損金ではなく、税額控除という形で、試験研究を行った法人の支払うべき法人税額から控除することができるとする税制である。

研究開発税制については、毎年のように改正がなされており、対象となる試験研究費の範囲等については毎年確認する必要があるが、この税制を使えるか否かについては検討することが有用である。

現行の制度では、研究開発税制は、「一般試験研究費の額に係る税額控除制度」、「中小企業技術基盤強化税制」および「特別試験研究費の額に係る税額控除制度」の3つの制度によって構成されている。いずれも上記に述べた税額控除が認められている。なお、「一般試験研究費の額に係る税額控除制度」と「中小企業技術基盤強化税制」は同時に選択することはできない。

(2) イノベーションボックス税制

イノベーションボックス税制は、2024年の税制改正で導入された制度で、2025年4月1日から2032年3月31日までの間に開始する各事業年度から適用が可能と

---

[1]「都市再生特別地区（赤坂二・六丁目地区）都市計画（素案）の概要」内閣府ウェブサイト（https://www.chisou.go.jp/tiiki/kokusentoc/tokyoken/tokyotoshisaisei/dai19/siryou12.pdf）（最終閲覧日：2024年10月25日）。

"创新盒"税制，是指对作为研究开发成果而在日本国内产生的知识产权收入，适用优惠税率的制度。与着眼于研究开发行为这一"输入"的研究开发税制不同，"创新盒"税制是侧重于利用所开发成果的"输出"的优惠措施。优惠对象的知识产权中，包括受著作权保护的软件和其他知识产权。优惠收入范围包括优惠对象知识产权的使用授权许可费收入、转让收入、用优惠对象知识产权制作的商品的销售收益。

需要注意的是，本税制仅适用于在日本国内自行研究开发的知识产权。

5. 其他税收优惠措施

与创新企业相关的税制包括投资者税制（天使税制）和开放创新促进税制等。天使税制，是指计算个人投资者进行投资的年所得税时，可以选择"从总收入中扣除比投资额少 2000 日元的金额"（适用于投资对象是设立未满 5 年的企业的，扣除金额有上限）、"从股份转让收益中扣除投资额全额"（适用于投资对象是设立未满 10 年的企业的，扣除金额没有上限）的两者之一。天使税制适用对象的新创企业，必须是非上市，员工人数和试验研究费的比例、资本构成等满足指定的条件。以股份转让利益为本金，再次投资新创企业时，再投资部分以 20 亿日元为上限，不对作为本金的股份转让利益征税。再投资的被投资方除了需要设立不到 5 年外，还需要满足到上一个会计年度为止没有销售额、营业损益为负等条件。开放创新促进税制适用于公司进行有助于成长的并购时，通过取得新发行的股份而对新创企业进行一定金额以上的出资时，可以对取得额的 25% 部分进行所得扣除。该税制的适用对象还扩大到了以取得现有股东持有的股份（已发行股份）为主的并购。

なる。

　イノベーションボックス税制とは、研究開発の成果として国内で生まれた知的財産から生じる所得に、優遇税率を適用する制度である。研究開発税制は研究開発行為という「インプット」に着目した優遇措置であるのに対し、イノベーションボックス税制は開発されたものの活用をする「アウトプット」に着目した優遇措置であるということができる。優遇の対象となる知的財産には、著作権で保護されたソフトウエアが含まれている。優遇される所得の範囲は、対象知的財産のライセンス所得、対象知的財産の譲渡所得、対象知的財産を用いて作った商品の売却益とされている。

　本税制の適用のためには、国内で自ら行った研究開発の結果生まれた知的財産でなければならないことに留意が必要である。

5. その他の税制優遇措置

　スタートアップ企業と関連する税制としては、投資家に関する税制であるいわゆるエンジェル税制［個人投資家が投資を行った年の所得税を算定する際）、「投資額より2000円少ない金額を総所得から控除」（投資対象は設立5年未満の企業で控除金額に上限あり）、「投資額全額を株式譲渡益から控除」（投資対象は設立10年未満の企業で控除金額に上限なし）のどちらかを選択できる制度。エンジェル税制の適用対象になるスタートアップは、非上場であることや、従業員数や試験研究費の割合、資本構成などで指定の条件を満たしている必要がある。株式譲渡益を元手にスタートアップに再投資した場合は、再投資分について20億円を上限に、元手となる株式譲渡益に課税されなくなる。再投資先は、設立5年未満であるほか、前事業年度まで売上げがないことや、営業損益がゼロ未満であることなどの要件がある。］オープンイノベーション促進税制［事業会社が成長に資するM&Aを行う場合、新規発行株式の取得によってスタートアップに一定額以上の出資をする場合、取得額の25％分を所得控除でき、さらに、既存株主が保有する株式（発行済株式）の取得が中心であるM&Aについても対象とするように拡充された。］等がある。

第 3 章

数字文化产业出海日本的法律实务

一、对日投资的形态

（一）对日投资形态及比较

中国企业想要在日本投资内容产业时，可以选择多种投资形态。以下是对"代表处"、"日本分公司"以及"日本子公司"这几种形态的简要说明。需要注意的是，本节不涉及通过并购收购现有日本企业的方法。

1. 代表处

投资日本最简单的形式是代表处。代表处不是法律规定的正式组织，不具有独立的法人资格。因此，代表处不能以公司名义签订租赁合同或开设银行账户，一般是以驻在员个人的名义进行操作。

因为不需要在日本注册登记，所以设立成本较低。

代表处可以进行市场推广等活动，但外国公司不能以代表处为据点进行长期持续的交易（《公司法》第 817 条第 1 款、第 819 条第 1 款、第 933 条第 1 款）。

2. 日本分公司

外国公司的日本分公司是与母公司共享法人资格的分支机构，因此，没有独立的法人地位，所有在日本活动产生的债权债务都归属于外国公司。根据《公司法》，外国公司在日本进行持续交易时，规定必须至少 1 名在日本的代表人（《公司法》第 817 条第 1 款）办理外国公司登记（《公司法》第 933 条第 1 款）。除了选任日本的代表人

第3章

コンテンツ産業の日本進出に関する法律実務

一.進出の形態

(一) 進出形態および比較

コンテンツ産業を行う中国企業が、日本に進出しようとする場合、その進出形態には様々な形態が考えられる。ここでは「駐在員事務所」、「日本支店」および「日本法人」の各形態について概要を記載する。なお、M&Aにより既存の日本企業を買収する方法も、日本進出の一つの在り方ではあるが、本節では取り上げないこととする。

1. 駐在員事務所

日本進出の一番簡易な形態は、駐在員事務所である。駐在員事務所は、法令に基づく組織ではなく、独立した法人格ではない。そのため、事務所の賃貸借契約の締結や銀行口座開設は、会社名義で行うことはできず、基本的に駐在員個人の名義で行われる。

日本での登記手続は必要ないので、設置に関する手続のコストはかからない。

駐在員事務所においては、マーケティング活動などを行うことができるが、駐在員事務所を拠点として、外国会社が継続的な取引等を行うことはできない(会社法817条1項、819条1項、933条1項)。

2. 日本支店

外国会社の日本支店は、外国会社と同一の法人の支店であり、別の法人格を有さず、日本での活動に伴い生じた債権債務は全て本国の外国会社に帰属する。会社法上、外国会社が日本において継続的取引を行う場合は、少なくとも一人の日本における代表者を定め(会社法817条1項)、外国会社の登記をする必要がある(会

之外，还可以设置在日本的营业所。

设立手续比较简单，与设立相关的手续成本和维护成本较低。

但需要注意的是，如果外国公司的资本金额过多时，可能会产生税务上的问题。此外，类似股份公司的外国公司在日本需要公开其财务状况，包括本国的销售额等信息。

3. 日本子公司

日本子公司是根据《公司法》设立的，拥有与外国公司独立的法人资格。具有营利目的的公司的种类，有"股份公司"（日语"株式会社"）、"合同公司"（日语"合同会社"）、"合名公司"（日语"合名会社"）以及"合资公司"（日语"合资会社"）（《公司法》第2条第1项）。不过，在合资公司及合名公司中，至少需要1名无限责任社员（《公司法》第576条第2款、第3款），由于无限责任社员需要对公司的债务承担无限责任，因此，只要没有特别的理由，一般就不作为投资日本的首选。

通常，企业会选择股份公司或合同公司，这两种公司形式的出资者责任是有限的，仅限于出资额。

（二）股份公司与合同公司的比较

股份公司和合同公司都是出资者的责任被限定为出资额的有限责任形态的公司，但在组织和治理结构上有很大不同。下面是对这两种公司形式的主要差异的介绍。

1. 股份公司（日语"株式会社"）

（1）股份公司是由股东出资并持有股份而设立的有限责任公司。股东只在其出资的限度内承担责任。公司的经营由股东委托的董事进行，股东与管理层分开，体现了所有权与经营相分离。

股份公司在日本是传统且社会信用度最高的公司形态。

（2）组织机构和董事监事

股份公司需要有由股东构成的股东大会以及至少1名董事（兼代表董事）。设立董事会时，至少需要3名董事、1名以上董事长及至少1名监事（均为个人）。即使在选任多个董事时，也可以不设置董事会。

社法933条1項)。日本における代表者の選任に加えて、日本における営業所を設置することもできる。

設置手続は比較的簡易で、設置に関する手続のコストや維持コストは比較的安い。

外国会社の資本金が多額である場合は、税務上デメリットとなることがあり、株式会社類似の外国会社は、本国での売り上げも含めた財務状況の開示が日本において必要となる点に注意が必要である。

3. 日本子会社

日本子会社は、会社法に基づき設立され、外国会社とは別個の法人格を有する。営利目的を有する会社の種類は、会社法上、「株式会社」、「合同会社」、「合名会社」および「合資会社」がある（会社法2条1号）。もっとも、合資会社および合名会社においては、少なくとも一人の無限責任社員が必要であり（会社法576条2項、3項）、無限責任社員は、子会社の債務を無限に負うことから、特別の理由がない限り、日本進出の拠点形態としては選択されない。

通常は、出資者の責任が出資額に限定される有限責任形態である、株式会社または合同会社が選択される。

（二）株式会社と合同会社の比較

株式会社と合同会社は、いずれも出資者の責任が出資額に限定される有限責任形態の会社であるが、その組織やガバナンスは大きく異なる。ここでは主要な違いを記載する。

1. 株式会社

(1) 株式会社は、株主が出資し株式を保有することにより設立される有限責任会社である。株主は、その出資の限度でのみ責任を負う。会社の経営は株主から委託をうけた取締役によってなされ、所有と経営が分離しているのが特徴である。

株式会社は日本で伝統的に利用されてきた会社形態であり、その歴史から社会的信用性が最も高い。

(2) 機関・役員

株式会社の機関として、株主から構成される株主総会および少なくとも1名の取締役（兼代表取締役）が必要である。取締役会を設置する場合は、少なくとも3名の取締役、1名以上の代表取締役および少なくとも1名の監査役（いずれも個人）が必要である。取締役を複数選任した場合であっても、取締役役会を設置しないこともできる。

虽然日本曾要求董事必须居住在日本，但自2015年起这一要求已被取消，所以，现在董事不需要是日本居住者，也可以设立全部董事居住在外国的股份公司。但是，为了便于实际业务操作，如设立后开设银行账户和签订租赁合同时，最好还是选任至少1名居住在日本的代表董事。

股份公司的组织结构非常灵活，可以根据公司规模和合规需求进行调整。希望股份公司组织机构简单时，在组织机构设置上，可以除了股东大会以外，设置1名董事，或者仅设置2名董事（从日本和本国各选任1名）。另外，当外国公司在本国是上市公司等，日本子公司也需要确保一定的合规水平时，通常选择设置由3名以上董事构成的董事会及监事。资本金5亿日元以上或者负债200亿日元以上，属于大公司时（《公司法》第2条第6项），需要会计监查人，但是，从设立最初就属于大公司的情况不多。

另外，在《公司法》上，股份公司的组织机构还有监事会、会计参与、各委员会、执行役、审计等委员会等，但在外国公司的日本子公司中很少采用。

2. 合同公司（日语"合同会社"）

（1）合同公司是由社员出资并持有社员股权而设立的有限责任公司。社员只在其出资的限度内承担责任。与股份公司不同，其特征是社员自己经营公司，公司所有权和经营一致。合同公司是一种比较新型的公司形态，虽然越来越受到关注，但社会信用度仍然低于股份有限公司。

（2）组织机构和董事监事

合同公司的组织机构至少需要1名社员（兼任业务执行社员和代表社员），社员可以是法人。如果业务执行社员是法人，需要至少选任1名职务执行人（个人）。职务执行人不是独立的组织机构，而是代替业务执行社员实际执行业务。

与股份公司一样，社员和职务执行人不需要是日本居住者，也可以设立全员居住在外国的合同公司，但为了便利实际操作，如设立后开设银行账户和签订租赁合同等时，有居住在日本的社员和职务执行人会比较顺畅，因此，最好至少选择1名居住在日本的社员和职务执行人。

合同公司的所有权和经营一致，可以迅速灵活地作出决策。另外，通过在章程中作出规定，合同公司能够灵活地设计组织机构，但由于《公司法》上并没有严格规定合规性，所以，即使在外资企业中，很多创业企业的所有者和经营者一致，并且比起遵守复杂的合规性，更倾向灵活经营时，会选择采用合同公司。另外，与股份公司不

2015年に日本居住要件が撤廃されたことから、役員は日本居住者である必要はなくなり、全員外国居住の役員の株式会社を設立することも可能である。ただし、実務的には、設立後の銀行口座開設や賃貸借契約締結の際に、日本居住の代表取締役が存在したほうがスムーズであるため、少なくとも一人は日本居住の代表取締役を選任することが望ましい。

株式会社は、想定している会社の規模やコンプライアンスレベルに応じて、様々な機関設計ができるのが魅力である。株式会社の中でも簡易な組織が望まれるケースは、株主総会の他、取締役1名、もしくは日本と本国から各1名で取締役2名のみの機関が設置される。一方で、外国会社が本国で上場している場合など、日本子会社においても一定のコンプライアンスを確保することが必要な場合は、3名以上の取締役からなる取締役会および監査役設置会社が選択されることが多い。資本金5億円以上または負債200億円以上となり大会社となる場合（会社法2条6号）は、会計監査人が必要となるが、設立当初から大会社とするケースは多くはない。

その他、会社法上、株式会社の機関として、監査役会、会計参与、各委員会、執行役、監査等委員会などがあるが、外国会社の日本子会社において採用されることは稀である。

2. 合同会社

(1) 合同会社は、社員が出資し社員持分を保有することにより設立される有限責任会社である。社員は、その出資の限度でのみ責任を負う。株式会社とは異なり、社員自ら会社の経営を行い、所有と経営が一致しているのが特徴である。合同会社は比較的新しいタイプの会社形態であり、知名度は上がってきてはいるものの、社会的信用性は株式会社に比べると低い。

(2) 機関・役員

合同会社の機関として、少なくとも1名の社員（兼業務執行社員兼代表社員。法人も可）が必要であり、業務執行社員が法人である場合は、少なくとも1名の職務執行者（個人）を選任する必要がある。職務執行者は独立の機関ではなく、業務執行社員にかわり実際に業務を執行する役割を果たす。

株式会社同様に、社員や職務執行者は日本居住者である必要はなく、全員外国居住の合同会社を設立することもできるが、実務的には、設立後の銀行口座開設や賃貸借契約締結などの際に、日本居住の社員や職務執行者が存在したほうがスムーズであるため、少なくとも一人は日本居住の社員や職務執行者を選任することが望ましい。

合同会社は、所有と経営が一致していることから、迅速かつ柔軟な意思決定が

同，即使公司的资本规模变大，也不需要会计监查人，所以，即使是大规模的全球公司，也会选择合同公司，世界著名的外国公司中，有几家选择合同公司作为在日本的据点形态。

（三）日本分公司和日本子公司设立的手续

本小节概述日本分公司和日本子公司的设立手续。

1. 日本分公司的设立

（1）设立手续

设置日本分公司比较简单，只要①外国公司决定设立日本分公司，并选任日本代表人（在设置营业所时也要选任日本代表人）；②制作宣誓供述书（Affidavit），并在本国的公证处或大使馆等办理公证；③申请设立登记和办理印章登记。

由于日本分公司和外国公司是同一法人，所以，不需要重新出资，也不需要章程认证或日本代表人的就任承诺书等，设置手续比较简单。

（2）设置费用

设立费用包括注册手续费6万日元（仅选任日本代表人时）或者9万日元（再加上设置营业所时）、印章费和邮寄费等各种费用，合计需要7万~11万日元。

（3）日本代表人

日本代表人中，至少有1名必须在日本有住址（《公司法》第817条）。日本代表人也可以是在日本拥有总店或主要经营场所的法人，应该执行该法人职务的人是该法人的代表人等（2022年6月24日法务省民商第307号通知）。另外，规定律师担任日本代表人时，可以将该律师的事务所所在场所登记为日本代表人的住所（2022年6月24日法务省民商第307号通知）。

可能である。なお、定款に定めることにより、フレキシブルに様々な機関設計ができるのが魅力であるが、会社法上コンプライアンスが厳しく規定されているわけではないので、外資系企業の中でも、ベンチャー企業など、オーナーと経営者が一致しており複雑なコンプライアンスを遵守するよりも機動的な経営を好む企業に採用されることが多い。一方で、株式会社とは異なり、会社の資本規模が大きくなっても会計監査人が不要なため、大規模なグローバル会社であっても合同会社を選択することがあり、世界的に著名な外国会社のいくつかは、日本における拠点形態として合同会社を選択している。

(三) 日本支店の設置および日本子会社設立の手続

本小節では、日本支店の設置および日本子会社の設立手続を概観する。

1. 日本支店の設置

(1) 設置手続

日本支店を設置するには、①外国会社において日本支店設立、すなわち日本における代表者の選任（営業所を設置する場合はその点も）を決定し、②宣誓供述書（Affidavit）を作成の上、本国における公証役場または大使館等の本国官憲で認証を受け、③登記申請および印鑑登録をする、と比較的シンプルである。

日本支店は外国会社と同一法人であるので、資本金を改めて出資する必要もない。定款認証は不要であるし、日本における代表者の就任承諾書なども不要であるので、設置手続は比較的簡易である。

(2) 設置費用

費用としては、登録免許税として6万円（日本における代表者の選任のみの場合）または9万円（加えて営業所を設置する場合）、その他印鑑代や郵送費など諸費用が必要となり、合計で約7万円から11万円程度必要である。

(3) 日本における代表者

日本における代表者のうち、少なくとも1名は日本に住所を有する必要がある（会社法817条）。日本における代表者は、日本に本店または主たる事務所を有する法人も就任することができ、当該法人の職務を行うべき者は、当該法人の代表者等である（令和4年6月24日付法務省民商第307号通知）。また、日本における代表者として弁護士を定めた場合には、当該弁護士の事務所の所在場所を日本における代表者の住所として登記することができる（令和4年6月24日付法務省民商第307号通知）。

（4）营业所登记

营业所的登记并非必须，但是需要开设银行账户或者需要取得签证时，通常需要办理营业所登记。

2. 股份有限公司的设立

（1）设立手续

股份公司的设立手续：①在本国的公证处或大使馆等办理宣誓供述书的公证（外国公司为发起人时）；②准备章程认证所需的文件；③办理章程认证；④向日本的银行账户进行资本金汇款；⑤准备登记申请所需的文件；⑥申请设立登记和办理印章登记。

发起人是外国公司时，①和②需要在海外办理，董事在海外居住时，⑤中有需要在海外办理的文件，所以，取得原件往往需要一定的时间。

急需设立时，也可以委托居住在日本的代表董事候选人或服务提供商，暂时将居住在日本的人作为发起人及董事设立公司，设立后向本来应该成为股东的外国公司转让股份，办理追加选任海外居住董事的登记变更。

（2）设立费用和时间

设立费用包括章程认证手续费（根据资本金额，从3万日元到5万日元不等）、注册手续费最低15万日元（或者资本金额的0.7%）、其他印章费和邮寄费等各种费用，合计约21万日元。

股份公司设立所需时间，根据具体情况不同，为了从海外取得签名公证书等原件，通常需要约2周到1个月。

（3）章程认证的注意事项

在章程认证时，对于法人设立时构成实际控制人的人，需要申报其姓名、住址、出生年月日、是否属于暴力团员等。实际控制人是指能够实质上支配法人业务经营的相关个人，即直接或间接持有超过50%股份的个人，无此类人时，指直接或间接持有超过25%股份的个人，无此类人时，指对经营活动具有支配性影响力的个人，无此类人时，则设立的股份公司的代表董事属于实质控制人。另外，外国政府和外国地方政府等、上市公司视为自然人。

（4）営業所の登記

営業所の登記は必ずしも必要ではないが、銀行口座を開設する必要がある場合や在留資格を取得する必要がある場合は、営業所の登記が必要とされるので注意を要する。

2. 株式会社の設立

（1）設立手続

株式会社の設立手続は①宣誓供述書の本国における公証役場または大使館等の本国官憲による認証（外国会社が発起人になる場合）、②定款認証に必要な書類の準備、③定款認証、④資本金の日本の銀行口座への入金、⑤登記申請に必要な書類の準備、⑥登記申請および印鑑登録となる。

発起人が外国会社である場合、①②において海外での手続が必要で、取締役が海外居住の場合、⑤において海外での手続が必要なため、原本取得にある程度の時間がかかることが多い。

設立を急ぐケースでは、日本居住の代表取締役候補者またはサービスプロバイダーへ委託することにより、いったん日本居住者を発起人および取締役として設立し、設立後に本来の株主となるべき外国会社に株式譲渡をし、海外居住取締役を追加選任する登記変更を行うこともある。

（2）設立費用・必要期間

費用としては、定款認証手数料（資本金額により3万円から5万円）、登録免許税最低15万円（または資本金額の0.7%）その他印鑑代や郵送費など諸費用が必要となり、合計で約21万円程度必要である。

株式会社の設立に必要期間は、ケースによるが、海外からサイン証明書などの原本を取り寄せるため、およそ2週間から1ヶ月程度必要となることが多い。

（3）定款認証の注意点

定款認証の際、法人設立の時に実質的支配者となるべき者について、氏名住所と生年月日、暴力団員等に該当するか否かを申告する必要がある。実質的支配者とは、法人の事業経営を実質的に支配することが可能となる関係にある個人をいい、①株式の50%を超える株式を直接または間接的に保有する個人、そのような者がいない場合には、②25%を超える株式を直接または間接的に保有する個人、そのような者もいない場合は、③事業活動に支配的な影響力を有する個人、そのような者もいない場合には、④設立する株式会社の代表取締役が実質的支配者に該当することになる。なお、外国政府や外国の地方公共団体等、上場会社は自然人とみなされる。

（4）资本金注意事项

根据《公司法》，资本金没有下限和上限的限制，可以自由决定金额。实务上，除了交易客户的要求等为了提高信用性而需要一定的金额以外，如果将来日本子公司的代表董事等要取得"经营管理"签证，资本金额必须在 500 万日元以上。另外，在税法上，资本金额不到 1000 万日元时，除了有可能获得规定期间内的消费税免税之外，在 1 亿日元以下时，可以适用中小企业优惠税，所以，资本金大多设定为不到 1000 万日元或 1 亿日元以下的金额。

设立股份公司时，需要将出资金相应金额实际存入银行账户（《公司法》第 34 条第 2 款）。该银行账户通常使用发起人的账户，但外国公司为发起人时，发起人一般在日本没有银行账户，所以，在设立时，董事中有日本居住者时，会使用该设立时董事的个人银行账户。董事中也没有日本居住者时，可以使用代为办理设立手续的律师事务所等第三方的银行账户。另外，发起人在日本本地银行的海外分公司有银行账户时，也可以使用该账户。

以往，需要注意从海外汇款的时机，以便在章程认证完成后到账，但现在，由于在章程制作日前的到账也可以视为资本金的收款，所以没有必要像以前那样注意汇款时机。另外，为了避免汇款金额产生不足，汇款金额需要包含手续费。

（5）登记地址的注意事项

为了提高公司的社会信用能力，最好租赁写字楼的办公室作为登记地址，但对于外资企业，有时在设立之前难以租到办公室。此时，利用所谓的"服务提供商"，或者将法定代表人的家庭地址作为登记地址，一旦设立公司，在签订正规的办公室租赁合同后，办理地址要变更登记。

另外，如果日本子公司的代表董事等要取得"经营管理"签证，则需要有独立的办公室，所以，所谓的服务提供商和法定代表人的家庭地址等是不够的。

（6）印章和印章登记

在日本，有使用印章代替签名的商业习惯，设立公司时，原则上需要制作公司的印章，在法务局登记。印章登记后，申请发放印章卡，可以申领记载有印章和代表董事名称等的"印鉴登记证明书"。印鉴登记证明书代替公司法定代表人的"签字证明书"，作为表示公司代表权限的正式证明书，使用非常广泛。例如，房地产买卖合同

(4) 資本金の注意点

会社法上、資本金の下限や上限の規制はなく、自由にその金額を決めることができる。実務上は、取引先からの要請など、信用性を高めるために一定以上の金額が要請されることがあるほか、将来的に日本子会社の代表取締役等が「経営・管理」の在留資格を取得する場合は、資本金額を500万円以上としておくことが必要になる。また、税法上、資本金額が1000万円未満の場合は一定期間の消費税の免税が受けられる可能性があるほか、1億円以下の場合は中小企業の優遇税の適用を受けられることから、1000万円未満、または1億円以下の額で設定している場合が多い。

株式会社の設立時、出資金相当額を銀行口座に実際に入金する必要がある（会社法34条2項）。この入金口座は通常発起人の口座を利用するが、外国会社が発起人である場合は、日本に銀行口座を有しないことが多いため、設立時取締役に日本居住者がいる場合は、当該設立時取締役の個人の銀行口座を利用することとなる。日本居住者がいない場合は、設立手続を行う法律事務所など第三者の銀行口座を利用することができる。なお、発起人が日本の銀行の海外支店に銀行口座を有している場合は、当該口座を利用することもできる。

入金のタイミングは、従来、定款認証後に着金するよう、海外からの送金のタイミングに留意する必要があったが、定款作成日前の入金も資本金の入金とみなすことが可能となったため、以前ほどタイミングに留意する必要はなくなった。なお、送金額は、不足が生じないよう、手数料込みの金額を送金する必要がある。

(5) 本店の注意点

会社の社会的信用力を高めるためには、オフィスビルの一室を賃貸して本店を置くことが望ましいが、外資系企業の場合、設立前にオフィスを借りることが難しいケースもある。その場合は、いわゆる「サービスオフィス」を利用したり、代表者の自宅に本店を置いたりしていったん会社を設立し、設立後、しかるべきオフィスの賃貸借契約が締結できたタイミングで、本店移転の登記をすることになる。

なお、日本子会社の代表取締役等が「経営・管理」の在留資格を取得するためには、独立した事業所が求められるので、いわゆるサービスオフィスや代表者の自宅などでは足りない。

(6) 印鑑と印鑑登録

日本では、サインの代わりに印鑑を利用する商習慣があり、会社を設立する場合、原則として、会社の印鑑を作成し、法務局で登録する必要がある。登録した印鑑に関しては、印鑑カード交付申請を行った上で、印影や代表取締役名などが記載された「印鑑登録証明書」を取得することができる。印鑑登録証明書は、会社の代

等重要合同，应当用登记印章盖章，并提交印鉴登记证明书。

3. 设立合同公司

（1）设立手续

合同公司的设立手续：在本国的公证处或大使馆等办理宣誓供述书的公证；准备登记申请所需的文件；申请设立登记和办理印章登记。与股份公司不同，由于不需要章程认证，虽然需要缴纳出资资本金，但是并没有要求从海外到日本的银行账户实际汇款等，所以设立手续比较简单。

（2）设立费用、设立时间

设立费用包括最低6万日元（或资本金额的0.7%）的注册手续费、其他印章费和邮寄费等各种费用，合计需要11万日元左右。

由于需要从海外取得签字公证书等原件，设立合同公司所需要的时间，通常需要约2周到1个月。但是，与股份公司不同，合同公司不需要章程认证和资本金的银行汇款，因此，最短1周左右也可以处理。

（3）设立合同公司的注意事项

与股份公司设立的注意点大致相同，但合同公司中不需要章程认证和资本金的银行汇款。

（四）登记后的各种申报等

1. 外汇法上的申报或报告

外国投资者在日本设立公司或通过增资取得新股时，在一定情况下属于对内直接投资，需要经由日本银行向财务大臣及行业主管大臣办理事前申报或事后报告（《外汇法》第55条之5第1款、《关于对内直接投资等的政令》第6条之3第1款）。另外，外国公司设置日本分公司时，除了属于事前申报行业的一定情况以外，不需要办理外汇法上的申报和报告。

关于用语的定义和手续内容，在日本银行的主页上刊登的"外汇法问与答（对内

表者の「サイン証明書」の代わりに、会社の代表権限を示す公的証明書として広く利用されている。例えば、不動産売買契約書など重要な契約書は、登録印で押印し、印鑑登録証明書を提出しなければならない。

3. 合同会社の設立

(1) 設立手続

合同会社の設立手続は、①宣誓供述書の本国における公証役場または大使館等の本国官憲での認証、②登記申請に必要な書類の準備、③登記申請および印鑑登録となる。株式会社とは異なり、定款認証が不要である点、資本金の出資は必要であるものの海外から日本の銀行口座へ現実に送金することまでは要請されていない点などから、比較的設立手続は簡易である。

(2) 設立費用・設立期間

費用としては、登録免許税として最低6万円（または資本金額の0.7%）その他印鑑代や郵送費など諸費用が必要となり、合計で11万円程度必要となる。

合同会社の設立に必要期間は、海外からサイン証明書などの原本を取り寄せるため、およそ2週間から1ヶ月程度必要となることが多い。ただし株式会社とは異なり定款認証や資本金の銀行振込は不要であるため、最短1週間程度で対応することも可能である。

(3) 合同会社の設立の留意点

株式会社における設立の留意点とほぼ同様であるが、合同会社においては定款認証および資本金の銀行振込は不要である。

(四) 登記後の各種届出等

1. 外為法上の届出または報告

外為法上、外国投資家による会社の設立や増資による新株取得などは、一定の場合に対内直接投資等に該当し、日本銀行を経由して財務大臣および事業所管大臣に、事前届出または事後報告をすることが必要である（外為法55条の5第1項、対内直接投資等に関する政令6条の3第1項）。なお、外国会社による日本支店の設置に際しては、事前届出業種に該当する一定の場合を除き、外為法上の届出や報告は不要である。

用語の定義や手続内容については、日本銀行のHPに掲載されている「外為法

直接投资和特定取得篇）"中有详细记载。[1]

2. 税务申报

设立公司后应当及时向地方税和国税的管辖税务局提交法人设立申报书。法人设立申报书可以由税务师或会计师代理提交。

3. 社会保险上的申报

公司成立后首次聘用劳动者（包括向董事支付报酬时），需要向公司所在地管辖的年金事务所提交社会保险、厚生年金保险的加入申请。通常由社会保险劳务士代为办理。

4. 开设银行账户

日本分公司或日本子公司设立后，需要开设银行账户。近年来，由于日本的银行的内部审查逐年变严，开设银行账户需要 3 个月以上的情况也不少。银行账户开设后，将在设立手续中存入发起人等银行账户的资本金额（合同公司的是代表社员等保管的资本金额）转移到新公司的银行账户。

（五）据点的运营

1. 日本分公司

日本分公司不是独立的法人，不是依据日本法设立的法人，因此，除了必须遵守外国公司的登记义务和公告等一定的公司法上的规定之外，不需要按照日本法运营。因此，日本分公司不需要召开定期股东大会等，董事的任期也根据外国公司的准据法，只要在本国不变更登记，就不需要办理连任登记。

另外，外国公司的登记事项发生变更时，必须在日本代表人收到变更通知之日起 3 周内办理变更登记（《公司法》第 933 条第 4 款、第 5 款）。

2. 股份公司

（1）董事会

设置了董事会的股份公司，董事会至少需要每 3 个月召开一次（由各业务执行董事进行业务报告）。另外，每年在财务年度结束后，需要召开董事会来批准年度决算。这些董事会还可以通过电话会议或网络会议的方式召开。另外，在章程规定时，也可以通过书面表决进行董事会的决议（但业务执行报告不能通过书面表决）。

---

[1] 参见《外汇法问与答（对内直接投资和特定取得篇）》，载日本银行网站：https://www.boj.or.jp/about/services/tame/faq/data/tn-qa.pdf，最后访问日期：2024 年 10 月 25 日。

Q&A（対内直接投資・特定取得編）」に詳細が記載されている。[1]

2. 税務上の届出

会社を設立した場合遅滞なく、地方税および国税について、会社を所轄する税務署に対し、法人設立届書を提出する必要がある。法人設立届書は、税理士や会計士が、法人を代理して提出することができる。

3. 社会保険上の届出

会社設立後、従業員を初めて雇用する場合（取締役に報酬を支払う場合を含む）は、社会保険、厚生年金保険新規適用届を会社の所在地の管轄年金事務所に提出する必要がある。通常は社会保険労務士が行うことが多い。

4. 銀行口座開設

設立後、日本支店または日本子会社の銀行口座開設を行う。近年、銀行の内部審査は年々厳しくなっており、開設までに3ヶ月以上かかることも少なくない。銀行口座が開設されたのち、設立手続のなかで発起人等の銀行口座に入金されている資本金額（合同会社の場合は代表社員等が預かっている資本金額）を、新会社の銀行口座に移転する。

（五）拠点の運営

1. 日本支店

日本支店は、独立した法人ではなく、日本法に準拠した法人ではないことから、外国会社の登記や公告など一定の会社法上の規定に従う必要があるほかは、日本法に従った運営は必要ない。よって、日本支店固有の定時総会などは不要であるし、取締役の任期も外国会社の準拠法によるため、本国において登記変更がされない限り重任登記も不要である。

なお、外国会社の登記事項に変更が生じた場合は、通知が日本における代表者に到達した日から3週間以内に変更登記を行う必要がある（会社法933条4項、5項）。

2. 株式会社

（1）取締役会

取締役会設置会社である株式会社の場合、取締役会は少なくとも3ヶ月に1度開催する（各業務執行取締役が業務報告を行う）必要がある。また、毎年、事業年

---

[1] 「外為法Q&A（対内直接投資・特定取得編）」日本銀行ウェブサイト（https://www.boj.or.jp/about/services/tame/faq/data/tn-qa.pdf）（最終閲覧日：2024年10月25日）。

董事会召开后须制作议事记录，出席董事及出席监事须在议事记录上签字或盖章。

（2）股东大会

股份公司必须至少每年一次，在财务年度结束后 3 个月内，召开定期股东大会，批准年度决算。另外，由于董事的任期通常为 2 年，因此，即使董事没有变更，也必须在每次任期届满时在定期股东大会上办理董事的连任手续。

股东大会召开后需制作议事记录，并按章程规定在议事记录上盖章。

（3）决算公告

决算批准后，需要通过官报等章程规定的公告方法，进行资产负债表等公告。将电子公告规定为公告方法时，资产负债表需要在预先登记的网站地址上登载 5 年。

3. 合同公司

合同公司虽然没有法律上规定的社员总会等，但是，如果章程中规定了要召开定期社员总会批准决算时，则需要召开这样的定期社员总会。另外，合同公司没有义务公告决算。

（六）解散和清算

为了关闭日本据点，根据不同据点形态，需要办理以下手续。

1. 日本分公司的注销

要注销外国公司的登记，需要由外国公司决议在日本代表人全员退任（以及营业所的废止），办理债权人保护手续，申请注销登记。由于债权人保护程序需要 1 个月的催告期间，所以，关闭注销手续通常需要 2 个月左右。所需文件包括经本国官方认证的宣誓供述书及其译文、官报公告、催告书样本中附上债权人一览表和证明书或债权人有异议时证明清偿的文件等，以及委任状。

由于日本代表人的退任是登记效力要件（《公司法》第 820 条第 3 款），因此，在申请登记之日退任生效，并于当天注销登记。而且，即使另行决定了营业所的废止日，如果同时申请了营业所的废止和日本代表人的退任登记时，"营业所的废止日"也不会

度終了後に決算承認のための取締役会を開催する必要がある。これら取締役会は電話会議やWeb会議の方法によっても開催することができる。なお、定款で定めた場合、取締役会の決議を書面決議で行うこともできる（ただし業務執行報告は書面決議ではできない）。

取締役会開催後は議事録を作成する必要があり、出席取締役および出席監査役は議事録にサインまたは押印しなければならない。

(2) 株主総会

株式会社は、少なくとも年に一度、事業年度終了後3ヶ月以内に、決算承認のための定時株主総会を開催しなければならない。また、取締役の任期は通常2年であるため、たとえ取締役の変更がないとしても、任期満了ごとに定時株主総会において取締役の再任手続を行わなければならない。

株主総会開催後は議事録を作成する必要があり、定款の定めに従い議事録に押印しなければならない。

(3) 決算公告

決算承認後は、官報など定款に定めた公告方法により、貸借対照表等の公告を行う必要がある。電子公告を公告方法と定めた場合は、貸借対照表を5年間、あらかじめ登記したウェブサイトのアドレスにおいて掲載する必要がある。

3. 合同会社

合同会社の場合、法令上定められた社員総会などはないが、決算承認の定時社員総会を開催する旨を定款で定めた場合は、かかる定時社員総会を開催する必要がある。なお、決算公告の義務はない。

(六) 解散・清算

日本拠点を閉鎖するには、拠点の形態によって以下の手続が必要となる。

1. 日本支店の閉鎖

外国会社の登記を閉鎖するには、①日本における代表者の全員の退任（および営業所の廃止）につき外国会社で決議し、②債権者保護手続を行い、③登記申請をする必要がある。債権者保護手続は1ヶ月間の催告期間が必要となることから、閉鎖するまでに通常2ヶ月程度必要となる。必要書類は①本国官憲の認証を受けた宣誓供述書およびその訳文、②官報、③催告書のサンプルに債権者一覧と証明書を綴じたものや債権者の異議があった場合は弁済を証する書面など、および④委任状である。

代表者の退任は、登記が効力要件であることから（会社法820条3項）、登記

得到登记，需要注意。在办理税务申报等，需要证明日本营业所的废止日时，需要使用记载了废止日的宣誓供述书，或者需要先办理营业所的废止登记之后，再办理在日本代表人全体的退任登记。

2. 股份公司的注销
（1）特别清算和通常清算
股份公司有资不抵债的风险时，需要办理在法院的参与下的特别清算程序，但外资企业股份公司的债务大部分是从作为母公司的外国公司借款，即使处于资不抵债状态，也可以通过母公司放弃债权等手段消除此状态，因此，绝大多数情况下，都是按照通常清算程序解散和清算。

在此，主要介绍在通常清算中，特别是在章程中没有规定解散事由时的程序。

（2）解散及清算的程序
注销股份有限公司，首先要做解散及清算人选任的股东大会决议，办理解散及清算人选任登记，提交解散的备案（异动备案），由股东大会批准财产目录及资产负债表，进行解散公告及对债权人的个别催告，制作及提交纳税申报书，在进行清算事务的基础上，将剩余财产分配给股东，制作决算报告并在股东大会上批准，办理清算结束登记，制作和提交纳税申报书，提交清算结束备案。由于解散公告及对债权人的个别催告需要2个半月左右，因此，整体最短也需要3个月以上。

清算人自清算结束登记之日起10年内，应当保存账簿资料。清算人是海外居住者，需要选任代替清算人保存账簿资料的人时，可以申请选任账簿资料保存人（《公司法》第508条第2款）。

3. 注销合同公司
注销合同公司，首先应经全体社员同意解散及选任清算人，办理解散及清算人选任登记，提交解散备案（异动备案），经业务执行社员批准财产目录及资产负债表，进行解散公告及对债权人的个别催告，制作及提交纳税申报书，在进行清算事务的基础上，将剩余财产分配给社员，编制决算报告并提交业务执行社员批准，办理清算结

申請の日にその効力が発生し、同日をもって登記が閉鎖される。そして、営業所の廃止日を別途決議していた場合であっても、営業所の廃止と日本における代表者の退任の登記を同時に申請した場合、「営業所の廃止の日」は登記されない点に注意が必要である。税務申告等で日本の営業所の廃止日を証明する必要がある場合は、廃止日を記載した宣誓供述書を使用するか、いったん営業所の廃止登記をしたうえで、改めて日本における全ての代表者の退任登記を行う必要がある。

2. 株式会社の閉鎖

(1) 特別清算と通常清算

株式会社に債務超過の疑いがあるときは裁判所の関与のもと特別清算の手続が必要となるが、外資系企業の場合、株式会社の債務の大半は、親会社である外国会社からの借り入れであり、仮に債務超過状態にあったとしても、親会社が債権放棄するなどの手段により、債務超過状態を解消することが可能であるため、通常清算の手続で解散・清算するケースが圧倒的に多い。

ここでは通常清算で、特に定款に解散事由が定められていない場合を念頭において記載する。

(2) 解散および清算の手続

株式会社を閉鎖するには、まず①解散および清算人の選任の株主総会決議をし、②解散および清算人の選任の登記を行い、③解散の届出（異動届出）を提出し、④財産目録および貸借対照表の株主総会での承認をし、⑤解散公告および債権者への個別催告を行い、⑥確定申告書を作成および提出し、⑦清算事務を行った上で、⑧残余財産を株主に分配し、⑨決算報告を作成し株主総会で承認し、⑩清算結了の登記を行い、⑪確定申告書を作成および提出し、⑫清算結了届出を提出する必要がある。⑤解散公告および債権者への個別催告に2ヶ月半程度必要となることから、全体では最短でも3ヶ月以上は必要となる。

清算人は清算結了の登記の時から十年間、帳簿資料を保存しなければならない。清算人が海外居住者であるなど、清算人に代わって帳簿資料を保存する者を選任する必要がある場合には、帳簿資料保存者選任申立を行うことができる（会社法508条2項）。

3. 合同会社の閉鎖

合同会社を閉鎖するには、まず①解散および清算人の選任の総社員の同意をし、②解散および清算人の選任の登記を行い、③解散の届出（異動届出）を提出し、④財産目録および貸借対照表の業務執行社員の承認をし、⑤解散公告および債権者への個別催告を行い、⑥確定申告書を作成および提出し、⑦清算事務を行った

束登记,制作和提交纳税申报书,提交清算结束备案。由于解散公告及对债权人的个别催告需要 2 个半月左右,因此,整体最短也需要 3 个月以上。

注销合同公司时,与股份公司一样,清算人有义务保存账簿资料以及可以申请选任账簿资料保存人。

（七）投资日本形式和课税概要

投资日本的形式包括代表处、分公司、公司（子公司）。代表处是为了进行日本市场调查和信息收集活动而设立的事务所,设想不会有经营活动,因此不会发生特别的课税关系（如果发生了课税关系,那就不能称为代表处了）。

因此,只有分公司和子公司会发生课税关系,以下以对比的形式汇总在下表中。此外,还请参照"跨境交易和征税"一章。

	分公司	子公司	备注
法人税	对分公司的所得征税	对来自全世界的收入征税（不论收入来源地）	子公司时,与母公司的交易有时会适用转移价格税制、过小资本税制、过大支付利息税制等
源泉所得税	因为分公司作为外国法人处理,所以会有代扣代缴。但是,关于一些支付,通过向税务局申报,也可以免除代扣代缴	因为子公司是日本法人,所以一般不适用源泉所得税	源泉所得税的税率在日本国内税法中大部分为 20.42%。该税率有时根据适用的税收协定减免

上で、⑧残余財産を社員に分配し、⑨決算報告を作成し業務執行社員の承認をし、⑩清算結了の登記を行い、⑪確定申告書を作成および提出し、⑫清算結了届出を提出する必要がある。⑤解散公告および債権者への個別催告に2ヶ月半程度必要となることから、全体では最短でも3ヶ月以上は必要となる。

清算人の帳簿資料保存義務および帳簿資料保存者選任申立を行うことができる点は株式会社と同様である。

(七) 進出形態と課税の概要

日本への進出形態としては、駐在事務所、支店、会社（子会社）があるが、駐在事務所は日本の市場調査や情報収集活動を行うために設置する事務所で、営業活動は想定されておらず、そのため、特段の課税関係は発生しない（仮に課税関係が発生する場合には、それはもはや駐在事務所とは言えないこととなる）。

課税関係が発生するのは、したがって、支店と子会社ということになるが、これらを比較する形で表にまとめると以下のようになる。なお、あわせて「クロスボーダー取引と税務問題」の章も参照されたい。

	支店	子会社	Notes
法人税	支店に帰属する所得に課税	全世界からの所得に課税（所得の源泉地を問わない）	子会社の場合には、親会社との取引に関して移転価格税制や過小資本税制、過大支払利子税制などの適用がある
源泉所得税	支店は外国法人として取り扱われるため、源泉徴収がなされる。ただし、いくつかの支払に関しては、税務署に届出をすることにより、源泉徴収を免除されることも可能	子会社は日本法人なので、源泉所得税の適用は一般的にはなし	源泉所得税の税率は国内税法では20.42%であることがほとんどである。この税率は適用のある租税条約によって減免されることがある

续表

	分公司	子公司	备注
消费税	设立后不足2年、会计年度开始时的资本金或出资金额在1000万日元以上的法人，即纳税义务人。设立超过3年后，在该课税期间（法人的会计年度）对应的基准期间（法人的上上一个会计年度）内，课税销售额超过1000万日元的经营者，成为消费税的纳税义务人（课税经营者）。即使基准期间的课税销售额低于1000万日元，但如果在特定期间的课税销售额超过1000万日元时，在该课税期间仍需作为课税经营者处理。所谓特定期间，对于法人而言，原则上是指该会计年度的前一会计年度开始后的前6个月的期间	同左	·上述标准中有很多例外。 ·消费税率为10%。轻减税率8%适用于食品等
地方税（法人居民税、法人事业税）	课税。按资本金征税的，按总公司（外国法人）的资本金额。有一定的例外规定	课税	
登记手续费	60,000日元	资本金额的0.7%（最小额为，股份公司时150,000日元，合同公司时60,000日元）	申请设立登记时征税
其他	从分公司分红，属于公司内交易，所以不代扣代缴	利润分红时代扣代缴。但是，有时会根据适用的税收协定减免	

続表

	支店	子会社	Notes
消費税	設立後2年以下の場合には事業年度の開始の日における資本金の額または出資の金額が、1000万円以上である法人は納税義務者。 設立後3年以降経過している場合には、その課税期間（法人は事業年度）の基準期間（法人は前々事業年度）における課税売上高が1000万円を超える事業者が、消費税の納税義務者（課税事業者）。基準期間における課税売上高が1000万円以下であっても、特定期間における課税売上高が1000万円を超えた場合は、その課税期間においては課税事業者。特定期間とは、法人の場合は、原則として、その事業年度の前事業年度開始の日以後6ヶ月の期間のことをいう	同左	・左記の基準には例外が多数ある。 ・消費税率は10%。軽減税率8%は食料品等に適用
地方税（法人住民税、法人事業税）	課税。資本金に基づいて課税される場合、本店（外国法人）の資本金額による。一定の例外規定あり	課税	
登録免許税	60,000円	資本金額の0.7%（最小額は150,000円。合同会社は60,000円）	設立の登記申請時に課税
その他	支店から利益配当する場合には、内部取引であるため源泉徴収はなされない	利益配当をする場合には源泉徴収。ただし、適用のある租税条約により減免されることがある	

二、并购和合资经营

在本章第一节中,我们概述了中国企业通过独自设立据点的方式在日本投资的方法。然而,对于没有日本市场运营经验的中国企业来说,从零开始设立据点并开展业务,可能需要耗费大量时间。此外,由于日本市场有着不同于中国的商业习惯和独特的文化,中国企业在单独运营业务时往往面临较大挑战。此时,通过收购已在日本运营类似或相关业务的日本企业,或者与日本企业合作开展业务,可能是更为有效的选择。

因此,本节将概述中国企业通过收购日本企业的股份或现有业务,或者与日本企业设立合资企业,从而投资日本市场的几种案例。

(一)并购

1. 并购的方式

中国企业在收购日本企业的股份或现有业务时,可以采用多种并购(M&A)方式,通常可以大致分为通过取得股份的方式和通过取得业务的方式两类。

(1)通过取得股份的方式

提到"收购"或"M&A"时,有时也包括不涉及公司控制权转移的少数股权投资(获得少于50%的表决权)。然而,在这里我们重点讨论涉及公司控制权转移的交易,而少数股权投资将会在下一小节(合资企业)中进行讨论。根据收购后收购方所持有的表决权比例,其权限及公司控制权的程度可参考下表。

表决权比例	公司控制权概要
100%	・可以单独通过股东大会所有决议事项 ・不受少数股东权益的影响

二.M&Aと合弁事業

　本章第一節では、中国企業が日本において何らかの拠点を自ら単独で設立する形態での日本進出の方法について概観した。もっとも、日本市場における事業運営の経験のない中国企業が、ゼロから日本で拠点を設立し事業を立ち上げるには多大な時間を要する場合があり、また、中国とは異なる商慣習と独自の文化を有する日本市場において、中国企業が単独で事業を運営していくのは容易でないことも多いであろう。このようなケースでは、既に日本で同種のまたは関連する事業を運営している日本企業を買収することにより日本市場に進出し、あるいは日本企業と共同で事業を遂行することが有力な選択肢になり得る。

　そこで、本項では、中国企業が日本企業の株式や既存事業を買収することにより、または日本企業との間で合弁事業を行うことにより、日本市場に進出するケースについて概説する。

（一）M&A

1. M&Aの手法

　中国企業が日本企業の株式や既存事業を買収しようとする場合において利用できるM&Aの手法は多岐にわたるが、以下のとおり、(1) 株式を取得する方法と (2) 事業を取得する方法に大別できる。

(1) 株式を取得する方法

　「買収」あるいは「M&A」という場合、会社支配権の移転を伴わないマイノリティ出資（50%未満の議決権取得）も含む意味で使われる場合もあるが、ここでは、会社支配権の移転を伴う取引を念頭に置くこととし、マイノリティ出資については、次小節（合弁事業）で触れることとする。

　株式取得後における買収者の議決権割合に応じて、その有する権限および会社支配権の程度は、下表のとおり異なることになる。

議決権割合	会社支配権の概要
100%	・株主総会決議事項の全てを単独で可決できる ・少数株主権を行使されるおそれがない

续表

表决权比例	公司控制权概要
2/3 以上，未满 100%	·可以单独通过股东大会特别决议事项（如新股发行、章程修改、组织重组、解散等） ·可能受少数股东权的影响
超过 50%，未满 2/3	·可以单独通过股东大会普通决议事项（如董事选任、盈余分配、财务报表批准等） ·可能因少数股东反对，提案的股东大会特别决议事项遭否决（少数股东有否决权） ·可以控制董事会

通过 M&A 取得目标公司股份的方法包括股份转让、认购第三方定向增发股份、股份交换、股份转移、股份交付。其中，股份转让是指从目标公司的股东处购买其持有的股份，是 M&A 中最常用的方法。

认购第三方定向增发股份是指购买目标公司发行的新股或其自有股份。与通过股份转让获取股份相比，这种方式通常会增加获取公司控制权的成本，因此对收购方而言，资本效率较低。然而，由于股份收购的款项直接支付给目标公司，这种方法适用于目标公司有资金需求的情况。

股份交换是指目标公司将其全部已发行股份转让给另一家公司（收购公司），从而使目标公司成为收购公司的全资子公司。股份转移是指一家或多家公司将其全部已发行股份转让给新设立的公司，以创建控股公司。股份交付是指一家公司通过接受另一家公司的股份，并以其自身的股份作为对价支付，从而使目标公司成为其子公司。股份交换、股份转移、股份交付这三种方式属于《公司法》规定的组织重组行为，但由于不允许外国企业作为当事人公司，因此，外国企业不能通过这些手段来收购日本企业。

（2）通过取得业务的方式

通过 M&A 获取特定业务的方法包括：①业务转让；②合并；③公司分立。

业务转让是指一家公司将其全部或部分业务转让给另一家公司。转让业务的资产、负债和合同等将根据双方协议逐项转移和承继。对收购方来说，这种方式的优点在于可以筛选承继的资产、负债和合同，避免账外债务或偶发债务等潜在风险。然而，这种方式需要逐项办理转移和承继手续，并完成对抗要件，因此过程相对复杂。

続表

議決権割合	会社支配権の概要
3分の2以上100%未満	・株主総会特別決議事項（新株発行、定款変更、組織再編、解散など）を単独で可決できる ・少数株主権を行使されるおそれがある
50%超3分の2未満	・株主総会普通決議事項（役員選任、剰余金配当、計算書類の承認など）を単独で可決できる ・少数株主の反対により、提案した株主総会特別決議事項が否決される可能性がある（少数株主がいわゆる「拒否権」を有する） ・取締役会を支配できる

M&Aにより対象会社の株式を取得する方法としては、①株式譲渡、②第三者割当増資の引受け、③株式交換、④株式移転、⑤株式交付がある。①株式譲渡は、対象会社の株主からその保有する株式を取得する取引行為であり、M&Aにおいて最も多く利用される手法である。

②第三者割当増資の引受けは、対象会社により新たに発行される株式または対象会社の自己株式を引き受ける手法である。①株式譲渡による株式取得の場合に比べて、対象会社の支配権を取得するためのコスト負担が増加することとなり、買収会社としては資本効率の良い手法ではないが、株式取得の対価が対象会社自身に交付されるため、対象会社に資金需要がある場合などに利用される。

③株式交換（株式会社（対象会社）がその発行済株式の全部を他の株式会社（買収会社）に取得させることにより、対象会社を完全子会社化するもの）、④株式移転（1または2以上の株式会社がその発行済株式の全部を新たに設立する株式会社に取得させることにより持株会社を創設するもの）および⑤株式交付（株式会社が他の株式会社（対象会社）の株式を譲り受け、その対価として自社の株式を交付することにより、対象会社を子会社化するもの）は、会社法に規定される組織再編行為であるが、いずれも外国企業が当事会社となることは認められていないため、外国企業が日本企業を買収する手法としては利用できない。

(2) 事業を取得する方法

M&Aにより特定の事業を取得する方法としては、①事業譲渡、②合併、③会社分割がある。

①事業譲渡は、ある会社がその事業の全部または一部を他の会社に譲渡する取引行為である。譲渡対象の事業を構成する資産、負債、契約等が、当事者間の合意に基づき個別に移転・承継されることになる。当事者間の合意により承継対象とす

另外，作为公司法上的组织重组行为的合并（将多家公司合并为一家公司）和公司分立（公司将某项业务相关的全部或部分权利义务分割出来，并由另一家公司继承），无须逐项办理资产、负债和合同的迁移和继承手续，可以一并继承所有相关事项。然而，由于日本法律不允许外国企业与日本企业之间的合并或公司分立，因此这些方式不能作为外国企业直接收购日本企业业务的手段。

不过，通过"三角合并"（以存续公司母公司的股份作为对价的合并）和"三角公司分割"（以承继公司母公司的股份作为对价的公司分割），外国企业可以利用自身股份，将日本企业变为全资子公司或获取日本企业的特定业务。

2. 股份转让的手续

如前文所述，外国企业收购日本企业时，最常见的方法是通过股份转让取得股份。此外，即便在希望收购日本企业运营的特定业务时，常用的方法之一是将目标业务通过公司分立等方式切割并转移到另一家公司，然后通过股份转让从股东手中取得该公司的股份。以下将概述通过股份转让取得股份时所需的手续。

（1）目标公司为非上市公司时

非上市公司的股份转让原则上仅通过当事人之间的意思表示（合同）进行。然而，若目标公司为股票发行公司，如果未交付与转让股份相关的股票，则股份转让不生效力（《公司法》第128条第1款）。所谓"股票发行公司"，是指章程中规定发行股票的公司（《公司法》第117条第7款）。即使公司名义上为股票发行公司，实际中也可能因股东未申请持有股票而没有发行股票。在这种情况下，股份转让之前，需要从目标公司获取相应的股票。

る資産、負債、契約等を選別でき、買収者にとっては、簿外債務や偶発債務等の潜在的債務の承継を遮断することができる点にメリットがある一方で、個別にその移転・承継の手続や対抗要件の具備が必要となるため、手続が煩雑になる傾向がある。

他方で、会社法上の組織再編行為である②合併（複数の会社が合体して1つの会社となるもの）および③会社分割（会社がその事業に関して有する権利義務の全部または一部を分割し、他の会社に承継させるもの）では、個別の移転・承継の手続を経ることなく、事業を構成する資産、負債、契約等を包括的に承継させることができる。しかしながら、外国企業と日本企業との間の合併および会社分割は認められないと解されているため、外国企業が日本企業の運営する事業を直接買収する手法としては利用できない。

もっとも、存続会社から消滅会社に対して支払う合併の対価が存続会社の株式ではなく、存続会社の親会社の株式である「三角合併」や承継会社から分割会社に対して支払う会社分割の対価が承継会社の株式ではなく、承継会社の親会社の株式である「三角会社分割」は認められているため、これらの手法を用いることにより、外国企業の株式を対価として、日本企業を完全子会社化したり、日本企業から特定の事業を取得したりすることは可能である。

2. 株式譲渡の手続

外国企業が日本企業を買収するに際しての最も典型的な手法は、前述のとおり、①株式譲渡による株式取得である。また、日本企業が運営している特定事業を買収しようとする場合においても、買収対象の事業を会社分割等により切り分けて別会社に承継させた上で、当該別会社をその株主から株式譲渡により取得する手法を採用する場合もよく見られる。したがって、以下では、株式譲渡による株式取得を行う際に必要となる手続を概説する。

(1) 対象会社が非上場会社の場合

非上場会社の株式の譲渡は、原則として当事者間の意思表示（契約）のみによって行うことができる。

ただし、対象会社が株券発行会社の場合には、譲渡対象の株式に係る株券を交付しなければ株式譲渡の効力が生じないものとされている（会社法128条1項）。ここで「株券発行会社」とは、定款で株券を発行する旨を定めている会社であり（会社法117条7項）、株券発行会社であっても、株主から株券不所持の申出がなされている等の事情により実際には株券が発行されていない場合があるため、そのような場合には、株式譲渡に先立って対象会社から株券を発行してもらう必要がある。

此外，若目标公司的股份为转让限制股份，[1]则需取得目标公司股东大会（在无董事会的公司）或董事会（在设有董事会的公司）的批准，或章程中规定的其他批准机构的同意（《公司法》第 139 条第 1 款）。

为使股份转让对目标公司及其他第三方生效，还需在股东名册上变更名义登记（《公司法》第 130 条第 1 款）。但如果目标公司为股票发行公司，股票的交付既是股份转让的效力要件，也是对第三方的对抗要件，因此，股东名册的名义变更只是对目标公司具有对抗效力（《公司法》第 130 条第 2 款）。

（2）目标公司为上市公司时

上市公司的股票在市场内通过《转账法》（2001 年法律第 75 号）规定的转账制度进行交易。即受让人通过转账申请，在其账户的保有栏中记录增加的股份数量，从而发生股份转让的效力（《转账法》第 140 条）。此外，通过这一程序，股份转让对目标公司以外的第三方也具有对抗力。

关于上市公司股份的转让，不会在每次交易时都立即进行股东名册的名义变更，而是按照《转账法》规定的程序，在一定日期视为已完成名义变更（《转账法》第 152 条第 1 款等），从而允许股东行使权利。

在收购上市公司股份时，若满足一定条件，需注意《金融商品交易法》（1948 年法律第 25 号）中的公开要约收购（TOB）规定，必须按要求进行公开收购。此外，可能需要根据《金融商品交易法》提交大量持有报告书，或根据证券交易所的规则适时进行信息披露。

3. 并购的注意点

（1）日本《外汇法》上的限制

外国企业取得日本企业的股份，原则上被视为外汇法中的"对内直接投资"。根据收购对象日本企业所经营的业务种类，可能需要进行事前申报或事后报告。具体详情请参阅第 2 章第四节（一）"日本对外商直接投资监管"。

（2）《关于禁止私人垄断和保护公平贸易法》的规定（企业集中申报及抢跑）

根据《关于禁止私人垄断和保护公平贸易法》（1947 年法律第 54 号），禁止实质

---

[1] 指的是股份公司作为其发行的全部或部分股份的内容，规定通过转让取得该股份需要该股份公司批准时的该股份（《公司法》第 2 条第 17 项）。

また、対象会社の株式が譲渡制限株式[1]である場合には、対象会社の株主総会（取締役会非設置会社の場合）または取締役会（取締役会設置会社の場合）（または定款で別途定める承認機関）の承認を得る必要がある（会社法 139 条 1 項）。

さらに、株式譲渡を対象会社その他の第三者に対抗するためには、株主名簿の名義書換えを行う必要がある（会社法 130 条 1 項）。ただし、対象会社が株券発行会社の場合は、株券の交付が株式譲渡の効力要件であるとともに対象会社以外の第三者に対する対抗要件にもなるため、株主名簿の名義書換えは対象会社のみに対する対抗要件にとどまる（会社法 130 条 2 項）。

(2) 対象会社が上場会社の場合

上場会社の株式の市場内での譲渡は、振替法（平成 13 年法律第 75 号）に基づく振替制度により行われることとなる。すなわち、譲渡人による振替の申請により、譲受人がその口座における保有欄に当該譲渡に係る数の増加の記載・記録を受けることで株式譲渡の効力が生じる（振替法 140 条）。また、それにより対象会社以外の第三者に対して株式譲渡を対抗できる。

上場会社の株式については、株式譲渡のたびに株主名簿の名義書換えが行われるわけではなく、振替法に定める手続をとることにより一定の日に株主名簿の名義書換えがされたとみなされ（振替法 152 条 1 項など）、株主の権利行使が行われる。

上場会社の株式取得に際しては、一定の条件を満たす場合、金融商品取引法（昭和 23 年法律第 25 号）上の公開買付け（TOB）規制が適用され、公開買付けの手続を実施しなければならない点に留意が必要である。また、金融商品取引法に基づく大量保有報告書の提出や金融商品取引所の規則に基づく適時開示が必要となる場合がある。

3. M&A の留意点

(1) 外為法上の規制

外国企業による日本企業の株式取得は、原則として、外為法上の「対内直接投資」として、買収対象となる日本企業が営む事業の種類に応じて、事前届出または事後報告が必要となる。詳細については、第二章第四節（一）（日本の対内直接投資規制）を参照されたい。

(2) 独占禁止法上の規制（企業結合届出およびガン・ジャンピング）

独占禁止法（昭和 22 年法律第 54 号）では、一定の取引分野における競争を実

---

[1] 株式会社がその発行する全部または一部の株式の内容として譲渡による当該株式の取得について当該株式会社の承認を要する旨の定めを設けている場合における当該株式をいう（会社法 2 条 17 号）。

性限制特定交易领域竞争的企业集中（包括公司股份的收购）。为有效执行该禁令，对符合一定规模的企业集中，要求参与企业集中的相关公司根据其在日本国内的销售额向公平交易委员会进行事先申报。一般情况下，自申报受理日起 30 日内，申报公司不得实施该企业集中，因此需特别注意。

此外，在需要进行企业集中申报的情况下，如果在获得公平交易委员会批准前实施企业集中，或在企业集中实施前共享竞争性保密信息（如竞争产品的价格和销售数量等），这些行为可能被视为所谓的"抢跑"，构成《关于禁止私人垄断和保护公平贸易法》上的问题。

（3）金融商品交易法的限制（内部交易限制）

在收购上市公司股份时，适用《金融商品交易法》。根据该法律，除需要遵守上述公开要约收购限制和大量持有报告制度外，还需注意内部交易限制。一般来说，公开要约收购者的相关人员在知晓一般投资者不知晓的公司内部特别信息的同时，进行该公司的股票买卖行为属于典型的内幕交易。为了维护一般投资者的公平性，这类内幕交易在《金融商品交易法》中受到严格限制。

（4）其他注意事项

以上介绍了进行 M&A 时应注意的法律限制，但在实际操作中，除法律上的要求外，还有许多其他需要留意的事项。特别是中国企业收购日本企业时，由于双方企业文化的差异，收购后可能面临经营上的困难。因此，在收购日本企业前，充分确认与目标企业管理层在经营理念上的一致性非常重要。此外，收购后与日本企业的员工和客户进行礼貌、真诚地沟通，也是确保顺利整合的关键。

（二）合资经营

1.合资经营概要

一些中国企业在投资日本市场时，并不选择收购日本企业（获得公司控制权），而是通过对日本企业进行少数股权投资，或与日本企业共同设立合资公司，通过该合资公司共同开展业务。本节介绍中国企业与日本企业合作进行合资业务的情况，特别

質的に制限することとなる企業結合（会社の株式取得もこれに含まれる）を禁止しており、かかる禁止を実効あらしめるため、当該企業結合に関与する当事会社の日本国内売上高を基準として、一定の規模以上にあたる企業結合については、日本の公正取引委員会に対する事前の届出を要求している。公正取引委員会に対する届出を行った会社は、原則として、届出受理日の翌日から起算して30日を経過するまでは当該届出に関する企業結合を実行することはできないため、留意が必要である。

上記の企業結合届出が必要であるにもかかわらずこれを怠る場合、公正取引委員会のクリアランスを経る前に企業結合を実行する場合のほか、企業結合の実行前における競争機微情報（競合する製品の価格や販売数量など）の共有なども、いわゆる「ガン・ジャンピング」として独占禁止法上問題となるおそれがある点にも留意が必要である。

(3) 金融商品取引法上の規制（インサイダー取引規制）

上場会社の株式取得の場合に適用される金融商品取引法との関係では、前述の公開買付け規制や大量保有報告制度のほか、インサイダー取引規制にも留意する必要がある。インサイダー取引は、一般に、公開買付者の関係者等が一般投資家の知り得ない会社内部の特別な情報を知りながら当該会社の株式の売買を行うことがその典型であり、かかるインサイダー取引を自由に認めるとすれば、一般投資家にとって極めて不公平な結果となるため、金融商品取引法上、厳しく規制されている。

(4) その他の留意点

以上ではM&Aを行うに際して留意すべき法令上の規制を説明してきたが、M&Aを行うに際しては、法令上の規制以外にも留意すべき点が多々存在する。特に、中国企業が日本企業を買収する場合、お互いの企業文化の違いから買収後の経営が難しくなるケースも散見される。そのため、日本企業の買収に際しては、買収後に買収対象の日本企業との間で信頼関係を構築できるよう、その経営陣と経営ビジョンが一致しているかという点を事前に十分に確認しておくことが肝要といえる。また、買収後においては、日本企業の従業員や取引先との丁寧なコミュニケーションを心掛けることも重要であるといえよう。

(二) 合弁事業

1. 合弁事業の概要

中国企業が日本企業の買収（すなわち、会社支配権の獲得）までは行わず、日本企業に対するマイノリティ出資を行い、または日本企業と共同で合弁会社を設立し当該合弁会社を通じて共同事業を遂行する、という形で日本進出を行うケースも

是作为少数股东参与合资经营的情形。合资经营是指由多家企业共同出资设立合资公司，并通过该公司共同开展业务。对于考虑投资日本市场的中国企业来说，这种方式既能降低进入未知市场的风险，又能顺利推动业务开展。

2. 合资经营的注意事项

（1）合营合同签订的必要性

在合资经营中，多家企业共同经营合资公司，各企业无法单独决策和运营合资公司的业务。因此，在开始合资经营之前，各合资伙伴之间需要就合资公司的设立、组织结构、运营方式、僵局处理方法以及解除合资关系的途径等事项进行充分协商并达成协议，并且签订规定这些内容的合营合同。

（2）否决权及董事提名权

在合资经营中，常见的情况是某一出资企业持有合资公司过半数的股份。在这种情况下，根据《公司法》的规定，除股东大会的特别决议事项外，多数股东在许多业务运营事项上拥有单独决策权。然而，如果严格遵循这一原则，少数股东将难以对合资公司的运营产生影响，从而可能削弱其参与合资经营的积极性。因此，合营合同中通常会对某些事项赋予少数股东否决权，并根据出资比例赋予董事提名权，以修正这一原则。

（3）僵局

当少数股东行使否决权，导致合资公司的董事会或股东大会提出的事项被否决，并出现多数股东与少数股东在业务执行等方面意见对立的情况时，这种情况在实务上被称为"僵局"。如果发生僵局，合资公司的业务执行将变得困难。因此，为确保合资公司的业务能够稳定持续，有必要在合营合同中规定应对僵局的解决方法。

（4）解除合资关系

为应对因合资经营无法顺利进行而不得不解除合资关系的情况，建议在合营合同中事先规定具体的解决方案，以便各企业能够顺利回收先前的投资并妥善解除合资合同。

ある。本小節では、中国企業が日本企業と共同して合弁事業を行う場合、とりわけ合弁会社に対するマイノリティ出資を行い、少数株主として合弁事業に参加する場合について説明する。合弁事業とは、複数の企業が共同出資によって合弁会社を設立し、当該合弁会社を通じて行う共同事業をいう。日本市場への進出を考えている中国企業としては、日本市場という未知のマーケットへの進出に伴うリスクを軽減させつつ、円滑な事業展開を期待できる方法といえよう。

2. 合弁事業の留意点

(1) 合弁契約締結の必要性

合弁事業では、複数の企業が合弁会社を経営することになり、各企業は自らの判断のみでは合弁会社としての事業運営を行うことができない。そこで、合弁事業を始めるにあたっては、合弁会社の設立、機関構成、運営方法、デッドロックへの対処方法、合弁関係の解消方法などについて、合弁パートナーとなる企業間で事前に協議、合意し、当該合意内容を規定した合弁契約を締結しておく必要性が高い。

(2) 拒否権および取締役指名権

合弁事業では、一方の出資企業が合弁会社の株式の過半数を保有することとなるケースが多いが、その場合、会社法上の規律に従うと、株主総会の特別決議事項などの一部の事項を除き、多数株主が合弁会社の事業運営の多くの局面において単独の決定権を有することになる。しかし、この原則を貫くと、少数株主にとっては、合弁会社の事業運営への影響力を及ぼしにくくなり、そもそも合弁事業への出資を行うインセンティブが損なわれることになる。そのため、合弁契約において、一定の事項について少数株主の拒否権を定めたり、出資比率に応じた取締役の指名権を定めたりすることにより、上記原則への修正を図るのが通常である。

(3) デッドロック

少数株主が拒否権を行使した結果、合弁会社の取締役会や株主総会において提案された事項が否決され、多数株主と少数株主との間で合弁会社の業務執行等をめぐって意見対立が生じる状態を、実務上「デットロック」と呼ぶ。デットロックに陥ると、合弁会社による事業遂行が困難となるため、合弁会社の事業の安定的な継続を確保するためにも、デットロックに陥った場合における対処方法について、合弁契約に規定しておく必要がある。

(4) 合弁関係の解消

合弁事業の遂行が不可能になり、合弁関係を解消せざるをえない事態に陥ってしまう場合に備えて、あらかじめその場合における具体的な解決方法を合弁契約で定めておくことが、各企業によるそれまでの投資を円滑に回収し、合弁契約の円滑

在解除合资关系后，如果合资公司仍需继续存在，一方当事人应将所持有的合资公司全部股份转让给另一方；如果不再需要维持合资公司，也可以考虑在合营合同终止时解散合资公司并进行清算。

（5）其他注意事项

此外，前一节中提到的并购注意事项基本上也适用于合资企业，因此建议参考相关内容。

三、劳动管理

在本节中，将基于日本法人或日本分公司在日本雇佣劳动者的前提下，对劳动管理进行解说。

为了便于理解，本书中将法律法规和指南中提到的"经营者"和"员工"统一表述为"用人单位"和"劳动者"。

（一）劳动者类型

1. 无固定期限劳动者和有固定期限劳动者

20世纪60年代的高度经济成长时期确立的日本型就业模式，具有"三大要素"：新毕业生统一招聘、终身雇佣（持续到退休的无期雇佣）和年功序列工资。该模式的特点在于广泛的人事管理命令权和解雇限制。因此，虽然现在劳动者难以被解雇，但他们依然要服从年功序列工资制度和广泛的人事管理命令权，形成了以"正式劳动者"（无期限雇佣的全职劳动者）为中心的制度设计。

对企业而言，"正式劳动者"的优势在于企业可以自由调动其职位并更改职务，且可以较低的工资雇佣年轻劳动者。但另一方面，这些劳动者需要系统性的指导和培训，并且企业需终身雇佣他们，同时，基于表现不佳或企业单方面原因解雇劳动者的行为受到严格限制。

因此，近年来，除有固定期限劳动者外，在无固定期限劳动者中也出现了"有限定正式劳动者"等非无期全职的就业形势。随着这些变化，劳动法和相关法律解释也在逐步调整。

总结以上内容，劳动者的就业形式可以分为无固定期限劳动者[签订无固定期限劳动合同（无期限劳动合同）的劳动者]和有固定期限劳动者（签订有固定期限劳动

な解消に繋がるため望ましい。

合弁関係の解消後も合弁会社を存続させる場合には、一方当事者が有する合弁会社の株式の全てを他方当事者に譲渡することとなるし、他方で、合弁会社を存続させるメリットがない場合には、合弁契約終了に伴い合弁会社を解散し、清算することも考えられる。

(5) その他の留意点

その他、前小節(一)「3.M&Aの留意点」で説明した事項は、基本的には合弁事業の場合にも当てはまるため、参照されたい。

三．労働管理

この節では、日本法人や日本支社が、日本において労働者を雇用することを前提に、労務管理について解説する。

解説にあたっては、法令やガイドラインで「事業主」「従業員」と表記されているものも含め、便宜上、「使用者」「労働者」で統一して表記している。

(一) 労働者の類型

1. 無期雇用労働者と有期雇用労働者

1960年代の高度経済成長期に確立した日本型雇用は、新卒一括採用、終身雇用(定年時までの継続雇用＝無期雇用)、年功序列賃金の3つの要素を持ち、広汎な人事裁量権と解雇規制を特徴としている。そのため、現在でも、労働者は、無期雇用(かつフルタイム)で解雇されにくいが、年功序列賃金と広汎な人事裁量に服する「正社員」(無期雇用労働者・フルタイム労働者)を中心とした制度設計がなされている。

「正社員」は、使用者にとって、人事異動や職務変更が自由で、若年層を低廉な賃金で雇用できる点でメリットがある。しかし、一方で、体系的な指導教育を行って終身にわたって雇用することが求められ、労働者のパフォーマンス不足や使用者の都合を理由に解雇することが制限される点でデメリットもある。

そこで、近年では、有期雇用労働者や、無期雇用労働者の中でも限定正社員等、無期・フルタイム以外の就労形態をとる労働者が幅広く存在するようになり、これに伴って労働法制や法解釈も、少しずつ変化が見られるようになった。

以上を整理すると、労働者の就労形態には、無期雇用労働者［期間の定めのない労働契約(無期労働契約)を締結して就労する労働者］と有期雇用労働者［期間

合同的劳动者）。有固定期限劳动合同的一次合同期限上限原则上为 3 年（《劳动基准法》第 14 条第 1 款）。关于工作地点、职种或职务、工作时间等就业形式，存在不受限制的"无限定正式劳动者"和受限制的"有限定正式劳动者"。

除上述企业直接雇用的劳动者外，日本还有大量的派遣劳动者。派遣劳动者是指与派遣公司签订劳动合同后，被派遣到其他公司工作的劳动者。这类劳动者在当前的日本就业形态中占据了重要地位。

2. 同工同酬

（1）意义

"同工同酬"，是指不论是无固定期限的全职劳动者，还是有固定期限劳动者、短时间劳动者或派遣劳动者，只要在企业内从事相同的工作，就应获得相同的工资。

（2）法律规定

与有固定期限劳动者和短时间劳动者等"非正规"劳动者相比，"正式劳动者"工资往往较低。为了确保不论雇佣形式如何，劳动者都能享有均等、均衡的待遇，近年来法律逐步完善了同工同酬的理念。

具体来说，2020 年 4 月 1 日实施的《短时间劳动者及固定期限劳动者法》第 8 条明确规定，用人单位在给予短时间劳动者和有固定期限劳动者基本工资、奖金及其他待遇时，应参照正式劳动者的相应待遇，并在考虑到两者的职务内容、责任程度、岗位安排变更范围等因素后，合理确定待遇，避免出现不合理的差别（不合理待遇的禁止）。[1]

---

[1] 关于同等待遇，依据《短时间劳动者及固定期限劳动者法》第 9 条的规定，使用者不得对以下劳动者进行差别对待：其职务内容与正式劳动者相同的短时间劳动者及固定期限劳动者，并且根据该经营场所的惯例等情况，预计在整个雇佣期间内，其职务内容及岗位安排的变更范围与正式劳动者的职务内容及配置的变更范围相同。这些劳动者不得因其为短时间劳动者或固定期限劳动者而在基本工资、奖金及其他待遇上受到差别对待（禁止差别对待）。

の定めのある労働契約（有期労働契約）を締結して就労する労働者］の区別がある。なお、有期労働契約の1回の契約期間の上限は、原則として3年である（労働基準法（昭和22年法律第49号）（以下「労基法」とする。）14条1項）。また、勤務地、職種や職務、勤務時間その他の就労形態等については、これらを限定しない無限定正社員と、これらが限定された限定正社員がいる。

以上で述べた、企業に直接雇用される労働者の他に、派遣労働者も多く存在する。派遣労働者とは、派遣会社と労働契約を締結した上で、別の会社に派遣されて働く社員をいう。派遣労働者も、現在の日本の就業形態の重要な一角を占めている。

2. 同一労働同一賃金

(1) 意義

「同一労働同一賃金」とは、無期・フルタイムの労働者であるか、有期雇用労働者・パートタイム労働者・派遣労働者であるかにかかわらず、企業内で同一の仕事をしていれば、同一の賃金を支給するという考え方である。

(2) 法律上の規定

有期雇用労働者やパートタイム労働者等「非正規」労働者は、「正社員」に比べて賃金が低く抑えられていた実態があった。そこで、雇用形態にかかわらない均等・均衡待遇を確保するべく、同一労働同一賃金の考えが近年法律上整備されることとなった。

具体的には、2020年4月1日に施行された短時間労働者及び有期雇用労働者の雇用管理の改善等に関する法律（平成5年法律第76号）（以下「パート有期労働法」とする。）8条が、使用者は、パートタイム労働者・有期雇用労働者の基本給、賞与その他の待遇のそれぞれについて、当該待遇に対応する正社員の待遇との間において、両者の業務の内容および当該業務に伴う責任の程度（以下「職務の内容」という。）、当該職務の内容および配置の変更の範囲その他の事情のうち、当該待遇の性質および当該待遇を行う目的に照らして適切と認められるものを考慮して、不合理と認められる相違を設けてはならないことを明記している（不合理な待遇の禁止）。[1]

---

[1] 均等待遇については、労基法3条を敷衍しパート有期労働法9条において、使用者は、職務の内容が正社員と同一のパートタイム労働者・有期雇用労働者であって、当該事業所における慣行その他の事情からみて、当該事業主との雇用関係が終了するまでの全期間において、その職務の内容および配置が正社員の職務の内容および配置の変更の範囲と同一の範囲で変更されることが見込まれるものについては、パートタイム労働者・有期雇用労働者であることを理由として、基本給、賞与その他の待遇のそれぞれについて、差別的取扱いをしてはならないことを明記している（差別的取扱いの禁止）。

此外，法律还规定，用人单位有义务在短时间劳动者或有固定期限劳动者要求时，说明与正式劳动者之间待遇差异的内容及理由，以及决定待遇时所考虑的事项（《短时间劳动者及固定期限劳动者法》第14条第2款）。

受此影响，厚生劳动省发布了关于同工同酬的指引，明确了在同一企业中，"正式劳动者"与短时间劳动者、有固定期限劳动者等"非正规"劳动者之间，哪些待遇差异是合理的，哪些是不合理的。[1]

此外，为了确保派遣劳动者在待遇上的公平性，与派遣地劳动者的待遇均等（避免歧视性待遇）和均衡（禁止不合理的待遇差异）被认为是重要的，同工同酬的理念同样适用于派遣劳动者。

（二）劳动合同的成立

劳动合同，是指劳动者为用人单位提供劳动，而用人单位同意为此支付工资的合同（《劳动合同法》第6条）。劳动合同成立过程中的法律规制概要如下。

1. 录用

合同自由是民法的基本原则，《劳动合同法》第1条将劳动者和用人单位的自主协商及双方达成一致作为劳动合同的依据，因此，用人单位基本上拥有录用的自由。用人单位原则上可以自行决定是否雇用劳动者、选择招聘方法以及确定录用标准。然而，这种录用自由受到一定限制，从人权、劳动者权利保护和公共福利的角度出发，相关法律设定了多种限制。

例如，存在以下限制：

（1）通过限制可派遣期限，规定了促进用工单位直接雇用的条款，以及在某些违法派遣情况下，视为用工单位向派遣劳动者提出了直接雇用请求。

（2）提高退休年龄或要求退休后65岁之前的继续雇佣义务。

---

[1] 参见《禁止对兼职和固定期限劳动者及派遣劳动者的不合理待遇的指针》，载厚生劳动省网站：https://www.mhlw.go.jp/content/11909000/001246985.pdf，最后访问日期：2024年10月25日。

さらに、使用者には、その雇用するパートタイム労働者・有期雇用労働者から求めがあったときは、正社員との間の待遇の相違の内容および理由ならびに待遇を決定するにあたって考慮した事項を説明することが義務付けられた（パート有期労働法14条2項）。

これを受け厚生労働省は、同一企業における「正社員」とパートタイム労働者・有期雇用労働者等の「非正規」労働者との間で、いかなる待遇差が不合理なものであり、いかなる待遇差が不合理なものでないのかを示した、同一労働同一賃金に関する指針を公表している。[1]

また、待遇に関する派遣労働者の納得感を考慮するため、派遣先の労働者との均等（差別的な取扱いをしないこと）、均衡（不合理な待遇差を禁止すること）は重要な観点ととらえられ、同一労働同一賃金の考え方は派遣労働者にも及ぶとされている。

（二）労働契約の成立

労働契約は、労働者が使用者に使用されて労働し、使用者が当該労働に対して賃金を支払うことについて合意する契約である（労働契約法（平成19年法律第128号）（以下「労契法」とする。）6条）。かかる労働契約の成立過程における法規制の概要は以下のとおりである。

1. 採用

契約の自由が民法の基本原則であり、労契法も労働者および使用者の自主的な交渉ならびに両者間の合意を労働契約の根拠としている（労契法1条）ことから、使用者は、基本的に採用の自由を有するといえる。したがって、使用者は原則として労働者の雇入れの有無、募集方法および採用基準等を自ら決定することができる。しかし、かかる採用の自由にも一定の制約があり、人権、労働者の権利保護や公共の福祉の観点から、さまざまな法的制約が設けられている。

例えば以下のような制約が存在する。

（1）派遣可能期間の制限により、派遣先による直接雇用を促進する規制および違法派遣の場合において派遣先が派遣労働者に対して直接雇用の申し込みをしたものとみなす規定。

（2）定年の引き上げまたは定年後65歳までの継続雇用を行う義務。

---

[1] 出典：「短時間・有期雇用労働者及び派遣労働者に対する不合理な待遇の禁止等に関する指針」厚生労働省ウェブサイト（https://www.mhlw.go.jp/content/11909000/001246985.pdf）（最終閲覧日：2024年10月25日）。

（3）义务雇用一定比例残疾人的残疾人雇佣率制度。

（4）招聘、录用时必须提供平等机会，包括原则上禁止年龄限制、禁止以性别为理由的歧视、禁止对残疾人的歧视。

2.劳动条件的明示

在签订劳动合同时，如果劳动条件不明确，可能导致劳动者在恶劣的劳动条件下工作，或引发劳动条件相关的纠纷。因此，用人单位在签订劳动合同时，必须向劳动者明确劳动条件（《劳动基准法》第15条第1款）。

（1）应明示的时机

劳动条件应在劳动合同签订时明确。这不仅适用于应届毕业生和中途录用的情况，还包括公司内部调动、营业转让的受让方企业的录用、退休后的再雇佣、有固定期限劳动合同的续签，以及无固定期限转换申请的无固定期限劳动合同的成立等情况。[1]

（2）应明示的事项

法律规定了应明确的劳动条件，具体包括以下事项：

[必须明示的事项]

①劳动合同期限；

②有固定期限劳动合同的续签标准；

③就业场所及应从事的业务；

④工作开始和结束时间、有无加班、休息时间、休息日、休假等；

⑤工资的决定、计算、支付方法、工资的结算和支付日期；

⑥加薪标准；

⑦离职条件（包括解雇事由）；

[有规定时必须明示的事项]

⑧退休津贴的适用范围、计算方法及支付时间；

⑨临时支付的工资、奖金及最低工资标准；

⑩伙食费、作业用品等的负担；

⑪安全卫生措施；

⑫职业训练；

---

[1] 参见［日］菅野和夫、山川隆一：《劳动法》（第13版），弘文堂2024年版，第259页。

（3）障害者を一定割合雇用することを義務付ける障害者雇用率制度。
（4）募集・採用における均等な機会の付与の義務付け（下記はその具体例）。
・年齢制限の原則禁止
・性別を理由とする差別の禁止
・障害者に対する差別の禁止

2. 労働条件の明示

労働契約締結時に労働条件が明確でない場合、労働者が低劣な労働条件で働くことを強いられたり、労働条件をめぐる紛争が生じたりするおそれが存在する。そのため、使用者は、労働契約の締結に際し、労働者に対して労働条件を明示しなければならないこととされている（労基法15条1項）。

(1) 明示すべき時期

明示すべき時期は労働契約の締結時であり、新卒採用や中途採用のみならず、転籍、事業譲渡先企業による採用、定年後の嘱託再雇用、有期労働契約の更新、無期転換申込による無期労働契約の成立等も含むと解される。[1]

(2) 明示すべき事項

法令により次に関する事項が明示すべき労働条件として定められている。

[必ず明示しなければならない事項]

①労働契約の期間
②有期労働契約の更新の基準
③就業場所・従事すべき業務
④始業、終業時刻、残業の有無、休憩時間、休日、休暇等
⑤賃金の決定・計算・支払方法、賃金の締切・支払時期
⑥昇給
⑦退職（解雇の事由を含む）

[定めをした場合に明示しなければならない事項]

⑧退職手当が支給される労働者の範囲、計算方法、支払時期等
⑨臨時に支払われる賃金、賞与および最低賃金額等
⑩食費、作業用品等の負担
⑪安全衛生
⑫職業訓練

---

[1] 菅野和夫＝山川隆一『労働法〔第13版〕』（弘文堂、2024年）259頁。

⑬灾害补偿；

⑭表彰和制裁制度；

⑮休职规定。

（3）明示的方法

上述①~⑤及⑦的事项，原则上需要通过书面形式明确告知劳动者。然而，在劳动者同意的情况下，这些事项也可以通过传真、电子邮件等方法告知（前提是能够生成和打印文本）。虽然法律上并未强制要求签订书面雇佣合同，但在实际操作中，雇佣合同通常包括这些必要事项，或者通过在劳动条件通知书[1]上取得劳动者的签名，来替代雇佣合同的签署。

3. 录用内定

在录用过程中，通常在经过选拔后不会立即雇佣劳动者，而是在通知录用内定后到正式雇佣开始之间留出一定的时间，这一阶段被称为"录用内定期间"。这种情况尤其常见于新毕业生的录用。根据判例法，录用内定被视为"附带始期解约权的劳动合同"，对用人单位具有一定的约束力。具体来说，取消录用决定涉及解约权行使的合法性问题。解约权保留的目的在于，确保用人单位能够在雇佣开始前，核实一些在录用内定时难以调查但对未来工作适应性至关重要的事项。因此，解约权的行使必须符合录用内定通知书等所列明的取消事由，并且只有在录用内定时无法得知且不能合理预见的事实存在，且这些事实符合解约权保留的宗旨和目的，并被社会普遍认同为合理时，才是有效的。

另外，劳动者在内定期间提出辞退基本上是自由的（《民法》第627条）。

4. 试用期

对于正式劳动者的录用，企业通常会设置一个试用期，在此期间评估劳动者的能力，以决定是否正式录用。试用期的长短虽然没有法律上的硬性规定，但通常为3个月到6个月。

---

[1] 作为参考，厚生劳动省的主页上刊登了面向外国劳动者的劳动条件通知书（中文）模板。《面向外国劳动者的劳动条件通知书（中文）》，载厚生劳动省网站：https://www.mhlw.go.jp/new-info/kobetu/roudou/gyousei/kantoku/040325-5.html，最后访问日期：2024年10月25日。

⑬災害補償等

⑭表彰や制裁

⑮休職

(3) 明示の方法

　上記①～⑤および⑦の事項は、原則書面の交付によって明示することが必要である。ただし、労働者が希望した場合には、FAX、電子メール等の方法で明示することができる（出力して書面を作成できるものに限る。）。法律上、書面による雇用契約の締結は義務付けられていないが、実務においては、雇用契約書上に上記必要事項を含めて労働条件の明示を兼ねるか、労働条件通知書[1]の形で末尾に労働者の署名を取得することにより雇用契約書に代えることが多い。

3. 採用内定

　労働者の採用過程において、採用選考後すぐに雇用を開始せずに、採用内定を通知した上で、雇用開始まで一定期間（採用内定期間）を置くことがあり、特に新規学卒者の採用においてはそのような段階を経ることが一般的である。内定は判例法上「始期付解約権留保付労働契約」であると整理されており、使用者に対する一定の拘束力を持つ。具体的には、採用内定を取り消すことは、留保解約権の行使の適法性の問題となる。留保解約権の趣旨・目的は、雇用開始後の業務への適性等を測るために必要であるものの採用内定時までに調査することが困難な事項について、採用の最終決定までに明らかにすることにある。そのため、留保解約権の行使は、採用内定通知書等により示された取消事由への該当性に加えて、採用内定当時知ることができず、また知ることが期待できないような事実であって、当該解約権留保の趣旨・目的に照らして客観的に合理的と認められ社会通念上相当と認められる事由が存在する場合に限って有効であるとされている。

　他方、労働者による内定辞退については、基本的に自由になしうるものと解される（民法627条）。

4. 試用期間

　正社員の採用については、入社後一定期間を試用期間とし、この間に労働者の能力を評価して本採用の可否を決定する制度とすることが一般的である。試用期間については法律上の規制はないが、期間としては3～6ヶ月程度とすることが通常

---

[1] 参考として、厚生労働省のウェブサイトに外国人労働者向けモデル労働条件通知書（中国語）が掲載されている。「外国人労働者向けモデル労働条件通知書（中国語）」厚生労働省ウェブサイト（https://www.mhlw.go.jp/new-info/kobetu/roudou/gyousei/kantoku/040325-5.html）（最終閲覧日：2024年10月25日）。

即使在试用期内，解雇仍需满足与正式录用后的解雇相同的条件：（1）解雇必须基于客观上合理的理由；（2）解雇在社会理观念上被认为是适当的。如果不满足这些条件，解雇将被视为解雇权的滥用，因而无效（解雇权滥用原则，《劳动合同法》第16条）。虽然相比正式录用后的劳动者，试用期内的解雇在合理性和适当性的判断标准上稍有放宽，但仍受到严格限制。

此外，根据《劳动基准法》第21条第4款规定，对于试用期内入职不满14天的劳动者，解雇时无须提前通知，也无须支付解雇预告津贴。超过14天，解雇时仍需提前30天通知，或者支付解雇预告津贴（《劳动基准法》第20条第1款、第21条但书）。

（三）就业规则

1. 就业规则的制作

就业规则是关于劳动条件和职场纪律的规则，对于公平、统一地设定劳动条件以及有效地进行劳务管理和经营运营至关重要。

（1）制定与申报义务

当用人单位在经营场所中雇佣的劳动者数量经常达到或超过10人时，有义务制定就业规则。制定或变更就业规则时，用人单位必须听取劳动者代表的意见，并将记录这些意见的书面材料附上，向劳动基准监督署长提交就业规则的制定或变更备案（《劳动基准法》第89条、第90条）。

此外，用人单位有义务通过公示、置备、书面交付或使用计算机等方法，将就业规则告知劳动者（《劳动基准法》第52条之2、第106条第1款）。

（2）记载事项

《劳动基准法》第89条规定，就业规则中必须明确以下事项。[1] 一些事项也可以在就业规则的附属规程中规定，但这些规程同样需要作为就业规则的一部分向劳动基准监督署申报。

---

[1] 厚生劳动省公布了就业规则模板，不仅有日文，还有中文。"Ministry of Health, Labour Standards: For Foreign Workers in Japan（Information on Labor Standards）"，载厚生劳动省网站：https://www.mhlw.go.jp/stf/seisakunitsuite/bunya/koyou_roudou/roudoukijun/foreign/index.html，最后访问日期：2024年10月25日。

である。

　解雇は、試用期間中であっても、後述する本採用後の労働者の解雇（→下記（八）2 (2)）と同様に、①客観的に合理的な理由があり、かつ②解雇することが社会通念上相当なものである必要があり、これらの要件を満たすと認められない場合には、解雇権の濫用によるものとして無効となる（解雇権濫用法理、労契法16条）。本採用後の労働者と比較し、①の合理性、②の相当性の判断基準が若干緩くなるものの、なお厳しい制限が存在することに変わりはない。

　なお、試用期間中の者のうち採用後14日以内の者については解雇予告制度を適用しないという規定があるため（労基法21条4項）、これに該当するときは即時解雇が可能である。試用期間中であっても15日目以降の者は、本採用後の者と同様に、基本的に30日前に解雇について予告するまたは解雇予告手当を支払う必要がある（労基法20条1項、21条柱書但書き）。

（三）就業規則

1. 就業規則の作成

　就業規則は労働条件や職場内の規律に関して制定される規則類であり、労働条件を公平かつ統一的に設定し、効率的に労務管理および事業運営を行うために重要なものである。

(1) 作成・届出義務

　事業場において常時10人以上の従業員を使用する場合には、使用者として就業規則を作成することが義務付けられている。就業規則の作成時および変更時には、使用者は労働者代表の意見を聴き、当該意見を記した書面を添付の上、労働基準監督署長に対して就業規則の作成または変更の届出を行う必要がある（労基法89条、90条）。

　使用者は、就業規則を作業場への掲示、備え付け、書面の交付、またはコンピュータを使用した方法により労働者に周知させる義務を負う（労基法52条の2、106条1項）。

(2) 記載事項

　労基法89条は、次に関する事項を就業規則に定めることを求めている[1]。なお、

---

[1] 厚生労働省は、モデル就業規則を公表しており、和文のみならず中文もある。「Ministry of Health, Labour Standards: For Foreign Workers in Japan Information on Labor Standards」厚生労働省ウェブサイト（https://www.mhlw.go.jp/stf/seisakunitsuite/bunya/koyou_roudou/roudoukijun/foreign/index.html）（最終閲覧日：2024年10月25日）。

［绝对必要记载事项（必须记载的事项）］
①上下班时间、休息时间、休息日、休假等；
②工资的决定、计算、支付方法、工资的截止日期和支付时间；
③加薪；
④离职（包括解雇事由）；
［相对必要记载事项（有规定时必须记载的事项）］
⑤支付退休津贴的劳动者范围、计算方法、支付时间等；
⑥（奖金等）临时工资及最低工资额；
⑦伙食费、作业用品等负担的事项；
⑧安全卫生措施；
⑨职业训练；
⑩灾害补偿等；
⑪表彰和制裁制度；
⑫适用于经营场所的所有劳动者的其他规定。

2. 就业规则的效力

就业规则的内容通常构成与该规则适用的经营场所内新录用劳动者之间雇佣合同的内容。在雇佣合同成立之前，如果将就业规则的内容告知劳动者并获得其同意（通常通过在雇佣合同或劳动条件通知书中附加就业规则的方式），则该规则自然成为劳动合同的一部分。反之，如果未经过此过程，但用人单位已经将就业规则通知劳动者，并且其规定的劳动条件合理，那么该规则仍然会构成用人单位与新签订雇佣合同的劳动者之间雇佣合同的一部分（劳动合同规范效果，《劳动合同法》第7条）。

此外，在个别雇佣合同中，不能规定对劳动者不低于就业规则的劳动条件。如果存在此类条件，则应根据就业规则进行调整，以符合最低标准（最低基准效果，《劳动合同法》第12条）。同时，就业规则不得违反法律或劳动协定（《劳动基准法》第92条第1款），若违反，则其相关条款不具备上述劳动合同规范效果和最低基准效果（《劳动合同法》第13条）。

3. 就业规则的变更

虽然就业规则的内容可以由用人单位单方面规定，并且变更也可以如此进行（如上所述，虽然需要听取劳动者代表的意见，但即使提出反对意见，也不会影响规则的

一部の事項につき就業規則に付属する他の規程に定めることも可能であるが、当該規程も就業規則の一部として労働基準監督署への届出を行う必要がある。

[絶対的必要記載事項（必ず記載しなければならない事項）]
①始業・終業時刻、休憩時間、休日、休暇等
②賃金の決定・計算・支払方法、賃金の締切・支払時期
③昇給
④退職（解雇の事由を含む）

[相対的必要記載事項（定めをした場合に記載しなければならない事項）]
⑤退職手当が支給される労働者の範囲、計算方法、支払時期等
⑥（賞与等の）臨時の賃金等および最低賃金額
⑦食費、作業用品等の負担に関する事項
⑧安全衛生
⑨職業訓練
⑩災害補償等
⑪表彰や制裁
⑫上記以外で事業場の労働者の全てに適用される定め

2. 就業規則の効力

就業規則の内容は、多くの場合、当該就業規則を定めた事業場に新たに採用される労働者との間の雇用契約の内容となる。雇用契約の成立までの間に、就業規則の内容が労働契約の内容として労働者に示され、それに対して労働者が同意をした場合（雇用契約書または労働条件通知書に就業規則が添付される形で同意が取得されることが一般的である。）は当然であるが、かかるプロセスを経ない場合であっても、使用者が、雇用する労働者に対して就業規則を周知させている場合には、当該就業規則は、そこに定めた労働条件が合理的なものである限り、使用者が新たに雇用契約を締結する労働者との間の雇用契約の内容となる（労働契約規律効、労契法7条）。

また、個別の雇用契約において就業規則で定めるよりも労働者に不利な労働条件を定めることはできない。そのような労働条件が定められている場合には、当該労働条件は就業規則で定める基準に修正されることとされている（最低基準効、労契法12条）。また、就業規則は、法令や労働協約に反することはできず（労基法92条1項）、これらに反する就業規則の条項は上記の労働契約規律効や最低基準効を有しないこととされている（労契法13条）。

3. 就業規則の変更

就業規則の内容は、手続上、使用者が一方的に定めることができ、その内容の

效力），但单方面变更劳动合同内容，使其对劳动者不利的行为是不合理的,《劳动合同法》对此有明确限制。要将劳动条件变更为不利条件，用人单位必须满足以下条件：与劳动者达成协议（《劳动合同法》第 9 条），或就业规则的变更是合理的（《劳动合同法》第 10 条）。在判断是否合理时，应考虑到对劳动者的不利程度、变更的必要性、内容的相当性等因素。在实际操作中，为了避免就业规则变更因缺乏合理性而被判定无效的风险，尽量取得劳动者的同意是较为稳妥的做法。

（四）工资

1. 工资支付四项原则

工资是指不论其名称是工资、薪水、津贴、奖金还是其他，作为劳动的补偿，由用人单位支付给劳动者的所有报酬（《劳动基准法》第 11 条）。

关于工资的支付,《劳动基准法》第 24 条第 1 款和第 2 款规定了四项原则。

第一，工资必须用"货币"支付。第二，工资应当直接支付给劳动者本人。第三，工资必须全额支付。然而，法律规定的所得税和社会保险费等，或在工会与劳资协定中达成协议的扣除项目（如购买费用和公司住宿费等）可以从工资中扣除。第四，工资必须至少每月支付一次，并在固定日期支付。

以下将依次解释基本工资、奖金和退休金的主要性质。

2. 基本工资（基础工资）

正式劳动者的基本工资通常由两部分组成：一是根据工龄上升的"工龄工资"，二是根据在企业内的职务执行能力评定的"职能工资"。此外，担任科长、部长等职位的劳动者还会获得职务工资。大多数情况下，这些工资是以月薪制支付。然而，对于那些作为"即战力"被中途招聘的劳动者，工资可能根据其能力和职责个别确定，年薪制的情况较为常见。

尽管工资的确定方法由用人单位决定，基本上是自由的，但仍需遵守以下限制：

変更についても同様である（上述の通り労働者代表の意見聴取手続が存在するが、反対意見が付されたとしても効力を否定されるものではない。）。しかし、これにより使用者と労働者の間で既に合意された労働契約の内容が一方的に労働者に不利益に変更されることは不合理であり、労契法にはこれを制約する規定が置かれている。すなわち、就業規則を変更することにより、労働者の労働条件を不利益に変更するためには、使用者は、①労働者との合意をするか（労契法9条）、あるいは②就業規則の変更が合理的なものであるという要件を満たす必要がある（労契法10条）。合理的なものであるかどうかの判断においては、労働者の受ける不利益の程度、変更の必要性、内容の相当性等が考慮される。実務においては、就業規則の変更により労働条件を不利益に変更しようとする場合は、合理性が認められずに当該変更が無効と判断されるリスクを避けるため、可能な限り労働者の同意を得る方法が望ましい。

（四）賃金

1. 賃金の支払に関する4原則

賃金とは、賃金、給料、手当、賞与その他名称の如何を問わず、労働の対償として使用者が労働者に支払うすべてのものをいう（労基法11条）。

この賃金の支払について、労基法24条1項・2項は4つの原則を定めている。

第一に、賃金は「通貨」で支払わなければならない。第二に、賃金は労働者本人に直接支払わなければならない。第三に、賃金はその全額を支払わなければならない。ただし、所得税や社会保険料等法令で定められているもの、労働組合や労使協定で合意したもの（購買代金や社宅費等）は控除することが認められている。第四に、賃金は、毎月1回以上、一定の期日に支払わなければならない。

以下、典型的にみられる基本給（基礎賃金）、賞与、退職金の順にその主な性格を解説する。

2. 基本給

「正社員」の基本給は、新卒時から定年時まで勤続年数に応じて上昇する年齢給（勤続給）と、企業内における職務遂行能力を「級」等でランク付けした職能給を併用した賃金テーブルであることが多い。これに加えて、課長、部長等のポストに就くことで職務給を加給することも多い。大半は月給制である。ただし、即戦力になる人材を中途採用する場合は、これにあてはまらず、能力や職責に応じて個別に賃金を決定することもある。この場合は年俸制が多い。

賃金の定め方は使用者に委ねられており基本的には自由だが、下記の制約はある。

（1）最低工资

法定最低工资按地区每年规定。截至 2024 年 10 月，东京都的最低时薪为 1163 日元。

（2）额外工资

如果劳动者在法定劳动时间外工作、在法定休息日工作或进行深夜劳动，用人单位需支付额外工资。在月薪制下，额外工资的计算公式如下（《劳动基准法》第 37 条第 1 款、第 4 款）：

（月基础工资 ÷ 规定的月劳动小时数）× 加班、休息日、深夜劳动的小时数 ×（各时间对应的）增额比率

①基本工资

基础工资是正常劳动时间的工资（《劳动基准法》第 37 条第 1 款）。家庭补贴、通勤补贴及其他由省令规定的工资不计入基础工资（《劳动基准法》第 37 条第 5 款）。"其他省令规定的工资"包括分居补贴、子女教育补贴、住宅补贴、临时支付的工资（如伤病补贴、慰问金、结婚补贴等），以及支付周期超过 1 个月的工资（如奖金等）。

②加班费的增额比率

加班分为两种：一种是在规定劳动时间内的加班（法内加班），另一种是超过《劳动基准法》规定的法定劳动时间［下述（五）1（2）］的加班（法外加班）。只有法外加班需要支付加班费，必须支付基础工资的额外 25%（每月超过 60 小时的加班需额外支付 50%）的加班费。

加班时间的上限原则上为每月 45 小时、每年 360 小时，除非有临时特别情况，否则不能超过这一限制。即使劳资双方因特殊情况达成协议，加班时间也必须控制在一年 720 小时以内，且加班时间与休息日加班时间的合计每月不得超过 100 小时。此外，连续"2 个月平均""3 个月平均""4 个月平均""5 个月平均""6 个月平均"的加班时间每月不得超过 80 小时。违反上述规定可能会导致 6 个月以下有期徒刑或 30 万日元以下的罚金（《劳动基准法》第 119 条第 1 项）。

(1) 最低賃金

法定最低賃金は、地域ごとに毎年定められている。2024年10月現在、東京都は時給1163円とされている。

(2) 割増賃金

労働者を法定労働時間外、法定休日、深夜に労働させると、基礎賃金に対する割増賃金の支払いが必要である。割増賃金は、月給制の場合には以下の計算式をもって算出される（労基法37条1項、4項）。

（1ヶ月の基礎賃金÷1ヶ月の所定労働時間数）×時間外・休日・深夜労働の時間数×（各時間に応じた）割増率

①基礎賃金

基礎賃金は、通常の労働時間の賃金である（労基法37条1項）。家族手当、通勤手当その他省令で定める賃金は算入しない（労基法37条5項）。「その他省令で定める賃金」とは、別居手当、子女教育手当、住宅手当、臨時に支払われた賃金（私傷病手当、加療見舞金、結婚手当等）、1ヶ月を超える期間ごとに支払われる賃金（賞与等）を指す。

②時間外労働に対する割増率

残業（時間外労働）には、法的に2種類ある。

1つは所定労働時間を超えるが法定労働時間内の残業（いわゆる法内残業）であり、もう1つは労基法の定める法定労働時間［下記（五）1(2)］を超える残業（いわゆる法外残業）である。

時間外労働に対する割増賃金の支払が必要となるのは法外残業のみで、25％（月60時間超の時間外労働には50％）以上の割増率の割増賃金を支払わなければならない。

また、時間外労働時間の上限は原則として月45時間・年360時間とされ、臨時的な特別の事情がなければこれを超えられない。また、臨時的な特別の事情があって労使が合意する場合であっても、時間外労働時間は年720時間以内に、時間外労働時間と休日労働時間の合計数は月100時間未満に、時間外労働時間が月45時間を超えることができる月数は年6ヶ月以内としなければならない。さらに、時間外労働時間と休日労働時間の合計につき当該月を含む「2ヶ月平均」「3ヶ月平均」「4ヶ月平均」「5ヶ月平均」「6ヶ月平均」が全て1ヶ月あたり80時間以下でなければならない。これに違反した場合には、罰則として、6ヶ月以下の懲役または30万円以下の罰金が科されるおそれがある（労基法119条1号）。

③休息日劳动的增额比率

在法定休息日［下述（五）3］工作的劳动者，必须支付基础工资的额外 35% 以上的工资（《劳动基准法》第 37 条第 1 款、第 2 款）。此时的基础工资按正常工作日的工资计算。

④深夜劳动的增额比率

从晚上 10 点到次日早上 5 点的深夜劳动，必须支付基础工资的额外 25% 以上的工资（如果与加班或休息日劳动重叠时，增额比率叠加②或③的增额）（《劳动基准法》第 37 条第 4 款）。

⑤适用除外

管理监督者不适用于加班费和休息日劳动费的支付（《劳动基准法》第 41 条第 2 项）。

实际上，许多科长、部长等职务者作为管理监督者也不支付额外工资。然而，如果管理监督者没有享受相应的地位、权限和管理职务津贴等待遇，则仍需支付额外工资。在这种情况下，支付需要追溯到额外工资请求权的时效期间（目前为 3 年，《劳动基准法》第 109 条、第 143 条）。

3. 奖金

法律上没有支付奖金的义务，但如果在就业规则中明确规定奖金，则企业有支付义务。过去，奖金通常以"夏天、冬天各 2 个月"这种固定方式发放，具有生活保障的性质。即使在今天，这种支付方式在秘书、辅助职务等岗位中依然存在，但越来越多的企业通过业绩挂钩的方式决定奖金总额，并通过考核和评估决定个人的分配额，甚至可能不支付奖金。

此外，奖金通常只支付给在支付日或一定基准日在职的劳动者，具体规定在就业规则中。

4. 退休金

与奖金类似，法律上没有支付退休金的义务，但如果在就业规则中明确规定，则企业有支付义务。就业规则中必须明确适用的劳动者范围、计算方法和支付时间（《劳动基准法》第 89 条第 1 款第 3 项之 2）。此外，许多企业规定退休金只支付给正式劳动者，并且在惩戒解雇或劳动者跳槽到同行业公司时，可能不支付或减少退休金。

③休日労働に対する割増率

法定休日（→下記（五）3）に労働した休日労働には35％以上の割増率の割増賃金を支払わなければならない（労基37条1項本文、2項）。この場合の基礎賃金は通常の労働日の賃金となる。

④深夜労働に対する割増率

午後10時から午前5時までの深夜労働に対しては25％以上の割増率の割増賃金を（上記（ⅱ）および（ⅲ）と重なるときは、（ⅱ）および（ⅲ）の割増率に加算して）支払わなければならない（労基法37条4項）。

⑤適用除外

管理監督者は、上記（ⅱ）および（ⅲ）の割増賃金の適用除外となる（労基法41条2号）。

実際、課長や部長等の役職者を管理監督者として割増賃金を支払わない例は多い。しかし、これにふさわしい地位と権限を有しているにもかかわらず、管理職手当の支給等管理監督者に見合う待遇が無いときは割増賃金を支払うことが必要となる。その際は、割増賃金請求権の時効期間（当面3年。労基法109条、143条）まで遡って支払う必要が出てくるので、留意したい。

3. 賞与

賞与は、法律上の支給義務はなく、就業規則に記載していれば支給義務が生じるものである。

かつては「夏・冬各2ヶ月分」といった固定的、かつ生活保障給としての性格を持つことも多かった。現在でも、事務職・補助職等の職種ではこのような支払方法も残っているが、一方で、賞与総枠を業績連動で決定し、個人への配分額は考課・査定により決定する（業績や考課・査定次第で支給されないこともある）という支払方法も増えている。

また、賞与支給の対象者として、支給日または一定の基準日に在籍する者に限定することを就業規則に規定することも多い。

4. 退職金

退職金も、賞与と同様に法律上の支給義務はなく、就業規則に記載していれば支給義務が生じるものである。就業規則に規定するときは、適用される労働者の範囲、計算方法や支払時期を定める必要がある（労基法89条1項3号の2）。また正社員にのみ支給するといった規定や、懲戒解雇や同業他社への転職時には支給しないまたは減額するといった規定を置くことも多い。

（五）劳动时间、休息、休息日

1.劳动时间

（1）劳动时间的定义

劳动时间是指劳动者处于用人单位指挥和命令之下的时间。因此，如果劳动者在上班前被要求换衣服和打扫卫生，那么这些活动所需的时间也应视为劳动时间。同样，即使在下班后，如果劳动者通过手机或邮件接收到来自用人单位的指示并进行相应工作，那么这些处理工作的时间也应算作劳动时间。如果临时睡眠时间是在需要随时应对突发情况的前提下安排的，那么这种情况下的睡眠时间也被视为劳动时间，因为劳动者在这段时间内无法完全从劳动中解放。

（2）法定劳动时间

法定劳动时间为每天 8 小时，每周 40 小时（《劳动基准法》第 32 条）。如果用人单位要求劳动者超过法定劳动时间工作，则需要与劳动者签订劳资协定（36 协定），并向劳动基准监督署进行备案（《劳动基准法》第 36 条）。如果未遵守这一规定，将面临处罚（《劳动基准法》第 109 条第 1 项）。如前文所述，进行法定时间外劳动时，用人单位有义务支付额外工资（参见前述内容）。

2.休息

休息时间是指劳动者在劳动过程中依法享有的可以暂时离开工作的时间。用人单位在劳动时间超过 6 小时，必须给予劳动者至少 45 分钟的休息时间；劳动时间超过 8 小时，必须给予至少 1 小时的休息时间（《劳动基准法》第 34 条第 1 款）。休息时间必须在同一工作场所内同时给予所有人（同条第 2 款），但不一定是连续的时间，可以分割成多个时间段。此外，休息时间的开始时间不必固定或预先确定。

3.休息日

休息日是指劳动合同中规定劳动者无劳动义务的日子，分为法定休息日和规定休息日两种。

法定休息日是《劳动基准法》规定的最低限度的休息日，用人单位必须每周至少给予劳动者 1 天休息，或在 4 周内给予 4 次以上休息日（周休制，参见《劳动基准法》第 35 条）。这一天即法定休息日。规定休息日是指除法定休息日之外，根据劳动合同赋予的休息日。

如果用人单位在法定休息日安排劳动者工作，需事先签订 36 协定（参见前述内容），但如果通过周休制事前调换休息日，则无需支付休息日的额外工资（参见前述

（五）労働時間、休憩、休日

1. 労働時間

(1) 労働時間該当性

労働時間とは、労働者が使用者の指揮命令の下に置かれている時間を指す。

そこで、例えば、始業時間前に着替えや清掃を行わなければならない時は、着替えや清掃に必要な時間も労働時間になる。また、退勤後であっても、携帯電話やメール等で使用者から何らかの業務指示を受けて労働者が対応した場合は、その対応時間も労働時間となる。仮眠時間は、何らかの事態が発生した場合は即座に対応に当たることが予定されているケース等、完全に労働から解放されることを保障された自由な時間と言えないケースであれば、その時間も労働時間となる。

(2) 法定労働時間

法定労働時間は、1日8時間、1週40時間とされている（労基法32条）。

労働者を法定労働時間を超えて労働させる場合には、労使協定（いわゆる三六協定）を締結して労働基準監督署長に届け出る必要があり（労基法36条）、これに違反すると罰則の適用がある（労基法109条1号）。法定時間外労働をさせた場合に割増賃金支払義務が生じることは前述した（→上記（四）2 (2)）。

2. 休憩

休憩時間とは、労働者が権利として労働から離れることを保障される時間を指す。

使用者は、労働時間が6時間を超える場合は45分、8時間を超える場合は1時間の休憩を与えなければならない（労基法34条1項）。休憩時間は、事業場単位で一斉に付与しなければならない（同条2項）が、継続した時間とする必要はなく、短い時間を分割して与えることもできる。また、休憩時間の開始時刻を特定、一定させることも必要ない。

3. 休日

休日とは、労働契約において労働義務がないものとされている日を指す。法定休日と所定休日の2種類がある。

法定休日とは、労基法が定める最低限度の休日である。労基法では、使用者は、労働者に対して、1週間に少なくとも1回、4週間に4回以上休日を与えなければならないとしており（週休制、労基法35条）、その休日が法定休日となる。所定休日とは、法定休日に加えて労働契約によって付与される休日である。

労働者を法定休日に労働させる場合には、三六協定（→上記（五）1 (2)）が必要であるが、週休制を守って休日の事前の振替を行えば休日割増賃金（→上記（四）

内容)。相反,如果在事后调休(代休),则不能免除支付休息日加班工资的义务。

(六)休假

1. 带薪年假

(1)带薪年假的意义

带薪年假是指劳动者通过满足《劳动基准法》第 39 条规定的条件(如连续工作一定时间及出勤率)而获得的法定休假。获得带薪年假后,劳动者在享受休假期间无需履行劳动义务,同时仍可领取工资。

(2)带薪年假天数

从雇用之日起,连续工作 6 个月且出勤率达到 80% 以上的劳动者,可获得 10 天的带薪年假(《劳动基准法》第 39 条第 1 款)。此后,每满一年增加带薪年假天数。例如,工作 1 年 6 个月时为 11 天,2 年 6 个月时为 12 天,最大可累计至 20 天(工龄达到 6 年 6 个月以上)。

此外,对于每年有 10 天以上带薪年假的劳动者,用人单位有义务指定其中 5 天为带薪年假日,并确保劳动者使用这些假期(《劳动基准法》第 39 条第 7 款)。

(3)年假的结转与时效

未使用的带薪年假可以结转至下一年。年假权从其赋予之日起计算有效期为 2 年(《劳动基准法》第 115 条),因此,年假权的结转次数为 1 次,且 2 年内未使用的年假将因时效而失效。

2. 育儿休假、护理休假

(1)育儿休假

养育未满 1 岁子女的劳动者(无论男女),原则上可以在该子女满 1 岁之前的特定连续期间内取得育儿休假。如果父母双方同时取得育儿休假,育儿休假的期限可延长至子女满 1 岁 2 个月(爸爸妈妈育休加期)。在无法进入保育所的情况下,育儿休假可延长至 1 岁 6 个月,如果仍无法进入保育所,休业期限可以进一步延长至子女满

2（2）（ⅲ））の支払は不要となる。これに対し、事後の振替（代休）の場合は、休日割増賃金の支払義務を免れない。

（六）休暇

1. 年次有給休暇

（1）年次有給休暇の意義

年次有給休暇（年休）とは、労基法39条所定の要件（以下に示すとおり、一定の期間の継続勤務および勤務割合の要件）を満たすことで労働者が取得する法定の休暇である。

労働者が年次有給休暇を取得すると、当該日において労働者は労働義務を負わない一方で、賃金の支払を受けることができる。

（2）年次有給休暇の日数

雇入れの日から起算して6ヶ月間継続勤務し、かつ、その間全労働日の8割以上勤務した場合、10日の年次有給休暇が付与される（労基法39条1項）。

雇入れの日から起算して6ヶ月以上継続勤務した場合、発生する年次有給休暇日数は、1年ごとに増加する。具体的には、勤続年数が1年6ヶ月になると11日が、2年6ヶ月になると12日が付与され、最大日数は20日（勤続年数6年6ヶ月以上）となる。

なお、年10日以上の年次有給休暇が付与される労働者に対しては、このうち年5日については、使用者が年次有給休暇日を指定して取得させることが義務付けられている（労基法39条7項）。

（3）年次有給休暇の繰り越し、消滅時効

使いきれなかった年次有給休暇は、次の年に繰り越されることになる。

年次有給休暇を取得する権利（年休権）は、その年の始めにその後の1年分の日数が付与され、その時点から時効が進行する。労基法上の労働者の権利は2年で時効により消滅するので（労基法115条）、年休権も付与時から2年で時効により消滅する。したがって、繰越回数は1回となる。

2. 育児休業・介護休業

（1）育児休業

1歳未満の子を養育する労働者（男女を問わない）は、原則として、当該子が1歳に達する日までの連続した期間を特定して、育児休業を取得することができる。

この期間については特例があり、父母の労働者がともに育児休業を取得する場合は、当該子の年齢が1歳2ヶ月になるまで取得できる（パパ・ママ育休プラス）。

2岁。

此外，为了鼓励男性参与育儿，在子女出生后8周内，男性可最多分两次取得合计4周的育儿休假，这一休假被称为"产后爸爸育休"，相当于女性的产后休假（《劳动基准法》第65条第2款）。

对于有固定期限劳动者，只有在子女达到1岁6个月（或延长至2岁）之前，劳动合同到期是否续约尚不明确时，才有资格申请育儿休假。另外，对于被继续雇佣的时间不满1年的劳动者等，可以根据签订劳资协定将其排除在育儿产业的适用范围之外。

在育儿休假期间，用人单位没有支付工资的义务，但如果劳动者参加了雇佣保险，可从国家获得相当于休假前工资50%（休假开始180天内为67%）的育儿休假补贴。

（2）护理休假

护理配偶、父母等需要护理的家属时，劳动者可以为每位护理对象最多取得累计93天的护理休假，并且可以分为最多3次申请。

对于有固定期限劳动者，只有在护理休假开始预计日之后的93天后至6个月内，劳动合同到期是否续约尚不明确时，才有资格申请护理休假。对于被继续雇佣时间不满1年的劳动者等，根据签订劳资协定，可以将其排除在护理休假的适用范围之外。

在护理休假期间，用人单位没有支付工资的义务，但如果劳动者参加了雇佣保险，可从国家获得相当于休假前工资67%的护理休假补贴。[1]

---

[1] 此外，还规定了子女护理假和看护假。前者是指抚养小学生以下子女的劳动者每年可以享有最多5天（若抚养两个及以上子女则最多10天）的假期，用于护理患病、受伤的子女或带子女接种疫苗、体检。后者是指劳动者为护理需要看护状态的家庭成员，或者为陪同家属就医、代办介护服务等必要手续，每年可以享有最多5天（若有两个及以上需要介护状态的家属则最多10天）的假期。

另外，还规定了产前6周的产前休假（《劳动基准法》第65条）和生理休假（《劳动基准法》第68条）。

また、保育所等に入所できない等の理由がある場合は 1 歳 6 ヶ月になるまで、当該子が 1 歳 6 ヶ月に到達した時点でも保育所等に入所できない等の理由がある場合は 2 歳になるまで、それぞれ延長できる。

このほか、男性の育児休業促進のため、子の出生後 8 週間を経過する日の翌日までの期間内に 4 週間まで、最大 2 回に分割して育児休業を取得することができる。これは、女性の産後休業（労基法 65 条 2 項）に相当する休業で、主に男性が利用することを想定して「産後パパ育休」と呼ばれている。

ただし、有期雇用労働者は、申出時点で、子が 1 歳 6 ヶ月（2 歳まで延長の場合は 2 歳）に達する日までに労働契約が満了し更新されないことが明らかでない場合に限り、取得することができる。また、引き続き雇用された期間が 1 年未満の労働者等一定の労働者については、労使協定の締結により対象者から除外することが可能である。

また、育児休業中、使用者は賃金を支払う義務は無い。但し、労働者は雇用保険に加入していれば、休業開始前賃金の 50%（休業開始から 180 日間は 67%）の金額が育児休業給付金として国から支給される。

(2) 介護休業

配偶者、父母等の対象家族を介護する労働者は、要介護者 1 人につき要介護状態に至るごとに通算して 93 日まで、最大 3 回に分割して、介護休業を取得することができる。

ただし、有期雇用労働者は、申出時点で、介護休業開始予定日から起算して 93 日を経過する日から 6 ヶ月経過する日までに労働契約が満了し更新されないことが明らかでないこと場合に限り取得することができる。また、引き続き雇用された期間が 1 年未満の労働者等一定の労働者については、労使協定の締結により対象者から除外することが可能である。

また、介護休業中、使用者は賃金を支払う義務は無い。ただし、労働者は雇用保険に加入していれば、休業開始前賃金 67% の金額が介護休業給付金として国から支給される。[1]

---

[1] これに加え、子の看護休暇や介護休暇が法定されている。子の看護休暇とは、小学校就学の始期に達するまでの子を養育する労働者が、年 5 日（当該子が 2 人以上の場合は 10 日）まで、病気、けがをした子の看護または子に予防接種、健康診断を受けさせるために取得可能な休暇である。また、介護休暇とは、要介護状態にある対象家族の介護、または対象家族の 介護（通院の付き添い、介護サービスの提供を受けるために必要な手続の代行等）をする労働者が、年 5 日（要介護状態の家族が 2 人以上であれば 10 日）まで取得が可能な休暇である。

3. 其他休假制度

其他休假制度包括婚庆丧葬休假、育儿休假、病假（私伤病休假）等。这些休假不是前述（六）1 和 2 中说明的法定休假，因此其设置与否、天数及申请条件因用人单位而异。

作为婚庆丧葬休假，在劳动者本人或近亲的喜事（如结婚或生育）或丧事（如葬礼）时，通常可以获得几天的休假。育儿休假有时允许比前述（六）1 和 2 中说明的育儿休假更优厚的休假（如至子女满 3 岁）。私伤病假是指劳动者因私伤或疾病需前往医院或疗养时可取得的休假，但在日本设置此类休假的用人单位较少。

（七）职场安全与环境

用人单位有义务采取各种措施，确保劳动者的生命、身体和健康在工作中不受侵害。

1. 安全保障义务

作为劳动合同的附带义务，用人单位负有保护劳动者生命和身体免受危险的安全保障义务（《劳动合同法》第 5 条）。安全保障义务包括为劳动者提供安全的物理设备工作环境、适当管理人员组织、对劳动者进行安全卫生教育及业务指示，并遵守安全卫生法律。此外，如果因工伤事故等导致劳动者受伤、残疾、死亡或患职业病，且被认定用人单位违反上述义务，劳动者可依据《民法》第 415 条请求赔偿损失。

2. 防止骚扰的措施义务

用人单位有义务采取措施防止职场中的性骚扰、权力骚扰以及孕妇骚扰。具体措

3. その他の休暇制度

その他の休暇制度として、慶弔休暇、育児休暇、シックリーブ（私傷病休暇）等がみられる。これらは、上記（六）1および2で述べた法定の休暇（休業）ではないので、その有無や日数、取得条件は使用者によって異なる。

慶弔休暇としては、労働者本人や近親者の慶事（結婚や出産等のお祝い事）や弔事（葬式等のお悔やみ事）があった場合に数日取得できるものが多い。

育児休暇としては、上記（六）2（1）で述べた育児休業より手厚く休業（例えば 当該子の年齢が3歳に達するまでの休業）や休暇を認めているケースがある。

シックリーブ（私傷病休暇）は、労働者が私傷病の治療のために病院に行ったり療養したりする際に取得できる休暇である。日本では、シックリーブの制度を設けている使用者は多くはない。

（七）職場の安全と環境

使用者には、労働者の生命・身体・健康が労働によって害されることがないよう、様々な措置義務が課されている。

1. 安全配慮義務

使用者は、労働契約上の付随的義務として、労働者の生命、身体等を危険から保護するよう配慮すべき義務としての安全配慮義務を負っている（労契法5条）。安全配慮義務の内容は、労働者の生命・身体を危険から保護するために、使用者が事業遂行に用いる物的設備を整備すること、人的組織の管理を適切に行うこと、安全衛生教育および業務について適切な指示を行うこと、さらには安全衛生法令の遵守義務等を含むものと考えられている。また、労災事故等により労働者に傷病・障害・死亡や職業病の発症等があった場合であって、使用者に上記の義務違反が認められるときには、労働契約上の安全配慮義務についての債務不履行（民法415条）であるとして損害賠償を請求されることがある。

2. ハラスメント防止に関する措置義務

職場で発生し得るハラスメントのうち、セクシュアル・ハラスメント、パワー・ハラスメントおよびマタニティ・ハラスメントについては、使用者にハラスメント防止のために使用者が講ずべき措置が義務付けられている。当該措置の具体的

施由厚生劳动省的指导方针[1]规定，主要包括以下内容：

（1）明确禁止骚扰的方针，并向劳动者进行培训和宣传。

明确职场骚扰的内容、不得实施骚扰行为的方针、对实施骚扰行为者的处理方针等，向员工进行宣传和普及。

（2）设立和完善应对骚扰的宣传咨询窗口及其负责人的应对机制。

（3）及时妥善处理骚扰事件，包括确认事实、保护受害者、处理行为人以及防止再次发生的措施。

（4）采取措施保护咨询者、行为人等的隐私，并防止因举报事实而受到不公平对待。

（5）采取措施消除孕妇骚扰的根源和背景因素。

用人单位有义务完善业务体制，根据用人单位和怀孕等劳动者及其他劳动者的实际情况，采取必要的措施等，制定防止骚扰的公司内部规程，建立问题应对的内部体制，由于疏忽了该义务而导致发生骚扰时，不仅违反相关法律，还可能因违反安全保障义务而被劳动者请求损害赔偿。

3. 安全卫生

（1）安全卫生管理体制

在一定规模以上的经营场所，必须任命安全卫生相关的管理人员，建立健全的安全卫生管理体制。此外，还规定应设置安全委员会和卫生委员会，以便在经营场所的安全卫生管理中反映劳动者的意见，并设置产业医生以进行劳动者的健康管理。

---

[1]《经营者对工作场所因性言行引发的问题应采取的雇佣管理措施等的指针》《经营者对工作场所因怀孕、生产等相关言行引发的问题应采取的雇佣管理措施等的指针》《经营者对工作场所因基于优势地位的言行引发的问题应采取的雇佣管理措施等的指针》及《为了确保抚养子女或照顾家人的劳动者能够平衡职业生活和家庭生活，经营者应采取的措施等的指针》。

な内容は厚生労働省の指針[1]に定められており、主に以下のとおりである。

（1）使用者の方針の明確化およびその周知・啓発

ハラスメントの内容、ハラスメントを行ってはならない旨の方針、ハラスメント行為者への対処方針等を明確化し、労働者に周知・啓発すること

（2）相談に応じ、適切に対応するために必要な体制の整備

相談窓口の設定および周知、相談窓口担当者による対応

（3）職場におけるハラスメントへの事後の迅速かつ適切な対応

事実関係の確認ならびに被害者への配慮のための措置、行為者に対する措置および再発防止に向けた措置を講ずること

（4）併せて講ずべき措置

相談者・行為者等のプライバシー保護のための措置、ハラスメントに関する相談、事実確認への協力等を理由として不利益取扱いをされないための労働者の周知・啓発

（5）マタニティ・ハラスメントの原因や背景となる要因解消のための措置

使用者は、業務体制の整備、使用者や妊娠等した労働者その他の労働者の実情に応じ必要な措置を講ずること等の義務を果たすため、ハラスメント防止に関する社内規程の作成や問題対応のための体制整備を行う必要があり、かかる義務を怠ったことによりハラスメント被害が生じた場合には、義務を定めた各法律の違反に該当するのみならず、上述の安全配慮義務違反により労働者から損害賠償を請求される可能性がある。

3. 安全衛生

（1）安全衛生管理体制

一定規模以上の事業場では、安全、衛生に関する管理者等を選任して、事業場内の安全衛生管理体制を確立しなければならない。さらに、事業場の安全衛生管理に労働者の意見を反映させるための安全委員会や衛生委員会の設置、事業場の労働者の健康管理等を行うための産業医の制度が定められている。

---

[1]「事業主が職場における性的な言動に起因する問題に関して雇用管理上講ずべき措置等についての指針」「事業主が職場における妊娠、出産等に関する言動に起因する問題に関して雇用管理上講ずべき措置等についての指針」「事業主が職場における優越的な関係を背景とした言動に起因する問題に関して雇用管理上講ずべき措置等についての指針」および「子の養育又は家族の介護を行い、又は行うこととなる労働者の職業生活と家庭生活との両立が図られるようにするために事業主が講ずべき措置等に関する指針」。

（2）用人单位应采取的措施

①安全卫生教育

用人单位在雇用劳动者或者变更作业内容时，应当进行安全卫生教育。

②体检和压力检查

用人单位在聘用劳动者时，应当对该劳动者进行体检，且在继续聘用期间，每年应对劳动者进行一次定期体检。此外，为防止劳动者心理健康问题，用人单位有义务实施压力检查（未满50人的经营场所暂时为努力义务）。根据压力检查结果，符合一定条件的劳动者可申请由医生进行面谈指导。

③其他措施

除此之外，还具体规定了防止劳动者面临危险或健康损害的措施、限制危险机械设备和危险物及有害物的使用等，用人单位应根据业务内容、作业内容及环境采取相应对策。

（八）辞职、解雇、劳动合同终止及离职后的义务

1. 劳动者辞职

对于签订无固定期限劳动合同的劳动者，只要在辞职前2周提出申请，即使用人单位不同意，劳动合同也将终止（《民法》第627条第1款）。虽然就业规则等可能要求劳动者提前更长时间（如1个月）提出申请，但这种规定仅具有提醒和督促的作用。

对于签订有固定期限劳动合同的劳动者，如果有不得已的事由，则可以立即辞职（《民法》第628条）。

2. 用人单位解雇

原则上，用人单位只要支付解雇预告津贴（《劳动基准法》第20条），就可以随时解雇劳动者。不过，在就业规则和劳动合同中，必须明确规定解雇的理由（解雇事由）。然而，这一原则受限于解雇限制和解雇权滥用法理的影响，有所调整。以下是相关详细说明。

（1）解雇限制

在某些情况下，法律禁止解雇，主要包括以下几种情形：

(2) 使用者が行うべき措置

①安全衛生教育

使用者は、労働者を雇い入れたとき、または作業内容を変更したときは安全衛生教育を行わなければならない。

②健康診断、ストレスチェック

使用者は、労働者を雇い入れるときは、当該労働者に対して健康診断を行わなければならず、労働者を継続雇用するときも、当該労働者に対して1年以内ごとに1回、定期健康診断を行わなければならない。また、労働者のメンタルヘルスの不調を未然に防止することを主な目的として、使用者にはストレスチェックの実施が義務付けられている（50人未満の事業場は当分の間努力義務）。ストレスチェックの結果、一定の要件に該当する労働者から申出があった場合、使用者は医師による面接指導の実施を行わなければならない。

③その他

上記の他、労働者の危険または健康障害を防止するための措置、機械等ならびに危険物および有害物に関する規制等が具体的に定められており、事業内容や労働者の作業内容・環境に応じて対応をする必要がある。

(八) 退職・解雇・雇止め、退職後の義務

1. 労働者の退職

期間の定めのない労働契約を締結している場合、労働者が退職を申し出てから2週間が経過すれば、使用者の承諾がなくとも、労働契約は終了する（民法627条1項）。就業規則等の定めにより、それ以前の時までに（例えば退職予定日の1ヶ月前までに）申し出を行うことを定めることも可能であるが、そのような定めは訓示規定としての効力しかない。

一方で、期間の定めのある労働契約を締結している場合、労働者は、やむを得ない事由があるときは、直ちに退職できることとされている（民法628条）。

2. 使用者による解雇

使用者は、原則として解雇予告手当（労基法20条）を支払えばいつでも労働者を解雇できる。ただし、就業規則や労働契約において、どのような場合に解雇されることがあるか（解雇事由）を明示することが必要である。しかし、この原則は解雇制限と解雇権濫用法理により、大きく修正されている。以下詳述する。

(1) 解雇制限

一定の場合については、法律で解雇が禁止されている。主なものとして以下が

①劳动者在因工伤进行疗养期间及其后的30天内（《劳动基准法》第19条第1款）。

②劳动者在产前产后休假期间及其后的30天内（《劳动基准法》第19条第1款）。

③因劳动者向劳动基准监督署举报违反劳动基准法的事实而被解雇（《劳动基准法》第104条第2款）。

④因劳动者为工会成员等原因而被解雇（《工会法》第7条第1项）。

⑤因女性劳动者结婚、怀孕、分娩或产前产后休假等原因而被解雇。

⑥因劳动者进行育儿休假或护理休假或提出申请而被解雇。

⑦因劳动者咨询或举报职场骚扰而被解雇。

⑧因内部举报而被解雇。

（2）解雇权滥用法理：普通解雇

普通解雇是指用人单位单方面解除劳动合同，通常针对无法履行劳动义务的劳动者。在普通解雇时，解雇必须满足以下两个条件：有客观合理的理由，在社会普遍观念上认为解雇是相当的。若不符合这两个条件，解雇将被视为滥用解雇权而无效（《劳动合同法》第16条）。这些条件的认定标准较高，解雇的正当性通常由法院在审判中决定。以下是对常见情况的说明。

①因非工伤病导致无法履行劳动义务

因非工伤病导致劳动能力丧失通常被认为是合理解雇理由。但如果预计劳动者能尽快康复，或用人单位未采取避免解雇措施（如停职）而立即解雇，可能被视为解雇权的滥用。

②违反纪律、玩忽职守

违反工作纪律或玩忽职守（如迟到、缺勤）可以成为解雇的合理理由。在重大违纪行为发生时，用人单位也可以实施惩戒解雇。惩戒解雇会给劳动者带来更大的不利，因此在适用解雇权滥用法理时，要遵守比普通解雇更严格的规定。一般来说，此时的违反服务纪律，仅是将普通解雇正当化的程度是不够的，需要达到将"作为制裁而从劳动关系中排除"得到正当化的程度。[1]

---

［1］ 参见［日］菅野和夫、山川隆一：《劳动法》（第13版），弘文堂2024年版，第773~774页。

挙げられる。
　①業務上災害のため療養中の期間とその後の30日間の解雇（労基法19条1項）。
　②産前産後の休業期間とその後の30日間の解雇（労基法19条1項）。
　③労働基準監督署に労基等の違反の事実を申告したことを理由とする解雇（労基法104条2項）。
　④労働組合の組合員であること等を理由とする解雇（労働組合法（昭和24年法律第17号（以下「労組法」とする。）7条1号）。
　⑤女性労働者が結婚、妊娠、出産、産前産後の休業をしたこと等を理由とする解雇。
　⑥労働者が育児休業・介護休業等をしたこと、またはその申し出をしたことを理由とする解雇。
　⑦ハラスメントに関する相談等を行ったことを理由とする解雇。
　⑧公益通報をしたことを理由とする解雇。
（2）解雇権濫用法理〜普通解雇の場合
　普通解雇とは、労務の提供という債務の不履行状態にある労働者に対して、使用者が一方的に労働契約を終了させるものである。
　普通解雇をするためには、①客観的に合理的な理由があり、かつ②解雇することが社会通念上相当なものである必要がある。①または②の要件を満たすと認められない解雇は、解雇権の濫用によるものとして無効となる（解雇権濫用法理、労契法16条）。上記要件が認められるハードルは高く、解雇が正当かどうか、最終的には裁判でその可否が判断される。以下、典型的なケースごとに解説する。
　①業務外の傷病による労務提供不能
　業務外の傷病によって労働能力を喪失した場合は、基本的に合理的解雇理由となる。もっとも、早期に傷病からの回復が見込まれる場合や、休職させる等の解雇回避措置を取ることなく即時に解雇とした場合には、解雇権の濫用と評価されることもある。
　②規律違反、職務懈怠
　職場秩序に反する非違行為や職務懈怠（遅刻、欠勤等）も解雇の合理的理由に当たり得る。
　なお、重大な非違行為のケースでは、使用者は一種の制裁罰として懲戒解雇をすることができる場合もある。懲戒解雇は普通解雇よりも大きな不利益を労働者に与えるものゆえ、解雇権濫用法理の適用上普通解雇より厳しい規制に服する。一般的には、懲戒解雇における服務規律違反は、単に普通解雇を正当化するだけの程度

普通解雇即使不到那种程度也能被认可，但如果不是即使提醒注意也没有改善希望的情况，或者不是必须马上解雇的重大违纪行为，解雇并不容易。

③能力不足、成绩不良、工作态度不好、缺乏适格性

能力不足、成绩不良、工作态度不好、缺乏适格性等也可以成为解雇的合理理由。然而，在审判中，法院通常会仔细审查问题的严重性、用人单位是否进行了适当的指导培训、是否给予劳动者改善的机会，以及是否有改善的可能性等因素。有被慎重审查的倾向，解雇还是并不容易。

关于以职务限定的正式劳动者达不到限定的能力为理由的解雇，由于劳动者是在预先限定了职务范围的基础上被录用的，因此在判断能力不足的程度时，通常会依据劳动者与该特定职务的适合度来进行评估。如果劳动者无法胜任在限定范围内的职务，其能力不足就可能成为合理的解雇理由。[1]

另外，对于从事高度专业性职务的劳动者，特别是在以较高待遇聘用并被期待为"即战力"的情况下，如果劳动者未能展现出预期的能力，用人单位通常无需为其提供进一步的教育培训机会。在这种情况下，即使不调换岗位或降低待遇而直接解雇该劳动者，法院也可能不会立即认为该解雇缺乏正当性。这是因为在这些情况下，劳动者被雇佣时即已被预期具备必要的技能和能力，而不是需要通过后续的培训来达成。[2]

（3）解雇权滥用法理：经济性裁员

①经济性裁员的定义及有效性标准

经济性裁员是指用人单位为减少经营上的人员而进行的解雇。在进行经济性裁员时，解雇权滥用法理同样适用。判断解雇是否有效时，需综合考虑以下四个要素：i 裁员的必要性；ii 是否努力避免解雇；iii 人选的合理性；iv 程序的合理性。

②限定正式劳动者的经济性裁员

在经营场所关闭或职务废止的情况下，针对限定正式劳动者的经济性裁员，需要依据前述的四个要素进行判断，但在考虑第 ii 要素时，可能会与通常的正式劳动者有所不同。

---

[1] 资料来源：《劳动经济判例速报》第 1197 号第 5 页。
[2] 资料来源：《劳动判例杂志》第 54 号第 39 页。

第3章　数字文化产业出海日本的法律实务

では足りず、「制裁としての労働関係からの排除」を正当化するほどの程度に達していることを要する。[1]

普通解雇は、その程度に至らなくても認められるものの、注意しても改善の見込みがない場合や、直ちに解雇しなければならないほどの重大な非違行為でなければ、解雇は容易ではない。

③能力不足、成績不良、勤務態度不良、適格性の欠如

能力不足、成績不良、勤務態度不良、適格性の欠如等も解雇の合理的理由となり得る。もっとも、裁判においてはその程度が重大なものか、体系的な指導教育を行って改善の機会を与えたか、改善の見込みがないのか等について慎重に審査される傾向があり、やはり解雇は容易ではない。

職務が限定された限定正社員の能力不足を理由とする解雇については、限定正社員はあらかじめ職務が一定の範囲に限定されたうえで採用されているため、能力不足の程度を考慮する際にも、基本的には当該限定された範囲の職務との関係で能力不足の程度が判断される。[2]

また、高度な専門性を伴う職務について即戦力と見込んで高待遇で雇用した労働者が期待される能力を有していなかった場合には、必要な能力を習得するための教育訓練の機会は不要であり、配置転換や待遇を引き下げて雇用を継続することなく解雇しても、それをもって直ちに解雇の相当性を欠くことにはならないとされる傾向にある。[3]

(3) 解雇権濫用法理～整理解雇の場合
①整理解雇の意義および有効性の判断基準

整理解雇とは、使用者が経営上必要な人員削減のために行う解雇である。

整理解雇の場合にも解雇権濫用法理が適用される。具体的には、①人員削減の必要性、②解雇回避努力を尽くしたか否か、③人選の合理性、④手続きの妥当性の4要素を総合的に考慮して有効性が判断される。

②限定正社員の整理解雇

事業所閉鎖や職務の廃止があった場合、限定正社員の整理解雇についても、上記4要素で判断されることになるが、②の要素について通常の正社員と異なる考慮があり得る。

---

[1] 菅野和夫＝山川隆一『労働法〔第13版〕』(弘文堂、2024年) 773～774頁。
[2] 【出典】労働経済判例速報1197号5頁。
[3] 【出典】労働判例ジャーナル54号39頁。

对于工作地点有限定或职务不涉及高度专业性的限定正式劳动者，与通常的正式劳动者一样，需要考虑调整岗位的可能性。[1]另外，如果职务限定为高度专业性工作或与其他职务有明确区别的正式劳动者，在某些情况下，可以通过增加离职金和提供再就业支持，作为调整岗位的替代措施，来满足第②要素的避免解雇努力要求。[2]

综上所述，对于从事高度专业性职务的限定正式劳动者，与没有任何职务限定的通常正式劳动者相比，在避免解雇努力的要求上可能有所不同，因此更容易被允许进行经济性裁员。

（4）违法解雇的法律后果

如果在劳动审判或诉讼中被认定为违法解雇，原则上该解雇将无效，视为劳动合同继续有效，劳动者有权复职。此外，违法解雇期间的工资（称为复职支付）应全额支付（但需要扣除劳动者在此期间从其他用人单位获得的工资）。同时，可能还会被要求支付精神损失赔偿。

然而，很多情况下通过诉讼外的和解、劳动审判或诉讼中达成和解，劳动者选择不复职，而是通过支付解决金的方式来解决纠纷。解决金额通常是基于前述的复职支付（从违法解雇时起至和解时止的工资）加上精神损失赔偿，由双方协商决定。

3. 劳动合同终止

（1）停止雇佣法理

与无固定期限劳动者的解雇不同，有固定期限劳动者因合同期满而不续约，称为"劳动合同终止"。虽然固定期限劳动合同期满意味着合同的终止，但在法律上，对劳动合同终止有以下限制。

即①对于过去多次续签的固定期限劳动合同，如果在合同期满时不续约，而使合同终止，在社会通常观念上可能被视为解雇，或者当劳动者在合同期满时合理期待合同续约；②如果劳动者在合同期限届满前申请续签合同，或在合同期满后及时申请续

---

[1] 资料来源：《劳动经济判例速报》第1723号第3页。
[2] 资料来源：《劳动经济判例速报》第2123号第27页。

具体的には、勤務地限定や高度な専門性を伴わない職務限定等の限定正社員の場合、通常の正社員と同様に、配置転換の打診の検討が求められる傾向にある。[1] 他方、職務が高度な専門性を伴う職務や他の職務と明確に区別される職務に限定されている正社員の場合、配置転換に代わり、退職金の上乗せや再就職支援によって、要素②の解雇回避努力を尽くしたとされるケースもみられる。[2]

以上より、高度な専門性を伴う職務限定の正社員については、何ら限定のない通常の正社員と比べて、要素②の解雇回避努力として求められる内容が異なり、整理解雇が認められやすくなる傾向がある。

(4) 違法な解雇の法的効果

労働審判や訴訟において違法な解雇であることが認められると、原則的には解雇が無効となり、雇用契約が継続しているものとみなされるため、労働者が復職することとなる。

また、使用者には、違法解雇時点から復職時点までの期間の賃金(「バックペイ」と呼ばれる。)を全額(ただし解雇後に労働者が他の使用者から給与を得ていた場合は一定程度控除される)支払う義務が生じ、それに加えて慰謝料の支払いが命じられることもある。

もっとも、訴訟外、労働審判および訴訟の場において和解を成立させることにより、労働者が復職せずに、解決金等の名目の金銭の支払いをもって解決されることも多い。かかる解決金の金額については、通常、上記のバックペイ(この場合、違法解雇時点から和解時点までの期間の賃金を指す)に慰謝料を加算した金額をベースに、当事者間の協議により決定される。

3. 雇止め

(1) 雇止め法理

無期雇用労働者の解雇(上記(八) 2)と対比して、有期雇用労働者の契約期間満了に伴う更新拒否を「雇止め」という。有期雇用労働者の場合、期間が終了すれば契約は終了し、雇止めの理由も不要であるはずである。しかし、雇止めには、法律上、次の規制がある。

すなわち、①過去に反復して更新されたことがある有期労働契約であって、その契約期間の満了時に当該契約を更新しないことにより当該契約を終了させること

---

[1] 【出典】労働経済判例速報 1723 号 3 頁。
[2] 【出典】労働経済判例速報 2123 号 27 頁。

签固定期限劳动合同；③用人单位如果拒绝该申请，缺乏客观合理的理由，且社会通常认为不相当，则视为用人单位同意按之前的合同条件继续雇佣该劳动者（《劳动合同法》第19条，该规定实际上类推适用于解雇权滥用法理）。[1]

（2）无期转换权

除了（1）记载的内容外，固定期限劳动合同的累计期限超过5年的劳动者，可以在当前合同期满前，向用人单位申请签订无固定期限劳动合同（无期劳动合同）。用人单位不得拒绝该申请（《劳动合同法》第18条）。这项规定旨在防止固定期限劳动合同频繁终止。

4.离职后的保密义务及竞业限制义务

在某些情况下，有必要对辞职或被解雇的劳动者施加保密义务和竞业限制义务。由于法律未明确规定保密义务和竞业限制义务，因此用人单位通常会在劳动者入职或离职时要求其签署相关承诺书。

然而，竞业限制可能会妨碍劳动者的职业选择自由（《宪法》第22条第1款），因此其有效性有时会成为问题。根据判例，要综合考虑：①竞业限制对用人单位利益的保护作用；②对劳动者的不利影响及程度；③是否提供了补偿措施及其内容，如果限制超出必要且合理的范围，则可能被视为违反公序良俗而无效（《民法》第90条）。

因此，例如在业务高度机密、限定区域和职业范围，以及支付高额离职金等情况

---

[1] 参见［日］菅野和夫、山川隆一:《劳动法》（第13版），弘文堂2024年版，第820页。

が、期間の定めのない労働契約を締結している労働者に解雇の意思表示をして契約を終了させることと社会通念上同視できると認められるか、または当該労働者が当該契約の契約期間の満了時に当該契約が更新されるものと期待することについて合理的な理由があるものであると認められる場合であって、②当該有期労働契約の契約期間が満了する日までの間に労働者が当該契約の更新の申込みをした場合、または当該契約期間の満了後遅滞なく有期労働契約の締結の申込みをした場合であって、③使用者が当該申込みを拒絶することが、客観的に合理的な理由を欠き、社会通念上相当であると認められないときは、使用者は、従前の有期労働契約の内容である労働条件と同一の労働条件で当該申込みを承諾したものとみなされる（労契法19条。この規定は、解雇に関する解雇権濫用法理の類推適用の意味を持つ）。[1]

(2) 無期転換権

(1) 記載の内容に加え、同一の使用者（企業）との間で、有期労働契約が5年を超えて更新された有期雇用労働者は、現に締結している有期労働契約の期間満了までに、使用者に対して、期間の定めのない労働契約（無期労働契約）の締結の申し込みができる（無期転換権）。使用者は、かかる申込みを拒否することはできない（労契法18条）。このように、有期労働契約については、その終了を防ぐ法律上の手当てがなされている。

4. 退職後の秘密保持義務および競業避止義務

退職したまたは解雇した労働者に対し、秘密保持義務や競業避止義務（競業禁止義務）を課すことが必要となる場合がある。法令上、かかる秘密保持義務や競業避止義務は定められていない。そこで、使用者は、入社時または退職時に、労働者にこれらの義務を遵守する旨の内容の誓約書を提出させていることが多い。

もっとも、競業を禁止することは、労働者の職業選択の自由（憲法22条1項）を妨げることになるので、その有効性が問題になることがある。

裁判例によれば、①当該従業員に対して競業避止義務を課すことによって守られるべき使用者の利益、②これによって生じる労働者の不利益の内容および程度ならびに③代償措置の有無およびその内容等を総合考慮し、その制限が必要かつ合理的な範囲を超える場合には、公序良俗に反し無効である（民法90条）と解するのが相当である、とされている。

そこで、例えば当該従業員の業務の機密性が非常に高い、地域・職種が限定的

---

[1] 菅野和夫＝山川隆一『労働法〔第13版〕』（弘文堂、2024年）820頁。

下，即使限制期较长（如 3 年），竞业限制也可能被认定为有效。但在相反情况下，即使限制期较短（如 6 个月），也可能竞业限制义务不被认可，竞业禁止被认定为无效。

（九）社会保险与中日社会保障协定

1. 社会保险制度概述

适用于劳动者的社会保险包括五种：①健康保险；②护理保险；③厚生年金保险；④雇佣保险；⑤工伤保险。

（1）健康保险

健康保险是一种在劳动者及其家属生病或受伤时，支付必要的医疗费用和津贴的医疗保险。它适用于所有经常雇佣劳动者的法人经营场所（如总店、分店、工厂等）。被保险人是未满 75 岁的劳动者，通常指在适用的经营场所中被经常雇佣的人员，但对于兼职劳动者等短时间劳动者，原则上只有在其工作时间和工作天数大致达到全职劳动者的 3/4 以上时，才成为被保险人。

健康保险费的计算基于被保险人的标准报酬月额和标准奖金额，乘以保险费率（截至 2024 年 10 月，不同地区的费率约为 10.0%）。保险费用由用人单位和劳动者平摊负担。标准报酬月额是指被保险人所得的月工资总额（包括基本工资及津贴等税前报酬），标准奖金额则是指每年发放次数少于三次的奖金和津贴的税前总额（舍去 1000 日元以下的金额）。用人单位在向劳动者支付工资和奖金时，从中扣除劳动者需负担的部分，再加上用人单位需负担的部分，一并缴纳。

（2）护理保险

护理保险主要是为了分担社会上老年人护理负担的保险。被保险人包括 40 岁以上的所有人，但用人单位只需为未满 65 岁的健康保险（如前述）加入者负担和缴纳保险费用。

因此，护理保险的适用与健康保险一致，且护理保险费需与健康保险费一起征收和缴纳。护理保险费是基于被保险人的标准报酬月额和标准奖金额，乘以保险费率（截至 2024 年 10 月，费率为 1.6%），由用人单位和劳动者平摊负担。

である、代償として高額の退職金が支払われているといった事情があれば、競業禁止期間が長くても（例えば3年でも）競業避止義務が認められる可能性が生じるが、これらと反対の事情があれば、競業禁止期間が短くても（例えば6ヶ月でも）競業避止義務が認められず、競業の禁止が無効とされるおそれがある。

（九）社会保険と日中社会保障協定

1. 社会保険制度の概要

労働者に適用される社会保険の種類としては、①健康保険、②介護保険、③厚生年金保険、④雇用保険、⑤労災保険の5つが存在する。それぞれの概要は以下の通りである。

(1) 健康保険

労働者やその家族が病気やけがをしたときなどに、必要な医療給付や手当金の支給を行う医療保険である。事業所（本店、支店、工場等）単位で適用され、労働者を常時使用する全ての法人の事業所が適用事業所となる。対象者（被保険者）は、75歳未満の労働者で、適用事業所に常時使用される者であるが、パートタイマー等の短時間労働者は、原則として、勤務時間と勤務日数の双方がフルタイムの労働者と比較して概ね4分の3以上である場合に被保険者となる。

健康保険料は、被保険者の標準報酬月額および標準賞与額にそれぞれ保険料率（地域により異なるが、2024年10月現在10.0%前後）を乗じて算出され、これを使用者と労働者が折半で負担する。「標準報酬月額」は被保険者が受け取る報酬（基本給および手当（支給回数が年3回以下のものを除く）等を含めた税引前の報酬）の月額を区切りのよい幅で区分したものである。「標準賞与額」は、支給回数が年3回以下の賞与や手当の税引前の総額から千円未満を切り捨てたものをいう。使用者は、労働者への月額報酬や賞与等の支払時に労働者の負担分を控除して徴収し、これに使用者の負担分を加えて納付する。

(2) 介護保険

主に高齢者向けに必要となる介護の負担を社会全体で分担することを目的とする保険である。対象者（被保険者）は40歳以上の全ての者であるが、使用者が保険料の負担および徴収・納付の義務を負うのは、そのうち65歳未満の健康保険（上記(1)）加入者についてのみである。

そのため健康保険の適用事業所は、健康保険料と同時に介護保険料も徴収・納付する必要がある。介護保険料は、被保険者の標準報酬月額および標準賞与額にそれぞれ保険料率（2024年10月現在1.6%）を乗じて算出され、これを使用者と労働

（3）厚生年金保险

厚生年金保险是为劳动者提供老龄年金、残疾年金和遗属年金的保障。适用的经营场所与健康保险相同，被保险人的资格基准也大致相同，但在年龄方面有所不同，只有未满70岁的劳动者才可作为被保险人。

厚生年金保险费是基于被保险人的标准报酬月额和标准奖金额，乘以保险费率（截至2024年10月，费率为18.3%），由用人单位和劳动者平摊负担。其征缴方式与健康保险费相同。

（4）雇佣保险

雇佣保险的目的是在劳动者失业等情况下提供必要的补助，同时帮助劳动者再就业，并稳定其生活和就业。原则上，只要经营场所雇佣1名劳动者，便需要适用雇佣保险。在适用的经营场所雇佣的劳动者中，若其①预计雇佣期在31天以上，②每周规定的工作时间为20小时以上，原则上为被保险人。

雇佣保险费是根据工资总额乘以保险费率计算得出的，截至2024年10月，劳动者负担部分为0.6%，用人单位负担部分为0.95%。用人单位每月从劳动者的工资中扣除其负担的部分，与自身负担部分一起，每年6~7月与工伤保险费［下述（5）］一并缴纳（在一定情况下可分期缴纳）。

（5）工伤保险

工伤保险是为在工作中或上下班途中遭受灾害，受伤、生病、死亡等意外的劳动者提供补偿的保险。用人单位有义务为所有雇佣的劳动者加入工伤保险，无论其是兼职还是固定期限劳动者，均需纳入工伤保险范围。

工伤保险费是基于工资总额乘以工伤保险费率计算得出的，全额由用人单位负担。工伤保险费率因行业而异，截至2024年10月，一般的服务业、批发业和零售业的费率为0.3%，而通信业、广播业和出版业的费率为0.2%。保险费如前所述，每年6~7月与雇佣保险费一起缴纳。

2. 中日社会保障协定

（1）协定概要

该协定的正式名称为《中华人民共和国政府和日本国政府社会保障的协定》，于2019年5月17日签署并公布，并于同年9月1日生效。其目的是解决被派遣到另一国家工作的劳动者在两国间同时强制加入公共养老金制度［如前述1（3）］所产生的双

者が折半で負担する。

(3) 厚生年金保険

老齢年金、障害年金および遺族年金の給付を目的とした保険である。適用事業所は健康保険のそれと同じである。被保険者の基準についても概ね同様であるが、年齢基準の点で相違があり、70歳未満の労働者のみが被保険者となる。

厚生年金保険料は、被保険者の標準報酬月額および標準賞与額にそれぞれ保険料率（2024年10月現在18.3%）を乗じて算出され、これを使用者と労働者が折半で負担する。徴収・納付の方法は健康保険料と同様である。

(4) 雇用保険

労働者が失業した場合などに必要な給付を行い、労働者の生活および雇用の安定を図るとともに再就職の援助を行うことなどを目的とした保険である。原則として、労働者を1人でも雇用する事業所は雇用保険の適用事業所となる。適用事業所に雇用される労働者のうち、①31日以上の雇用見込みがある、②週の所定労働時間が20時間以上であるという2つの条件を満たす者は、原則として被保険者となる。

雇用保険料は、賃金総額に雇用保険料率を乗じて算出され、2024年10月現在、原則として、労働者負担分が0.6%、使用者負担分が0.95%となっている。使用者は、雇用保険料の労働者負担分を毎月控除して徴収しておき、使用者負担分と合わせて、毎年6～7月に労災保険料（下記(5)）と併せて一括納付する（一定の場合には分割納付も可能）。

(5) 労災保険

業務中や通勤中に労働者が災害に遭い、けが、病気、死亡となったときに補償を行う保険である。雇用保険の加入義務がある使用者には労災保険の加入義務もある。そして労災保険の適用事業所で使用される労働者は、パートタイマーや有期雇用労働者等、雇用形態を問わず全て労災保険の対象者となる。

労災保険料は、賃金総額に労災保険料率を乗じて算出され、その全額が使用者の負担となる。労災保険料率は事業の種類によって異なるが、2024年10月現在、一般のサービス業または卸売業・小売業であれば0.3%、通信業、放送業または出版業であれば0.2%となっている。保険料は、上記(4)のとおり、事業主が毎年6～7月に雇用保険料と併せて納付する。

2. 日中社会保障協定

(1) 協定の概要

正式名称は「社会保障に関する日本国政府と中華人民共和国政府との間の協定」であり、2019年5月17日に公布および告示、同年9月1日に効力発生となった。両国間で一方から他方へ派遣される労働者が、両国における公的年金制度（本稿に

重负担。主要内容如下：

［中日社会保障协定的主要内容］

· 被派遣到对方国家工作的劳动者（如驻在员）根据实际停留时间，调整两国养老金制度的适用。

· 派遣期在 5 年以内：只需强制加入派遣原国的养老金制度。

· 派遣期超过 5 年：原则上只需强制加入派遣地国的养老金制度。

· 不计入养老金缴纳期间。

（2）用人单位的应对措施

该协定适用于从中国派遣到日本的劳动者，即中国企业雇佣的、在中国强制加入劳动者养老保险的人员，但不适用于日本法人直接雇用的劳动者。在中国企业向日本派遣劳动者时，必须在派遣前于中国申请"适用证明书"。

对于持有"适用证明书"的劳动者，不需加入日本的厚生年金保险。但日本接收方企业需要从被派遣的劳动者处获得"适用证明书"的复印件，以便在日本的年金事务所要求时提供。

（十）工会

1. 工会概述

日本国宪法保障劳动者平等地与用人单位交涉的权利，包括团结权、集体交涉权、集体行动权（劳动三权，见《宪法》第 28 条）。所谓工会，是指劳动者为了维护和改善劳动条件等，基于团结权而自主组织的团体。

日本的工会大多是按公司组织的企业工会，但在没有企业工会的企业中，劳动者也可以个人身份加入地区工会。这些地区工会的特点在于，通过与各个企业交涉，解决个别劳动者的解雇等雇佣问题，发挥代理功能。[1]

---

［1］参见［日］菅野和夫、山川隆一：《劳动法》（第 13 版），弘文堂 2024 年版，第 932 页。

即していえば上記1（3））への強制加入を求められることに伴う二重負担の解消を目的としており、具体的な内容は以下のとおりである。

［日中社会保障協定の主な内容］

・相手国に派遣される労働者（駐在員）は、実際の滞在期間に応じ、以下の通り両国の年金制度の適用を調整する

・派遣から5年以内：派遣元国の年金制度にのみ強制加入

・派遣から5年を超えた場合：原則派遣先国の年金制度にのみ強制加入

・年金加入期間の通算はしない

(2) 使用者の対応

この協定が適用される労働者は、中国から日本へ派遣される労働者、つまり、中国企業が雇用する（より厳密にいえば、中国の被用者基本老齢保険への加入が強制される）労働者のみで、日本法人が直接雇用する労働者には適用されない。中国企業が雇用する労働者を日本に派遣する場合、派遣前に中国において「適用証明書」の交付申請を行っておく必要がある。

「適用証明書」を有する者については、日本において厚生年金保険に加入する必要はないが、日本側の受入企業は「適用証明書」の写しを派遣された労働者から入手し、日本の年金事務所から提示を求められたときは、直ちにそれを提示できるよう準備しておく必要がある。

（十）労働組合

1. 労働組合の概要

憲法において、労働者には、使用者と対等な立場で交渉できるように団結する権利（団結権）、団体で使用者と交渉する権利（団体交渉権）、争議行為や組合活動を行う権利（団体行動権）が保障されている（労働三権。憲法28条）。労働組合とは、これらのうち団結権に基づいて、労働者が、労働条件の維持改善等を主な目的として自主的に組織する団体を意味する。

日本の労働組合の多くは、会社ごとに組織化されている企業別労働組合であるが、企業別労働組合のない企業の従業員も個人で地域組織の労働組合（以下「地域労組」とする。）に加入することが可能である。これらの地域労組の多くは、個々の労働者の解雇その他の雇用関係上の問題を個々の企業との交渉によって解決することを試みるものであり、駆け込み寺的機能（代理機能）を果たすことに特徴がある[1]。

---

[1] 菅野和夫＝山川隆一『労働法〔第13版〕』（弘文堂、2024年）932頁。

2. 集体谈判

集体谈判是指劳动者为改善劳动条件，依靠团结的力量与用人单位进行谈判。用人单位无正当理由拒绝劳动者提出的集体谈判要求，属于不当劳动行为（见下述第4部分），并被禁止（《工会法》第7条第2项）。此外，用人单位在谈判中有诚实交涉的义务。

3. 劳动协约

劳动协约是指工会与用人单位通过集体谈判达成的劳动条件等协议，并将其内容书面化。劳动协约中规定的劳动条件和其他待遇标准被称为规范部分，与此相反的劳动合同和就业规则将被视为无效，需按劳动协约的标准执行（规范效力，《工会法》第16条、《劳动基准法》第92条）。

4. 不当劳动行为

《工会法》第7条规定，以下行为[1]被视为妨碍劳动者和工会正当活动的不当劳动行为，并被禁止：

（1）因劳动者加入工会、建立工会或从事工会正当活动而解雇劳动者、区别对待工资奖金或调动岗位等给予不利待遇。

（2）以不加入工会或退出工会为雇佣条件。

（3）无正当理由拒绝集体谈判。

（4）干涉工会的组建和运营，或资助工会经费。

如果存在不当劳动行为，工会可以向劳动委员会申请救济。劳动委员会根据申请进行调查，一旦确认存在不当劳动行为，将命令用人单位停止该行为。

---

[1] 东京都产业劳动局《便携式劳动法2023》第159页。

2. 団体交渉

　団体交渉とは、労働者が、労働条件の改善等を求めて、団結の力を背景に使用者と交渉を行うことである。労働者が申し入れた団体交渉を、使用者が正当な理由なく拒むことは不当労働行為（下記4にて後述）に該当し禁止されている（労組法7条2号）。また、使用者は、かかる交渉に誠意をもってあたる誠実交渉義務をも負うものとされている。

3. 労働協約

　団体交渉等により労働組合と使用者との間で合意された労働条件等の内容を書面にしたものを、労働協約という。労働協約で定められた労働条件やその他労働者の待遇に関する基準を規範的部分といい、これに反するような労働契約や就業規則は無効となり、無効となった部分は労働協約で定められた基準によることとなる（規範的効力、労組法16条、労基法92条）。

4. 不当労働行為

　労組法においては、次のような行為は[1]、労働者や労働組合の正当な活動を妨げるものであるとされ、不当労働行為として禁止されている（労組法7条）。

（1）労働者が労働組合に加入したり、労働組合を作ろうとしたり、労働組合の正当な行為をしたことを理由に、解雇したり、賃金や賞与などを他の人と差別したり、条件の悪い転勤や配置転換を行う等、労働者の不利益となる取扱いをすること

（2）労働組合に加入しないこと、あるいは労働組合から脱退することを雇用条件とすること

（3）正当な理由なしに団体交渉を拒否すること

（4）労働組合の結成・運営に介入したり、経費を援助したりすること

　不当労働行為にあたる行為があった場合、労働組合は、労働委員会に救済の申立をすることができる。労働委員会は、労働組合からの申立に基づいて調査し、不当労働行為の存在が明らかになれば、使用者に当該行為をやめるように命令を出す。

---

[1] 東京都産業労働局雇用就業部労働環境課『ポケット労働法 2024』（2024年）159頁。

四、签证和在留资格

（一）签证和在留资格

为了获得适当的工作签证，首先需要在申请人预定居住地或接收机构所在地的地方出入境在留管理局申请在留资格认定证明书（Certificate of Eligibility，COE）。由于申请人此时仍在本国，因此这项申请通常由具备代理资格的行政书士或律师代为办理。

取得在留资格认定证明书后，将其邮寄或通过在线申请发送结果电子邮件给本国的申请人，申请人需携带在留资格认定证明书（或打印的结果电子邮件）及其他必要文件，前往本国的日本大使馆或领事馆办理签证手续。

一般情况下，由于在留资格认定证明书的签发时已经完成了实质审查，因此签证的办理通常在5天左右完成。

（二）就业资格的种类

在留资格共有29种，每种资格均对在日本的活动内容有具体规定。因此，入境者需要获得与其在日本的活动内容相符的在留资格。如果在日本从事超出所持在留资格范围的活动，该外国人可能因违反规定而被追究法律责任，面临在留资格取消的处分。此外，接收该外国人的日本机构也可能因非法雇佣而被追责，因此选择正确的在留资格至关重要。

与外国公司在日本的子公司相关的长期在留资格有"企业内转勤""技术・人文知识・国际业务""经营管理""高度专门职"等。对于随行的家庭成员，通常适用于"家族滞在"的在留资格。董事的活动通常归类为"经营管理"，适用于企业的经营者和管理者。如果既是投资者又是董事，则属于"经营"类别，而不出资的情况则属于"管理"类别。

四．ビザ・在留資格

（一）ビザ（査証）と在留資格

適切な就労ビザを取得するには、まず、在留資格認定証明書交付申請を、申請者の居住予定地・受入機関の所在地を管轄する地方出入国在留管理官署に行う。申請人はこの時点ではまだ本国にいるため、この在留資格認定証明書交付申請は申請等取次者資格を有する行政書士または弁護士を通じて行うことが多い。

在留資格認定証明書（Certificate of Eligibility, COE）を取得したのちに、当該在留資格認定証明書を本国にいる申請人に郵送（またはオンライン申請の場合は結果メールの送付）し、申請人は在留資格認定証明書（または印刷した結果メール）および各種必要書類を持参の上、在外公館等本国の日本大使館においてビザ発行の手続きを行う。

ビザの発行については、通常状態であれば、在留資格認定証明書の発行時に実質的な審査が完了していることから、在外公館等日本大使館での手続は5日程度で完了する。

（二）就労資格の種類

在留資格の種類は29種類あり、それぞれ日本で行うことができる活動内容が定められているため、入国予定者は、日本での活動内容に即した在留資格を取得する必要がある。仮に、取得した在留資格で認められた活動以外の活動を日本で行った場合、当該外国人は法定外活動を行ったことにより、資格外活動罪に問われる可能性や、在留資格取消の処分を受ける可能性があり、また当該外国人の日本における受入機関は、不法就労助長罪などの罪に問われる可能性があるので、在留資格の選択は重要である。

外国会社の日本子会社に関連して必要となることの多い在留資格は、「企業内転勤」、「技術・人文知識・国際業務」、「経営・管理」、「高度専門職」などであり、帯同する家族については、原則「家族滞在」の在留資格が該当する。取締役としての活動は、通常「経営・管理」（企業等の経営者・管理者に適用される）に該当するものと考えられる。出資者であり取締役でもあるケースでは、「経営」、出資をしないケースは「管理」に該当する。

此外，"永住者""日本人的配偶者等""永住者的配偶者等""定住者"等在留资格对活动内容没有限制，可以自由从事包括领取董事报酬在内的所有活动。

（三）在留卡及在留管理制度

对于中长期在留者，会在入境许可时在机场发放在留卡。在留卡具有身份证的性质，中长期在留者必须随身携带。根据再入境许可制度，出国时持有有效在留卡的人员，如果在出国后 1 年内或在留期间届满日之前（以较早者为准）再入境，则不需要获得再入境许可。

中长期在留者需遵守在留管理制度，包括在住所地的市区町村进行住所申报，向地方入国管理局申报在留卡记载事项的变更、所属机构变更、在留卡有效期更新等。如果不再是中长期在留者，还需返还在留卡。

（四）高度人才外国人优待制度

"高度专门职"是为促进日本引进所需的高度外国人才而设立的一种在留资格，提供多种优待措施，并采用高度外国人才积分制制度。

优待措施包括：①允许从事多种在留活动；②赋予最长 5 年的在留期限；③放宽与在留经历有关的永住许可条件；④配偶工作许可；⑤在一定条件下允许父母陪同；⑥在一定条件下允许家务佣人陪同；⑦优先办理入境和在留手续等。特别是在第⑦项中，在留资格认定证明书的审查时间缩短至 2 周到 1 个月。

此外，自 2023 年 4 月起，日本引入了特别高度人才制度（J-Skip），不同于以往的高度人才积分制，当申请人的学历或工作经历与年收入达到一定水平时，将授予"高度专门职"的在留资格，享有比现行制度更为优厚的待遇。

关于高度外国人才积分制的详细信息和积分表，可参阅出入境在留管理厅的官方网站。[1]

---

[1] 参见《高度外国人才积分制介绍》，载出入境在留管理厅：https://www.moj.go.jp/isa/publications/materials/newimmiact_3_system_index.html，最后访问日期：2024 年 10 月 25 日。

その他、「永住者」、「日本人の配偶者等」、「永住者の配偶者等」、「定住者」などについては、活動内容に制限のない在留資格であり、何らの制約なく取締役としての報酬を伴う活動を行うことができる。

(三) 在留カードおよび在留管理制度

中長期在留者には、上陸許可により空港において在留カードが交付される。在留カードは身分証明書としての性格を有しており、中長期在留者は常時、在留カードを携帯しなければならない。みなし再入国許可制度により、出国時有効な在留カードを有する者は、出国から1年または在留期間の満了日のうちいずれか早く到来する日までに再入国する場合、再入国許可を受ける必要はない。

中長期在留者は、在留管理制度の対象となり、住居地の市区町村において住居地の届出を行い、地方入国管理官署へ在留カードの記載事項に変更があった場合の届出、所属機関に変更があった場合の届出、在留カードの有効期間更新申請などを行う必要があり、中長期在留者でなくなった場合には在留カードを返納する必要がある。

(四) 高度人材外国人に対する優遇制度

「高度専門職」は、日本にとって望ましい高度外国人材の受入れを促進するため、様々な優遇措置がなされるカテゴリーの在留資格であり、高度外国人材に対しポイント制を活用した制度が制定されている。

優遇措置の内容として、①複合的な在留活動の許容、②在留期間5年の付与、③在留歴に係る永住許可要件の緩和、④配偶者の就労、⑤一定の条件の下での親の帯同、⑥一定の条件の下での家事使用人の帯同、⑦入国・在留手続きの優先処理、などがあげられる。特に、⑦入国・在留手続きの優先処理、の一環として、在留資格認定証明書交付申請の審査期間が2週間から1ヶ月程度に短縮される。

また、2023年4月から特別高度人材制度（J-Skip）が導入され、これまでの高度人材ポイント制とは別途、学歴または職歴と、年収が一定の水準以上であれば「高度専門職」の在留資格を付与し、"特別高度人材"として現行よりも拡充した優遇措置を認める制度が始まった。

高度外国人材ポイント制の詳細やポイント表は出入国在留管理庁のホームページに記載されている。[1]

---

[1]「高度人材ポイント制とは」出入国在留管理庁ウェブサイト (https://www.moj.go.jp/isa/publications/materials/newimmiact_3_system_index.html)（最終閲覧日：2024年10月25日）。

第4章

知识产权

一、在中国国内进行境外知识产权布局路径及方案

在当今国际形势下，随着越来越多的中国企业积极开拓海外市场并走向国际舞台。在走出国门的过程中，企业迫切需要对海外知识产权进行前瞻性的布局。通过系统的规划和布局，企业不仅可以确立合法的权益，增强自身的核心竞争力，还能有效降低知识产权被他人抢注的风险，坚定维护自身的合法权益，从而为在海外市场上的长远发展奠定坚实的基础。

本章将重点从专利、商标、著作权等方面为"走出去"的企业提供切实可行的布局路径和实用策略建议。

（一）数字文化产业海外专利布局

中国专利共有三种类型：发明、实用新型、外观设计。数字产业在技术设备、算法、数据处理、软件架构等的创新可以考虑申请发明专利保护；在针对数字实体产品的形状、结构等的创新可以考虑申请实用新型专利的保护；在数字产品的外观及具有交互功能的图形用户界面等的创新可以考虑外观设计专利的保护。因此，企业需要了解相关的专利类型进行海外申请和布局的情况。

当前主流国家如中国、日本的专利制度均采取"先申请原则"，意味着企业需要在专利首次申请之后的一段时间内（自优先权日起12个月或PCT途径下自优先权日起30个月内）在各国进行专利布局，保护核心技术、避免侵权风险。企业制定出符合自身需求和战略目标的海外专利申请规划，有效保护其技术创新成果，并在全球市场中获得竞争优势。

第4章

知的財産権

一. 中国における海外知的財産権の戦略の策定と実行

　国際情勢が変化する中、ますます多くの中国企業が積極的に海外市場を開拓し、国際舞台へ進出している。海外に進出する過程で、企業は、海外における知的財産権について、先見性を持った戦略的な計画を立て登録することが急務となっている。体系的な計画とその登録を通じて、企業は合法な権益を確立し、自身のコア競争力を強化するだけでなく、知的財産が他者に先取りされるリスクを効果的に低減し、自身の合法な権益を堅持することができる。これにより、海外市場での長期的な発展のための堅固な基盤を築くことができる。

　本章では、特許、商標、著作権などの側面から「海外進出」する企業に対して、実行可能な戦略を提案する。

　（一）コンテンツ産業の海外特許登録

　中国の特許には、発明、実用新案、意匠の3種類がある。コンテンツ産業において、技術設備、アルゴリズム、データ処理、ソフトウェアアーキテクチャなどの革新については、発明特許の申請を検討することができる。デジタル製品の形状や構造に関する革新については、実用新案権の保護を考慮することができる。また、デジタル製品の外観やインタラクティブなグラフィカルユーザーインターフェース（GUI）などの革新については、意匠権の保護を検討することができる。このため、企業は関連する特許の種類を理解し、海外での申請と登録の状況を把握する必要がある。

　現在、主要な国（中国や日本など）の特許制度は「先願主義」を採用しており、これは企業が最初に特許を申請してから一定期間内（優先権発生日から12か月以

1. 海外专利布局的规划和选择

（1）海外专利布局的规划原则

企业进行海外专利时，需要具有前瞻性布局意识，提前了解目标市场当地专利法律法规，选取合适的申请国家、专利类型、申请途径、申请时机以及保护范围，使得专利在为企业在海外市场保驾护航。海外专利布局可以从以下几个方面进行评估和规划。

①专利布局的前瞻性

海外专利授权周期各国并不相同，发明专利的授权时间通常在2~10年不等，实用新型和外观设计专利的授权周期需要1~3年不等。尽管专利申请至授权期间一些国家或地区可以提供临时性的补偿，但也需要在专利授权之后方可进行维权主张。因此，企业需要根据未来可能涉及的目标市场提前规划，了解目标市场专利授权周期情况，有计划地提前进行专利申请工作，为企业出海保驾护航。

②合理规划专利布局

企业更应当对核心技术予以重点保护，适当倾斜布局资源，围绕核心技术及核心产品强化专利布局。通过从多维度的技术效果挖掘，实现围绕核心技术及核心产品的专利组合，通过同类竞争产品的对比提前规划建立在本技术领域内的专利墙，通过上下游关键技术的布局增加企业核心技术在海外市场的整体价值和市场竞争力。

③及时追踪国内外专利制度变化

虽然在中国三种类型的专利都统一由中国《专利法》规范并由一个机构负责审查，但在日本外观设计专利由单独的法律规定。此外，还有一些国家或地区（如欧盟、埃及），外观设计专利与商标属于同一个注册主管部门，其审查和授权程序与商标近似。因此，企业在海外布局时需要结合目标地区法律法规制定来选择合理的布局途径和方式。

内、または PCT 経由で優先権発生日から 30 か月以内）に各国で特許の登録を行う必要があることを意味する。これにより、企業は核心技術を保護し、侵害リスクを回避することができる。企業は自身のニーズと戦略目標に合った海外特許申請計画を策定し、技術革新成果を効果的に保護し、グローバル市場で競争優位を獲得することができる。

1. 海外特許登録の計画と選択

(1) 海外特許登録の計画原則

企業が海外特許を取得する際には、先見性を持った戦略的な登録意識が必要である。ターゲット市場の現地特許法規を事前に理解し、適切な申請国、特許の種類、申請ルート、申請タイミング、および保護範囲を選択することで、特許が企業の海外市場進出をしっかりとサポートできるようにすることが重要である。海外特許登録の計画は、以下の側面から評価し策定することができる。

①特許登録の先見性

各国の海外特許の認可周期は異なり、発明特許の認可期間は通常 2 〜 10 年、実用新案および意匠権の認可期間は 1 〜 3 年である。特許申請から認可までの期間中に、一部の国や地域では一時的な補償を提供することがあるが、特許が認可された後でなければ権利主張はできない。そのため、企業は将来のターゲット市場を考慮し、前もって計画を立てる必要がある。ターゲット市場の特許認可周期を理解し、計画的に早期に特許申請を行うことで、企業の海外進出をしっかりとサポートすることが可能である。

②特許登録の合理的な計画

企業はコア技術を重点的に保護し、適切にリソースを配分し、コア技術およびコア製品を中心に特許登録を強化する必要がある。多面的な技術効果の掘り下げを通じて、コア技術およびコア製品を中心とした特許ポートフォリオを構築し、同種の競合製品と比較することで事前に計画し、技術分野内での特許による防壁を構築する。上下流の重要技術の登録を通じて、企業のコア技術の海外市場における全体的な価値と市場競争力を高めることができる。

③国内外の特許制度の変化を適時に把握する

中国では、3 種類の特許がすべて「特許法」によって統一的に規制され、1 つの機関が審査を担当しているが、日本では意匠権が個別の法律によって規定されている。また、一部の国や地域（例えば EU やエジプト）では、意匠と商標が同じ登録主管部門に属しており、その審査および認可手続きは商標に類似している。このため、企業は海外において特許を登録する際に、ターゲット地域の法律や規制を考慮し、

再如，中国《专利法》增加了外观设计专利的本国优先权，并加入了《工业品外观设计国际保存海牙协定》，企业可及时调整外观设计专利的布局策略，选择更便利的海牙途径进行海外布局，节约成本和时间。

（2）向海外申请专利的前置程序：保密审查

任何单位或者个人将在中国完成的发明或者实用新型向外国申请专利的，应当事先报经国务院专利行政部门（中国国家知识产权局 CNIPA）进行保密审查。保密审查的范围：其一，发明创造为发明或实用新型，外观设计无需进行保密审查；其二，该发明或实用新型是在中国完成的，不论其发明人是否为中国人或企业；其三，申请人应当在向外国申请之前提交保密审查。

保密审查周期为 4~6 个月。违反保密审查的后果是，该发明创造在中国不授予专利权。

直接向外国或国际组织申请专利的发明或实用新型必须申请保密审查，以中国专利申请为优先权的海外申请无需进行保密审查，以中国国家知识产权局（CNIPA）为 PCT 受理局直接递交的 PCT 国际申请，视为同时提出了保密审查请求。

（3）专利申请的时机

专利权是一种依申请而获得权利的知识产权，并不像著作权一样自完成之日即获得保护。同时，专利的授权应当满足"新颖性"，新颖性判断依据是以专利申请日为界限，在专利申请日以前公开的、与专利方案相同的文献和实物均可能导致专利申请丧失新颖性而无法得到授权。因此，当产品或方法首次展出之前，企业需要进行可专利性评估并完成专利申请，避免权利的丧失。

当然，各国专利法也对申请日前一定期限内（通常是 6 个月内或 12 个月内）、因一些特殊原因的提前公开规定"不丧失新颖性的宽限期"。如果企业的某些专利技术确因特殊原因被公开，可以尝试在规定的期限内完成专利申请并要求适用宽限期。

需要注意的是，各国在具体认定的标准上并不相同。比如，中国《专利法》规定了四种不丧失新颖性的情形，但不包括申请人自行公开的情形；但是根据美国《专利法》的规定，如果在先公开是由发明人或共同发明人作出的，不会构成专利申请的现

合理的な登録方法と手段を選択する必要がある。

さらに、中国の「特許法」では、意匠権の国内優先権が追加され、「ハーグ協定」にも加入した。これにより、企業は意匠権の登録戦略をタイムリーに調整し、より便利なハーグルートを選択して海外に特許を登録することで、コストと時間を節約することができる。

(2) 海外特許申請の前提手続き：秘密保持審査

中国で完成した発明や実用新案を外国に特許出願する場合、事前に国務院特許行政部門（中国国家知識産権局 CNIPA）による秘密保持審査を受けなければならない。秘密保持審査の範囲は次のとおりである：

発明または実用新案：発明や実用新案は秘密保持審査が必要であるが、意匠は秘密保持審査の対象外である。

中国で完成された発明や実用新案：発明者が中国人か外国人か、企業か個人かを問わず、中国で完成されたものであることが条件である。

外国出願前の秘密保持審査申請：申請者は外国に出願する前に、秘密保持審査を受けるための申請を提出しなければならない。

秘密保持審査の期間は4～6か月である。秘密保持審査を怠った場合、その発明は中国で特許権を取得することができない。

外国や国際機関に直接特許出願する発明や実用新案は、秘密保持審査の申請が必要である。しかし、中国の特許出願を優先権とする海外出願には秘密保持審査が不要であり、CNIPAをPCT受理局として直接提出されたPCT国際出願は、同時に秘密保持審査の申請がなされたものと見なされる。

(3) 特許出願のタイミング

特許権は、著作権とは異なり、出願によって取得される知的財産権である。著作権は完成した時点で保護されるが、特許権は新規性を満たす必要がある。新規性の判断基準は特許出願日を境とし、出願日以前に公開された同様の文献や実物がある場合は、新規性を失わせ、特許が認可されない可能性がある。そのため、製品や方法が初めて展示される前に、企業は特許性評価を行い、特許出願を完了する必要がある。これにより、権利の喪失を防ぐことができる。

各国の特許法は、出願日前の一定期間（通常6か月または12か月以内）に特定の理由で先行公開された場合、新規性を喪失しない「グレースピリオド」を設けている。企業の特許技術が特別な理由で公開された場合、指定された期間内に特許出願を行い、グレースピリオドの適用を要求することができる。

注意すべきは、各国における具体的な基準が異なる点である。例えば、中国の

有技术。因此，在专利方案因为在先公开而丧失新颖性时，企业也可以尝试利用不同的国家或地区规定进行补救。

（4）常用专利布局策略

专利布局的常见类型包括路障式布局、城墙式布局、地毯式布局、围栏式布局和糖衣式布局等。"路障式布局"是对实现一个技术目标所必要的一种或几种技术方案进行专利申请，为竞争对手可能达成技术目标的路径制造难以跨越的障碍。"城墙式布局"是将实现某一技术目标的所有可能性规避方案全部申请专利，压缩竞争对手规避设计的空间。"地毯式布局"是将实现某一技术目标的所有环节和步骤逐一申请专利，形成类似地毯的全覆盖式保护。"围栏式布局"是在某一核心技术被竞争对手掌握的情况下，围绕该核心技术所必要的关联技术申请专利，形成围绕对方核心技术的若干个围栏，迫使竞争对手通过交叉许可等方式才能有效发挥核心技术的效能。"糖衣式布局"是围绕自己的核心专利，有选择性地进行多个外围次核心专利布局，与核心专利相呼应，加大竞争对手规避难度。

企业可以根据产品的实际需要和成本进行专利布局，具体的布局类型也可以进行灵活变动和叠加，与当地律师或专利代理机构结合当地法律法规谋划合理的布局方案。

（5）图形用户界面外观设计专利的布局

图形用户界面（Graphic User Interface，GUI）是指采用图形方式显示的计算机操作环境的用户接口，用户可以借助 GUI 实现与计算机软件的信息交互和操作控制。例如，滑屏解锁界面、菜单交互界面切换等都可能属于 GUI 类型的外观设计专利。

「特許法」では、新規性を喪失しない4つの事例が規定されているが、申請者自身の公開は含まない。しかし、米国特許法では、発明者や共同発明者による先行公開は、特許出願の公知技術とはみなされない。このため、先行公開によって新規性を失った場合、企業は異なる国や地域の規定を利用して補助的な救済を試みることができる。

(4) よく使われる特許戦略

特許の登録には、一般的に以下のようなタイプがある：バリケード型登録、城壁型登録、カーペット型登録、フェンス型登録、そしてキャンディー型登録などである。

「バリケード型登録」とは、特定の技術目標を達成するために必要な一つまたは複数の技術方法について特許を出願し、競争相手がその技術目標に到達するための経路に越え難い障害を作るものである。

「城壁型登録」とは、特定の技術目標を達成するためのすべての可能な回避方法について特許を出願し、競争相手の回避設計の余地を縮小するものである。

「カーペット型登録」とは、特定の技術目標を達成するためのすべてのステップやプロセスに対して個別に特許を出願し、カーペットのように全面的な保護を形成するものである。

「フェンス型登録」とは、競争相手が特定のコア技術を把握している場合、そのコア技術に必要な関連技術について特許を出願し、そのコア技術の周りに複数のフェンスを形成して、競争相手が交差許可などを通じてコア技術を効果的に活用できるようにするものである。

「キャンディー型登録」とは、自分のコア特許を中心に、選択的に複数の周辺のサブコア特許を登録し、コア特許と連携させて競争相手の回避難度を高めるものである。

企業は、製品の実際のニーズやコストに応じて特許を登録し、具体的な登録タイプは柔軟に変更したり、重ねて申請したりすることが可能である。また、現地の弁護士や特許代理機関と協力して、現地の法律や規制に基づいた合理的な登録プランを策定することができる。

(5) グラフィカルユーザーインターフェース（GUI）の意匠権の登録

グラフィカルユーザーインターフェース（GUI）とは、グラフィックを用いて表示されるコンピュータ操作環境のユーザーインターフェースであり、ユーザーはGUIを通じてコンピュータソフトウェアとの情報交換や操作制御を行う。例えば、スワイプによるロック解除画面やメニューのインタラクション画面の切り替えなど

数字产业中有大量与用户交互的软件界面，可以作为外观设计专利保护。中国和日本外观设计专利均可以保护局部或整体，为企业更好地保护有创意的数字产品提供了可能性。

2. 海外专利布局的途径

尽管专利权人可以依照目标国家或地区的法律规定直接进行申请，但是往往面临着语言翻译错误、沟通不便、必须委托当地律师或专利代理人等问题，较为不便且成本较高。《保护工业产权巴黎公约》规定了"优先权制度"，使得专利申请人在一个成员国首次提出专利申请后，在一定期限内就相同主题在其他成员国提出专利申请，其在后申请在某些方面被视为在首次申请的申请日（优先权日）提出的。本部分将主要介绍以中国专利申请为优先权进行海外专利布局的各种途径。

（1）单一国家申请

单一国家申请主要适用于目标市场单一且短期内不会变化的海外布局，例如企业的海外订单主要是向某一国家出口。企业应当在中国专利申请日起向该目标国家提出专利申请，并声明享有中国专利申请的优先权。发明和实用新型的优先权期限为12个月，外观设计的优先权期限为6个月。

单一国家申请需要以目标国家的官方语言进行提交，企业应当在优先权期限完成对文本的翻译，并且依据目标国家的法律法规完成专利申请工作，专利申请的官费以目标国家的货币进行结算。

（2）PCT途径

《专利合作条约（PCT）》已覆盖157个国家或地区，申请人只需要提交一份PCT国际专利申请，即可同时在PCT所有成员国中要求对其发明进行保护。以中国发明或实用新型专利申请为优先权，在优先权日起12个月内申请PCT国际专利申请，可以为专利申请人提供自优先权日起30个月的时间，可以从容地选择专利具体进入哪些国家。PCT国际申请不进行实质审查，是否授予专利权仍需在进入各国国家阶段后，由各国审查并授予专利权。

がGUIタイプの意匠権に該当する。

コンテンツ産業には、多くのユーザーインタラクション用ソフトウェアインターフェースが存在し、これらは意匠権で保護することが可能である。中国や日本の意匠権は、部分的または全体的な保護が可能であり、企業にとっては創造的なデジタル製品の保護をより良くするための可能性を与える。

2. 海外特許の登録の手段

特許権者は、目標とする国や地域の法律に従って直接特許申請を行うことができるが、言語翻訳の誤り、コミュニケーションの不便さ、現地の弁護士や弁理士の委託の必要性などの問題に直面することが多く、これらは不便でコストが高くなる。『パリ条約』では「優先権制度」が規定されており、特許申請者がある加盟国で初めて特許申請を行った後、一定の期限内に同じテーマでほかの加盟国に特許申請を行う場合、後の申請が初回の申請日（すなわち「優先権日」）に提出されたものと見なされることがある。この部分では、中国特許申請を優先権として利用して海外特許の登録を行うさまざまな手段について紹介する。具体的には以下のとおりである。

(1) 単一国家申請

単一国家申請は、目標とする市場が単一であり、短期間に変わることがない海外登録に主に適している。例えば、企業の海外受注が主に特定の国への輸出である場合である。企業は、中国特許申請の日から一定期間内にその目標とする国において特許申請を行い、中国特許申請の優先権を主張する必要がある。発明および実用新案の優先権期間は12か月、意匠の優先権期間は6か月である。

単一国家申請では、目標とする国の公用語で提出する必要があり、企業は優先権期間内にテキストの翻訳を完了し、目標とする国の法律および規則に従って特許申請を行わなければならない。特許申請の免許税は目標とする国の通貨で決済される。

(2) PCTルート

『特許協力条約（PCT）』は、157か所の国と地域をカバーしており、申請者は1件のPCT国際特許申請を提出することで、PCTのすべての加盟国でその発明に対する保護を要求することができる。中国の発明または実用新案申請を優先権として利用し、優先権日から12か月以内にPCT国際特許申請を行うことで、申請者は優先権日から30か月の期間を確保することができ、どの国に特許を進めるかをゆっくりと選ぶことができる。PCT国際申請は実質的な審査を行わず、特許権の付与は各国の国内段階に進んだ後、各国で審査され、特許権が授与されるかどうかが決定される。

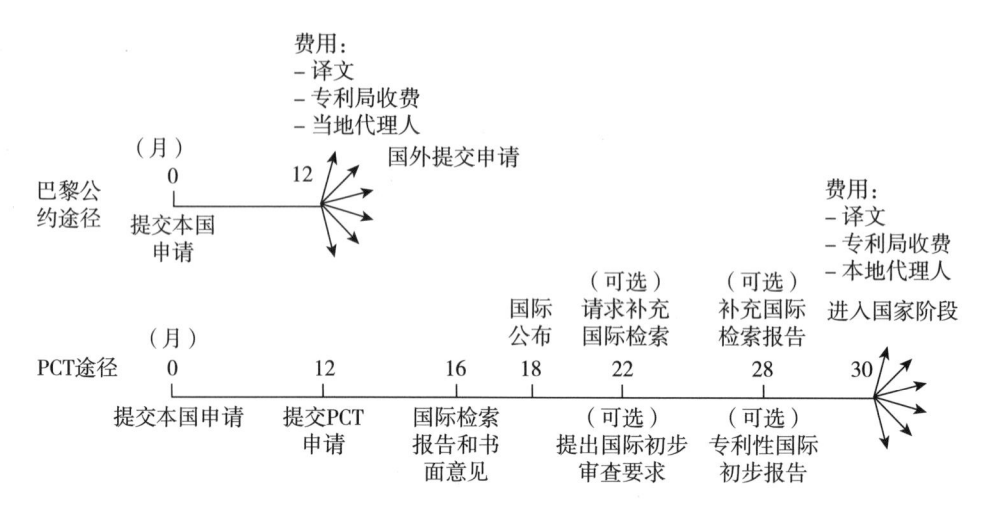

```
                              费用：
                              - 译文
                              - 专利局收费
                              - 当地代理人
                              国外提交申请
           （月）
            0        12                                                          费用：
巴黎公                   ↗                                                         - 译文
约途径   ────────────┼──→                                                          - 专利局收费
         提交本国       ↘                                                          - 本地代理人
         申请                                                                     进入国家阶段
                                                    （可选）      （可选）
                                          国际      请求补充    补充国际
                                          公布      国际检索    检索报告
           （月）
PCT途径      0        12        16        18        22          28          30
         ────────┼─────────┼─────────┼─────────┼──────────┼──────────┼────→
         提交本国申请  提交PCT   国际检索             （可选）       （可选）
                      申请     报告和书             提出国际初步    专利性国际
                              面意见               审查要求       初步报告
```

图4-1

与巴黎公约途径相比，PCT途径更适用于那些目标国家或未来目标国家较多（3个以上）的专利申请人。并且中国国家知识产权局（CNIPA）是PCT国际受理局之一，可以接受中文或英文的专利申请文本，对于中国专利申请人来说，可以节省翻译的费用和时间。PCT途径的专利布局主要包括两个阶段：

国际阶段：申请人提交PCT国际专利申请后，将在申请日起16个月内收到国际检索报告和书面意见，PCT国际专利申请最迟在申请日起18个月内进行国际公布，国际公布至申请日起30个月内申请人可以随时选择该PCT国际专利申请进入哪些成员国；此外，国际公布后申请人还可以选择进行补充国际检索，这并非强制性的程序。

在国际阶段，申请人有两种对申请文本修改的机会。第一，自收到国际检索报告之日起2个月内或自优先权日起16个月内（以后到期之日为准），仅能修改权利要求书；第二，自收到国际检索报告之日起3个月内或优先权日起22个月内，可以修改所有申请文本。上述修改均不能超出原始申请文本的范围。

国家阶段：申请人选择了进入的成员国后，将依据该国家或地区有关PCT国家阶段的规定进行审查和授权。

図 4-1

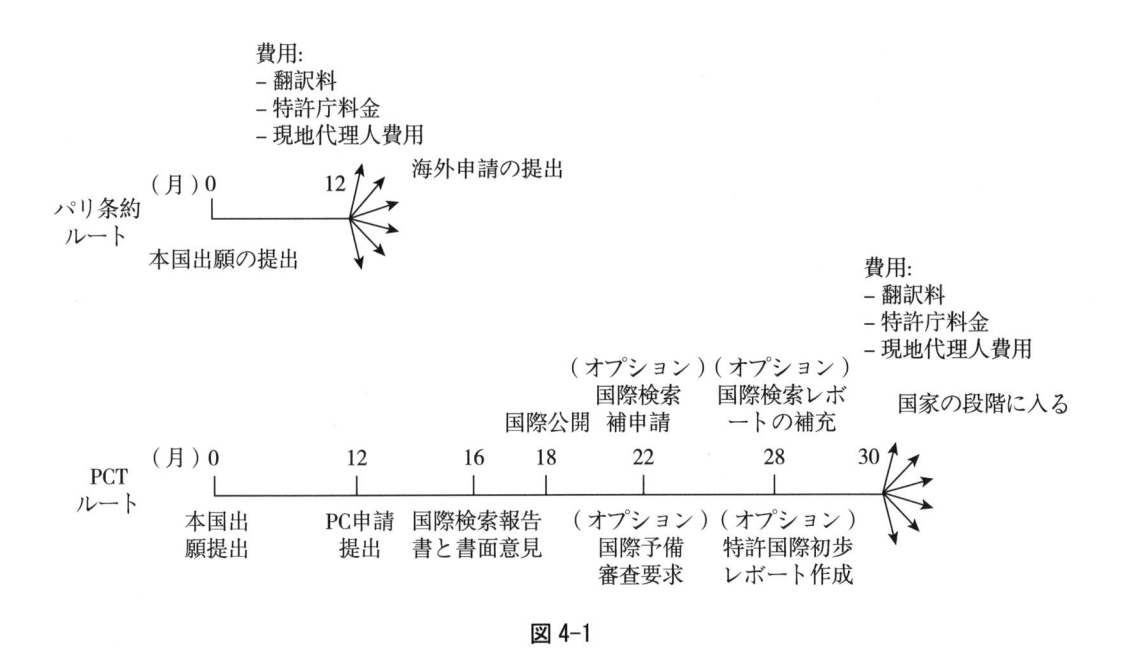

パリ条約ルートと比較して、PCTルートは目標とする国または将来目標とする国が多数（3か国以上）である場合の特許申請者により適している。さらに、中国国家知識産権局（CNIPA）はPCT国際受理局の一つであり、中国語または英語の特許申請文書を受け付けているため、中国の特許申請者にとっては翻訳費用と時間を節約することができる。PCTルートの特許登録は主に2つの段階で構成されている。

i. 国際段階

申請者がPCT国際特許申請を提出すると、申請日から16か月以内に国際調査報告と書面意見を受け取り、PCT国際特許申請は遅くとも申請日から18か月以内に国際公開される。国際公開後、申請日から30か月以内に、申請者はいつでもこのPCT国際特許申請をどの加盟国において進めるかを選択できる。また、国際公開後に申請者は補充国際調査を選択することもできるが、これは義務的な手続きではない。

国際段階では、申請者には申請文書を修正する機会が2回ある。最初の機会は、国際調査報告を受け取ってから2か月以内、または優先権日から16か月以内（どちらか遅い方）に、請求項を修正することができる。2回目の機会は、国際調査報告を受け取ってから3か月以内、または優先権日から22か月以内に、すべての申請文書を修正することができる。これらの修正は、原始申請文書の範囲を超えてはならない。

ii. 国家段階

申請者が選択した加盟国に進んだ後、その国または地域のPCT国家段階に関する規定に従って審査と特許の付与が行われる。

（3）海牙协定途径

《工业品外观设计国际保存海牙协定》目前覆盖 93 个国家和地区，包含了大部分主流出海的国家。提交一件国际申请、通过一个机构（WIPO）就可能在海牙协定成员国获得至少 15 年的外观设计保护。海牙协定系统下的国际外观保护期限为 5 年，每次可以续展 5 年，直至达到指定国的国家法所规定的最长保护期限。

相较于巴黎公约途径，海牙协定途径适用于多个国家布局的企业，并且可以对外观设计国际注册进行批量续展和著录项目变更。同时申请的国家越多，单次申请的设计越多，通过海牙体系的总体性价比就越高，最多可包含同一洛加诺分类的 100 项外观设计。

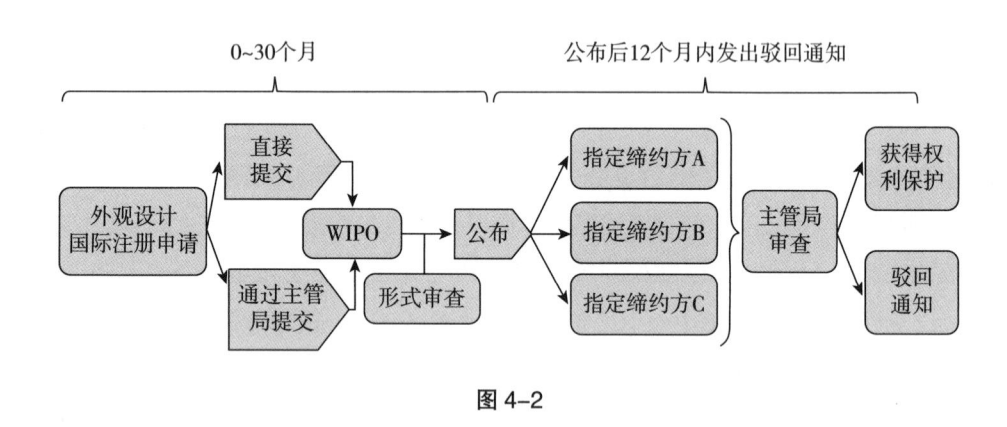

图 4-2

国际公布日起，开始计算各指定国的驳回期限。如果在规定的驳回期限内指定国没有发出驳回通知，或者驳回通知被撤回，则该国际外观设计国际注册在该指定国内享有外观设计专利权。

外观设计国际注册的国际局不负责授权，仍然是由各成员国进行独立的审查和保护，外观设计国际注册的侵权等事宜也由各国处理。

3. 海外专利的管理与运用

海外专利授权之后，企业需根据自身情况对海外专利的维持时间、保护范围进行及时调整，结合企业自身需要采取分案、续案、申请改进方案等方式进一步完善布局。与此同时，企业也可能会遭遇到竞争对手发起的挑战，如对专利提出异议、无效宣告等，需要企业聘请当地专业机构或律师配合进行评估和应对。因此，海外专利的管理也是海外布局的重要组成部分，海外布局绝非一蹴而就、一劳永逸，需要实时跟进当

(3) ハーグ協定ルート

『ハーグ協定』は現在、93か所の国と地域をカバーしており、主な海外進出国の大部分を含んでいる。1件の国際出願を1つの機関（WIPO）を通じて提出することで、ハーグ協定の加盟国において少なくとも15年間の意匠保護を受けることができる。ハーグ協定システムによる国際意匠保護期間は5年で、期間ごとに5年間の更新が可能であり、指定国の国内法で規定された最長保護期間に達するまで更新できる。

パリ条約ルートと比較して、ハーグ協定ルートは複数の国での登録に適しており、意匠の国際登録を一括で更新し、記載事項の変更を行うことができる。申請する国が多く、単一申請での意匠が多いほど、ハーグシステムを通じた全体的なコストパフォーマンスが高くなる。同一のロカルノ分類内で最大100項目の意匠を含めることができる。

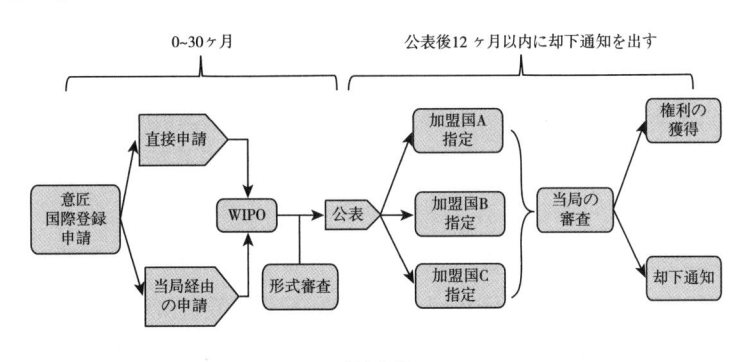

図 4-2

国際公開日から、各指定国の拒絶期間が計算される。指定国が規定の拒絶期間内に拒絶通知を発行しない場合、または拒絶通知が撤回された場合、その国際意匠登録は指定国内で意匠権を享有する。

国際意匠登録の国際事務局（WIPO）は特許の付与を担当せず、依然として各加盟国が独立して審査および保護を行う。意匠登録に関する侵害などの問題も各国で処理される。

3. 海外特許の管理と運用

海外特許の付与後、企業は自社の状況に応じて海外特許の維持期間や保護範囲を適宜調整し、企業のニーズに応じて分割出願、継続出願、改良案の申請などの方法を用いて特許登録をさらに整備する必要がある。同時に、企業は競争相手からの挑戦（例えば、特許に対する異議申立てや無効宣告など）に直面する可能性があり、その際には現地の専門機関や弁護士を雇って評価と対応を行う必要がある。このた

地法律法规和企业自身情况进行适应性调整。

此外,专利转化是发挥专利价值的重要环节,海外专利授权后,企业可以结合当地发展情况,对专利进行许可、转让等运作,也可以尝试采用作价入股、合作开发等机制寻求多方位的合作。

海外专利维持:专利授权之后需要定期缴纳年费以维持其有效性,未按时缴纳年费将可能丧失专利权。各国对于年费缴纳的期限规定各有不同,并且通常要求专利权人在到期前6个月完成缴费,但也会给予一定的宽限期。同时,一些国家和地区对中小型企业主体提供了税费减免政策,企业可以根据自身情况进行申请。

（二）数字文化产业海外商标布局

商标作为企业品牌和形象的核心标识,在企业拓展海外市场的过程中起着至关重要的作用。由于商标保护具有地域性,意味着在中国注册有效的商标并不会自动在其他国家或地区获得相应的保护。在采用注册原则的国家,为了获得商标的有效保护,企业必须向当地的商标主管机关提交商标注册申请。在采用使用原则的国家,尽管商标权的确立主要基于商标的实际使用情况,但为了获得更全面的保护并避免潜在的侵权风险,也建议企业向当地商标主管机关提交商标注册申请。在规划海外商标布局时,企业需要考虑以下关键因素,并根据实际的业务需求和发展规划进行相应的调整。

1. 申请规划和选择

（1）需求与规划

企业在规划海外商标布局时,应根据自身的商业需求和长期发展规划进行综合考量,例如品牌推广成本和潜在的维权难度,良好的海外商标布局可以帮助企业提升海外市场竞争力,快速扩张业务。

①现有市场的商标保护:对于已经在海外市场推出了产品或服务的企业,应立即在相关国家或地区申请商标注册。这样可以确保企业能够合法且安全地使用其商标,降低商标侵权风险,并防止他人恶意抢注正在使用的商标。

め、海外特許の管理は海外登録の重要な一部であり、一度きりで終わるものではなく、現地の法律や規制の変化、自社の状況に応じて適宜調整することが求められる。

さらに、特許の転換は特許価値を発揮する重要なステップである。海外特許の付与後、企業は現地の発展状況に応じて特許のライセンス供与や譲渡を行うことができ、また、出資や共同開発などのメカニズムを用いて多方面の協力を模索することもできる。

海外特許の維持：特許が付与された後、特許権を維持するためには定期的に年会費を支払う必要がある。年会費を期限内に支払わない場合、特許権を失う可能性がある。各国の年会費支払い期限の規定は異なり、通常、特許権者は期限前の6か月以内に支払いを完了する必要があるが、一定の猶予期間が設けられている場合もある。また、一部の国や地域では、中小企業に対して年会費の減免政策が提供されており、企業は自社の状況に応じて申請することができる。

（二）コンテンツ産業の海外商標の登録

商標は企業ブランドやイメージの中心的なシンボルとして、企業が海外市場を拡大する際に極めて重要な役割を果たす。商標保護は地域性を持つため、中国で登録された商標がほかの国や地域で自動的に保護されるわけではない。登録主義を採用している国では、効果的な商標保護を得るために、企業は現地の商標主管機関に商標登録申請を行う必要がある。使用主義を採用している国では、商標権の確立は主に商標の実際の使用に基づいているが、より包括的な保護を得て潜在的な侵害リスクを回避するために、企業は現地の商標主管機関に商標登録申請を行うことをお勧めする。

海外商標の登録を計画する際、企業は以下の重要な要素を考慮し、実際のビジネスニーズや発展計画に基づいて適切な調整を行う必要がある。

1. 申請計画と選択

(1) ニーズと計画

企業が海外商標登録を計画する際、自社の商業的ニーズと長期的な発展計画に基づいて総合的に検討する必要がある。例えば、ブランドプロモーションのコストや潜在的な権利保護の難易度などである。良好な海外商標登録は、企業が海外市場での競争力を高め、ビジネスを迅速に拡大するのに役立つ。

①既存市場の商標保護：既に海外市場に製品やサービスを展開している企業は、関連する国や地域で直ちに商標登録を申請するべきである。これにより、企業は商標を合法かつ安全に使用できるようになり、商標侵害のリスクを低減し、使用中の

②未来市场的商标规划：对于尚未在海外市场推出产品或服务，但未来计划进入的企业，应提前进行深入的市场研究和商标可用性分析。以"销售未动，商标先行"的策略，提前制订并实施商标注册计划。这样确保当产品或服务准备进入新市场时，商标权利已经稳固，避免因商标问题而导致的市场进入延迟。

（2）商标标识的选择

企业在开拓海外市场时，选择一个便于记忆、传播和识别的商标十分重要。在申请商标前，企业应充分了解目标市场的文化、传统习俗和宗教信仰，避免使用可能引起误解或冒犯的商标元素，确保商标设计和申请符合当地法律要求。在设计商标标识时，对于可能与当地文化和宗教信仰相悖的商标文字、字母、数字、图形等元素，应谨慎对待，尽量避免注册和使用。

此外，企业应考虑不同国家的语言文字和审美习惯，结合企业自身的文化和品牌特色，设计出既具有吸引力又尊重当地文化的商标标识。例如，在挪威、越南等国家，商标主管机关可能不接受纯汉字商标的申请注册，因为当地消费者可能无法通过汉字识别商品或服务。

商标的主要功能在于区分商品或服务的来源。企业在选择商标时，应优先考虑具有显著特征和独创性的标识，避免使用过于通用或描述性的词汇。一个独特且显著的商标有助于让消费者在众多商品或服务中轻松识别本企业的产品，提高品牌的辨识度，也有助于在消费者心中建立商标标识与本企业的稳定对应关系，还能避免减少与现有商标权利发生冲突的风险，降低商标申请被驳回的可能性，也能够避免未来企业商标因显著性降低或者缺乏显著而无效。

（3）商标类别的选择

目前，多数国家或地区在商标注册时采用世界知识产权组织（WIPO）提供的《商标注册用商品和服务国际分类》（尼斯分类），并可能会根据本国实际情况对分类进行适当的调整和补充。然而，也存在一些国家或地区，它们并未完全采用尼斯分类，而是保留并使用自己的国家分类系统。例如，南美洲的巴哈马就是采用本国分类，并

商標の悪意ある先取り登録を防ぐことができる。

②将来市場の商標計画：まだ海外市場に製品やサービスを展開していないが、将来的に進出を計画している企業は、事前に市場調査と商標の使用可能性の分析を行うべきである。「販売に先駆けて商標を登録する」という戦略に基づき、事前に商標登録計画を立てて実行すべきである。製品やサービスが新しい市場に進出する際に、あらかじめ商標権を確立しておくことで、商標問題による市場進出の遅延を回避できる。

(2) 商標標章の選択

企業が海外市場を開拓する際、覚えやすく、伝播しやすく、識別しやすい商標を選ぶことは非常に重要である。商標を申請する前に、企業はターゲット市場の文化、伝統習慣、宗教信仰を十分に理解し、誤解や攻撃を引き起こす可能性のある商標要素の使用を避け、商標のデザインと申請が現地の法律要件を満たしていることを確認する必要がある。商標のデザインをする際、現地の文化や宗教信仰に反する可能性のある文字、アルファベット、数字、図形などの要素には注意を払い、登録と使用を避けるように努めるべきである。

さらに、企業は各国の言語や美的習慣を考慮し、企業自身の文化やブランドの特徴を組み合わせ、魅力的で現地の文化を尊重した商標をデザインする必要がある。例えば、ノルウェーやベトナムなどの国では、現地の消費者が漢字を通じて商品やサービスを識別できない可能性があるため、商標主管機関が純粋な漢字商標の申請を受け付けない場合がある。

商標の主な機能は商品やサービスの出所を区別することにある。企業が商標を選択する際には、顕著な特徴と独創性を持つ標識を優先的に考慮し、過度に一般的または記述的な言葉の使用を避けるべきである。独自で顕著な商標は、消費者が多くの商品やサービスの中から企業の商品を容易に識別できるようにし、ブランドの認知度を高めるのに役立つ。また、消費者の認識として、商標と企業を適切に一致させ、既存の商標権との衝突を避けることで、商標申請が却下される可能性を低減し、将来的に商標の顕著性の低下や顕著性の欠如により無効とされるリスクを回避することもできる。

(3) 商標区分の選択

現在、多くの国や地域では、商標登録時に世界知的所有権機関（WIPO）が提供する「標章の登録のための商品及びサービスの国際分類」（通称ニース国際分類）を採用しており、各国の実情に応じて分類の調整や補足が行われることがある。しかし、一部の国や地域では、ニース国際分類を完全に採用せず、自国の分類制度を保

不接受尼斯分类第 35~45 类的服务类申请。

企业在进行商标注册时，应依据其提供的产品或服务类型来决定相应的商品或服务类别。首先，企业应根据其推出的产品或服务来筛选出覆盖现有业务范围的核心类别。这些类别能直接反映商品或服务的本质和特征。选择正确的核心类别进行注册，可以确保品牌在该领域享有专有权利，并防止他人侵权。其次，除了注册核心类别，企业还应考虑注册与产品或服务紧密关联的重要类别。这样做不仅可以为品牌未来拓展新领域做好准备，进一步巩固品牌的市场竞争力，也可以防止他人抢先在相关领域进行注册，甚至混淆企业商标，减损企业商誉。最后，对于与品牌关联度较低的类别，企业应结合品牌的未来布局、资源投入以及潜在风险来综合权衡是否进行注册。

因此，企业在选择商标类别时需要综合考虑品牌战略、市场需求、竞争环境以及资源投入等因素。通过合理的商标类别布局，可以为品牌提供全面的保护和支持，促进品牌的长期发展和海外战略的实施。

（4）申请国家或地区的选择

企业在进行海外商标布局时，应根据自身的业务发展需求和海外市场拓展战略来选择适合的国家和地区进行商标注册申请，以确保商标得到有效保护。

①现有业务市场：对于已经开展业务的国家或地区，企业应遵循"注册先行"的原则，一旦确定商标标识，应立即着手申请注册。特别是对于那些在中国国内已经具有一定知名度的品牌，鉴于商标抢注的风险较高，企业需要提高警惕尽早进行海外布局。

②未来业务市场：对于计划开展业务的国家或地区，企业可以提前进行商标布局以确保业务扩展时品牌不受阻碍，并防止他人抢先注册。

随着业务发展和市场环境的变化，企业应不断更新其海外商标申请的国家或地区名单，以适应新的市场需求。对于新兴市场，企业应评估商标注册的必要性。如果评估结果表明有必要，应及时在当地提交商标注册申请。

持し使用している場合もある。例えば、南米のバハマは、自国の分類を採用し、ニース国際分類第35～45類のサービス関連の申請を受け付けていない。

　企業が商標登録を行う際には、提供する商品やサービスの種類に応じて適切な商品やサービス分類を決定する必要がある。まず、企業は自社の製品やサービスに基づいて、現行のビジネス範囲をカバーする主要な分類を選定する。これらの分類は、商品の本質や特徴を直接反映するものであり、正しい主要分類を選ぶことで、ブランドがその分野で専有権を持ち、他者による侵害を防ぐことができる。次に、主要分類に加えて、製品やサービスと密接に関連する重要な分類の登録も考慮するべきである。これにより、ブランドの将来的な新領域の拡張に備え、ブランドの市場競争力をさらに強化でき、他者による関連領域の先行登録や商標の混同を防ぎ、企業の評判を守ることができる。最後に、ブランドとの関連が薄い分類については、ブランドの将来の配置、リソース投入、および潜在的なリスクを考慮し、登録の必要性を総合的に検討すべきである。

　したがって、商標分類を選択する際には、ブランド戦略、市場需要、競争環境、リソース投入などの要素を総合的に考慮する必要がある。合理的な商標分類の配置により、ブランドに対して包括的な保護とサポートを提供し、ブランドの長期的な発展と海外戦略の実施を促進することができる。

　(4) 申請国または地域の選択

　企業が海外商標登録を行う際には、自社のビジネスの発展ニーズと海外市場の拡張戦略に基づいて適切な国や地域で商標登録申請を行うことが重要である。これにより、商標の有効な保護を確保するための重要なステップとなる。

　①既存のビジネス市場：既にビジネスを展開している国や地域に対しては、「登録先行」の原則に従い、商標のデザインが決定したら直ちに登録申請を行うべきである。特に、中国国内で一定の知名度を持つブランドに関しては、商標の先取り登録リスクが高いため、海外での配置を早急に進める必要がある。

　②将来のビジネス市場：将来的にビジネスを展開する計画がある国や地域に対しては、事前に商標登録を行い、ビジネスの拡張時にブランドが障害を受けないようにし、他者による先行登録を防ぐべきである。

　ビジネスの発展や市場環境の変化に伴い、企業は海外商標申請の国や地域のリストを定期的に更新し、新しい市場ニーズに適応する必要がある。新興市場については、商標登録の必要性を評価し、評価結果が必要であると示された場合には、適時に現地で商標登録申請を行うべきである。

（5）申请时间的选择

由于不同国家或地区的商标审查制度和流程存在差异，审查周期长短不一，有的国家商标审查可能一年之内完成，而有的国家审查可能需要数年才有结果。鉴于这些不同的审查周期，企业应提前规划其海外商标申请策略。建议企业至少提前半年到一年开始规划海外商标申请，以确保在产品或服务推向市场前完成商标注册流程。

此外，在申请时间的选择上，企业还可以充分利用《保护工业产权巴黎公约》提供的优先权原则。根据这一原则，如果企业在中国首次提出商标申请，随后在6个月内又向其他成员国提交相同商标的申请，将享有与首次申请相同的申请日期。这意味着即使在优先权期限内出现其他相同或相似商标的申请或使用，企业仍将拥有优先权，从而增加了获得商标专用权的可能性。优先权原则为企业进入海外市场提供了宝贵的时间缓冲，使其能够在此期间进行市场调研、商标规划，并减少商标被他人抢注的风险。

（6）商标检索的选择

商标检索是商标注册流程中一个关键的前置步骤，商标检索的目的是评估申请标识的可注册性，包括检查是否存在与之冲突的现有商标，以及该标识是否满足必要的显著性要求，从而为企业提供是否继续申请的决策依据。

2. 申请途径的选择

（1）单一国家／地区商标注册

单一国家／地区商标注册是指企业直接向特定国家／地区的商标主管机关提交商标注册申请的过程。

通过单一国家／地区提交商标申请，申请人通常需要委托当地的代理机构处理申请事宜。当地代理机构不仅熟悉当地的商标法规和申请流程，而且能够根据相关要求为企业提供专业的建议和服务。

单一国家／地区商标注册具有高度的针对性和灵活性，企业可以有选择性地在特定国家／地区进行商标保护布局。但如果企业需要在多个国家／地区进行商标注册，由于各国／地区的法律差异和审查程序的不同，相关的成本，包括代理费、翻译费等可能会随之增加。

(5) 申請時期の選択

国や地域によって商標審査制度やプロセスが異なり、審査の周期も様々である。一部の国では商標審査が1年以内に完了することもあるが、ほかの国では数年かかることもある。これらの異なる審査周期を考慮し、企業は海外商標申請の戦略を事前に計画する必要がある。製品やサービスを市場に投入する前に商標登録を完了させるため、少なくとも半年から1年前に海外商標申請の計画を始めることをお勧めする。

さらに、申請時期の選択において、企業は「パリ条約」が提供する優先権原則を活用することができる。この原則に従い、企業が中国で初めて商標申請を行い、その後6か月以内にほかの加盟国に同じ商標の申請を行う場合、初回申請と同じ申請日が認められる。これにより、優先権期限内に同じまたは類似の商標の申請や使用があっても、企業は優先権を保持し、商標専用権を取得する可能性が高まる。優先権原則は、企業が海外市場に進出する際の貴重な時間的緩衝を提供し、この期間内に市場調査や商標計画を行うことができ、他者による商標の先取り登録のリスクを低減する。

(6) 商標検索の選択

商標検索は、商標登録プロセスにおいて重要な前提ステップであり、商標検索の目的は、申請する商標の登録可能性を評価することである。これには、既存の商標との衝突がないかを確認し、その商標が必要な顕著性要件を満たしているかを調べることが含まれる。このプロセスにより、企業は申請を続けるかどうかの決定を行うための参考となる。

2. 申請方法の選択

(1) 単一国／地域商標登録

単一国／地域商標登録とは、企業が特定の国や地域の商標主管機関に直接商標登録申請を行うプロセスを指す。

単一国／地域に商標申請を行う場合、申請者は通常、現地の代理機関に申請業務を委託する必要がある。現地の代理機関は、地域の商標法規や申請プロセスに精通しており、関連する要求に応じて専門的なアドバイスやサービスを提供することができる。

単一国／地域商標登録は、非常にターゲットを絞った柔軟性のある手法であり、企業は特定の国や地域で選択的に商標保護を行うことができる。しかし、複数の国や地域で商標登録を行う場合、各国や地域の法律の違いや審査手続きの違いにより、関連コスト（代理費用、翻訳費用等）が増加する可能性がある。

对于那些有明确目标市场、急需在特定国家/地区注册品牌以加快业务扩展的企业，单一国家/地区商标注册可以作为一种快速且高效的保护策略。

（2）马德里国际申请

马德里商标国际注册是根据《商标国际注册马德里协定》或《商标国际注册马德里协定有关议定书》的规定而建立的国际商标注册和保护体系，由世界知识产权组织（WIPO）的国际局负责管理。

目前，马德里联盟已经包括130多个成员国，包括但不限于中国、日本、美国、英国、德国、俄罗斯等主要经济体，几乎覆盖了全球所有重要的市场区域。

通过马德里体系提交商标申请，申请人必须首先在中国拥有注册或申请中的商标，然后通过中国商标局向WIPO提交一份国际申请，指定希望获得商标保护的成员国。一旦国际局受理申请，它会将申请转交给指定国家或地区的商标主管机关进行实质审查。如果审查通过，大多数国家或地区的主管机关不会单独发放商标注册证书，而是在国际注册簿上登记。

马德里国际商标注册允许申请人通过一份申请指定多个希望保护商标的国家或地区，极大简化了注册流程并提高了效率。当需要在多个国家或地区进行商标注册时，与单一国家申请相比，马德里注册通常可以有效降低总体申请成本。

对于已经拥有国内商标、计划扩展国际市场，希望以成本效益为考量并注重品牌长期发展的企业来说，选择通过马德里国际商标注册是一个高效且经济的保护策略。

3. 注册使用与维权

（1）商标的使用和维护

商标注册完成后，权利人必须遵守注册国家/地区的法律法规，确保商标的合法合规使用。任何对商标图样的擅自修改都可能导致与他人商标权益的冲突，因此在商标使用过程中，应保持商标图样的原貌，不可随意更改。

大多数国家都设有商标不使用的撤销机制，类似于我国规定的连续3年不使用即可撤销的原则。如果企业在海外的商标使用不规范，一旦遭到他人提出撤销申请，若提交的使用证据未被当地商标主管机关接受和认可，已注册的商标可能会被撤销。因此，企业在海外注册商标后，应严格按照获得注册时的商标图样合法使用并保留充足

特定の目標市場が明確で、特定の国や地域でブランド登録を急いでビジネスの拡張を加速させたい企業にとって、単一国／地域商標登録は迅速かつ効率的な保護戦略として有効である。

(2) マドリッド国際申請

マドリッド商標国際登録は、《商標国際登録マドリッド協定》または《商標国際登録マドリッド協定に関する議定書》の規定に基づいて設立された国際商標登録および保護システムであり、世界知的所有権機関（WIPO）の国際局が管理している。

現在、マドリッド連盟には130以上の加盟国が含まれており、中国、日本、アメリカ、イギリス、ドイツ、ロシアなどの主要経済圏を含め、ほぼ全世界の重要な市場地域をカバーしている。

マドリッドシステムを通じて商標申請を行うには、まず中国で登録済みまたは申請中の商標を保有している必要がある。その後、中国商標局を通じてWIPOに国際申請を提出し、商標保護を希望する加盟国を指定する。国際局が申請を受理すると、申請は指定された国や地域の商標主管機関に転送され、実質的な審査が行われる。審査に合格すると、多くの国や地域の主管機関は個別に商標登録証を発行するのではなく、国際登録簿に登録することになる。

マドリッド国際商標登録は、申請者が一つの申請で複数の希望する商標保護国や地域を指定することを許可し、登録プロセスを大幅に簡素化し、効率を向上させる。複数の国や地域で商標登録を行う場合、単一国申請と比較して、マドリッド登録は通常、全体の申請コストを効果的に低減することができる。

国内商標を保有し、国際市場の拡張を計画しており、コスト効率とブランドの長期的な発展を重視する企業にとって、マドリッド国際商標登録を選択することは、効率的かつ経済的な保護戦略となる。

3. 登録使用と権利維持

(1) 商標の使用と維持

商標の登録が完了した後、権利者は登録国や地域の法律および規制を遵守し、商標を合法的かつ適切に使用する必要がある。商標の図示を無断で変更すると、他の商標権利と衝突する可能性があるため、商標の使用中は図示を変更せず、原本のまま使用するべきである。

ほとんどの国には商標の不使用による取り消しメカニズムがあり、中国のように、連続して三年間使用しないと取り消される場合がある。企業が海外で商標を不規則に使用した場合、他者から取り消しの申立てがあった場合に、提出した使用証拠が現地の商標主管機関に受け入れられないと、登録された商標が取り消される可

的使用证据，以防商标被撤销。不规范地使用，特别是在当地商标主管机关不接受企业提供的使用证据时，可能导致商标被撤销。

为了保持商标的有效性，企业需要进行持续的维护管理，这可能包括安排专人负责监管或委托专业代理机构协助管理。在商标有效期接近届满时，应及时办理续展手续，保证商标权利的持续有效。此外，如果企业名称变更，或商标需要进行转让、许可等情况，也应尽快到当地商标主管机关申请相应的变更登记。

（2）商标的保护和维权

商标注册成功后，企业应提升对商标监测和维权的意识，定期对已初审或注册的商标实施监测。企业可以通过访问当地商标主管机关的官方网站或委托专业代理机构，定期进行商标搜索，以便及时发现是否有相同或近似的商标在后续申请或注册中出现。一旦发现此类情况，企业应及时采取法律行动，包括提出异议或撤销申请，以维护自身的商标权益。

中国知名品牌在海外被抢注的情况时有发生，例如，我国驰名商标"同仁堂"、天津著名老字号"狗不理"曾在日本被抢注，上海著名商标"大白兔"奶糖也曾在日本、菲律宾、印度尼西亚等国被抢注。除来自恶意主体"职业"抢注外，企业的商标也常被海外经销商或代理抢注。为了防止这类情况发生，企业在与商业伙伴进行贸易合作并签订合作协议时，应在合同中明确商标使用权和注册的条款，以减少未来因商标抢注引发的潜在法律风险。

企业应加强海外商标的监控和预警，可以采取包括但不限于以下措施的维权策略：对申请中的商标提出异议；对已注册的商标提出无效宣告或撤销申请；向涉嫌抢注的主体发送警告函；通过谈判、和解、调解或仲裁等手段解决商标抢注问题。

（三）数字文化产业海外著作权保护

随着国际经济、贸易和传播媒介的快速发展，作品的跨国传播变得越来越普遍。为了扩大作品的影响力和市场价值，国内著作权人将作品推广到海外市场已经成为一

能性がある。したがって、企業は海外で商標を登録した後、登録時の商標図示に従って適切に使用し、十分な使用証拠を保管することが重要である。不規則な使用、特に現地の商標主管機関が企業の提供する使用証拠を受け入れない場合は、商標が取り消される可能性がある。

商標の有効性を維持するためには、継続的な管理と維持が必要である。これには、専任者を配置して監視することや、専門の代理機関に管理を委託することが含まれる。商標の有効期限が近づいた際には、適時に更新手続きを行い、商標権利の継続的な有効性を確保する必要がある。また、企業名の変更や商標の譲渡、ライセンスなどの状況が発生した場合も、速やかに現地の商標主管機関に変更登録を申請する必要がある。

(2) 商標の保護と権利維持

商標登録が成功した後、企業は商標の監視と権利維持の意識を高める必要がある。定期的に初審または登録済みの商標を監視することが重要である。企業は現地の商標主管機関の公式ウェブサイトにアクセスするか、専門の代理機関に委託して、定期的に商標検索を実施し、同一または類似の商標が後の申請や登録に現れるかどうかを確認する。もしそのような状況を発見した場合には、迅速に法律的な措置を講じ、異議申立てや取り消し申請を行い、自社の商標権を守るべきである。

中国の有名ブランドの商標が、海外で作為的に登録されるケースがしばしばある。例えば、中国の著名商標「同仁堂」や天津の老舗「狗不理」は日本で作為的に登録されたことがある。また、上海の有名商標「大白兎」ミルクキャンディも日本、フィリピン、インドネシアなどで登録されている。悪意を持った「職業的」な商標登録だけでなく、企業の商標が海外のディストリビューターや代理店によっても登録されることがある。このような事態を防ぐためには、商業パートナーとの貿易協力や契約を結ぶ際に、契約書に商標の使用権や登録に関する条項を明確にし、商標の作為的な登録による将来の法的リスクを減らすことが重要である。

企業は海外商標の監視と警戒を強化し、以下のような権利維持策を講じることが考えられる：申請中の商標に対して異議申立てを行い、登録済みの商標に対して無効宣告または取り消し申請を行い、作為的な登録者に対して警告状を送付し、交渉・和解・調停または仲裁などの手段を通じて商標の作為的な登録問題を解決する。

(三) 海外著作権保護

国際経済、貿易、そしてメディアの急速な発展に伴い、作品の国境を越えた流通がますます一般的になっている。作品の影響力と市場価値を拡大するために、国

个重要趋势。这随之带来了对海外著作权保护的需求，确保作品在不同国家或地区都能获得充分的保护。

《保护文学和艺术作品伯尔尼公约》是著作权保护领域内极为重要的国际条约，确立了跨国作品保护的法律基础。根据该公约的规定，成员国之间相互承诺在著作权保护上承担相应的权利和义务，确保每个成员国创作或首次发布于任一成员国的作品都能在其他成员国获得认可的保护，且这种保护应等同于该国对本国国民作品的保护水平。中国作为《保护文学和艺术作品伯尔尼公约》的成员国，其作者所创作的作品，在所有成员国中享有相应的著作权保护。

尽管在大多数国家，作品一旦创作完成即自动获得著作权保护，无需履行登记手续，但许多国家或地区依然设立了著作权登记制度，以便为著作权人提供更明确和具体的保护。需要注意的是，不同国家的著作权登记制度可能存在差异，包括登记机构、程序和登记费用等方面。

如果著作权人计划在海外进行作品登记，必须了解并遵循当地的著作权登记规定。一旦著作权人在海外发现作品被侵权，可以根据国际公约的规定，采取发函警告、提起法律诉讼或寻求当地著作权管理机关的协助等措施来维护自己的权益。

二、在日本的知识产权战略的制定与实施

（一）日本知识产权

1. 专利权

（1）发明

专利法的保护对象是"发明"，即"利用自然法则的高度技术思想创作"（《专利法》第2条第1款）。

其中，"利用自然法则"这一条件尤为重要，以下情况不属于专利权保护的对象：①自然法则以外的法则（如经济法则）；②人为的规定（如游戏规则本身）；③数学

内の著作権者が、作品を海外市場に展開することが重要なトレンドとなっている。これに伴い、海外での著作権保護の必要性が高まり、異なる国や地域で作品が十分に保護されることが求められている。

「ベルヌ条約」は著作権保護の分野で極めて重要な国際条約であり、国際的な作品保護の法的基礎を確立している。この条約の規定により、加盟国は著作権保護に関する権利と義務を互いに承認し、いずれの加盟国で創作または初めて公開された作品も他の加盟国で保護を受けることが保証されている。この保護は、加盟国が自国民の作品に対して提供する保護レベルと同等でなければならない。中国は「ベルヌ条約」の加盟国であり、中国の著者が創作した作品は、すべての加盟国で相応の著作権保護を享受している。

多くの国では、作品が創作されると自動的に著作権保護が付与され、登録手続きは不要であるが、著作権登録制度を設けている国や地域も多く存在する。著作権登録制度は、著作権者に対してより明確で具体的な保護を提供するためのものである。ただし、各国の著作権登録制度には、登録機関、手続き、登録費用などに関して違いがあることに注意が必要である。

著作権者が海外で作品の登録を計画している場合、現地の著作権登録規定を理解し、それに従う必要がある。もし著作権者が海外で作品の侵害を発見した場合、国際公約の規定に基づき、警告状の送付、法的訴訟の提起、または現地の著作権管理機関への支援を求めるなどの措置を講じて、自身の権利を保護することができる。

二．日本における知財戦略の策定と実行

(一) 日本の知的財産権

1. 特許権

(1) 発明

特許法の保護対象は「発明」、すなわち、「自然法則を利用した技術的思想の創作のうち高度のもの」である(特許法2条1項)。

このうち、自然法則の利用の要件が重要であり、①自然法則以外の法則(例：経済法則)、②人為的な取決め(例：ゲームのルールそれ自体)、③数学上の公式、④人間の精神活動、①から④までのみを利用しているもの(例：ビジネスを行う方

公式；④人类的精神活动，仅利用①到④的东西（如开展商务业务的方法本身）。[1] 关于业务方法的专利，即所谓的商业模式专利，原则上不利用自然法则，因此本身不属于"发明"。但是，即使是商业模式专利，"如果从整体上看，该商业模式是基于计算机软件的，例如用于商业用途的计算机软件、游戏用计算机软件或数值计算用计算机软件"，则可能被视为利用了自然法则，属于"发明"。[2]

（2）专利要件

为了获得发明的专利权，除符合发明的定义外，还需要满足以下专利要件：①产业可利用性（《专利法》第29条第1款前段）；②新颖性（同条第1款各项）；③创造性（同条第2款）；④不存在先申请（同法第39条）；⑤不属于扩大在先申请（同法第29条之2）；⑥不属于可能有损公序良俗或公共卫生的发明（同法第32条）；⑦记载要件（同法第36条）。由于专利制度是以公开发明为代价授予专利权，因此授予专利权的发明必须是新的发明。新颖性（②）就是基于这一考虑提出的要求。此外，即使是具有新颖性的发明，如果仅仅是对现有技术的微小改进，对于本领域的技术人员来说可以轻松完成［不具有创造性的发明（③）］，则不会授予专利权，因为这不仅无法推动技术进步，反而会阻碍其发展。

（3）获得专利的权利、发明人和职务发明

原则上，发明完成后，发明人原始地享有获得专利的权利（《专利法》第33条第1款）。然而，对于从属劳动者完成的发明，如果该发明属于其工作范围，并且完成发明的行为属于其职务范围内的发明，根据职务发明的规定或合同，公司可以获得该发明的专利取得权（《专利法》第35条）。劳动者依据合同、工作规则及其他规定，使用人单位在取得职务发明的专利权、承继专利权或为使用人单位设定专用实施权时，有权获得相应的金钱及其他经济利益（相应的利益）(《专利法》第35条第4款)。

---

[1] 日本专利厅《专利和实用新型审查基准》第Ⅲ部第1章2.1（4）。
[2] 日本专利厅《专利和实用新型审查基准》第Ⅲ部第1章2.2（1）。

法それ自体)[1]は特許権による保護の対象外になる。ビジネスを行う方法に関する特許、いわゆるビジネスモデル特許は、原則として、自然法則を利用したものではないから、それ自体は「発明」には当たらない。もっとも、ビジネスモデル特許であっても、「ビジネス用コンピュータソフトウエア、ゲーム用コンピュータソフトウエアまたは数式演算用コンピュータソフトウエアというように、全体としてみると、コンピュータソフトウエアを利用するものとして創作されたもの」については、自然法則を利用したものとして、「発明」に該当し得る。[2]

(2) 特許要件

発明について特許権を取得するためには、発明に該当するだけではなく、特許要件として、①産業上の利用可能性（特許法29条1項柱書）、②新規性（同条1項各号）、③進歩性（同条2項）、④先願がないこと（同39条）、⑤拡大先願に当たらないこと（同29条の2）、⑥公序良俗・公衆の衛生を害するおそれがある発明でないこと（同32条）、⑦記載要件（同36条）を充足する必要がある。特許制度は発明公開の代償として特許権を付与するものであるから、特許権が付与される発明は新規な発明でなければならない。②新規性は、このことを考慮して要求されるものである。また、新規性を有する発明であっても、従来技術を僅かに改良しただけの発明のように、当業者が容易に発明をすることができたもの（③進歩性を有しないもの）について特許権を付与することは、技術進歩に資さないどころか、かえってその妨げになるため、特許権は与えられない。

(3) 特許を受ける権利・発明者・職務発明

原則として、発明の完成により、発明者には特許を受ける権利（特許法33条1項）が原始的に帰属する。しかし、従業者がした発明であって、その性質上勤務先の業務範囲に属し、かつ、その発明をするに至った行為がその勤務先における従業者の職務に属する発明については、職務発明規程や契約により会社が特許を受ける権利を取得することが可能である（特許法35条）。従業者等は、契約、勤務規則その他の定めにより職務発明について使用者等に特許を受ける権利を取得させ、使用者等に特許権を承継させ、もしくは使用者等のため専用実施権を設定したとき等において、相当の金銭その他の経済上の利益（「相当の利益」）を受ける権利を有する（特許法35条4項）。

---

[1] 特許庁「特許・実用新案審査基準」第III部第1章2.1 (4)。
[2] 特許庁「特許・実用新案審査基準」第III部第1章2.2 (1)。

（4）手续

专利权只有向专利厅申请才能取得（《专利法》第 36 条）。申请提交后，将对文件的格式进行审查（形式审查）。专利审查员对专利要件的审查（实质审查）不会在仅提交申请后立即开始，需要在提交申请后 3 年内向专利厅提交"申请审查请求书"以请求审查。此外，原则上从申请日起经过 1 年 6 个月后，申请内容将被公开（申请公开）。手续概要如下图：

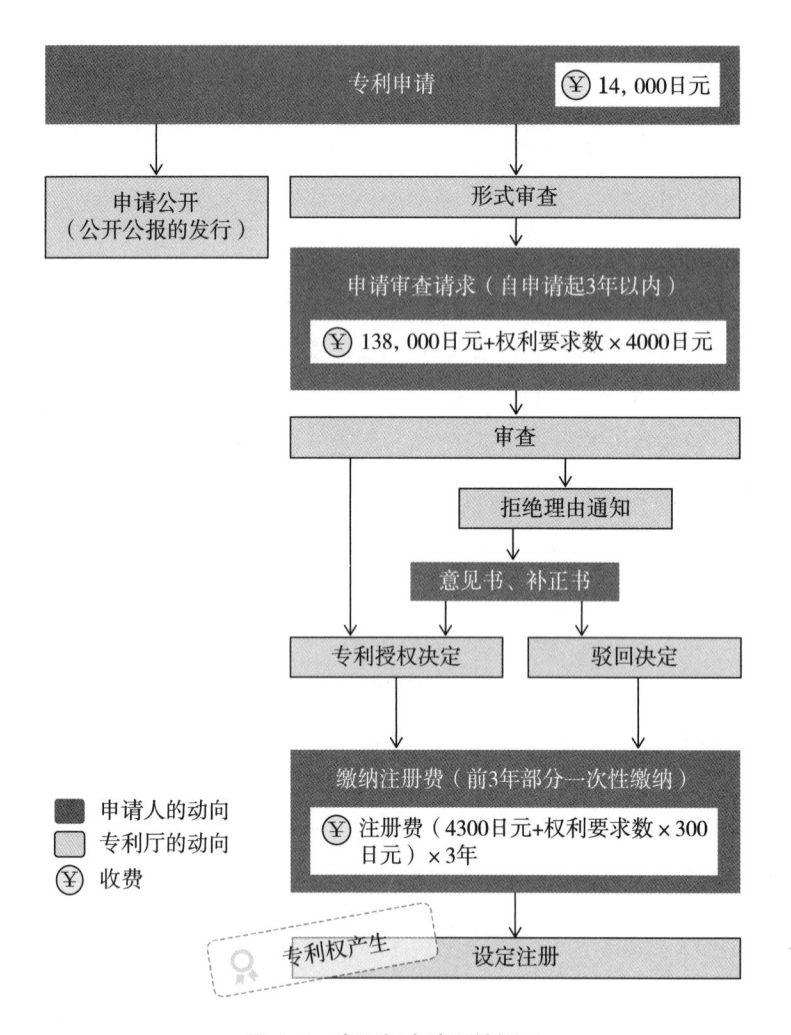

```
                    专利申请          ¥ 14,000日元
                        │
          ┌─────────────┴─────────────┐
          ▼                           ▼
      申请公开                      形式审查
   （公开公报的发行）                  │
                                      ▼
                            申请审查请求（自申请起3年以内）
                            ¥ 138,000日元+权利要求数×4000日元
                                      │
                                      ▼
                                    审查
                                      │
                                      ▼
                                拒绝理由通知
                                      │
                                      ▼
                                意见书、补正书
                                  ┌───┴───┐
                                  ▼       ▼
                            专利授权决定  驳回决定
                                  │
                                  ▼
                      缴纳注册费（前3年部分一次性缴纳）
                      ¥ 注册费（4300日元+权利要求数×300日元）×3年
                                  │
                          专利权产生│
                                  ▼
                              设定注册

■ 申请人的动向
□ 专利厅的动向
¥ 收费
```

图 4-3　专利权申请手续概要

资料来源：日本特许厅网站，载 https：//www.jpo.go.jp/system/basic/patent/index.html，最后访问日期：2024 年 10 月 25 日。

（5）专利权的效力和保护期限

专利权在设定登记后生效（《专利法》第 66 条），赋予专利权人独占权，可以作为业务经营实施专利发明的权利（《专利法》第 68 条）。

第4章 知識產權

(4) 手続

　特許権は特許庁に出願して初めて取得することができる（特許法36条）。出願がなされた後に、書類の様式が審査される（方式審査）。特許審査官による特許要件に関する審査（実体審査）は出願しただけでは開始されず、出願してから3年以内に「出願審査請求書」を特許庁に送付して審査請求を行う必要がある。なお、原則として出願日から1年6ヶ月経過後、出願内容が一般に公開される（出願公開）。手続の概要は以下のとおりである。

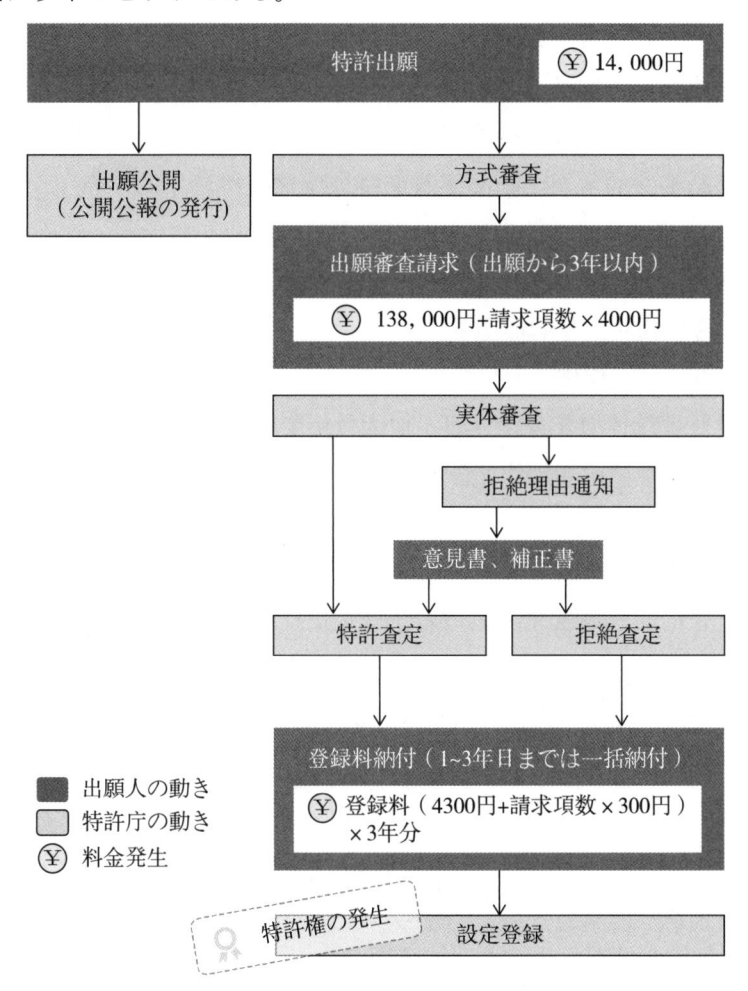

```
特許出願　　　　　　　　　　　¥ 14,000円
  │
  ├──────────────┐
  ↓              ↓
出願公開        方式審査
（公開公報の発行）  │
                ↓
         出願審査請求（出願から3年以内）
              ¥ 138,000円+請求項数×4000円
                │
                ↓
              実体審査
                │
                ↓
              拒絶理由通知
                │
                ↓
              意見書、補正書
             ┌──┴──┐
             ↓      ↓
           特許査定  拒絶査定
             │
             ↓
    登録料納付（1~3年目までは一括納付）
     ¥ 登録料（4300円+請求項数×300円）×3年分
             │
             ↓
          設定登録 → 特許権の発生
```

■ 出願人の動き
□ 特許庁の動き
¥ 料金発生

図4-3　特許出願手続の概要

出典：特許庁ウェブサイト（https://www.jpo.go.jp/system/basic/patent/index.html）
（最終閲覧日：2024年10月25日）。

(5) 特許権の効力と保護期間

　設定登録されると特許権が発生し（特許法66条）、特許権者は、業として特許発明の実施をする権利を専有することとなる（同68条）。

265

专利权的保护期限原则上为自专利申请日起20年（《专利法》第68条第1款），但需持续支付年费才能维持专利权。此外，对于医药品、农药等特定产品，可能会允许延长专利权的存续期限（《专利法》第68条第4款）。

2. 外观设计权

（1）外观设计

外观设计法保护通过视觉引起美感的物品形状、图案、色彩、建筑物的形状等或图像。外观设计法上，"外观设计"包括物品的外观设计、建筑物的外观设计、图像的外观设计这三种类型，均以"通过形状、图案、色彩或其组合在视觉上引起美感的东西"为保护对象（《外观设计法》第2条第1款）。关于形状，虽然是必需要素，但如果不被视为物品本身的形态（物品本身的特征或性质所产生的形态），则不认为是外观设计。例如，"如果一块手帕为了展示效果而打结形成花朵形状，这不视为手帕这种物品本身的形态。然而，如果将折叠的手帕设计成其他物品的形状并作为摆件展示，则被视为摆件这种物品本身的形态"。[1]

（2）外观设计登记要件

为了取得外观设计的外观设计权，作为登记要件，必须满足以下条件：①工业上的可利用性；②新颖性；③创作非容易性；④不与在先申请的全部或部分相同或相似；⑤不属于不登记事由。

（3）外观设计登记的取得权

外观设计登记的取得权原始地归属于外观设计的创作者（《外观设计法》第15条第2款、《专利法》第33条第1款）。关于在雇佣关系中创作的外观设计，根据职务发明规程或合同，公司可以获得该外观设计权的取得权（《外观设计法》第15条第3款、《专利法》第35条）。

（4）手续

只有向专利厅申请，才能取得外观设计权（《外观设计法》第7条）。申请提交后，将有形式审查（方式审查），之后由外观设计审查员进行审查（实质审查），审查外观设计登记要件的满足情况。手续概要如下图。

---

[1] 日本专利厅《外观设计审查基准》第2部第1章21.1.1.1。

特許権の保護期間は、登録料の支払を継続する限りにおいて、特許出願日から原則として20年間である（特許法68条1項）。ただし、医薬品や農薬など特定の製品については、特許権の存続期間の延長が認められる場合がある（同条4項）。

2. 意匠権

(1) 意匠

意匠法は、物品の形状、模様、色彩、建築物の形状等または画像であって、視覚を通じて美感を起こさせるものを保護の対象としている。意匠法上、「意匠」には物品の意匠、建築物の意匠、画像の意匠の3種類があり、いずれも、その「形状、模様、色彩、またはこれらの結合によって視覚的に美感を起こさせるもの」が保護対象となる（意匠法2条1項）。形状については、必須の要素といえるが、物品自体の形態（物品そのものが有する特徴または性質から生じる形態）と認められないものは、意匠とは認められない。例えば、「物品がハンカチの場合、販売展示効果を目的としてハンカチを結んでできた花の形態は、ハンカチという物品自体の形態とは認められない。ただし、折り畳んだハンカチを別の物品の形に模して置物にしたような場合は、置物という物品自体の形態と認められる」とされる。[1]

(2) 意匠登録要件

意匠について意匠権を取得するためには、登録要件として、①工業上の利用可能性、②新規性、③創作非容易性、④先願意匠の全部または一部と同一または類似でないこと、⑤不登録事由に該当しないことを満たす必要がある。

(3) 意匠権を受ける権利

意匠の創作者には意匠登録を受ける権利（意匠法15条2項、特許法33条1項）が原始的に帰属する。雇用関係において創作された意匠に関しては、職務発明規程や契約により、会社が意匠権を受ける権利を取得することができる（同法15条3項、特許法35条）。

(4) 手続

意匠権は特許庁に出願して初めて取得することができる（意匠法7条）。出願がなされた後に、形式的な審査が行われ（方式審査）、その後、意匠審査官による審査（実体審査）が行われ、意匠登録要件の充足性が審査される。手続の概要は以下のとおりである。

---

[1] 特許庁「意匠審査基準」第2部第1章21.1.1.1。

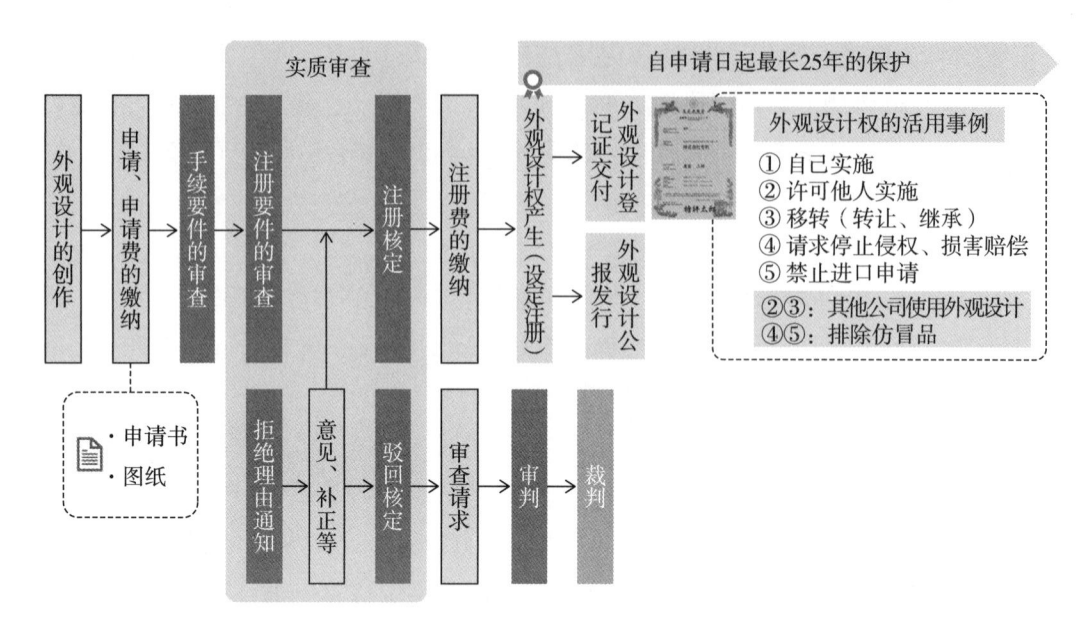

图 4-4 外观设计权申请手续概要

资料来源：日本经济产业省特许厅《从事例学习外观设计制度活用指南》第 6 页。载 https://www.jpo.go.jp/resources/report/sonota-info/document/panhu/jirei_katsuyou.pdf，最后访问时间：2024 年 10 月 25 日。

（5）外观设计权的效力和保护期限

外观设计权在登记时产生（《外观设计法》第 20 条），外观设计权人将独占作为业务经营而实施登记的外观设计以及与此类似的外观设计的权利（《外观设计法》第 23 条）。外观设计权的保护期限，只要继续支付注册费，从登记日开始为 25 年（《外观设计法》第 21 条）。

3. 实用新型权

（1）技术方案

实用新型法的保护对象是"技术方案"，即"利用自然法则的技术性思想的创作"（《实用新型法》第 2 条第 1 款），与专利法上的"发明"的定义不同，其不要求"高度性"。也可以说是小发明，与专利发明相比所要求的技术水平低。另外，实用新型登记的对象是"与物品的形状、构造或组合有关的实用新型"（《实用新型法》第 1 条），不包含方法的技术方案。

（2）实用新型登记要件

对于技术方案，获得实用新案权的要求与专利权相同，但在创造性方面，以"是否极其容易"完成技术方案为标准（《实用新型法》第 3 条第 2 款），相比专利权的创造性要求程度较低。

（3）实用新型登记的取得权

实用新型登记的取得权原始地归属于实用新型的创作者（《实用新型法》第 11 条

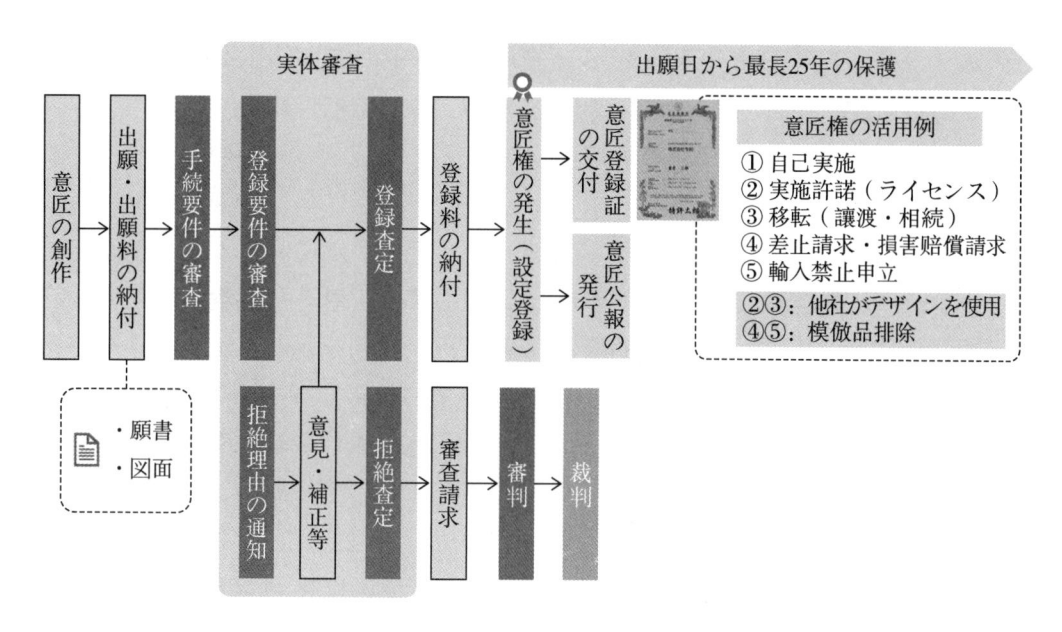

図 4-4 意匠登録出願手続の概要

出典：経済産業省特許庁「事例から学ぶ意匠制度活用ガイド」より6頁（https://www.jpo.go.jp/resources/report/sonota-info/document/panhu/jirei_katsuyou.pdf）（最終閲覧日：2025年10月25日）。

(5) 意匠権の効力と保護期間

意匠権は登録されると発生し（意匠法20条）、業として登録意匠およびこれに類似する意匠の実施をする権利を専有することができる（同法23条）。意匠権の保護期間は、登録料の支払を継続する限りにおいて、登録日から25年間である（同法21条）。

3. 実用新案権

(1) 考案

実用新案法の保護対象は「考案」、すなわち、「自然法則を利用した技術的思想の創作」（実用新案法2条1項）であり、特許法上の「発明」の定義とは、「高度」が要求されない点で異なる。小発明と言われることもあり、特許発明に比べて要求される技術水準が低いといえる。さらに、実用新案登録の対象は、「物品の形状、構造又は組合せに係る考案」（実用新案法1条）であり、方法の考案は含まれない。

(2) 実用新案登録要件

考案について、実用新案権を取得するための要件は特許権と同程度のものであるが、進歩性については、「きわめて容易に」考案をすることができたか否かが基準となり（実用新案法3条2項）、特許権の進歩性よりも程度が低いもので足りる。

(3) 実用新案権を受ける権利

考案の創作者には実用新案登録を受ける権利（実用新案法11条2項、特許法

第 2 款、《专利法》第 33 条第 1 款）。关于在雇佣关系中创作的实用新型技术方案，根据职务发明规程或合同，公司可以获得该实用新型登记的取得权（《实用新型法》第 11 条第 3 款、《专利法》第 35 条第 1 款）。

（4）手续

关于实用新型，在申请完成后，首先进行形式审查（方式审查），检查是否符合实用新型权的保护对象（基础要件的审查），通过后实用新型即可设定登记。

（5）实用新型权的效力和保护期限

实用新型权一经登记即产生（《实用新型法》第 14 条），实用新型权人将独占作为业务经营而实施登记实用新型的权利（《实用新型法》第 16 条）。实用新型权的保护期限为自申请日起 10 年（《实用新型法》第 15 条）。实用新型权人只有在出示经请求审查员制作的实用新型技术评价书（《实用新型法》第 12 条第 1 款）并发出警告后，才能对自己的实用新型权或专用实施权的侵害人等行使该权利（《实用新型法》第 29 条之 2）。

4. 商标权

（1）商标

商标法的保护对象是"商标"，"商标"是"标识"，是指①作为业务经营而生产、证明或转让"商品"的人对该"商品""使用"的标识，或者②作为业务经营而提供或证明"服务"的人对该"服务""使用"的标识（《商标法》第 2 条第 1 款）。并且，所谓"标识"，在能够由人的知觉识别的标记中，是由文字、图形、记号、立体形状或色彩或它们的结合、声音及其他行政规章规定的标记（《商标法》第 2 条第 1 款序言）。

（2）商标注册要求

①使用意图

《商标法》第 3 条第 1 款规定，"用于自身业务中涉及的商品或服务的商标"可以申请商标注册，该条款中的"使用"被解释为需要具备使用的意图。在审查实践中，并不是所有申请都需确认使用意图，但在某些情况下，当商标的使用或使用意图存在疑问时，需要提交与商标使用相关的证明文件。

②识别功能

商标必须能够将自身商品或服务与他人的商品或服务区分开来，并且应适合由特定主体独占。《商标法》第 3 条第 1 款第 1 项至第 5 项具体列举了缺乏自他识别能力的情况，第 6 项作为兜底条款，涵盖了其他缺乏自他识别功能的情况。

33条1項）が原始的に帰属する。雇用関係において創作された考案に関しては、職務発明規程や契約により、会社が実用新案登録を受ける権利を取得することができる（実用新案法11条3項、特許法35条1項）。

(4) 手続

実用新案については、出願がなされた後に、形式的な審査が行われ（方式審査）、実用新案権の保護対象であるかどうかのチェック（基礎的要件の審査）が行われ、これらを通過したものが設定登録を受けることができる。

(5) 実用新案権の効力と保護期間

実用新案権は登録されると発生し（実用新案法14条）、業として登録実用新案を実施する権利を専有することができる（同16条）。実用新案権の保護期間は、出願日から10年間である（同15条）。実用新案権者は、請求により審査官が作成する、実用新案技術評価書（実用新案法12条1項）を提示して警告をした後でなければ、自己の実用新案権または専用実施権の侵害者等に対し、その権利を行使することができない（同29条の2）。

4. 商標権

(1) 商標

商標法の保護対象は「商標」であり、「商標」とは、「標章」であり、①業として「商品」を生産し、証明し、または譲渡する者がその「商品」について「使用」をするもの、または、②業として「役務」を提供し、または証明する者がその「役務」について「使用」をするものを指す（商標法2条1項）。そして、「標章」とは、人の知覚によって認識することができるもののうち、文字、図形、記号、立体的形状もしくは色彩またはこれらの結合、音その他政令で定めるもの（同条1項柱書）とされる。

(2) 商標登録要件

①使用の意思

商標法3条1項は、「自己の業務に係る商品又は役務について使用をする商標」について、商標登録を受けることができると定めており、この「使用をする」という文言に使用の意思が要求されると解釈される。審査実務上は、すべての出願に対して使用意思の確認が行われているわけではなく、類型的にみて商標の使用または使用の意思があることに疑義がある一定の場合に、商標の使用に関する証明書類等を提出することが必要とされている。

②自他識別力

商標は、他人の商品役務と区別でき、特定の者が独占することに適したものである必要がある。商標法3条1項1号から5号において、自他識別力を欠く場合を

表 4-1

・普通名称(《商标法》第 3 条第 1 款第 1 项)和惯用商标(《商标法》第 3 条第 1 款第 2 项)。
・商品的产地、销售地、品质及其他特征等的标识或提供服务的场所、品质及其他特征等的标识(《商标法》第 3 条第 1 款第 3 项)。
・常见的姓氏、名称等(《商标法》第 3 条第 1 款第 4 项),极其简单且常见的商标(《商标法》第 3 条第 1 款第 5 项)。
・其他无识别力商标(《商标法》第 3 条第 1 款第 6 项)。

③不可注册的商标

即使是具有自他识别功能的商标,如果不适合授予商标权的独占权,也不能受到商标权的保护。

表 4-2

不可注册的商标:
①与公共机关等标记相同或类似的商标(《商标法》第 4 条第 1~6 项)。
②可能危害公序良俗的商标(同条第 7 项)。
③含有他人姓名、著名简称等的商标(同条第 8 项)。
④可能导致与他人商品或服务来源混淆的商标(同条第 10 项、第 11 项)。
⑤可能导致商品质量等误认的商标(同条第 16 项)。
⑥以不正当目的使用的知名商标(同条第 19 项)。

(3)手续

申报申请完成后由商标审查员进行审查,只有通过审查的(没有不可注册的理由的),才能获得商标注册。

具体的に列挙しており、6号がバスケット条項として、それ以外に自他識別力を欠く場合をカバーしている。

表 4-1

普通名称（商標法3条1項1号）・慣用商標（商標法3条1項2号）。 商品の産地、販売地、品質その他の特徴等の表示または役務の提供の場所、質その他の特徴等の表示（商標法3条1項3号）。 ありふれた氏・名称等（商標法3条1項4号）、極めて簡単で、かつ、ありふれた商標（商標法3条1項5号）。 その他識別力のない商標（商標法3条1項6号）。

③登録を受けることができない商標

自他識別力を有している商標であっても、商標権による独占権を与えることが適切でない場合は、商標権による保護を受けられない。

表 4-2

登録を受けることができない商標： ①公共の機関などの標章と同一又は類似の商標（商標法4条1号～6号）。 ②公序良俗を害するおそれがある商標（同7号）。 ③他人の氏名・著名な略称などを含む商標（同8号）。 ④他人の商品役務と出所の混同を生じるおそれのある商標（同10号、11号）。 ⑤商品の品質等の誤認を生じるおそれのある商標（同16号）。 ⑥知名度のある商標を不正の目的で使用する商標（同19号）。

(3) 手続

出願がなされた後に商標審査官による審査が行われ、審査を通過したもの（登録できない理由がなかったもの）のみが商標登録を受けることができる。

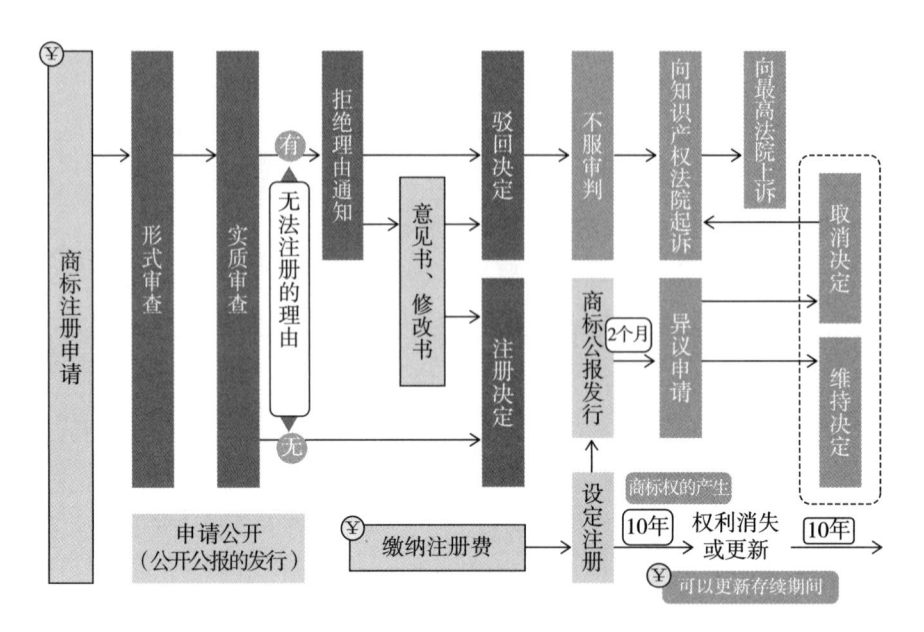

图 4-5 商标权申请手续概要

资料来源：日本经济产业省特许厅《从事例学习商标活用指南》第 6 页。载 https://www.jpo.go.jp/support/example/document/trademark_guide2019/guide01.pdf，最后访问日期：2024 年 10 月 25 日。

（4）商标权的效力和保护期限

商标权在注册后产生（《商标法》第 18 条），可以专有作为业务经营而使用商标的权利（《商标法》第 25 条）。商标权的保护期限为自注册之日起 10 年，但通过办理更新手续，可以每次更新 10 年（《商标法》第 19 条）。

5. 著作权

（1）著作权内容

著作权法保护的权利包括作为作者权利的著作权（著作财产权）及作者人格权、作为表演者权利的作品邻接权和表演者人格权。

著作权按照复制、上演、演奏、公众传播等不同利用形态分为多个分权，这些分权的集合构成了完整的著作权。

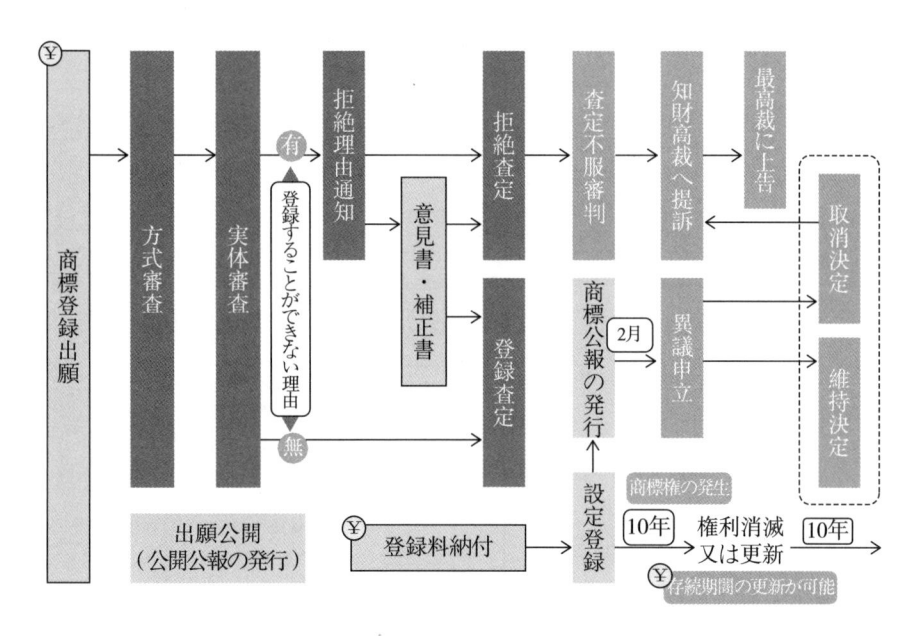

図 4-5　商標登録手続の概要

出典：経済産業省特許庁「事例から学ぶ商標活用ガイド」より 6 頁 (https://www.jpo.go.jp/support/example/document/trademark_guide2019/guide01.pdf)（最終閲覧日：2025 年 10 月 25 日）。

(4) 商標権の効力と保護期間

商標権は登録されると発生し（商標法 18 条）、業として商標を使用する権利を専有することができる（同法 25 条）。商標権の保護期間は、登録日から 10 年間であるが、更新手続を行うことで、10 年間ずつ更新が可能である（同法 19 条）。

5. 著作権

(1) 著作権の内容

著作権法で保護される権利には、①著作者の権利として、著作権（著作財産権）および著作者人格権があり、②実演家等の権利として、著作隣接権と実演家人格権がある。

著作権は、複製、上演、演奏、公衆送信といった利用形態ごとに支分権に分かれており、これらの支分権の束が著作権を構成する。

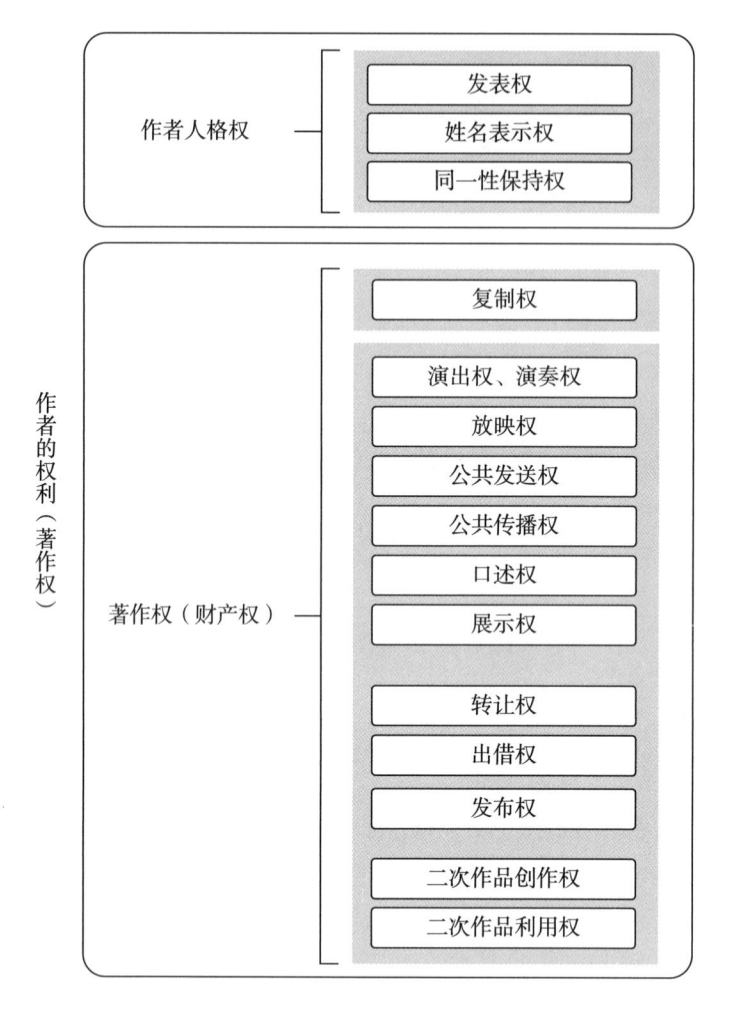

```
                    ┌──────────────────┐
                    │      发表权      │
        作者人格权 ─┼──────────────────┤
                    │    姓名表示权    │
                    ├──────────────────┤
                    │   同一性保持权   │
                    └──────────────────┘

                    ┌──────────────────┐
                    │      复制权      │
                    ├──────────────────┤
                    │  演出权、演奏权  │
                    ├──────────────────┤
                    │      放映权      │
                    ├──────────────────┤
                    │    公共发送权    │
                    ├──────────────────┤
                    │    公共传播权    │
  作者的权利       │      口述权      │
  （著作权）─ 著作权├──────────────────┤
             （财产权）│      展示权      │
                    ├──────────────────┤
                    │      转让权      │
                    ├──────────────────┤
                    │      出借权      │
                    ├──────────────────┤
                    │      发布权      │
                    ├──────────────────┤
                    │   二次作品创作权 │
                    ├──────────────────┤
                    │   二次作品利用权 │
                    └──────────────────┘
```

图 4-6　作者的权利（著作权）

资料来源：日本文化厅《著作权说明》第 10 页。载 https://www.bunka.go.jp/seisaku/chosakuken/seidokaisetsu/pdf/93908401_06.pdf，最后访问时期：2025 年 10 月 25 日。

（2）职务作品

根据法人及其他用人单位（以下简称法人等）的意图，从事该法人等业务的人在职务上创作的作品，如果该法人等以自己的名义公开发表该作品，并且在作品创作时的合同、工作规则等中没有特别规定，作者即为该法人等（《著作权法》第 15 条第 1 款）。在程序作品的情况下，无论发表的名义为何，只要在创作时的合同、工作规则等中没有特别规定，作者也为该法人等（《著作权法》第 15 条第 2 款）。与职务发明不同，职务作品是日常工作中的常见现象，因此，只要没有特别事由，根据法人等的意图从事该法人等业务的人所创作的作品，其作者原则上为该法人。

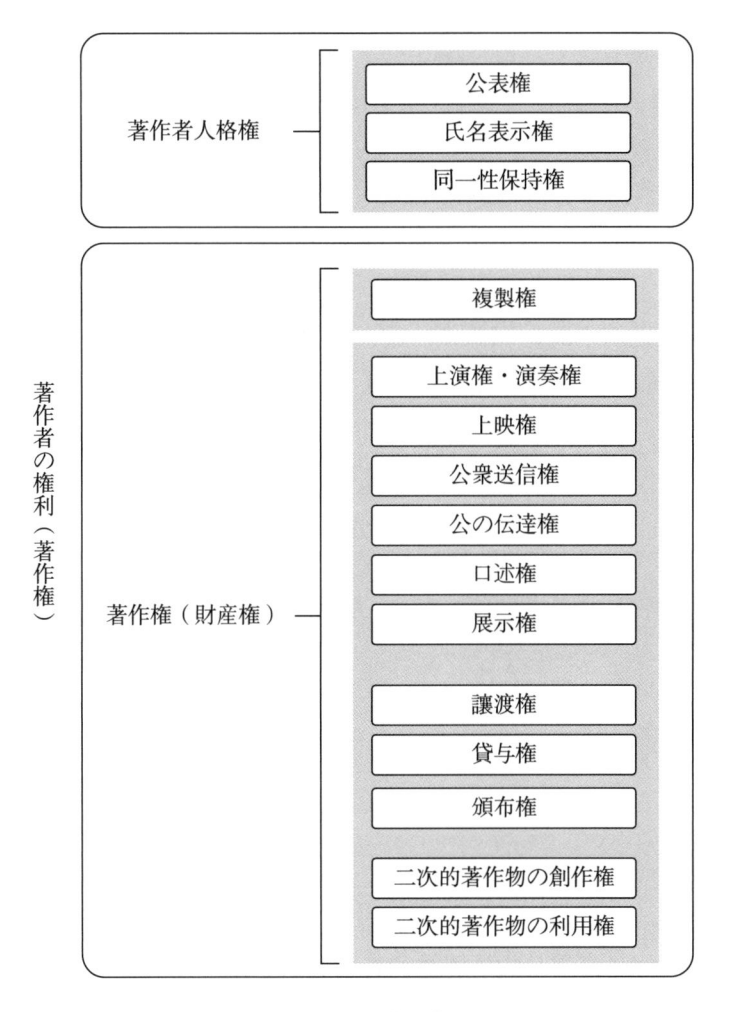

```
著作者人格権 ─┬─ 公表権
              ├─ 氏名表示権
              └─ 同一性保持権

著作者の権利（著作権）

著作権（財産権）─┬─ 複製権
                  ├─ 上演権・演奏権
                  ├─ 上映権
                  ├─ 公衆送信権
                  ├─ 公の伝達権
                  ├─ 口述権
                  ├─ 展示権
                  ├─ 譲渡権
                  ├─ 貸与権
                  ├─ 頒布権
                  ├─ 二次的著作物の創作権
                  └─ 二次的著作物の利用権
```

図 4-6　著作者の権利

出典：文化庁「著作権テキスト – 令和 6 年度版 –」より 10 頁 (https://www.bunka.go.jp/seisaku/chosakuken/textbook/pdf/94112701_01.pdf)（最終閲覧日：2025 年 10 月 25 日）。

(2) 職務著作等

法人その他使用者（以下「法人等」とする）の発意に基づき、その法人等の業務に従事する者が職務上作成する著作物で、その法人等が自己の著作の名義の下に公表するものの著作者は、その作成の時における契約、勤務規則その他に特段の定めがない限り、その法人等とする（著作権法 15 条 1 項）。プログラム著作物の場合には、発表する名義にかかわらず、その作成の時における契約、勤務規則その他に特段の定めがない限り、その著作物の著作者は法人等とされる（同 15 条 2 項）。職務上の発明と異なり、職務上の著作物は、日々発生するものであるため、特段の事由がない限り、法人等の発意に基づいてその法人等の業務に従事する者が創作した著作物の著作者を原則としてその法人としたものである。

此外，电影作品的作者，除非适用职务作品的规定，否则，除去该电影作品所改编或复制的原著小说、剧本、音乐及其他作品的作者外，电影的作者是那些在制作、导演、演出、摄影、美术等方面对电影整体形成做出创造性贡献的人（《著作权法》第16条）。在电影等作品中，动画制作者等的名字会被列出，但这并不意味着他们是电影的作者，电影本身的作者属于法人等，制作者等的名字只是作为与作品制作相关的人员而列出。

另外，与职务发明不同，职务作品的创作是日常进行的，因此很少会设立职务发明中常见的奖励金制度，职务作品的报酬通常以劳动者的工资或酬劳形式支付。

（3）保护期限

著作权的保护期限为从作品创作之时起至作者死后70年（《著作权法》第51条）。著作权归属于法人时，是作品公开发表后70年（《著作权法》第53条）。

（4）手续

由于作品创作时会自动产生著作权，所以不需要注册手续。但是，为了公示著作权转让和使用许可合同，可以在文化厅注册。

6. 不正当竞争防止法的保护对象

《不正当竞争防止法》为了保护企业的正当竞争，认定各种行为为不正当竞争行为。生产和销售其他公司商品的仿冒品的行为，属于以下①和③的不正当竞争行为。

①导致与知名标识混淆的行为；

②冒用知名标识的行为；

③提供模仿他人商品形态的行为。

此外，对于非法获取竞争企业秘密开发的新技术和商业秘密的行为，企业可以根据不正当竞争防止法采取法律措施。

7. 发生侵权时的对策

在知识产权侵权的情况下，权利人可以通过发送要求函等方式要求侵权者停止侵权或赔偿损失。如果侵权者不停止侵权或不赔偿损失，则可以向法院提起诉讼，要求禁令或赔偿。根据权利的性质，对于知识产权侵权规定了专属管辖权。例如，专利权侵权案件由东京地方法院、大阪地方法院等特定法院专属管辖。从提起第一审诉讼到

なお、映画の著作物の著作者は、職務著作の適用がなされる場合を除き、その映画の著作物において翻案され、または複製された小説、脚本、音楽その他の著作物の著作者を除き、制作、監督、演出、撮影、美術等を担当してその映画の著作物の全体的形成に創作的に寄与した者となる（著作権法 16 条）。

映画等において、アニメーターなどの名前がクレジットされるが、それは著作者として当該映画の著作者として表示されているのではなく、映画そのものの著作者は、法人等に帰属するものの作品の制作にかかわった者として表示がなされているにすぎない。

また、職務発明と異なり、職務著作は日常的になされるものであるため、職務発明で見られるような報奨金の制度が設けられることは稀で、職務著作の対価は、従業者の給与や報酬という形で支払われることが多い。

(3) 保護期間

著作権の保護期間は、著作物が創作された時点から著作者の死後 70 年間である（著作権法 51 条）。著作権が法人に帰属する場合は、公表後 70 年間となる（著作権法 53 条）。

(4) 手続

著作物が創作された時点で自動的に著作権が発生するため、登録手続は不要である。ただし、著作権の譲渡や利用許諾に関する契約を公示するために、文化庁に登録することができる。

6. 不正競争防止法による保護対象

不正競争防止法は、企業の正当な競争を守るために、様々な行為を不正競争行為としている。他社の商品の模倣品を製造、販売する行為は、以下の①と③の不正競争行為に該当しうる。

①周知表示混同惹起行為；

②著名表示冒用行為；

③形態模倣商品の提供行為。

その他、競合企業が秘密裏に開発した新技術や営業秘密を不正に取得しようとする行為に対して、企業は不正競争防止法に基づいて法的措置を取ることができる。

7. 権利侵害への対応

知的財産権の侵害に対しては、請求書等の送付により、侵害者に対して請求を行い、侵害の中止や損害賠償を請求することも可能であるが、任意の請求では侵害の中止や損害賠償がなされない場合には、裁判所に対して、差止請求や損害賠償を求めて請求を行うことになる。知的財産権の侵害においては、権利の性質により、

获得判决所需的时间因权利性质和纠纷的性质而异，但通常需要 1 年到 2 年。

根据权利的内容，被告方（侵权者）为了确认权利无效，可能会向专利厅请求进行无效审判，有时法院的审判和专利厅的无效审判会同时进行。

此外，知识产权法对侵权行为规定了刑事处罚，因此，权利人可以对侵权者提出刑事诉讼。专利侵权的法定刑罚是 10 年以下有期徒刑或 1000 万日元以下的罚金，或两者并罚（《专利法》第 196 条），商标权侵害（《商标法》第 78 条）、外观设计权侵害（《外观设计法》第 69 条）时也同样处罚。著作权侵权时，根据侵害行为种类，判处 2~10 年以下有期徒刑或 200 万~1000 万日元以下的罚金，或两者并罚（《著作权法》第 119 条）。刑事请求和民事请求是分开的，因此不需要同时进行刑事诉讼和民事诉讼。在刑事诉讼中获得判决后，可以利用刑事案件中的证据在民事诉讼中请求损害赔偿，这种情形也有。

（二）知识产权合作与使用授权许可

1. 引言

本小节主要介绍中国公司在内容（电影、动画、漫画、游戏软件等）方面与日本公司合作场景下的知识产权相关的法律问题，这种场景下，大致可以分为原本中国公司拥有权利的现有内容已经存在的场景、通过与日本公司的合作来创作新内容的场景。

前一场景下，即原本中国公司拥有权利的现有内容已经存在的场景下，典型的交易是中国公司让日本公司进行该内容在日本的流通（销售和分发），这种交易包括中国公司将该内容的权利转让给日本公司、中国公司将该内容授权（许可）给日本公司使用两种情形。

后一场景下，即通过与日本公司的合作来创作新内容的场景下，典型的合作形式包括委托日本公司制作内容和与日本公司共同制作内容。

専属的管轄が定められており、特許権の侵害に対しては、東京地方裁判所、大阪地方裁判所などの特定の裁判所が管轄を持つ。第1審の判決を得るまでに必要な期間は、権利の性質や紛争の性質によって異なるが、1～2年ほどかかるのが一般である。

また、権利の内容によっては、請求を受けた相手（被告）が権利の無効を確認するために、特許庁に対し、無効審判請求をすることもあり、裁判所における裁判と特許庁における無効審判が並行して継続することもある。

また、知的財産法には、侵害に対する刑事罰が定められているため、侵害の対応によっては、権利者は、侵害者に対して、刑事告訴を行うこともある。特許権侵害の法定刑は、十年以下の懲役もしくは1000万円以下の罰金またはそれらの併科であり（特許法196条）、商標権の侵害（商標法78条）、意匠権侵害（意匠法69条）の場合も同様である。著作権侵害の場合、侵害行為の類型によって2～10年以下の懲役もしくは200万～1000万円以下の罰金またはそれらの併科（著作権法119条）である。民事上の請求と刑事上の請求は別個であるため、刑事告訴と民事訴訟を同時に行う必要はなく、刑事告訴を行い、刑事事件の判決を得たのちに、刑事事件の証拠を用いて民事訴訟において損害賠償の請求を行う場合もある。

（二）知的財産権に関する提携とライセンス

1. はじめに

本小節では、中国の会社がコンテンツ（映画、アニメ、漫画、ゲームソフト等）に関して日本の会社と提携する場面における知的財産権に関する法的問題について取り扱うが、そのような場面としては、もともと中国の会社が権利を有している既存のコンテンツが存在する場合と、日本の会社との提携によって新規にコンテンツを制作する場合とに大別することができる。

前者のケース、つまり、もともと中国の会社が権利を有している既存のコンテンツが存在する場合における典型的な取引は、中国の会社が当該コンテンツの日本における流通（販売・配給）を日本の会社に行わせることであるが、そのような取引としては、中国の会社が当該コンテンツに関する権利を日本の会社に譲渡する場合と中国の会社が当該コンテンツの利用を日本の会社にライセンス（許諾）する場合の二つが考えられる。

他方、後者のケース、つまり、日本の会社との提携によって新規にコンテンツを創作する典型的な場面としては、日本の会社にコンテンツの制作を委託する場合と日本の会社とコンテンツを共同制作する場合の二つが考えられる。

因此，中国公司在内容方面与日本公司合作的典型场景包括以下四种：

（1）中国公司将其拥有的现有内容相关权利转让给日本公司；

（2）中国公司授权许可日本公司使用其持有的现有内容；

（3）中国公司委托日本公司制作内容；

（4）中国公司与日本公司共同制作内容。

如本章二（一）所述，在日本，受到保护的知识产权有发明专利权、实用新型权、外观设计权、商标权、著作权、与《不正当竞争防止法》保护的利益相关的权利等，但在内容创作中，代表性的知识产权主要是著作权。鉴于篇幅限制，以下概要论述上述四种场景中与著作权相关的关键法律问题。

2. 中国公司向日本公司转让内容相关权利

（1）设想的场景

本节设想的场景是中国公司将自己制作的作品内容（如电影、动画、漫画、游戏软件等）相关权利转让给日本公司。

在这种交易中，中国公司通常会与日本公司签订内容的著作权转让合同。以下论述在这种转让合同中需要特别注意的著作权法相关问题。

（2）受日本著作权法保护的作品范围

首先，需要明确的是中国公司在中国制作的内容是否在日本著作权法中受到保护。根据日本著作权法，只有在以下任一条件下，作品才受到保护（《著作权法》第6条）：

①日本国民（包括根据日本法律设立的法人以及在日本国内拥有主要经营场所的法人）的作品；

②最初在日本国内发表的作品（包括最初在国外发表，但自发表之日起30天内在日本国内发表的作品）；

③根据条约，日本国承担保护义务的作品。

在这一点上，中国是《保护文学和艺术作品伯尔尼公约》的成员国，依据该公约的"国民待遇原则"，日本有义务保护中国国民的作品。因此，依据上述③，中国公司制作的内容（作品）在日本著作权法上受到保护。

したがって、中国の会社がコンテンツに関して日本の会社と提携する典型的な場面として想定されるのは、

(1) 中国の会社がその保有する既存のコンテンツに関する権利を日本の会社に譲渡する場合；

(2) 中国の会社がその保有する既存のコンテンツの利用を日本の会社に許諾する場合；

(3) 中国の会社が日本の会社にコンテンツの制作を委託する場合；

(4) 中国の会社が日本の会社とコンテンツを共同制作する場合。

という四つの場面ということができる。

前記4.2.1で見たように、日本で保護される知的財産権には特許権、実用新案権、意匠権、商標権、著作権、不正競争防止法によって保護される利益に係る権利などがあるが、コンテンツに含まれる代表的な知的財産権は著作権であるといえる。紙幅の関係もあり、以下では、上記四つの場面において特に問題となる著作権法上の問題について概観することとする。

2. 中国の会社による日本の会社に対するコンテンツに関する権利の譲渡

(1) 想定される場面

本項では、中国の会社が、自国用に制作した著作物であるコンテンツ（映画、アニメ、漫画、ゲームソフト等）に関する権利を日本の会社に譲渡するという場面を想定する。

そのような取引を行う場合、通常、中国の会社は日本の会社との間で、当該コンテンツに関する著作権の譲渡契約を締結することになる。以下では、そのような譲渡契約において特に留意すべき著作権法上の問題を取り上げる。

(2) 日本の著作権法によって保護される著作物の範囲

まず、そもそも中国の会社が中国で制作したコンテンツが日本の著作権法において保護されるのかが問題となる。日本の著作権法上、著作物は、以下のいずれかに該当する場合に限り保護される（著作権法6条）。

①日本国民（日本の法令に基づいて設立された法人および国内に主たる事務所を有する法人を含む。）の著作物；

②最初に国内において発行された著作物（最初に国外において発行されたが、その発行の日から30日以内に国内において発行されたものを含む）；

③条約により日本国が保護の義務を負う著作物。

この点、中国はベルヌ条約の加盟国であり、同条約の内国民待遇の原則により、日本は中国国民の著作物を保護する義務を負う。したがって、上記③により、中国

（3）著作权的转让

著作权可以全部或部分转让（《著作权法》第 61 条第 1 款）。在日本法律中，专利权的转让以登记为生效要件（《专利法》第 98 条第 1 款第 1 项），而著作权的转让无需登记，仅凭当事人之间的协商同意即可生效。不过，未经登记的著作权转让对第三方不具有对抗效力（《著作权法》第 77 条第 1 款）。因此，当著作权被多次转让时，受让人的优先权取决于登记的先后顺序。

著作权的转让可以是部分转让，如可以只转让复制权、公众传播权（通过播放、有线播放、互联网等向公众传播作品的权利）等具体权利，也可以对内容、地域、时间等进行限制后再进行转让。[1]

因此，持有内容的中国公司在将该内容的著作权转让给日本公司时，首先需要考虑转让著作权的哪一部分。

（4）特别规定改编权和二次作品使用权的必要性

《著作权法》第 61 条第 2 款规定，在著作权转让合同中，除非特别规定了《著作权法》第 27 条或第 28 条的权利，否则这些权利推定为由转让人保留。

《著作权法》第 27 条规定的权利包括翻译、改编、电影化等权利（改编权），第 28 条规定的是使用改编产生的二次作品的原作者权利（二次作品使用权）。在著作权转让合同中，如果没有明确规定转让对象包括改编权和二次作品使用权，这些权利将被推定为转让人保留，受让人如果主张受让了全部著作权，则需推翻该推定并提供反证。

因此，在签订内容的著作权转让合同时，作为受让方，通常希望明确规定转让合同中包括改编权（《著作权法》第 27 条）和二次作品使用权（《著作权法》第 28 条）。中国公司与日本公司签订内容的著作权转让合同时，如果日本公司要求在合同中加入这些规定，正是出于以上原因。

---

[1] 参见［日］中山信弘：《著作权法》（第 4 版），有斐阁 2023 年版，第 535 页。

の会社が制作したコンテンツ（著作物）は日本の著作権法上保護される。

(3) 著作権の譲渡について

著作権は、その全部または一部を譲渡することができる（著作権法 61 条 1 項）。日本法上、特許権の譲渡は登録が効力発生要件であるが（特許法 98 条 1 項 1 号）、著作権の譲渡は登録を要することなく、当事者間の合意のみで効力を発生する。もっとも、著作権の移転は登録しなければ第三者に対抗することができない（著作権法 77 条 1 項）。そのため、著作権者が著作権を二重に譲渡した場合における譲受人の優劣は登録の先後による。

著作権はその一部を譲渡することができ、例えば、複製権、公衆送信権（著作物を放送、有線放送、インターネット等で公衆に対して送信する権利）といった個々の支分権のみを譲渡することができるし、内容、場所、時間について制限を加えて譲渡することも可能である。[1]

したがって、コンテンツを保有する中国の会社が当該コンテンツに関する著作権を日本の会社に譲渡するにあたっては、まず、当該著作権のいかなる部分を譲渡するのかを検討することが出発点となる。

(4) 翻案権と二次的著作物利用権の特掲の必要性について

著作権法 61 条 2 項は、著作権を譲渡する契約において、同法 27 条または 28 条に規定する権利が譲渡の目的として特掲されていないときは、これらの権利は譲渡人に留保されたものと推定する旨規定している。

著作権法 27 条に規定する権利とは、著作物を翻訳し、編曲し、もしくは変形し、または脚色し、映画化し、その他翻案する権利（翻案権）であり、同法 28 条に規定する権利とは、翻案によって生まれた二次的著作物を利用する原著作者の権利（二次的著作物利用権）である。著作権譲渡契約において、譲渡される権利に翻案権と二次的著作物利用権が含まれていることが明示されていなければ、これらの権利は譲渡人に留保されたと推定されるのであり、譲受人が著作権の全部について譲渡を受けたと主張するためには、その推定を覆す反証をしなければならないということである。

したがって、コンテンツに関する著作権譲渡契約を締結する際、譲受人としては、翻案権（著作権法 27 条に規定する権利）と二次的著作物利用権（著作権法 28 条に規定する権利）が譲渡されることを明示する定めを入れておきたいところであ

---

[1] 中山信弘『著作権法 第 4 版』（有斐閣、2023）535 頁。

（5）作者人格权

在日本著作权法中，作者对其作品享有三种人格权：①发表权（将尚未发表的作品向公众提供或展示的权利）(《著作权法》第 18 条)；②署名权（在作品上署名或公开时署名的权利，可以是实名、笔名或不署名)(《著作权法》第 19 条)；③同一性保持权（保持作品及其标题的同一性，未经作者同意不得对其进行修改或变更)(《著作权法》第 20 条)。

作者人格权在作品创作时即自动产生，原始归属于作者（《著作权法》第 17 条)。作者人格权为专属权，不能转让（《著作权法》第 59 条)。

由于作者人格权是专属权，因此不会成为继承的对象，并会在作者（自然人）去世时消失。然而，即使在作者去世后，也不得进行任何侵犯其人格权的行为（除非可以合理认为该行为不会损害作者的意愿)(《著作权法》第 60 条)。具体而言，作者的遗属（二等亲内的亲属）或作者通过遗嘱指定的人可以向侵犯或有可能侵犯作者人格权的人申请禁令或要求恢复名誉的措施（《著作权法》第 116 条第 1 款)。被指定的人可以代替作者的遗属进行这些请求，但在作者死亡后的第二年起算 70 年后（此时有遗属存在时，在遗属死亡后），这些请求权将消失（《著作权法》第 116 条第 3 款)。

由于适用后述的职务作品的规定，法人成为作品的作者时，法人也可以享有作者人格权。在该法人解散之前，作者人格权一直存在。换言之，法人持有的作者人格权只要法人继续存在，就会永久存在。

如上所述，作者人格权不可转让，因此，即使中国公司与日本公司签订了内容权利转让合同，作者人格权也不会转移，仍由中国公司持有。虽然作者人格权是一种人格权，一般认为不能放弃，但允许合同双方同意不行使该权利。当中国公司与日本公司就内容著作权的转让进行谈判时，日本公司通常会要求在合同中规定转让方不行使作者人格权，这是基于上述原因。

る。コンテンツを保有する中国の会社が当該コンテンツに関する著作権の譲渡契約を日本の会社と締結する場合、日本の会社側がそのような定めを契約中に入れることを求めてくることがあれば、それには以上のような背景がある。

(5) 著作者人格権について

日本の著作権法上、著作者は、その著作物について、①公表権（その著作物でまだ公表されていないものを公衆に提供しまたは提示する権利）（著作権法18条）、②氏名表示権（その著作物の原作品に、またはその著作物の公衆への提供もしくは提示に際し、その実名もしくは変名を著作者名として表示しまたは著作者名を表示しないこととする権利）（著作権法19条）、③同一性保持権（その著作物およびその題号の同一性を保持し、その意に反してこれらの変更、切除その他の改変を受けない権利）（著作権法20条）という三つの著作者人格権を保有する。

著作者人格権は、創作された時点でいかなる方式の履行も要さず、著作者に原始的に帰属する（著作権法17条）。著作者人格権は、一身専属権で譲渡不能である（著作権法59条）。

著作者人格権は、一身専属権であるがゆえに相続の対象とならず、著作者である自然人の死亡により消滅する。しかしながら、著作権法は、著作者が存しなくなった後においても、著作者が存しているとしたならばその著作者人格権の侵害となるべき行為をしてはならないと定めている（ただし、著作者の意を害しないと認められる場合を除く。）（著作権法60条）。具体的には、著作者の遺族（二親等内の親族）または著作者が遺言によって指定した者は、著作者人格権の侵害となるべき行為を行いまたは行うおそれのある者に対して差止および名誉回復措置の請求を行うことができる（著作権法116条1項）。著作者の遺族に代わってこれらの請求をする指定を受けた者は、当該著作者の死亡した年の翌年から70年を経過した後（その経過する時に遺族が存する場合は、その存しなくなった後）には、これらの請求をすることができない（著作権法116条3項）。したがって、上記請求権は、著作者の遺族がなくなったときまたは当該遺族に代わってこれを行使する者がいる場合には著作者の死亡の翌年から70年を経過したときに事実上消滅する。

後述する職務著作の規定の適用により法人が著作物の著作者となる場合、法人も著作者人格権を享有することができる。この場合、当該法人が解散するまで、著作者人格権は存続する。言い換えれば、法人が保有する著作者人格権は、その法人が存続する限り永久に存続する。

上記のとおり、著作者人格権は譲渡することができないから、コンテンツを制作した中国の会社が当該コンテンツに関する権利を譲渡するために日本の会社と譲

如果中国公司转让的并非自己创作的内容，而是从第三方作者处受让取得的著作权，那么中国公司无法代表日本公司承诺不行使作者人格权。然而，在这种情况下，如果中国公司从第三方取得了不行使权利的特约，则可以向日本公司做出该声明和保证，因此日本公司很可能会要求中国公司做出类似的声明和保证。

3. 中国公司对日本公司的内容使用许可
（1）设想的场景
本节设想的是，中国公司授权日本公司在日本流通（销售和发行）由中国制作的内容（如电影、动画、漫画、游戏软件等）的场景。

在这种交易中，通常中国公司会与负责内容在日本流通的日本公司签订该内容的授权使用合同（许可合同）。以下将论述此类许可合同中应特别注意的著作权法相关问题。

（2）作品的使用许可（授权使用）的性质和效力
与专利权等具有物权性质的其他知识产权许可类似，作品的许可，本质上是指关于特定作品的使用，许可人对被许可人约定不行使著作权这一物权性权利（如行使禁止请求权、损害赔偿请求权、不当得利返还请求权等）的不作为。[1]

通常，授权使用许可在合同当事人之间产生债权性使用权，但《著作权法》规定，作品的授权使用（使用权）可以对抗取得与该使用权相关的作品的著作权的人和其他第三方（《著作权法》第63条之2），在这一意义上，具有对抗合同外第三方的效力。过去，对于作品的使用权，不承认对合同外第三方的效力，即使取得了作品的使用许可，若该作品的著作权随后被转让给第三方，许可人也无法对抗该第三方，从而可能无法继续使用该作品。然而，根据2020年《著作权法》的修订，使用权不再需要登记

---

[1] 参见［日］中山信弘:《著作权法》（第4版），有斐阁2023年版，第546页。

渡契約を締結しても、中国の会社は当該コンテンツに関する著作権を日本の会社に譲渡できるのみであり、著作者人格権は移転することなく中国の会社が保有し続けることになる。著作者人格権は人格権でありそれを放棄することはできないと考えられるが、契約当事者間でその不行使を合意することは一般に認められている。中国の会社がコンテンツに関する著作権の譲渡契約を日本の会社と交渉する場合、日本の会社は譲渡人による著作者人格権の不行使を定めることを求めてくることが多いと思われるが、それには以上のような背景がある。

自ら制作したものではなく、著作者である第三者から譲り受けた著作権を日本の会社に譲渡する場合、譲渡人である中国の会社は譲受人である日本の会社に対して著作者人格権の不行使を約束することはできない。しかしながら、この場合、中国の会社は著作者である第三者から不行使特約を取得したうえ、その取得を日本の会社に表明保証することは可能であり、日本の会社側がそのような表明保証を求めてくることも考えられる。

3. 中国の会社による日本の会社に対するコンテンツの利用許諾

(1) 想定される場面

本項では、中国の会社が、自国用に制作した著作物であるコンテンツ（映画、アニメ、漫画、ゲームソフト等）を日本の会社によって日本で流通（販売・配給）させるにあたり、当該日本の会社に当該コンテンツの利用を許諾するという場面を想定する。

そのような取引を行う場合、通常、中国の会社は日本におけるコンテンツの流通を担う日本の会社との間で、当該コンテンツの利用許諾契約（ライセンス契約）を締結することになる。以下では、そのようなライセンス契約において特に留意すべき著作権法上の問題を取り上げる。

(2) 著作物の利用許諾（ライセンス）の性質と効力

特許権等、物権類似の性質を有する他の知的財産権のライセンスと同様、著作物のライセンスの本質は、対象となる著作物の利用について、ライセンサーがライセンシーに対し著作権という物権的権利の行使（差止請求権、損害賠償請求権、不当利得返還請求権等の行使）をしないという不作為を約束することにある。[1]

本来、ライセンスは契約当事者間において発生する債権的な利用権であるが、著作権法は、著作物のライセンス（利用権）については、当該利用権に係る著作物

---

[1] 中山信弘『著作権法 第4版』（有斐閣、2023）546頁。

即可对抗第三方。这里所指的第三方包括取得著作权的人，也包括设定出版权的人等对该作品拥有合法权利的人。

被许可人接受作品使用许可后，可以在该许可所规定的使用方式及条件的范围内使用该作品（《著作权法》第63条第2款）。如果许可人向被许可人约定不向第三方许可使用同一作品，则此类许可通常称为独占许可。独占许可仅在合同当事人之间产生债权性效力，不能对抗作品著作权的受让人等第三方。然而，独占许可的被许可人可以要求著作权侵害者赔偿因独占权受到侵害而遭受的损失。[1] 因此，许可合同的主要目的是确定许可范围。中国公司在向日本公司授权内容使用时，首先要考虑如何许可使用的方式和条件。

未经著作权人同意，作品的使用权不得转让（《著作权法》第63条第3款）。不过，在内容许可合同中，著作权人作为许可人可以约定不同于法律规定的合同内容。

（3）与作者人格权的关系

如上所述，日本法律规定作者拥有发表权、署名权以及同一性保持权这三种人格权，尽管通常允许合同当事人之间约定不行使作者人格权。在内容许可合同中，如果许可人是内容的作者，通常解释为许可中包含了不行使作者人格权的意图。但为了明确权利义务关系，最好将作者人格权的不行使条款与一般的使用许可条款分开，在许可合同中单独规定。

---

[1] 东京地方裁判所1991年5月22日判例时报1421号第113页。

の著作権を取得した者その他の第三者に対抗することができると定めており（著作権法63条の2）、その限りで契約外の第三者に対する効力を有している。以前は、著作物の利用権について第三者に対する効力は認められておらず、著作物について利用許諾を得ても、後に当該著作物の著作権が第三者に譲渡されたら、その譲受人に対して利用権を対抗することができず、したがって、当該著作物を継続して利用できないおそれがあった。しかしながら、令和2年著作権法改正により、利用権が第三者に当然に（登録等の手続を踏むことなく）対抗できるという制度に変わったものである。ここにいう第三者とは、著作権を取得した者のほか出版権の設定を受けた者など、当該著作物について正当な権利を有する者をいう。

著作物の利用許諾を受けたライセンシーは、その許諾に係る利用方法および条件の範囲内において、その許諾に係る著作物を利用することができる（著作権法63条2項）。許諾の条件として、ライセンサーが同じ著作物を第三者に利用許諾しないことをライセンシーに約束する場合、そのようなライセンスを一般に独占ライセンスという。そのような独占性の合意は契約当事者間の債権的な効力を有するにすぎず、著作物の著作権の譲受人等の第三者に対抗することはできない。しかしながら、独占ライセンスのライセンシーは、著作権の侵害者に対して、独占性を害されたことによって被った損害の賠償を請求し得る。[1]

ライセンス契約の主要な目的は許諾範囲を定めることにある。コンテンツを保有する中国の会社が当該コンテンツの利用を日本の会社に許諾する場合においては、まず、いかなる利用方法・条件での利用を許諾するのかを検討することが出発点となる。

著作権法上、著作物の利用権は、著作権者の承諾を得ない限り、譲渡することはできない（著作権法63条3項）。もっとも、コンテンツのライセンス契約において著作権者であるライセンサーがこれと異なる合意をすることは妨げられない。

(3) 著作者人格権との関係

前記に述べたとおり、日本法上、著作者は、公表権、氏名表示権および同一性保持権という三つの著作者人格権を保有するが、契約当事者間で著作者人格権の不行使を合意することは一般的に認められている。コンテンツのラインセンス契約におけるライセンサーが当該コンテンツの著作者自身である場合、通常、ライセンスの許諾範囲内における著作者人格権の不行使特約の趣旨が含まれていると解釈され

---

[1] 東京地判平成3・5・22判例時報1421号113頁。

当内容许可合同的许可人不是内容的作者时，许可人不能向被许可人承诺不行使作者人格权，但可以在从作者那里取得了不行使条款的基础上，向被许可人做出声明和保证。被许可人为了避免日后与作者发生纠纷，通常会要求这样的声明和保证。

假设中国公司在与日本公司签订内容许可合同时，日本公司要求中国公司保证不行使作者人格权或取得不行使作者人格权的特约，这背后正是基于以上背景。

（4）关于使用许可的其他法律规定

关于作品的播放、有线播放、可发送化（将作品上传到服务器，使其处于能够向公众传播的状态）相关的使用许可，著作权法设有以下特别规定：

关于作品的播放或有线播放的使用许可，除非合同另有规定，否则不包括该作品的录音或录像许可（《著作权法》第 63 条第 4 款）。

当许可作品进行播放或有线播放及广播同步传输等时，对符合特定条件的广播经营者（以营利为目的从事广播同步传输等业务的广播经营者）许可在广播节目中使用作品时，如果没有另行说明，推定该许可同时包含了广播同步传输等的许可（《著作权法》第 63 条第 5 款）。

即使获得可发送化的利用许可的被许可人对可发送化的次数或用于可发送化的自动公众发送装置，超出约定的使用方法或条件的范围内，进行可发送化，也不构成著作权侵害（《著作权法》第 63 条第 6 款）。

中国公司在向日本公司许可播放、有线播放或可发送化时，需注意上述法律规定。

（5）出版权

著作权人可以向出版社设定出版权，以出版或电子出版作品（《著作权法》第 79 条）。如前述第 2 点所述，日本著作权法中的使用许可（授权使用许可）是债权性使用权，而出版权具有物权效力（《著作权法》第 80 条），出版权人除可自行要求赔偿损失外，还可要求停止侵权（《著作权法》第 112 条、第 114 条）。但出版权的设定必须登记才能对抗第三方（《著作权法》第 88 条第 1 款）。

ると思われるが、権利義務関係を明確化するためには、ライセンス条項における一般的な許諾文言とは別個に、著作者人格権の不行使特約に関する定めも利用許諾約に入れることが望ましい。

コンテンツのライセンス契約のライセンサーが当該コンテンツの著作者でない場合、ライセンサーがライセンシーに対して著作者人格権の不行使を約束することはできないが、ライセンサーが著作者から不行使特約を取得したうえ、その取得をライセンシーに表明保証することは可能であり、ライセンシーとしては後日の著作者との紛争を避けるためそのような表明保証を要求したいところである。

中国の会社が日本の会社とコンテンツのライセンス契約を締結する場合、日本の会社は中国の会社に対して著作者人格権の不行使特約または不行使の表明保証を要求してくることが想定されるが、それには以上のような背景がある。

(4) 利用許諾に関するその他の法律上の定め

著作物の放送、有線放送、送信可能化（著作物をサーバにアップロードして公衆に送信され得る状態にすること）に関する利用許諾については以下のような特別の定めが著作権法に置かれている。

著作物の放送または有線放送についての利用許諾は、契約に別段の定めがない限り、当該著作物の録音または録画の許諾を含まない（著作権法63条4項）。

著作物の放送または有線放送および放送同時配信等を許諾することができる者が放送同時配信等を業として行っている放送事業者のうち一定の要件を満たした事業者に対して放送番組での著作物の利用の許諾を行った場合は、別段の意思表示をした場合を除き、当該許諾に放送同時配信等の許諾を含むものと推定される（著作権法63条5項）。

送信可能化の利用許諾を受けたライセンシーが、送信可能化の回数または送信可能化に用いる自動公衆送信装置について約定の利用方法または条件の範囲を超えて送信可能化を行っても著作権侵害は成立しない（著作権法63条6項）。

中国の会社が著作物の放送、有線放送または送信可能化に関して日本の会社に利用許諾をする場合には以上のような法律上の定めがあることに留意されたい。

(5) 出版権について

著作権者は出版社に対して、著作物の出版または電子出版について出版権を設定することができる（著作権法79条）。前記2記載のとおり、日本の著作権法における利用許諾（ライセンス）は債権的な利用権であるが、出版権には物権的な効力があり（著作権法80条）、出版権者は、侵害行為に対して自ら損害賠償のほか差止を請求することができる（著作権法112条、114条）。ただし、出版権の設定は登録

出版权人在收到原稿之日起 6 个月内应进行出版，并承担持续出版的义务（《著作权法》第 81 条）。若出版权人违反这些义务，复制权持有人可以取消出版权（《著作权法》第 84 条第 1 款）。

出版权的存续期限可以通过设定行为来决定（《著作权法》第 83 条第 1 款），若无此规定，自设定后的首次出版行为等发生之日起 3 年内失效（《著作权法》第 83 条第 2 款）。

中国公司在为其拥有著作权的内容向日本公司设定出版权时，需注意上述出版权的法律性质、效力以及出版权人的义务。

4. 中国公司委托日本公司制作内容

（1）设想的场景

本节设想中国公司委托日本公司制作内容的场景。

进行这种交易时，中国公司通常与日本公司签订有关该内容的制作委托合同。以下论述这种制作委托合同中特别注意的著作权法上的问题。

（2）作者和职务作品

作者是指创作作品的人（《著作权法》第 2 条第 1 款第 2 项）。作品是指思想或感情的创造性表现（《著作权法》第 2 条第 1 款第 1 项），一般而言，进行思想或感情的创造性表现的个人（自然人）是作者。

因此，在法人工作的个人（劳动者）创作作品时，原则上不是法人，而是劳动者成为该作品的作者。但即使是作为自然人的劳动者创作作品时，只要满足以下要件（但是，关于计算机程序的作品不需要③的要件），作为所谓的职务作品，不是劳动者，而是其用工单位的法人[1]成为作者（包含作者人格权）（《著作权法》第 15 条）。

---

[1] 为了便于说明，记载为"法人"，但是，满足职务作品要件时，并不限于法人，作者为雇主（用人单位），而不是劳动者。

しなければ第三者に対抗することができない（著作権法88条1項）。

出版権者は、原稿の引渡し等を受けた日から6か月以内に出版を行い、また出版を継続して行う等の義務を負う（著作権法81条）。出版権者がこれらの義務に違反した場合、複製権等の保有者は出版権を消滅させることができる（著作権法84条1項）。

出版権の存続期間は設定行為で定めることができるが（著作権法83条1項）、その定めがないときは設定後最初の出版行為等があつた日から3年で消滅する（著作権法83条2項）。

中国の会社が著作権を保有するコンテンツについて日本の会社に出版権を設定する際には上記の出版権の法的性格と効力および出版権者の義務について留意されたい。

4. 中国の会社による日本の会社に対するコンテンツの制作委託

(1) 想定される場面

本節では、中国の会社が、日本の会社にコンテンツの制作を委託するという場面を想定する。

そのような取引を行う場合、通常、中国の会社は日本の会社との間で、当該コンテンツに関する制作委託契約を締結することになる。以下では、そのような制作委託契約において特に留意すべき著作権法上の問題を取り上げる。

(2) 著作者と職務著作について

著作者とは、著作物を創作する者をいう（著作権法2条1項2号）。著作物とは、思想または感情の創作的な表現であるから（著作権法2条1項1号）、一般に、思想または感情の創作的表現をした個人（自然人）が著作者となる。

したがって、法人に勤務する個人（従業員）が著作物を創作した場合、法人ではなく従業員が当該著作物の著作者となるのが原則である。ただし、自然人である従業員が著作物を創作する場合であっても、以下の要件を満たせば（ただし、プログラムの著作物については③の要件は不要である。）、いわゆる職務著作として、従業員ではなくその雇用主たる法人[1]が著作者（著作者人格権を有する者）となる（著作権法15条）。

---

[1] 説明の便宜のためここでは「法人」と書いたが、職務著作の要件を満たす場合、法人に限らず従業員（被用者）ではなく雇用主（使用者）が著作者となる。

①作品是根据法人的意志制作的；
②该作品由从事该法人业务的人员在职务上制作；
③该作品以该法人的名义发表；
④制作时的合同、工作规则等中没有特别规定。

要件②中的"从事该法人业务的人"是指该法人具有雇佣关系或类似指挥命令、监督关系的人。因此，与定作人处于独立对等关系的承包合同上的承包人不属于此，承包人为作者。

在日本，著作权在被创作的时候不需要采取任何方式的行动，原始地归属于作者（《著作权法》第 17 条）。因此，作品的作者是该作品的原著作权人，关于职务作品，作为用人单位的法人成为作品的原著作权人。

因此，根据中国公司的委托，日本公司由其劳动者制作内容时，不是日本公司的劳动者，而是日本公司自己成为该内容的作者，该内容的著作权也原始归属于日本公司。因此，作为中国公司，在与日本公司的内容制作委托合同中，有必要对日本公司施加该内容的著作权的转让义务。

另外，如上述 2（4）所述，在著作权转让中，只要不特别规定，改编权（《著作权法》第 27 条规定的权利）和二次作品使用权（《著作权法》第 28 条规定的权利）推定为由转让人保留（《著作权法》第 61 条第 2 款）。因此，作为将内容的制作委托给日本公司的中国公司，在规定该内容的著作权的转让条款中，需要明确规定转让的著作权中包含改编权（《著作权法》第 27 条规定的权利）和二次作品使用权（《著作权法》第 28 条规定的权利）。

（3）电影作品

涉及多人参与制作的电影作品，有特别规定。除非属于职务作品，电影作品的作者仅限于那些对电影作品整体形成做出创造性贡献的人，如导演、演出者、摄影师、美术设计师等（《著作权法》第 16 条）。典型情况下，电影导演即作者。

此外，"电影作品"还包括以产生与电影类似的视觉或视听效果的方式表现并固定于载体上的作品（《著作权法》第 2 条第 3 款）。判例上、[1]卡通形象扮演游戏软件也被

---

〔1〕 最高裁判所 2002 年 4 月 25 日判例时报 1785 号第 3 页。

①著作物が法人の発意に基づいて作成されたこと；

②当該著作物が当該法人の業務に従事する者によって職務上作成されたこと；

③当該著作物が当該法人の名義で公表されたこと；

④作成の時における契約、勤務規則等に別段の定めがないこと。

要件②における「当該法人の業務に従事する者」とは、当該法人が雇用関係またはこれに類する指揮命令・監督関係を持つ者を指す。したがって、注文者と独立対等な関係に立つ請負契約上の請負人はこれに該当せず、請負人が著作者となる。

日本では、著作権は、創作された時点でいかなる方式の履行を要さず、著作者に原始的に帰属する（著作権法17条）。したがって、著作物の著作者は、その著作物の原著作権者であり、職務著作については、雇用主である法人が著作物の原著作権者となる。

したがって、中国の会社の委託に基づいて日本の会社がその従業員によってコンテンツを制作させた場合、日本の会社の従業員ではなく日本の会社自身が当該コンテンツの著作者となり、当該コンテンツの著作権も日本の会社に原始的に帰属することになる。したがって、中国の会社としては、日本の会社とのコンテンツ制作委託契約において、日本の会社に対し、当該コンテンツの著作権の譲渡義務を課す必要がある。

また、前記2(4)に述べたように、著作権譲渡にあたっては、特掲しない限り、翻案権（著作権法27条に規定する権利）と二次的著作物利用権（著作権法28条に規定する権利）は譲渡人に留保されたものと推定される（著作権法61条2項）。したがって、コンテンツの制作を日本の会社に委託する中国の会社としては、当該コンテンツの著作権の譲渡を定める条項において、譲渡される著作権の中に翻案権（著作権法27条に規定する権利）と二次的著作物利用権（著作権法28条に規定する権利）が含まれることを明示する必要がある。

(3) 映画の著作物について

制作に多数の者が関与する映画の著作物については特別な規定がある。職務著作に該当する場合を除き、映画の著作物の著作者は、制作、監督、演出、撮影、美術等を担当してその映画の著作物の全体的形成に創作的に寄与した者に限定される（著作権法16条）。典型的には、映画の監督がこれに該当する。

なお、「映画の著作物」には、映画の効果に類似する視覚的または視聴覚的効果を生じさせる方法で表現され、かつ、物に固定されている著作物も含まれる（著作

视为此类作品，并被包含在电影作品的定义中。

除了职务作品以及专门由播放经营者或有线播放经营者作为播放或有线播放等技术手段制作的作品以外，电影作品的著作权在该作品的作者同意参与电影制作时，原始归属于电影制作者（对电影作品制作发起并承担责任的人，见《著作权法》第2条第1款第10项）(《著作权法》第29条第1款）。例如，如果剧场电影的导演向电影制作者表示同意参与电影制作，则该电影的著作权将原始归属于电影制作者。

因此，当中国公司在日本制作电影时，若与电影导演及其他应为作者的人签订制作合同并让他们承诺参与电影制作，则该电影的著作权将原始归属于中国公司。

（4）关于作者人格权

如上述2所述，职务作品的作者仅限于存在雇佣关系或类似指挥命令与监督关系的情况。当定作人和承包人之间是独立的合同当事人关系时，不满足职务作品的要件。因此，当日本公司根据中国公司的委托制作内容时，该内容的作者是日本公司。

如前述2所述，根据日本法，作者对作品拥有发表权、署名权以及同一性保持权这三种作者人格权。因此，当日本公司根据与中国公司的制作委托合同制作内容时，作者人格权将归日本公司所有。由于作者人格权不可转让，即使著作权转让给中国公司，作者人格权仍将留在日本公司。因此，为确保自由使用该内容，中国公司应在制作委托合同中加入日本公司不行使作者人格权的条款。

5. 日本公司和中国公司共同制作内容
（1）设想的场景
本节设想中国公司与日本公司共同制作内容的场景。

権法2条3項)。判例上、[1]ロールプレイングゲームソフトもかかる著作物に該当し、映画の著作物に含まれると判断されている。

　職務著作に該当する場合と専ら放送事業者または有線放送事業者が放送または有線放送等のための技術的手段として製作する場合を除き、映画の著作物の著作権は、当該著作者が映画製作者(映画の著作物の製作に発意と責任を有する者(著作権法2条1項10号))に対し当該映画の著作物の製作に参加することを約束しているときは、当該映画製作者に帰属する(著作権法29条1項)。例えば、劇場映画の監督が、当該映画の映画製作者に対して当該映画の製作に参加する意思を表明した場合には、当該映画の著作権は当該映画製作者に原始的に帰属することになる。

　したがって、中国の会社が日本で映画を製作する場合、当該映画の監督その他当該映画の著作者となるべき者との間で製作契約を締結し、それらの者から当該映画製作への参加を約束させれば、当該映画の著作権は中国の会社に原始的に帰属することになる。

(4) 著作者人格権について

　前記2に述べたとおり、職務著作として著作物制作の発注者側が著作者となるのは発注者と受注者との間に雇用関係またはこれに類する指揮命令・監督関係がある場合に限られ、発注者と受注者が請負契約の当事者のような独立した取引当事者の場合には職務著作の要件を満たさない。したがって、中国の会社の委託に基づいて日本の会社がコンテンツを制作した場合、当該コンテンツの著作者は受託者である日本の会社となる。

　前記2に述べたように、日本法上、著作者は当該著作物について著作者人格権(公表権、氏名表示権、同一性保持権)を有する。したがって、中国の会社との制作委託契約に基づき日本の会社がコンテンツを制作した場合、日本の会社は当該コンテンツについて著作者人格権を持つことになるが、著作者人格権は譲渡不能なので、著作権が中国の会社に譲渡されても、著作者人格権は日本の会社に残ることになる。そこで、中国の会社としては当該コンテンツの自由な利用を確保するために、日本の会社による著作者人格権の不行使特約を制作委託契約に入れることが必要となる。

5. 日本の企業と中国の企業によるコンテンツの共同制作

(1) 想定される場面

　本項では、中国の会社が、日本の会社とコンテンツを共同制作するという場面

---

[1] 最判平成14・4・25判例時報1785号3頁。

在这种交易中，中国公司通常会与日本公司签订关于内容的共同制作合同。以下将探讨在共同制作合同中特别需要注意的著作权法相关问题。

（2）关于共同作品

当两个或更多的人共同创作的作品无法将每个人的贡献分离并单独使用时，该作品被称为"共同作品"（《著作权法》第 2 条第 1 款第 12 项）。如果中国公司和日本公司的劳动者共同参与创作了一个内容，该内容即共同作品。

与共同作品相关的著作权和作者人格权由共同作者共有，对这些权利的行使会受到一定的限制。首先，任何共同作者未经其他共同作者的同意，不得转让或质押与该共同作品相关的著作权份额，也不得行使该共同作品的著作权（《著作权法》第 65 条）。但此处所指的著作权行使包括复制、公众传播等自我使用以及对第三方的使用许可等积极行为，[1] 而不包括对侵权行为的追究。各共同作者可以单独对侵权人提出禁止请求、损害赔偿请求和不当得利返还请求（《著作权法》第 117 条第 2 款）。

此外，共同作品的作者人格权只能在所有共同作者同意的情况下行使。然而，各共同作者不得无理由阻碍协商同意的达成（《著作权法》第 64 条）。

因此，如果中国公司和日本公司之间的内容是由双方劳动者共同创作的，并且没有在合同中作出特别约定，那么根据职务作品[2]和共同作品的规定，该内容的著作权和作者人格权将由中国公司和日本公司共有，双方的权利行使将受到上述著作权法的限制。如果中国公司希望避免因与日本公司共同制作内容而导致使用上的限制，则需要在共同制作合同中另行规定相关条款。

---

[1] 参见［日］中山信弘：《著作权法》（第 4 版），有斐阁 2023 年版，第 546 页。

[2] 东京高等裁判所 2001 年 5 月 30 日判例时报 1797 号第 131 页（KEWPIE 著作权事件）判决批示，"关于职务作品的规范，在性质上是根据法人、其他用人单位和劳动者的雇佣合同的准据法国家的著作权法关于职务作品的规定"，因此，准确论述的话，对中国公司，适用该公司和其劳动者之间的雇佣合同的准据法国家的著作权法的职务作品著作的规定。

を想定する。

そのような取引を行う場合、通常、中国の会社は日本の会社との間で、当該コンテンツに関する共同制作契約を締結することになる。以下では、そのような共同制作契約において特に留意すべき著作権法上の問題を取り上げる。

(2) 共同著作について

二人以上の者が共同して創作した著作物であって、その各人の寄与を分離して個別的に利用することができないものを共同著作物という（著作権法2条1項12号）。中国の会社と日本の会社のそれぞれの従業員が一つのコンテンツを共同して制作（共同して表現の創作に関与）すれば、当該コンテンツは共同著作物に該当することになる。

共同著作物に係る著作権と著作者人格権は共同著作者が共有することになり、その行使について一定の制限を受ける。まず、共同著作物の共同著作者は、他の共同著作者の同意を得なければ、当該共同著作物に係る著作権の持分を譲渡もしくは質入れし、または当該共有著作権を行使することはできない（著作権法65条）。ただし、ここにいう共有著作権の行使とは、複製、公衆送信等の著作権の自己利用や第三者への利用許諾といった積極的な利用行為をいうのであって、[1] 権利侵害に対する権利行使は含まれず、各共同著作者は侵害者に対して単独で差止請求、損害賠償請求および不当利得返還請求を行うことができる（著作権法117条2項）。

また、共同著作物における著作者人格権は、共同著作者全員の合意によらなければ行使することができない。ただし、各共同著作者は、信義に反してかかる合意の成立を妨げることができない（著作権法64条）。

したがって、中国の会社と日本の会社の間のコンテンツの共同制作契約に基づき、各企業の従業員が一つのコンテンツを共同で制作した場合、当事者間に特約がなければ、職務著作[2]と共同著作の規定により、当該コンテンツの著作権と著作者人格権はいずれも中国の会社と日本の会社が共有することになり、各当事者はそれぞれの権利行使について上記のような著作権法上の制約を受けることになろう。したがって、もし中国の会社が日本の会社との間で共同制作されるコンテンツの利用

---

[1] 中山信弘『著作権法 第4版』（有斐閣、2023）546頁。
[2] 東京高判平成13・5・30判例時報1797号131頁（キューピー著作権事件）は「職務著作に関する規律は、その性質上、法人その他使用者と被用者の雇用契約の準拠法国における著作権法の職務著作に関する規定による」と判示しているので、正確に議論すれば、中国の会社については、同企業とその従業員との間の雇用契約の準拠法国における著作権法の職務著作の規定が適用されることになる。

6. 转让、授权使用和课税关系

在涉及计算机程序等作品的转让或许可时，税务处理关系分为两种情况：①中国公司向日本公司转让作品；②中国公司向日本公司授权许可使用作品。

基本的思路是，确认日本国内税法的处理规定，以及该处理规定是否会因税收协定而有所变化。

首先，关于情况①，根据日本国内税法，从日本国内经营业务的人那里收取与该业务有关的著作权（包括出版权及著作邻接权以及其他类似权利）转让价款的收益，被视为源于日本的所得。对于此类收入，支付价款的人需代扣代缴税款，税率为20.42%。

这种情况下，日本国内税法的处理是否会因《中日税收协定》而有所变化？经确认，《中日税收协定》规定，对于中国居民通过著作权转让在日本获得的收益，日本可以征税，因此上述国内税法的处理不变。然而，与此不同，日本与新加坡的税收协定中，文学、艺术或学术作品（包括软件、电影胶片及播放用或电视播放用的胶片或磁带）的著作权、专利权、商标权、外观设计、实用新型、图纸、秘密配方或秘密工序转让产生的收入，规定支付者为日本居民时要课税，需在日本缴税，税率为10%。而在与中国香港的税收协定中，除不动产及某些股份外，对于其他财产的转让收益仅在转让者的居住国征税，因此在日本不征税。

此外，关于上述①，按照日本消费税法，如果转让著作权的人住所地在日本，则构成课税交易，因此不对中国法人的转让征收消费税。另外，税收协定不适用于日本的消费税。

其次，关于上述②，在日本国内税法中，从日本国内经营业务的人那里收取与该业务有关的著作权（包括出版权及著作邻接权以及其他类似权利）的使用费，也被视为源于日本的所得。支付使用费的人需代扣代缴税款，税率为20.42%。

について上記のような制約を受けることを避けたいのであれば、共同制作契約に別段の定めを置く必要がある。

6. 譲渡、ライセンスと課税関係

コンピュータプログラム等の著作物を譲渡やライセンスした場合の課税関係については、①中国の会社が日本の会社に著作物を譲渡した場合、②中国の会社が日本の会社に著作物をライセンスした場合、を例にして以下に記載する。

基本的な考え方としては、日本の国内税法での取扱いを確認し、それが条約によって変容を受けるか、というものとなる。

上記①については、日本の国内税法では、国内において業務を行う者から受ける著作権（出版権および著作隣接権その他これに準ずるものを含む。）の譲渡による対価で当該業務に係るものは、日本に源泉がある所得であるとされる。そして、外国法人に対して、この対価の支払をする者は源泉徴収をする、とされている。その税率は20.42%である。

このような日本の国内税法における取扱いが日中租税条約で変容を受けるか否かについて確認してみると、日中租税条約は、中国の居住者が著作権の譲渡によって取得する収益であって日本において生ずるものに対しては、日本において租税を課することができる、と規定しているため、日本での課税ができるのであるから、以上の日本の国内税法における課税の取扱いは変わらないこととなる。シンガポールとの租税条約も見てみると、文学上、美術上もしくは学術上の著作物（ソフトウエア、映画フィルムおよびラジオ放送用またはテレビジョン放送用のフィルムまたはテープを含む。）の著作権、特許権、商標権、意匠、模型、図面、秘密方式または秘密工程の譲渡から生ずる収入についても、支払者が日本の居住者とされる場合には課税がなされると規定されているため、日本で課税される。ただし、税率は10%となる。中国香港との租税条約においては、不動産や一定の株式等以外の財産の譲渡から生ずる収益に対しては、譲渡者が居住者とされる地域においてのみ租税を課することができる、とされているため、日本では課税はなされない。

また、①に関して、消費税については、日本の消費税法上消費税が課税されるのは、著作権の譲渡を行う者の住所地が日本国内にあれば課税取引される、とされているため、中国の法人が譲渡しているのであるから、消費税は課税されない。なお、租税条約は日本の消費税には適用されない。

次に上記②については、日本の国内税法では、国内において業務を行う者から受ける著作権（出版権および著作隣接権その他これに準ずるものを含む。）の使用料で当該業務に係るものは、日本に源泉がある所得であるとされる。そして、外国法

这样的日本国内税法中的处理，是否会因中日税收协定而变更，查看这一点就会发现，由于中日税收协定规定，对于在日本发生的向中国居民支付的使用费，可以在中国征税，对该使用费发生的日本，根据日本法律也可以征税，征税额在该使用费收取人是该使用费受益人时，为不超过使用费金额的10%。这样，在中日税收协定中，日本国内税法的税率由20.42%减轻到10%。此外，关于使用费的范围，中日税收协定也作了定义规定，所谓使用费，是指作为文学上、美术上或学术上的作品（包括电影胶片及播放用或电视播放用的胶片或磁带）的著作权、专利权、商标权、外观设计、实用新型、图纸、秘密配方或秘密工序的使用或使用的权利的代价，作为产业上、商业上或学术上的设备的使用或使用的权利的代价，或者支付与产业上、商业上或学术上的经验相关的信息的代价的所有种类支付金额。另外，在日本的国内税法中，从在国内经营业务的人那里收取的著作权（包括出版权以及著作邻接权以及其他类似的权利）的使用费是在日本产生的，但在中日税收协定上，如果支付人是日本居民，则是在日本产生的。

从与新加坡的税收协定来看，在日本产生的对新加坡居民支付的使用费，在日本可以征税，税率为10%。使用费的范围规定为，在文学上、美术上或学术上的作品（包括软件、电影胶片及无线电播放用或电视播放用的胶片或磁带）的著作权、专利权、商标权、外观设计、实用新型、图纸、秘密配方或秘密工序的使用或使用的权利的代价，作为产业上、商业上或学术上的设备的使用或使用的权利的代价，或者作为产业上、商业上或学术上的经验的信息的代价而收取的所有种类的支付金额及船舶或航空机的裸船合同而收取的费用（某些费用除外），与中国和后述的中国香港的税收协定内容不同。支付人如果是日本居民时，规定为在日本产生的所得，该规定相同。

在与中国香港的税收协定中，对于在日本产生并支付给中国香港居住者的使用费，可以在日本征税，税率为5%。使用费的范围是指文学上、艺术上或学术上的作品（包括电影胶片和播放用或电视播放用的胶片或磁带）的著作权、专利权、商标权、外观设计、实用新型、图纸、秘密配方或秘密工序的使用或使用的权利的代价，或者作为产业上、商业上或学术上的经验的信息的代价而收取的所有种类的支付金额。另外，

人に対して、この使用料の支払をする者は源泉徴収をする、とされている。その税率は 20.42% である。

このような日本の国内税法における取扱いが日中租税条約で変容を受けるか否かについて確認してみると、日中租税条約は、日本において生じ、中国の居住者に支払われる使用料に対しては、中国において租税を課することができ、この使用料に対しては、当該使用料が生じた日本においても、日本の法令に従って租税を課することができ、その租税の額は、当該使用料の受領者が当該使用料の受益者である場合には、当該使用料の額の 10% を超えないものとする、とされている。このように、日中租税条約においては、日本の国内税法の税率である 20.42% が、10% に軽減されている。さらに、使用料の範囲についても、日中租税条約は定義規定を置いており、使用料とは、文学上、美術上もしくは学術上の著作物（映画フィルムおよびラジオ放送用またはテレビジョン放送用のフィルムまたはテープを含む。）の著作権、特許権、商標権、意匠、模型、図面、秘密方式もしくは秘密工程の使用もしくは使用の権利の対価として、産業上、商業上もしくは学術上の設備の使用もしくは使用の権利の対価として、または産業上、商業上もしくは学術上の経験に関する情報の対価として受領するすべての種類の支払金をいう、とされている。また、日本の国内税法では、国内において業務を行う者から受ける著作権（出版権および著作隣接権その他これに準ずるものを含む。）の使用料が、日本で生じたものとされるのが、日中租税条約上は支払者が日本の居住者であれば日本で生じたものとされている。

シンガポールとの租税条約も見てみると、日本において生じ、シンガポールの居住者に支払われる使用料に対しては、日本において租税を課することができる、とされており、税率は 10% とされている。使用料の範囲については、文学上、美術上もしくは学術上の著作物（ソフトウエア、映画フィルムおよびラジオ放送用またはテレビジョン放送用のフィルムまたはテープを含む。）の著作権、特許権、商標権、意匠、模型、図面、秘密方式もしくは秘密工程の使用もしくは使用の権利の対価として、産業上、商業上もしくは学術上の設備の使用もしくは使用の権利の対価として、または産業上、商業上もしくは学術上の経験に関する情報の対価として受領するすべての種類の支払金および船舶または航空機の裸用船契約に基づいて受領する料金（一定のものを除く）とされており、中国や後述する中国香港との租税条約とは内容が異なっている。支払者が日本の居住者であれば日本で生じたものとされているのは同様である。

中国香港との租税条約においては、日本において生じ、中国香港の居住者に支

如果支付者是日本居民，则是在日本产生的。

另外，关于②，就消费税，在日本的消费税法上征收消费税的是，如果授权许可著作权的人的住所地在日本国内，就构成课税交易，因此，中国法人是许可人时，不征收消费税。另外，税收协定不适用于日本的消费税。

关于税收协定的适用关系，由于税收协定基本上是双边协定，所以每个税收协定的内容都不同，必须注意适用哪个税收协定。

关于著作权的使用费，必须确认其是否真的是著作权的使用费。即使中国公司和日本公司之间的合同是授权许可合同，如果确认合同的内容，有时不能说是授权使用合同（例如，有时合同上尽管名称为授权使用合同，但实际不是授权使用合同，而只是劳务提供合同），在这种情况下，就会出现与上述不同的课税上的结论。

另外，假设在母子公司之间的交易，即从中国母公司向日本子公司的转让或许可时，关于转让价款和使用费的金额，有可能会适用转移定价税制，因此，需要慎重考虑价款和金额的设定。当然，不仅是著作权的使用，日本公司对中国公司商标及其他知识产权等的使用也存在代扣代缴的问题，由中国母公司向日本子公司的商标及其他知识产权等的授权使用时也会产生转移定价税制的问题。

払われる使用料に対しては、日本において租税を課することができる、とされており、税率は5%とされている。使用料の範囲については、文学上、芸術上もしくは学術上の著作物（映画フィルムおよびラジオ放送用またはテレビジョン放送用のフィルムまたはテープを含む。）の著作権、特許権、商標権、意匠、模型、図面、秘密方式もしくは秘密工程の使用もしくは使用の権利の対価として、または産業上、商業上もしくは学術上の経験に関する情報の対価として受領されるすべての種類の支払金をいう、とされている。また、支払者が日本の居住者であれば日本で生じたものとされている。

また、②に関して、消費税については、日本の消費税法上消費税が課税されるのは、著作権をライセンスする者の住所地が日本国内にあれば課税取引される、とされているため、中国の法人がライセンスしているのであるから、消費税は課税されない。なお、租税条約は日本の消費税には適用されない。

租税条約の適用関係については、基本的に租税条約が2国間条約であることから、租税条約ごとに内容が異なっており、どの租税条約が適用されるかについて留意しなければならない。

また、著作権の使用料については、それが真に著作権の使用料であるかどうかを確認しなければならない。中国会社と日本会社との間の契約書がライセンス契約書となっていたとしても、契約書の内容を確認するとライセンス契約とはいえない（例えば、契約書でライセンス契約という名称が付されていても、実際にはライセンス契約ではなく、単なる役務提供契約である場合がある）ものがあるため、そのような場合には、上記とは異なる課税上の帰結となる。

なお、仮に親子会社間での取引、すなわち、中国親会社から日本子会社に対する譲渡やライセンスの場合には、譲渡対価や使用料の額については移転価格税制の適用があり得るので、対価や額の設定には慎重な考慮を有する。もちろん、著作権の使用だけではなく、日本会社による中国会社の商標その他の知的財産権等の使用についても、源泉徴収の問題があり、中国親会社から日本子会社への商標その他の知的財産権等のライセンスの場合には移転価格税制の問題が生ずる。

第 5 章

争议解决

一、争议解决制度概览

在开展包括内容业务在内的经营活动时,争议是不可避免的。如何解决发生的争议,有时会影响经营的成败。此外,了解争议解决的方法,也有助于提前避免可能发生的争议。

在日本,通过第三方干预来解决争议的制度大致可以分为两类:①利用民间机构解决争议的方法(斡旋、调解、仲裁等,统称为"诉讼外争议解决方式"Alternative Dispute Resolution,ADR)[1];②利用国家机构即法院解决争议的方法(诉讼、民事调解)。

这些争议解决制度中,并不存在优劣之分。根据争议的性质、内容及进展,以及当事人的性质和需求,不同的争议解决手段适合的情况会有所不同。此外,根据可投入的财物和时间资源的不同,合适的争议解决手段也会有所变化。因此,面对争议时,首先也是最重要的,针对具体的争议,探讨采用哪种争议解决手段能够达到最佳解决效果。

因此,以下内容将概述日本的 ADR 制度,然后介绍通过日本国内法院解决争议的制度(民事诉讼及其各项补充制度),最后解说跨境争议解决的特殊情况。

---

[1] 严格来说,法院设立和运营的 ADR(诉讼外争议解决方式)也是存在的。典型的例子包括《民事调解法》中的民事调解和《家事审判法》中的家事调解。

第5章

紛争解決

一．紛争解決制度の概観

　コンテンツ事業を含め事業を行う上で紛争は不可避である。起きた紛争をいかにして解決するかは、ときに事業の命運を左右することもあるであろう。また、紛争解決の方法を知っておくということは、起きるかもしれない紛争をあらかじめ回避することにもつながる。

　日本において第三者の介入により紛争を解決する制度は、大きく分けて①民間の機関を利用した紛争解決方法（斡旋、調停、仲裁など。総称して、「裁判外紛争解決手続」（Alternative Dispute Resolution: ADR）と呼ばれる。）[1]と②国の機関である裁判所を利用した紛争解決方法（訴訟、民事調停）とに分かれる。

　これらの紛争解決制度は、いずれかが最も優れているということはない。紛争の性質、内容および熟度、また、当事者の性質やニーズによって適切な紛争解決手段は異なる。また、紛争解決に対してどの程度の財政的・時間的リソースを投入することができるかによっても異なる。したがって、紛争に直面した場合には、具体的な紛争ごとに、どの紛争解決手段を用いるのが最も望ましい解決に至り得るかを検討することが、最初にして、最も重要な関門となる。

　そこで、以下では、日本におけるADRについて概観した後、日本国内における裁判所を通じた紛争解決制度（民事訴訟とそれを補完する諸制度）について概説し、最後にクロスボーダー紛争にににおける特有の事情について説明する。

---

[1]　厳密に言えば、裁判所が設置・運営するADRも存在する。その典型は、民事調停法（昭和26年法律第222号）上の民事調停や家事事件手続法（平成23年法律第52号）上の家事調停である。

二、诉讼外争议解决方式（ADR）

争议发生时，首先通过当事人之间的直接谈判来解决是通常的做法，并且这样解决是最理想的。首先由相关人员进行谈判，寻找解决的可能性，如果难以解决，则升级到高级职位人员进行高层之间的谈判解决。大多数争议在谈判阶段就能解决。

即使这样仍然无法找到解决争议的可能性时，则有两种选择：①继续搁置争议，②请求第三方介入解决。对于日本企业来说，选择①，即通过所谓的"搁置"方式解决争议也很常见。这相当于通过"同意无法解决分歧"的方式将争议搁置，因为利用日本企业特有的定期内部人事变动制度，也有几年后更换负责人，找到解决方法的情形。

如果请求第三方介入解决争议，则首先可以考虑 ADR。

（一）日本 ADR

日本 ADR 服务由行政机关（如消费者争议的国民生活中心争议解决委员会、消费者生活中心、劳动争议的都道府县劳动局争议调整委员会、都道府县劳动委员会等）、行业团体（如商事争议的日本商事仲裁协会、海事争议的日本海运集会所）、律师协会等提供。

（二）ADR 的优点

追溯争议的原因，有时是由于微小的误解或情感上的对立。此外，争议不一定总是通过法律适用来解决。在这种情况下，通过 ADR 进行解决，比在法院依据法律解决更为灵活，这是其优点。

特别是，日本和中国之间的跨境争议中，ADR 解决尤为重要。因为在日中之间，相互之间不承认和执行对方国家（对日本来说是中国，对中国来说是日本）法院作出的判决（如大阪高院 2003 年 4 月 9 日判例时报 1841 号第 111 页）（关于外国判决的承认和执行将在后面叙述）。因此，即使中国企业在中国对日本企业提起诉讼并获得胜诉判决（当然在中国国内可以执行），但无法在日本法院执行该胜诉判决，无法对日本企业在日本的财产进行强制执行。

二．裁判外紛争解決手続（ADR）

　紛争が生じた場合、まずは当事者間の相対交渉で解決を図るのが通常であり、それで解決できることが望ましい。まずは担当者間で交渉をし、解決の糸口を探り、それで解決が難しそうであれば、上級の役職者へエスカレーションして経営層間での交渉で解決を図ることになる。世の中の紛争の圧倒的多数は、交渉の段階で解決していると思われる。

　しかし、それでも紛争解決の糸口が見い出せない場合には、①そのまま紛争状態を放置するか、②第三者による介入を依頼することになる。日本企業の場合、①、すなわち、いわゆる「塩漬け」にすることによって解決を図ろうとすることもある。「合意できないことに合意する」ことによって紛争を棚上げするものとも言えるが、日本企業に特有の定期的な社内人事異動制度によって、数年後には担当者が交代して解決の糸口が見つかるということもあるからである。

　第三者による介入により解決を図る場合は、まずは ADR を検討することになる。

（一）日本における ADR

　日本における ADR サービスは、行政機関（消費者紛争における国民生活センター紛争解決委員会や消費生活センター、労働紛争における都道府県労働局紛争調整委員会や都道府県労働委員会など）、業界団体（商事紛争における日本商事仲裁協会、海事紛争における日本海運集会所）、弁護士会などが提供している。

（二）ADR のメリット

　紛争の原因を辿ると、ささやかな誤解が元になっている場合や感情的な対立に淵源している場合がある。また、紛争解決方法として、必ずしも法律の適用により解決することが望ましいとは限らないことも多い。このような場合には、裁判所における法律に従った解決よりも、より柔軟な手続や解決が可能な ADR で解決することにメリットがある。

　日本企業と中国企業との間の紛争においては、ADR による解決が特に重要となる。というのは、日本と中国との間では、相手国（日本にとっては中国、中国にとっては日本）の裁判所が下した判決を承認・執行できないこととされているからである（例えば大阪高判平成 15.4.9 判例時報 1841 号 111 頁。）（外国判決の承認・執

另外，日本和中国都是《承认及执行外国仲裁裁决公约》(《纽约公约》) 的缔约国，负有承认和执行其他缔约国仲裁地作出的外国仲裁裁决的国际法义务。实际上，日本法院也一直在承认并执行中国作为仲裁地的外国仲裁裁决。因此，日中之间的跨境争议中，国际仲裁比法院诉讼更为主流。

(三) ADR 种类

1. 调解

调解是指在第三方 (调解人) 的调解帮助下，通过当事人之间的对话协商，力求解决争议的程序。调解人起到促进当事人之间协商的作用。调解人根据双方当事人的要求，听取双方意见后，提出独立的解决方案，[1] 但当事人没有接受的义务。

调解的优点在于能够灵活解决问题，而不仅限于法律适用。通过与现有的其他商业交易或未来商业交易条件相结合，可以在不局限于当前争议框架下进行解决。此外，调解是通过协商进行的程序，通常不会像诉讼或仲裁那样具有对抗性。因此，能够避免破坏未来双方的关系。此外，由于调解程序是非公开进行的，可以在不为第三方知晓争议存在时解决争议。因此，特别是当争议的存在本身会影响市场声誉时，调解是常用的选择。

然而，调解只能在双方当事人同意时开始和继续，一方拒绝调解时，不能进行调解。此外，当事人没有接受调解人提出的解决方案的义务，因此即使花费时间进行调解，也不一定能解决争议。[2]

---

[1] 调解的方式包括促谈型 (facilitative) 和评估型 (evaluative)。在评估型调解中，调解员在听取当事人陈述后，从客观角度进行评估和判断，并向当事人提出独立的解决方案，以促使双方达成争议解决的协议。

[2] 不过，在调解过程中，有时可以了解对方的主张内容和真实意图，因此不能立即断言调解是无用的。

行については後述する。）。そのため、仮に中国企業が中国において日本企業を被告として訴訟を提起して勝訴判決を得たとしても、（もちろん中国国内で執行することは可能であるものの）日本の裁判所でその勝訴判決を執行することはできないため、日本企業が日本に有する財産に対して強制執行することはできない。

他方、日本と中国はともに「外国仲裁判断の承認及び執行に関する条約」（ニューヨーク条約）の加盟国であることから、自国以外の締約国を仲裁地として下された外国仲裁判断を原則として承認・執行する国際法上の義務を負っている。実際、日本の裁判所は、中国を仲裁地とする外国仲裁判断を承認・執行している。そのため、日中間のクロスボーダー紛争については、裁判所における解決（民事訴訟）よりも国際仲裁による解決が主流となっている。

（三）各種のADR

1. 調停

調停とは、第三者（調停人）による仲介等の援助の下で、紛争当事者が話し合いによって紛争の解決を目指す手続である。調停人は、当事者の話し合いを促進する役割を果たす。調停人が、双方当事者からの要請を受けて、双方当事者の言い分を聞いた上で独自の解決案を提示することもある[1]が、当事者はそれを受諾する義務を負わない。

調停のメリットは、必ずしも法律の適用による解決に捉われない柔軟な解決を行うことができる点にある。既存の他の商取引や将来の商取引の条件と組み合わせることによって、必ずしも現在の紛争の枠組みにとらわれない解決を図ることも可能である。また、調停は話し合いの手続であるので、一般に訴訟や仲裁のように敵対的な手続とはならない。そのため、将来に向けて両当事者の関係性が破壊されることを回避することができる。また、調停手続は非公開で行われるため、紛争の存在自体を第三者に知られることなく紛争解決が可能である。このため、特に紛争の存在自体が市場での評判に関わるようなケースでは調停が選択されることも多い。

他方、調停は当事者が合意する限りにおいて開始し継続することができるため、一方の当事者が調停の開始・継続を拒絶する場合には、その意に反して調停を行うことはできない。また、当事者は調停人が提示した解決案を受諾する義務を負わな

---

[1] 調停のスタイルには、交渉促進型（facilitative）と評価型（evaluative）がある。評価型の場合には、当事者の主張を聞いた調停人が客観的な見地から評価・判断を下し、独自の解決案を当事者に提示して紛争解決の合意を促す。

为了通过调解解决争议，需要①双方当事人都有通过调解解决争议的意愿，②调解人对解决争议的热情和能力。为了通过调解解决争议，当事人需要在某种程度上向对方做出让步，因此，需要先考虑优先顺序，进行取舍。此外，不仅限于眼前的争议，还需要从更长远广阔的视角来看待争议，作出面向未来的商业决策。此外，调解的成败很大程度上取决于调解人的经验和能力，因此，选择适合案件的熟练调解人也很重要。

虽然通过调解达成和解后，原则上无法基于该和解协议强制执行，但通过《联合国关于调解所产生的国际和解协议公约》(《新加坡调解公约》) 规定的国际调解达成的和解协议（国际和解协议）和满足一定水平而得到认证的民间调解机构（认证争议解决机构）所达成的和解协议，可以利用后述的民事执行制度强制执行。

2. 仲裁

在日本企业之间进行仲裁的情况较少，但在日本企业与外国企业之间的争议解决中，仲裁（国际商事仲裁）是主流。特别是日本企业与中国企业之间的争议，由于外国判决相互承认和执行的现状，仲裁成为常见选择。

仲裁与调解不同，最终由第三方（仲裁人）作出对双方具有约束力的裁决（仲裁裁决），因此不会出现未解决争议而结束程序的情况。这是仲裁的一个不同于调解的优点。此外，仲裁是非公开进行的程序，特别是涉及专利技术等商业秘密时，或争议的存在会影响企业市场形象时，仲裁具有优势。此外，仲裁还具有保证仲裁裁决执行可能性的国际公约——《纽约公约》，世界上很多国家都加入了该条约。因此，仲裁裁决相比法院判决，在外国执行的可能性要高得多。此外，与法院诉讼程序不同，当事人可以自由选择程序中使用的语言（在日本进行诉讼时，需要使用日语进行诉讼程序，提交的主张文件和证据也需翻译成日语），这也是一大优势。[1]

---

[1] 除此之外，仲裁的优势之一还在于其快速性。仲裁程序中没有上诉的程序，从某种意义上说，这意味着仲裁是一种一裁终局的程序，因此具有快速性。然而，在实际的仲裁案件中，仲裁程序并不总是在短时间内结束。

いため、時間をかけて調停を行ったとしても紛争が必ず解決されるという保証はない。[1]

　調停によって紛争解決に至るためには、①当事者双方が調停で紛争を解決しようとする意欲と、②紛争解決に対する調停人の熱意と力量が必要である。調停で紛争を解決するためには、一定程度、相手方に対して譲歩することが不可避であるため、紛争当事者においては、「何を取って、何を捨てるか」の優先順位付けが重要となる。また、必ずしも目の前の紛争に捉われない、大きな視点で紛争を位置づけ、将来志向のビジネス判断をすることが必要となる場合もあり得よう。また、調停の成否は調停人の技量に大きく依存するため、事案に適した熟達の調停人を選任することも重要である。

　なお、調停によって当事者間で和解が成立した場合でも、原則としてその和解合意に基づいて強制執行を行うことはできない。ただし、「調停による国際的な和解合意に関する国際連合条約」（シンガポール条約）が定める国際的な調停において成立した和解合意（国際和解合意）と、一定の水準を満たすものとして認証を受けた民間の調停機関（認証紛争解決事業者）が行う調停において成立した和解合意については、後述する民事執行制度を利用して強制執行することが可能となっている。

2. 仲裁

　日本企業間で仲裁が行われることは稀であるが、日本企業と外国企業との間の紛争解決の主流は、仲裁（国際商事仲裁）である。特に、日本企業と中国企業との間の紛争は、外国判決が相互に承認執行されないという現状ゆえ、仲裁によることが多い。

　仲裁は、調停とは異なり、最終的に第三者（仲裁人）が当事者双方を拘束する判断（仲裁判断）を下すため、紛争の解決に至らずに手続が終わるということはない。この点は調停と異なるメリットである。また、仲裁は非公開の手続であるため、特に特許技術等の企業秘密が関係する場合や紛争の存在自体が市場における企業イメージを低下させることにつながる場合などに利点がある。また、仲裁については仲裁判断の執行可能性を担保するための国際条約であるニューヨーク条約が存在し、世界の多くの国が加盟している。そのため、仲裁判断については裁判所による判決と比して、格段に外国での執行可能性が高い。また、裁判所での訴訟手続とは異な

---

[1] もっとも、調停の過程で相手方の主張内容や真の意図を知ることができることもあるから、調停を行ったことが無駄であったと直ちに言うことはできないであろう。

另一方面，仲裁的缺点首先在于，仲裁基本上是一裁终局的程序，除非当事人明确同意，否则无法上诉。[1]虽然可以向仲裁地的法院申请撤销仲裁裁决，但撤销的理由非常有限，不会重新进行审理。此外，进行仲裁时，当事人需要承担仲裁人的费用，如果使用仲裁机构提供的服务，还需要支付仲裁机构的手续费。与法院诉讼相比，仲裁通常需要较高的费用。近年来，在某些法域国家内，明确允许一定的企业向当事人提供用于仲裁程序的资金（包括仲裁费用和律师费用），并从仲裁程序中获得的经济利益中分配收益，这种做法称为第三方资助（Third Party Funding）。然而，在日本，这一议题尚处于讨论初期，其合法性尚不明确。[2]

进行仲裁时，通常会选择仲裁机构并接受其仲裁服务（机构仲裁）。在这种情况下，仲裁程序将按照仲裁机构制定的仲裁规则进行。世界著名的仲裁机构包括国际商会（ICC）的国际仲裁法院、伦敦国际仲裁法院（LCIA）、美国仲裁协会（AAA）；在亚洲，著名的仲裁机构有新加坡国际仲裁中心（SIAC）和香港国际仲裁中心（HKIAC）。此外，还有专门处理知识产权纠纷的世界知识产权组织（WIPO）仲裁调解中心。在日本，主要的仲裁机构是拥有近75年历史的日本商事仲裁协会（JCAA）。即使是日本企业与中国企业之间的纠纷，也可以选择ICC、LCIA或SIAC作为仲裁机构，并且实际中也有许多这样的例子。[3]

---

[1] 此外，在重视迅速性的商业交易中，由于不能上诉能够促成争端的快速解决，因此这也可以被视为仲裁的一个优点。

[2] 在日本，若要使用第三方资金（Third Party Funding），则可能会与律师法、信托法以及日本律师联合会制定的律师伦理规程发生冲突。

[3] 在日本，几乎所有的争议解决都是通过法院诉讼来进行的，因此JCAA（日本商事仲裁协会）的使用率较低。2019年到2023年这5年间，向JCAA提交的仲裁申请总数为70件，其中除日本企业外，作为当事人最多的是中国企业（作为申请人有9件，作为被申请人有14件）。参见日本商事仲裁协会网站"通过数字看JCAA"，载https://www.jcaa.or.jp/arbitration/statistics.html，最后访问日期：2024年10月25日。

り、手続で用いる言語を当事者が自由に決めることができるという点も大きなメリットである（日本で訴訟を行う場合には日本語で訴訟手続を行う必要があり、提出する主張書面や書証も日本語に翻訳することが必要となる。）。[1]

他方、仲裁のデメリットとしては、まず、仲裁は基本的には一回限りの手続であり、当事者がその旨を明示的に合意していない限り、上訴することができない。[2] 仲裁地の裁判所に仲裁判断の取消を申し立てることは可能であるが、取消事由は非常に限定されており、審理のやり直しがなされることはない。また、仲裁を行うためには、当事者が仲裁人の費用を負担する必要があり、仲裁手続サービスの提供機関（仲裁機関）を利用した場合には仲裁機関に手数料を支払う必要がある。このように、裁判所による訴訟と比較して、仲裁の場合には多額の費用を要する。この点に関して、近時、一部の法域では、一定の事業者が仲裁手続に要する費用（仲裁費用や弁護士費用）に充てる資金を当事者に提供（し、その仲裁手続から得られる経済的利益から分配を享受）する Third Party Funding の利用を明示的に許容する動きが見られるが、日本では未だ議論は緒についておらず、その利用の適法性については不透明な状況にある。[3]

仲裁を行う際には、仲裁機関を選定し、仲裁手続サービスを受けることが多く（機関仲裁）、その場合、当該仲裁機関が定める仲裁規則に従って仲裁手続が行われることが多い。世界的に有名な仲裁機関としては、国際商業会議所（ICC）による国際仲裁裁判所、ロンドン国際仲裁裁判所（LCIA）、米国仲裁協会（AAA）、アジアでは、シンガポール国際仲裁センター（SIAC）、香港国際仲裁センター（HKIAC）がある。また、知的財産権紛争に特化したものとして、世界知的所有権機関（WIPO）仲裁調停センターがある。他方、日本における主な仲裁機関としては、75年近くの歴史を有する日本商事仲裁協会（JCAA）がある。なお、日本企業と中国企業との間の紛争であっても ICC や LICA、SIAC を仲裁機関として選定することは可能であり、実際に

---

[1] この他にも、仲裁のメリットとして迅速性が挙げられることもある。仲裁の場合には上訴ができず、一回きりの手続であるという意味では迅速性があると言えよう。ただし、現実の仲裁事件では、必ずしも短期間で仲裁手続が終了しているわけではないようである。

[2] もっとも、迅速性を重んじる商取引においては、上訴ができないことは早期の紛争解決をもたらすものであることから、仲裁のメリットであるとも言える。

[3] 日本で Third party Funding を利用しようとする場合には、弁護士法（昭和24年法律第205号）や信託法（平成18年法律第108号）、日本弁護士連合会が定める弁護士倫理規程との抵触が問題となる。

进行仲裁时，需要确定仲裁地。需要注意的是，仲裁地并不意味着进行证人质询等仲裁程序的实际地点。例如，可以将新加坡定为仲裁地，但实际的证人质询可以在（日本和中国中间的）首尔进行。

如果获得仲裁裁决，但对方不自愿履行其内容，则需要对仲裁裁决进行承认和执行。在日本，需要从法院获得允许根据仲裁裁决进行民事执行的决定（执行决定），[1] 然后基于民事执行程序进行强制执行（民事执行的详细内容将在后述中介绍）。这适用于日本国内仲裁裁决（以日本作为仲裁地作出的仲裁裁决）和外国仲裁裁决（以日本以外的国家作为仲裁地作出的仲裁裁决），两者的程序相同。

3. 调解和仲裁的混合方式（Med-Arb、Arb-Med）

调解和仲裁是不同的程序，但近年来，强调其组合的优点的情况越来越多。例如，开始时进行调解，在调解过程中双方对调解人产生信任，结果转为仲裁，同意接受该调解人（在仲裁中是仲裁人）的裁决（所谓的 Med-Arb）。相反，开始仲裁，在交换主张和证据的过程中产生通过协商解决的意向，转为调解并达成和解协议（所谓的 Arb-Med。如果调解未能达成和解协议，又返回仲裁程序的情况称为 Arb-Med-Arb）。通过这种两种程序的组合化，可以期待发挥双方的优点。另一方面，问题在于：①是否应任命同一人担任调解人和仲裁人，②在调解中当事人的行为（为达成和解而披露不利于自己的事实等）是否可以在后续的仲裁程序中被对方当事人援引。关于①，传统上在普通法国家倾向于选择不同的人担任调解人和仲裁人，但在日本则倾向于选择同一人。这两种方式各有优劣，需要根据具体情况进行考虑。关于②，除非有特别协议，否则认为当事人不被禁止在仲裁程序中援引调解程序中对方的行为结果。如果不希望这样，需要事先约定不主张或不通过证据证明一定的事实（一种证据限制合同）。

---

[1] 在日本，仲裁裁决不需要特别的法院批准（自动承认制）。

もその例は多い。[1]

仲裁を行う際には、仲裁地を定めなければならない。仲裁地は、証人尋問などの仲裁手続を行う場所を意味するわけではないことに注意が必要である。したがって、例えば、シンガポールを仲裁地としつつ、実際の証人尋問は（日本と中国の中間である）ソウルで行うということも可能である。

仲裁判断を得た場合、相手方がその内容を任意に履行しない場合には、仲裁判断の承認執行が必要となる。日本の場合には、裁判所より、仲裁判断に基づく民事執行を許す旨の決定（執行決定）[2]を得た上で民事執行手続に基づき強制執行を行う（民事執行については、後述する。）。これは、内国仲裁判断（日本を仲裁地としてなされた仲裁による仲裁判断）であるか、外国仲裁判断（日本以外の外国を仲裁地としてなされた仲裁による仲裁判断）であるかを問わず、同一の手続である。

3. 調停と仲裁のハイブリット方式（Med-Arb、Arb-Med）

調停と仲裁は異なる手続であるが、近時は、これらを組み合わせることのメリットが強調されることが多くなっている。例えば、当初、調停を開始したところ、調停を進める過程で当事者間に調停人に対する信頼が醸成された結果、仲裁に移行してその調停人（仲裁では仲裁人）が下す判断に服する旨を合意するということもある（いわゆる Med-Arb）。逆に、仲裁を開始したところ、主張と証拠の交換を進めている中で、話し合いで解決する気運が生じ、調停に移行して和解合意するという場合もある（いわゆる Arb-Med。調停に移行したものの和解合意に至らず、再度、仲裁に逆戻りする Arb-Med-Arb もある。）。このような両手続のハイブリット化により双方のメリットを生かすことが期待できる。他方、問題点としては、①同一人物を調停人と仲裁人に選任すべきか否か、②調停での当事者の行為（和解のために自らに不利な事実を開示したり、認めたりしたことなど）に関する情報を相手方当事者が後続の仲裁手続で利用することが許されるか、といった点が挙げられる。①については、伝統的にコモンローの国では調停人と仲裁人には別の人物を選任する傾向が強いが、日本では同一人物を選任する傾向がある。いずれも長所と短所がある

---

[1] 日本企業間の紛争解決方法としては裁判所での訴訟が選択されることがほとんどであることもあり、JCAA の利用件数自体は低調である。2019 年〜 2023 年の 5 年間の JCAA への仲裁申立件数は 70 件であり、日本企業を除いて最も多く当事者となったのは中国企業となっている（申立人として 9 件、被申立人としては 14 件）。参照：「数字で見る JCAA」日本商事仲裁協会のウェブサイト（https://www.jcaa.or.jp/arbitration/statistics.html）（最終閲覧日：2024 年 10 月 25 日）。

[2] 日本においては、仲裁判断は承認のための特別の裁判を要しない（自動承認制）。

三、民事诉讼制度

（一）民事诉讼程序

法院的主要争议解决手段是诉讼。在诉讼中，由于程序事先由法律（民事诉讼法）及其下位规范（最高法院制定的民事诉讼规则）规定，因此与ADR（替代性纠纷解决方式）不同，当事人无需就程序达成协议。

诉讼由原告向法院提交诉状开始。原告提交的诉状，经审判长审查后，由法院送达被告（此过程通过被称为"送达"的特殊形式进行）。在日本，原告不得直接将起诉书送达被告。被告收到起诉书后，需在第一次口头辩论日期前向法院提交其主张的"答辩书"。如果被告没有事先提交答辩书，也没有在第一次口头辩论日期出席，则有可能依据原告的主张作出判决。在实际操作中，有些情况下，负责处理诉状的被告方人员未能理解起诉书内容而置之不理，导致法院作出对原告有利的判决。因此，收到起诉书时，应咨询律师并做出适当回应。

在日本，选择律师作为诉讼代理人并非义务，当事人可以自行诉讼。然而，如前所述，诉讼程序严格受法律规定，如果违反程序规定，当事人将承担不利后果，因此建议选任律师作为诉讼代理人。在实际操作中，中小规模以上的企业间纠纷，几乎无一例外地都聘请了律师代理。

原告和被告各自提交起诉书和答辩书后，双方当事人将反复提交各自的主张及支持这些主张的证据。日本民事诉讼的一个显著特点是强烈的书面主义倾向。基本上，当事人的主张需要以书面形式提交。法庭上激烈的口头争辩较为罕见，事先提交的书面材料尤为重要。不过，随着民事诉讼法的修订，可以通过网络会议系统进行主张整理的程序（辩论准备程序），当事人与法院之间进行深入口头讨论的情况有所增加。

ため、事案に応じて検討する必要がある。②については、別段の合意がない限り、当事者は調停手続での相手方当事者の行為の結果を利用することを禁止されないと考えられることから、これを望まない場合には、一定の事実については主張しないことや証拠によって立証しないことの合意（一種の証拠制限契約）を締結しておくことが必要となる。

三．民事訴訟制度

（一）民事訴訟の手続

裁判所における主たる紛争解決手段は訴訟である。訴訟では、手続が事前に法律（民事訴訟法（平成8年法律第109号））やその下位規範（最高裁判所が定める民事訴訟規則（平成8年最高裁判所規則第5号））によって定められているため、ADRの場合とは異なり、当事者が手続について合意することを要しない。

訴訟は、原告が訴状を裁判所に提出することによって開始される。原告が提出した訴状は、裁判長による審査を経た後、裁判所から被告に送付される（その際、「送達」と呼ばれる特別の形式で送付される。）。日本では、原告が被告に対して直接、訴状を送付することは認められていない。訴状の送達を受けた被告は、第一回口頭弁論期日までに、自らの言い分を記載した「答弁書」を裁判所に提出する。被告が事前に答弁書を提出せず、かつ第一回口頭弁論期日にも出席しなかった場合には、原告の主張どおりの内容での判決が下される可能性がある。実務上、裁判所から訴状の郵送を受けた担当者が内容をよく理解せずにそのまま放置し、その結果、原告の勝訴判決が下されてしまう例もある。訴状を受け取った場合には、弁護士に相談し、然るべき応答をすることが肝要である。

日本においては、弁護士を訴訟代理人に選任することは義務ではなく、本人訴訟も可能である。しかし、前述のとおり訴訟の手続は厳格に法定されており、手続違背があった場合の不利益はその当事者が被ることになるから、弁護士を訴訟代理人に選任することが望ましい。実務上も中小規模以上の企業間の紛争において、弁護士の訴訟代理人が付いていない例は稀である。

原告と被告からそれぞれ訴状と答弁書が提出されると、それ以降、当事者双方より自らの主張とそれを裏付ける証拠の提出が繰り返される。日本の民事訴訟のひとつの特色としては、書面主義の色彩が強いことがある。当事者の主張は基本的に

在日本，不存在英美法系中的证据开示（Discovery）程序。基本上，当事人有责任提交对自己有利的证据。不过，法院拥有广泛的诉讼指挥权，法院可能会敦促当事人提交证据。虽然当事人是否响应这种敦促是自愿的，但在实际操作中，拒绝响应并不容易。

（二）诉讼和解

通过主张和证据的交换，明确诉讼中的争议点后，将进行证人（包括事实证人和专家证人）和当事人的询问。询问在公开法庭进行。在实际操作中，法院常常在询问前或询问后，向双方当事人询问通过"协商"（和解）解决纠纷的可能性。法院对和解的态度，不仅取决于案件的性质和内容，很大程度上还受到主审法官个人风格的影响。有的法官仅简单询问当事人是否有和解意向，而有的法官则在经过询问后，基于已形成的初步判断，积极说服当事人进行和解（对当事人来说，这通常意味着要做出一定的让步）。通过观察和解协商过程中法官的表情、举止以及言辞，可以了解法院对案件的态度。此外，如果和解未能达成，同一法官将会对案件作出判决，因此在和解协商中提出的解决方案通常也会反映在最终的判决中。因此，日本的民事诉讼中，通过和解结案的例子较多。根据2023年最高法院事务总局的《司法统计年报》，[1]在地方法院作为第一审法院以金钱为诉讼标的的诉讼案件中，和解终结率约为44.4%。[2]

---

[1] 根据最高法院事务总局《2023年司法统计年报》（2024年）第36页，由笔者计算得出。参见最高法院网站：https://www.courts.go.jp/app/files/toukei/721/012721.pdf，最后访问日期：2024年10月25日。

[2] 其他部分为判决约占37.8%，撤诉约占14.6%。

は書面に記載して提出することが求められる。法廷で丁々発止のやりとりをすることは稀であり、事前に提出する書面が重要である。もっとも、民事訴訟法改正によりウェブ会議システムを用いて主張整理のための期日（弁論準備手続期日）を行うことができるようになったこともあり、近時は裁判所と当事者双方との間で口頭にて突っ込んだ議論をする場面も増えてきている。

日本では英米法圏におけるようなディスカバリー（証拠開示）手続は存在しない。基本的には、当事者が自らに有利な証拠を提出する責任を負う。もっとも、裁判所による広範な訴訟指揮権が認められており、裁判所から当事者に対して証拠提出を促される場面もある。これに応じるかは任意ではあるものの、実際上、拒否することは容易ではない。

（二）訴訟上の和解

主張と証拠の交換を通じて訴訟における争点が明らかになると、証人（事実に関する証人や専門家証人）や当事者の尋問が行われる。尋問は公開の法廷で行われる。実務上、尋問の前または尋問の実施後に、裁判所から両当事者に対して「話し合い」（和解）による解決の可能性について打診を受けることが多い。裁判所が和解に対してどのようなスタンスをとるかは、事件の性質や内容のみならず、裁判長の個性によるところも大きい。当事者に和解の意向を尋ねるだけのあっさりした裁判官もいれば、尋問を経て形成された一定の心証を背景に当事者に対して和解（当事者にとって見れば、一定の譲歩）に向けて説得を試みる裁判官もいる。和解協議の場における裁判官の表情や素振り、言葉の行間を読むことで、事件に対する裁判所の心証を窺い知ることができる。また、和解が成立しなかった場合にはその同じ裁判官が判決を下すことになるため、和解協議の場で示された裁判所からの解決案の内容は判決の内容の方向性を反映していることも少なくない。そのため、日本の民事訴訟においては和解で終結する例が多くなっている。2023年の最高裁判所事務総局『司法統計年報』[1]によれば、地方裁判所を第一審とする金銭を目的とする訴えについては、和解での終局率は約44.4%となっている。[2]

---

[1] 最高裁判所事務総局『令和5年司法統計年報』（2024年）36頁に基づいて筆者算出。参照：最高裁判所ウェブサイト（https://www.courts.go.jp/app/files/toukei/721/012721.pdf）（最終閲覧日：2024年10月25日）。

[2] その他の内訳としては、判決は約37.8%、取下げは約14.6%となっている。

（三）第一审的终结

如果通过和解协商未能达成双方同意，最终由法院作出判决。若判决全部或部分支持原告的诉求，则在判决送达被告次日起 14 天内，被告未提出异议（上诉）时，判决将生效。判决生效后，原告可以凭借该生效判决对被告的财产进行强制执行。

根据法院出版的《法院数据手册2023》，[1] 民事诉讼第一审（对席判决案件）的平均所需时间为 14.6 个月，但这包括了一般的民事纠纷案件。对于企业间的商业纠纷案件，预计判决所需时间为一年半到两年。如果案件复杂且争议点较多，审理时间可能会更长。此外，同一统计数据显示，1990 年时的平均所需时间为 20.9 个月，到 2010 年有所缩短，但此后到现在审理时间有延长趋势。

在日本，法律规定的"诉讼费用"基本由败诉方承担。这里的"诉讼费用"包括起诉时的手续费、法院寄送文件的邮票费、证人等的交通费和津贴。需要注意的是，律师费不包括在内。因此，无论胜败，律师费原则上由各方自行承担。

（四）异议申诉

如果原告的全部或部分诉求被驳回，原告可以向上一级法院提出不服申诉（上诉）。同样，如果被告对原告的全部或部分诉求被支持的判决不服，也可以上诉。日本的诉讼制度采用三审制，制度上可进行两次不服申诉（上诉）。然而，第二次不服申诉（如地方裁判所一审判决向最高法院上诉）被受理的情况极为罕见。根据 2023 年最高法院的《司法统计年报》，在向高等法院提出的以金钱为标的的诉讼中，约 12.9% 撤销原判，约 49.0% 驳回上诉，约 29.5% 通过和解结案。

---

[1] 参见最高法院网站：https://www.courts.go.jp/vc-files/courts/2023/databook2023/db2023_all_2.pdf，最后访问日期：2024 年 10 月 25 日。

（三）第一審の終結

　和解協議を行っても両当事者の合意に至らなかった場合には、最終的に裁判所が判決を下す。原告の請求の全部または一部を認容する判決の場合には、判決が被告に送達された日の翌日から起算して14日以内に被告が不服申立て（控訴）をしない限り、当該判決が確定する。判決が確定した場合には、原告はその確定判決でもって被告が所有する財産に対して強制執行することができる。

　裁判所が刊行している『裁判所データブック2023』[1]によると、民事訴訟の第一審（対席判決の事件）の平均的な所要期間は14.6か月とされているが、これには一般の民事紛争事件も含まれているため、企業間の商事紛争事件に限ると、判決までには1年半～2年の期間を見込んでおく必要があろう。事案が複雑であって争点が多岐に渡る場合には、更に審理が長期化する。なお、同じ統計によると、1990年時点では平均所要期間は20.9か月であったところ、2010年までは所要期間は短縮化に向かっていたものの、同年を底として近時は所要期間が長期化する傾向にあるようである。

　日本においては、法律で定められている「訴訟費用」は、基本的には敗訴者の負担となる。ここに言う「訴訟費用」は、訴え提起時の手数料、書類を送付するために裁判所に納付する郵券、証人等の旅費日当である。重要な点は、弁護士費用はこれに含まれないということである。そのため、弁護士費用は敗訴者負担とはならず、勝敗にかかわらず、原則として各当事者がそれぞれ負担することになる。

（四）不服申立て

　原告の請求の全部または一部が棄却された場合、原告は上位の裁判所に対して不服申立て（控訴）をすることができる。また、原告の請求を全部または一部認める判決を受けた被告についても控訴をすることができる。日本の訴訟は、三審制が採用されており、制度上、2回まで不服申立てが可能となっている。もっとも、2回目の不服申立て（第一審が地方裁判所である場合には最高裁判所への上告）が認められることは極めて稀である。2023年の最高裁判所『司法統計年報』によれば、高等裁判所に控訴がなされた金銭を目的とする訴えについては、約12.9％が原審取消、約49.0％が控訴棄却、約29.5％が和解で終了している。

---

〔1〕　最高裁判所ウェブサイト（https://www.courts.go.jp/vc-files/courts/2023/databook2023/db2023_all_2.pdf）（最終閲覧日：2024年10月25日）。

(五)知识产权纠纷

以上是一般的民事诉讼程序流程。在内容产业中,知识产权相关纠纷也很常见。东京地方法院设有专门处理知识产权(发明专利权、实用新型专利权、外观设计专利权、商标权、著作权等)纠纷的专门部门,积累了丰富的法官经验和知识。如果不服东京地方法院的判决,可以向知识产权高等法院(知产高裁)提出上诉。知产高裁是东京高等法院的特别分支机构,是专门法院。尽管可以对知产高裁的判决向最高法院提出上诉,但实际上,知产高裁的判决具有较高的先例价值。

知产高裁和东京地方法院的知识产权专门部门有一份具有相关领域专业知识的专家(多为大学教授、研究员、专利代理人)的名单。法院根据裁量,从中任命适当的专家作为专家委员。这些专家从客观中立的立场出发,向法院解释争议中的专业技术问题(并非发表鉴定意见)。这种安排使得法院能够对高度专业化的前沿技术进行适当且迅速地审理和判断。

四、民事保全制度

民事保全分为临时扣押、有关争议物的临时处分、确定临时地位的临时处分三种。首先,临时扣押是对金钱债权为了保全将来的强制执行而不能处分债务人的财产。例如,为了保全应收账款,临时扣押买方所有的不动产及其名义的存款账户等。其次,有关争议物的临时处分是为了保全特定物的交付请求权等而不能处分债务人的财产的处分。例如,在制作的内容被不正当利用时,考虑对不正当利用者禁止不正当利用的临时处分等。最后,确定临时地位的临时处分是要求债务人采取临时措施,以避免因有争议的权利关系而给债权人造成的显著损害或紧迫危险。

民事保全的申请可以在提起民事诉讼(本案)之前或之后的任何时候进行。债权人证明了①被保全债权的存在和②保全的必要性时,法院发出提供担保的命令(提供担保命令),据此,若债权人向法务局提存担保金,法院则发布保全命令。需要提存的担保金的水平根据各个案件而不同,例如,在存款账户临时扣押时,一般认为标准是被保全债权额的20%~30%。虽说担保金基本上是返还的,但在实务上,在被保全

(五) 知的財産権紛争

　以上は一般的な民事訴訟手続の流れである。コンテンツ産業では、知的財産権に関する紛争が生じることも多い。東京地方裁判所には、知的財産権（特許権、意匠権、商標権、著作権など）に関する紛争事件を専門に取り扱う専門部が設置されており、裁判官の経験とノウハウの蓄積がなされている。また、東京地方裁判所の判決に不服がある場合には、知的財産高等裁判所（知財高裁）へ控訴することができる。知財高裁は東京高等裁判所の特別の支部と位置付けられている専門裁判所である。知財高裁の判決に対しては最高裁判所へ上告が可能ではあるものの、実務上、知財高裁が下した判決の先例的価値は高い。

　知財高裁や東京地裁の知財専門部には、専門分野における知見を有する専門家（多くは大学教授や研究者、弁理士）のリストが備え付けられており、裁判所の裁量により、この中から事案に応じて適切な専門家が専門委員として任命される場合がある。専門委員は、客観的・中立の立場から、争点になっている専門的技術に関して裁判所に対して説明を行う（「意見を述べる」のではない。）。これにより、裁判所が持ち得ないような高度な最先端の技術等についても適切かつ迅速な審理判断ができるよう工夫がなされている。

四．民事保全制度

　民事保全には、仮差押え、係争物に関する仮処分、仮の地位を定める仮処分の3種類がある。まず、仮差押えは、金銭債権について将来の強制執行を保全するために債務者の財産を処分できないようにするものである。例えば、売掛債権を保全するために買主が所有する不動産やその名義の預貯金口座を仮差押えするなどである。次に、係争物に関する仮処分は、特定物の引渡請求権等を保全するために債務者の財産を処分できないようにするものである。例えば、制作したコンテンツの不正利用がなされている場合に、不正利用者に対して不正利用を禁止する仮処分などが考えられる。仮の地位を定める仮処分は、争いがある権利関係について債権者に生じる著しい損害または急迫な危険を避けるために債務者による暫定的な措置を求めるものである。

　民事保全の申立ては、民事訴訟（本案）を提起する前またはその提起後のいつでも行うことができる。債権者が①被保全債権の存在と②保全の必要性を疎明した

债权额为大额时，能否准备担保金也经常成为问题。

正在考虑提起民事诉讼的纠纷当事人，在考虑被告拥有的财产的有无、内容、性质、其丧失的现实可能性的有无、程度以及担保金的准备可能性等的基础上，有必要研究在提起民事诉讼之前是否需要进行民事保全。另外，特别是在进行存款账户的临时冻结时，受到主要往来银行的存款账户冻结的债务人，日常的持续经营受到影响的情况也很多。此时，也可以由债务人提出任意偿还或和解的申请，在提起诉讼之前解决纠纷。

但是，需要注意的是，由于执行了违法的保全处分命令，债务人受到损害时，提存的担保金将作为损害赔偿（债权人不能取回担保金）。保全处分命令在异议或上诉程序中被取消的情况，或在本案诉讼中确定原告败诉的判决的情况就是这样。特别是后者，如果没有其他特别的情况，推定债权人有过失。[1] 如果损失额高于担保金额，则需要追加支付不足部分。

五、民事执行制度[2]

胜诉判决的民事执行申请人（通常为原告，在民事执行程序中称为债权人）在得到法院送达判决书的证明的基础上，接受执行文书，向法院提出强制执行的申请。实际强制执行的程序由法院或者执行官进行。强制执行的方法因被强制执行的财产而异。①对不动产，在法院进行扣押的基础上进行拍卖变现，将出售货款分配给债权人。

---

[1] 最高法院判决 1968 年 12 月 24 日，民事判决集 22 卷 13 号第 3428 页《临时处分命令的案件》。
[2] 民事执行制度中，除了本书中提到的对判决等进行的强制执行程序之外，还有对抵押权等担保权进行强制执行的程序，但在此限于篇幅省略。

場合には、裁判所が担保を立てる命令（立担保命令）を発し、それに従って債権者が法務局に担保金を供託すれば、裁判所は保全命令を発令する。供託が必要となる担保金の水準は、個々の事案によって異なるが、例えば預貯金口座の仮差押えの場合には、被保全債権額の 20％～ 30％が目安であると言われている。担保金は基本的には返還されるものであるとはいえ、実務上は、被保全債権額が多額である場合には担保金を準備できるかが問題となることも多い。

民事訴訟の提起を検討している紛争当事者は、被告が保有する財産の有無・内容・性質、その散逸の現実的可能性の有無・程度および担保金の準備可能性等を考慮した上で、民事訴訟の提起に先立って民事保全を行っておくか否かを検討することが必要である。なお、特に預貯金口座の仮差押えを行った場合には、メインバンクの預金口座の差押えを受けた債務者は日常的な事業継続に支障を来たすことも多い。その場合には、債務者より任意での弁済や和解の申し出がなされて、訴訟の提起に至る前に紛争が解決する場合もある。

ただし、違法な保全処分命令が執行されたことによって債務者が損害を被った場合には、供託した担保金はその損害賠償に充てられることになる（債権者は担保金を取り戻せない）点に注意が必要である。保全処分命令が異議や上訴手続において取り消された場合や、本案訴訟において原告敗訴の判決が確定した場合がこれに当たる。特に後者の場合は、他に特段の事情がない限り債権者に過失があったと推定される。[1] 損害額が担保金額より高額であれば、不足分を追加で支払うことが必要となる。

五．民事執行制度[2]

勝訴判決の民事執行を求める当事者（多くの場合、原告。民事執行手続では「債権者」と呼ばれる。）は、裁判所より判決文の送達の証明を得た上で、執行文の付与を受け、裁判所に対して強制執行の申立てを行う。実際の強制執行の手続は裁判所または執行官が行う。強制執行の方法は、強制執行の対象となる財産によって

---

[1] 最判昭和 43.12.24 最高裁判所民事判例集 22 巻 13 号 3428 頁［仮処分命令の事案］。
[2] 民事執行制度には、本文に記載した判決等の強制執行手続とは別に抵当権などの担保権を強制的に実行する手続もあるが割愛する。

②对债权（应收债权、存款债权、工资债权等），法院对该债权的债务人（第三债务人）发出冻结命令后，第三债务人被禁止对该债权的债权人（胜诉判决的民事执行的被执行人）进行清偿，取而代之的是债权人可以从第三债务人处直接得到清偿。③对动产，执行官前往动产所在地进行查封，如有购买希望者，出售给该人进行变现，将出售价款分配给债权人。

如即使债权人对已知的财产进行强制执行，但仍未能完全清偿债务等情形，若能对一定要件进行证明，债权人可通过向法院申请，要求债务人陈述其财产状况（财产披露程序）。此外，债权人还可以向法院申请，从第三方获取债务人的财产信息（如从法务局获取不动产信息，从市区町村及日本年金机构获取工资和工作单位信息，从银行或证券公司获取存款信息）（第三方信息获取程序）。

另外，可以进行民事执行的不仅限于胜诉的确定判决。仲裁裁决也可以通过取得执行决定，依据民事执行法（1979年法律第4号）进行强制执行（如前所述，某些国际商事调解中的国际和解协议也可以进行强制执行）。

六、国际纠纷解决：管辖、冲突法的规则、外国判决和外国仲裁裁决的执行

至此，概观了日本国内的民事诉讼制度。像日本企业和中国企业之间的纠纷一样，包含跨境因素在内的争议解决手段有其特有的考虑因素。另外，乍一看是日本企业间的纠纷，但在一方当事人的母公司是中国企业时，实质上呈现出跨境纠纷的特征。以下，依次概述在这种国际争议解决中涉及的特有因素。

（一）国际司法管辖权

在日本企业和中国企业之间发生的纠纷要通过法院的诉讼程序来解决时，首要问

異なる。①不動産の場合は、裁判所が差押えを行った上で競売にかけて換価を行い、売却代金を債権者に分配する。②債権（売掛債権、預金債権、給与債権等）の場合は、裁判所が当該債権の債務者（第三債務者）に対して差押命令を発すると第三債務者は当該債権の債権者（勝訴判決の民事執行を受ける当事者）に対して弁済することを禁止され、代わりに債権者は第三債務者から直接弁済を受けることができる。③動産の場合は、執行官が動産の所在地に赴いて差押えを行い、買受希望者がいればその者に売却して換価を行い、売却代金を債権者に分配する。

債権者が、知れている財産に強制執行したとしても債務者に対して有する債権について完全な弁済を得られないこと等の一定の要件を立証した場合には、裁判所に申し立てを行うことにより、債務者に財産状況の陳述を求めることができる（財産開示手続）。また、債権者は裁判所に申し立てを行うことにより、債務者以外の第三者より債務者の財産に関する情報（法務局から不動産情報、市区町村および日本年金機構から給与（勤務先）情報、銀行および証券会社から預貯金情報）を取得することもできる（第三者からの情報取得手続）。

なお、民事執行が可能であるのは勝訴の確定判決に限られない。仲裁判断も執行決定を得ることによって民事執行法（昭和54年法律第4号）に基づいて強制執行することができる（一定の国際商事調停における国際和解合意についても強制執行が可能となっていることについては、前述したとおりである）。

六．国際的紛争解決：管轄、抵触法のルール、外国判決・仲裁判断の執行

ここまで日本国内の民事訴訟制度を概観した。日本企業と中国企業との間の紛争のようにクロスボーダーの要素を含む紛争の場合には、それに加えて特有の考慮要素がある。また、一見、日本企業間の紛争に見えても、一方当事者の親会社が中国企業である場合には、実質的にはクロスボーダー紛争の様相を呈することになる。以下では、このような国際的紛争解決の場合に問題となる特有の要素について順に概説する。

（一）国際裁判管轄

日本企業と中国企業との間で生じた紛争を裁判所の訴訟手続で解決しようとする場合には、まず、どの国の裁判所で裁判をすることができるかが問題となる。こ

题是可以在哪个国家的法院进行审判。这就是国际司法管辖权的问题。[1]

当事人可以在争议发生前或发生后自由协商国际司法管辖权。多数情况下，在当事人之间签订的合同中，会明确约定哪个国家的哪个法院（如东京地方法院）具有管辖权（管辖条款）。此时，可能会争议该法院是否具有专属管辖权，还是其他法院也具有并列的管辖权。通常情况下，在本国进行审判对当事人有利，因此专属管辖权的有无常常成为重要的争议点。因此，在合同起草阶段，需要以明确的文字规定管辖条款。

如果合同中没有约定国际司法管辖权，或者无法事先协商国际司法管辖权（如基于侵权行为引起的争议），那么某国法院是否具有国际司法管辖权，将依据该国的国内法。例如，日本《民事诉讼法》第3条之2至第3条之8规定了日本法院具有国际司法管辖权的情形。根据该规定，原则上被告的住所地等在日本国内时，日本法院具有国际司法管辖权（《民事诉讼法》第3条之2第1项）。如果被告的住所地等不在日本国内，则需要依据具体诉讼类型来判断管辖原因（如合同纠纷中的履行地、侵权行为纠纷中的"行为地"）。

各国国内法对国际司法管辖权的规定虽然大致相同，但从广泛承认本国法院国际司法管辖权的国家（如美国）到对承认国际裁判管辖的较为保守的国家，各个国家有所不同。因此，如果未事先协商国际司法管辖权，需要根据拟提起诉讼国的国内法（日本《民事诉讼法》第3条之2至第3条之8）来判断能否在该国法院提起诉讼。

（二）冲突法的规则

在国际纠纷中，除确定在哪个国家的法院进行审判的问题（国际司法管辖权）外，还需确定适用哪个国家的法律来解决争议（准据法问题）。需要注意实体法和程序法

---

[1] 在确认日本法院具有国际管辖权之后，接下来才会讨论在日本国内的哪个法院进行审判的问题（国内管辖权问题）。

れが国際裁判管轄の問題である。[1]

　当事者は、紛争が生じる前または生じた後に国際裁判管轄を自由に合意することができる。多くの場合には、当事者間で締結された契約書において、どの国の裁判所（例えば「東京地方裁判所」）が裁判管轄を有するかが合意されている（裁判管轄条項）。この場合、その裁判所のみが裁判管轄を有するのか（専属管轄）、他の裁判所も重畳的に管轄権を有するのか（非専属管轄）について争いになることがある。基本的には自国のホームグラウンドで裁判を行うことができることが有利であると言えることから、専属性の有無は、ときに重要な争点となる。そのため、契約書のドラフティングの段階において、一義的で明確な文言で管轄条項を規定しておくことが必要である。

　当事者が契約書において国際裁判管轄を定めていなかった場合や、当事者が国際裁判管轄に事前に合意することが起こり得ない場合（典型的には、不法行為により生じた紛争）には、ある国の裁判所が国際裁判管轄を有するかどうかはその国の国内法の定めによる。例えば、日本では民事訴訟法3条の2～3条の8において、日本の裁判所が国際裁判管轄を有する場合を規定している。これによると、原則として被告の住所地等が日本国内にある場合に日本の裁判所の国際裁判管轄が認められ（同法3条の2第1項）、被告の住所地等が日本国内にない場合には訴えの類型に応じて規定されている個別の管轄原因（例えば、契約上の訴えにおいては当該契約で定められた債務の履行地（同法3条の3第1号）、不法行為に関する訴えにおいては「不法行為があった地」（同条8号））に照らした判断が必要となる。各国の国内法における国際裁判管轄の定め方は、それほど大きな違いはないものの、自国の裁判所に広く国際裁判管轄を認める国（例えば、米国）から国際裁判管轄を認めることに対して謙抑的な国まで幅がある。したがって、両当事者が事前に国際裁判管轄について合意していなかった場合には、訴訟の提起を検討している国の国内法における国際裁判管轄の規定（日本の場合は民事訴訟法3条の2～3条の8）に基づいて同国の裁判所に訴えを提起することができるかを検討することが必要である。

（二）抵触法のルール

　国際的紛争においては、どの国の裁判所で裁判をすることができるかという国際裁判管轄の問題と並んで、どの国の法律を適用して紛争を解決するかという、準

---

[1] 日本の裁判所に国際裁判管轄があることが認められた後に初めて、日本国内のいずれの裁判所で裁判することができるかという（国内）裁判管轄が問題となる。

的区分。即使在不同国家进行审判，法院的程序仍需遵循法庭地的法律。这里讨论的准据法问题，是指解决争议时适用哪个国家的实体法律。

关于准据法，类似于国际司法管辖权，当事人可以自由协商。日本的《法律适用通则法》（2006年法律第78号，以下简称通则法）也采用了这种规则（通则法第7条）。然而，如果当事人未确定准据法，则由受理诉讼的法院根据其所在国的冲突法（国际私法）来决定准据法。在通则法下，例如，动产或不动产的物权问题适用物之所在地法（通则法第13条第1款），侵权行为适用加害行为结果发生地法[1]（通则法第17条）。因此，即使在日本法院提起诉讼，也有可能适用中国法。此时，由于日本法院不了解中国法的内容和解释，因此需要当事人举证证明中国法的内容和解释。所以，准据法的确定也是决定在哪个国家提起诉讼的一个判断因素。

（三）外国当事人的诉讼参与

即使是外国人，只要是诉讼当事人，就有权参与诉讼程序。因此，只要到法院出庭，即可参与诉讼。然而，随着民事诉讼程序的在线化发展，身处外国的当事人（不一定是外国人，也可能是日本人）能否通过在线方式参加诉讼开庭（口头辩论开庭或准备程序开庭）成为问题。由于法院作为国家机关在诉讼开庭可能行使一定的诉讼指挥权（命令等），这可能侵犯外国主权，因此不允许当事人在国外通过在线方式参加诉讼开庭。因此，身处外国的当事人需要聘请日本律师代为出庭或参加在线开庭。

---

[1] 但是，如果结果发生地的结果通常是无法预见的，则加害行为地的法律将成为准据法（通则法第17条但书）。

拠法の問題がある。ここにおいて注意を要するのは、実体法と手続法を区別することである。すなわち、裁判所の訴訟手続が法廷地の法に従って行われることについては異論はない。ここでの準拠法の問題は、紛争を解決する際の実体規範として、どの国の法律を適用するかというものである。

準拠法についても、国際裁判管轄の場合と同じく、当事者が事前または事後に自由に準拠法を決定できるとされていることが多い。日本でも、「法の適用に関する通則法」（平成18年法律第78号。以下「通則法」とする。）において、そのようなルールが採用されている（通則法7条）。他方、当事者が準拠法を定めていない場合には、訴えを提起された裁判所が準拠法を決定する必要がある。この場合、裁判所は自国の抵触法（国際私法ともいう。）を適用することによって準拠法を決定する。通則法の下では、例えば、動産または不動産に関する物権についてはその目的物の所在地法が準拠法となり（同法13条1項）、不法行為については加害行為の結果が発生した地の法が準拠法となる[1]（同法17条）。したがって、日本の裁判所で訴訟をする場合であっても、中国法が準拠法となる場合がある。この場合、当然のことながら、日本の裁判所は中国法の内容や解釈についての知識を有していないため、当事者において中国法の内容や解釈を主張立証することが必要になる。そのため、翻って、準拠法がいずれの国の法律となるかは、訴えを提起する国を決定する際のひとつの判断要素となる。

（三）外国に所在する当事者の裁判手続への参加

外国人であっても訴訟の当事者であれば訴訟手続へ参加が認められることは当然である。したがって、当事者が裁判期日に係属裁判所の法廷に赴けば、訴訟手続に参加することができる。ところが、民事訴訟手続のオンライン化の進展により、外国に所在する当事者（必ずしも外国人である必要はなく、日本人でもあり得る。）がオンラインの方法で裁判期日（口頭弁論期日や弁論準備手続期日）に参加することができるかという問題が生じている。これについては、このような裁判期日において国家機関である裁判所が一定の訴訟指揮権（命令等）を行使する可能性が否定できず、そのことが当該外国の主権侵害となる可能性があるため、外国からオンラインで裁判期日に参加することは許されないとの運用がなされている。したがって、外国に所在する当事者は、自らの代わりに出廷ないしオンライン期日に参加する日

---

[1] ただし、結果発生地における結果の発生が通常予見することのできないものであったときは、加害行為が行われた地の法が準拠法となる（通則法17条但書）。

此外，如果证人在外国，如何进行证人询问也是一个问题。如果证人在日本，则需要到最近的法院，通过网络会议系统参加证人询问（民事诉讼规则第123条第1项）。但是，如果证人在外国，通过网络会议进行证人询问可能会侵犯外国主权。因此，通常委托外国司法当局进行证人询问，并将结果[1]提交给法院。实际上，多数情况下会协调证人到日本，并在法院进行证人询问。

（四）外国判决的执行

在日本执行外国判决，首先需要承认该外国判决与在日本的国内判决具有同样的效力（既判力等）（外国判决的承认）。根据《民事诉讼法》第118条，外国判决需满足以下四个要件才能在日本具有同样的效力：①根据法律或条约承认外国法院的司法管辖权；②败诉被告接到了必要的诉讼通知；③判决内容及诉讼程序不违反日本的公共秩序和善良风俗；④存在相互保证（日本判决在对方国家也能在同等条件下被承认和执行）。日本采用自动承认制，无需法院的特别决定即可承认。说到③，例如，最高法院曾判决认定，包含惩罚性损害赔偿的外国判决违反日本的公序良俗，否定其在日本的效力[2]。另外，关于④，如上所述，若对方国家为中国，一般认为不满足相互保证的要件。

在日本国内执行满足上述四个要件的外国判决时，需要从法院获得执行判决（民事执行法第24条）。法院在作出执行判决时，不会调查外国判决的裁判是否正确。

（五）执行外国仲裁裁决等

在日本执行外国仲裁裁决需解决外国仲裁裁决的承认和执行问题。若外国仲裁裁

---

[1] 在向法院提交时，需要将外国司法当局进行的证人询问结果翻译成日语。
[2] 最高法院判决1997年7月11日民事判决集51卷6号第2530页。

本国弁護士を選任する必要がある。

また、証人となるべき者が外国に所在している場合に証人尋問をどのように行うかという点もしばしば問題となる。もしこの者が国内に所在しているのであれば、最寄りの裁判所に赴いてもらう必要はあるものの、そこからウェブ会議システムを利用して証人尋問に参加することができる（民事訴訟規則123条1項）。しかし、外国に所在している証人にウェブ会議により証人尋問を実施すると、当事者の場合と同様に外国の主権侵害になり得るという問題が指摘されている。そのため、外国に所在する証人には、外国の司法当局に嘱託して証人尋問を実施してもらい、その結果[1]を裁判所に上程する方法によるしかない。実務上は、証人に来日してもらえるよう調整を行い、裁判所に実際に出頭してもらって証人尋問を実施している例が多いようである。

(四) 外国判決の執行

日本において外国判決を執行するためには、まず、当該外国判決が日本における国内判決と同様の効力（既判力等）が認められること（外国判決の承認）が必要である。民事訴訟法118条は、外国判決が①法令または条約により外国裁判所の裁判権が認められること、②敗訴の被告が訴訟の開始に必要な送達等を受けていたこと、③判決の内容および訴訟手続が日本の公序良俗に反しないこと、④相互保証があること（日本と同等の条件で日本の判決を承認・執行されること）、の4つの要件を満たせば、日本の国内判決と同様の効力を認めるとしている。すなわち、裁判所から何らかの決定を得ることなく承認がなされるという自動承認制が採用されている。③について言えば、例えば懲罰的損害賠償を命じる外国判決は日本の公序良俗に反するとして、日本における効力を否定した最高裁判決がある。[2] また、④については、前述のとおり、中国においては相互保証の要件が満たされていないとされている。

上記の4つの要件がいずれも満たされている外国判決を日本国内で執行するためには、裁判所より執行判決を得ることが必要である（民事執行法24条）。裁判所は執行判決を下すにあたって外国判決の内容の当否を調査することはない。

(五) 外国仲裁判断等の執行

外国でなされた仲裁判断を日本で執行する場合が、外国仲裁判断の承認・執行

---

[1] 裁判所への上程にあたっては、外国の司法当局が行った証人尋問の結果を和訳することが必要となる。
[2] 最判平成9.7.11最高裁判所民事判例集51巻6号2530頁。

决是在《纽约公约》缔约国（除日本外）作出的，则适用《纽约公约》；否则，适用《仲裁法》（2003 年法律第 138 号）。由于中国等多数国家都是《纽约公约》的缔约国，实际上多数情况下适用《纽约公约》。

《纽约公约》规定，除有限的拒绝承认和执行的事由外，缔约国有义务承认外国仲裁裁决[1]，并按照本国的程序规则执行。要在日本执行外国仲裁裁决，当事人需向法院申请强制执行决定（《仲裁法》第 46 条第 1 款），获得执行决定后，依照民事执行程序对日本国内的相对方财产进行强制执行。

申请执行决定时，过去需要提交仲裁裁决的正本或正式副本及其日语翻译，但根据 2023 年《仲裁法修正案》，如果法院认为适当，可以免除提交日语翻译（《仲裁法》第 46 条第 2 款但书）。

并且，2023 年《仲裁法修正案》还规定，不仅仲裁裁决，仲裁庭作出的临时保全措施命令也可以通过申请执行认可决定，依照民事执行程序进行执行（《仲裁法》第 47 条、第 48 条）。

此外，根据《新加坡调解公约》规定的国际调解达成的和解协议（国际和解协议），也可以通过法院申请执行决定［《新加坡调解公约实施法》（2023 年法律第 16 号）第 5 条第 1 款］，然后依照民事执行程序进行强制执行。

---

[1] 在日本，与国内仲裁裁决相同，采用自动承认制度，因此不需要为承认外国仲裁裁决进行特别程序。

の問題である。日本で外国仲裁判断を承認・執行する場合、仲裁判断がニューヨーク条約の締約国（日本を除く。）でなされた場合にはニューヨーク条約が適用され、それ以外の場合には仲裁法（平成15年法律第138号）が適用される。中国をはじめ多くの国がニューヨーク条約に加盟していることから、実際上はニューヨーク条約が適用されることが多い。

ニューヨーク条約では、一定の限定的な承認・執行拒絶事由がある場合を除き、締約国は、外国仲裁判断を承認し[1]、自国の手続規則に従って執行する条約上の義務が課されている。日本で外国仲裁判断を執行するためには、裁判所に申し立てを行い、強制執行を許す旨の決定（執行決定）を求め（仲裁法46条1項）、執行決定を得た後に、民事執行手続に則って、相手方が日本国内に所有する財産に強制執行することができる。

執行決定を申し立てる際、従前は仲裁判断の原本または正当に証明されたその謄本および日本語への翻訳文を提出することが必要であったが、2023年仲裁法改正により、裁判所が相当と認めるときは日本語への翻訳文については提出が不要となっている（仲裁法46条2項但書）。

また、同じく2023年仲裁法改正により、仲裁判断のみならず、仲裁廷が下した暫定的保全措置命令についても執行認可決定を得ることにより民事執行手続に則って執行することができることとされている（仲裁法47条、48条）。

更に、前述したとおり、シンガポール条約が定める国際的な調停において成立した和解合意（国際和解合意）についても、裁判所に申し立てを行い、執行決定［シンガポール条約実施法（令和5年法律第16号）5条1項］を得た後に民事執行手続に則って強制執行することが可能である。

---

[1] 日本においては、内国仲裁判断の場合と同様、自動承認制が採用されているため、外国仲裁判断の承認のために特段の手続を要しない。

第6章

数字文化产业的日本法监管注意点

一、日本的游戏监管注意点

（一）日本游戏监管概述

在本节中，我们主要设想两种中国公司在日本开展游戏相关业务的场景：①中国母公司在日本设立子公司，由日本子公司负责在日本销售、运营游戏并进行宣传的场景；②中国公司不通过日本子公司，直接在日本销售、运营游戏并进行宣传的场景。

上述场景①下的日本子公司以及场景②下的中国公司，都与在日本的其他经营者一样，要遵守日本的法律规定。在日本，虽然没有专门针对游戏行业的法律，也没有对游戏运营者资格要求或游戏内容审查制度的规定，但游戏运营者在智能手机的应用商店等平台上，选择日本地区上传游戏应用程序时，仍需遵守多种法律法规。以下将详细说明在日本运营游戏时需要遵守的各种法律监管规定。

（二）资金结算法

1. 关于游戏内收费系统的监管

虽然玩游戏本身是免费的，但在线游戏普遍采用在游戏内付费购买仅限游戏内使用的道具等追加内容的方式（所谓的项目收费系统）。作为与该项目收费系统相关的法律，主要是《与资金结算相关的法律》（以下简称资金结算法）。

第6章

コンテンツ産業における日本の法規制のチェックポイント

一．日本におけるゲーム規制に関する留意点

（一） 日本のゲーム規制

本節では、中国法人が日本でゲーム関連のビジネスを行う形態として、①中国親会社が日本で子会社を設立し、日本子会社が日本でゲームを販売・運営し、またそのプロモーションを行う形態、②中国法人が、日本子会社を介さず、直接日本においてゲームを販売・運営し、またそのプロモーションを行う形態を主に想定している。

上記①のケースにおける日本子会社および上記②のケースにおける中国法人は共に、日本における他の事業者と同様に、日本の法規制に服することになる。日本では、ゲーム業界を対象とした特別な法規制はなく、ゲーム運営者の資格要件やゲーム内容に関する審査制度は存在しないため、ゲーム運営者は、スマートフォンのアプリストアその他のプラットフォームにおいて、日本地域を選択してゲームアプリをアップロードするなどして、比較的簡易に日本においてゲームをリリースすることができる。ただし、以下で詳述するように、日本でのゲーム運営に際して遵守が求められる各種の法規制がある。

（二） 資金決済法

1. ゲーム内の課金システムに対する規制について

ゲームをプレイすること自体は無料であるものの、ゲーム内でのみ利用できるアイテム等の追加コンテンツを有料で販売して課金する方式（いわゆるアイテム課金システム）をとるオンラインゲームが普及している。このアイテム課金システムに関連

（1）游戏货币

项目收费通常涉及向用户销售"游戏内货币"，这种货币可以用于购买游戏内的道具等。然而，若这种游戏内货币属于资金结算法中的"预付式支付手段"，则发行该游戏内货币的运营者需遵守资金结算法规定的多项义务。所谓"预付式支付手段"，是指满足以下三个要件的支付手段（资金结算法第3条第1款）。

①价值的保存

财产价值以金额等记录在票据等上，或以电子方式记录。

②对价发行

根据金额或数量获得对价发行的票据等。

③权利行使

用于支付物品、服务等的对价。

如果游戏货币：购买金额记录在游戏服务器上、有偿发行、可以用于支付发行方提供物品和服务的对价时，那么，将属于资金结算法上的"预付式支付手段"，需要遵守该法的规定。

（2）除外事由

如果游戏内货币的有效期为不满6个月时，则不属于"预付式支付手段"，不受资金结算法的监管（资金结算法第4条第2款、同法施行令第4条第2款）。

（3）二级货币

以现金等购买的游戏内货币为一级货币，使用一级货币购买的游戏内货币通常称为"二级货币"。关于二级货币是否属于预付式支付手段，金融厅表示，如果满足以下两个条件，则该内容缺乏上述"预付式支付手段"的要件③，因此，不属于预付式支付手段。[1] 因此，如果二级货币属于以下a，并且发行者采取b相应措施，则无需将二级货币作为预付式支付手段处理。

---

[1] 参见《2017年9月4日金融厅法律适用事前确认程序（询问书）》，载金融厅网站：https://www.fsa.go.jp/common/noact/kaitou/027/027_05a.pdf；《2017年9月15日金融厅法律适用事前确认程序（回答书）》，载金融厅网站：https://www.fsa.go.jp/common/noact/kaitou/027/027_05b.pdf，最后访问日期：2024年10月25日。

する法律としては、資金決済に関する法律（以下「資金決済法」とする。）がある。

（1）ゲーム内通貨

アイテム課金は、ユーザーにゲーム内で使用できるアイテム等の購入に使用できる「ゲーム内通貨」を販売するものであるが、かかるゲーム内通貨は、資金決済法上の「前払式支払手段」に該当する場合があり、その場合、ゲーム内通貨の発行事業者に、資金決済法上の各種義務が課されることとなる。ここで、「前払式支払手段」とは、次の3つの要件をすべて満たすものをいう（資金決済法3条1項）。

①価値の保存

金額等の財産的価値が、証票等に記載され、または電磁的な方法で記録されていること。

②対価発行

金額・数量に応ずる対価を得て発行される証票等であること。

③権利行使

物品、サービスの代価の弁済等に使用できるものであること。

ゲーム内通貨は、購入した金額がゲームサーバに記録され、有償で発行されるもので、発行者側からの物品やサービスの提供の対価を支払うために使用できるものである場合には、資金決済法上の「前払式支払手段」に該当するものとして、同法の適用を受けることになる。

（2）適用除外

ゲーム内通貨の有効期限を6か月未満とした場合には、「前払式支払手段」に該当せず、資金決済法の規制を受けないことも可能である（資金決済法4条2号、同法施行令4条2項）。

（3）二次通貨

現金等を支払って購入したゲーム内通貨を一次通貨とする場合、当該一次通貨を使って購入することができるゲーム内通貨は一般に「二次通貨」と呼ばれる。二次通貨が前払式支払手段に該当するか否かについて、金融庁は、以下の2つを満たす場合、当該コンテンツは、上記「前払式支払手段」の要件③を欠くため前払式支払手段に該当しないと述べている。[1] したがって、二次通貨が下記a.に該当し、発

---

[1]「平成29年9月4日金融庁における法令適用事前確認手続（照会書）」金融庁ウェブサイト（https://www.fsa.go.jp/common/noact/kaitou/027/027_05a.pdf）、「平成29年9月15日付金融庁における法令適用事前確認手続（回答書）」金融庁ウェブサイト（https://www.fsa.go.jp/common/noact/kaitou/027/027_05b.pdf）（最終閲覧日：2024年10月25日）。

a. 该内容作为网络游戏特有的客观特性，设计者和用户等很难判断获取该内容是否相当于提供了商品或服务，或者说，很难判断此后在网络游戏内产生的效果（如获得新道具、发生事件等）是否相当于提供了商品或服务[1]（难以判断是否属于上述"预付式支付手段"要件③）。但是，合并了一级货币等实质上与一级货币具有相同性质的内容除外。

b. 向用户告知该内容不属于预付式支付手段，并征求用户同意。

2. 资金结算法上的遵守事项

属于"预付式支付手段"的游戏内货币的发行人要遵守资金结算法上的以下主要监管事项。

（1）作为发行人的备案或注册

根据发行的"预付式支付手段"的种类，分为事后备案义务和事先注册义务。首先，对于仅限于从预付式支付手段发行人（及其密切关系人）处购买商品或接受服务时用于支付的"预付式支付手段"（称为"自家型预付式支付手段"）的发行人，仅在基准日（每年3月31日及9月30日）的未使用余额最初超过基准额1000万日元时，需要在该基准日的第二天起的2个月内，办理作为"自家型发行人"的备案（资金结算法第5条第1款、第2款）。

与此相对，发行从发行人及其密切关系人以外的人那里购买商品或接受服务时也可以用于支付的预付式支付手段（称为"第三方型预付式支付手段"）时，需要事先办理"第三方型发行人"注册（资金结算法第7条、第8条）。

---

[1] 参见丸桥透等：《资金结算法的理论与实务　劲草法律实务系列》，劲草书房2019年版，第327页。

行者が b. の対応を行った場合には、二次通貨を前払式支払手段と取り扱う必要はなくなる。

　a. コンテンツの取得をもって商品・サービスの提供があったのか、あるいは、その後に生じ得るネットワークゲーム内の効果の発現（新たなアイテムの取得、イベントの発生等）をもって商品・サービスの提供があったのかを、設計者、利用者等が判別するのが困難であるというネットワークゲーム特有の特殊性を客観的仕様として有するコンテンツであること[1]（つまり、上記「前払式支払手段」の要件③の該当性の有無の判別が困難なもの）。ただし、一次通貨を統合したものなど、実質的に一次通貨と同じ性質を有するものは除く。

　b. ユーザーに対して、当該コンテンツが前払式支払手段に該当しない旨を周知し、ユーザーがこれに同意する仕組みを設けること。

2. 資金決済法上の遵守事項

「前払式支払手段」に該当するゲーム内通貨の発行者は、資金決済法上、主に以下の規制を受けることになる。

（1）発行者としての届出または登録

発行する「前払式支払手段」の種類によって、事後的に届出義務が課せられるのか、事前に登録が必要なのかが分かれている。

まず、前払式支払手段の発行者またはその密接関係者のみから商品を購入したりサービスの提供を受けたりする場合に限って支払いに使用することができる前払式支払手段（「自家型前払式支払手段」と呼ばれる）の発行者については、基準日（毎年3月31日および9月30日）における「未使用残高」が最初に基準額である1000万円を超えることとなった場合にのみ、当該基準日の翌日から2か月を経過する日までに、「自家型発行者」としての届出を行う必要がある（資金決済法5条1項、2項）。

これに対し、発行者またはその密接関係者以外の者からも商品を購入したりサービスの提供を受けたりする場合の支払いにも使用できる前払式支払手段（「第三者

---

[1]　丸橋透ほか『「資金決済法の理論と実務 勁草法律実務シリーズ」』（勁草書房、2019年）327頁。

在计算"未使用余额"时，如果发行人针对某种预付式支付手段按礼包销售，则该预付式支付手段的销售数量和金额中，以单价最高金额为基准金额（如对于每50个的礼包售价150日元，每100个的礼包售价250日元时，最高单价为每个3日元，即基准金额）。将该基准金额乘以发行数量和回收数量，分别计算发行总额和回收总额，通过从发行总额中扣除回收总额来计算"未使用余额"。需要注意的是，如果存在有偿发行和无偿发行时，除非在游戏中用户可以清楚区分有偿发行部分和无偿发行部分（区分显示），并且在发行人的账簿文件上也进行区分管理（区分管理），否则无偿发行部分也需要包含在基准日的未使用余额计算中。

（2）信息提供义务

办理了备案的自家型发行人和需要事先注册的第三方型发行人（以下合称发行人），在发行预付式支付手段时，必须通过网页等向用户提供以下信息：①发行人的名称，②预付式支付手段的可支付金额上限，③预付式支付手段的使用期限，④发行人的联系方式等资金结算法规定的特定信息（资金结算法第13条、《关于预付式支付手段的内阁府令》第21条、第22条以及第23条之2）。

（3）发行保证金的提存等

基准日未使用余额超过1000万日元的发行人，需要在该基准日后的2个月内，将该"未使用余额"的1/2以上的金额作为发行保证金提存等进行保全（资金结算法第14条）。

（4）提交报告书的义务

发行人应按基准日制作《预付式支付手段发行报告书》（附件格式第23号），并在该基准日的次日起2个月内向管辖的财务局长等报备（资金结算法第23条）。

（5）原则上禁止退款（回购）

发行人原则上禁止回购该"预付式支付手段"（资金结算法第20条第2款）。但是，在终止个别游戏服务等，要废止预付式支付手段的全部或部分发行业务时，则需要根据资金结算法实施回购（资金结算法第20条第1款）。一旦发行人决定废止，必须公告以下内容：①将进行回购的事实；②持有人应在不少于60天的特定期间内提出债权申请；③未在该期间内提出债权申请的持有人将被排除在回购程序之外等，同时需

型前払式支払手段」と呼ばれる）を発行する場合には、事前に「第三者型発行者」としての登録が必要となる（資金決済法7条、8条）。

　上記の「未使用残高」の算定にあたっては、発行者がある特定の前払式支払手段についてパック販売を行っている場合、当該前払式支払手段の販売個数および金額のうち単価が最高金額になるものを基準金額とすることになる（例えば、50個パックにつき150円、100個パックにつき250円といったパック販売を行っている場合、最高単価である1個3円が基準金額となる）。当該基準金額に発行数量および回収数量を乗じて、それぞれ発行総額および回収総額を算定し、発行総額から回収総額を控除することにより「未使用残高」を算定する。なお、有償発行と無償発行がある場合には、①有償発行分と無償発行分をゲーム内でユーザーが明確に区別可能であるように表示（区分表示）し、かつ、②発行者の帳簿書類上でも区分して管理（区分管理）しない限りは、無償発行分についても基準日における未使用残高の計算に含める必要がある点に留意が必要である。

　(2) 情報提供義務

　届出を行った自家型発行者および事前登録が必要な第三者型発行者（以下「発行者」とする。）は、前払式支払手段を発行する場合には、①発行者の名称、②前払式支払手段の支払可能金額、③前払式支払手段の使用期限、④発行者の連絡先等、資金決済法で定める一定の情報を、ウェブページ等でユーザーに提供しなければならない（資金決済法13条、前払式支払手段に関する内閣府令21条、22条および23条の2）。

　(3) 発行保証金の供託等

　基準日未使用残高が1000万円を超えた発行者は、その「未使用残高」の2分の1以上に相当する額の発行保証金を当該基準日の翌日から2か月以内に供託すること等により保全しなければならない（資金決済法14条）。

　(4) 報告書提出義務

　発行者は、基準日ごとに「前払式支払手段の発行に関する報告書」（別紙様式第23号）を作成し、当該基準日の翌日から2か月以内に管轄の財務局長等に届け出なければならない（資金決済法23条）。

　(5) 払戻の原則禁止

　発行者は、原則として当該「前払式支払手段」を払い戻すことが禁止されている（資金決済法20条2項）。ただし、個々のゲームを終了させる場合等、前払式支払手段の発行の業務の全部または一部を廃止する場合には、資金決済法に基づく払戻しを実施する必要がある（資金決済法20条1項）。発行者において廃止を決定次

要在游戏应用程序和公司官网上公告，以通知用户（资金结算法第20条第2款）。如果回购手续合法完成，则将不再受资金结算法的监督管理。此外，发行人还需要在决定废止后迅速向主管财务局提交《回购手续等报告书》及其附件，在废止后迅速提交《发行业务废止备案书》及其附件，并在回购结束后提交《回购完成报告书》。[1]

（三）赠品表示法

1. 关于游戏内设置的赠品及表示

《不正当赠品及不正当表示防止法》（以下简称赠品表示法）是为了防止在交易中误导消费者或煽动侥幸心理阻碍消费者的自主、合理的选择，限制及禁止不正当的赠品类，并禁止对商品和服务的质量等的不正当表示，以保护消费者的法律。在购买游戏内的物品时，附加可以在游戏内使用的积分和道具等赠送时，属于提供赠品，因此，需要注意赠品表示法的赠品限制。另外，在游戏的促销或营销中，在进行与游戏或该游戏内销售的道具等相关的显示时，需要注意赠品表示法的显示限制。

2. 赠品限制概要

一般来说，赠品是指赠品或奖品等，但赠品表示法上的"赠品类"是指满足以下三个要件的物品，在赠送的物品等属于赠品类时，需要将提供的物品等的金额控制在一定的限额范围内。

（1）作为引诱顾客的手段（顾客引诱性）。

（2）经营者在自己提供的商品和服务的交易中附带提供（交易附带性）。

（3）物品、金钱及其他经济利益（经济利益）。

赠品限制针对一般抽奖赠品、共同抽奖赠品、附赠奖品，分别规定了能够提供的赠品类的限额等。在提供超过限额的价值过高的赠品类时，消费者厅长官可以对提供该赠品的经营者限制与赠品类的提供相关的事项，或者禁止提供赠品类。这是为了保护普通消费者的利益，同时防止过大赠品造成的不正当竞争。[2] 在线游戏中的典型问

---

[1] 参见《关于回购手续》，载关东财务局网站：https://lfb.mof.go.jp/kantou/content/haraimodoshi.pdf，最后访问日期：2024年10月25日。

[2] 参见《赠品监管概要》，载消费者厅网站：https://www.caa.go.jp/policies/policy/representation/fair_labeling/premium_regulation/，最后访问日期：2024年10月25日。

第、①払戻しをする旨、②保有者は、60日を下らない一定の期間内に債権の申出をすべきこと、③当該期間内に債権の申出をしない保有者は、払戻しの手続から除斥されること等を公告するとともに、ゲームアプリおよび自社ホームページに掲示して利用者に周知する必要がある（資金決済法20条2項）。払戻し手続が適法に完了した場合、資金決済法上の監督規制からは除外される。なお、発行者は、廃止決定後速やかに「払戻しの手続等に係る報告書」およびその添付書類を、廃止後速やかに「発行の業務の廃止等届出書」およびその添付書類を、払戻しの終了後は「払戻し完了報告書」を、それぞれ管轄の財務局に提出する必要がある[1]。

（三）景品表示法

1. ゲーム内に設けられる景品および表示について

不当景品類および不当表示防止法（以下「景品表示法」とする）は、取引において消費者を誤解させ、または射幸心を煽る等して消費者の自主的・合理的な選択を阻害することを防止するため、不当な景品類を制限および禁止し、また、商品やサービスの品質などの不当表示を禁止することによって消費者の保護を図る法律である。ゲーム内のアイテム購入にあたって、ゲーム内で使用できるポイントやアイテムといったおまけをつけることは景品を付与することになるので、景品表示法の景品規制に留意する必要がある。また、ゲームのプロモーションやマーケティングにおいて、ゲームや当該ゲーム内で販売されているアイテム等に関する表示を行うに際しては、景品表示法の表示規制に留意する必要がある。

2. 景品規制の概要

一般に、景品とはおまけや賞品等を指すが、景品表示法上の「景品類」とは以下3要件を満たすものをいい、おまけのアイテム等が景品類に該当する場合は、提供されるアイテム等の金額を一定の限度額の範囲内にとどめることが必要になる。

（1）顧客を誘引するための手段として（顧客誘引性）。

（2）事業者が自己の供給する商品・サービスの取引に付随して提供する（取引付随性）。

（3）物品、金銭その他の経済上の利益（経済的利益）。

景品規制は、一般懸賞に関するもの、共同懸賞に関するもの、総付景品に関するものがあり、それぞれ、提供できる景品類の限度額等が定められている。限

---

[1]「払戻し手続きについて」関東財務局ウェブサイト（https://lfb.mof.go.jp/kantou/content/haraimodoshi.pdf）（最終閲覧日：2024年10月25日）。

题是抽奖赠品和附赠奖品的限制，详细情况如下所述。

（1）一般抽奖赠品

对商品和服务的用户，根据抽签等偶然性来决定的方法，或者特定行为的优劣和对错等提供赠品类，称为"抽奖赠品"（日语"悬赏"），共同抽奖赠品（多个经营者参加的抽奖赠品）以外的称为"一般抽奖赠品"。例如，在通过抽签券、猜拳等方式提供赠品时，仅在部分商品上附加赠品类而在外观上无法判断的情形，或者通过拼图和猜谜等的回答正误而提供时，通过竞技和游戏等的优劣而提供的情形。一般抽奖赠品中赠品类的限额如下表所示。[1]

抽奖交易价格	赠品类限额	
	最高价格	总额
不到 5000 日元	交易价格的 20 倍	抽奖销售额预定总额的 2%
5000 日元以上	10 万日元	

在网络游戏中，如果用户使用自己购买的积分来玩游戏，并根据游戏结果获得特定物品，那么用户为了获得这些特定物品可能会购买用于参加游戏的积分等，这很可能会成为监管对象。

另一方面，在网络游戏中，随机向用户提供物品的机制被称为"扭蛋"，对于通过付费扭蛋获得的物品，是否会因被视为一般抽奖而作为赠品受到监管，就成为一个问题。对此，消费者厅明确指出，消费者通过付费扭蛋获得的经济利益是消费者与经营者之间交易的对象本身，并不是为了引诱消费者进行其他交易而在该交易中附带提供的，因此不属于赠品表示法上的"赠品类"。[2]也就是说，付费扭蛋虽然满足上述赠

---

〔1〕参见《赠品监管概要》，载消费者厅网站：https://www.caa.go.jp/policies/policy/representation/fair_labeling/premium_regulation/，最后访问日期：2024 年 10 月 25 日。

〔2〕参见《关于网上游戏的"卡牌组合"与赠品表示法的赠品监管》，载消费者厅网站：https://www.caa.go.jp/policies/policy/representation/fair_labeling/premium_regulation/，最后访问日期：2024 年 10 月 25 日。

度額を超える過大な景品類の提供を行った場合などは、消費者庁長官は、当該提供を行った事業者に対し、景品類の提供に関する事項を制限し、または景品類の提供を禁止することができる。これは、一般消費者の利益を保護するとともに、過大景品による不健全な競争を防止するためである[1]。オンラインゲーム等の提供において典型的に問題となるのは、一般懸賞および総付景品の規制であるため下記で詳述する。

(1) 一般懸賞

商品・サービスの利用者に対し、くじ等の偶然性を利用して定める方法、または、特定行為の優劣・正誤等によって景品類を提供することを「懸賞」といい、共同懸賞（複数の事業者が参加して行う懸賞）以外のものは、「一般懸賞」と呼ばれている。例としては、抽選券、じゃんけん等により提供される場合、一部の商品にのみ景品類を添付していて外観上それが判断できない場合、パズル・クイズ等の回答の正誤により提供される場合、競技・遊戯等の優劣により提供される場合などがある。一般懸賞における景品類の限度額は以下である[2]。

懸賞による取引価額	景品類限度額	
	最高額	総額
5000円未満	取引価額の20倍	懸賞に係る売上予定総額の2%
5000円以上	10万円	

オンラインゲームでは、利用者に自身で購入したポイントでゲームをプレイしてもらい、そのゲーム結果次第で特定のアイテムを獲得できるという企画をする場合は、この特定のアイテム等欲しさに当該ゲームに参加するためのポイント等を購入する可能性があり、当該規制の対象となる可能性が高い。

他方、オンラインゲームの中でユーザーに対してランダムにアイテム等を提供する仕組みのことを「ガチャ」と呼び、有料のガチャにより取得するアイテム等について、一般懸賞として景品規制がかかるかが問題となる。この点について、消費者庁は、有料のガチャによって消費者が得ている経済上の利益は、消費者と事業者との間の取引の対象そのものであって、有料のガチャとは別の取引を誘引するため

---

[1] 「景品規制の概要」消費者庁ウェブサイト（https://www.caa.go.jp/policies/policy/representation/fair_labeling/premium_regulation/）（最終閲覧日：2024年10月25日）。

[2] 「景品規制の概要」消費者庁ウェブサイト（https://www.caa.go.jp/policies/policy/representation/fair_labeling/premium_regulation/）（最終閲覧日：2024年10月25日）。

品类判定要件中的第③项，但不满足第①②项，因此不属于"赠品类"，不受赠品监管。

另外，关于电子竞技的奖金，通常认为其满足上述三个要件，并且由于赠品类（奖金）的提供对象是根据特定行为的优劣来决定的，因此基本上作为一般抽奖受到监管。日本的电子竞技奖金考虑到这一监管，将授予个别获奖者的奖金上限定为 10 万日元，奖金总额也设有上限，这一点需要注意。

（2）附赠奖品

对于一般消费者，不通过"抽奖"而提供的赠品类一般称为"附赠奖品"，具体而言，指的是向商品或服务的用户和来店者无一例外地提供的金钱或物品等。根据商品或服务的购买申请顺序或到店的先后顺序提供的金钱或物品等也属于附赠奖品。附赠奖品的限额如下表所示。[1]

交易价格	赠品类的最高金额
不到 1000 日元	200 日元
1000 日元以上	交易价格的 20%

在线游戏中，有时会向所有用户或按先后顺序分发积分或物品，此时，这些积分或物品可能受到该限制的约束。如果免费分发游戏内积分，交易金额将被视为 0 日元，因此最高可分发的积分金额为 200 日元。如果向所有购买 5000 日元以上的用户赠送特定物品，则可分发的最高金额为 1000 日元的物品。此外，在开店庆典等活动中提供的服务等，如果符合正常商业习惯且被认为是适当的，则不受此类限制，可以提供超过交易金额 20% 的赠品，互联网网站也同样适用。但是，由于互联网上很容易开设店铺，因此，如果反复关闭网站后再开新网站时，就难以视为开店庆典了，所以，网络游戏提供时也要留意。[2]

---

〔1〕 参见《赠品监管概要》，载消费者厅网站：https://www.caa.go.jp/policies/policy/representation/fair_labeling/premium_regulation/，最后访问日期：2024 年 10 月 25 日。

〔2〕 参见《赠品相关问与答 第 128 问》，载消费者厅网站：https://www.caa.go.jp/policies/policy/representation/fair_labeling/faq/premium/not_lotteries#q128，最后访问日期：2024 年 10 月 25 日。

に当該取引に付随させて消費者に提供しているものではないため、景品表示法上の「景品類」には該当しないことを明らかにしている[1]。つまり、有料ガチャは、上述の景品類該当性の条件のうち、③を満たしているものの、①②は満たしていないため、「景品類」ではなく、景品規制はかからないとされている。

また、eスポーツにおける賞金については、一般的には上記3要件を満たすと考えられており、また、特定の行為の優劣によって景品類（賞金）の提供の相手方が定められるため、基本的には一般懸賞として規制される。日本におけるeスポーツの賞金については、かかる規制を踏まえ、個々の入賞者に授与する金額の上限を10万円とすることが行われており、賞金の総額についても上限が定められている点について留意が必要となる。

(2) 総付景品

一般消費者に対し、「懸賞」によらずに提供される景品類は、一般に総付景品（そうづけけいひん）」と呼ばれており、具体的には、商品・サービスの利用者や来店者に対してもれなく提供する金品等がこれにあたる。商品・サービスの購入の申込み順または来店の先着順により提供される金品等も総付景品に該当する。総付景品の限度額は以下である。[2]

取引価額	景品類の最高額
1000円未満	200円
1000円以上	取引価額の10分の2

オンラインゲームにおいて、全ユーザーに対しまたは先着順でポイントやアイテムを配布することがあり、この場合のポイントやアイテムは当該規制の対象になり得る。無料でゲーム内ポイントを配布する場合は、取引価額が0円という扱いになり、配布できる最高額は、200円分のポイントまで、5000円以上購入のユーザー全員に特定のアイテムをプレゼントする場合は、配布できる最高額は1000円分のアイテムまでということになる。なお、開店披露等の行事に際して提供するサービス等であって正常な商慣習に照らして適当と認められるものであれば、このような規

---

[1] 「オンラインゲームの『コンプガチャ』と景品表示法の景品規制について」消費者庁ウェブサイト (https://www.caa.go.jp/policies/policy/representation/fair_labeling/guideline/pdf/120518premiums_1.pdf)（最終閲覧日：2024年10月25日）。

[2] 「景品規制の概要」消費者庁ウェブサイト (https://www.caa.go.jp/policies/policy/representation/fair_labeling/premium_regulation/)（最終閲覧日：2024年10月25日）。

（3）扭蛋组合

"扭蛋组合"是将通过扭蛋系统随机获取物品的机制与全部物品收集完成状态的"完全"（complete）相结合的造词。也就是说，在线游戏中的扭蛋组合，是指设置一个扭蛋系统，当用户通过该系统抽取并集齐多个道具或卡通形象时，将获得更强力的道具等。用户通过抽扭蛋来收集期望的道具等，但由于结果具有偶然性，用户为了集齐包括稀有道具在内的全部道具，往往需要反复抽扭蛋，投入大量金钱或时间，曾经引发消费者问题。

消费者厅指出，"扭蛋组合"是以通过付费扭蛋获得的不同种类的多个道具等集齐为条件提供的，这属于赠品表示法中全面禁止的"卡牌组合"行为，明确全面禁止使用。[1]因此，需要注意在在线游戏中禁止使用扭蛋组合机制。

"卡牌组合"是指"通过使显示两种以上不同种类的文字、图画、符号等的符票中特定组合的方法，提供赠品的抽奖"（抽奖赠品限制公告第5项）。例如，企业在糖果包装内放入一张不同图案的任意卡牌，消费者在不知道里面是哪种图案的情况下购买商品，然后在这些不同图案的卡牌或不同形状的商品中，收集到特定的两种以上不同图案的卡牌的消费者获得赠品。[2]对这种"卡牌组合"行为，不论赠品的最高金额或总金额是多少，都是全面禁止的。其原因是这种方法本身具有很强的欺骗性，通过欺骗，对交易有引诱作用，并且这种方法多用于儿童商品，极大地激起了儿童的侥幸心理。[3]

---

〔1〕参见《关于网络游戏的"卡牌组合"和赠品表示法的赠品限制》，载消费者厅网站：https://www.caa.go.jp/policies/policy/representation/fair_labeling/guideline/pdf/120518premiums_1.pdf，最后访问日期：2024年10月25日。

〔2〕参见《关于网上交易与"卡牌组合"的问与答 第5问》，载消费者厅网站：https://www.caa.go.jp/policies/policy/representation/fair_labeling/faq/card#q5，最后访问日期：2024年10月25日。

〔3〕参见《关于网上交易与"卡牌组合"的问与答 第7问》，载消费者厅网站：https://www.caa.go.jp/policies/policy/representation/fair_labeling/faq/card#q7，最后访问日期：2024年10月25日。

制を受けず、取引価額の 10 分の 2 を超えて提供することができ、インターネット上のサイトでも同様とされている。しかし、インターネットではサイトの開設が容易であることから、サイトを閉鎖し再び新規に開設するということを繰り返しているような場合には、開店披露と同一視することは難しいと考えられるためオンラインゲームの提供にあたっても留意が必要である[1]。

(3) コンプガチャ

「コンプガチャ」は、ガチャというランダムに物を入手する仕組みと、全ての物を入手し終えた状態としての「コンプリート（complete）」を組み合わせた造語である。つまり、オンラインゲームにおけるコンプガチャとは、ゲーム内にガチャシステムを設け、ガチャシステムから排出される複数のアイテムやキャラクターを全て揃えた場合、より強力なアイテム等を付与する仕組みのことである。ユーザーは、ガチャを引くことで、希望するアイテム等を揃えることを目指すものの、その結果は偶然性に左右されるため、レアなアイテム等を含めて全てを入手するためにガチャを何度も行って大量に課金し、また、多くの時間を費やす必要があり、過去に消費者問題となった。

消費者庁は、「コンプガチャ」について、有料ガチャで得られた異なる種類の複数のアイテム等を揃えることを条件にして提供されるものであり、景表法上全面禁止されている「カード合わせ」に該当し、全面的に禁止されることを明らかにした。[2]

「カード合わせ」とは、「二以上の種類の文字、絵、符号等を表示した符票のうち、異なる種類の符票の特定の組合せを提示させる方法を用いた懸賞による景品類の提供」をいう（懸賞景品制限告示 5 項）。例えば、事業者が菓子のパッケージの中に絵柄の異なる任意のカードを 1 枚入れた上で消費者からはどの絵柄のカードが入っているかが分からない状態で販売して、それら異なる絵柄のカードや異なる形状の商品のうち特定の 2 以上の異なる絵柄のカードを揃えた消費者に対して景品を提供するような場合がこれにあたる。[3]「カード合わせ」については、景品類の最高額や総額にかかわらず、全面禁止されているが、これは、その方法自体に欺瞞性が強く、欺瞞す

---

[1] 「景品に関する Q&A Q128」消費者庁ウェブサイト（https://www.caa.go.jp/policies/policy/representation/fair_labeling/faq/premium/not_lotteries#q128）（最終閲覧日：2024 年 10 月 25 日）。

[2] 「オンラインゲームの『コンプガチャ』と景品表示法の景品規制について」消費者庁ウェブサイト（https://www.caa.go.jp/policies/policy/representation/fair_labeling/guideline/pdf/120518premiums_1.pdf）（最終閲覧日：2024 年 10 月 25 日）。

[3] 「インターネット上の取引と『カード合わせ』に関する Q&A Q5」消費者庁ウェブサイト（https://www.caa.go.jp/policies/policy/representation/fair_labeling/faq/card#q5）（最終閲覧日：2024 年 10 月 25 日）。

消费者厅对"扭蛋组合"的看法是，对于通过付费扭蛋提供物品等的网络游戏而言，"扭蛋组合"提供的物品等作为一种手段，是为了引诱消费者进行付费扭蛋交易，并随之提供的，因此肯定了满足上述要件①②。此外，考虑到消费者为了获得"组合扭蛋"中的物品等花费了相当的费用，这些物品对获得者来说是愿意支付金钱也要得到的有意义的物品，因此，作为"通常认为通过支付经济对价获得的物品"，也肯定了满足要件③。

因此，消费者厅明确指出，终端屏幕上显示的物品等图案也符合抽奖赠品限制公告第5项中的"符票"定义，所以，通过付费扭蛋在网络游戏中收集特定数量的不同种类的物品，并向完成收集的消费者提供其他物品的行为，属于"通过使显示两种以上不同种类的文字、图画、符号等的符票中特定组合的方法，提供赠品的抽奖行为"（卡牌组合），因此被禁止。

综上所述，需要注意，禁止在网络游戏中使用"扭蛋组合"机制。

3. 表示限制

赠品表示法对运营在线游戏中不可缺少的服务的表示和表达也进行了限制，禁止做出让消费者误认的不当表示。

（1）优良误认（赠品表示法第5条第1项）

所谓"优良误认"，是指关于服务的质量、规格及其他内容，向一般消费者做出比实际产品显著优良的表示，以及关于内容，向一般消费者做出与事实不符的比竞争对手显著优良的表示（如虽然表示为"该服务在日本只有本公司有"，但竞争对手也提供同样的服务时等）。[1]

在在线游戏中，例如显示"11月举办的节日限定女主角扭蛋，这些卡通形象全员都终极进化"等，仿佛游戏内的所有怪物都可以进行"终极进化"，但实际上通过该扭蛋所提供的13只怪物中只有2只怪物可以进行"终极进化"，其他11只怪物不是

---

[1] 参见《表示监管概要》，载消费者厅网站：https://www.caa.go.jp/policies/policy/representation/fair_labeling/premium_regulation/，最后访问日期：2024年10月25日。

ることにより取引誘引効果を持つこと、また、子ども向けの商品に用いられることが多く、子どもの射幸心をあおる度合いが著しく強いという理由からである。[1]

消費者庁は、「コンプガチャ」について、有料のガチャを通じてアイテム等を提供しているオンラインゲームの場合、「コンプガチャ」で提供されるアイテム等は、有料のガチャという取引に顧客を誘引するための手段として、当該取引に付随して提供されるものにあたるとして、①②を肯定した。また、「コンプガチャ」で提供されるアイテム等は、その獲得に相当の費用をかけるといった消費者の実態から見て、提供を受ける者の側から見て、金銭を支払ってでも手に入れるだけの意味があるものとなっていると認められるので、「通常、経済的対価を支払って取得すると認められるもの」として、③を肯定した。

その上で、消費者庁は、端末の画面上に表されるアイテム等を示す図柄も、懸賞景品制限告示5項にいう「符票」に該当するため、オンラインゲームの中で有料のガチャを通じて特定の数種類のアイテム等を全部揃えることができた消費者に対して別のアイテム等を提供することは、「二以上の種類の文字、絵、符号等を表示した符票のうち、異なる種類の符票の特定の組合せを提示させる方法を用いた懸賞による景品類の提供」(すなわち「カード合わせ」) に該当し、禁止されることを明らかにしている。

以上より、オンラインゲームにおいて「コンプガチャ」の仕組みを用いることは禁止されている点に留意する必要がある。

3. 表示規制

景品表示法は、オンラインゲームを運営するうえで必要不可欠なサービスの表示・表現に関しても規制しており、消費者に誤認される不当な表示を禁止している。

(1) 優良誤認 (景品表示法5条1号)

「優良誤認」とは、サービスの品質、規格その他の内容について、実際のものよりも著しく優良であると一般消費者に示す表示や、内容について、事実に相違して競争業者に係るものよりも著しく優良であると一般消費者に示す表示 (「このサービスは日本で当社のものだけ」と表示していたものの、競合相手も同様のサービスをしている場合等) をいう。[2]

オンラインゲームでは、例えば「11月に開催したフェス限ヒロインガチャ、こ

---

[1] 「インターネット上の取引と『カード合わせ』に関するQ&A Q7」消費者庁ウェブサイト (https://www.caa.go.jp/policies/policy/representation/fair_labeling/faq/card#q7) (最終閲覧日: 2024年10月25日)。

[2] 「表示規制の概要」消費者庁ウェブサイト (https://www.caa.go.jp/policies/policy/representation/fair_labeling/representation_regulation) (最終閲覧日: 2024年10月25日)。

"终极进化",而是指"进化"时,[1]其所声称的服务内容明显优于实际的服务内容,构成"优良误认"。

(2)有利误认(赠品表示法第5条第2项)

所谓"有利误认",是指关于服务的价格及其他交易条件,向一般消费者展示出明显优于实际情况的表示,使消费者误认为与其交易显著有利(如显示只有100名中奖者可以以折扣价签约,但实际上让所有申请者都中奖,并以相同价格签约),或者展示出明显优于竞争对手的表示,使消费者误认为与其交易更有显著优势(如显示"本产品的容量是其他公司的两倍",但实际上仅与其他公司产品容量相同)。[2]

在在线游戏中关于扭蛋概率的表示中,若标示"出现率3%",但实际上是0.333%;或者显示"完全免费游戏",但实际上免费部分仅限一部分;再如之前一个道具售价80日元,但表示为"万圣节活动!现在5套400日元!",尽管记载了"优惠礼包""比分别购买绝对优惠",但与分别提供时的合计金额相比并不便宜等,实际并没有特别有利,却让用户误认为提供的服务比实际更有利,则构成"有利误认"。

(3)隐性营销规制(赠品表示法第5条第3项)

隐性营销是指虽然是广告,但隐藏广告性质进行宣传的行为,自2023年10月起,根据日本政府公告,作为一种新的不当表示形式,正式被禁止。例如,如果几位名人在接近游戏发布日期时在社交媒体上发布他们玩在线游戏的视频,消费者可能会认为该游戏很流行。如果这些名人从发布该游戏的游戏公司收取了报酬,尽管实际上是该公司进行的宣传,但可能会让人误以为是名人的自发推荐。这种行为可能剥夺了消费者合理选择该游戏的机会。因此,当游戏公司通过第三方在其社交媒体等上宣传自己

---

[1] 消费者厅2017年7月19日和2018年3月28日措施命令和行政罚款缴付命令。
[2] 参见《赠品监管概要》,载消费者厅网站:https://www.caa.go.jp/policies/policy/representation/fair_labeling/premium_regulation/,最后访问日期:2024年10月25日。

れらのキャラクター全員、究極進化決定」などと表示することにより、あたかも、ゲーム内の全てのモンスターが「究極進化」と称する仕様の対象となるかのように示す表示をしていたが、実際には当該ガチャによって提供されるモンスター13体のうち2体だけを「究極進化」と称する仕様の対象とし、他の11種類のモンスターは「究極進化」ではなく「進化」と称する仕様の対象としていた場合[1]等、実際よりも明らかに優良なサービスであるかのように表現している場合、「優良誤認」となる。

(2) 有利誤認（景品表示法5条2号）

「有利誤認」とは、サービスの価格その他取引条件について、実際のものよりも取引の相手方に著しく有利であると一般消費者に誤認される表示（当選者の100人だけが割安料金で契約できる旨表示していたが、実際には、応募者全員を当選とし、全員に同じ料金で契約させていた場合等）や、競争業者に係るものよりも取引の相手方に著しく有利であると一般消費者に誤認される表示（「他社商品の2倍の内容量です」と表示していたが、実際には、他社と同程度の内容量にすぎなかった場合等）をいう。[2]

オンラインゲームのガチャの確率に関する表記において、「出現率3%」と表示したにもかかわらず、実際には0.333%であった場合、無料でプレイできる部分が一部に限られるのに「完全無料でプレイ可能」と表示している場合、以前も1つのアイテムを80円で販売していた場合に「ハロウィンキャンペーン！今なら5セット400円！」と表示をする場合、「お得なパック」「別々に買うより断然お得！」と記載したにもかかわらず別々に提供する場合の合計金額に比して安くはなかった場合等、実際は特段有利とはいえないにもかかわらず、通常よりも有利なサービスであるとユーザーに誤信させる表示を行っている場合は、「有利誤認」となる。

(3) ステルスマーケティング規制（景品表示法5条3号）

ステルスマーケティングとは、広告であるのに広告であることを隠して広告をする行為をいい、2023年10月より告示により新たな不当表示の一形態として禁止されている。例えば、数人の有名人が、リリース日近辺でオンラインゲームをプレイしている動画をSNSに投稿した場合、消費者としては当該ゲームが流行っていると認識してしまうところ、当該有名人が当該ゲームをリリースしているゲーム事業者から対価を貰っていた場合、実際は当該事業者の表示であるにもか

---

[1] 消費者庁2017年7月19日措置命令・2018年3月28日課徴金納付命令。
[2] 「表示規制の概要」消費者庁ウェブサイト（https://www.caa.go.jp/policies/policy/representation/fair_labeling/representation_regulation）（最終閲覧日：2024年10月25日）。

的游戏时，必须要求该第三方在宣传内容中明确标注"广告""宣传""推广""PR"等字样，以明确告知消费者这是游戏公司的宣传。关于隐性营销的详细内容，请参见第六章第三节（三）"短视频发布"。

4. 自主规制

关于收费扭蛋，在线游戏行业有一些自主规制措施。日本在线游戏协会发布了《利用随机型道具提供方式的道具销售表示及运营指南》，[1] 计算机娱乐协会发布了《网络游戏中随机型道具提供方式运营指南》，[2] 规定了扭蛋运营的相关事项。由于日本国内提供在线游戏的众多企业加入了这些自主规制，并实际根据这些指南进行运营，[3] 游戏运营公司需要留意这些自主规制。

5. 违反时的责任

当怀疑存在违反赠品监管和表示监管的行为时，消费者厅会进行调查，如确认有违法行为，消费者厅可向实施该行为的企业发出"措施命令"，要求其停止违法行为，排除因不当表示而对普通消费者造成的误认，实施防止再发措施，并命令其今后不得进行类似的违法行为（赠品表示法第 7 条）。

若进行优良误认或有利误认表示，只要满足其他条件，会被命令缴纳行政罚款，违反企业需支付对象期间内（做出不当表示期间及该表示停止后 6 个月以内的交易）通过该不当表示所进行的服务等的销售额 3% 的行政罚款（赠品表示法第 8 条）。

---

[1] 参见《利用随机物品提供方式来销售物品的表示和运营指南》，载一般社团法人日本网络游戏协会网站：https://japanonlinegame.org/wp-content/uploads/2017/06/JOGA20160401.pdf，最后访问日期：2024 年 10 月 25 日。

[2] 参见《网络游戏中随机物品提供方式运营指南》，载一般社团法人计算机娱乐协会网站：https://www.cesa.or.jp/uploads/2016/release20160427.pdf，最后访问日期：2024 年 10 月 25 日。

[3] 参见电子竞技问题研究会编：《电子竞技的法律问题 Q&A——从玩家合同到电竞比赛运营与商务》，民事法研究会 2019 年版，第 118 页。

かわらず、有名人の表示との誤解を与えうる。したがって、消費者が合理的に当該ゲームを選択する機会が奪われかねないため、ゲーム事業者は、第三者に対して当該第三者のSNS上等に自らのゲームに係る表示をさせる場合、当該第三者に、「広告」、「宣伝」、「プロモーション」、「PR」といった文言を表示させる等して、消費者にとって当該表示がゲーム事業者の表示であることを明瞭にする必要がある。ステルスマーケティングについては、本章三（三）【ショート動画の箇所】で詳述している。

4. 自主規制

有料ガチャに関するオンラインゲーム業界の自主規制として、日本オンラインゲーム協会の「ランダム型アイテム提供方式を利用したアイテム販売における表示および運営ガイドライン」、[1]コンピュータエンターテインメント協会の「ネットワークゲームにおけるランダム型アイテム提供方式運営ガイドライン」[2]が公表されており、ガチャの運用に関する事項が記載されている。これら自主規制については、日本国内でオンラインゲームを提供している多数の事業者が加盟し、同ガイドラインに従った運営を行っている実績があることから、[3]ゲーム運営会社においては、かかる自主規制について留意する必要がある。

5. 違反した場合

景品規制や表示規制違反の行為が疑われる場合、消費者庁は、調査の上、違反行為が認められた場合は、当該行為を行っている事業者に対し、違反行為の差止、不当表示により一般消費者に与えた誤認の排除、再発防止策の実施、今後同様の違反行為を行わないことなどを命ずる「措置命令」を行う（景品表示法7条）。

優良誤認・有利誤認表示を行った場合、その他の要件を満たす限り、課徴金納付命令の対象となり、違反事業者は、対象期間（対象になる不当表示を行った期間、および、当該表示を止めてから6か月以内の取引）に当該不当表示を行ったサービス等の売上額の3％に相当する額の課徴金を支払わなければならない（景

---

[1]「ランダム型アイテム提供方式を利用したアイテム販売における表示および運営ガイドライン」一般社団法人日本オンラインゲーム協会ウェブサイト（https://japanonlinegame.org/wp-content/uploads/2017/06/JOGA20160401.pdf）（最終閲覧日：2024年10月25日）。

[2]「ネットワークゲームにおけるランダム型アイテム提供方式運営ガイドライン」一般社団法人 コンピュータエンターテインメント協会ウェブサイト（https://www.cesa.or.jp/uploads/2016/release20160427.pdf）（最終閲覧日：2024年10月25日）。

[3] eスポーツ問題研究会編「eスポーツの法律問題Q&A―プレイヤー契約から大会運営・ビジネスまで」（民事法研究会、2019年）118頁。

若发布措施命令或行政罚款缴纳命令，会在消费者厅的官网上公布企业名称和违反内容，因此企业的声誉风险会非常大。

此外，2023年修改后的赠品表示法新设了以下规定：对违反行为溯及以往10年内受到过缴纳行政罚款命令的企业，行政罚款金额将加算（1.5倍）（修改后赠品表示法第8条第5款和第6款）；规定对做出了优良误认或有利误认表示的企业，立即处罚（100万日元以下的刑事处罚罚金）（修改后赠品表示法第48条）；新设了做出了优良误认或有利误认表示的企业的承诺纠正程序等（赠品表示法第26条至第33条），需要留意。

（四）特定商业交易法

1. 概要

通过互联网，服务提供商接受服务合同的要约并提供服务的，其所提供的服务属于特定商业交易法上的"通信销售"，并受到该法的广告规制。消费者厅明确表示，对于在线游戏中销售的道具等，"在通过移动电话终端或个人电脑终端等在互联网上提供的游戏中使用的道具等的获取可能涉及收费，这种服务提供合同通常应认为属于通信销售"，[1]因此，游戏运营公司需要遵守特定商业交易法的相关标示要求。此外，如果游戏内货币属于资金结算法上的预付式支付手段，由预付式支付手段发行人发行，则由于用户权益已经得到保障，此类服务提供不适用特定商业交易法（《特定商业交易法》第26条第1款第8项、《特定商业交易法施行令》第11条和别表第2第47号）。

2. 广告的表示（《特定商业交易法》第11条）

通信销售是远程交易，关于销售条件等的信息首先通过广告提供，广告的记载如果不充分或不明确，将会引起后续纠纷。因此，《特定商业交易法》规定了广告中必须表示的事项。游戏运营公司需要在其网站或应用程序上设置包含以下内容的页面。[2]

---

[1]《特定商业交易法解说（逐条解说）》，载消费者厅网站：https://www.no-trouble.caa.go.jp/pdf/20180625ac02.pdf，最后访问日期：2024年10月25日。

[2] 参见《通信销售》，载消费者厅网站：https://www.no-trouble.caa.go.jp/what/mailorder，最后访问日期：2024年10月25日。

品表示法8条)。

　措置命令や課徴金納付命令が行われた場合、消費者庁のホームページにおいて事業者の名前、違反の内容が公表されてしまうため、事業者のレピュテーションリスクは甚大である。

　さらに、令和5年改正景品表示法において、違反行為から遡り10年以内に課徴金納付命令を受けたことがある事業者に対する課徴金の額を加算（1.5倍）する規定（改正景品表示法8条第5項及び第6項）、優良誤認・有利誤認表示をした事業者に対する直罰規定（100万円以下の罰金）（改正景品表示法48条）、優良誤認・有利誤認表示を行った事業者の確約手続（改正景品表示法26条から33条）等が新設されているため、留意する必要がある。

(四) 特定商取引法

1. はじめに

　サービス提供事業者がインターネットによってサービス提供契約の申込みを受けて行うサービスの提供は、特定商取引法上の「通信販売」に該当し、同法による広告規制が課される。消費者庁は、オンラインゲームで販売されるアイテム等について、「携帯電話端末やパソコン端末などを通じてインターネット上で提供されるゲームの中で使用することができるアイテム等を入手するために課金等が行われている場合もあるが、このような役務提供契約は通常、通信販売に該当すると考えられる」[1]と明示しているため、ゲーム運営会社においては、特定商取引法を遵守した表示が求められる。なお、ゲーム内通貨が資金決済法上の前払式支払手段発行者により発行される前払式支払手段に該当する場合には、当該発行に係る役務の提供については、既にユーザーの保護が図られているため、特定商取引法が適用除外となる（特定商取引法26条1項8号ニ、特定商取引法施行令11条・別表2第47号）。

2. 広告の表示（特定商取引法11条）

　通信販売は、隔地者間の取引であり、販売条件等についての情報は、まず広告を通じて提供されるため、広告の記載が不十分であったり、不明確であったりすると、後日トラブルを生ずることになる。そのため、特定商取引法は、広告に表示しなければならない事項を次のように定めている。ゲーム運営会社は、ウェブサイト

---

[1]「特定商取引に関する法律の解説（逐条解説）」消費者庁ウェブサイト（https://www.no-trouble.caa.go.jp/pdf/20180625ac02.pdf）（最終閲覧日：2024年10月25日）。

①销售价格（服务的对价）和运费。
②价款（对价）的支付时间和方法。
③商品的交付时间（权利的转移时间、服务的提供时间）。
④如有对要约期间的规定，应当明示其内容。
⑤关于撤回要约或解除合同的事项（如果有买卖合同的退货特别约定，需包含其内容）。
⑥经营者的名称、地址、电话号码。
⑦经营者为法人并通过电子信息处理组织进行广告时，需显示法人的法定代表人或通信销售业务负责人姓名。
⑧经营者为外国法人或在外国有地址的个人且在日本国内有办公室等时，需显示其所在地及电话号码。
⑨购买者负担的销售价格、运费以外的费用内容及金额。
⑩交付商品在种类或质量上与合同内容不符时销售者的责任规定内容。
⑪软件的交易需显示该软件的运行环境。
⑫需要连续签订两次以上合同的，应当明示，并明确商品销售条件或服务提供条件。
⑬如限量商品等，有特别商品销售条件（服务提供条件）的，应当明示。
⑭应要求另行发送目录等，若其收费，应当明示收费金额。
⑮通过电子邮件发送商业广告时，需显示经营者的电子邮件地址。

3. 接受特定要约时的表示（《特定商业交易法》第12条之6）

在通信销售中，当消费者进行合同要约时，为了让消费者能全面确认所需信息，并防止不当表示，在最终确认画面中对以下事项有表示义务。通常，使用互联网进行通信销售时，销售者在页面上展示商品照片或信息是销售者的"要约邀请"，用户点击购买按钮的行为是"要约"，销售者对该"要约"表示"承诺"，即视为合同成立。

またはアプリ上に、以下の事項を記載したページを設ける必要がある。[1]

①販売価格（役務の対価）・送料。

②代金（対価）の支払時期・方法。

③商品の引渡時期（権利の移転時期、役務の提供時期）。

④申込みの期間に関する定めがあるときは、その旨およびその内容。

⑤契約の申込みの撤回または解除に関する事項（売買契約に係る返品特約がある場合はその内容を含む）。

⑥事業者の氏名（名称）、住所、電話番号。

⑦事業者が法人であって、電子情報処理組織を利用する方法により広告をする場合には、当該事業者の代表者または通信販売に関する業務の責任者の氏名。

⑧事業者が外国法人または外国に住所を有する個人であって、国内に事務所等を有する場合には、その所在場所および電話番号。

⑨販売価格、送料等以外に購入者等が負担すべき金銭があるときには、その内容およびその額。

⑩引き渡された商品が種類または品質に関して契約の内容に適合しない場合の販売業者の責任についての定めがあるときは、その内容。

⑪いわゆるソフトウェアに関する取引である場合には、そのソフトウェアの動作環境。

⑫契約を2回以上継続して締結する必要があるときは、その旨および販売条件または提供条件。

⑬商品の販売数量の制限等、特別な販売条件（役務提供条件）があるときは、その内容。

⑭請求によりカタログ等を別途送付する場合、それが有料であるときには、その金額。

⑮電子メールによる商業広告を送る場合には、事業者の電子メールアドレス。

3. 特定申込みを受ける際の表示（特定商取引法12条の6）

通信販売において、消費者が契約の申込みを行う場合に、消費者が必要な情報につき一覧性をもって確認できるようにするとともに、不当な表示が行われないよう、最終確認画面において、下記事項に関する表示義務を課すこととしている。一

---

[1]「通信販売」消費者庁ウェブサイト（https://www.no-trouble.caa.go.jp/what/mailorder/）（最終閲覧日：2024年10月25日）。

①数量；

②销售价格（服务的对价）；

③价款（对价）的支付时间和方法；

④商品的交付时间（权利的转移时间、服务的提供时间）；

⑤有要约期间规定时，应当明示其内容；

⑥关于撤回要约或解除合同的事项（如果有买卖合同的退货特别约定，需包含其内容）。

如果未明示上述事项或做出不实表示，也构成对该规定的违反。此外，做出使人误认为是合同要约的表示[1]和让人对上述表示事项做出误认的表示，也是禁止的。

根据消费者厅制定的《通信销售要约阶段的表示指南》，[2]最终确认画面原则上[3]是指，让用户最终确认合同内容并通过点击页面内的确定按钮等以完成要约的页面。因此，游戏运营公司需要在在线游戏中的道具购买页面（有确认按钮的页面）中表示上述前六项内容。不过，如前所述，若该道具属于资金结算法中的预付式支付手段发行人发行的预付式支付手段，并且在未使用余额超过1000万日元时办理了自家型发行人备案时，则不适用《特定商业交易法》，因此无需履行此表示义务（《特定商业交易法》第26条第1款第8项7、同施行令第11条及附表2之47）。

---

〔1〕 在互联网购物的申请页面上，例如显示"发送"或"下一步"按钮，如果页面其他部分没有明确表示这是"申请"，那么，即使知道点击该按钮会发送某些信息并进入下一个页面，但如果消费者无法明确认知这是一个买卖合同等的申请时，就可能会误导消费者。

〔2〕 参见《通信销售申请阶段的表示指南》，载消费者厅网站：https://www.caa.go.jp/policies/policy/consumer_transaction/specified_commercial_transactions/assets/consumer_transaction_cms202_220209_07.pdf，最后访问日期：2024年10月25日。

〔3〕 作为例外，合同申请内容确认页面之后，跳转到仅进行输入信用卡信息等支付所需信息的步骤的另一个页面，并在支付服务提供商批准完成后才完成合同申请的设置时，在进行此跳转之前的合同申请内容确认页面即为最终确认页面。

| 第 6 章　数字文化产业的日本法监管注意点 |

般に、インターネットを利用した通信販売において、販売者が画面上に商品の写真や情報を掲示することが販売者の「申込の誘引」、ユーザーが購入ボタンを押す行為が「申込み」にそれぞれ該当し、販売者がこの「申込み」に応じて「承諾」の意思表示をすることによって契約が成立すると解されている。

　①分量；
　②販売価格（役務の対価）；
　③代金（対価）の支払時期・方法；
　④商品の引渡時期（権利の移転時期、役務の提供時期）；
　⑤申込みの期間に関する定めがあるときは、その旨およびその内容；
　⑥契約の申込みの撤回または解除に関する事項（売買契約に係る返品特約がある場合はその内容を含む）。

上記事項について表示しなかった場合だけでなく、不実の表示をした場合もこの規制への違反となる。また、契約の申込みとなることについて誤認させるような表示[1]や上記表示事項について誤認させるような表示も禁止される。

消費者庁が策定した「通信販売の申込み段階における表示についてのガイドライン」[2]によると、最終確認画面とは、原則として、[3]契約の申込み内容を最終的に確認させるとともに、画面内で設けられた申込みボタン等をクリックすることで申込みが完了することとなる画面のことである。したがって、ゲーム運営会社は、オンラインゲーム上のアイテム等の購入画面（申込みボタンがある画面）において、上記①～⑥の項目を表示する必要がある。ただし、前述のとおり、当該アイテム等が、資金決済法上の前払式支払手段発行者の発行する前払式支払手段に該当し、かつ、未使用残高が 1000 万円を超えることとなって自家型発行者としての届出を行った場合には、特定商取引法の適用は及ばないため、かかる表示義務は課されないことになる（特定商取引法 26 条 1 項 8 号ニ、同施行令 11 条および別表 2 の 47）。

---

〔1〕　インターネット通販の申込みの画面においては、例えば「送信する」、「次へ」といったボタンが表示されており、画面上の他の部分でも「申込み」であることを明らかにする表示がない場合など、当該ボタンをクリックすれば何らかの情報の送信がなされ、次の画面に進むことは把握できたとしても、それが売買契約等の申込みとなるものと明確に認識できないような場合には、消費者を誤認させるおそれがあると考えられる。

〔2〕　「通信販売の申込み段階における表示についてのガイドライン」消費者庁ウェブサイト（https://www.caa.go.jp/policies/policy/consumer_transaction/specified_commercial_transactions/assets/consumer_transaction_cms202_220209_07.pdf）（最終閲覧日：2024 年 10 月 25 日）。

〔3〕　例外として、契約の申込み内容の確認画面の後に、クレジットカード情報等の決済に必要な情報の入力等の手続のみ別の画面に遷移して行い、決済事業者による承認が完了した段階で契約の申込みが完了するような仕様の場合には、当該遷移をする前の、契約の申込み内容の確認画面が最終確認画面にあたる。

4. 禁止夸大广告等（《特定商业交易法》第 12 条）

为防止因夸大广告或明显与事实不符的广告导致的消费者纠纷，对于表示事项等，禁止"与事实明显不符的表示"或"明显优于实际情况或让人误以为有利的表示"。例如，显示"任何人都可免费抽 100 次扭蛋"或"所有活动参与者都能获得道具"，但实际上仅限于满足严苛条件的用户，这种情况被认为是"与事实明显不符的表示"，可能违反《特定商业交易法》。

5. 违反时的责任

违反《特定商业交易法》第 11 条、第 12 条、第 12 条之 6 的表示义务等时，作为行政处分，有指示（《特定商业交易法》第 14 条第 1 款）和公布（同条第 3 款）、业务停止命令（《特定商业交易法》第 15 条第 1 款）和公布（同条第 4 款）、高管等的业务禁止命令（《特定商业交易法》第 15 条之 2 第 1 款）和公布（同条第 3 款）的规定。此外，违反禁止夸大广告等（《特定商业交易法》第 12 条）的表示，不服从行政处分的指示，不服从业务停止命令，未表示《特定商业交易法》第 12 条之 6 第 1 款规定事项或不实表示时，法人的法定代表人或高管和其他劳动者及法人本身可能会被处以规定的有期徒刑或罚金（或两者并罚）。

以下情形下，消费者可撤销该要约的意思表示：①因不实表示《特定商业交易法》第 12 条之 6 第 1 款各项规定事项，导致消费者误认为该表示事项是属实而进行要约的意思表示时；②因未表示同款规定事项，导致消费者误认为该事项不存在而进行要约的意思表示时；③通过做出同条第 2 款第 1 项禁止的表示，即"让人误以为按照该手续发送信息将构成通信销售相关服务提供合同的要约"，消费者误认为发送该信息并不构成合同的要约，并发送了该信息时（结果该信息成为要约的意思表示时）；④通过做出同款第 2 项禁止的表示，即关于同条第 1 款所规定的义务事项，做出使人产生误认的表示，消费者因此误认了该事项并做出了要约的意思表示时（《特定商业交易法》第 15 条之 4 第 1 款第 1 项至第 4 项）。

（五）电信业务法

1. 适用的规定

在游戏中，短信息传递服务，即让特定用户之间进行封闭聊天等通信的服务，属

4. 誇大広告等の禁止（特定商取引法12条）

誇大広告や著しく事実と相違する内容の広告による消費者トラブルを未然に防止するため、表示事項等について、「著しく事実に相違する表示」や「実際のものよりも著しく優良であり、若しくは有利であると人を誤認させるような表示」を禁止している。実際には厳しい条件をクリアしたユーザーだけが対象にもかかわらず「誰でもガチャ100回無料」や「イベント参加者全員にもれなくアイテムプレゼント」と表示した場合は、「著しく事実に相違する表示」があるとして、特定商取引法違反となる可能性がある。

5. 違反した場合

特定商取引法11条、12条、12条の6に基づく表示義務等に違反した場合には、行政処分として、指示（特定商取引法14条1項）・公表（同条3項）、業務停止命令（特定商取引法15条1項）・公表（同条4項）、役員等の業務禁止命令（特定商取引法15条の2第1項）・公表（同条3項）が規定されている。また、誇大広告等の禁止（特定商取引法12条）に違反する表示をした場合、行政処分としての指示に従わなかった場合、業務停止命令に違反した場合、特定商取引法12条の6第1項に定める事項を表示しなかった場合または不実の表示を行った場合には、法人の代表者または使用人その他の従業員および法人自体が所定の懲役または罰金（またはその併科）に処せられる可能性がある。

①特定商取引法12条の6第1項各号規定の事項に関して不実の表示を行ったことにより、消費者が、当該表示事項が事実であると誤認し申込みの意思表示を行った場合、②同項の事項を表示しなかったことにより、消費者が、当該事項が存在しないと誤認し申込みの意思表示を行った場合、③同条2項1号で禁止される表示、すなわち、「当該手続に従った情報の送信が通信販売に係る役務提供契約の申込みとなることにつき、人を誤認させるような表示」が行われたことにより、消費者が、当該情報を送信することが契約の申込みとはならないと誤認して、当該情報の送信が行った場合（結果的にそれが申込みの意思表示となってしまった場合）、④同項2号で禁止される表示、すなわち、同条1項で義務付けられている事項について人を誤認させるような表示を行ったことにより、消費者が、当該事項について誤認して申込みの意思表示を行った場合には、消費者は当該申込みの意思表示を取り消すことができる（特定商取引法15条の4第1項1号ないし4号）。

(五) 電気通信事業法

1. 適用されうる規定

ゲーム内において、メッセージングサービス、すなわち特定のユーザー間でク

于《电信业务法》定义的"电信服务"(通过电信设备进行他人通信的中介作用)。如果要为他人提供此类服务并从中获利,则需要办理该法律规定的备案(《电信业务法》第 16 条第 1 款)。

外国法人在办理《电信业务法》的备案时,必须在日本指定代表或代理人(以下称为日本国内代表等),并向总务大臣提交。日本国内代表者等必须有权代表外国法人接受与《电信业务法》相关的行政处分通知等。此外,国内代表者等还应作为总务省与外国法人之间的联系点,通过及时适当地进行联系,确保外国法人正确理解并遵守该法律的规定,从而保护用户的利益。[1]

此外,手机游戏和网络游戏用户之间的封闭式投稿和短信息受到通信秘密的严格保护(《电信业务法》第 4 条)。因此,需要注意不要侵犯这些投稿和短信息的秘密。

另外,运营包含短信息服务的游戏的企业,如果发送指示将用户设备中保存的与用户个人信息无关的信息向外部传输的程序(如 Cookie 等)时,则适用该法律的外部传输规定。即必须通过记载隐私政策或 Cookie 政策并公示的方式,向用户提供以下信息:①传输信息的内容;②接收信息的企业名称;③接收信息的企业的使用目的。

2.《电信业务法》的适用对象的判断标准——服务是否面向日本

《电信业务法》适用于以下情形:①外国法人在日本国内提供电信服务业务;②外国法人向日本国内的个人或实体提供电信服务业务。

关于第②点,判断《电信业务法》是否适用的标准是,是否有明确表明提供面向日本服务的意图。判断是否具有提供意图的要素包括:服务是否以日语提供,支付货币是否包含日元,是否进行针对日本的广告等促销活动。根据具体个案,综合考虑这

---

[1] 参见《外国法人等经营电信业务时的电信业务法的使用的解读》,载总务省综合通信基盘局:https://www.soumu.go.jp/main_content/000769181.pdf,最后访问日期:2024 年 10 月 25 日。

ローズドチャットなどの通信を行うことを可能とするサービスは、電気通信事業法で定義される「電気通信役務（サービス）」（電気通信設備を介した他人の通信の媒介としての役割）に属しており、これを他人のために提供し、利益を得ようとする場合には、同法上の届出が必要である（電気通信事業法16条1項）。

外国法人が電気通信事業法の届出上を行う際は、日本における代表者または日本における代理人（以下「国内代表者等」とする。）を定めて総務大臣に提出しなければならない。国内代表者等には、電気通信事業法に基づき総務大臣が行う行政処分に係る通知等を、外国法人を代理して受領する権限を有しなければならない。これに加えて、国内代表者等には、総務省と外国法人との間におけるコンタクトポイントとなることも期待されており、適時適切に連絡等を行うことで、同法の規律の適切な理解・遵守を外国法人にさせることを通じてユーザーの利益の保護等を図ることとしている。[1]

また、携帯ゲームやオンラインゲームの利用者間のクローズドな投稿やメッセージは、通信の秘密として厳格に保護されている（電気通信事業法4条）。したがって、そのような投稿やメッセージの秘密を侵害しないように留意が必要である。

さらに、メッセージングサービスを内包するゲームを運営する者が、ユーザーの端末に保存された当該ユーザーに関する個人情報には該当しない情報の外部送信を指示するプログラム等（Cookie等）を送信する場合、同法上の外部送信規律が適用される。すなわち、①送信される情報の内容、②送信先の事業者の名称、③送信する情報の送信先での利用目的について、プライバシーポリシーやCookieポリシーに記載して公表するなどして、ユーザーに情報提供をしなければならない。

2. 電気通信事業法の適用対象になると判断され得る日本向けサービスの基準

電気通信事業法は、①外国法人が、日本国内において電気通信役務を提供する電気通信事業を営む場合のほか、②外国から日本国内にある者に対して電気通信役務を提供する電気通信事業を営む場合に適用される。

②に関して、電気通信事業法が適用されると判断され得るかの基準については、日本向けにサービスを提供する意図を有していることが明らかであるかを基準とする。提供の意図を有していることが明らかであると判断され得る要素としては、サ

---

[1]「外国法人等が電気通信事業を営む場合における電気通信事業法の適用に関する考え方」総務省総合通信基盤局電気通信事業部（https://www.soumu.go.jp/main_content/000769181.pdf）（最終閲覧日：2024年10月25日）。

些因素进行判断。[1]

（六）游戏真实货币交易（RMT）

Real Money Trading（RMT）是指在游戏中使用真实货币交易游戏内的物品、货币、卡通形象和账号等。用户为了省略获取游戏内物品、卡通形象、地位所需的大量时间，购买其他用户的账号或卡通形象。

在日本，并没有专门针对RMT的法律限制规定，因此，RMT本身并不违法。然而，如果网络游戏允许RMT，可能会导致玩家之间的纠纷、以通过RMT获得财物为目的的欺诈、非法访问、账号黑客、洗钱等违法犯罪行为的发生，并可能破坏游戏平衡。在某些情况下，还可能构成通过非法修改程序侵犯作者人身权的行为。

因此，大多数游戏运营公司在用户协议中禁止RMT，行业协会也制定了禁止RMT的指南。[2]通过在用户协议中禁止RMT，可以避免因RMT遭遇欺诈的用户追究责任，并能够对违规者采取如没收物品、冻结账号等惩罚措施。

（七）非同质化代币（NFT）

1. 区块链游戏的意义

近年来，通过将游戏内物品和卡通形象等作为区块链上的代币发行，并使其可以在区块链上转移的所谓区块链游戏备受关注。[3]NFT利用区块链技术，使创建唯一的、不可替代的数据成为可能，游戏中的物品和卡通形象通过这种方式表示。

---

[1] 参见《外国法人等经营电信业务时的电信业务法的使用的解读》，载总务省综合通信盘局：https://www.soumu.go.jp/main_content/000769181.pdf，最后访问日期：2024年10月25日。

[2] 参见《真实货币交易对策指南》，载一般社团法人计算机娱乐协会：https://www.cesa.or.jp/uploads/guideline/guideline20170511.pdf，最后访问日期：2024年10月25日。

[3] 参见河合健：《实务家问答：加密资产入门——法律、会计与税务》，新日本法规出版2020年版，第203页。

ービスを日本語で提供していること、決済通貨に日本円があること、日本向けの広告等といった販売促進行為を行っていることも考慮しつつ、個別具体的な事例に即して判断される。[1]

(六) RMT

Real Money Trading (RMT) とは、ゲーム内のアイテムや通貨、キャラクター、アカウント等を、ゲーム内ではなく通貨等で取引することを指す。ゲーム内のアイテム、キャラクター、地位等を入手するために本来必要な膨大な時間を省略したいと考えたユーザーが、他の利用者からアカウントやキャラクターを買い取るのである。

日本では、RMT 自体を対象とした法規制は存在せず、RMT 自体は違法ではない。しかし、RMT をオンラインゲームで許容した場合、プレーヤー間のトラブル、RMT による金品獲得を目的とした詐欺や、不正アクセス、アカウントハッキングやマネーロンダリング等の犯罪・違法行為の発生、ゲームバランスの崩壊といった弊害があり、その態様によっては、プログラムの不法な改変による著作者人格権の侵害等を構成する可能性もある。

そのため、ほとんどのゲーム運営会社は、不正や犯罪に繋がることが類型的に指摘される RMT を利用規約で禁止しており、業界団体においても、RMT の禁止についてのガイドラインを制定している。[2] RMT を利用規約において禁止することで、RMT を行い詐欺に遭った者からの責任追及を回避できる可能性があるし、違反者に対して規約違反を理由にアイテムの没収、アカウントの凍結等のペナルティーを課すといった対応も可能となる。

(七) NFT

1. ブロックチェーンゲームの意義

近時、ゲーム内のアイテムやキャラクター等をブロックチェーン上のトークンである NFT (Non-Fungible Token) として発行し、ブロックチェーン上で移転可能とする等、ブロックチェーンを活用した所謂ブロックチェーンゲームが注目されている。[3] NFT は、ブロックチェーン技術を利用し、唯一無二のユニークなデータの

---

[1]「外国法人等が電気通信事業を営む場合における電気通信事業法の適用に関する考え方」総務省総合通信基盤局電気通信事業部 (https://www.soumu.go.jp/main_content/000769181.pdf)(最終閲覧日：2024 年 10 月 25 日)。
[2]「リアルマネートレード対策ガイドライン」一般社団法人 コンピュータエンターテインメント協会 (https://www.cesa.or.jp/uploads/guideline/guideline20170511.pdf)(最終閲覧日：2024 年 10 月 25 日)。
[3] 河合健編集「Q＆A 実務家のための暗号資産入門－法務・会計・税務－」(新日本法規出版、2020 年) 203 頁。

下表总结了区块链游戏与传统在线游戏的区别。传统游戏中，游戏内物品等的信息都由游戏运营者持有和管理，因此，用户不能自由转移和买卖，该物品等没有预想到会在游戏外流通。而区块链游戏中，用户作为具有个性的 NFT 物品等的所有人，不仅在该游戏内，还可以跨越到游戏运营公司的其他游戏，甚至在该运营公司管理之外的游戏和 NFT 市场等进行交易。这样，在线游戏中的物品等的流通性与传统的在线游戏相去甚远，期待为用户提供能赚取真实货币的"边玩边赚"的功能。

	物品归属	游戏内物品交易	游戏外物品交易	游戏结束时物品状态
传统在线游戏	游戏运营公司	用户协议禁止或游戏设计不允许	用户协议禁止或游戏设计不允许	消失
区块链游戏	用户自身	可能	可能	存续

注：以区块链游戏在设计上允许在运营商监管外进行外部交易和流通为前提。

2. 关于区块链游戏的法律问题点和法律监管[1]

（1）NFT 物品是否属于预付式支付手段

在传统在线游戏中，如本章第一节（二）1.（1）所述，游戏内货币可能属于资金结算法规定的"预付式支付手段"，但问题是，NFT 物品是否属于预付式支付手段。

预付式支付手段需满足以下条件：①金额等财产性价值予以记载或电子记录（价值存储性）；②为获取金额或数量而发行（对价发行性/有偿性）；③可用于支付物品或服务（权利行使性）。

在传统游戏中，条件①和②一般都满足，但游戏物品通常被视为最终消费品，一旦用户获得物品，商品或服务的提供即告完成，因此不具备继续行使权利的条件。正如本章第一节（二）1.（3）所述，通过在用户协议中记载该意思，在与用户关系中也

---

[1] 参见[日]松本恒雄等：《NFT、游戏与区块链游戏的法律制度》，载《商事法务》（2022年）第110～118页。

作成を可能にする点に特徴があるが、この性質を利用して、ゲーム内のアイテムやキャラクター等をNFTに表章するのである。

　ブロックチェーンゲームと従来型のオンラインゲームの違いを下表で整理している。従来型のゲームにおいては、ゲーム内のアイテム等の情報はゲーム運営者によって保有・管理されているため、ユーザーが当該アイテムを自由に移転、売却することはできないし、当該アイテム等がゲーム外に流通することは想定されていない。他方、ブロックチェーンゲームの場合、ユーザーは個性を持ったNFTアイテム等の保有者として、当該ゲーム内だけでなく、ゲーム運営会社が運営する別のゲーム、当該ゲーム運営会社が管理していないゲームやNFTマーケット等をまたいでの取引ができるようになる。このように、オンラインゲームにおけるアイテム等の流通性は、従来のオンラインゲームのそれと大きく異なっているから、ユーザーからはリアルマネーを稼ぐことができる"play-to-earn"の機能が期待されている。

	アイテム等の帰属	アイテム等のゲーム内取引	アイテム等のゲーム外取引	ゲーム終了時のアイテム等の状態
従来型のオンラインゲーム	ゲーム運営会社	利用規約による禁止またはゲーム仕様によって不可	利用規約による禁止またはゲーム仕様によって不可	消滅
ブロックチェーンゲーム	ユーザー自体	可能	可能	存続

注：ブロックチェーンゲームについて、事業者を超えた外部取引・流通が可能な仕様としている場合。

　2. ブロックチェーンゲームについての法的論点・法規制[1]
　(1)NFTアイテムの前払式支払手段の該当性
　従来型のオンラインゲームで、アイテムの取引等に使われているゲーム内通貨は、本章一（二）1.(1)で詳述したように、資金決済法上の「前払式支払手段」に該当する場合があるところ、NFTアイテムは前払式支払手段にあたるかが問題になる。

　前払式支払手段は、①金額等の財産的価値が、証票等に記載され、または電磁的な方法で記録されていること（価値保存性）、②金額・数量に応ずる対価を得て発行されたものであること（対価発行性）、③物品、サービスの弁済等に使用できるものであること（権利行使性）がすべて認められるものをいう。

---

［1］　松本恒雄ほか『NFT ゲーム・ブロックチェーンゲームの法制』（商事法務、2022年）110～118頁を参照。

明确这一点，可以认为这些物品不具备权利行使性（③），不属于预付式支付手段。[1]

同样，NFT物品也因为其设计上通常并不在该物品取得后作为支付手段使用，因此不具备权利行使性（③），可能不被视为预付式支付手段。

然而，如果NFT物品作为区块链上的代币，在设计上，可以与比特币等加密资产进行交易，或者在其他游戏中使用，则其可能具备在游戏之外的类似货币的功能，具有权利行使性（③），并被视为预付式支付手段。此时，NFT物品并非仅在发行者的游戏中使用，不是自家型预付式支付手段，而是第三方型预付式支付手段。因此，游戏运营公司是这种预付式支付手段的NFT物品的发行人时，可能需在事先注册为第三方型预付式支付手段发行人的基础上（资金结算法第7条、第8条），遵守资金结算法的各项监管，需要留意。

因此，NFT物品是否为预付式支付手段需根据其具体功能和用途进行个别判断。

（2）NFT物品是否属于加密资产

由于NFT物品是区块链上的代币，因此，是否属于资金结算法中的"加密资产"，是一个问题。

资金结算法将加密资产分为"1号加密资产"和"2号加密资产"。

1号加密资产需满足以下全部条件（资金结算法第2条第14款第1项）。总的来说，1号加密资产是可与法定货币交换的数字货币，比特币是其代表例子。加密资产可以

---

[1] 参见《2017年9月4日金融厅法律适用事前确认程序（询问书）》，载金融厅网站：https://www.fsa.go.jp/common/noact/kaitou/027/027_05a.pdf；《2017年9月15日金融厅法律适用事前确认程序（回答书）》，载金融厅网站：https://www.fsa.go.jp/common/noact/kaitou/027/027_05b.pdf，最后访问日期：2024年10月25日。

この点、従来型のオンラインゲームにおけるアイテムは、①②は問題なく認められるものと思われるが、一般的にはアイテムは最終消費物であって、アイテムを取得することによって商品・サービスの提供を受け終えたものと解釈できるため、もはやその後の権利行使は予定されていないとみなすことができる。このことは、本章一（二）1.(3) で詳述したように、利用規約等にその旨を表示してユーザーとの関係でもこの点を明確にすることにより、権利行使性（③）を満たさず、前払式支払手段ではないとすることができるという整理・運用がなされている。[1]

　この点、NFT アイテムについても同様であり、当該アイテムの取得後決済手段として用いられることを想定した仕様にはなっていないと考えられるため、権利行使性（③）を欠いて、前払式支払手段とは解釈されない場合もある。

　他方、NFT アイテムが、ブロックチェーン上のトークンとして、ビットコイン等の暗号資産との交換取引ができる仕様である場合や他のゲームでも使用可能な場合には、ゲーム外において通貨のような機能を持つ可能性がある。この場合、当該 NFT アイテムはアイテムといえど権利行使性を有していると考えられ、当該 NFT アイテムは前払式支払手段と評価されるものと考えられる。そして、この場合の当該 NFT アイテムは、発行者が提供しているオンラインゲームでのみ利用できるアイテムではないため、自家型前払式支払手段ではなく、第三者型前払式支払手段であると考えられる。したがって、ゲーム運営会社がこのような前払式支払手段たる NFT アイテムの発行者である場合には、第三者型前払式支払手段の発行者として事前に登録を受けた上で（資金決済法 7 条、8 条）、資金決済法上の各種規制への遵守が求められる可能性がある点に留意が必要である。

　このように、前払式支払手段該当性については、NFT アイテムごとの仕様や機能等に応じて、個別具体的に判断される点に留意が必要である。

　(2) NFT アイテムの暗号資産の該当性

　NFT アイテムは、ブロックチェーン上のトークンであるため、同様に資金決済法上の「暗号資産」にあたるかが問題となる。

　資金決済法上、暗号資産には、いわゆる「1 号暗号資産」と「2 号暗号資産」がある。1 号暗号資産とは、以下の全ての要件を満たすものをいう（資金決済法 2 条

---

[1]「平成 29 年 9 月 4 日金融庁における法令適用事前確認手続（照会書）」金融庁ウェブサイト（https://www.fsa.go.jp/common/noact/kaitou/027/027_05a.pdf）、「平成 29 年 9 月 15 日付金融庁における法令適用事前確認手続（回答書）」金融庁ウェブサイト（https://www.fsa.go.jp/common/noact/kaitou/027/027_05b.pdf）（最終閲覧日：2024 年 10 月 25 日）。

用于不特定对象的支付，这一点与只能用于向特定对象支付的预付式支付手段不同。

①可用于向不特定对象的支付；

②可与法定货币互换；

③以电子方式记录并通过电子信息处理系统转移的财产价值；

④非法定货币或以货币为基础的资产（如预付卡）。

2号加密资产（资金结算法第2条第14款第2项）需满足条件③和条件④，并且可与作为不特定对方的1号加密资产互换（替代了上述条件①②）。

首先，关于NFT物品是否属于1号加密资产，类似于传统在线游戏中的物品，通常不具备（在不特定当事人之间）支付手段等的经济功能，基本上，类似于不被视为预付式支付手段的二级货币（物品），购买这些物品意味着服务的完成，并不预计其作为支付手段使用。因此，NFT物品不满足上述条件①，不属于1号加密资产。

其次，关于NFT物品是否属于2号加密资产，金融厅认为，"区块链上记录的交易卡或游戏内物品即使能与1号虚拟货币[1]互换，也基本不具备1号虚拟货币这样的支付手段等经济功能，因此，不属于2号虚拟货币"，[2] 可以解释为，NFT物品基本不属于加密资产。

综上所述，由于NFT物品不具备支付手段性质，因此，与预付式支付手段一样，大多不视为加密资产。然而，如果与传统的在线游戏中的物品一样，如果其并非作为最终消费品，而是具有其后作为支付手段的经济功能时，则视为加密资产的可能性加大，需要留意。因此，NFT物品是否属于加密资产，需根据其具体功能和用途进行个别判断，需要留意。

---

[1] 由于资金结算法修正（2020年5月1日施行），法定名称从"虚拟货币"更改为"加密资产"。

[2] 《2019年9月3日金融厅公众评论回答No.4》，载金融厅网站：https://www.fsa.go.jp/news/r1/virtualcurrency/20190903-1.pdf，最后访问日期：2024年10月25日。

14項1号)。要するに、1号暗号資産は、法定通貨と交換可能なデジタル通貨であり、ビットコインがその代表例である。暗号資産は、不特定の者への代金の支払いに使用できる点が、特定の者への代金の支払いに使用できる前払式支払手段と異なる。

　①不特定の者に対して、代金の支払いに使用できる；
　②法定通貨と相互に交換できる；
　③電子的に記録され、電子情報処理組織を用いて移転できる財産的価値である；
　④法定通貨または通貨建資産（プリペイドカード等）ではない。

　2号暗号資産とは、（上記①②の要件の代わりに）不特定の者を相手方として1号暗号資産と相互に交換を行うことができるものであって、上記③④の要件を満たすものをいう（資金決済法2条14項2号）。

　まず、NFTアイテムの1号暗号資産の該当性については、従来型のオンラインゲームにおけるアイテムと同様、（不特定の者との間で）決済手段等の経済的機能を有してないと考えられている。すなわち、基本的に前払式支払手段に非該当と整理される二次通貨（アイテム）と同様、これを購入することによってサービスを受け終え、その後、支払手段として使用されることが予定されていないと考えられる。したがって、NFTアイテムは、上記要件①を満たさず、1号暗号資産ではないと考えられている。

　次に、NFTアイテムの2号暗号資産該当性について、金融庁は、「ブロックチェーンに記録されたトレーディングカードやゲーム内アイテム等は、1号仮想通貨[1]と相互に交換できる場合であっても、基本的には1号仮想通貨のような決済手段等の経済的機能を有していないと考えられますので、2号仮想通貨には該当しないと考えられます」[2]と述べており、NFTアイテムについては、基本的に、暗号資産に該当しないと解釈されている。

　以上より、NFTアイテムは結局のところ、決済手段性を持たないため前払式支払手段と同様、暗号資産にも該当しないと整理される場合が多いと思われる。ただし、従来型のオンラインゲーム上のアイテムと同様、それが最終消費物ではなく後に他のサービスを得るための決済手段としての経済的機能を有するものであると評価される場合には、暗号資産に該当する可能性が高くなる点には留意が必要である。

---

[1] 資金決済法の改正（2020年5月1日施行）により、「仮想通貨」から「暗号資産」へと法令上の呼称が変更された。
[2] 「2019年9月3日金融庁パブリックコメント回答No.4」金融庁ウェブサイト（https://www.fsa.go.jp/news/r1/virtualcurrency/20190903-1.pdf）（最終閲覧日：2024年10月25日）。

（3）是否要注册为加密资产交换业

即使游戏内的 NFT 物品自身不视为加密资产，游戏内存在通过加密资产交易的设计时，也需要考虑是否要进行加密资产交换业务的注册。

加密资产交换业务是指，实施以下任何一种：①加密资产的买卖或与其他加密资产的交换；②①行为的中介、介绍或代理；③管理与①或②行为相关的用户资金；④为他人管理加密资产，作为业务经营（资金结算法第 2 条第 15 款）。

如果游戏内设计上可以使用加密资产购买 NFT 物品，并允许用现金等购买或交换该加密资产，可能会视为提供加密资产买卖和交换场所，可能需要办理加密资产交换业务的注册。

（八）刑法赌博罪

1. 是否构成赌博罪

智能手机上可使用的在线游戏，由于可以不受时间和地点限制地进行游戏，并且可以相对容易地支付参与费用参加战斗、活动等，因此在某些情况下，其射幸性可能比传统在线游戏更高。因此，需要注意是否构成刑法规定的赌博罪。

《刑法》第 185 条规定，进行赌博的人，将处以不超过 50 万日元的罚金或罚款。但是，仅限于一次性娱乐时，不在此限。原则上，除特别法规定的赛车、赛马、摩托车比赛、彩票、体育振兴投票（足球彩票）等方式外，通过其他方式进行赌博将构成赌博罪。

这里的"赌博"定义为"通过偶然的胜负争夺财物或财产利益的行为"，需要满足以下所有要件：

①通过偶然的胜负（胜负的偶然性）；

②财物或财产利益；

③争夺得失。

关于要件①，胜负的偶然性，是指胜负取决于当事人无法预见或自由控制的事实，哪怕只有部分偶然因素也可以。因此，即使当事人的技能对胜负有影响，但如果当事人无法完全控制胜负，则认为存在胜负的偶然性。偶然性范围很广，围棋、将棋、麻将的胜负也认为具有偶然性。游戏的结果虽然可能受用户技能影响，但不能完全控制，因此，认为在线游戏的胜负基本上具有偶然性。对于扭蛋，由游戏程序决定物品的掉

このように、暗号資産該当性についても、NFTアイテムごとの仕様や機能等に応じて、個別具体的に判断される点に留意が必要である。

(3) 暗号資産交換業の登録の要否

ゲーム内のNFTアイテム自体が暗号資産と整理されない場合であっても、ゲーム内に暗号資産取引を介在させる仕様にする場合には、暗号資産交換業の登録の要否についても検討する必要がある。暗号資産交換業は、①暗号資産の売買または他の暗号資産との交換、②①の行為の媒介、取次ぎまたは代理、③①または②に掲げる行為に関する、利用者の金銭の管理、④他人のための暗号資産の管理のいずれに該当する行為を業として行うものをいう（資金決済法2条15項）。この点、NFTアイテムの購入のために、暗号資産が利用され、その暗号資産を現金等で購入・交換することのできる仕組みがゲーム内に存在する場合には、暗号資産の売買や交換の場を提供している等とみなされる場合があり、暗号資産交換業の登録が必要となる可能性がある。

(八) 刑法賭博罪

1. 賭博罪の成否

スマートフォンで利用可能なオンラインゲームは、場所や時間を選ばずプレイすることができ、比較的簡単に参加料を払ってバトル・イベント等へ参加することが可能な仕組みになっているため、その態様によっては、従来のオンラインゲームに比して射幸性が高いともいえる。したがって、刑法に規定する賭博罪に該当しないかに留意することが必要になる。

刑法は、賭博について、「賭博をした者は、五十万円以下の罰金または科料に処する。ただし、一時の娯楽に供する物を賭けたにとどまるときは、この限りでない。」（刑法185条）と規定しており、特別法が定めている競輪、競馬、オートレース、宝くじ、スポーツ振興投票（サッカーくじ）などの方法以外の方法によって賭けを行えば、原則として賭博罪が成立する。

ここでいう「賭博」については「偶然の勝敗により財物や財産上の利益の得喪を争う行為」であるとされており、以下の全てを満たすことが必要と解されている。

①偶然の勝敗により（勝敗の偶然性）；

②財物や財産上の利益の；

③得喪を争うこと。

①について、勝敗の偶然性とは、当事者にとって確実には予見できず、または自由に支配できない事実に関して勝敗が決されることをいい、偶然性の要素は一部

落,用户无法预见或控制结果,因此,也认为存在胜负的偶然性。

关于要件②,本罪的客体包括所有财产利益。尽管以供一次性娱乐物品为赌注时不予处罚,但"供一次性娱乐物品"指的是少量用于即时娱乐的物品(如少量饮食)。但判例认为,争夺金钱得失时,无论金额多少,都不属于"一次性娱乐物品",这点需要留意。[1]

在游戏内购买需要支付金钱的物品(游戏内货币)时,因其用于玩游戏而获得服务,属于"财产利益"。游戏内货币可能视为不属于一次性娱乐物品,因为它们通常被持续持有以进行游戏,不会立即消耗。[2]需要注意的是,NFT物品作为区块链代币在游戏外也可与比特币等交换,相比传统在线游戏中可获得的物品(不是指游戏内货币,而是指游戏内货币能交换的物品),更具有财产价值。

---

[1] 参见[日]松宫孝明等:《新·刑法注释书》(第2版),日本评论社2021年版,第334页,大坂法院1938年2月9日刑事判例集3卷95页。

[2] 参见《[赌博罪与赠品表示法]网络游戏的法律问题点2》,载律师法人直律师事务所网站:https://nao-lawoffice.jp/venture-startup/platform/online-game2.php,最后访问日期:2024年10月25日。

でもあればよいとされている。したがって、当事者の技能が勝敗の決定に影響する場合でも、当事者が勝敗を全部は支配できないという意味で勝敗の偶然性は認められる。このように、偶然性が認められる範囲は広く、囲碁や将棋、麻雀の勝敗についても偶然性が認められることになるとされている。

　ゲームによっては、ユーザーの技量が結果に影響を及ぼすものもあるが、ゲームの結果を支配することはできないはずであり、偶然の事情による影響を排除しきれるゲームは存在しないと考えられる。したがって、勝敗を競うオンラインゲームにおいて、①勝敗の偶然性は基本的に認められると考えられる。ここで、ガチャについても、ゲームのプログラムによって排出されるアイテム等が決定され、ユーザーがその結果を確実に予見・支配できるわけではないから、①の勝敗の偶然性の該当性は認められると解される。

　②について、本罪の客体としては、財産上の一切の利益が含まれる。

　なお、一時の娯楽に供する物を賭けた場合には処罰されないとされているが、「一時の娯楽に供する物」とは、即時の娯楽のために費消するような寡少なもの（少量の飲食物等）とされている。ただし、判例では、金銭そのものの得喪を争う場合には、金額の多少にかかわらず「一時の娯楽に供する物」とはいえないとされている点に留意が必要である。[1]

　ゲーム内で利用されるアイテムのうち取得する際に金銭を支払う必要があるアイテム（いわゆる「ゲーム内通貨」）については、これを使ってゲームをプレイできるという役務提供を受けることになるため、「財産上の利益」であると認められる。なお、ゲーム内通貨が「一時の娯楽に供する物」にあたるか否かについて、ゲームをプレイするために継続的に保有することが予定されているものとして即時に費消されるものとはいえず、「一時の娯楽に供する物」ではないと評価される可能性がある。[2] この点、NFTアイテムがブロックチェーン上のトークンとして発行され、ゲーム外においても当該トークンをビットコイン等の暗号資産と交換等できるという点を考慮すると、従来型のオンラインゲーム上で得ることのできるアイテム（ここではゲーム内通貨ではなくゲーム内通貨と交換されるアイテムのことを指す。）等と比べ、より財産的価値を有するものであると評価される点には留意が必要である。

---

[1] 松宮孝明ほか「新・コンメンタール 刑法［第2版］」（日本評論社、2021年）334頁、大判大正1329刑事判例集3巻95頁。

[2] 「【賭博罪と景品表示法】オンラインゲームの法律上の問題点2」弁護士法人直法律事務所ウェブサイト（https://nao-lawoffice.jp/venture-startup/platform/online-game2.php）（最終閲覧日：2024年10月25日）。

关于要件③，"争夺得失"指胜者获得财产利益，败者失去财产利益。因此，如果任何一方不失去财产利益，则不构成"争夺得失"。

在线游戏中举办带奖金的对战活动时，如果从参加费（包括使用游戏内货币的参加费）中支付奖金，败者的财产利益会转移给胜者，满足要件③，可能构成赌博罪。反之，如果没有参加费，参加者即使输了也不会失去财物或财产利益，不满足要件③，不构成赌博罪。此外，奖金由第三方赞助而非从参加费中支付或参加费用于运营成本时，参加者不争夺参加费，因此不满足要件③。但需要明确参加费用于运营成本，可通过分开管理参加费和奖金账户来实现。

目前尚无判例认定在线游戏活动构成赌博罪。因此，游戏运营公司在设计和实施游戏机制时，需考虑上述问题及政府或行业团体的讨论或声明，以确保不构成赌博罪。

2. 开设赌场营利罪

《刑法》第186条第2款规定，开设赌场或结合赌徒谋取利益的人，处3个月以上5年以下有期徒刑，也禁止作为主办方提供赌博场所。

"赌场"也包括互联网空间，在互联网上主办赌博并获利的行为也可能构成该罪的犯罪。因此，游戏运营者如果在在线游戏中收取参加费，举办对战活动，或利用扭蛋机制销售游戏内货币或NFT物品，也需要注意该罪的适用。

（九）元宇宙相关各种问题

1. 再现现实内容（建筑物、物品、电影、音乐等）

（1）元宇宙的意义与法律问题

元宇宙（Metaverse）虽无统一定义，但通常指通过互联网等网络访问的虚拟数字空间（虚拟空间），用户可在其中进行"交流"。用户以化身（自己的数字卡通形象）

③について、「得喪を争う」とは、勝者が財産上の利益を獲得して、敗者はこれを失うこととをいい、当事者のいずれもがこれを失うことがない場合には「得喪を争う」とはいえない。

オンラインゲーム内で参加者を募って賞金付きの対戦イベントを開催する場合においては、仮に参加料（ゲーム内通貨を参加料として徴収する場合も含む、以下同じ。）から賞金を拠出する場合、敗者の財産上の利益が勝者に渡ることになり参加者間で利益の得喪が生じるため、③の要件を満たし、賭博にあたる可能性が高いものと考えられる。他方、参加料がない場合、参加者は負けても自身の財物や財産上の利益を失うことはないため、③の要件を満たさず、賭博にはあたらないものと考えられる。また、賞金を参加料からではなく第三者のスポンサーが拠出する場合や参加料を運営費に充てる等、参加料から賞金を拠出しない場合、参加者間は参加料を賭けて争う立場にはないため、③の要件は満たさないと整理できる可能性がある。ただし、参加料を運営費に充てることを明確化するために、参加料と賞金を口座上分別管理する等の対応が必要と思われる。

なお、これまでにオンラインゲーム内でのイベント等について賭博罪にあたるとの判断が出た裁判例はない。ゲーム運営会社においては、上述の点やオンラインゲームにおける賭博罪の成否に関する政府当局や業界団体の議論や声明なども踏まえ、賭博罪の成立が否定されるゲームの仕様を設計・実装する必要がある。

2. 賭博場開帳図利罪

刑法は「賭博場を開張し、または博徒を結合して利益を図った者は、3月以上5年以下の懲役に処する。」（刑法186条2項）と規定し、主催者として賭博をさせる場所を設けることについても禁止している。

「賭博場」にはインターネット上の空間も含まれ得るため、インターネットにおいて賭博を主催し利益を得た場合も同罪に問われる可能性がある。したがって、ゲームの運営者が、オンラインゲーム上で、参加料を徴収しての対戦イベントの開催やガチャの仕組みを利用したゲーム内通貨やNFTアイテムの販売を行った場合、同罪にも留意が必要となる。

(九) メタバースに関する諸問題

1. 実在するコンテンツ（建築物、物品、映画、音楽等）の再現

(1) メタバースの意義と法的問題

メタバース（Metaverse）とは、統一された定義はないものの、ユーザー間で「コミュニケーション」が可能な、インターネット等のネットワークを通じてアク

参与互联网上的虚拟空间，与他人交流的服务也被统称为元宇宙。[1]在游戏方面，具有元宇宙元素的服务吸引了众多用户，如 Epic Games 的《堡垒之夜》和任天堂的《集合啦！动物森友会》。[2]以下将概述元宇宙相关服务的法律问题及当前讨论情况。

（2）再现街景所需的权利处理

元宇宙服务中有再现现实社会街景的情况。在日本，KDDI 公司在涩谷区官方许可下推进再现涩谷街景的"虚拟涩谷"[3]项目，并在该空间内举办节日等活动，任何人都可以化身参与。这类服务中，需在元宇宙中忠实再现目标街区的建筑、艺术作品、广告牌等，因此涉及与现实中建筑等著作权等权利人的权利处理问题。

①建筑物

在元宇宙中再现的建筑物是否受著作权法保护，取决于其是否被视为"建筑作品"（《著作权法》第 10 条第 1 款第 5 项）。根据判例，只有具有建筑艺术创作性的建筑物才被视为建筑作品。一般来说，建筑物通常优先考虑实用性和功能性，设计性次之，因此很少满足著作权性即创造性要求。因此，大部分再现的建筑物基本不需要考虑《著作权法》。然而，由于以往有判例支持建筑具有作品性，因此，再现兼具高度艺术性的建筑物时，需要考虑《著作权法》。

---

[1] 参见《Web3 时代面向元宇宙等利用活用研究会报告书》，载总务省网站：https://www.soumu.go.jp/main_content/000892205.pdf，最后访问日期：2024 年 10 月 25 日。

[2] 参见《元宇宙的概述与动向～面向商业场景的活用～》，载株式会社日本综合研究所网站：https://www.jri.co.jp/MediaLibrary/file/column/opinion/pdf/13531.pdf，最后访问日期：2024 年 10 月 25 日。

[3]《虚拟涉谷》，载 KDDI 株式会社网站：https://vcity.au5g.jp/shibuya，最后访问日期：2024 年 10 月 25 日。

セスできる、仮想的なデジタル空間（仮想空間）を意味する用語として使われる。[1]ユーザーがインターネット上の仮想空間にアバター（自分の分身であるデジタルキャラクター）で参加し、他者とコミュニケーションできる仮想空間を提供するサービスを総称するキーワードとしても使われている。ゲームとの関係では、メタバースの要素を備えたサービスが多くのユーザーを集めており、Epic Games 社の「フォートナイト」や、任天堂の「あつまれどうぶつの森」などが人気を博している。[2]以下では、メタバースに関連するサービスにかかわる法的問題を挙げ、現在の議論状況について概説する。

(2) 街並みの再現に際して必要な権利処理

メタバースのサービスの中に、現実社会の街並みを再現するものがある。日本では、KDDI が、渋谷区公認で、渋谷の街並みをメタバースとして再現する「バーチャル渋谷」[3]の取り組みを進めており、同空間の中でフェス等のイベントが開催され、誰でもアバターにて参加することができる。このようなサービスでは、再現対象の街に実際に存在する建物、アート作品、広告看板などを、メタバース空間で忠実に再現することになるところ、現実社会における建物等の著作権等の権利者との間で権利処理が必要か問題となる。

①建築物について

メタバースでの再現対象たる建築物が、著作権法上保護される「建築の著作物」（著作権法 10 条 1 項 5 号）となり得るかが問題となる。裁判例上、建築の著作物性が認められるのは建築芸術といい得るような創作性を備えた場合とされている。一般的に、建物は、通常は実用性や機能性が優先され、デザイン性はこれに劣後するため、著作物性すなわち創作性が満たされることはまれである。したがって、街並みで再現される多くの建築物については、基本的に著作権法を意識する必要は乏しい。他方、建築の著作物性が認められた裁判例も存在するため、高い芸術性を兼ね備えた建築物の再現については著作権法を意識する必要がある。

---

[1]「Web3 時代に向けたメタバース等の利活用に関する研究会 報告書」総務省ウェブサイト（https://www.soumu.go.jp/main_content/000892205.pdf）（最終閲覧日：2024 年 10 月 25 日）。

[2]「メタバースの概要と動向〜ビジネスシーンでの活用に向けて〜」株式会社日本総合研究所ウェブサイト（https://www.jri.co.jp/MediaLibrary/file/column/opinion/pdf/13531.pdf）（最終閲覧日：2024 年 10 月 25 日）。

[3]「バーチャル渋谷」KDDI 株式会社ウェブサイト（https://vcity.au5g.jp/shibuya）（最終閲覧日：2024 年 10 月 25 日）。

②雕刻等艺术作品

如果在元宇宙中再现的对象包括城市中的雕塑、纪念碑等艺术作品,则可能被视为"美术作品"(《著作权法》第10条第1款第4项)。

③户外广告等

如果在元宇宙中再现的对象包括具有创作性的户外广告和标牌,则可能被视为"美术作品"(《著作权法》第10条第1款第4项)。

即使上述分类的作品被视为具有著作权,但如果符合以下著作权限制规定,则可以不经著作权人同意而使用。即建筑作品或"原作品""永久"设置在"户外"的美术作品,原则上可以自由使用(《著作权法》第45条第2款、第46条)。但雕塑的复制和复制品的转让(《著作权法》第46条第1项),建筑作品通过建筑进行复制和复制品的转让(同条第2项),为永久设置在户外的目的进行复制(同条第3项),专门为了销售美术作品复制品的复制和复制品的销售(同条第4项)不适用这些限制,需要著作权人的同意。然而,元宇宙中的再现不属于上述第1项至第4项,因此对于建筑作品或"永久"设置在户外的美术作品,元宇宙中再现不需要著作权人的同意[但根据使用形式,需注意是否属于"专门为了销售美术作品复制品的复制和复制品的销售"(同条第4项)]。

此外,作为并不限定于建筑作品和美术作品的权利限制规定,属于背景物的"入镜"(《著作权法》第30条第2款)规定时,无须著作权人同意即可自由使用。即如果作品仅作为街景的一部分而入镜,并且在合理范围内轻微使用,则可能符合"入镜"。如果再现行为中,对美术作品中的"原作品"是否"恒久"设置于"室外"场所,并不明确时,也很有必要考虑该条的适用。但如果化身接近作品并使其显著显示,则可能不符合附随性使用,不适用"入镜"规定。

关于商标权,如果元宇宙中再现的建筑物或标牌上包含注册商标,也需考虑商标权问题。根据日本《商标法》,构成商标权侵权需要使用与指定商品或服务类似的商标。因此,如果再现的注册商标的指定商品或服务,是在设想到有元宇宙空间的再现

| 第6章　数字文化产业的日本法监管注意点 |

②彫刻等のアート作品について

メタバース空間での再現対象に、街中にある彫刻、モニュメント等のアート作品が含まれる場合、「美術の著作物」（著作権法10条1項4号）に該当する可能性がある。

③屋外広告等について

メタバース空間での再現対象に、創作性のある屋外広告や看板が含まれる場合、「美術の著作物」（著作権法10条1項4号）に該当する可能性がある。

上述の整理で著作物性が認められる場合でも、以下の著作権制限規定に該当すれば著作権者の承諾なく使用ができる。すなわち、①建築の著作物、又は、②美術の著作物のうち「原作品」が「屋外」の場所に「恒常的」に設置されているものについては原則として自由に利用可能である（著作権法45条2項、46条）。この点、彫刻の増製・増製物の譲渡（著作権法46条1号）、建築の著作物の建築による複製・複製物の譲渡（同条2号）、屋外の場所に恒常的に設置するための複製（同条3号）、専ら美術の著作物の複製物の販売を目的とした複製・複製物の販売（同条4号）については著作権制限規定から外れ、著作権者の承諾が必要である。しかし、メタバース空間での再現は、同条1～4号のいずれにも該当しないと考えられるため、建築の著作物であるか、美術の著作物のうち「原作品」が「屋外」の場所に「恒常的」に設置されているものについては、メタバース空間で再現することについては、原則として著作権者の承諾は不要と考えられる（ただし、利用形態によっては「専ら美術の著作物の複製物の販売を目的とした複製・複製物の販売（同条4号）」に該当しうる点について留意すべきである）。

また、建築の著作物又は美術の著作物に限定されない権利制限規定として、写り込み（著作権法30条の2）の規定に該当する場合は、著作権者の承諾なく自由に利用できる。すなわち、街並みの再現行為の対象となる街並みに付随して写り込んだのであり、軽微かつ正当な範囲内での利用である場合にこれが認められる。美術の著作物のうち「原作品」が「屋外」の場所に「恒常的」に設置されているかが明確でない再現行為にあたっては、同条の適用も検討する実益が高い。しかし、アバターが、当該著作物に近づくと、当該著作物が大きく表示されてしまうことになり、そうすると、もはや付随したものとは評価されず、写り込みには該当しなくなる可能性が高い。

次に、商標権について、メタバース空間で再現される建物や看板中のロゴ等に登録商標が含まれている場合も想定される。日本の商標法において商標権侵害が成立するためには、指定商品又は指定役務についての登録商標に類似する商標の使用

而注册时,则很可能要取得商标权人的同意,需要留意(现在考虑到元宇宙利用的商标注册在逐渐增加)。

此外,商标权侵权的使用行为需为商标性使用,即仅限于用于识别他人的商品或服务的来源。元宇宙中的单纯街景再现行为本身不构成商标性使用。

此外,根据《外观设计法》第 2 条第 2 款第 2 项的规定,建筑物等也属于外观设计权的保护对象,但外观设计权的侵权行为包括"实施与外观设计相关的建筑物的建造、使用、转让或租赁,或提议转让或租赁",而元宇宙空间中的建筑再现不包括在内。因此,不需要外观设计权人的同意。

综上所述,在元宇宙中再现街景时,应考虑是否需要获得著作权人、商标权人、外观设计权人的同意,但由于可能不构成《著作权法》上的作品、适用著作权限制规定、不构成商标权或外观设计权侵权,因此通常不需要同意。

(3)再现物品时所需的权利处理

在元宇宙服务中,有些服务再现了现实社会中的知名品牌的包、鞋、衣服、家具等物品并进行提供,但是,需要根据以下法律进行审查和处理这一问题。

①《著作权法》

在元宇宙中出售给化身使用的包、鞋、衣服、家具等数字物品,问题在于这些物品在现实社会中,作为实用品是否在《著作权法》下受保护。一般认为,如果实用品的设计不是独立欣赏对象,则不算美术作品。因此,即使这些物品在元宇宙中被再现,也很难受到《著作权法》的保护。然而,如果是在服装等使用前就已经具备著作属性的动画卡通形象或设计应用于元宇宙中的服装等,则需要与这些内容的著作权人进行权利处理。

等があったと認められる必要がある。したがって、再現対象となる登録商標の指定商品・指定役務として、メタバース空間での再現を想定した登録がされている場合には、商標権者の承諾が必要になる可能性が高いため注意が必要である（現に、メタバース空間の利用を踏まえたと考えられる商標出願も徐々に行われてきているようである）。

さらに、商標権侵害の対象となる使用行為は、商標的利用、すなわち、他人の商品・役務やその出所を識別できない態様での使用に限られる。この点、メタバース空間での単なる街並みの再現行為自体は商標的利用にあたらないと考えることができる。

なお、意匠法に基づく意匠権の対象には建築物等も含まれるが、意匠権の侵害行為たる意匠の実施は、「意匠に係る建築物の建築、使用、譲渡若しくは貸渡し又は譲渡若しくは貸渡しの申出をする行為」（意匠法2条2項2号）であって、メタバース空間での建物の再現は含まれないと解されている。したがって、意匠権者の承諾も不要と考えられる。

以上のとおり、メタバースで街並みを再現する場合に、著作権者・商標権者・意匠権者等の承諾の要否を検討するべきであるが、そもそも著作物性が認められない、著作権制限規定にあたる、商標権侵害・意匠権侵害が認められない、といった理由により承諾不要と整理できる場合も多い。

(3) アイテムの再現に際して必要な権利処理

メタバースのサービスの中に、現実社会における人気ブランドのバック、靴、服、家具といったアイテムを再現した上で提供するといったものがあるが、以下の法律に照らし検討する必要がある。

①著作権法

メタバース上で、アバターに利用させるバック、靴、服、家具といったデジタルアイテムの販売が行われることが考えられるが、これらのアイテムは現実社会において実用品であって、著作権法において、美術の著作物として保護されるかが問題となる。この点、実用品のデザインは、独立した鑑賞の対象にならない以上、美術の著作物とは言えないと判断されることが多い。したがって、これらのアイテムがメタバース上で再現されたとしても、これらのアイテムが著作権法上の保護を受けることは難しいと解されている。ただし、アニメのキャラクターやデザインといった、服等に用いられる前からそれ自体に著作物性を確立していたものをメタバース空間でのアバターに利用される服等に付す場合は、同コンテンツの著作権者との権利処理が必要になる点は留意が必要である。

②《商标法》

接下来，如果在元宇宙中再现和销售的商店或物品上使用了知名品牌的注册商标，或者包等物品作为三维商标被注册并在元宇宙中再现和销售，这是否构成商标权侵权是一个问题。

根据日本《商标法》，构成商标权侵权需要在指定商品或服务上使用类似商标。在元宇宙中再现和销售知名品牌的标志和物品，可能与现实中制造和销售知名品牌物品的注册商标的指定商品或服务不一致。即除非注册商标指定商品包括"在线使用的以某某为内容的可下载计算机程序"或"在线使用的以某某为内容的可下载图像"（第9类），或指定服务包括"在虚拟空间中使用的不可下载的虚拟的以某某为内容的图像或视频的提供"（第41类），[1]否则不会构成指定商品或服务上的商标使用，商标权的保护不适用。

③《不正当竞争防止法》

在元宇宙中再现和销售现实中的知名品牌物品，是否违反《不正当竞争防止法》，也是一个问题。

（ⅰ）知名标识招致混同行为（《不正当竞争防止法》第2条第1款第1项）

禁止使用与他人作为"商品等标识"而在消费者中广泛认知的相同或类似的商品等标识，导致他人商品或营业与之混淆。"商品等标识"是指与人的业务相关的姓名、商号、商标、标志、商品的容器或包装以及其他标识商品或营业的东西。"混淆"不仅包括使商品或营业的来源主体产生误认的狭义混淆，还包括误认为该"商品等标识"的主体是集团公司或持有授权等的广义混淆。此外，本项中使用了商品等标识的商品明确包括通过电信线路提供无形商品的行为。因此，如果某个物品作为某公司产品的标志具有较高知名度，那么在元宇宙中销售该物品的数字产品时，如果该物品被认为会导致与该公司产品的混淆，或让人误以为是与该公司合作的产品，则可能被禁止，视为不正当竞争行为。

---

[1] 参见中崎尚：《在问答中学习元宇宙和 XR-商务风险和应对策略》，载《商事法务》（2023）第72页。

②商標法

次に、メタバース上で再現・販売等される店舗やアイテムに、人気ブランドの登録商標たるロゴが使用されている場合や、立体商標としてカバン等のアイテムが登録されておりそれが再現・販売等されている場合がある。メタバース上でこのような行為を行うことが商標権侵害とならないかが問題となる。

しかし、日本の商標法において、商標権侵害が成立するためには、指定商品または指定役務についての登録商標に類似する商標の使用等があったと認められる必要がある。この点、メタバース上で人気ブランドのロゴやアイテムを再現し販売する行為は、現実社会において人気ブランドのアイテムを製造・販売するに際しての登録商標の指定商品または指定役務と被らないことが想定される。すなわち、登録商標が、「「オンライン上で使用する●●を内容とするダウンロード可能なコンピュータプログラム」や「オンライン上で使用する●●を内容とするダウンロード可能な画像」(第9類)を指定商品としていたり、「仮想空間で使用するダウンロードできない仮想の●●を内容とする画像・映像の提供」を指定役務(第41類)」[1]等として登録されているといった場合を除いては、指定商品または指定役務についての登録商標に類似する商標の使用があったとはいえず、商標権の保護が及ばないことになる。

③不正競争防止法

さらに、メタバース空間において現実社会における人気ブランドのアイテムを再現・販売等した場合に、不正競争防止法違反とならないか問題になる。

(i) 周知表示混同惹起行為(同法2条1項1号)

他人の「商品等表示」として需要者の間で広く認識されているものと同一または類似の商品等表示を使用し、他人の商品または営業と混同を生じさせる行為は禁止されている。

「商品等表示」とは、人の業務に係る氏名、商号、商標、標章、商品の容器・包装その他の商品または営業を表示するものを意味する。また、「混同」は、商品や営業の主体の出所を誤認させる狭義の混同に加え、当該「商品等表示」主体とグループ会社である、ライセンスを受けていると誤認させる等の広義の混同も含む。さらに、本号には商品等表示を使用した商品を「電気通信回線を通じて提供」する行為が明示的に含まれている。したがって、あるアイテムが、ある会社の商品を示すも

---

[1] 中崎尚「Q&Aで学ぶ メタバース・XR―ビジネスのリスクと対応策」(商事法務2023年)72頁。

（ⅱ）著名标识冒用行为（《不正当竞争防止法》第 2 条第 1 款第 2 项）

禁止使用他人著名的商品等标识作为自己的商品等标识，或者转让等使用了此类标识的商品。"商品等标识"的内容和受规制的行为类型与上述（ⅰ）相同。"著名"是指在日本全国都知道的这种很高的知名度，比周知性程度要高。

（ⅲ）形态模仿行为（《不正当竞争防止法》第 2 条第 1 款第 3 项）

禁止将模仿他人商品形态的商品转让等。根据这项规定，从商品在日本国内首次销售起 3 年内，禁止对其仿品进行销售等，保护衣服等流行商品免受高仿等行为的侵害。2023 年法律修订扩大了规制范围，包含通过电信线路提供的数字空间商品形态模仿行为。因此，在元宇宙中制作、销售模仿现实中衣服设计的化身服装受到该条款的规制。

综上所述，在元宇宙中再现、销售现实中周知或著名商品的标识或在日本国内销售开始 3 年内的商品数字复制品的行为，可能属于《不正当竞争防止法》的上述类型，需要充分考虑个别情况。

2. 在元空间创作的内容的知识产权

（1）化身著作权

在元宇宙空间中，用户创建并使用化身（Avatar）行动，只要这些化身具有创作性，即可作为作品产生著作权。此时，谁是化身的作者？

如果用户自己创建化身，则用户是作者和著作权人，不存在问题。

另一方面，如果委托他人制作化身，实际设计化身的个人创作者是作者，如果设计者是制作公司的劳动者，则通常根据职务作品规定，制作公司是作者和著作权人。因此，使用化身的用户需与创作者或制作公司签订协议，确保著作权归属自己或获得使用许可，并承诺不行使作者人格权。如果化身变得流行，可能会在多个元宇宙或社

のとして知名度が高い場合には、メタバース上で当該アイテムのデジタルプロダクトを販売することについては、当該アイテムが同社の商品と混同を生じさせるまたは同社とコラボした商品であると誤信させると評価できれば、不正競争行為として禁止される可能性がある。

（ⅱ）著名表示冒用行為（同法2条1項2号）

自己の商品等表示として、他人の著名な商品等表示と同一あるいは類似の表示を使用し、またはそのような表示が使用された商品を譲渡等することは禁止されている。「商品等表示」の内容と規制される行為類型は上記（ⅰ）と同様である。「著名」とは、日本で全国的に知られているような高い知名度を指すため、周知性よりもハードルが高い。

（ⅲ）形態模倣行為（同法2条1項3号）

他人の商品の形態を模倣した商品を譲渡等することは禁止されている。この規制は、日本国内において最初に販売された日から起算して3年を経過する前の商品について、デッドコピー品の販売等を禁止するものであり、衣服など流行の早い商品のデッドコピー行為から保護するものである。2023年の法改正により、これまでは商品が有体物に限られていたところ、デジタル空間上の商品の形態模倣行為（電気通信回線を通じて提供する行為）も規制対象とされた。したがって、リアル空間での衣服をデッドコピーしたデザインのアバターの衣服アイテムをメタバースにおいて作成・販売等する行為は、本号により規制されることとなる。

以上に照らすと、メタバース空間において、現実社会において周知性や著名性を獲得している他人の商品または営業を表示する何らかの印について再現・販売等する行為または日本国内での販売開始から3年以内の商品に関するデジタルデッドコピーを再現・販売する行為について、不正競争防止法の上記類型に該当する可能性は存在し、個別事情を踏まえた十分な検討が必要になる。

2. メタバース空間で創作されたコンテンツの知的財産権

（1）アバターの著作権

メタバース空間では、自己の分身としてアバターを作成して行動させるが、このアバターについても創作性を有する限り著作物として著作権が発生する。ここで、アバターの著作者は誰か。

アバターの利用者自身が自ら作成した場合は自身が著作者であり、著作権者であるため問題が生じない。

他方、アバターの作成を他に依頼した場合、実際アバターをデザインした者が個人のクリエイターである場合は当該クリエイターが、制作会社の従業員である場

交媒体平台上使用，因此在获得许可时需要明确使用范围，以确保未来使用自由。

（2）表演者的著作邻接权

在元宇宙空间中，音乐活动中的化身（Avatar）会进行歌唱和舞蹈的表演。在这种情况下，是否可以将现实社会中赋予歌手等表演者的著作邻接权适用于化身？

"实演"指的是"通过戏剧性地演出、舞蹈、演奏、歌唱、演讲、朗诵或其他方式演绎作品（包括不演绎作品但具有娱乐性质的类似行为）"（《著作权法》第2条第1款第3项）。在这里，演绎主体是人，设想的是由人来表现作品的行为等，在通过化身进行的活动中，通过麦克风、面部追踪、动作捕捉等技术，将"操控者"（化身的控制者）的声音和动作数据提取并反映在元宇宙中的化身上。[1]因此，视"操控者"的声音和动作反映的忠实程度而定，如果再现质量较高，并且演绎对象是作品或具有娱乐性质（如杂技、模仿等），则该化身的表演可能会受到著作邻接权的保护。

如果化身的行为被视为"实演"，其操控者将作为表演者享有著作邻接权，包括录音权和录像权（《著作权法》第91条）、广播权和有线广播权（《著作权法》第92条）、可发送权（《著作权法》第92条之2）以及获得二次使用费的权利（《著作权法》第95条）等。

---

[1] 参见[日]关真也：《XR·元宇宙的知识产权法务》，中央经济社2022年版，第158页。

合には、多くの場合、職務著作の規定により当該制作会社がアバターの著作者であり、著作権者であることになる。したがって、アバターを利用する者が、当該アバターの利用を今後自由に行うためには、著作者たる個人のクリエイターまたは制作会社との間で、著作権を自己に帰属させるか、当該アバターの利用についてライセンスさせることおよび著作者人格権の不行使を誓約させる旨の契約書の締結が必須になる。このとき、当該アバターが人気になった場合に、当該アバターのデザインを、メタバースを跨いで、例えば様々なSNS等でも利用することが想定される。このような場合に備えて、ライセンスを受ける場合には、想定する今後の使用が自由に行えるよう、ライセンスを受ける範囲を設定する必要がある。

(2) 実演家の著作隣接権

メタバース空間では、音楽イベントにおいてアバターが歌やダンスを実演するという活動が行われている。そこで、現実社会において、歌手等の実演家に認められている著作隣接権が、アバターを介した実演に対しても認められないか。

「実演」とは、「著作物を、演劇的に演じ、舞い、演奏し、歌い、口演し、朗詠し、またはその他の方法により演ずること（これらに類する行為で、著作物を演じないが芸能的な性質を有するものを含む）」をいう（著作権法2条1項3号）。ここで、演ずる主体は人であり、人が著作物を表現する行為等が想定されていると解されるところ、アバターを介した活動においては、マイク、フェイストラッキング、モーションキャプチャー等を用いて、「中の人」（アバターの操作者を意味する。）が自らの発声や動作をデータとして抽出し、メタバース上のアバターに反映させているという仕組みがとられている。[1] そうすると、「中の人」の発声や動作の反映の忠実性の度合いといった技術面にもよるが、これらが再現されるクオリティの場合、加えて演じる対象が著作物であるか、芸能的な性質を有する場合（曲芸・物まね等）には、当該アバターの実演が、著作隣接権として保護される可能性は高いように思われる。

アバターの行為が「実演」に該当する場合、その操作者は、著作隣接権として、当該実演について録音権・録画権（著作権法91条）、放送権・有線放送権（著作権法92条）、送信可能化権（著作権法92条の2）、二次使用料を受ける権利（著作権法95条）等を有することになる。

---

[1] 関真也「XR・メタバースの知財法務」（中央経済社、2022年）158頁。

3. 对化身的隐私侵害和名誉损害

在元宇宙空间中,通过化身(Avatar)进行活动,如果化身遭到诽谤或"操控者"的信息被泄露,是否构成隐私侵权或名誉损害?

(1)侵犯隐私

暴露化身"操控者"的个人信息是否构成裁判上认可的隐私侵权?

裁判例上,隐私权的成立条件包括三个:①私生活事实或可能被视为私生活事实的事(私事性);②根据一般人的感受,私人不希望公开,公开会造成心理负担的事(秘匿性);③尚未为公众所知的事(非公知性)。

对此,有两个VTuber(虚拟主播)的案例,如在公开"操控者"的真实姓名和年龄[1],以及以表明与特定Vtuber的同一性的形式公开脸部照片[2]这两个案件中,法院均认定为隐私侵权。

因此,公开匿名活动者"操控者"与化身及Vtuber这种表面上出现的形象的同一性并传播,可能构成对"操控者"的隐私侵权,需承担损害赔偿责任,还请留意。

(2)毁损名誉

对化身的诽谤中伤构成名誉毁损吗?名誉毁损的成立要件:①公然,②提出具体事实,③损害他人名誉(降低社会评价)。

关于要件③,名誉权的对象是自然人或法律赋予人格的公司(法人),因此,原则上,对化身或卡通形象的名誉毁损不成立。

---

[1] 东京地方法院2020年12月22日。
[2] 东京地方法院2021年6月8日。

3. アバターに対するプライバシー侵害や名誉毀損

メタバース空間においてはアバターを通した活動が行われるところ、アバターに対する誹謗中傷や「中の人」の情報の暴露があった場合に、プライバシー侵害や名誉毀損が成立するか。

(1) プライバシー侵害

アバターの「中の人」の個人情報を暴露してしまう行為が、裁判例上認められているプライバシー侵害にあたるか。

裁判例上、プライバシーが認められる要件としては、①私生活上の事実または私生活上の事実らしく受け取られるおそれのある事柄であること（私事性）、②一般人の感受性を基準にして当該私人の立場に立った場合、公開を欲しないであろうと認められる事柄であること、換言すれば、一般人の感受性を基準として公開されることによって心理的な負担を覚えるであろうと認められる事柄であること（秘匿性）、③一般の人々にいまだ知られていない事柄であること（非公知性）、の3つである。

この点、両方ともVTuberについてのケースではあるが、「中の人」の本名および年齢を明らかにする内容の投稿、[1]特定のVTuberとの同一性を示すものとしての顔写真の公開がプライバシー侵害にあたるかが問題になった事案について、裁判所は、いずれもこれを認めている。[2]

したがって、匿名で活動する者「中の人」と、アバターやVTuberといった表に現れているキャラクターとの同一性を公開し、拡散することは「中の人」に対するプライバシー侵害となり、損害賠償請求等の対象となる可能性がある点に留意する必要がある。

(2) 名誉毀損

アバターに対する誹謗中傷が名誉毀損にあたるか。名誉毀損の成立要件は、①公然と、②具体的な事実を摘示し、③他人の名誉を毀損する（社会的評価を低下させる）ことである。

この点、③について、名誉権については生身の人間、または法律によって人格が与えられている会社（法人）が対象であるため、原則として、アバターや何らかのキャラクターに対する名誉毀損は成立しない。

---

[1] 東京地判令和2.12.22。
[2] 東京地判令和3.6.8。

但是，当卡通形象与现实人物相关联时，法院可能会认定为对该人物的名誉毁损。例如，VTuber卡通形象是根据艺人（原告）的个性设计的，视频中的声音是原告的真实声音，卡通形象的动作是通过动作捕捉反映原告的动作，视频和SNS上的内容也基于扮演卡通形象的人的现实生活。法院认为该卡通形象的活动"并非单纯的CG卡通形象，反映了原告的人格"，认定批判性言论构成了对作为卡通形象发行而反映的原告自身行为的名誉毁损[1]。由此可见，对化身或VTuber卡通形象的诽谤可能会被视为对相关现实人物的名誉毁损，需承担损害赔偿责任。

（十）用户协议制定时的注意事项等

1.《民法》（格式条款）

（1）用户协议制作和取得同意

在提供在线游戏等在线服务时，一般经营者会制作用户协议，将其纳入与用户之间签订的合同内容中。

将用户协议并入与用户之间的合同内容中，为了将用户协议纳入合同内容，除了用户协议属于格式条款外（在线服务的用户协议通常属于格式条款），还需要满足《民法》规定的以下条件之一（《民法》第548条之2第1款）：

①双方同意将格式条款作为合同内容；

②准备格式条款的一方应当预先告知对方将格式条款作为合同内容。

在在线服务中，通常通过在用户注册等阶段，要求用户勾选同意用户协议的复选框，来满足上述第一个条件。此外，为了满足第二个条件，可以在用户注册按钮等显眼的位置展示用户协议作为合同内容的声明。

---

[1] 东京地方法院2021年4月26日。

もっとも、当該キャラクターが現実の人物と紐づいている場合において、当該人物に対する名誉棄損の成立を認めた裁判例が存在する。例えば、VTuberのキャラクターをタレント（原告）の個性を活かす形で製作されていること、動画配信に用いる音声は原告の肉声であること、キャラクターの動きもモーションキャプチャーによる原告の動きを反映したものであること、動画配信やSNS上での発信は、キャラクターとしての設定を踏まえた架空の内容ではなく、キャラクターを演じている人間の現実の生活における出来事等を内容とするものであることに着目して、当該キャラクターの活動が「単なるCGキャラクターではなく、原告の人格を反映したものであること」との評価をした上で、批判的投稿はキャラクターとしての配信に反映された原告自身の行動に向けられたものであって名誉毀損にあたると結論付けた裁判例がある[1]。このように、アバターやVTuberといった表に現れているキャラクターが現実の人物と紐づいている場合においては、キャラクターに対して誹謗中傷することは、当該人物の名誉権の侵害となり、損害賠償請求等の対象となる可能性がある点に留意する必要がある。

（十）利用規約策定にあたっての留意事項等

1. 民法（定型約款）

(1) 利用規約の作成と合意の取得

オンラインゲームをはじめ、不特定多数のユーザーに対しオンラインサービスを提供するにあたっては、事業者は利用規約を作成し、それをユーザーとの間で締結する契約の内容に組み込む方式が一般に利用されている。

利用規約をユーザーとの間の契約の内容に組み込むには、利用規約が定型約款に該当することに加え（オンラインサービスにおける利用規約は、通常定型約款に該当する。）、民法に規定された以下のいずれかの要件を満たすことによって、利用規約を当事者間の契約内容とすることができる（民法548条の2第1項）。

①定型約款を契約の内容とする旨の合意をしたとき；

②定型約款を準備した者があらかじめその定型約款を契約の内容とする旨を相手方に表示していたとき。

オンラインサービスにおいては、サービス提供前のユーザー登録等の段階で、利用規約に同意する旨についてユーザーが自らチェックボックスにチェックを入れ

---

[1] 東京地判令和3.4.26。

为了尽量减少用户声称"未认识到用户协议作为合同内容"的风险，最好通过复选框等方式让用户主动操作，明确同意用户协议作为合同内容。

（2）更改用户协议

原则上，修改用户协议（格式条款）需要用户另行同意。但在以下任一情况下，可以视为用户已同意修改后的格式条款，无须单独取得用户同意即可变更合同内容（《民法》第548条之4第1款）：

①修改符合对方的一般利益时（第1号）；

②修改不违背合同目的，并且根据修改必要性、修改后的内容合理性、是否有修改条款及其内容等因素，修改是合理的（第2号）。

此外，有义务通过互联网等适当方式通知用户格式条款变更、变更后的内容及其生效时间（《民法》第548条之4第2款）。若修改内容对用户不利（通过满足上述第二个条件进行修改），则需在生效时间前通知，否则修改无效（《民法》第548条之4第3款）。对于通知期限，若为轻微修改，则几天即可，否则可能需要数周。

2.《消费者合同法》

从消费者保护的角度出发，《消费者合同法》规定，免除因企业债务不履行或违法行为导致消费者损害的全部责任的条款，以及因企业故意或重大过失导致消费者损害的部分免责条款均为无效（《消费者合同法》第8条）。在合同解除时，要求消费者支付过高损害赔偿或违约金的条款也无效（《消费者合同法》第9条）。

此外，限制消费者权利或增加消费者义务而单方面损害消费者利益的条款可能无效（《消费者合同法》第10条）。尽管与公共秩序和善良风俗相违背的条款在民法上也是无效的（《民法》第90条），但《消费者合同法》从消费者保护的角度扩大了无效条款的范围。

| 第6章　数字文化产业的日本法监管注意点 |

て確認させ、上記①の要件を充足させる方法をとることが多い。また、上記②の要件を充足させるための方法として、ユーザー登録ボタン等のすぐ近くなど、ユーザーの目に止まりやすい場所に、利用規約を契約の内容とする旨表示することも有効である。

　ユーザーから「利用規約を契約の内容とする表示は認識していなかった」という主張をされるリスクを可及的に防ぐ観点からは、チェックボックスを利用するなどユーザーに自らの意思で操作させることで、利用規約を契約内容とすることに明示的に合意させるのが望ましい。

　(2) 利用規約の変更

　利用規約（定型約款）の変更には、原則としてユーザーから別途同意をとる必要がある。しかし、以下のいずれかに該当する場合には、変更後の定型約款の条項について合意があったものとみなすことができ、個別にユーザーから同意を取得することなく契約の内容を変更することができる（民法548条の4第1項）。

　①定型約款の変更が相手方の一般の利益に適合するとき（第1号）；

　②変更が契約の目的に反せず、かつ変更の必要性、変更後の内容の相当性、変更条項の有無およびその内容その他の変更に係る事情に照らして合理的なものであるとき（第2号）。

　また、定型約款を変更する旨および変更後の定型約款の内容ならびにその効力発生時期をインターネットの利用その他適切な方法により周知する義務が課されている（民法548条の4第2項）。変更内容がユーザーにとって有利ではないとき（上記②の要件を充足することにより変更を行うとき）には、効力発生時期までに周知しなければ約款変更の効力が生じない（民法548条の4第3項）。周知期間については、軽微な変更であれば効力発生日まで数日で足り、そうでなければ数週間の掲載が必要になることもある。

　2. 消費者契約法

　消費者契約法は、消費者保護の観点から、事業者の債務不履行または不法行為により消費者に生じた損害を賠償する責任の全部を免責する条項や事業者の故意または重過失により消費者に生じた損害の一部を免責する条項は無効とされている（消費者契約法8条）。消費者に契約解除の際に過大な損害賠償または違約金の支払義務を負担させる条項も無効とされる（消費者契約法9条）。

　また、消費者の権利を制限し、または義務を加重して消費者を一方的に害する条項は無効となる場合がある（消費者契約法10条）。そもそも公序良俗に反する内容の条項は民法上も無効とされるが（民法90条）、消費者契約法は、さらに消費者

制定在线游戏的用户协议时，需注意上述各条款。

此外，作为促销活动的一部分，如向消费者提供虚假重要信息，对未来不确定事项做出断言，或故意隐瞒对消费者不利的事实，消费者有权取消合同（《消费者合同法》第4条），也需要留意。

3. 未成年人取消付费问题

未成年人在未经法定代理人同意的情况下所进行的法律行为是可撤销的（《民法》第5条第1款、第2款）。因此，例如，未成年人在免费游戏中为获取道具而使用父母的信用卡进行支付时，该合同可能会被撤销。[1]

因此，游戏运营公司在允许未成年人使用付费系统时，需要采取应对措施以防止合同被撤销的风险。这些措施包括：

（1）在取得对用户协议的同意或支付时，明确指出网络游戏使用时需要父母的同意，并通过复选框等方式确认父母同意；

（2）设置未成年人使用金额的上限；

（3）通过输入出生日期确认年龄。

综上所述，首先通过让用户输入出生日期，让其申告是否未成年人，是未成年人时，则让其声明获得父母同意，同时设置使用金额上限。这样的方法可以有效降低未成年人取消合同的风险。[2]

4. 电子消费者合同及电子承诺通知相关民法特别法（以下简称电子消费者合同法）

根据《民法》规定，消费者在购买游戏或游戏内物品的合同时，如存在错误（误解），可以主张该合同无效。但如果该错误是由于消费者的重大过失，则消费者不能主张无效。

---

[1] 参见名古屋消费者问题研究会：《应对修订后的消费者合同法问答 消费者交易纠纷解决指南》，新日本法规出版2017年版，第150页。

[2] 参见［日］石原一树编著：《订阅业务相关法律实务——订阅、特惠、共享经济等—》，新日本法规出版2022年版，第74页。

保護の観点から契約条項が無効となる範囲を拡大している。

オンラインゲームの利用規約の策定にあたっては、上記各条項に留意することが必要となる。

また、プロモーション等に関わる点としては、消費者に重要事項について虚偽の事実を告げたり、将来の変動が不確実な事項について断定的な判断を示したり、消費者に不利益となる事実を故意に告げないような場合には、消費者は契約を取り消すことができるとされている点にも留意が必要である（消費者契約法4条）。

3. 未成年者の課金取消問題

未成年者が法定代理人の同意なく行った法律行為は、取り消すことができる（民法5条1項、2項）。したがって、例えば、未成年者が、無料でプレイ可能なオンラインゲームにおいて、アイテム取得等のための課金をし、親に無断で親のクレジットカードを利用して決済したような場合、当該アイテム取得に係る契約は取り消される可能性がある。[1]

したがって、ゲーム運営会社としては、課金システムを導入したオンラインゲームを未成年者に利用させる場合には未成年者による取消しリスクへの対応が必要になる。この点、利用規約への同意や決済のタイミングで、保護者の同意を得ることがオンラインゲーム利用のために必要であることを示し、チェックボックス等を用いて保護者の同意を得ているという意思表示をさせる、未成年者の利用金額の上限を設ける、生年月日を入力させることにより年齢確認を行う、といった措置を併せて行うことにより、未成年者による取消しのリスクを軽減するといった方法が必要になる。そこで、まず生年月日の入力により、ユーザーに未成年者であることを申告させ、ユーザーが未成年者である場合には、同意を得ていることを表明させるとともに、利用金額の上限を設ける方法が有効であると考えられるとの指摘がある。[2]

4. 電子消費者契約法

民法上、消費者はゲームやゲーム内のアイテムの購入などの契約に際し、錯誤（勘違い）があった場合、当該契約の無効を主張することができる場合がある。ただし、当該錯誤が消費者の重過失に基づく場合には、消費者は無効を主張できない。

---

[1] 名古屋消費者問題研究会「改正消費者契約法対応Q&A 消費者取引トラブル解決の手引」（新日本法規出版、2017年）150頁。

[2] 石原一樹「サブスクビジネスをめぐる法律実務－サブスクリプション・フリーミアム・シェアリングエコノミー等－」（新日本法規出版、2022年）74頁。

电子消费者合同法从消费者保护的角度修改了上述民法原则,规定除非企业采取措施确认消费者的申请意图及内容,或消费者自愿表示不需要确认措施,否则即使消费者有重大过失,仍可主张合同无效(电子消费者合同法第3条)。

因此,为尽量抵御消费者主张合同无效的行为,在互联网销售游戏及游戏内物品时,需采取符合电子消费者合同法的措施,确认消费者的申请意图及内容。

5. 其他

此外,根据游戏内容,各地方自治体的青少年保护育成条例等可能会将其指定为有害图书,限制其销售方式和对象。具体而言,包含暴力或淫秽表现的游戏可能被指定为有害图书。

虽然不是法律,但一般社团法人计算机软件伦理机构和特定非营利活动法人计算机娱乐评级机构等的审查也可能因为游戏内容暴力等原因,将其销售对象年龄限制为18岁以上,从而事实上限制了游戏的流通。

(十一)AI生成的内容著作权

根据日本《著作权法》,作品是指"以创造性方式表达思想或情感的文学、学术、美术、音乐领域的作品"(《著作权法》第2条第1款第1项)。"作者"是指进行创作行为的人(同款第2项)。由于AI不具备法律人格,不能成为作者。因此,即使AI生成物被认定为作品,AI本身也不会成为作者,而是使用AI"创作作品"的人将成为该AI生成物的作者。[1]

因此,判断AI生成物是否为作品以及其创作者是否为人类,需考虑该生成物是否为人类创作行为的结果。具体而言,需综合考虑创作过程中以下几点 [以下引用自文化审议会著作权分科会法制度小委员会《关于AI与著作权的看法》(2024年3月15

---

[1] 参见《关于AI与著作权的看法》(2024年3月15日),载文化审议会著作权分科会法制度小委员会网站:https://www.bunka.go.jp/seisaku/bunkashingikai/chosakuken/bunkakai/69/pdf/94022801_01.pdf,最后访问日期:2024年10月25日。

電子消費者契約および電子承諾通知に関する民法の特例に関する法律（以下「電子消費者契約法」という。）は、消費者保護の観点から、以上のような民法上の原則を修正し、①事業者が消費者に対して消費者の申込み意思や申込み内容について確認を求める措置を講じている場合および②消費者自らが確認措置が不要である旨意思の表明をした場合を除き、消費者に重過失があっても契約の無効主張が可能とされている（電子消費者契約法3条）。

したがって、消費者からの契約無効の主張にできる限り対抗するために、ゲームやゲーム内でのアイテムの販売等、インターネット上の販売にあたっては、電子消費者契約法に基づいた消費者の申込み意思や申込み内容について確認を求める措置を講じることが必要である。

5. その他

上記の他、ゲーム内容によっては、各地方自治体の青少年保護育成条例等において、有害図書として指定され、販売方法・対象が限定される可能性もある。具体的には、暴力的な表現やわいせつな表現を有するゲームなどが有害図書に指定されている可能性がある。

また、法律ではないが、一般社団法人コンピュータソフトウェア倫理機構や特定非営利活動法人コンピュータエンターテインメントレーティング機構などの審査によって、ゲーム内容が暴力的であること等を理由にその販売対象年齢が18歳以上に制限されるなどした場合、事実上ゲームの流通が制限される可能性もある。

（十一）AIによって生成されたコンテンツの著作権

日本の著作権法において、著作物とは、「思想または感情を創作的に表現したものであって、文芸・学術・美術・音楽の範囲に属するもの」をいい（著作権法2条1項1号）、「著作者」は創作という事実行為を行った者をいう（同項2号）。AIは法的な人格を有しないことから、創作者に該当し得ない。そのため、AI生成物が著作物に該当すると判断された場合も、AI自身がその著作者となるものではなく、当該AIを利用して「著作物を創作した」人が当該AI生成物の著作者となる[1]。

以上より、作成されたAI生成物について、当該生成物が著作物でありAIを利用して当該著作物を創出させた人が創作者といえるためには、人による創作行為の

---

[1]「AIと著作権に関する考え方について（令和6年3月15日）」文化審議会著作権分科会法制度小委員会（https://www.bunka.go.jp/seisaku/bunkashingikai/chosakuken/bunkakai/69/pdf/94022801_01.pdf）（最終閲覧日：2024年10月25日）。

日）第 40 页〕。

1. 指示和输入（如提示词等）的数量和内容。

在生成 AI 生成物时，具体展示出具有创造性表达的详细指示，可能会增加其被认为具有创作性贡献的可能性。然而，即使指示很长，如果只是展示未达到创造性表达的想法，则不会影响创造性贡献的判断。

2. 生成的尝试次数。

尝试次数的多寡本身不影响创造性贡献的判断。但如果与第一点相结合，如在查看生成物后修正指示并重复尝试，可能会被认为具有作品性。

3. 从多个生成物中进行选择。

单纯的选择行为本身不影响创造性贡献的判断。然而，通常被认为具有创造性的行为中也包含选择行为，因此需要考虑与这些行为的关系。

二、动画、电影、电视剧制作相关合同的审核要点

（一）制作委员会方式——日本独特的共同经营体

1. 制作委员会

在日本，动画、电影、电视剧等影视内容（以下在本节中简称影视内容）的制作过程中，通常会用"制作委员会"这一日本独特的共同经营体模式。这种方式自 20 世纪 80 年代出现以来，在 2000 年后逐渐普及，并且至今仍被广泛应用在日本的许多影视内容制作中。

制作委员会由多个企业组成，这些企业可能包括电影发行公司、影视制作公司、唱片公司、出版社、电视台、游戏制作公司、玩具制造商等。它们以影视内容的制作和利用为目的，共同组成一个经营体。各参与企业向制作委员会出资，并根据其出资比例等设定份额，从而获得由影视内容带来的收益。此外，这些企业还可以获得"窗口权"，即对影视内容进行二次利用的权利，涉及广播、放映、音乐发行、DVD 和唱

結果か否かによって判断されるものと考えられる。具体的には、製作過程における以下の点を踏まえて総合的に考慮して判断されるものと考えられる（以下、文化審議会著作権分科会法制度小委員会「AIと著作権に関する考え方について（2024年3月15日）」40頁を引用）。

1. 指示・入力（プロンプト等）の分量・内容

AI生成物を生成するに当たって、創作的表現といえるものを具体的に示す詳細な指示は、創作的寄与があると評価される可能性を高めると考えられる。他方で、長大な指示であったとしても、創作的表現に至らないアイデアを示すにとどまる指示は、創作的寄与の判断に影響しないと考えられる。

2. 生成の試行回数

試行回数が多いこと自体は、創作的寄与の判断に影響しないと考えられる。他方で、①と組み合わせた試行、すなわち生成物を確認し指示・入力を修正しつつ試行を繰り返すといった場合には、著作物性が認められることも考えられる。

3. 複数の生成物からの選択

単なる選択行為自体は創作的寄与の判断に影響しないと考えられる。他方で、通常創作性があると考えられる行為であっても、その要素として選択行為があるものもあることから、そうした行為との関係についても考慮する必要がある。

二．アニメ、映画、ドラマ制作関連契約のチェックポイント

（一）製作委員会方式──日本独自の共同事業体

1. 製作委員会とは

日本のアニメ、映画、ドラマ等の映像コンテンツ（以下「映像コンテンツ」とする。）を制作する際、「製作委員会」という日本独自の共同事業体を組成して行う方法がある。1980年代に登場して以来、2000年代に定着し、現在も日本では多くの映像コンテンツ製作に採用される方式である。

製作委員会は、映画配給会社、映像制作会社、レコード会社、出版社、テレビ局、ゲーム制作会社、玩具メーカー等の、映像コンテンツの制作や利用を目的とした複数企業から組成される共同事業体である。製作委員会を構成する各企業は、製作委員会に出資を行い、その出資比率等により設定される持分に応じて、制作した映像コンテンツから得られる収益を得ることができる。また、「窓口権」と呼ばれ

片的制作、卡通形象周边产品、游戏化等商品化，销售与自己公司业务相关的商品等，将这些二次利用产生的收益作为制作委员会利润分红的基础资金，还可以通过窗口权手续费获得额外利益。

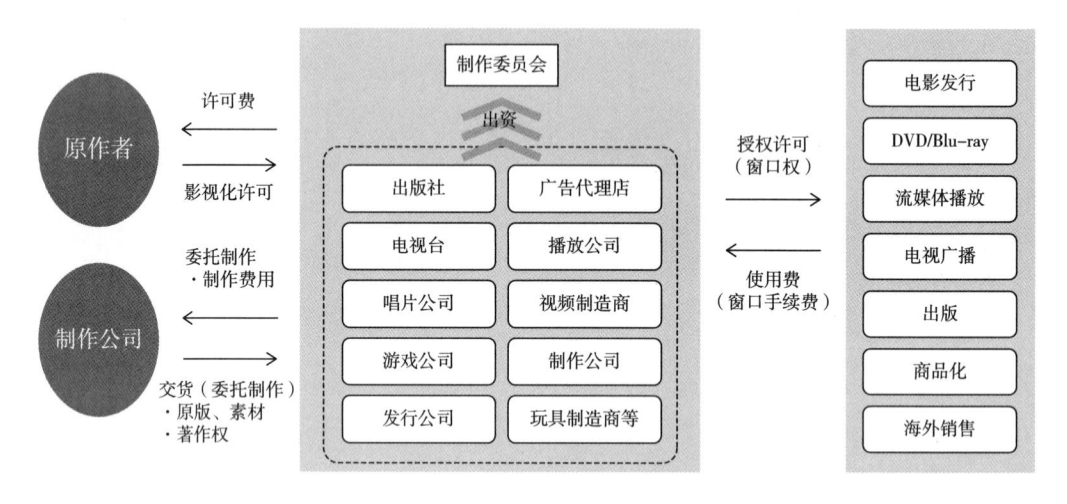

```
                          制作委员会
                            出资
  原作者  ←许可费—                               授权许可       电影发行
         ─影视化许可→  出版社    广告代理店     （窗口权）      DVD/Blu-ray
                     电视台    播放公司       →              流媒体播放
  制作公司 ←委托制作·                          ←             电视广播
          制作费用   唱片公司   视频制造商      使用费          出版
         ─交货（委托制作）→                   （窗口手续费）    商品化
          ·原版、素材  游戏公司   制作公司                     海外销售
          ·著作权     发行公司   玩具制造商等
```

图 6-1 制作委员会模式

资料来源：三菱 UFJ 调查与咨询株式会社《2016 年度内容产业强化对策支援事业"关于影像内容的海外展开和资金募集方式调查事业"报告书》，根据第 8 页的图表制作。

2. 制作委员会方式的优缺点

制作委员会方式在需要巨额制作费、广告宣传费的影视内容的制作中，具有以下优点。

（1）制作委员会可以通过签订制作委员会合同进行出资来组成，与设立法人和有限责任事业合伙相比，以作品为单位成立制作委员会的方式更加简单且成本便宜。

（2）通过多家企业共同出资，可以分散经营失败风险。

（3）各成员可以利用本公司的优势进行内容的宣传和二次利用，实现收益的最大化。

另一方面，作为缺点，可以举出以下几点。

（1）在法律上，各成员对制作委员会负有无限责任。

（2）通常，由于内容的著作权等权利是委员会成员间共享，因此决策缺乏灵活性。

（3）由于是多个当事人之间共同经营，所以权利关系和处理变得复杂。

鉴于上述缺点，对制作委员会成员的信赖极其重要，在日本，多由有实际业绩的、可信赖的企业之间组成。缺点成为现实问题的情形不多，因此，在日本，制作委员会的方式已经成为主流。

る、映像コンテンツの二次的利用が可能となる権利を得て、放送、映像、音楽の配信やDVD・レコード化、キャラクターグッズ、ゲーム等の商品化など、自社の事業に関連する商品等を販売することができ、その収益を製作委員会の配当の原資としたり、窓口権手数料として利益を得たりすることができるようになる。

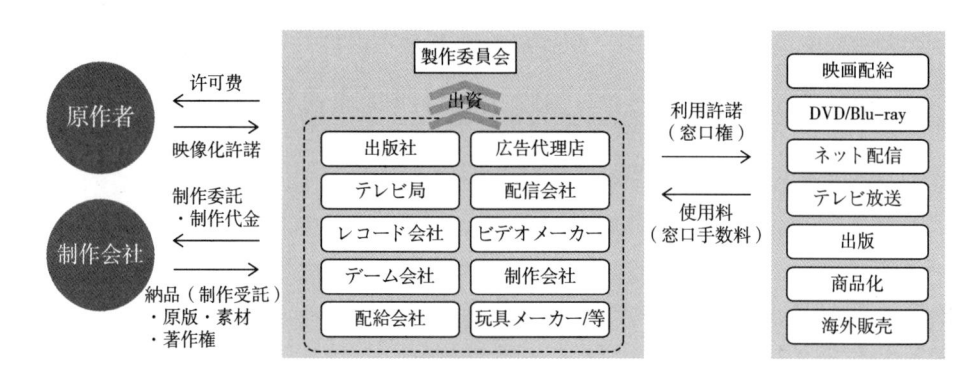

図6-1　製作委員会のスキーム

出典：三菱UFJサーチ＆コンサルティング　株式会社「平成28年度コンテンツ産業強化対策支援事業（映像コンテンツの海外展開と資金調達の在り方に関する調査事業）報告書」8頁の図表を基に筆者作成。

2. 製作委員会方式のメリットとデメリット

製作委員会方式は、多額の制作費・広告宣伝費を要する映像コンテンツの制作において、以下のようなメリットがある。

（1）製作委員会は、製作委員会契約を締結して出資を行うことで組成でき、法人や有限責任事業組合を設立するよりも作品ごとの組成が簡易でコストも安い。

（2）複数企業で共同出資をすることにより事業不成功リスクを分散することができる。

（3）各メンバーが自社の強みを生かしてコンテンツのプロモーション、二次利用展開を行うことができ、収益の最大化を図ることができる。

他方、デメリットとしては、以下の点が挙げられる。

（1）法律上、各メンバーは製作委員会に対して無限責任を負う。

（2）通常、コンテンツの著作権等の権利が委員会メンバー間の共有となるため、意思決定の機動性に欠ける。

（3）複数当事者間の共同事業となるため、権利関係・処理が複雑となる。

前記のようなデメリットを踏まえると、製作委員会のメンバーに対する信頼が極めて重要であり、日本では実績・信頼のある企業間で組成されることが多い。デ

近年来，中国企业参加制作委员会的情形在增加，包括视频发布企业和网络游戏企业等在内，已经有很多中国企业参加日本动画作品制作委员会的实际案例。

本节就中国企业或其日本子公司参加日本动漫作品相关的制作委员会、开展动漫业务场景下，对制作委员会成员间签订的制作委员会合同，从与日本法的关系出发，对应特别注意的问题点进行概述。实际的制作委员会合同的内容涉及多个方面，需要根据当事人的立场进行多方面考量，因此，在签订时最好向律师等专家咨询。

（二）制作委员会合同和法律上的注意事项

1. 制作委员会的法律性质

制作委员会通过签订约定以下内容的合同来组成：①各成员出资；②共同制作和利用电影、动画等内容，分配利润，经营业务。这与日本《民法》中规定的①各当事人出资、②约定经营共同业务的合伙合同（日本《民法》第667条第1款）相同，因此，制作委员会被认为是日本民法上的合伙。因此，对于委员会合同中没有个别规定的事项、不能通过合同进行变更的事项，适用日本民法、日本民法特别法的著作权法。以下简要介绍制作委员会适用日本民法和著作权法时的规则，并解说基于此的制作委员会合同内容提出的注意事项。

2. 制作委员会和日本民法

（1）意思决定规则

在日本民法上的合伙中，合伙的业务由合伙人的过半数决定（日本《民法》第670条第1款）。根据日本《民法》的规定，委员会成员各有一票，因此，要采取按出资额进行多数表决的话，需要在制作委员会合同中规定与份额比例相应的表决权给成员。实务上很多情况下，在制作委员会合同中规定根据出资权益比例实行多数表决。

（2）干事公司

在由多个当事人构成的合伙中，为了灵活地推进业务开展，可以根据合伙合同的规定，将合伙业务的决定及执行委托给业务执行者（日本《民法》第670条第2款）。在制作委员会中，担任内容制作主导作用的成员为"干事公司"，其处理制作委员会

メリットが顕在化するケースは多くないため、日本では製作委員会方式が定着している。

中国系企業による製作委員会への参加も近年増えており、動画配信サービス企業やゲーム企画開発企業など、日本のアニメ作品の製作委員会への参加に多数の実績を有する中国企業もある。

本節では、中国企業またはその日本子会社が、日本のアニメ作品に関する製作委員会へ参加し、アニメビジネスを行う形態を想定し、製作委員会のメンバー間で締結される製作委員会契約について、日本法との関係から特に留意すべき点について概説する。実際の製作委員会契約の内容は多岐にわたり、当事者の立場により様々な検討を要するものであるから、その締結にあたっては弁護士等の専門家の助言を得るのが望ましい。

(二) 製作委員会契約と法律上の留意点

1. 製作委員会の法的性質

製作委員会は、①各メンバーが金銭の出資をして、②共同で映画やアニメ等のコンテンツを制作・利用して利益を分配する事業を営むことを約する契約を締結することで組成される。これは、日本の民法において、①各当事者が出資をして、②共同の事業を営むことを約することによって、その効力を生ずると定める組合契約（民法667条1項）と同じであり、よって、製作委員会は、民法上の組合であると考えられている。したがって、委員会契約に個別の規定がない事項や、契約では変更することができない事項は、民法や、民法の特別法である著作権法が適用されることとなる。以下では、製作委員会に民法や著作権法が適用された場合のルールと、それを踏まえた製作委員会契約の内容の留意事項について概説する。

2. 製作委員会と民法

(1) 意思決定のルール

民法上の組合では、組合の業務は、組合員の過半数をもって決定するものとされる（民法670条1項）。民法の定めに従うと委員会メンバーがそれぞれ1票を有することになるため、出資額に応じた意思を反映させたい場合には、出資比率に応じた議決権をメンバーに与えるように、製作委員会契約に定めておく必要がある。実務上も、製作委員会契約においては持分比率に応じた多数決とする定めをおく例は多い。

(2) 幹事会社

複数当事者で構成される組合では、組合の業務を機動的に行う必要から、組合の業務の決定および執行を、組合契約の定めるところにより業務執行者に委任する

业务的具体决定和执行，进行影视内容制作。干事公司负责：①关于影视内容的共同业务的资金、收入和支出的管理和分配；②影视内容的制作的管理、监督；③关于影视内容利用的各种事务；④影视内容的完成原版的保管和管理；⑤召开制作委员会成员之间的会议、与影视内容的制作和利用的共同业务的执行所需的联络和调整等各种事务等事项。另外，日本民法上的合伙没有法人资格，制作委员会也是没有法人资格的团体。因此，制作委员会不能作为当事人签订合同等，需要由各个成员代表制作委员会与第三方签订合同。通常，由干事公司代表制作委员会与内容制作公司签订内容制作委托合同、与内容的原作者等权利人签订许可合同等。

关于业务执行人，日本《民法》还有其他规定。

①即使已将合伙业务委派给业务执行人，合伙业务仍可由全体合伙人同意决定或由全体合伙人执行（日本《民法》第670条第4款）。

②受聘人（业务执行人）有义务按照委托的宗旨，以善良管理人的注意，处理委托事务（日本《民法》第644条第1款）。

③业务执行人如果没有正当事由，就不能辞职。业务执行人只有在有正当事由时，才能根据其他合伙人的一致同意解除职务（日本《民法》第672条第1款、第2款）。

如上所述，业务执行人，即干事公司，在影视内容制作相关的共同业务的执行中起着极其重要的作用，因此，关于该业务内容和辞职相关的内容，最好在制作委员会合同中具体规定。

（3）对第三方的责任

日本民法上合伙的金钱债务将从合伙财产中支出，但成员对合伙债务负有无限责任。而且，在合伙各成员为公司时，对于合伙为该业务向第三方承担的债务，有可能根据《商法》第511条第1款承担连带债务。[1]

也就是说，对于制作委员会承担的债务，与其出资比例无关，各成员共同承担无限责任。需要注意的是，制作委员会的债权人除了合伙财产以外，还可以向各成员个

---

[1] 最高法院判决1998年4月14日民事判决集52卷3号第813页。

ことができる（民法670条2項）。製作委員会では、コンテンツ制作の主導的な役割を果たすメンバーを「幹事会社」とし、製作委員会業務の具体的な決定と執行を委任して映像コンテンツ制作を進行させる。幹事会社は、①映像コンテンツの共同事業に関する出資金、収入や支出の管理・分配、②映像コンテンツの制作の管理、監督、③映像コンテンツ利用に関する諸事務、④映像コンテンツの完成原版の保管・管理、⑤製作委員会メンバー間の会議の開催、連絡・調整等の諸事務等の映像コンテンツの制作と利用に関する共同事業の遂行に必要な事項を行うこととなる。また、民法上の組合は法人格を持たず、製作委員会も法人格のない団体である。そのため、製作委員会が当事者となって契約等を締結することはできず、個々のメンバーが製作委員会を代表して第三者と契約を行う。幹事会社は、製作委員会を代表してコンテンツ制作会社とのコンテンツ制作委託に関する契約や、コンテンツの原著作者等の権利者とのライセンス契約を締結するなどの役割を果たすことも多い。

その他民法上、業務執行者に関連して、以下のような規定がある。

①組合の業務については、総組合員の同意によって決定し、又は総組合員が執行することを妨げない（民法670条4項）。

②受任者（業務執行者）は、委任の本旨に従い、善良な管理者の注意をもって、委任事務を処理する義務を負う。（民法644条1項）

③業務執行者は、正当な事由がなければ、辞任することができない。業務執行者は、正当な事由がある場合に限り、他の組合員の一致によって解任することができる。（民法672条1項、2項）

業務執行者、すなわち幹事会社は、前記のとおり、映像コンテンツ制作に関する共同事業の遂行にとって極めて重要な役割を果たしていることから、その業務内容や辞任に関する内容については、製作委員会契約に具体的に定めておくことが望ましい。

(3) 第三者に対する責任

民法上の組合の金銭債務は、組合の財産から支出されることになるが、構成員は組合の債務について無限責任を負う。そして、組合の各構成員が会社である場合、組合がその事業のために第三者に対して負担した債務について、商法511条1項により連帯債務を負う可能性がある。[1]

つまり、製作委員会が負う債務については、その出資比率とは無関係に各メン

---

[1] 最判平成10年4月14日最高裁判所民事判例集52巻3号813頁。

别请求履行债务。

（4）退出
①任意退出
在日本民法上的合伙中，关于任意退出，根据合伙的存续期间规定的有无以及不得已的情况的有无，其规范不同。有合伙存续期限的规定时，如果没有不得已的情况，不能任意退出（日本《民法》第 678 条第 2 款）。

	有不得已的情况	没有不得已的情况
没有规定存续期限	可以退出	可以退出 （对合伙不利的时期不能退出）
有规定存续期限	可以退出	不能退出

另外，日本《民法》第 678 条关于该任意退出的规定是强行法规，与此相反的合伙合同中的规定不具有效力。[1] 在制作委员会合同中，一般多规定合同的有效期限。因此，即使在制作委员会合同中规定有不得已的事由也不能退出，该规定也无效。

②因除名而退出
在日本民法中，除任意退出外，还有关于除名退出的规定。只有在有正当事由时，经其他合伙人的一致同意，才能将合伙人除名。但该除名未经通知，不得对抗被除名合伙人（日本《民法》第 680 条）。因此，为了通过除名使成员立即退出，需要通过制作委员会合同规定除名。也可以在合同中明确具体的除名事由，并规定成员符合除名事由的，不需要任何通知就因除名而退出。

③合伙财产的共有和退出时的份额回购
在日本民法上的合伙中，各合伙人的出资及其他合伙财产属于全体合伙人共有（日本《民法》第 668 条），但合伙人不能对合伙财产处分其权益（日本《民法》第 676 条第 1 款），也不能在清算前要求分割合伙财产（同条第 3 款）。但是，允许对退出的合伙人的份额进行回购，退出的合伙人和其他合伙人之间的计算，必须根据退出时合伙财产的状况来进行，无论其出资的种类如何，都可以用金钱退还。此外，对于退出时尚未完成的事项，可以在其完成后进行计算（日本《民法》第 681 条第 1 款至

---

[1] 最高法院判决 1999 年 2 月 23 日民事判决集 55 卷 2 号第 193 页。

バーが連帯して無限責任を負うということとなる。製作委員会の債権者は、組合財産のほかに、各メンバーに対して個別に債務の履行を請求することができる点に留意が必要である。

(4) 脱退

①任意の脱退

民法上の組合において、任意の脱退については、組合の存続期間の定めの有無およびやむを得ない事情の有無によってその規律が異なる。組合の存続期間の定めがあるときは、やむを得ない事情がなければ、任意に脱退することができない（民法678条2項）。

	やむを得ない事情あり	やむを得ない事情なし
存続期間の定めなし	脱退できる	脱退できる （組合に不利な時期は脱退不可）
存続期間の定めあり	脱退できる	脱退できない

また、この任意脱退に関する民法678条の定めは強行法規であり、これに反する組合契約における定めは効力を有しないと解されている。[1] 製作委員会契約では、一般的に契約の有効期間を定めるものが多い。したがって、製作委員会契約でやむを得ない事由があっても脱退できないと規定しても、当該規定は無効となる。

②除名による脱退

民法には、任意脱退のほか、除名による脱退に関する定めがある。組合員の除名は、正当な事由がある場合に限り、他の組合員の一致によってすることができるが、除名した組合員にその旨を通知しなければ、その組合員に対抗することができない（民法680条）。したがって、除名によりメンバーをただちに脱退させるには、製作委員会契約により除名についてその旨を定めておく必要がある。除名事由を具体的に定めておき、メンバーが当該除名事由に該当したときには、何らの通知も要せず除名により脱退となる旨の定めを置く場合もある。

③組合財産の共有と脱退時の持分の払戻し

民法上の組合においては、各組合員の出資その他の組合財産は、総組合員の共有に属するが（民法668条）、組合員は組合財産についてその持分を処分できず（民法676条1項）、また清算前に組合財産の分割を求めることもできない（同条3項）。

---

[1] 最判平成11年2月23日最高裁判所民事判例集55巻2号193頁。

第 3 款）。

在制作委员会合同中，特别是对于因除名而退出时，很多情况下不允许回购份额，但需要在制作委员会合同中明确规定。

（5）解散

日本民法上关于合伙的解散有以下规定。

①解散事由（日本《民法》第 682 条）。

（i）作为合伙目的的业务的成功或其无法成功；

（ii）合伙合同规定的存续期限届满；

（iii）合伙合同规定的解散事由的发生；

（iv）全体合伙人的同意。

②解散请求：有不得已的事由时，各合伙人可请求解散合伙（日本《民法》第 683 条）。

③清算程序：清算由全体合伙人共同或合伙人过半数赞成而选定的清算人进行（日本《民法》第 685 条）。剩余财产按照各合伙人出资的价格分配（日本《民法》第 688 条第 3 款）。

在制作委员会合同中，通常也会具体规定解散事由和清算人的选任手续等。

3. 制作委员会和著作权法

在影视内容制作中，特别是著作权是产生收益的重要权利。如上所述，制作委员会方式除了影视内容的放映和广播之外，还具有的优点之一是，成员可以通过动画发布和 DVD 及蓝光光盘、剧伴音乐的发行和 CD、卡通形象周边商品的商品化和游戏化等多种途径，适用于成员的业务，实现影视内容收益的最大化。因此，在制作委员会合同中，关于影视内容的著作权的归属及二次利用的规定就非常重要。以下简单介绍著作权法上的规则以及影视内容（相当于《著作权法》上的"电影作品"）的权利处理，对可以说是制作委员会合同特征的窗口权进行说明。

（1）电影作品的著作权

在日本法上，著作权不需要采取任何措施，原则上在创作的同时原始归属于创作者（《著作权法》第 17 条）。《著作权法》规定，电影的作者是除了该电影作品所改编或复制的原著小说、剧本、音乐及其他作品的作者以外，担任制作、导演、演出、摄

しかし、脱退した組合員の持分の払戻しは認められており、脱退した組合員とほかの組合員との間の計算は、脱退の時における組合財産の状況に従ってしなければならず、その出資の種類を問わず、金銭で払い戻すことができるとされている。また、脱退の時にまだ完了していない事項については、その完了後に計算をすることができる（民法681条1項ないし3項）。

製作委員会契約においては、特に除名による脱退については持分の払戻しを認めないとすることも多いが、製作委員会契約にはその旨を明記しておく必要がある。

（5）解散

民法上、組合の解散に関しては以下の定めがある。

①解散事由（民法682条）。

（ⅰ）組合の目的である事業の成功又はその成功の不能；

（ⅱ）組合契約で定めた存続期間の満了；

（ⅲ）組合契約で定めた解散の事由の発生；

（ⅳ）総組合員の同意。

②解散請求：やむを得ない事由があるときは、各組合員は、組合の解散を請求することができる（民法683条）。

③清算手続：清算は、総組合員が共同して、又は組合員の過半数の賛成で選任した清算人が行う（民法685条）。残余財産は、各組合員の出資の価額に応じて分割する（民法688条3項）。

製作委員会契約において、解散事由や清算人の選任手続等について具体的に定めるケースもみられる。

3. 製作委員会と著作権法

映像コンテンツ制作において、特に著作権は収益を生む重要な権利である。前述したように、製作委員会方式は、映像コンテンツの上映や放送のほかに、動画配信やDVD・ブルーレイディスク、劇伴音楽の配信やCD、キャラクターグッズの商品化やゲーム化等のメンバーの事業活用による映像コンテンツの収益を最大化できることが大きなメリットのひとつである。そのため、製作委員会契約においては、映像コンテンツの著作権の帰属および二次利用に関する取決めが重要となる。以下では、日本の著作権法上のルールおよび映像コンテンツ（著作権法上の「映画の著作物」に該当する）の権利処理について概説し、製作委員会契約の特徴ともいえる窓口権について説明する。

（1）映画の著作物に関する著作権

日本法上、著作権は、いかなる方式も要せず、創作と同時に創作者に原始的に帰属するのが原則である（著作権法17条）。著作権法は、映画の著作者については、

影、美术等，为该电影作品的整体形成做出创造性贡献的人（《著作权法》第16条）。具体来说，其包括制片人、电影导演、导演、摄影导演、美术导演等。但是，电影的著作权的归属是例外，其著作权不属于导演等作者，而是属于电影制作者。[1]"电影制作者"是指"发起并负责电影作品制作的人"，更具体地说是指：①具有制作电影作品的意思；②是与该作品的制作相关的法律上的权利和义务所归属的主体；③作为其反映，也成为与该作品的制作相关的经济收入和支出的主体。[2]

在制作委员会方式中，与影视内容的制作公司签订业务委托合同来制作内容，很多情况下，由谁发起和负责，不一定明确。[3]实务上，通过代表制作委员会与制作公司签订委托合同的干事公司，使其将制作的影视内容的著作权及其他权利转让给制作委员会，使制作委员会取得影视内容的著作权。

但是，作者享有的作者人格权不能转让（《著作权法》第59条）。作者人格权是指以下内容的权利的总称。

①发表权（《著作权法》第18条第1款）

向公众提供或提示尚未发表的作品（包括未经其同意而发表的作品）的权利。对于以该作品为原作品的二次作品，也具有同样的权利。

②署名权（《著作权法》第19条第1款）

在作品的原作品上或者向公众提供或者展示该作品时，以实名或者笔名作为作者名，或者不标明作者名的权利。在向公众提供或展示以该作品为原作品的二次作品时，原作品的作者对其作者名，也具有同样的权利。

---

[1] 准确地说，电影作者约定参与电影的制作时，著作权归属于电影制作人。参与的约定不需要合同，只要表明参与的意思就足够了。也有人认为，既然参与了制作，就几乎不存在没有参与约定的情况。参见［日］中山信弘：《著作权法》（第4版），有斐阁2023年版，第289页。

[2] 东京高等裁判所2003年9月25日、知识产权高等裁判所2012年10月25日等。

[3] 参见［日］中山信弘：《著作权法》（第4版），有斐阁2023年版，第290页。

「その映画の著作物において翻案され、又は複製された小説、脚本、音楽その他の著作物の著作者を除き、制作、監督、演出、撮影、美術等を担当してその映画の著作物の全体的形成に創作的に寄与した者とする。」と定めている（著作権法16条）。これは具体的にはプロデューサー、映画監督、ディレクター、撮影監督、美術監督等が該当する場合が多い。しかし、映画の場合、著作権の帰属については例外の扱いとされており、その著作権は監督等の著作者ではなく、映画製作者に帰属する[1]（著作権法29条1項）。「映画製作者」とは、「映画の著作物の製作に発意と責任を有する者」をいい（著作権法2条1項10号）、より具体的には、①映画の著作物を製作する意思を有し、②同著作物の製作に関する法律上の権利・義務が帰属する主体であって、③そのことの反映として同著作物の製作に関する経済的な収入・支出の主体ともなる者とされている。[2]

製作委員会方式においては、映像コンテンツの制作プロダクションと請負契約を締結してコンテンツを製作しており、発意と責任の所在が必ずしも明確ではない場合も多いとされる。[3] 実務上、製作委員会を代表して制作プロダクションと請負契約を締結する幹事会社を通じて、制作する映像コンテンツに関する著作権その他の権利を製作委員会に譲渡させ、製作委員会に映像コンテンツの著作権を帰属させている。

ただし、著作者の保有する著作者人格権は譲渡することができない（著作権法59条）。著作者人格権とは、以下を内容とする権利の総称である。

①公表権（著作権法18条1項）

まだ公表されていない著作物（その同意を得ないで公表された著作物を含む。）を公衆に提供し、又は提示する権利。当該著作物を原著作物とする二次的著作物についても同様の権利を有する。

②氏名表示権（著作権法19条1項）

著作物の原作品に、又はその著作物の公衆への提供若しくは提示に際し、著作者の実名若しくは変名を著作者名として表示し、又は著作者名を表示しないこととと

---

[1] 正確には、映画の著作者が映画の製作に参加することを約束した場合には、映画製作者に著作権が帰属することとなる。参加の約束は契約である必要はなく、参加するという単なる意思の表明で足りる。現に製作に参加している以上、参加の約束がないということはほとんどないといえるとの見解もある（中山信弘『著作権法〔第4版〕』（有斐閣、2023）289頁）。

[2] 東京高判H15.9.25、知財高判H24.10.25等。

[3] 中山信弘『著作権法〔第4版〕』（有斐閣、2023）290頁。

③同一性保持权（《著作权法》第20条第1款）

有权保留作品及其标题的同一性，不得违反作者的意愿对此进行修改、删减或其他变更。

关于影视内容的作者人格权由导演等作者或者构成职务作品时的制作公司保留，因此，需要注意权利处理，详细情况后述。

（2）共有著作权相关规则

对于向制作委员会出资的成员来说，影视内容的著作权归属很重要，所以影视内容的著作权一般为制作委员会全体成员共有。

在日本的著作权法中，共有著作权规定如下（《著作权法》第65条各款）。

①关于共同作品的著作权及其他共有相关的著作权（以下在本条中称为共有著作权），各共有人必须得到其他共有人的同意，才能转让其权益，或者用于质押。

②共有著作权必须经全体共有人的同意才能行使。

③在前两款时，各共有人在没有正当理由时，不能拒绝第1款的同意，或者妨碍前款的协商同意的成立。

④前条第3款及第4款的规定适用于共有著作权的行使。

即对于制作委员会共有的影视内容的著作权，如果没有成员间的协商同意，则不能转让其份额。因此，在制作委员会合同中，为了不妨碍成员退出时著作权等的权利转移，需要事先约定。

另外，如果没有全体共有人的同意，就不能行使著作权，所以除了影视内容的上映和电视广播这样的一次利用之外，还包括视频化、网络发行、商品化等的二次利用，需要预先约定哪个成员承担什么样的内容的权利行使窗口。在制作委员会合同中，像"国内广播权""海外商品化权"一样，在行使权利的业务领域和地理范围进行细分，代表行使和管理该权利的权利（很多时候称为窗口权）分配给各个成员。关于窗口权的详细情况，将在其他章节另行说明。

する権利。その著作物を原著作物とする二次的著作物の公衆への提供又は提示に際しての原著作物の著作者名の表示についても同様の権利を有する。

③同一性保持権（著作権法20条1項）

著作物及びその題号の同一性を保持する権利を有し、著作者の意に反してこれらの変更、切除その他の改変を受けない権利。

映像コンテンツに関する著作者人格権は監督等の著作者、もしくは職務著作が成立する場合は制作プロダクションに留保されているため、権利処理に注意が必要であり、詳細については後述する。

(2) 共有著作権に関するルール

製作委員会に出資するメンバーにとって、映像コンテンツの著作権帰属が重要であるから、映像コンテンツの著作権は製作委員会メンバー全員の共有とされていることが一般的である。

日本の著作権法において、共有となった著作権については、以下のとおり規定されている（著作権法65条各項）。

①共同著作物の著作権その他共有に係る著作権（以下この条において「共有著作権」という。）については、各共有者は、他の共有者の同意を得なければ、その持分を譲渡し、又は質権の目的とすることができない。

②共有著作権は、その共有者全員の合意によらなければ、行使することができない。

③前二項の場合において、各共有者は、正当な理由がない限り、第一項の同意を拒み、又は前項の合意の成立を妨げることができない。

④前条第三項及び第四項の規定は、共有著作権の行使について準用する。

すなわち、製作委員会で共有されている映像コンテンツの著作権については、メンバー間の合意がなければその持分の譲渡ができない。したがって、製作委員会契約においては、メンバーの脱退時に著作権等の権利移転についても支障のないよう事前に取り決めておく必要がある。

また、共有者全員の合意によらなければ著作権行使ができないため、映像コンテンツの上映やテレビ放送といった一次利用のほか、ビデオグラム化、インターネット配信、商品化等の二次利用も含め、どのメンバーがどのような内容の権利行使の窓口を担うかを取り決めておく必要がある。製作委員会契約では、「国内放映権」、「海外商品化権」のように、権利行使する事業分野や地理的範囲で細分化し、当該権利を代表して行使・管理する権利（「窓口権」と呼ぶことが多い。）を各メンバーに割り当てることになる。窓口権の詳細については項を改めて説明する。

（3）制作委员会的权利处理

①原作者、编剧

虽然很多情形下制作内容中有原作，但是原作的作者享有将该原作电影化的权利（《著作权法》第 27 条、改编权）。另外，原作者关于电影等二次作品的利用，享有与二次作品的作者具有相同种类的权利（《著作权法》第 28 条）。并且，原作者具有同一性保持权，不得违反其意愿对原作及其标题进行修改、删减及其他变更（《著作权法》第 20 条）。

因此，制作委员会在从原作制作影视内容时，需要取得原作者的电影改编权的转让或许可，但一般签订电影化及电影的二次利用的许可合同。在该原作使用许可合同中，也规定了以不行使包含同一性保持权的作者人格权为内容的特约（作者人格权的不行使特约）。另外，由于很多时候原作者委托作品的出版社进行著作权管理、合同交涉，因此，在这种情况下，与出版社签订原著使用许可合同。

对于编剧也同样，享有关于剧本的改编权和同一性保持权。因此，与原作使用许可合同相同，在制作委员会（的干事公司）和编剧签订的合同中，规定了许可电影的二次使用、作者人格权的不行使特约。另外，在编剧属于日本编剧联盟或日本编剧协会时，在因电影的二次利用而产生收益时，需要向这些团体支付一定费率的剧本的二次利用费，在制作委员会合同中，作为权利处理费，一般规定为各二次利用权的行使负责人（窗口权人）从该二次利用的收益进行支付。

②制作公司

如上所述，由于电影的著作权归属于电影制作者，所以在以制作委员会方式制作影视内容时，该影视内容的著作权应归属于电影制作者，有时也不明确电影制作者是制作了该影视内容的制作公司还是制作委员会，存在之后纠纷的风险。因此，在与制作公司的制作委托合同中，根据情况，需要明确约定电影的著作权属于制作委员会或者将电影的著作权转让给制作委员会。

③导演

导演一般在著作权法上属于电影的作者，因此具有与制作的影视内容相关的作者

| 第 6 章　数字文化产业的日本法监管注意点 |

(3) 製作委員会の権利処理
①原作者・脚本家
　制作コンテンツには原作がある場合も多いが、原作の著作者は当該原作を映画化する権利を専有している（著作権法 27 条、翻案権）。また、原作者は、映画等二次的著作物の利用に関し、二次的著作物の著作者が有するものと同一の種類の権利を専有する（著作権法 28 条）。さらに、原作者は、同一性保持権を有しており、その意に反して原作及びそのタイトルの変更、切除、その他の改変を受けないものとされる（著作権法 20 条）。
　したがって、製作委員会は原作から映像コンテンツを制作する場合、原作者から映画化権の譲渡または許諾を受けておく必要があるが、一般的には映画化および映画の二次的利用に関する許諾契約を締結することが多い。この原作利用許諾契約においては、同一性保持権を含む著作者人格権を行使しないことを内容とする特約（著作者人格権の不行使特約）も規定しておく。なお、原作者は作品の出版社に著作権管理・契約交渉を委任している場合が多いため、その場合は原作利用許諾契約を出版社との間で締結することになる。
　脚本家についても同様に、脚本についての翻案権や同一性保持権を有している。したがって、原作利用許諾契約と同様、製作委員会（の幹事会社）と脚本家が締結する契約において、映画の二次的利用を許諾すること、著作者人格権の不行使特約を定める。また、脚本家が日本脚本家連盟または日本シナリオ作家協会に所属している場合、映画の二次的利用により収益が生じた場合、これらの団体に対して一定料率の脚本の二次的利用料を支払う必要があり、製作委員会契約においては、権利処理費として各二次的利用権の行使担当者（窓口権者）が当該二次的利用の収益から支払を行うものと定めていることが一般的である。
②制作プロダクション
　前記のとおり、映画の著作権は映画製作者に帰属するとされていることから、製作委員会方式で映像コンテンツを制作する場合、当該映像コンテンツの著作権が帰属する映画製作者とは、当該映像コンテンツを制作した制作プロダクションなのか、製作委員会なのかが明確でない場合もあり、後の紛争のリスクがある。よって、制作プロダクションとの制作委託契約においては、状況に応じ、映画の著作権は製作委員会に帰属していることを明示的に確認する規定または映画の著作権を製作委員会に譲渡する規定を定める。
③監督
　監督は、一般的に著作権法上映画の著作者に該当するため、制作した映像コン

425

人格权。因此，有必要做出该作者人格权的不行使特约。但由于不是著作权人，对于电影的二次利用不需要得到其许可，当然也不会发生关于二次利用支付许可费的义务。但是，作为电影导演团体的日本电影导演协会，与日本电影制作者联盟签订了多个备忘录（团体协约）。[1]因此，在属于这些团体的电影导演和电影制作者之间，要根据团体协约支付关于二次利用的追加报酬。

④出演者（演员、声优等）

出演电影的演员和出演动画卡通形象声音的声优，在著作权法上称为表演家。表演家根据《著作权法》，享有以下表演家人格权和著作邻接权：

（i）表演家人格权：署名权（《著作权法》第 90 条之 2）、同一性保持权（《著作权法》第 90 条之 3）；

（ii）著作邻接权：录音和录像权、广播权、传播可能化权、转让权、出借权、收取二次使用费的权利等。

因此，在制作委员会利用包含这些实际表演的影视内容时，需要从演员或声优等表演家那里取得。

这些权利转让或获得许可。但是，如果表演家一旦许可将自己的实际表演录音录像到电影作品中，则对于实际表演的利用（电视广播、网络发行等。不伴随电影影视的录音物的录音除外），再不能行使表演家的权利（《著作权法》第 91 条第 2 款以及第 92 条第 2 款）。因为表演家能够主张其权利的机会仅限于录音录像到电影作品中的这一次机会，所以将其称为"一次机会主义"。实际上，因为电影制作公司的谈判能力很强，所以，如果不是主角级别的人气演员，对电影的二次利用，很难得到追加报酬。[2]这样，当然不存在对演员和声优支付二次利用的追加报酬的义务。与著作邻接权不同，表演家人格权行使权利的机会并不限于一次，所以，需要事先进行表演家人格权的不行使特约。

---

[1] 参见《"团体协议"签订情况一览》，载日本电影导演协会网站：https://www.dgj.or.jp/conclusionlist/，最后访问日期：2024 年 10 月 25 日。

[2] 参见［日］安藤和宏：《娱乐业～产业构造和合同实务～》（Rittor Music，2024 年）第 276 页。

テンツに係る著作者人格権を有する。そのため、当該著作者人格権の不行使特約をしておく必要がある。しかし、著作権者ではないため、映画の二次的利用については許諾を得る必要はなく、二次的利用につき許諾料を支払う義務も当然には発生しない。ただし、映画監督の団体である日本映画監督協会は、日本映画製作者連盟との間で、複数の覚書（団体協約）を締結している。[1] したがって、これらの団体に所属している映画監督および映画製作者との間では、団体協約に基づき二次的利用に関する追加報酬を支払うこととなる。

④出演者（キャスト・声優等）

映画に出演するキャストや、アニメのキャラクターの声を演じる声優は、著作権法上、実演家と呼ばれる。実演家は、著作権法により次のような実演家人格権や著作隣接権が認められている。

（i）実演家人格権：氏名表示権（著作権法 90 条の 2）、同一性保持権（著作権法 90 条の 3）；

（ii）著作隣接権：録音・録画権、放送権、送信可能化権、譲渡権、貸与権、二次使用料を受ける権利、等。

したがって、製作委員会がこれらの実演が含まれる映像コンテンツを利用する場合、キャストや声優などの実演家からこれらの権利について譲渡か許諾を得る必要がある。ただし、実演家が一度自分の実演を映画の著作物に録音・録画することを許諾すると、実演の利用（テレビ放送、インターネット配信等。映画の映像を伴わない録音物の録音については除かれている。）に対しては実演家の権利を行使することができなくなる（著作権法 91 条 2 項、92 条 2 項）。実演家がその権利を主張できる機会は映画の著作物に録音・録画する機会の 1 回に限られていることから、これを「ワンチャンス主義」と呼んでいる。実際には映画製作会社の交渉力が強いため、主役級の人気俳優でなければ映画の二次的利用について追加報酬をもらうことは難しいといわれる。[2] このように、キャストや声優に対して二次的利用について追加報酬を支払う義務は当然には存在しない。著作隣接権とは異なり、実演家人格権の権利行使の機会は 1 回に限られるものではないので、実演家人格権の不行使特約をしておくことは必要である。

---

[1]　「「団体協約」締結状況一覧」日本映画監督協会ウェブサイト（https://www.dgj.or.jp/conclusionlist/）（最終閲覧日：2024 年 10 月 25 日）。

[2]　安藤和宏『エンターテイメント・ビジネス〜産業構造と契約実務〜』（リットーミュージック、2024）276 頁。

⑤音乐的作者

在影视内容制作中，会使用现有的音乐，或者委托音乐制作公司制作新的原创主题曲、插曲和背景音乐。制作音乐的作曲家、作词家等的作者产生音乐的著作权，通常制作剧伴音乐的原盘，因此，音乐制作公司产生唱片制作者的著作邻接权。关于音乐著作权，大多委托 JASRAC 和 NexTone 等著作权管理团体管理著作权。在使用现有音乐时，通过这些团体获得使用许可，根据作品使用费规程支付著作权使用费。关于著作邻接权，由于不是 JASRAC 等管理，所以需要与具有直接著作邻接权的唱片公司等进行交涉。新制作原创乐曲时也委托 JASRAC 等进行管理，但在为影视内容新制作乐曲时，会与音乐的著作权人签订对影视内容的录音权和上映权的使用费免除的合同。但是，该使用费免除仅限于在与影视内容同步的状态下使用音乐的情况，在其他的二次利用行为时并不免除，游戏化等的二次利用需要向 JASRAC 等支付著作权使用费。在制作委员会合同中，与向编剧团体支付二次使用费相同，作为权利处理费，一般规定为各二次利用权的行使负责人（窗口权人）从该二次利用的收益中向 JASRAC 等进行支付。

（4）制作委员会合同和窗口权

在制作委员会合同中，对于制作的影视内容的二次利用，对各成员分配了对其范围和具体内容能够独占地行使权利（包括对第三方的授权许可）的权利。这种权利常被称为"窗口权"。

窗口权设定为国内放映权、国内电视广播权、国内视频化权、国内商品化权、国内公众传播权、国内游戏化权、音乐原盘利用权、国内活动化权以及这些权利的海外利用权等。电视台享有广播权、视频公司享有视频拍摄权、玩具制造商享有商品化权、游戏公司享有游戏化权、唱片公司享有音乐原盘使用权的窗口权等，利用各自公司的业务优势，进行影视内容的二次利用展开（包括对第三方的授权许可），以实现收益最大化。窗口权人可以获得以基于窗口权获得的收入的百分比的形式设定的窗口手续费。各窗口权人从根据自己的窗口权获得的总收入中扣除窗口手续费、干事手续费、窗口权行使所需的必要经费、原作使用费等权利处理费后的金额，作为制作委员会的分配原资，支付给干事公司。另外，也有合同规定，对动画作品等，对于在内容大受欢迎中发挥重要作用的动画制作公司，在取得一定基准的收益时，规定作为成功报酬向其支付制作追加报酬。

⑤音楽の著作者

　映像コンテンツ制作にあたっては、既存の音楽が使用されたり、新たにオリジナルの主題歌、挿入歌や背景音楽の制作の委託が音楽制作会社等になされる。音楽を制作した作曲家・作詞家等の著作者には音楽の著作権が生じ、通常、劇伴音楽の原盤が制作されるので、音楽制作会社にレコード製作者の著作隣接権が生じる。音楽の著作権については、JASRAC や NexTone などの著作権管理団体に著作権の管理を委託することが多い。既存の音楽を利用する際には、それらの団体を通じて使用許諾を得て、著作物使用料規程に基づく著作権使用料の支払を行う。著作隣接権に関しては JASRAC 等の管理ではないので、直接著作隣接権を有するレコード会社等と交渉する必要がある。新たに制作されるオリジナル楽曲の場合も JASRAC 等に管理委託を行うが、映像コンテンツのために新たに制作された楽曲の場合は、音楽の著作権者との間で映像コンテンツへの録音権や上映権の使用料免除の契約を行う。しかし、この使用料免除は映像コンテンツに同期された状態で音楽を使用する場合に限られ、その他の二次利用行為には及ばないため、ゲーム化等の二次利用には、JASRAC 等への著作権使用料の支払が必要となる。製作委員会契約においては、脚本家団体への二次使用料支払と同じく、権利処理費として各二次的利用権の行使担当者（窓口権者）が当該二次的利用の収益から JASRAC 等へ支払を行うものと定めていることが一般的である。

(4) 製作委員会契約と窓口権

　製作委員会契約では、制作した映像コンテンツの二次的利用について、各メンバーに対し、その範囲や具体的な内容について独占的に権利行使（第三者へのライセンスを含む）ができる権利を割り当てる。このような権利を「窓口権」と呼ぶことが多い。

　窓口権は、国内上映権、国内テレビ放送権、国内ビデオグラム化権、国内商品化権、国内自動公衆送信権、国内ゲーム化権、音楽原盤利用権、国内イベント化権、およびそれら各権利の海外利用権等が設定される。放送局が放送権、ビデオメーカーがビデオグラム化権、玩具メーカーが商品化権、ゲーム会社がゲーム化権、レコード会社が音楽原盤利用権の窓口権者となる、といったようにそれぞれ自社の事業の強みを活かした映像コンテンツの二次的利用展開（第三者へのライセンスも含まれる。）を行い、収益を図る。窓口権者は、窓口権に基づいて得られた収入の○％という形で設定された窓口手数料を得ることができる。各窓口権者は、自己の窓口権に基づき得られた総収入から窓口手数料や幹事手数料、窓口権行使のために要した必要経費、原作使用料等の権利処理費を控除した額を製作委員会の分配原資として

(三)制作委员会和《金融商品交易法》上的注意点

关于向制作委员会出资的行为,需要注意《金融商品交易法》上的规定。

原则上,日本民法上合伙的出资份额作为集体投资项目出资比例,属于有价证券,在募集该出资时,需要登记第二种金融商品交易业(《金融商品交易法》第2条第2款第5号、第2条第8款第7项、第28条第2款第1项)。对制作委员会的出资也解释为基于日本民法上的合伙合同的出资。

但是,关于该限制,在《金融商品交易法》中规定了适用除外(《金融商品交易法》第2条第2款第5项22、《金融商品交易法施行令》第1条之3第6项、《金融商品交易法》第2条规定的关于定义的内阁府令第7条第1款第3项),通过满足以下要件,不视为有价证券,不适用第二种金融商品交易业的登记和其他行为限制。因此,最好在制作委员会合同中确认满足不适用的要件。

【适用除外的要件】

(1)法人及其他团体之间根据约定共同专门开展内容业务合同所规定的权利。

(2)全体出资人全部从事与该权利相关的出资对象业务的全部或一部分。

(3)出资人除有权获得与该权利有关的出资对象业务产生的收益的分红或财产的分配外,还具有以下权利之一。

①有权收取从事该出资对象业务的报酬价款;

②在利用与该出资对象业务相关的内容时,有权表示该出资人的名称或者对该出资人的业务进行广告或宣传。

(4)关于该权利,除转让给其他出资人及经其他出资人全部同意转让给出资人以外的人以外,禁止转让。

幹事会社に支払う。また、アニメ作品などではコンテンツのヒットに重要な役目を果たすアニメーション制作会社に対して、一定基準の収益を上げた場合に、成功報酬として制作追加報酬を支払う契約もみられる。

(三) 製作委員会と金融商品取引法上の留意点

製作委員会への出資行為については、金融商品取引法上の規制に注意する必要がある。

原則、民法上の組合の出資持分は、集団投資スキーム持分として有価証券に該当し、当該出資を募るためには第二種金融商品取引業の登録が必要となる（金融商品取引法2条2項5号柱書、2条8項7号ヘ、28条2項1号）。製作委員会への出資も、民法上の組合契約に基づく出資と解されている。

ただし、この規制については、金融商品取引法に適用除外が定められており（金融商品取引法2条2項5号ニ、金融商品取引法施行令1条の3の3第6号、金融商品取引法2条に規定する定義に関する内閣府令7条1項3号）、以下の要件を充足することで有価証券とみなされず、第二種金融商品取引業の登録やその他の行為規制の適用を受けないこととなる。したがって、製作委員会契約で適用除外の要件充足を確認することが望ましい。

【適用除外の要件】

(1) 法人その他の団体がほかの法人その他の団体と共同して専らコンテンツ事業を行うことを約する契約に基づく権利であること。

(2) 出資者の全てが、当該権利に係る出資対象事業の全部または一部に従事すること。

(3) 出資者の全てが、当該権利に係る出資対象事業から生ずる収益の配当または財産の分配を受ける権利のほか、次に掲げる権利のいずれかを有すること。

①当該出資対象事業に従事した対価の支払を受ける権利；

②当該出資対象事業に係るコンテンツの利用に際し、当該出資者の名称の表示をするまたは当該出資者の事業につき広告もしくは宣伝をすることができる権利。

(4) 当該権利について、ほかの出資者に譲渡する場合およびほかの出資者の全ての同意を得て出資者以外の者に譲渡する場合以外の譲渡が禁止されること。

三、音乐发行、在线出版、短视频发布相关的注意点

（一）音乐发行

1. 音乐发行相关业务市场概况

在日本，音乐发行的销售额连续10年增加，2023年据统计为1165亿日元，刷新了历史最高纪录。[1] 在音乐发行的细分构成中，下载销售（经营者以销售乐曲数据的形式进行销售）的比例逐年减少。另一方面，流媒体发行（消费者通过支付给经营者一定金额，在合同期间内不下载而是在联网状态下听取喜欢的音乐数据的形式）在销售额中占据了超过九成的比例。在日本，音乐发行的订阅服务今后也将成为一个巨大的市场。

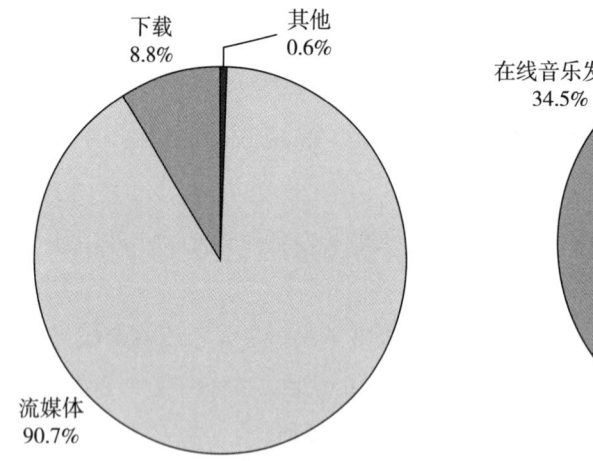

图 6-2（A） 2023 年音乐发行金额比　　图 6-2（B） 2023 年音乐软件和音乐发行金额比

在本节中，就中国企业或其日本子公司在日本国内通过互联网进行音乐分发场景下，主要就音乐发行相关的日本法律法规，概要介绍著作权相关的权利处理。

---

[1] 参见日本唱片协会《日本的唱片产业2024》第1页，载 https://www.riaj.or.jp/f/issue/industry/，最后访问日期：2024年10月25日。

| 第 6 章　数字文化产业的日本法监管注意点 |

三．音楽配信、オンライン出版、ショート動画配信関連のチェックポイント

（一）音楽配信関連

1. 音楽配信関連ビジネスの市場概況

　日本において、音楽配信の売上は10年連続で増加し、2023年には統計によれば1,165億円と過去最高金額を更新している。[1] 音楽配信の内訳では、ダウンロード販売（事業者が楽曲データを販売する形態）は年々減少しており、その一方でストリーミング配信（事業者に一定額を支払うことで契約期間中、消費者が好きな音楽データをダウンロードすることなくインターネットに接続した状態で配信を受ける形態）が売上金額の区分別シェアで9割を超える割合を占めている。日本においても、音楽配信のサブスクリプションサービスがこれからも大きな市場となっていくものと考えられる。

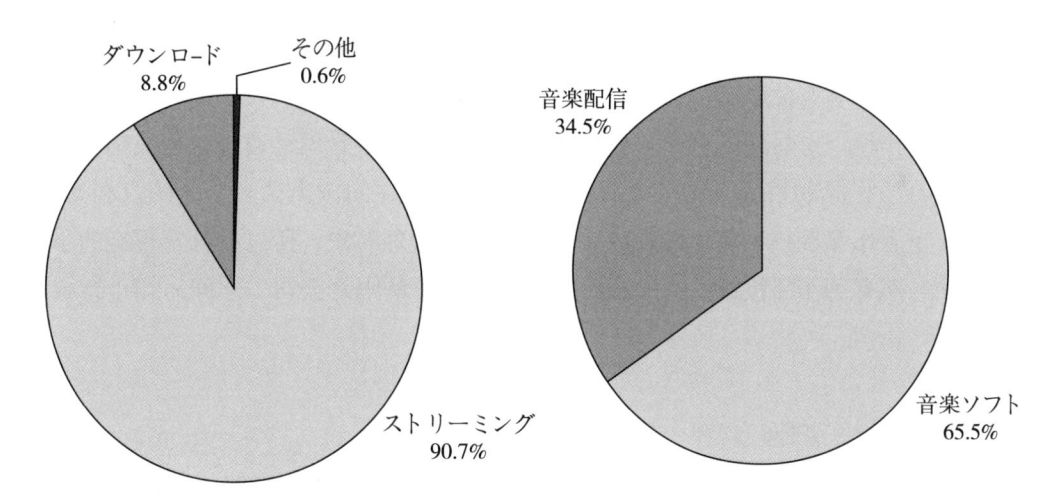

図 6-2（A） 2023年音楽配信金額比率
- ダウンロード 8.8%
- その他 0.6%
- ストリーミング 90.7%

図 6-2（B） 2023年音楽ソフト・音楽配信金額比率
- 音楽配信 34.5%
- 音楽ソフト 65.5%

　本項では、中国企業またはその日本子会社が、日本国内からアクセスが可能なインターネットを利用した音楽配信を行う場合に関連する日本の法規制に関し、著

---

〔1〕 日本レコード協会「日本のレコード産業2024」1頁（https://www.riaj.or.jp/f/issue/industry/）（最終閲覧日：2024年10月25日）。

2. 日本音乐发行业务和著作权法

（1）著作权

在音乐发行中，涉及的著作权包括作词家和作曲家等乐曲的作者享有的公众传播权（《著作权法》第 23 条第 1 款）。公众传播权涵盖所有的传播形式，如广播、有线广播、自动公共传播（从因特网分发，接收者一有访问就自动传播的方式）和其他的公共传播。与第六章二中对电影作者的说明一样，乐曲的作者还享有作者人格权。

（2）著作邻接权

歌手和演奏者等表演家也有传播可能化权（《著作权法》第 92 条之 2）。传播可能化权，是指能够根据来自接收者的访问自动地向公众传播。这与作者的著作权有所不同，因为表演者没有自动公共传播的权利。就自动公众传播本身，不存在权利，这一点与作者所享有的著作权不同。另外，与第六章二中对电影作者的说明一样，表演家也享有表演家人格权。

另外，唱片制作者［最初将声音固定到唱片（将声音固定到物品上。通称"原盘"）的人］，也享有关于制作的原盘的传播可能权。

关于著作权，由后述的著作权管理经营者进行著作权管理，通过这些机构可以处理大部分音乐作品的权利，可以与著作权管理经营者之间做出很多乐曲的权利处理。但是，由于著作邻接权不属于著作权管理经营者的管理对象，所以在分发现有的乐曲时，必须与享有著作邻接权的人（通常多为制作音源的唱片公司）之间另行进行权利处理。

（3）著作权等管理经营者

在音乐分发中，需要对与上述以公众传播权为首的乐曲相关的各种权利进行处理。在日本，关于音乐的著作权，很多时候根据《著作权等管理事业法》注册的著作权管理经营者进行著作权管理。著作权管理经营者接受权利人对音乐的著作权管理的委托，不仅限于网络发行等，还对音乐的用户进行权利许可和许可费的征收等，并分配给各权利人。现在，一般社团法人日本音乐著作权协会（JASRAC）是日本最大的著作权管理经营者，除此之外还有株式会社 NexTone 等著作权管理经营者。JASRAC 和 NexTone 两家公司管理的乐曲很多，包括海外乐曲在内，可以有效地进行权利处理。以下概要说明 JASRAC 的著作权管理的构造。

作権関連の権利処理を中心に概説する。

2. 日本の音楽配信関連ビジネスと著作権法

(1) 著作権

音楽配信において関係する著作権として、作詞家や作曲家などの楽曲の著作者が有する公衆送信権（著作権法23条1項）がある。公衆送信権はあらゆる送信形態が対象となり、放送・有線放送・自動公衆送信（インターネット配信のような受信者からアクセスがあり次第自動的に送信される形態）・その他の公衆送信といったものである。6.2章において映画の著作者について説明したのと同様、楽曲の著作者は著作者人格権も有する。

(2) 著作隣接権

歌手や演奏者など、実演家も送信可能化権（著作権法92条の2）を有している。送信可能化権とは、受信者からのアクセスに応じ自動的に公衆に送信し得るようにすることである。自動公衆送信自体に関する権利がない点が、著作者の有する著作権とは異なる。また、6.2章において映画の著作者について説明したのと同様、実演家は実演家人格権も有する。

また、レコード製作者（レコード（物に音を固定したもの。通称、「原盤」と呼ばれる。）に固定されている音を最初に固定した者）も、制作した原盤についての送信可能化権を有している。

著作権については、後述する著作権管理事業者が著作権管理を行っており、著作権管理事業者との間での権利処理が多くの楽曲で可能となっている。しかし、著作隣接権については著作権管理事業者の管理対象となっていないため、既存の楽曲を配信する場合、著作隣接権を保有する者（通常は音源を制作したレコード会社であることが多い。）との間で別途権利処理を行わなければならない。

(3) 著作権等管理事業者

音楽配信をするには、上記に見た公衆送信権を始めとする楽曲に関する様々な権利について処理が必要となる。日本においては、音楽の著作権について「著作権等管理事業法」に基づき登録された著作権管理事業者が著作権管理をしていることが多い。著作権管理事業者は、権利者から音楽の著作権管理の委託を受け、インターネット配信等に限らず、音楽の利用者に対して権利許諾やライセンス料の徴収などを行い、各権利者に分配を行っている。現在、一般社団法人日本音楽著作権協会（JASRAC）が日本最大手の著作権管理事業者であるが、その他にも株式会社NexTone等の著作権管理事業者が存在している。JASRACとNexToneの2社が管理している楽曲が多く、海外楽曲も含め効率的に権利処理を行うことができる。以下では、

①基于信托的著作权管理

JASRAC与作词家、作曲家等著作权人、受让了乐曲著作权转让的音乐出版社等权利人之间，签订著作权信托合同，接受乐曲著作权的管理委托。通过著作权信托合同，JASRAC将作为来自著作权人的信托财产，取得著作权。JASRAC只为了委托人（原著作权人）而管理作为信托财产的著作权，该著作权和由此产生的利益受信托法保护。委托人作为受益人，收取从信托财产的著作权所产生的分配使用费。另外，在信托期间，JASRAC成为著作权的持有者，因此作为当事人，JASRAC自身可以对违法利用等进行诉讼提起等权利行使。

②委托管理的范围

与JASRAC签约时，可以选择委托全部权利还是部分权利。管理委托范围被划分为13个分类，自动公众传播（称为互动直播）也被划分为一个分类。著作权人也可以通过自己的选择，自己管理不委托JASRAC管理的部分，或者委托NexTone等其他著作权管理经营者管理。

③使用费的征收和分配

JASRAC根据下载、流媒体、订阅等形式，并依据用户的属性（如商业使用、个人使用、非营利使用）以及是否有广告收入等各种条件，细化规定了使用费率。此外，JASRAC与广播和发行等曲目数量统计复杂的业务经营者，签订了"一揽子"许可协议。Apple Music、Spotify、Amazon Music等与JASRAC签订了"一揽子"许可协议，各发行服务经营者支付使用费。因此，在这些发行服务中发行乐曲时，无须办理个别手续。[1]

与音乐发行相关的使用费，通过称为J-NOTES的互联网曲目报告和收费系统报告使用内容，由JASRAC计算每首曲目的分配额，并每年分四次将3个月的分配金额支付给作者和音乐出版社等委托人。[2]

---

〔1〕参见JASRAC网站：https://secure.okbiz.jp/faq-jasrac/faq/show?site_domain=jp&id=1293，最后访问日期：2024年10月25日。

〔2〕参见JASRAC网站：https://www.jasrac.or.jp/aboutus/detail/interactive.html，最后访问日期：2024年10月25日。

JASRACにおける著作権管理の仕組みを概説する。

①信託による著作権管理

JASRACは作詞家・作曲家などの著作権者や、楽曲の著作権の譲渡を受けた音楽出版社などの権利者と著作権信託契約を締結し、楽曲の著作権の管理委託を受ける。著作権信託契約によって、JASRACは著作権者から信託財産として著作権を取得する。JASRACは委託者（＝元の著作権者）のためにのみ信託財産である著作権を管理し、当該著作権やそこから生じた利益は、信託法によって保護される。委託者は受益者として、信託財産である著作権から生じた分配使用料を受け取る。また、信託期間中はJASRACが著作権の保有者となるため、当事者として違法利用等に対してJASRAC自身が訴訟提起等の権利行使を行うことができる。

②管理委託の範囲

JASRACと契約する際には、全ての権利を委託するか、一部の権利を委託するかを選択することができる。管理委託範囲が13の区分に分けられており、自動公衆送信（インタラクティブ配信と呼ばれている。）も1つの区分となっている。著作権者は、自身の選択によりJASRACに管理委託しない部分を自己で管理したり、NexTone等のほかの著作権管理事業者に管理を任せたりすることもできる。

③使用料の徴収と分配

JASRACは使用料規程により、ダウンロード・ストリーム・サブスクリプションといった形式や、商用・個人・非営利といった利用者の属性、広告料収入の有無などの諸条件に応じて使用料率を細かく定めている。また、放送や配信など楽曲の件数をカウントすることが煩雑な事業における事業者は、包括利用許諾契約を締結している。Apple Music、Spotify、Amazon MusicなどはJASRACと包括利用許諾契約を締結し、各配信サービス事業者が使用料を支払っている。そのため、これらの配信サービスで楽曲を配信する場合には、個別の手続をとる必要はない。[1]

音楽配信に関連して徴収された使用料は、J-NOTESと呼ばれるインターネット上の曲目報告・請求システムで利用内容について報告され、JASRACにおいて曲ごとの分配額が計算され、著作者や音楽出版社等の委託者に3か月分ずつ年4回に分けて分配される。[2]

---

〔1〕「商用ネット配信　手続き案内」JASRACウェブサイト https://secure.okbiz.jp/faq-jasrac/faq/show?site_domain=jp&id=1293（最終閲覧日：2024年10月25日）。

〔2〕「許諾・請求・分配の仕組み（インタラクティブ配信）」JASRACウェブサイト https://www.jasrac.or.jp/aboutus/detail/interactive.html（最終閲覧日：2024年10月25日）。

④外国作品的权利处理[1]

JASRAC与世界各地的著作权管理团体签订管理合同，相互管理对方的管理作品（曲库）。也与中国的著作权管理团体MCSC签订了管理合同。JASRAC在日本管理外国的著作权管理团体的曲库，代表外国的著作权管理团体进行许可，并将使用费汇给权利人所属的团体或与权利人签约的日本音乐出版社（次级出版社）。

（二）在线出版

1. 在线出版相关业务市场概况

日本电子出版的市场规模逐年扩大，从公益社团法人全国出版协会开始统计的2014年起，8年间市场规模增长达4倍以上。[2] 2023年电子出版销售额超过5300亿日元，特别是电子漫画的市场占有率达到电子出版整体销售额的九成。[3]

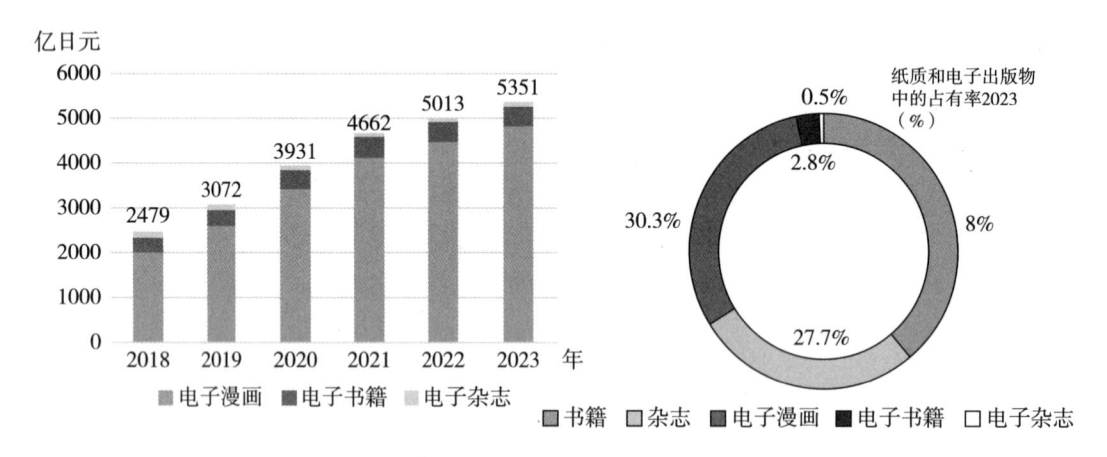

图6-3 电子出版物销售金额

资料来源：根据全国出版协会出版科学研究所新闻发行的"纸和电子出版物销售金额"数据制作（https://shuppankagaku.com/news/，最后访问日期：2024年10月25日）。

在本节中，针对中国企业或其日本子公司在日本国内通过互联网进行电子书籍分

---

[1] 参见JASRAC网站：https://www.jasrac.or.jp/aboutus/global-network/，最后访问日期：2024年10月25日。

[2] 参见全国出版协会出版科学研究所网页：https://shuppankagaku.com/statistics/ebook/，最后访问日期：2024年10月25日。

[3] 参见全国出版协会出版科学研究所网页：https://shuppankagaku.com/wp/wp-content/uploads/2024/01/%E3%83%8B%E3%83%A5%E3%83%BC%E3%82%B9%E3%83%AA%E3%83%AA%E3%83%BC%E3%82%B92401.pdf，最后访问日期：2024年10月25日。

④外国作品の権利処理[1]

JASRAC は、世界の著作権管理団体と管理契約を締結し、お互いの管理作品（レパートリー）を管理し合っている。中国の著作権管理団体である MCSC とも管理契約を締結している。外国の著作権管理団体のレパートリーを、JASRAC が日本で管理し、外国の著作権管理団体に代わって許諾を行い、権利者の所属する団体や権利者と契約している日本の音楽出版社（サブパブリッシャー）に使用料を送金している。

（二）オンライン出版関連

1. オンライン出版関連ビジネスの市場概況

日本における電子出版の市場規模は年々拡大しており、公益社団法人全国出版協会が統計を開始した 2014 年から 8 年間で 4 倍以上になっている[2]。2023 年の電子出版販売額は 5300 億円を超え、特に電子コミックのシェアが電子出版全体の販売額の 9 割に達する[3]。

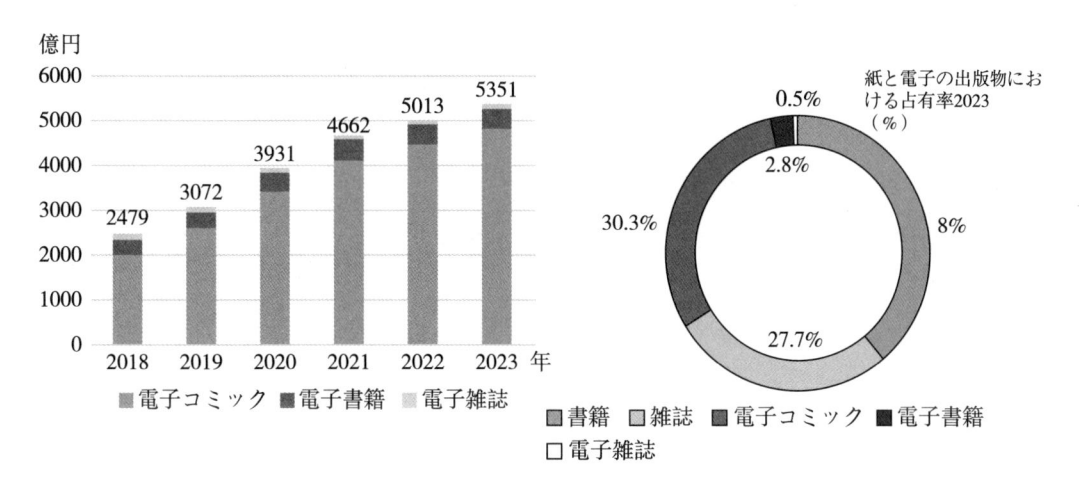

図 6-3　電子出版販売額

出典：全国出版協会出版科学研究所ニュースリリース「紙と電子の出版物販売金額」データを元に作成 https://shuppankagaku.com/news/ （最終閲覧日：2024 年 10 月 25 日）。

本項では、中国企業またはその日本子会社が日本国内からアクセスが可能なイ

---

[1]「JASRAC の国際ネットワーク」JASRAC ウェブサイト（https://www.jasrac.or.jp/aboutus/global-network/）（最終閲覧日：2024 年 10 月 25 日）。

[2]「電子出版販売額」全国出版協会出版科学研究所ウェブサイト（https://shuppankagaku.com/statistics/ebook/）（最終閲覧日：2024 年 10 月 25 日）。

[3]「出版指標」全国出版協会出版科学研究所ウェブサイト（https://shuppankagaku.com/wp/wp-content/uploads/2024/01/%E3%83%8B%E3%83%A5%E3%83%BC%E3%82%B9%E3%83%AA%E3%83%AA%E3%83%BC%E3%82%B92401.pdf）（最終閲覧日：2024 年 10 月 25 日）。

发（以下本节中简称在线出版）场景下，就相关的日本法律法规，特别是与著作权相关的权利处理，进行概述。

2. 日本在线出版业务与著作权法

（1）著作权

小说、漫画等作品的作者（以下在本节中称为作家）享有著作权。与音乐发行相同，在线出版是将作品电子书籍化（复制电子数据）并进行公众传播的过程，需要取得复制权和公众传播权等的授权许可。另外，作家还享有作者人格权。

（2）出版权

关于出版，著作权法作为著作邻接权，规定了出版权（《著作权法》第80条第1款）。出版权的内容如下（《著作权法》第80条第1款）：

①以分发为目的，通过印刷或其他机械或化学方法将原作以文件或图画的形式复制（包括将原作的电子数据记录到记录媒体的复制）权（第1项）。

②以原作的形式，使用记录在记录媒体上的该作品的复制物进行公众传播的权利（第2项）。

出版社通过从作家等享有复制权和公众传播权的人（以下简称复制权等持有人）取得作品的出版权，可以进行该作品的纸质书籍出版、电子记录媒体的书籍出版和在线出版。关于在线出版，出版权人有义务在收到要发行的作品之日起6个月内进行发行，并按照惯例持续发行（《著作权法》第81条第2项）。然而，可以通过合同作出不同的规定。

由于出版权人拥有出版权，除非在出版权设定合同等中另有规定，否则作家等著作权人不能进行出版行为。此外，出版权人可以对侵犯出版权的人提起诉讼，要求停止出版行为并赔偿损失。如果合同中未规定存续期间，出版权将在首次出版行为后3年内消失（《著作权法》第83条第2款）。

出版权人仅在获得复制权等持有人的同意时，才能许可第三方复制或公众传播作品（《著作权法》第80条第3款）。例如，出版社从作家处获得出版权，通过第三方的在线书籍平台发行时，需要取得公众传播许可。

出版权的设定通过签订出版权设定合同进行。一般社团法人日本书籍出版协会公开了出版权设定合同的示范文本，[1]可供参考。出版权仅通过设定合同生效，注册不是生效的必要条件，而是对抗第三方的要件（《著作权法》第88条第1款）。

---

[1] 在一般社团法人日本书籍出版协会网站（https://www.jbpa.or.jp/publication/contract.html#pdf1，最后访问日期：2024年10月25日）上，公开了三种合同示范文本，分别是《纸质媒体和电子出版一体化设定用》、《纸质媒体出版设定用》和《发行型电子出版设定用》。

ンターネットを利用した電子書籍の配信（以下「オンライン出版」とする。）を行う場合に関連する日本の法規制に関し、著作権関連の権利処理を中心に概説する。

2. 日本のオンライン出版ビジネスと著作権法

(1) 著作権

小説やマンガ等、著作物の作者（作家）には著作権が生じる。音楽配信同様、オンライン出版は、作品を電子書籍化（電子データを複製）して公衆送信するものであり、複製権や公衆送信権等の許諾が必要となる。また、作家は著作者人格権も保有する。

(2) 出版権

出版に関して、著作権法は著作隣接権として、出版権（著作権法80条1項）を定めている。出版権の内容は、次のとおりである（著作権法80条1項）。

①頒布の目的をもって、原作のまま印刷その他の機械的又は化学的方法により文書又は図画として複製（原作の電子データを記録媒体へ記録する複製も含む）する権利（1号）。

②原作のまま記録媒体に記録された当該著作物の複製物を用いて公衆送信を行う権利（2号）。

出版社は、作家など複製権や公衆送信権を保有する者（以下「複製権等保有者」とする。）から著作物の出版権の設定を受けることにより、当該著作物の紙媒体や電子記録媒体の書籍出版やオンライン出版を行うことができる。オンライン出版に関する出版権者は、配信対象となる著作物の提供を受けた日から6か月以内に配信を行うこと、および当該著作物について慣行に従い継続して配信を行う義務を負う（著作権法81条2号）。しかし、契約でこれと異なる定めをすることは可能である。

出版権者は出版権を専有するので、一部の例外を除いて、出版権設定契約等で別段の定めをしない限り、作家などの著作権者は出版行為を行うことができなくなる。また、出版権者は出版権を侵害する者に対し、自ら出版行為の差止請求や被った損害の賠償請求をすることができる。なお、契約等で存続期間を定めないときは、最初の出版行為から3年を経過すると出版権は消滅する（著作権法83条2項）。

出版権者は、複製権等保有者の承諾を得た場合に限り、第三者に対して著作物の複製や公衆送信を許諾することができる（著作権法80条3項）。作家から出版権の設定を受けた出版社が、第三者のオンライン書籍プラットフォームを通じて配信を行うときなどに、公衆送信を許諾する必要が生じる。

出版権の設定は出版権設定契約書を締結して行われる。一般社団法人日本書

（三）短视频发布

1. 短视频发布业务市场概览

目前，在日本，在YouTube、X（原Twitter）、Instagram、TikTok等社交软件（Social Network Software，SNS）平台上，短视频内容也非常流行。预计日本的SNS用户数量将从2022年的1.02亿人增加到2027年的1.13亿人。[1]

短视频发布主要通过上述平台进行。近年来，越来越多的企业作为一种营销手法，让在SNS上具有巨大影响力的网红（称为网红）为其制作和发布介绍自家产品或服务的内容。

发布者根据与发布经营者签订的发布许可合同（发布经营者的用户协议），发布短视频。

2. 短视频发布的法律注意事项

本节就中国企业或其日本子公司开展可以从日本国内访问的利用互联网的短视频分发场景下，概说包括著作权、肖像权、赠品表示法监管事项在内的三点法律注意事项。

（1）著作权

视频内容属于电影作品。在线发布视频内容时，需要处理好与视频内容著作权人及作者之间的权利，以避免侵犯作品的公众传播权。[2]

关于音乐，也需要取得与乐曲相关的著作权转让或使用许可。为了权利处理的便利，许多视频发布服务与JASRAC或NexTone签订了"一揽子"许可协议，在一定条件下，即使不向JASRAC申请使用许可，也可以上传使用了JASRAC管理乐曲的视频和歌词。

---

〔1〕 总务省《2023年版　信息通信白皮书》第121页。

〔2〕 关于涉及电影的著作权及其权利处理的详细内容，请参见本章二3（1）"电影作品的著作权"及（3）"制作委员会的权利处理"。

籍出版協会が出版権設定契約書ヒナ型[1]を公開しており、参考となる。出版権は設定契約のみで効力が生じ、登録は効力の発生要件ではなく、第三者対抗要件である（著作権法88条1項）。

（三）ショート動画配信関連

1. ショート動画配信ビジネスの市場概観

現在、日本においても、YouTube、X（旧 Twitter）、Instagram、TikTok などの SNS で、ショート動画コンテンツが流行している。日本の SNS 利用者数は、2022 年の 1.02 億人から 2027 年には 1.13 億人に増加すると予測されている。[2]

ショート動画配信は、上記に挙げたようなプラットフォームを利用して行われるものが多い。企業がインフルエンサーといわれる SNS で大きな影響力をもつ配信者に、自社製品やサービスを紹介するコンテンツを制作、配信してもらうというマーケティング手法も近年増えている。

配信者は、配信事業者との間で締結する配信許諾契約（配信事業者の利用規約であることも多い）に基づき、ショート動画を配信することとなる。

2. ショート動画配信に関する法的観点からの留意事項

本項では、中国企業またはその日本子会社が日本国内からアクセスが可能なインターネットを利用したショート動画配信を行う場合に留意すべき法的観点として、著作権、肖像権、景品表示法で規制される事項、の3点について概説する。

（1）著作権

動画のコンテンツは、映画の著作物である。動画コンテンツをオンラインで配信するにあたっては、著作物の公衆送信権の侵害とならないよう、当該動画コンテンツの著作権者および著作者との間での権利処理が必要となる。[3]

音楽についても、楽曲に関連する著作権の譲渡や利用許諾を得るなどの権利処理が必要となる。なお、権利処理に関する利便性を考慮し、多くの動画配信サービスにおいて、JASRAC または NexTone と包括的利用許諾契約を締結しており、一定の条件において JASRAC へ利用許諾手続を行わなくとも JASRAC 管理楽曲を利用した動

---

[1] 一般社団法人日本書籍出版協会ウェブサイト（https://www.jbpa.or.jp/publication/contract.html#pdf1）（最終閲覧日：2024 年 10 月 25 日）。
にて「紙媒体・電子出版一括設定用」「紙媒体出版設定用」「配信型電子出版設定用」の3種類が公開されている。
[2] 総務省「令和5年版 情報通信白書」（最終閲覧日：2024 年 10 月 25 日）121 頁。
[3] 映画に関わる著作権とその権利処理の詳細については、本書6.2章3「(1) 映画の著作物に関する著作権」および「(3) 製作委員会の権利処理」を参照。

（2）肖像权

肖像权是指作为个人隐私权的一部分，"未经同意，不得随意拍摄和公开其容貌和姿态"的权利。这不是法律规定的权利，而是日本最高裁判所判例认定的权利。根据判例，[1] 人的容貌等在未经同意的情况下拍摄是否违法，应综合考虑以下因素，判断对被拍摄者的权利侵害程度是否超过社会生活上可容忍的限度。

①被拍摄者的社会地位；
②被拍摄者的活动内容；
③拍摄地点；
④拍摄目的；
⑤拍摄方式；
⑥拍摄必要性。

因此，是否构成肖像权侵权要根据具体情况判断，即使在发布的短视频中拍摄到特定人的容貌，也不一定构成肖像权侵权。然而，在SNS等易于传播的视频平台上传时，肖像权侵权的投诉风险会增加。因此，应取得拍摄和公开许可，或通过打码等方式使人无法被识别。

（3）不当赠品及不当表示防止法（以下简称赠品表示法）

如前所述，通过SNS等发布短视频也越来越多地被企业用于广告手法。在日本，有监管商品和服务广告和表示的法律的赠品表示法，在发布广告性质的短视频时，需要注意不要进行该法禁止的优良误认表示或有利误认表示等不当表示。[2]

本节特别概述使用网红发布短视频内容时容易出现问题的赠品表示法上禁止的"隐性营销"。

---

[1] 最高裁判所2005年11月10日民事判决集59卷9号第2428页。
[2] 关于赠品表示法中的优良误认表示和有利误认表示的详细内容，请参见本章一（三）"赠品表示法"中的"3.表示限制"。

画・歌詞をアップロードすることが可能となっている。

(2) 肖像権

肖像権とは、個人の私生活上の自由の一つとして、「その承諾なしに、みだりにその容ぼう・姿態を撮影されない、公表されない」権利をいう。法律に規定されたものではなく、最高裁の判例によって認められた権利である。そして、判例[1]においては、人の容ぼう等をその承諾なく撮影することが違法となるかどうかは、次の要素を総合考慮して、被撮影者の権利侵害の程度が社会生活上受忍の限度を超えるものといえるかどうかを判断して決すべきとされている。

①被撮影者の社会的地位；
②撮影された被撮影者の活動内容；
③撮影の場所；
④撮影の目的；
⑤撮影の態様；
⑥撮影の必要性。

このように、肖像権侵害は状況を勘案して判断されるため、配信するショート動画に特定の人の容ぼうが映っていた場合であっても、必ず肖像権侵害となるということではない。しかしながら、SNSなど動画が非常に拡散されやすいサービスにアップロードする場合には、肖像権侵害のクレームを受けるリスクが高くなる。よって、顔が特定できるような映り込みをしている人には、撮影および公開の承諾を得るか、モザイク処理などを行って、人の特定ができないようにしておくといった対応をとるべきである。

(3) 不当景品類および不当表示防止法（景品表示法）

前述のとおり、SNS等におけるショート動画配信は企業の広告手法としても利用される機会が増えている。日本においては、商品やサービスの広告や表示を規制する法律として景品表示法があり、宣伝広告となるショート動画を配信する際には、この法律で禁止されている優良誤認表示や有利誤認表示といった不当表示を行わないように留意する必要がある。[2]

本項では特にインフルエンサー等を起用したショート動画コンテンツの配信で問題となりやすい、景品表示法で禁止されるステルスマーケティングについて概説

---

[1] 最判平成17年11月10日最高裁判所民事判例集59巻9号2428頁。
[2] 景品表示法の優良誤認表示や有利誤認表示の詳細については、本書6.1章（三）「景品表示法」の「3 表示規制」を参照。

赠品表示法第 5 条第 3 项规定，除了优良误认表示和有利误认表示以外，对于可能导致普通消费者误解，从而不当诱导顾客，并妨碍普通消费者自主、合理选择的表示，内阁总理大臣可通过告示指定为"不当表示"，并予以禁止。

2023 年 3 月的告示[1]指定隐瞒广告性质的所谓"隐性营销"为不当表示，并自同年 10 月 1 日起，隐性营销构成赠品表示法的违法行为。满足以下条件的表示，属于该法禁止的隐性营销：
①经营者为自己提供的商品或服务进行的表示。
②普通消费者难以辨别该表示为广告。
如果进行被认定为隐性营销的表示，可能会对广告委托人即经营者发布措施命令，而不是制作和发布该内容的网红等第三方。[2]

条件①是指认定经营者参与决定表示内容。经营者自己（包括被视为与经营者有一定关系，并与经营者视为一体的劳动者、子公司等）进行表示，或指示第三方来明示地参与决定表示内容时，当然属于，并且，虽然未明确委托或指示第三方进行某种内容的表示，但经营者与第三方之间存在经营者可决定第三方表示内容程度的关系，且根据客观情况，第三方的表示内容不能被认为是其自主意愿时，该表示被视为经营者参与决定的表示。是否构成"经营者与第三方之间存在不能视为第三方自主决定表示内容的关系"，需综合考虑以下因素：[3]
（i）经营者与第三方之间具体交流的方式和内容（如邮件、口头、函件等内容）。

---

[1] 2023 年 3 月 28 日内阁府告示第 19 号。
[2] 但是，不作为罚款的对象（赠品表示法第 8 条第 1 款正文括号内记载）。
[3] 2023 年 3 月 28 日消费者厅长官决定《一般消费者难以辨别为经营者的表示的运用基准》第 4 页。

第6章　数字文化产业的日本法监管注意点

する。

　景品表示法は、優良誤認表示や有利誤認表示のほかに、商品または役務の取引に関する事項について一般消費者に誤認されるおそれがある表示であって、不当に顧客を誘引し、一般消費者による自主的かつ合理的な選択を阻害するおそれがあると認める表示を、「不当表示」として内閣総理大臣が告示により指定し、禁止している（景品表示法5条3号）。

　2023年3月に、広告であるにもかかわらず広告であることを隠す、いわゆる「ステルスマーケティング」を不当な表示とする告示[1]が指定され、同年10月1日からステルスマーケティングは景品表示法違反となった。以下の要件を満たす表示は、同法が禁止するステルスマーケティングとされる。

　①事業者が自己の供給する商品または役務の取引について行う表示であること
　②一般消費者が当該表示であることを判別することが困難であること

　ステルスマーケティングであると認定されるような表示を行った場合、インフルエンサー等の当該コンテンツを制作・公衆送信等した第三者ではなく、広告依頼主である事業者に対して措置命令が行われる可能性がある。[2]

　①は、事業者が表示内容の決定に関与したと認められるものが該当する。事業者が自ら（事業者と一定の関係性を有し、事業者と一体と認められる従業員や子会社等も含まれる。）が表示をしたり、第三者に指示をして表示内容の決定に明示的に関与したりしている場合はもとより、事業者が第三者に対してある内容の表示を行うよう明示的に依頼・指示していない場合であっても、事業者と第三者との間に事業者が第三者の表示内容を決定できる程度の関係性があり、客観的な状況に基づき、第三者の表示内容について、事業者と第三者との間に第三者の自主的な意思による表示内容とは認められない関係性がある場合には、事業者が表示内容の決定に関与した表示とされる点に留意が必要である。「事業者と第三者との間に第三者の自主的な意思による表示内容とは認められない関係性がある場合」にあたるかは、以下の実態を踏まえ総合的に考慮して判断される。[3]

　(i) 事業者と第三者との間の具体的なやり取りの態様や内容（例えば、メール、口頭、送付状等の内容）。

---

[1]　令和5年3月28日内閣府告示第19号。
[2]　ただし、課徴金の対象とはならない（景品表示法8条1項本文かっこ書き）。
[3]　2023年3月28日消費者庁長官決定「一般消費者が事業者の表示であることを判別することが困難である表示」の運用基準」4頁。

（ii）经营者对第三方表示提供的对价内容及其主要提供原因（如是否为宣传目的）。

（iii）经营者与第三方之间的关系（如过去经营者对第三方表示提供对价的关系持续多久，未来这种关系可能持续多久）。

条件②是指从表示内容整体判断，一般消费者是否能明确辨别该表示为经营者所为，是否会误认为是第三方所为。[1]当企业委托网红为其产品或服务宣传目的发布短视频时，应确保一般消费者能识别到这是广告，如以明显的方式标注"PR"等（如在短视频开头一定时间显示，或在内容说明栏或标签等容易识别的位置标注）。

四、个人信息保护法

（一）个人信息保护法概要

日本《关于保护个人信息的法律》（以下简称个人信息保护法）于2003年5月23日通过，并于2005年4月1日全面施行。个人信息保护法通过规定有关个人信息适当处理的基本事项，旨在促进现代社会中个人信息的合理有效利用，从而促进信息社会的发展，同时保护个人权利和利益。

个人信息保护法制定后，基于国际动向、信息通信技术进步、新产业创造发展情况等，分别于2015年、2020年和2021年对其进行了修订。截至2024年，个人信息保护委员会正在继续讨论"每三年重新评估"，因此，也需要关注今后的法律修改。

个人信息保护委员会制定了"个人信息保护法指南（通则篇）"（以下简称通则指

---

[1] 2023年3月28日消费者厅长官决定《一般消费者难以辨别为经营者的表示的运用基准》第7页。

（ⅱ）事業者が第三者の表示に対して提供する対価の内容、その主な提供理由（例えば、宣伝する目的であるかどうか）。

（ⅲ）事業者と第三者の関係性の状況（例えば、過去に事業者が第三者の表示に対して対価を提供していた関係性がある場合に、その関係性がどの程度続いていたのか、今後、第三者の表示に対して対価を提供する関係性がどの程度続くのか）。

②は、一般消費者にとって事業者の表示であることが明瞭となっているかどうか、第三者の表示であると一般消費者に誤認されないかどうかを表示内容全体から判断する。[1]企業がインフルエンサーに自社の商品、サービスの宣伝目的でショート動画の配信を依頼したときは、一般消費者が広告であると認識できるように「PR」等の表記を明瞭な方法（ショート動画の冒頭で一定時間表示する、コンテンツの概要欄やハッシュタグなどで消費者が認識しやすい位置に記載するなど）で記載しておく必要がある。

四．個人情報保護法

（一）個人情報保護法の概要

個人情報の保護に関する法律（以下「個人情報保護法」とする。）は、2003年5月23日に成立、2005年4月1日に全面施行された。個人情報保護法は、個人情報の適正な取扱いに関する基本的な事項を定めることにより、現代社会において個人情報の適正かつ効果的な活用が情報社会の発展に寄与することに配慮しつつ、個人の権利利益を保護することを目的とする。

個人情報保護法の制定後も、2015年、2020年、2021年と、国際的動向、情報通信技術の進展、新産業の創出発展状況等を踏まえた法改正が行われてきた。2024年時点において、個人情報保護委員会は、「いわゆる3年ごとの見直し」について検討を継続しており、今後の法改正にも注意すべきである。

個人情報保護委員会は、事業者が個人情報の適正な取扱いの確保に関して行う活動を支援すること、および当該支援により事業者が講ずる措置が適切かつ有効に実施されることを目的として、個人情報保護法の解釈にかかる具体的な指針として

---

[1] 2023年3月28日消費者庁長官決定「一般消費者が事業者の表示であることを判別することが困難である表示」の運用基準」7頁。

南）和其他指南，[1] 作为对个人信息保护法的具体解释，旨在协助企业确保个人信息的适当处理，并确保企业能够有效实施所采取的保护措施。因此，企业需要关注这些规则。此外，日本还制定了适用于特定行业领域企业的行业别指南，[2] 相关企业也必须参考这些指南。

（二）个人信息、个人数据等用语的定义

1. "个人信息"

个人信息，是指有关生存个人的信息中，可以通过其中包含的姓名、出生日期及其他描述等[3] 识别特定个人的信息（包括容易与其他信息进行比对，从而能够识别特定个人的信息），或包含个人识别符号的信息（个人信息保护法第2条第1款）。

"有关个人的信息"不仅限于用以识别个人的姓名、住所、性别、出生日期、脸部图像等信息，还包括有关个人身体、财产、职业、头衔等属性的事实、判断、评价等全部信息，包括评价信息、公开出版物等公开的信息，以及图像、声音信息，无论是否经过加密。

具体而言，下列信息视为能够识别特定个人的信息，属于个人信息（通则指南2-1）：

● 本人的姓名。

● 出生日期、联系方式（住所、居住地、电话号码、电子邮件地址）、公司职位或所属部门等信息中，与姓名相结合的信息。

---

[1] 参见《个人信息保护法指南（向国外第三方提供篇）》《个人信息保护法指南（第三方提供时的确认和记录义务篇）》《个人信息保护法指南（去标识化加工信息和匿名化加工信息篇）》及《个人信息保护法指南（认证个人信息保护团体篇）》已经制定。载个人信息保护委员会网站：https://www.ppc.go.jp/personalinfo/legal/，最后访问日期：2024年10月25日。

[2] 参见《电信业务中的个人信息保护指南》等信息通信相关领域指南、《金融领域中的个人信息保护指南》等金融相关领域指南、《医疗和护理相关企业中适当处理个人信息的指导》等医疗相关领域指导已经制定。载个人信息保护委员会网站：https://www.ppc.go.jp/personalinfo/legal/guidelines/，最后访问日期：2024年10月25日。

[3] 指文字、图画或者电磁记录［指以电磁方式（包括电子方式、磁气方式及其他通过人的感官无法识别的方式）制作的记录］中记载或记录的，或者以声音、动作及其他方式表示的所有事项（不包括个人识别符号）。

| 第 6 章　数字文化产业的日本法监管注意点 |

「個人情報の保護に関する法律についてのガイドライン（通則編）」（以下「通則ガイドライン」とする）その他のガイドライン[1]を定めているので、これらのルールにも留意が必要である。また、特定分野の事業者に適用される分野別ガイドライン[2]も定められているため、対象となる事業者はこれらも参照しなければならない。

(二) 個人情報、個人データ等の用語の定義

1.「個人情報」

個人情報とは、生存する個人に関する情報であって、当該情報に含まれる氏名、生年月日その他の記述等[3]により特定の個人を識別することができるもの（他の情報と容易に照合することができ、それにより特定の個人を識別することができることとなるものを含む）、または個人識別符号が含まれるものをいう（個人情報保護法2条1項）。

「個人に関する情報」とは、氏名、住所、性別、生年月日、顔画像等個人を識別する情報に限られず、ある個人の身体、財産、職種、肩書等の属性に関して、事実、判断、評価を表す全ての情報であり、評価情報、公刊物等によって公にされている情報や、映像、音声による情報も含まれ、暗号化等によって秘匿化されているかどうかを問わない。

具体的には、以下の情報は特定の個人を識別することができるものとして、個人情報に該当すると解されている（通則ガイドライン2-1）。

● 本人の氏名。
● 生年月日、連絡先（住所・居所・電話番号・メールアドレス）、会社における職位又は所属に関する情報について、それらと本人の氏名を組み合わせた情報。

---

[1]　「個人情報の保護に関する法律についてのガイドライン（外国にある第三者への提供編）」、「個人情報の保護に関する法律についてのガイドライン（第三者提供時の確認・記録義務編）」、「個人情報の保護に関する法律についてのガイドライン（仮名加工情報・匿名加工情報編）」および「個人情報の保護に関する法律についてのガイドライン（認定個人情報保護団体編）」が定められている。個人情報保護委員会ウェブサイト (https://www.ppc.go.jp/personalinfo/legal/)（最終閲覧日：2024年10月25日）。

[2]　「電気通信事業における個人情報等の保護に関するガイドライン」等の情報通信関連分野ガイドライン、「金融分野における個人情報保護に関するガイドライン」等の金融関連分野ガイドライン、「医療・介護関係事業者における個人情報の適切な取扱いのためのガイダンス」等の医療関連分野ガイダンスが定められている。個人情報保護委員会ウェブサイト (https://www.ppc.go.jp/personalinfo/legal/guidelines/)（最終閲覧日：2024年10月25日）。

[3]　文書、図画若しくは電磁的記録（電磁的方式（電子的方式、磁気的方式その他人の知覚によっては認識することができない方式をいう。）で作られる記録をいう。）に記載され、若しくは記録され、又は音声、動作その他の方法を用いて表された一切の事項（個人識別符号を除く。）をいう。

451

● 通过监控摄像头记录的信息等能够识别本人的影像信息。
● 因包含本人姓名等原因能够识别特定个人的录音信息。
● 能够识别特定个人的电子邮件地址［如即使仅有电子邮件地址的信息，如 san_zhang @ example.com，可以识别其为 example 公司所属的张三（Zhang San）的电子邮件地址］。
● 获取个人信息后附加的与有关个人的信息（即使在获取时无法识别特定生存个人，但通过获取后附加的新信息或与新信息比对，能够识别特定生存个人的，自此时起属于个人信息）。
● 政府公报、电话簿、劳动者名册、法定披露文件（如有价证券报告）、报纸、网站、社交网络服务（SNS）等公开的能够识别特定个人的信息。

以上例示了单独地构成个人信息的情形。此外，根据法律规定的定义，个人信息还包括容易与其他信息比对就能够识别特定个人的信息。因此，个人信息包含的信息范围更广泛。

判断"容易与其他信息比对"时，应根据企业的实际情况具体案例具体分析，但通常情况下是指能够通过一般方法与其他信息比对，例如，需询问其他企业才能比对时，通常不视为容易比对。即使单独信息无法识别特定个人，但企业建立了用户或客户信息数据库并与各种信息相关联保存时，如果该信息与姓名等能够识别特定个人的信息一同保存在同一数据库中，则可能属于个人信息。

"个人识别符号"是指由行政规章规定的，符合下列之一的字符、号码、记号及其他符号（个人信息保护法第 2 条第 2 款）：

①为了供电子计算机读取，由特定的个人身体的一部分的特征转换而来的，能够用以识别该特定的个人的字符、号码、记号及其他符号。

②个人使用服务或购买商品时分配的、个人持有的卡片或其他文件上记载的或以电子方式存储的，通过对不同个人分配、记载或存储不同信息，能够用以识别特定个人的字符、号码、记号及其他符号。

●防犯カメラに記録された情報等本人が判別できる映像情報。

●本人の氏名が含まれる等の理由により、特定の個人を識別できる音声録音情報。

●特定の個人を識別できるメールアドレス（kojin_ichiro@example.com 等のようにメールアドレスだけの情報の場合であっても、example 社に所属するコジンイチロウのメールアドレスであることが分かるような場合等）。

●個人情報を取得後に当該情報に付加された個人に関する情報（取得時に生存する特定の個人を識別することができなかったとしても、取得後、新たな情報が付加され、又は照合された結果、生存する特定の個人を識別できる場合は、その時点で個人情報に該当する）。

●官報、電話帳、職員録、法定開示書類（有価証券報告書等）、新聞、ホームページ、SNS（ソーシャル・ネットワーク・サービス）等で公にされている特定の個人を識別できる情報。

上記は当該情報のみで個人情報に該当すると解されるものの例示であって、法律の定義では、他の情報と容易に照合することができ、それにより特定の個人を識別することができることとなるものを含む、とされていることに留意が必要である。これにより、より広範な情報が個人情報に含まれることになるであろう。

「他の情報と容易に照合することができる」とは、事業者の実態に即して個々の事例ごとに判断されるべきであるが、通常の業務における一般的な方法で、他の情報と容易に照合することができる状態をいい、例えば、他の事業者への照会を要する場合等であって照合が困難な状態は、一般に、容易に照合することができない状態であると解される。単体では何ら特定の個人を識別することができない情報であっても、事業者においてはユーザーや顧客の情報についてデータベース等を構築して様々な項目の情報に紐づけて保管されることがあり、当該情報が氏名等の特定の個人を識別できる情報とともに同一のデータベースにおいて保存されているような場合には、個人情報に該当する可能性がある。

「個人識別符号」とは、以下のいずれかに該当する文字、番号、記号その他の符号のうち、政令で定めるものをいう（個人情報保護法2条2項）。

①特定の個人の身体の一部の特徴を電子計算機の用に供するために変換した文字、番号、記号その他の符号であって、当該特定の個人を識別することができるもの。

②個人に提供される役務の利用若しくは個人に販売される商品の購入に関し割り当てられ、又は個人に発行されるカードその他の書類に記載され、若しくは電磁

关于保护个人信息的法律的施行令（以下称个人信息保护法施行令）第 1 条列举了符合上述①的符号，包括 DNA 碱基序列、面部识别数据、指纹或掌纹等。

个人信息保护法施行令第 1 条、关于保护个人信息的法律的施行规则（以下称个人信息保护法施行规则）第 3 条、第 4 条列举了符合上述②的符号，包括护照号码、基本养老金号码、驾驶证号码、健康保险被保险人号码、在留卡号码等。

2. 敏感个人信息

"敏感个人信息"是指包含关于本人种族、信仰、社会地位、病历、犯罪记录、受害事实等描述的个人信息，需要特别注意处理以防止对本人造成不当歧视、偏见及其他损害（个人信息保护法第 2 条第 3 款）。

获取或向第三方提供敏感个人信息时，原则上需要本人同意，不允许通过选择退出（opt-out）方式向第三方提供。

此外，作为与敏感个人信息的不同概念，金融领域的个人信息保护指南第 5 条规定了"敏感信息"。敏感信息除了包括敏感个人信息，还包括加入工会、门第、原籍、健康医疗及性生活相关信息（公开的信息或通过目视、拍摄获取的外形明显信息除外）。该规定仅适用于从事金融业务的企业，并要求比敏感个人信息更严格地处理，在某些情况下禁止获取、使用或向第三方提供。

3. 个人数据

"个人数据"是指由个人信息处理经营者管理的"个人信息数据库"中的个人信息（个人信息保护法第 16 条第 3 款）。

"个人信息数据库等"是指可以通过计算机检索特定个人信息的、体系化的个人信息集合体。此外，即使不使用计算机，而是将以纸质媒介处理的个人信息，按一定规则整理分类以便很容易检索特定个人信息，并附目录、索引、符号以便他人很容易检索特定个人信息的，同样构成个人信息数据库等（通则指南 2-4）。但行政规章规定的

的方式により記録された文字、番号、記号その他の符号であって、その利用者若しくは購入者又は発行を受ける者ごとに異なるものとなるように割り当てられ、又は記載され、若しくは記録されることにより、特定の利用者若しくは購入者又は発行を受ける者を識別することができるもの。

上記①に該当するものは、個人情報の保護に関する法律施行令（以下「個人情報保護法施行令」とする）1条に例示されており、DNAの塩基配列、顔認識データ、指紋又は掌紋等をいう。

上記②に該当するものは、個人情報保護法施行令1条、個人情報の保護に関する法律施行規則（以下「個人情報保護法施行規則」とする）3条、4条に例示されており、旅券番号、基礎年金番号、運転免許証番号、健康保険の被保険者番号、在留カード番号等をいう。

2. 要配慮個人情報

要配慮個人情報とは、本人の人種、信条、社会的身分、病歴、犯罪の経歴、犯罪により害を被った事実その他本人に対する不当な差別、偏見その他の不利益が生じないようにその取扱いに特に配慮を要するものとして政令で定める記述等が含まれる個人情報をいう（個人情報保護法2条3項）。

要配慮個人情報の取得や第三者提供には、原則として本人の同意が必要であり、オプトアウトによる第三者提供は認められていない。

なお、要配慮個人情報とは別概念として、金融分野における個人情報保護に関するガイドライン5条が「機微情報」について定めている。機微情報には、要配慮個人情報に加えて、労働組合への加盟、門地、本籍地、保健医療および性生活に関する情報（公開されているもの、または、本人を目視し、もしくは撮影することにより取得するその外形上明らかなものを除く）が含まれる。同ガイドラインが適用される金融事業を行う事業者に対してのみ適用される規制であるが、要配慮個人情報よりも厳格な取扱いが求められており、一定の場合を除き、取得、利用または第三者提供が禁止される。

3. 個人データ

個人データとは、個人情報取扱事業者が管理する「個人情報データベース等」を構成する個人情報をいう（個人情報保護法16条3項）。

個人情報データベース等とは、特定の個人情報をコンピュータを用いて検索することができるように体系的に構成した、個人情報を含む情報の集合物をいう。また、コンピュータを用いていない場合であっても、紙面で処理した個人情報を一定の規則に従って整理・分類し、特定の個人情報を容易に検索することができるよう、

从使用方法来看损害个人权益风险较低的信息（如市售电话簿、住宅地图、导航系统等）除外。

4. 保有个人数据

"保有个人数据"是指个人信息处理经营者有权进行披露、内容更正、追加或删除、使用停止、消除及停止向第三方提供的个人数据，行政规章规定的因其存在的公开将损害公共利益及其他利益的数据除外（个人信息保护法第 16 条第 3 款）。

5. 去标识化加工信息、匿名加工信息

"去标识化加工信息"是指通过删除个人信息中的部分描述等（包括以不可复原的方法替换为其他描述等）或删除全部个人识别符号，使其不与其他信息相对照就无法识别特定个人的个人信息（个人信息保护法第 2 条第 5 款）。

"匿名加工信息"是指通过删除个人信息中的部分描述等（包括以不可复原的方法替换为其他描述等）或删除全部个人识别符号，使其无法识别特定个人且无法复原的个人信息（个人信息保护法第 2 条第 6 款）。

制作去标识化加工信息和匿名加工信息时，必须遵循法律规定的标准。因此，单纯屏蔽数据库中部分个人数据的做法可能并不妥当。

去标识化加工信息原则上不能向第三方提供，但超出获取个人信息时的使用目的进行使用的，也可以通过公示变更使用目的后进行使用[1]。但是，匿名加工信息可在未获得本人同意的情况下向第三方提供，但在制作匿名加工信息及向第三方提供时，需事先公示规定事项（个人信息保护法第 43 条第 3 款、第 4 款）。

---

[1] 关于去标识化加工信息，由于不适用个人信息保护法第 17 条第 2 款规定的关于变更使用目的的限制规定，因此在变更使用目的时，可以超出与变更前的使用目的相关联的合理范围。

目次、索引、符号等を付し、他人によっても容易に検索可能な状態に置いているものも該当する（通則ガイドライン 2-4）。ただし、利用方法からみて個人の権利利益を害するおそれが少ないものとして政令が定めるもの（市販の電話帳、住宅地図、カーナビゲーションシステム等）は除かれる。

　4. 保有個人データ

　保有個人データとは、個人情報取扱事業者が、開示、内容の訂正、追加又は削除、利用の停止、消去及び第三者への提供の停止を行うことのできる権限を有する個人データであって、その存否が明らかになることにより公益その他の利益が害されるものとして政令で定めるもの以外のものをいう（個人情報保護法 16 条 3 項）。

　5. 仮名加工情報・匿名加工情報

　仮名加工情報とは、個人情報に含まれる記述等の一部を削除すること（復元できない方法により他の記述等に置き換えることを含む）や個人識別符号の全部を削除することにより、他の情報と照合しない限り特定の個人を識別することができないように個人情報を加工して得られる個人に関する情報をいう（個人情報保護法 2 条 5 項）。

　匿名加工情報とは、個人情報に含まれる記述等の一部を削除すること（復元できない方法により他の記述等に置き換えることを含む。）や個人識別符号の全部を削除することにより、特定の個人を識別することができないように個人情報を加工して得られる個人に関する情報であって、当該個人情報を復元することができないようにしたものをいう（個人情報保護法 2 条 6 項）。

　仮名加工情報・匿名加工情報を作成するときは、それぞれ法令で定める基準に従って加工しなければならない。よって、データベースを構成する個人データの一部を単にマスキングしただけでは、適切な加工とならない。

　仮名加工情報は、原則として第三者提供ができないが、個人情報の取得時の利用目的を超えて利用することも、当該利用目的の変更を公表することにより可能となる[1]。一方で、匿名加工情報は、本人の同意を得ないで第三者提供ができるが、匿名加工情報を作成したとき及び第三者に提供するときに、あらかじめ所定の事項を公表しなければならない（個人情報保護法 43 条 3 項、4 項）。

---

〔1〕　仮名加工情報については、利用目的の変更の制限に関する個人情報保護法 17 条 2 項の規定は適用されないため、変更前の利用目的と関連性を有すると合理的に認められる範囲を超える利用目的の変更も認められる。

"统计信息"是指从多人的信息中提取共同要素并按相同分类汇总的数据，用于定量把握群体倾向或性质。因此，与去标识化信息、匿名加工信息不同，只要排除与特定个人的对应关系，统计信息不属于"有关个人的信息"，不受个人信息保护法监管。[1]

6. 个人关联信息

"个人关联信息"是指除个人信息、去标识化加工信息及匿名加工信息之外，关于生存个人的信息（个人信息保护法第2条第7款）。

属于个人关联信息的例子包括以下内容（通则指南2-8）。但如果这些信息存储在包含能够识别特定个人的其他信息的数据库中，或者个人的位置信息被连续积累以至于能够识别特定个人，则属于个人信息，不属于个人关联信息。

- 通过终端标识符（如Cookie）收集的个人浏览历史；
- 关联电子邮件地址的个人年龄、性别、家庭构成等信息；
- 个人的商品购买记录、服务使用记录；
- 个人的位置信息；
- 显示个人兴趣、关注的信息。

个人关联信息不受个人数据向第三方提供的限制，但在预期由个人关联信息接收方将其作为个人数据获取时，需事先确认该提供已获得本人同意（个人信息保护法第31条第1款），并记录相关确认事项（个人信息保护法第31条第3款）。

（三）个人信息处理的规定

1. 明确使用目的

个人信息处理经营者在处理个人信息时，必须尽可能明确使用目的（个人信息保

---

[1] 参见《个人信息保护法指南（去标识化加工详细和匿名加工信息篇）》3-1-1。

なお、「統計情報」は、複数人の情報から共通要素に係る項目を抽出して同じ分類ごとに集計して得られるデータであり、集団の傾向又は性質などを数量的に把握するものである。したがって、統計情報は、特定の個人との対応関係が排斥されている限りにおいては、「個人に関する情報」に該当するものではないため、個人情報としての規制の対象外となり[1]、仮名加工情報・匿名加工情報とも異なるものである。

6. 個人関連情報

個人関連情報とは、生存する個人に関する情報であって、個人情報、仮名加工情報及び匿名加工情報のいずれにも該当しないものをいう（個人情報保護法2条7項）。

個人関連情報に該当する事例としては、以下が挙げられる（通則ガイドライン2-8）。ただし、特定の個人を識別することのできる他の情報を含むデータベースにおいて保管されている場合や、個人に関する位置情報が連続的に蓄積される等して特定の個人を識別することができる場合には、個人情報に該当し、個人関連情報には該当しないことになる。

● Cookie 等の端末識別子を通じて収集された、ある個人のウェブサイトの閲覧履歴；
● メールアドレスに結び付いた、ある個人の年齢・性別・家族構成等；
● ある個人の商品購買履歴・サービス利用履歴；
● ある個人の位置情報；
● ある個人の興味・関心を示す情報。

個人関連情報は、個人データにかかる第三者提供の制限は受けないが、個人関連情報の提供先において個人データとして取得することが想定されるときは、あらかじめ当該提供についての本人の同意が得られていること等を確認し（個人情報保護法31条1項）、当該確認に係る事項の記録をしなければならない（個人情報保護法31条3項）。

(三) 個人情報の取扱いに関する規制

1. 利用目的の特定

個人情報取扱事業者は、個人情報を取り扱うに当たっては、利用目的をできる

---

[1]「個人情報の保護に関する法律についてのガイドライン（仮名加工情報・匿名加工情報編）」3-1-1。

护法第 17 条第 1 款）。

明确使用目的不能仅是抽象、一般性地特定，而是应具体到使个人能够合理预见其个人信息最终将用于何种业务和目的的程度（通则指南 3-1-1）。

使用目的的变更应在与变更前的使用目的相关的合理范围内进行（个人信息保护法第 17 条第 2 款），超出此范围处理个人信息时，需事先获得个人的同意（个人信息保护法第 18 条第 1 款）。

2. 禁止不正当使用

个人信息处理经营者不得以可能助长或诱发非法或不正当行为的方式使用个人信息（个人信息保护法第 19 条）。例如，广告分发经营者在明知第三方请求发布的广告产品为非法药物等违法商品时，仍使用其获取的个人信息进行广告分发，就属于不正当使用（通则指南 3-2）。

3. 合法获取

个人信息处理经营者不得通过欺诈等不正当手段获取个人信息（个人信息保护法第 20 条第 1 款）。例如，故意展示虚假的个人信息取得主体和使用目的等信息，从本人那里获取个人信息，就属于不正当获取（通则指南 3-3-1）。

4. 确保数据内容的准确性

个人信息处理经营者应在达到使用目的所需范围内，保持个人数据的准确性和最新性，并在不再需要使用时，及时删除该个人数据（个人信息保护法第 22 条）。

虽然不需要一律或始终保持个人数据的最新性，但应根据使用目的在必要范围内确保准确性和最新性（通则指南 3-4-1）。

在使用目的达成或作为该使用目的的业务本身停止等时，应尽快删除相关个人数据，但若部分数据仍有使用目的或因法律规定需保存时，则不受此限制。

第6章　数字文化产业的日本法监管注意点

限り特定しなければならない（個人情報保護法17条1項）。

利用目的の特定に当たっては、利用目的を単に抽象的、一般的に特定するのではなく、個人情報が個人情報取扱事業者において、最終的にどのような事業の用に供され、どのような目的で個人情報を利用されるのかが、本人にとって一般的かつ合理的に想定できる程度に具体的に特定することが望ましいとされる（通則ガイドライン3-1-1）。

利用目的の変更は、変更前の利用目的と関連性を有すると合理的に認められる範囲内で可能であり（個人情報保護法17条2項）、この範囲を超えて個人情報を取り扱う場合には、あらかじめ本人の同意を得なければならない（個人情報保護法18条1項）。

2. 不適正利用の禁止

個人情報取扱事業者は、違法又は不当な行為を助長し、又は誘発するおそれがある方法により個人情報を利用してはならない（個人情報保護法19条）。

例えば、広告配信を行っている事業者が、第三者から広告配信依頼を受けた商品が違法薬物等の違法な商品であることが予見できるにもかかわらず、当該商品の広告配信のために、自社で取得した個人情報を利用する場合等がこれに該当する（通則ガイドライン3-2）。

3. 適正取得

個人情報取扱事業者は、偽り等の不正の手段により個人情報を取得してはならない（個人情報保護法20条1項）。

例えば、個人情報を取得する主体や利用目的等について、意図的に虚偽の情報を示して、本人から個人情報を取得する場合がこれに該当する（通則ガイドライン3-3-1）。

4. データ内容の正確性の確保

個人情報取扱事業者は、利用目的の達成に必要な範囲内において、個人データを正確かつ最新の内容に保つとともに、利用する必要がなくなったときは、当該個人データを遅滞なく消去するよう努めなければならない（個人情報保護法22条）。

もっとも、保有する個人データを一律に又は常に最新化する必要はなく、それぞれの利用目的に応じて、その必要な範囲内で正確性・最新性を確保すれば足りる（通則ガイドライン3-4-1）。

利用目的が達成された場合や、当該目的の前提となる事業自体が中止となった場合等は、当該個人データを遅滞なく消去するよう努めなければならない。一部でも利用目的が存する場合や、法令の定めにより保存期間等が定められている場合は、

5. 安全管理措施

个人信息处理经营者应采取必要且适当的措施，以确保个人数据的安全管理，防止其处理的个人数据泄露、丢失或损毁（以下简称泄露等）（个人信息保护法第23条）。

这些措施应根据个人数据泄露等对个人权利利益侵害的严重程度，业务规模及性质、个人数据的处理情况（包括处理的个人数据的性质及数量）、记录个人数据的媒介性质等风险，采取必要且适当的内容（通则指南3-4-2）。

此外，个人信息处理经营者应对其劳动者及外部受托方进行必要且适当的监督（个人信息保护法第24条、第25条）。

6. 个人数据泄露时的应对

个人信息处理经营者在知晓以下四种情况下，应向个人信息保护委员会报告（个人信息保护法第26条第1款、个人信息保护法施行规则第7条）。

①含有敏感个人信息的个人数据发生或可能发生泄露等时；

②被不正当使用，可能导致财产损失的个人数据发生或可能发生泄露等时；

③可能出于不正当目的而对该个人信息处理经营者进行的行为，导致个人数据发生或可能发生泄露等时；

④个人数据发生或可能发生泄露等，涉及的本人数量超过千人时。

上述③中，包括因非法访问导致个人数据泄露，或因勒索软件等导致个人数据加密无法恢复，或记录或记载了个人数据的文件、媒介等被盗，或劳动者非法带出客户个人数据并提供给第三方等情形（通则指南3-5-1）。

个人信息处理经营者在知晓报告对象情况时，应迅速向个人信息保护委员会报告（称为速报）。迅速的时间标准因具体情况而异，通常为个人信息处理经营者知晓情况后3～5天内（通则指南3-5-3-3）。

此外，个人信息处理经营者在知晓报告对象情况时，除速报外，还应在30天内（上述第③种情况为60天内）向个人信息保护委员会提交报告（称为确报）。30天或60天内是报告期限，可能的情形下，最好尽早报告。

この限りではない。

5. 安全管理措置

個人情報取扱事業者は、その取り扱う個人データの漏えい、滅失又は毀損（以下「漏えい等」とする）の防止その他の個人データの安全管理のため、必要かつ適切な措置を講じなければならない（個人情報保護法 23 条）。

当該措置は、個人データが漏えい等をした場合に本人が被る権利利益の侵害の大きさを考慮し、事業の規模及び性質、個人データの取扱状況（取り扱う個人データの性質及び量を含む。）、個人データを記録した媒体の性質等に起因するリスクに応じて、必要かつ適切な内容としなければならない（通則ガイドライン 3-4-2）。

また、個人データの安全管理が図られるよう、個人情報取扱事業者の従業員及び外部委託先に対して、必要かつ適切な監督を行わなければならない（個人情報保護法 24 条、25 条）。

6. 個人データの漏えい時の対応

個人情報取扱事業者は、以下の①～④までに掲げる事態を知ったときは、個人情報保護委員会に報告しなければならない（個人情報保護法 26 条 1 項、個人情報保護法施行規則 7 条）。

①要配慮個人情報が含まれる個人データの漏えい等が発生し、又は発生したおそれがある事態；

②不正に利用されることにより財産的被害が生じるおそれがある個人データの漏えい等が発生し、又は発生したおそれがある事態；

③不正の目的をもって行われたおそれがある当該個人情報取扱事業者に対する行為による個人データの漏えい等が発生し、又は発生したおそれがある事態；

④個人データに係る本人の数が千人を超える漏えい等が発生し、又は発生したおそれがある事態。

上記③には、不正アクセスにより個人データが漏えいした場合の他、ランサムウェア等により個人データが暗号化され復元できなくなった場合、個人データが記載又は記録された書類・媒体等が盗難された場合、従業者が顧客の個人データを不正に持ち出して第三者に提供した場合等が含まれる（通則ガイドライン 3-5-1）。

個人情報取扱事業者は、報告対象事態を知ったときは、速やかに、個人情報保護委員会に報告しなければならない（「速報」と呼ばれる）。「速やか」の日数の目安については、個別の事案によるものの、個人情報取扱事業者が当該事態を知った時点から概ね 3 ～ 5 日以内であるとされる（通則ガイドライン 3-5-3-3）。

さらに、個人情報取扱事業者は、報告対象事態を知ったときは、速報に加え、

7. 个人数据向第三方提供的限制

个人信息处理经营者在向第三方提供个人数据时，除以下法律规定的情形外，需事先获得本人的同意（个人信息保护法第 27 条第 1 款）。

①基于法律规定时。

②为保护生命、身体或财产的必要情况，且难以获得本人同意时。

③为促进公共卫生或儿童健康成长的特别需要情况，且难以获得本人同意时。

④国家机关或地方政府或其委托的人执行法定事务需要协助，且获得本人同意可能影响事务执行时。

⑤个人信息处理经营者为学术研究机构等，且提供个人数据为发表研究成果或教授所必要时（可能会不当侵害个人权益的情形除外）。

⑥个人信息处理经营者为学术研究机构等，且为学术研究目的而需要提供个人数据时（包括该个人信息提供目的部分是为了学术研究时，可能会不当地侵害个人权益的情形除外）（仅限该个人信息处理经营者与该第三方共同进行学术研究时）。

⑦第三方为学术研究机构等，该第三方为学术研究目的而需要处理该个人数据时（包括该个人信息处理目的部分是为了学术研究时，可能会不当地侵害个人权益的情形除外）。

此外，为了在个人数据非法流通时，也能够事后特定其流通路径，个人信息处理经营者向第三方提供或从第三方接收个人数据时，应记录并保存第三方的姓名等信息（个人信息保护法第 29 条、第 30 条）。

以下情形下，尽管个人信息接收方形式上是与个人信息处理经营者不同主体的第三方，但在与本人关系中，可以合理视为其与提供主体的个人信息处理经营者为一体，

30日以内（上記③の事態においては60日以内。）に個人情報保護委員会に報告しなければならない（「確報」と呼ばれる）。30日以内または60日以内は報告期限であり、可能である場合には、より早期に報告することが望ましいとされる。

7. 個人データの第三者提供の制限

個人情報取扱事業者は、法令で定める以下の場合を除いて、個人データの第三者への提供に当たり、あらかじめ本人の同意を得ないで提供してはならない（個人情報保護法27条1項）。

①法令に基づく場合。

②人の生命、身体又は財産の保護のために必要がある場合であって、本人の同意を得ることが困難であるとき。

③公衆衛生の向上又は児童の健全な育成の推進のために特に必要がある場合であって、本人の同意を得ることが困難であるとき。

④国の機関若しくは地方公共団体又はその委託を受けた者が法令の定める事務を遂行することに対して協力する必要がある場合であって、本人の同意を得ることにより当該事務の遂行に支障を及ぼすおそれがあるとき。

⑤当該個人情報取扱事業者が学術研究機関等である場合であって、当該個人データの提供が学術研究の成果の公表又は教授のためやむを得ないとき（個人の権利利益を不当に侵害するおそれがある場合を除く）。

⑥当該個人情報取扱事業者が学術研究機関等である場合であって、当該個人データを学術研究目的で提供する必要があるとき（当該個人データを提供する目的の一部が学術研究目的である場合を含み、個人の権利利益を不当に侵害するおそれがある場合を除く）（当該個人情報取扱事業者と当該第三者が共同して学術研究を行う場合に限る）。

⑦当該第三者が学術研究機関等である場合であって、当該第三者が当該個人データを学術研究目的で取り扱う必要があるとき（当該個人データを取り扱う目的の一部が学術研究目的である場合を含み、個人の権利利益を不当に侵害するおそれがある場合を除く）。

また、仮に個人データが不正に流通した場合でも個人データの流通経路を事後的に特定することができるようにする必要があるため、個人情報取扱事業者が第三者に個人データを提供する場合又は第三者から個人データの提供を受ける場合には、当該第三者の氏名等の記録を作成・保存しなければならない（個人情報保護法29条、30条）。

以下の場合については、個人データの提供先は個人情報取扱事業者とは別の主体として形式的には第三者に該当するものの、本人との関係において提供主体である個

不属于"第三方",因此不受第三方提供限制(个人信息保护法第 27 条第 5 款)。

①委托(第 27 条第 5 款第 1 项相关)

在实现使用目的所需范围内,委托处理个人数据的业务全部或部分时,接收方不属于第三方。此时,接收方仅在委托业务范围内被视为与个人信息处理经营者一体,不能在委托业务外处理个人数据。

②业务继承(第 27 条第 5 款第 2 项相关)

因合并、公司分立、业务转让等导致业务继承,提供该业务有关的个人数据时,该接收方不属于第三方。

③共同使用(第 27 条第 5 款第 3 项相关)

在与集团企业这样的特定者之间共同使用个人数据,向该特定者提供时,如果在提供前事先通知本人或使本人容易知晓规定的信息时,则在本人看来,可以合理视为该接收方与最初提供该个人数据的经营者为一体,不属于"第三方"。

8. 向国外第三方提供的限制

个人信息处理经营者向国外第三方提供个人数据时,应采用以下任一方法。此外,此"第三方"包括前述第(7)①至③的情形下的个人数据提供时,[1]需要注意。

(1)事先获得本人的同意时。

若要获得同意时,需提供以下信息(个人信息保护法第 28 条第 2 款)。

①接收方的第三方所在国家的名称。

②通过适当合理方法获得的该国个人信息保护制度信息。[2]

③该第三方采取的个人信息保护措施信息。[3]

---

〔1〕 因为个人信息保护法第 27 条第 5 款规定了不包括在该条各款所指的"第三方"之内的情形。

〔2〕 个人信息保护委员会已公布了所实施的关于外国个人信息保护制度的调查,在实际操作中经常参照该调查,载个人信息保护委员会网站:https://www.ppc.go.jp/personalinfo/legal/kaiseihogohou/#gaikoku,最后访问日期:2024 年 10 月 25 日。

〔3〕 接收方的外国第三方如果采取了符合 OECD 隐私指南 8 项原则的所有措施,则只需将此信息提供给本人即可(《个人信息保护法指南(向国外第三方提供篇)》5-2)。

人情報取扱事業者と一体のものとして取り扱うことに合理性があるため「第三者」に該当しないものとされ、第三者提供の制限が課されない（個人情報保護法27条5項）。

①委託（個人情報保護法27条5項1号関係）

利用目的の達成に必要な範囲内において、個人データの取扱いに関する業務の全部又は一部を委託することに伴い、当該個人データが提供される場合は、当該提供先は第三者に該当しない。この場合、当該提供先は、委託された業務の範囲内でのみ、本人との関係において提供主体である個人情報取扱事業者と一体のものとして取り扱われることに合理性があるため、委託された業務以外に当該個人データを取り扱うことはできない。

②事業の承継（個人情報保護法27条5項2号関係）

合併、分社化、事業譲渡等により事業が承継されることに伴い、当該事業に係る個人データが提供される場合は、当該提供先は第三者に該当しない。

③共同利用（個人情報保護法27条5項3号関係）

グループ企業のような特定の者との間で共同して利用される個人データを当該特定の者に提供する場合であって、所定の情報を、提供にあたりあらかじめ本人に通知し、又は本人が容易に知り得る状態に置いているときには、当該提供先は、本人から見て、当該個人データを当初提供した事業者と一体のものとして取り扱われることに合理性があると考えられることから、第三者に該当しない。

8. 外国にある第三者への提供制限

個人情報取扱事業者が個人データを外国にある第三者に提供するに当たっては、以下のうちいずれかの方法によらなくてはならない。なお、この「第三者」には、前記7.①～③により個人データを提供する場合も含まれる[1]ことに留意が必要である。

（1）あらかじめ本人の同意を得ている場合

同意を得ようとする場合には、以下の情報提供を行わなければならない（個人情報保護法28条2項）。

①提供先の第三者が所在する外国の名称。

②適切かつ合理的な方法により得られた当該外国における個人情報の保護に関する制度に関する情報[2]。

---

[1] 個人情報保護法27条5項は、同条各項における「第三者」に含まれないことを定めているのみであるため。

[2] 個人情報保護委員会が実施した外国における個人情報の保護に関する制度等の調査が公表されており、これを参照する例が実務的には多い。個人情報保護委員会ウェブサイト（https://www.ppc.go.jp/personalinfo/legal/kaiseihogohou/#gaikoku）（最終閲覧日：2024年10月25日）。

（2）该第三方所在国家被法规认定为与日本同等水平的个人信息保护制度国家（如欧盟及英国）时。

（3）为了能持续采取个人信息处理经营者所应采取的措施相当的措施（以下简称相当措施），作为所需要的体制，该第三方具备了符合以规则制定的基准的体制时。

"以规则制定的基准"规定在个人信息保护法施行规则第16条，为以下之一。

①个人信息处理经营者与个人数据接受方之间，以适当且合理的方法确保接受方对个人数据的处理，实施符合个人信息保护法第4章第2节规定精神的措施（相当措施）。

②个人数据接受方获得了基于国际框架的认证［如取得了亚太经济合作组织（APEC）的跨境隐私规则（CBPR）系统的认证时］。

向具备了符合此标准的体制的国外第三方提供个人数据时，需采取必要措施确保第三方持续实施相应措施，并应本人要求提供与该必要措施相关信息[1]（个人信息保护法第28条第3款）。

（4）符合个人信息保护法第27条第1款各项时［参见前述（7）］。

（四）隐私政策的记载和注意事项

1.隐私政策的制定

个人信息保护法对个人信息处理经营者没有施加制定隐私政策等的义务。但是，根据个人信息保护法第23条规定，"基本方针的制定"为安全管理措施之一，作为致力于确保个人数据得到适当处理的组织，个人信息处理经营者有必要制定基本方针（通则指南10-1），另外，关于保有个人数据，必须将为安全管理而采取的措施等置于本人能够知道的状态（个人信息保护法第32条第1款、个人信息保护法施行令第10条第1项），因此，通常情况下，企业会将这些基本方针纳入隐私政策文件中进行制定和公开，这是实务上的惯例。

---

[1] 包括该第三方实施的相当措施的概要、所在外国名称等。

③当該第三者が講ずる個人情報の保護のための措置に関する情報[1]。

(2) 当該第三者が、我が国と同等の水準にあると認められる個人情報保護制度を有している国として規則で定める国にある場合 EU 及び英国が該当する。

(3) 当該第三者が、個人情報取扱事業者が講ずべき措置に相当する措置（以下「相当措置」とする）を継続的に講ずるために必要な体制として規則で定める基準に適合する体制を整備している場合

「規則で定める基準」は、個人情報保護法施行規則16条に定められており、次のいずれかに該当することである。

①個人情報取扱事業者と個人データの提供を受ける者との間で、当該提供を受ける者における当該個人データの取扱いについて、適切かつ合理的な方法により、個人情報保護法4章2節の規定の趣旨に沿った措置（相当措置）の実施が確保されていること。

②個人データの提供を受ける者が、個人情報の取扱いに係る国際的な枠組みに基づく認定を受けていること（アジア太平洋経済協力（APEC）の越境プライバシールール（CBPR）システムの認証を取得している場合等）。

この基準に適合する体制を整備している外国にある第三者に対して個人データを提供した場合には、当該第三者による相当措置の継続的な実施を確保するために必要な措置を講ずるとともに、本人の求めに応じて当該必要な措置に関する情報[2]を当該本人に提供しなければならない（個人情報保護法28条3項）。

(4) 個人情報保護法27条1項各号のいずれかに該当する場合（前記（7）参照）

(四) プライバシーポリシーの記載事項と留意点

1. プライバシーポリシーの策定

個人情報保護法は、個人情報取扱事業者に対してプライバシーポリシー等の策定そのものを義務付けていることはない。もっとも、個人情報保護法23条に定める安全管理措置の一つとして「基本方針の策定」が例示され、個人情報取扱事業者は個人データの適正な取扱いの確保について組織として取り組むために基本方針を策定することが重要である（通則ガイドライン10-1）、とされており、また、保有個

---

[1] 提供先の外国にある第三者が、OECDプライバシーガイドライン8原則に対応する措置を全て講じている場合には、その旨を本人に情報提供すれば足りるとされている（個人情報の保護に関する法律についてのガイドライン（外国にある第三者への提供編）5-2）。

[2] 当該第三者が実施する相当措置の概要や、所在する外国の名称等が含まれる。

除了公开保有个人数据相关事项之外，有时隐私政策中还会记载根据个人信息保护法要求通知本人或公开的事项。此外，通过获取对隐私政策中要求本人同意的事项的同意，企业可以视为已得到本人的同意。

为了建立与消费者等本人的信赖关系，并确保社会对经营活动的信赖，制定"推进个人信息保护的理念和方针"，并在公司主页上公布，提前以易懂的方式进行说明，明确是否委托处理个人信息以及委托事务的内容，推进透明化也非常重要（通则指南3-9）。因此，从确保对用户透明性的角度出发，制定隐私政策的情况也越来越普遍。

2. 公布保有个人数据相关事项

关于保护个人数据，需将以下事项置于个人可知晓的状态（包括应本人要求及时回应）（个人信息保护法第32条第1款、个人信息保护法施行令第10条）：

①个人信息处理经营者的名称、住所[1]及法人的法定代表人姓名。

②所有保有个人数据的使用目的（但特定情况下[2]除外）。

③通知保有个人数据的使用目的的要求，保有持有个人数据的披露，保有个人数据内容的更正、追加或删除，保有个人数据的使用停止或消除，停止向第三方提供或披露向第三方提供记录的请求程序及相关费用（如有）。

④为保有个人数据的安全管理所采取的措施（但将其置于本人可知晓状态可能影响安全管理的除外）。

---

[1] 个人信息处理经营者在外国时，包括该外国名称。

[2] 属于个人信息保护法第21条第4款第1项至第3项规定的无需通知或公开个人信息使用目的的情形。

人データに関しては、安全管理のために講じた措置等を本人の知り得る状態に置かなければならない（個人情報保護法32条1項、個人情報保護法施行令10条1号）と定められているため、その基本方針としてのプライバシーポリシー等の文書が策定され、公表されていることが実務上の慣行となっている。

また、保有個人データに関する事項の公表等の他にも、個人情報保護法において本人への通知または公表が求められている事項をプライバシーポリシーに記載して情報提供を行い、また、個人情報保護法において本人の同意が求められている事項を記載したプライバシーポリシーへの同意を取得することにより本人の同意を得ていることがある。

さらに、消費者等本人との信頼関係を構築し事業活動に対する社会の信頼を確保するためには、「個人情報保護を推進する上での考え方や方針」を策定し、それをホームページに掲載する等して公表し、あらかじめ、対外的に分かりやすく説明することや、委託の有無、委託する事務の内容を明らかにする等、委託処理の透明化を進めることも重要である（通則ガイドライン3-9）、ともされており、ユーザーに対する透明性確保の観点でプライバシーポリシーが策定されていることも多くなっている。

2. 保有個人データに関する事項の公表

保有個人データに関しては、以下の事項を本人の知り得る状態（本人の求めに応じて遅滞なく回答する場合を含む。）にしなければならない（個人情報保護法32条1項、個人情報保護法施行令10条）。

①個人情報取扱事業者の名称、住所[1]及び法人の代表者氏名。

②全ての保有個人データの利用目的（ただし、一定の場合[2]を除く）。

③保有個人データの利用目的の通知の求め、保有個人データの開示、保有個人データの内容の訂正、追加若しくは削除、保有個人データの利用の停止若しくは消去又は第三者への提供の停止、又は第三者提供記録の開示の請求に応じる手続、及びこれらの請求に係る手数料の額（定めた場合に限る）。

④保有個人データの安全管理のために講じた措置（ただし、本人の知り得る状態に置くことにより当該保有個人データの安全管理に支障を及ぼすおそれがあるものを除く）。

---

[1] 個人情報取扱事業者が外国に所在する場合は、その外国の名称を含む。
[2] 個人情報の利用目的を通知又は公表しなくてよい場合とされる、個人情報保護法21条4項1号～3号までに該当する場合。

⑤处理保有个人数据相关投诉的联系方式。

3. 需要通知本人或公布的情形

根据个人信息保护法，以下事项需通知本人或公布：

①个人信息的使用目的（个人信息保护法第 21 条第 1 款、第 2 款，变更使用目的时适用个人信息保护法第 21 条第 3 款）。

②以选择退出（opt-out）的方式进行第三方提供的相关事项（个人信息保护法第 27 条第 2 款、第 3 款）。

③共同使用相关事项[1]（个人信息保护法第 27 条第 5 款第 3 项）。

④去标识化加工信息相关事项（个人信息保护法第 41 条第 4 款、第 6 款及第 42 条第 2 款）。

⑤匿名加工信息相关事项（个人信息保护法第 43 条第 3 款、第 4 款及第 6 款，第 44 条及第 46 条）。

关于"公布"，应根据业务性质及个人信息的处理情况，采用合理且适当的方法，例如，将其刊登在从公司网站首页点击一次即可到达的页面（通则指南 2-14）。

4. 需要取得本人的同意的情形

根据个人信息保护法，以下情形需要获得本人的同意：

①个人信息的目的外使用（个人信息保护法第 18 条第 2 款）。

②获取敏感个人信息（个人信息保护法第 20 条第 2 款）。

③个人数据的第三方提供（个人信息保护法第 27 条第 1 款）。

④向国外第三方提供个人数据（个人信息保护法第 28 条第 1 款）。

⑤个人关联信息的第三方提供（个人信息保护法第 31 条第 1 款）。

具体的同意获取方法在法律中没有详细规定，通则指南 2-16 中仅规定：应根据业务性质及个人信息的处理情况，采用合理且适当的方法使本人能够做出同意的判断。例如，点击网站上表明本人同意的按钮，或在"下一步"按钮附近标示"同意隐私政

---

[1] ①共同使用的事宜，②共同使用的个人数据项目，③共同使用者的范围，④使用者的使用目的，⑤该个人数据的责任人的名称、地址及法定代表人姓名。

| 第6章　数字文化产业的日本法监管注意点 |

⑤保有個人データの取扱いに関する苦情の申出先。

3. 本人への通知または公表が求められる場合

個人情報保護法において、本人への通知または公表が求められている事項には以下のものがある。

①個人情報の利用目的に関するもの（個人情報保護法21条1項、2項、利用目的を変更した場合について個人情報保護法21条3項）。

②オプトアウトによる第三者提供に関するもの（個人情報保護法27条2項、3項）。

③共同利用に関するもの[1]（個人情報保護法27条5項3号）。

④仮名加工情報に関するもの（個人情報保護法41条4項、6項および42条2項）。

⑤匿名加工情報に関するもの（個人情報保護法43条3項、4項および6項、44条ならびに46条）。

「公表」については、事業の性質及び個人情報の取扱状況に応じ、合理的かつ適切な方法によらなければならないとされており、自社のホームページのトップページから1回程度の操作で到達できる場所への掲載がこれに該当するとされている（通則ガイドライン2-14）。

4. 本人の同意を得る場合

個人情報保護法において、本人の同意を得る必要がある場合があるものとしては、以下のものがある。

①個人情報の目的外利用に関するもの（個人情報保護法18条2項）。

②要配慮個人情報の取得に関するもの（個人情報保護法20条2項）。

③個人データの第三者提供に関するもの（個人情報保護法27条1項）。

④外国にある第三者への個人データの提供に関するもの（個人情報保護法28条1項）。

⑤個人関連情報の第三者提供に関するもの（個人情報保護法31条1項）。

具体的な同意取得の方法は法令では定められておらず、通則ガイドライン2-16が「事業の性質及び個人情報の取扱状況に応じ、本人が同意に係る判断を行うために必要と考えられる合理的かつ適切な方法によらなければならない」と定めるのみである。本人による同意する旨のホームページ上のボタンのクリックのほか、例え

---

[1] ①共同利用をする旨、②共同して利用される個人データの項目、③共同して利用する者の範囲、④利用する者の利用目的、⑤当該個人データの責任者の名称、住所及び代表者氏名。

473

策的内容",都可能被视为获得同意。经营者应根据所处理的个人信息和业务内容,考虑适当的隐私政策同意获取方法。

ば、「次のページに進む」ボタンの付近に「プライバシーポリシーの内容に同意します」とする表示を行う場合も同意を取得したと評価される場合がある。事業者としては、自らが取り扱う個人情報や事業の内容に応じて、プライバシーポリシーへの同意取得の方法を検討するべきであろう。

第7章

跨境交易和征税

一、课税制度概况

企业课税适用的日本课税法律依据包括《法人税法》及其特例规定的《租税特别措置法》。关于源泉扣缴税款规定在《所得税法》中，对于法人相关的源泉扣缴也适用《所得税法》。此外，根据《为实施东日本大地震复兴政策确保必要财源的特别措施法》，提高了源泉扣缴税率。关于地方政府的课税，《地方税法》有相应规定。以上国内税法在日本与签订税收协定的国家之间，可能受到相关税收协定规定的影响。关于税收协定适用的程序，《关于税收协定等实施涉及所得税法、法人税法及地方税法的特例等的法律》有相关规定。此外，税收协定本身也可能因《为防止税基侵蚀及利润转移的税收协定相关措施实施的多边公约》或修订议定书而有所变更。此外，关于消费税，适用《消费税法》，关于印花税，适用《印花税法》。《消费税法》和《印花税法》不受税收协定的影响。

以下主要基于以上协定和法律进行解说，但逐条引用条文会烦琐且可能影响阅读的流畅性，因此原则上省略条文引用。此外，以下内容基本上仅限于对截至2024年10月25日为止有效的协定和法律（无论是否已施行）在必要的范围内进行说明。

第7章

クロスボーダー取引と課税

一．課税制度の概観

　企業の課税に適用があり得る日本の課税の根拠となる法令としては、「法人税法」、その特例を定めた「租税特別措置法」がある。また、源泉徴収に係る税については、「所得税法」に規定があり、法人に関する源泉徴収についても所得税法が適用される。さらに、源泉徴収税率については、「東日本大震災からの復興のための施策を実施するために必要な財源の確保に関する特別措置法」により、源泉徴収にかかる税率が割増しされている。また、地方公共団体による課税については「地方税法」が規定している。以上の国内税法については、日本が租税条約を締結している国との間では、当該租税条約の規定により変容を受けることがある。租税条約の適用に関する手続きについては、「租税条約等の実施に伴う所得税法、法人税法及び地方税法の特例等に関する法律」が規定している。なお、租税条約自体も「税源浸食及び利益移転を防止するための租税条約関連措置を実施するための多数国間条約」によって、あるいは改正議定書により変更されている場合がある。そのほか、消費税については消費税法、印紙については印紙税法が適用される。消費税法や印紙税法については租税条約による変容はない。

　以下では、主に以上の条約・法令に基づいた記載をしているが、逐一条文を引用するのは煩瑣であり、読みづらいこととなることが想定されるため、原則として条文引用は割愛した。また、以下の記載は基本的に2024年10月25日時点までに改正があったもの（施行の有無は問わない）については必要な限度で記載をしているにとどまる。

二、法人所得税概要

（一）日本法人的设立和日本分公司的设置及税务申报

依据日本法律新设股份公司、合同公司等日本法人，或者在日本新设分公司等，即所谓常设机构（PE）时，在其设立或设置后，必须在规定期间内向税务当局提交设置相关的税务申报文件。[1]

（二）法人所得税的征收和税率

在日本，对法人的业务活动产生的所得，要征收法人税（类似于中国的企业所得税，属于国税）、地方法人税（国税）、法人居民税（地方税）、事业税（地方税）、特别法人事业税（属于国税。但是与事业税一起，向地方政府进行申报和缴纳）（以下简称法人税等）。法人居民税和事业税（包括特别法人事业税。以下相同）的征税对象的所得范围和征税所得的计算，除了一定的例外情况以外，与法人税相同。对于法人居民税，除了对所得的课税以外，还进行以资本等的金额以及劳动者的数量为征税标准的称为均摊课税的征税。此外，对于资本金超过1亿日元的法人，还征收称为外形标准课税的事业税。

该制度经修改为：①在前一会计年度作为外形标准课税对象的法人，在该会计年度资本金在1亿日元以下，资本金和资本剩余金的合计额超过10亿日元的，构成外形标准课税的对象；②资本金和资本公积的合计额超过50亿日元的法人或相互公司、外国相互公司（特定法人）的100%子法人等当中，该会计年度资本金在1亿日元以下，资本金和资本剩余金的合计额（公布日以后，该100%子公司等对该100%母公司等从资本剩余金中分红时，为加上与该分红相当的金额后的金额）超过2亿日元时，构成外形标准课税对象。对于①，适用于2025年4月1日以后开始的会计年度；对于②，适用于2026年4月1日以后开始的会计年度。

---

[1] 另外，外国法人不设置分公司等而在日本国内产生构成法人税课税对象的一定收入时，也需要提交税务申报文件。

二．法人所得課税の概要

（一）日本法人の設立または日本支店の設置と税務届出

　日本の法律に基づいて新たに株式会社や合同会社といった日本法人を設立した場合、または新たに日本に支店等（いわゆる恒久的施設（「PE」））を設置した場合などには、その設立または設置後、一定の期間内に税務当局に対してその設置に係る税務届出書類を提出しなければならない。[1]

（二）法人所得課税と税率

　法人の事業活動から生じる所得に対して、日本で課税される税金には、法人税（国税）、地方法人税（国税）、法人住民税（地方税）、事業税（地方税）、特別法人事業税（国税。ただし申告・納付は事業税とともに地方自治体に対して行う。）（以下「法人税等」という）がある。法人住民税、事業税（特別法人事業税を含む。以下同じ）の課税対象となる所得の範囲、課税所得の算定は一定の例外的な場合を除き、法人税と同様である。法人住民税については所得に対する税のほかに、資本等の金額および従業員の数を課税標準とした均等割課税と呼ばれる課税がなされる。また、事業税については資本金1億円超の法人を対象として外形標準課税と呼ばれる課税がなされる（当該制度は①前事業年度に外形標準課税の対象であった法人であって、当該事業年度に資本金1億円以下で、資本金と資本剰余金の合計額が10億円を超えるものは、外形標準課税の対象とする、②資本金と資本剰余金の合計額が50億円を超える法人または相互会社・外国相互会社（特定法人）の100％子法人等のうち、当該事業年度末日の資本金が1億円以下で、資本金と資本剰余金の合計額（公布日以後に、当該100％子法人等がその100％親法人等に対して資本剰余金から配当を行った場合においては、当該配当に相当する額を加算した金額）が2億円を超えるものは、外形標準課税の対象とする、との改正がなされ、①については2025年4月1日以後に開始する事業年度から適用され、②については2026年4月1日以後に開始する事業年度から適用される。）。

---

　[1]　なお、外国法人が支店等を設けないで国内において法人税の課税対象となる一定の所得を生じることとなった場合にも税務届出書類の提出が必要である。

对于在日本没有分公司的外国法人，不征收上述地方税。另外，除了位于日本的不动产的转让所得等一定的所得以外，也不征收国税。但是，在日本国内发生的所得，主要进行代扣代缴的课税所得（分红、利息、使用费等收入）。关于代扣代缴的详细情况请参照下述第五部分。

以上对于法人的税率，并不是单纯地将这些税率相加，而是可以从作为课税对象的所得金额中扣除事业税额，因此，实际税率如下所示。

■实际税率（以标准税率为基准）（小数点两位后四舍五入）

会计年度开始日期/分类	中小法人 *1 应纳税所得额 400万日元以下	中小法人 *1 应纳税所得额 超过400万日元、800万日元以下	中小法人 *1 应纳税所得额 超过800万日元	除中小法人 *1 以外的法人 *3
2021年4月1日~2025年3月31日	21.37%	23.17%	33.58%	29.74%
2025年4月1日~	（参考 *2）25.84%	（参考 *2）27.55%	33.58%	29.74%

注：*1 对中小法人，以下述法人为前提。
· 资本金在1亿日元以下。不属于资本金在5亿日元以上的大法人的100%子公司。不包括适用除外的经营者。
· 法人税额每年1000万日元以下，而且所得金额每年2500万日元以下。
· 在两个以下的都道府县有办公室和经营场所。
*2 中小法人等的减轻税率的特例措施将于2025年3月31日废止，此处记载的税率仅供参考。该参考税率基于本表格制作日（2023年12月14日）时的预测。
*3 关于中小法人以外的法人的实际税率，以资本金超过1亿日元、办公室等位于3个以上都道府县的法人为前提，使用标准税率进行计算。

■法人所得的税务负担（小数点两位后四舍五入）

2021年4月1日至2025年3月31日开始的会计年度

应纳税所得额的分类	400万日元以下	超过400万日元、800万日元以下	超过800万日元
法人税	15.00%	15.00%	23.20%
地方法人税	1.55%	1.55%	2.39%
法人居民税（1）都道府县民税	0.15%	0.15%	0.23%

| 第7章　跨境交易和征税 |

　　日本に支店がない外国法人については、上記の地方税は課税されない。また、国税についても、日本に所在する不動産の譲渡等による所得など一定の所得を除いて、国税も課税されない。ただし、日本国内で発生した所得については源泉徴収が行われて課税される所得はある（配当や利子、使用料等の所得）。源泉徴収についての詳細は下記五を参照されたい。

　　以上の法人に対する税率は、単純にそれらの税率を足し合わせたものではなく、事業税額を課税対象となる所得金額から控除できることから、実効税率としては次のようになる。

■実効税率（標準税率ベース）（小数点2位未満四捨五入）

事業年度開始日／区分	中小法人 *1 課税所得金額 400万円以下	中小法人 *1 課税所得金額 400万円超 800万円以下	中小法人 *1 課税所得金額 800万円超	中小法人 *1 以外の法人 *3
2021年4月1日〜 2025年3月31日	21.37%	23.17%	33.58%	29.74%
2025年4月1日〜	（参考 *2） 25.84%	（参考 *2） 27.55%	33.58%	29.74%

注：*1 中小法人については、下記の法人を前提とする。
・資本金は1億円以下。資本金が5億円以上の大法人の100%子会社は該当しない。適用除外事業者を除く。
・法人税額が年1000万円以下、かつ、所得金額が年2500万円以下。
・2以下の都道府県に事務所・事業所が所在。
*2 中小法人等の軽減税率の特例措置は2025年3月31日をもって廃止される前提で参考税率を記載している。参考税率は2023年12月14日時点で想定される税率に基づく。
*3 中小法人以外の法人の実効税率については、資本金1億円超で3以上の都道府県に事務所等が所在する法人を前提とし、標準税率を使用して計算している。

■法人所得に対する税負担（小数点2位未満四捨五入）

2021年4月1日から25年3月31日までに開始する事業年度

課税所得金額の区分	400万円以下	400万円超 800万円以下	800万円超
法人税	15.00%	15.00%	23.20%
地方法人税	1.55%	1.55%	2.39%
法人住民税 (1) 都道府県民税	0.15%	0.15%	0.23%

续表

应纳税所得额的分类	400万日元以下	超过400万日元、800万日元以下	超过800万日元
法人居民税 （2）区市町村民税	0.90%	0.90%	1.39%
事业税	3.50%	5.30%	7.00%
特别法人事业税	1.30%	1.96%	2.59%
综合税率	22.40%	24.86%	36.80%

注：法人居民税及事业税以东京都为例。各地方政府的规定不尽相同。但是，以＜实际税率＞表中条件*1的中小法人为前提。另外，由于采用四舍五入保留至小数点后两位，所以，可能与实际税率不同。

■法人居民税均摊课税部分

资本金等的数额		从业人数	均摊额
超过5,000,000,000日元	—	超过50人	3,800,000日元
超过5,000,000,000日元	—	50人以下	1,210,000日元
超过1,000,000,000日元	5,000,000,000日元以下	超过50人	2,290,000日元
超过1,000,000,000日元	5,000,000,000日元以下	50人以下	950,000日元
超过100,000,000日元	1,000,000,000日元以下	超过50人	530,000日元
超过100,000,000日元	1,000,000,000日元以下	50人以下	290,000日元
超过10,000,000日元	100,000,000日元以下	超过50人	200,000日元
超过10,000,000日元	100,000,000日元以下	50人以下	180,000日元
—	10,000,000日元以下	超过50人	140,000日元
—	10,000,000日元以下	50人以下	70,000日元

资料来源：日本贸易振兴机构JETRO主页。(https://www.jetro.go.jp/invest/setting_up/section3/page3.html，最后访问日期：2024年10月25日）

（三）对法人所得各项税款

1. 法人税

对于在日本设立的法人，其所得无论发生在哪个国家（所得的源泉地），都需要在日本纳税。另一方面，对于在外国设立的法人，如果其在日本设有分公司，对于属于该分公司（PE）的所得，日本会征收法人税、地方法人税、法人居民税、事业税以及特别法人事业税。法人税按会计年度进行征收，会计年度不得超过1年。课税所得

続表

課税所得金額の区分	400万円以下	400万円超800万円以下	800万円超
法人住民税 (2) 区市町村民税	0.90%	0.90%	1.39%
事業税	3.50%	5.30%	7.00%
特別法人事業税	1.30%	1.96%	2.59%
総合税率	22.40%	24.86%	36.80%

注：法人住民税および事業税については東京都の場合の例示。地方公共団体によって異なる。ただし、＜実効税率＞の表の条件*1の中小法人を前提とする。また、小数点2位未満を四捨五入で表示しているため、実際の税率と異なる場合がある。

■法人住民税均等割課税分

資本金等の額		従業者数	均等割額
5,000,000,000円超	—	50人超	3,800,000円
5,000,000,000円超	—	50人以下	1,210,000円
1,000,000,000円超	5,000,000,000円以下	50人超	2,290,000円
1,000,000,000円超	5,000,000,000円以下	50人以下	950,000円
100,000,000円超	1,000,000,000円以下	50人超	530,000円
100,000,000円超	1,000,000,000円以下	50人以下	290,000円
10,000,000円超	100,000,000円以下	50人超	200,000円
10,000,000円超	100,000,000円以下	50人以下	180,000円
—	10,000,000円以下	50人超	140,000円
—	10,000,000円以下	50人以下	70,000円

出典：JETROホームページ（https://www.jetro.go.jp/invest/setting_up/section3/page3.html）（最終閲覧日：2024年10月25日）。

（三）法人所得への各種税金

1. 法人税

日本で設立された法人の所得については、所得の発生場所（所得の源泉地）を問わず日本において課税対象となる。一方、外国で設立された法人の日本支店については、当該支店（PE）に帰属する所得について日本において法人税、地方法人税、法人住民税、事業税および特別法人事業税が課税される。事業年度単位で課税され、

的计算方法基本上是依据日本一般认为公正且适当的会计处理标准进行的。

法人原则上应在会计年度结束之日起的 2 个月内，根据股东大会批准的决算，计算应纳税所得并提交纳税申报表。然而，如果在这 2 个月内无法确定决算，可以通过向税务局局长申请，申报期限延长 1 个月。这意味着法人可以在会计年度结束后的 3 个月内进行申报。但是，由于从会计年度结束之日起的 2 个月后，必须为未缴纳的税款支付一定比率的利息税，因此大多数情况下法人会在预计的决算额基础上，于 2 个月内缴纳法人税，以避免支付利息税。

另外，对于会计年度超过 6 个月的法人，必须在会计年度开始之日后经过 6 个月的期间，从最初经过 6 个月之日开始的 2 个月内提交中间申报书，缴纳中间缴纳额（税额低于一定金额的除外）。

对于在会计年度中产生的亏损，法人可以将其亏损额结转至未来的 10 年内进行抵扣。亏损结转制度仅适用于在亏损发生年度提交了蓝色申报表，并且之后连续提交了纳税申报表的情况。法人若获得税务局的批准，可以提交蓝色申报表，享受各种税务优惠。为了获得税务局的批准，法人必须在该会计年度开始前一天向税务局提交申请书。如果法人是新设立的，并希望从设立年度起适用蓝色申报，必须在设立后 3 个月内或第一个会计年度结束前以较早日期为准提交申请书。

对于资本金超过 1 亿日元的法人或资本金超过 5 亿日元的大法人（包括外国法人的 100% 子公司），可以从所得中扣除的亏损额上限为自法人设立开始会计年度起所得金额的 50%。此外，提交蓝色申报表的中小法人等特定法人，可以将亏损额结转到发生亏损的会计年度开始前一年内，并退还相应会计年度的法人税全额或部分金额。

另外，对于仅设有代表处［与分公司（PE）不同，不进行业务活动，而仅用于市场调查或信息收集的事务所］的外国法人，如果该事务所仅限于物品的保管、展示、

事業年度は1年を超えない期間とされる。課税対象となる所得の計算方法は、基本的には日本の一般に公正妥当と認められた会計処理の基準によることとなる。

　法人は、原則として事業年度終了の日の翌日から2か月以内に、株主総会による承認を受けた確定した決算に基づいて課税対象となる所得を計算して、確定申告書を提出しなければならない。ただし、2か月以内に決算を確定できない場合には、税務署長に対して申請をすることで1か月間、申告の期限を延長することができる。すなわち、この場合には、事業年度終了の日の翌日から3か月以内に申告をすればよいということになる。しかしながら、事業年度終了の日の翌日から2か月経過した日以降は、一定率（率は毎年異なり得る。）の利子税を実際に納税する日まで支払わなければならないため、多くの場合、見込みの決算額でいったん事業年度終了の日の翌日から2か月以内に法人税を納付し、利子税の負担をしないようにすることが多い。また、事業年度が6か月を超える法人については、その事業年度開始の日以後6か月を経過する日までの期間について、最初の6か月を経過した日から2か月以内に中間申告書を提出し、中間納付額を納付しなければならない（税額が一定額以下の場合を除く）。

　各事業年度の所得の計算上生じた欠損金額はその後10年間繰越すことができる。この欠損金の繰越制度は、欠損の生じた事業年度において青色申告書（法人は税務署の承認を受けて青色申告書を提出することができる。青色申告書を提出する法人には各種の税務上の特典が付与されている。青色申告書を提出することについて税務署の承認を得るためには、承認申請書をその事業年度の開始の日の前日までに税務署に提出しなければならない。新たに設立された法人や新たに設置された支店について、その設立（設置）した日の事業年度から青色申告の適用を受けようとする場合には、その設立（設置）以後3か月を経過した日と設立（設置）後最初の事業年度終了の日とのいずれか早い日の前日までに承認申請書を提出しなければならない。）を提出し、かつ、それ以後連続して確定申告書を提出している場合に限り適用される。ただし、法人の資本金が1億円を超える場合、あるいは資本金が5億円以上の大法人（外国法人を含む）の100%子会社の場合には、所得から控除できる欠損金の額は法人の開始事業年度により所得金額の50%が上限とされている。また青色申告書を提出する中小法人等一定の法人については、欠損金の生じた事業年度の開始の日前1年以内に開始した事業年度にその欠損金を繰戻し、その繰戻しをした事業年度の法人税額の全部または一部の還付を受けることが可能である。

　なお、駐在員事務所（支店（PE）と異なり、事業活動を行わず、現地の市場調査や情報収集活動を行うために設置する事務所）については、その事務所等が、物

交付等或信息收集等对业务具有准备性、辅助性的行为时，这些行为不产生构成法人税课税对象的所得。即使与该外国法人或与其有特殊关系的人的活动仅为准备性或辅助性，但若属于整体业务的一部分，具有补充功能，也会构成法人税课税对象的分公司（PE）。

2. 法人居民税[1]

由于日本地方政府由都道府县和市町村构成，所以分为都道府县级别的法人居民税和市町村级别的法人居民税。

在都道府县及市町村拥有经营场所的法人是纳税义务者。

法人居民税由法人均摊税和所得均摊税两个税基构成，各自的纳税义务人的法人和纳税额不同。

法人均摊税是指法人有平等支付义务的税金。都道府县级别的法人居民税是按照法人的资本金等的金额，市町村级别的法人居民税是按照法人的资本金等的金额和从业人数，分别计算应支付的税款金额。

所得均摊税是指法人以法人税额为基准向都道府县和市町村缴纳的税金。与法人均课税不同，所得越多的法人，税额越高。法人向国家缴纳的法人税额乘以一定税率的金额为法人税额，都道府县的为法人税额×1.0%，市町村的为法人税额×6.0%。但是，根据地方政府的不同，也有规定超过这个税率的情形。在多个地方政府辖区内有经营场所的法人，必须向该法人设置经营场所的所有地方政府缴纳法人居民税。但并不是向所有的地方政府都要缴纳相同的税金，关于所得均摊税，首先将征税标准（在税额计算中作为基础的金额），按照在各地方政府的经营场所工作的从业人数进行分割，将再乘以税率后的金额支付给各地方政府。

法人应当自行计算法人居民税的税额，在会计年度结束日的次日起2个月内向地方政府申报缴纳（与之相对，关于个人居民税，作为纳税人的个人不需要计算税额，由市町村决定居民税的税额，向个人或工作单位发送纳税通知书或特别征收税额决定通知书）。另外，申报书各自提交的地方不同，都道府县民税是道府县税事务所，市町村民税是市町村政府。但是，东京23区内都会向都税事务所提交。

---

[1] 参见《法人住民税》，载总务省网站：https://www.soumu.go.jp/main_sosiki/jichi_zeisei/czaisei/czaisei_seido/150790_08.html，最后访问日期：2024年10月25日。

品の保管、展示、引渡し等または情報収集等その他その事業の遂行にとって準備的・補助的な機能を有する行為にとどまる場合、その行為からは法人税の課税対象となる所得は生じないものとされている。なお、当該外国法人または外国法人と特殊な関係にある者の活動が準備的・補助的な性格の業務であっても、一体的な業務の一部として補完的な機能を果たす場合などには、法人税の課税を受ける支店（PE）に該当するとされている。

2. 法人住民税[1]

法人住民税は、日本の地方公共団体が都道府県と市町村から構成されていることから、都道府県レベルの法人住民税と、市町村レベルの法人住民税に分かれている。

都道府県および市町村に事務所などを有する法人が納税義務者である。

法人住民税は均等割と法人税割の2つの税割で構成されており、それぞれ納税義務者となる法人と納税額が異なる。

均等割とは、法人であれば等しく払う義務のある税金である。都道府県レベルの法人住民税では法人の資本金等の額で、市町村レベルの法人住民税では法人の資本金等の額と従業者数で払う税金の額が分けられている。

法人税割とは、法人が法人税額を基準にして都道府県や市町村に払う税金のことをいう。均等割とは異なり、所得の多い法人ほど税額が高くなるという構造になっている。法人が国に納めた法人税額に一定税率を乗じた額が法人税割の税額で、都道府県では法人税額×1.0％、市町村では法人税額×6.0％となっている。ただし、地方公共団体によってはこれを超える税率を定めている場合もある。複数の地方公共団体に事務所などがある法人は、その法人が事務所などを設置しているすべての地方公共団体に法人住民税を納付しなければならない。ただすべての地方公共団体に同額の税金を払うわけではなく、法人税割については、まず課税標準（税額の計算において基礎となる額）を各地方公共団体の事務所などで働く従業者数に応じて分割し、それに税率を乗じた額を各地方公共団体に払うことになります。

法人住民税の場合は、法人が自ら税額を計算し、事業年度終了日の翌日から2か月以内に自治体へ申告・納付しなければならない（個人住民税の場合は、納税者である個人が税額の計算をする必要はなく、市区町村によって住民税の税額が決定

---

[1]「法人住民税」総務省ウェブサイト（https://www.soumu.go.jp/main_sosiki/jichi_zeisei/czaisei/czaisei_seido/150790_08.html）（最終閲覧日：2024年10月25日）。

法人均摊税和所得均摊税的一个重大区别在于，所得均摊税的缴纳义务人只包括向国家缴纳了法人税的法人，也就是说，只有盈利的法人需要缴纳所得均摊税，而法人均摊税，即使是亏损的法人也必须缴纳。但是，关于法人均摊税，属于休眠状态的法人如果满足每个地方政府规定的其他条件，也可能会获得免除。

此外，法人居民税不能计入下一个会计年度的亏损。

3.法人事业税[1]

法人居民税和法人事业税性质完全不同，首先，法人居民税是对作为地方社会的一个成员的法人本身征收的，而法人事业税是对法人经营的业务征收的。其次，法人居民税是分别向都道府县、市町村缴纳的税，而法人事业税是向都道府县缴纳的税。而且，分摊基准也不同，法人居民税只以从业人数为基准，与此相对，法人事业税考虑到行业的特征，除了从业人数以外，还设置了各种各样的基准。

法人事业税原则上对经营业务的所有法人都有纳税义务。但是，也有一部分例外，公共法人和公益法人的公共业务相关的收入不课税等。公益法人和没有法人资格的社团只就收益业务，构成课税对象。因此，这类法人也称为收益金额课税法人。

法人居民税有法人均摊税和所得均摊税两种，但是，法人事业税根据法人所属行业的不同，也有附加价值分摊比例、资本分摊比例、所得分摊比例、收入分摊比例四种。关于法人事业税，也有对一定规模以上的法人征收的税额部分，有附加价值分摊比例和资本分摊比例，这些称为外形标准课税。除此之外，还设置了根据法人的所得额和收入额征收的所得分摊和收入分摊。

附加价值分摊比例以各会计年度的附加值额作为征税标准计算。各会计年度的附加值是指各会计年度对劳动者的工资、利息、租金的合计额和1年的损益的合计额。以劳动者的工资等和1年的损益的合计额为基准的理由是，例如，如果仅将对劳动者的工资等作为征税标准，则有可能出现为了减少纳税额而减少对劳动者的工资等的法人。然而，如果减少对劳动者的工资等，会导致法人一年的损益增加。即给劳动者的

---

[1] 参见《法人事业税》，载总务省网站：https://www.soumu.go.jp/main_sosiki/jichi_zeisei/czaisei/czaisei_seido/150790_09.html，最后访问日期：2024年10月25日。

され、個人宛または勤務先に納税通知書（または特別徴収税額決定通知書）が送付される。）。また、申告書は、都道府県民税は道府県税事務所、市町村民税は市町村役場と、それぞれ提出先が異なる。ただし、東京23区内の場合は、ともに都税事務所に提出する。

均等割と法人税割の大きな違いとしては、法人税割は国に法人税を納めている法人、つまり黒字の法人だけが払うのに対して、均等割は赤字の法人でも払わなければならないという点が挙げられる。ただし、均等割についても、休眠状態の法人などについては地方公共団体ごとに定める要件を満たせば、免除されることもある。

法人住民税は、翌事業年度の損金に算入することはできない。

3. 法人事業税[1]

法人住民税と法人事業税は性質が全く異なり、まず、法人住民税は地域社会の一構成員としての法人自体に対して課されるのに対して、法人事業税は法人が行う事業に対して課される。次に、法人住民税は都道府県・市町村のそれぞれに納める税であるのに対して、法人事業税は都道府県に納める税である。さらに、分割基準も異なり、法人住民税は従業者数のみが基準であるのに対して、法人事業税は業種の特徴を考慮して、従業者数のほかに様々な基準が設けられている。

法人事業税は、原則として事業を行うすべての法人に納税義務がある。ただし、公共法人や公益法人の公共事業に関わる所得は課税されないなど、一部例外もある。公益法人や人格のない社団は、収益事業のみ課税対象になる。そのため、収益金額課税法人とも呼ばれる。

法人住民税に関しては均等割と法人税割の2種類があったが、法人事業税に関しても法人の業種によって付加価値割・資本割・所得割・収入割の4種類がある。法人事業税についても、一定の規模以上の法人に対して課される税割があり、付加価値割と資本割である。これらは外形標準課税と呼ばれる。このほかに、法人の所得額や収入額に基づき課税される所得割や収入割が設けられている。

付加価値割は、各事業年度の付加価値額を課税標準として計算される。各事業年度の付加価値額は、各事業年度における従業者への給与等や利子、賃借料の合計額と1年間の損益の合計額をいう。従業者への給与等と1年間の損益の合計額にしている理由は、例えば従業者への給与等だけを課税標準にしてしまうと、納税額を

---

[1]「法人事業税」総務省ウェブサイト（https://www.soumu.go.jp/main_sosiki/jichi_zeisei/czaisei/czaisei_seido/150790_09.html）（最終閲覧日：2024年10月25日）。

工资等和 1 年的损益合计额不变。由于这样的理由，以劳动者的工资等和 1 年的损益的合计额作为附加值分摊的征税标准。

资本分摊以法人的资本金等的金额作为征税标准计算。

所得分摊以法人各会计年度的所得作为征税标准计算。

收入分摊是对供电企业、煤气供给公司、保险公司等以所得额为征税标准不合适的法人，将各会计年度的收入金额作为征税标准计算。

税额的计算方法如下。另外，下表中的税率是标准税率，某些都道府县会规定超过该税率的税率。

■税额的计算方法

法人分类	征税标准	税率
资本金超过 1 亿日元的普通法人	附加值	附加值分摊 1.2%
	资金等的数额	资本分摊 0.5%
	收入	收入分摊 1.0%
资本金 1 亿日元以下的普通法人 公益法人等 投资法人等	收入	收入分摊 收入中 年 400 万日元以下的金额 3.5% 年超过 400 万日元，年 800 万日元以下的金额 5.3% 年超过 800 万日元的金额 7.0%
特别法人 （农协等合作社或医疗法人）	收入	收入分摊 收入中 年 400 万日元以下的金额 3.5% 年超过 400 万日元的金额 4.9%
供电业（电力零售业、发电业等除外） 燃气供应业（管道业）保险业的法人	收入金额	收入分摊 1.0%
经营供电业（零售电气事业等、发电事业等）的资本金超过 1 亿日元的普通法人	收入金额	收入分摊 0.75%
	附加值	附加值分摊 0.37%
	资金等的数额	资本分摊 0.15%

減らすために従業者への給与等を減らす法人が現れる可能性がある。そこで従業者への給与等を減らしたとすると何が変動するかを考えると、法人の1年間の損益が増えることになる。すなわち、従業者への給与等と1年間の損益の合計額は変わらないことになる。このような理由で従業者への給与等と1年間の損益の合計額が付加価値割の課税標準とされている。

資本割は、法人の資本金等の額を課税標準として計算される。

所得割は、法人の各事業年度の所得を課税標準として計算される。

収入割は、電気供給業者やガス供給会社、保険会社など所得額を課税標準とするのが適当ではない法人に対して、各事業年度の収入金額を課税標準として計算される。

税額の計算方法は次のとおりである。なお、下記の表の税率は標準的な税率でこれを超えた税率が都道府県によっては定められていることがある。

■税額の計算方法

法人区分	課税標準	税率
資本金1億円超の普通法人	付加価値額	付加価値割 1.2%
	資本金等の額	資本割 0.5%
	所得	所得割 1.0%
資本金1億円以下の普通法人 公益法人等 投資法人等	所得	所得割 所得のうち 年400万円以下の金額 3.5% 年400万円を超え年800万円以下の金額 5.3% 年800万円を超える金額 7.0%
特別法人 （農協などの協同組合や医療法人）	所得	所得割 所得のうち 年400万円以下の金額 3.5% 年400万円を超える金額 4.9%
電気供給業（小売電気事業等・発電事業等を除く） ガス供給業（導管事業）保険業を営む法人	収入金額	収入割 1.0%
電気供給業（小売電気事業等・発電事業等）を営む資本金1億円超の普通法人	収入金額	収入割 0.75%
	付加価値額	付加価値割 0.37%
	資本金等の額	資本割 0.15%

续表

法人分类	征税标准	税率
经营供电业（零售电气事业等、发电事业等）的资本金1亿日元以下的普通法人等	收入金额	收入分摊 0.75%
	收入	收入分摊 1.85%
经营煤气供应业（特定煤气供应业）的法人	收入金额	收入分摊 0.48%
	附加值	附加值分摊 0.77%
	资金等的数额	资本分摊 0.32%

资料来源：总务省主页。（https://www.soumu.go.jp/main_sosiki/jichi_zeisei/czaisei/czaisei_seido/150790_09.html，最后访问日期：2024年10月25日）

内容类的公司显然不属于上述的特别法人、电气供给业、煤气供给业、保险业中的任何一个，因此，如果是资本金超过1亿日元的普通法人，则根据附加价值额、资本金等的金额以及所得进行课税（所谓的外形标准课税。在适用外形标准课税时，即使亏损，也需要支付一定额的税金），如果是资本金在1亿日元以下的普通法人，则根据所得进行课税（此时，如果是亏损，则不需要纳税）。

在多个都道府县有经营场所的法人，必须向该法人有经营场所的各都道府县缴纳法人事业税。因此，有关于"分摊基准"的规定。该基准的基本理念是，为了准确地反映各都道府县内的业务的规模、活动量等，如制造业等由于生产产品的从业人数与业务的规模有关，所以从业人数成为分担基准，另一方面，在税务实务上需要尽可能简单且明快的制度，如在服务业等非制造业中，分别以容易进行计算处理的从业人数和经营场所数为基准。

続表

法人区分	課税標準	税率
電気供給業（小売電気事業等・発電事業等）を営む資本金1億円以下の普通法人等	収入金額	収入割 0.75%
	所得	所得割 1.85%
ガス供給業（特定ガス供給業）を営む法人	収入金額	収入割 0.48%
	付加価値額	付加価値割 0.77%
	資本金等の額	資本割 0.32%

出典：総務省ホームページ（https://www.soumu.go.jp/main_sosiki/jichi_zeisei/czaisei/czaisei_seido/150790_09.html）（最終閲覧日：2024年10月25日）。

　コンテンツ系の会社は、上記の特別法人や電気供給業、ガス供給業、保険業のいずれにも該当しないことは明白であるから、資本金1億円超の普通法人であれば、付加価値額、資本金等の額および所得に基づいて課税され（いわゆる外形標準課税。外形標準課税が適用される場合には、仮に赤字であっても一定額の税金の支払は必要となる。）、資本金1億円以下の普通法人であれば所得に基づいて課税されることになる（この場合には赤字であれば納税の必要はない。）。

　複数の都道府県に事務所等がある法人は、その法人が事務所等を構えている各都道府県に法人事業税を納めなければならない。そのために「分割基準」に関する規定がある。この基準の基本的な考え方は、各都道府県内における事業の規模、活動量などを的確に表すために、例えば製造業等は製品を生産する従業者数が事業の規模に関係するので、従業者数が分割基準となっている一方、税務実務上可能な限り単純かつ明快な制度である必要があるので、例えばサービス業等の非製造業等ではそれぞれ計算処理がしやすい従業者数と事務所数が基準とされている。

■法人事业税的分摊基准

法人事业税	行业		分摊基准
	制造业		劳动者数量 （资金 1 亿日元以上的法人：工厂从业人数 1.5 倍）
	非制造业		
		保险业	征税标准的 1/2：经营场所的数量 征税标准的 1/2：从业人数
	电力供应业	零售电气业务	
		配电行业	征税标准的 3/4：连接到发电站的电线线路（仅限于符合一定要求的线路）的电力容量 征税标准的 1/4：经营场所固定资产的价格
		发电行业、特定批发供给行业	征税标准 3/4：经营场所固定资产用于发电站的价格 征税标准的 1/4：经营场所固定资产的价格
	煤气供应业		经营场所等固定资产的价格
	仓储业		
	铁路行业 轨道工程		轨道的延长公里数
法人居民税 （法人税额部分）			劳动者数量

资料来源：总务省主页。(https://www.soumu.go.jp/main_sosiki/jichi_zeisei/czaisei/czaisei_seido/150790_09.html，最后访问日期：2024 年 10 月 25 日）

法人事业税与法人税一样，通过纳税申报书申报并纳税。申报纳税期限原则上与法人税相同，从会计年度末开始 2 个月以内。会计年度超过 6 个月，而且前会计年度的法人税额超过 20 万日元的普通法人，还需要进行中间申报和缴纳。允许延长 1 个月的申报期限与法人税相同。法人事业税可以计入下一个会计年度的损益。

关于上述外形标准课税，由于存在有意将资本金额设定或减资为 1 亿日元以下，从而免除外形标准课税适用的法人，因此，为了处理这样的法人，将其基准修改为，①上一会计年度作为外形标准课税对象的法人，在该会计年度资本金为 1 亿日元以下，资本金和资本公积合计额超过 10 亿日元的，构成外形标准课税对象；②资本金和资本公积合计额超过 50 亿日元的法人、相互公司、外国相互公司（特定法人）的 100%

■法人事業税の分割基準

	事業		分割基準
法人事業税	製造業		従業者の数 （資本金1億円以上の法人：工場の従業者数を1.5倍）
	非製造業		
		保険業	課税標準の1/2：事務所等の数 課税標準の1/2：従業者の数
	電気供給業	小売電気事業	
		送配電事業	課税標準の3/4：発電所に接続する電線路（一定の要件に該当するものに限る。）の電力容量 課税標準の1/4：事務所等の固定資産の価額
		発電事業・特定卸供給事業	課税標準の3/4：事務所等の固定資産で発電所の用に供するものの価額 課税標準の1/4：事務所等の固定資産の価額
	ガス供給業		事務所等の固定資産の価額
	倉庫業		
	鉄道事業 軌道事業		軌道の延長キロメートル数
法人住民税 （法人税割）			従業者の数

出典：総務省ホームページ（https://www.soumu.go.jp/main_sosiki/jichi_zeisei/czaisei/czaisei_seido/150790_09.html）（最終閲覧日：2024年10月25日）。

　法人事業税は、法人税と同じように確定申告書で申告し、納税する。申告納税期限は、原則として法人税と同じで、事業年度末から2か月以内である。事業年度が6か月を超え、なおかつ前事業年度における法人税額が20万円を超える普通法人は、中間申告および納付も必要である。1か月の申告期限の延長が認められているのは法人税と同様である。法人事業税は、翌事業年度の損金に算入することができる。

　上記の外形標準課税については、意図的に資本金額を1億円以下に設定したり、あるいは減資したりして、外形標準課税の適用を免れる法人が存在したことから、このような法人に対処するため、①前事業年度に外形標準課税の対象であった法人であって、当該事業年度に資本金1億円以下で、資本金と資本剰余金の合計額が10億円を超えるものは、外形標準課税の対象とする、②資本金と資本剰余金の合計額

子公司等中，该会计年度末日的资本金在 1 亿日元以下，资本金和资本公积的合计额（公布日以后，该 100% 子公司等对其 100% 母公司等从资本公积中进行分红时，与该分红相当的金额相加的金额）超过 2 亿日元的，构成外形标准课税对象。①适用于 2025 年 4 月 1 日以后开始的会计年度；②适用于 2026 年 4 月 1 日以后开始的会计年度。

4. 地方法人税、特别法人事业税、特别法人事业让与税[1]

地方政府面临的根本课题之一是税收的不均衡。例如，在大企业聚集的东京都等城市和其他地方政府中，法人的两种地方税（法人居民税及法人事业税）的税收产生了很大的不均衡。地方政府为了稳定地提供行政服务，需要税源不均衡较少、税收稳定的地方税体系，因此，为了纠正法人的两种地方税不均衡，采取了各种措施。

从 2008 年度开始，导入了地方法人特别税和地方法人特别让与税制度，该制度的运作方式是，先由国家收集法人事业税的一部分（称为地方法人特别税），再根据地方政府的人口等分发所收集的税金（称为地方法人特别让与税）。该制度于 2019 年 9 月 30 日结束，但通过特别法人事业税和特别法人事业让与税得以延续。

另外，从 2014 年度开始实施法人居民税法人税额分摊部分的税率下调。与此同时，创设了地方法人税（国税），将其税收全额纳入地方交付税（尽管称之为税，但并非对任何纳税义务人征收的税金，而是指对国税中的一定的税种，将税收的一部分按照一定的计算方法交付给地方政府的交付金）的原则，旨在缩小财政能力差距。

特别法人事业税的纳税义务人，是应纳税法人事业税的所得额分摊部分或收入额分摊部分的法人，特别法人事业税是国税，与法人事业税一起申报缴纳。缴纳的税金基本上作为特别法人事业税而收集的总额，根据地方政府的人口进行分配。但是，对于财源超出的地方政府（获得了比行政服务所需财源更多税收的地方政府），设置了让与额的限制。

---

[1] 参见《地方法人税、特别法人事业税、特别法人事业让与税》，载总务省网站：https://www.soumu.go.jp/main_sosiki/jichi_zeisei/czaisei/czaisei_seido/150790_10.html 及 https://www.soumu.go.jp/main_sosiki/jichi_zeisei/czaisei/czaisei_seido/149767_07.html，最后访问日期;：2024 年 10 月 25 日。

が50億円を超える法人または相互会社・外国相互会社（特定法人）の100％子法人等のうち、当該事業年度末日の資本金が1億円以下で、資本金と資本剰余金の合計額（公布日以後に、当該100％子法人等がその100％親法人等に対して資本剰余金から配当を行った場合においては、当該配当に相当する額を加算した金額）が2億円を超えるものは、外形標準課税の対象とする、との改正がなされ、①については2025年4月1日以後に開始する事業年度から適用され、②については2026年4月1日以後に開始する事業年度から適用される。

4. 地方法人税・特別法人事業税・特別法人事業譲与税[1]

地方団体が抱える根本的な課題の1つに税収の偏在がある。例えば大企業が集まる東京都等の都市部とその他の地方公共団体とでは、地方法人二税（法人住民税および法人事業税）の税収に大きな偏りが生じている。地方団体が安定的に行政サービスを提供するためには、税源の偏りが小さく税収が安定的な地方税体系が望ましいことから、地方法人二税の偏りを是正する、様々な取組みが行われてきた。

2008年度からは地方法人特別税と地方法人特別譲与税制度が導入されたが、この制度は、法人事業税の一部を一度国が集め（これを地方法人特別税という。）、その集めた税金を地方公共団体の人口等に基づいて配布する（これを地方法人特別譲与税という。）というものであった。この制度は2019年9月30日で終了したが、特別法人事業税と特別法人事業譲与税に引き継がれた。

また、2014年度から実施されたのが法人住民税法人税割の税率引下げである。それに併せて地方法人税（国税）が創設され、その税収全額を地方交付税（これは税という名称がついているが、何らかの納税義務者に課される税金ではなく、国税のうちの一定の税について、税収の一部を一定の計算方法に基づいて地方公共団体に交付する交付金のことをいう。）の原資に組み入れることで、財政力格差の縮小を図ることとなった。

特別法人事業税の納税義務者は、法人事業税の所得割または収入割を納税すべき法人で、特別法人事業税は国税であるが、法人事業税と併せて申告納付する。納付された税金は、基本的に、特別法人事業税として集まった総額を、地方公共団体の人口に応じて按分する。ただし、財源超過団体（行政サービスに必要な財源より多くの税収を得ている地方公共団体）には、譲与額の制限が設けられている。

---

[1] 「地方法人税・特別法人事業税・特別法人事業譲与税」総務省ウェブサイト（https://www.soumu.go.jp/main_sosiki/jichi_zeisei/czaisei/czaisei_seido/150790_10.html）および（https://www.soumu.go.jp/main_sosiki/jichi_zeisei/czaisei/czaisei_seido/149767_07.html）（最終閲覧日：2024年10月25日）。

税率如下。

■税额的计算方法

法人分类	征税标准	税率
资本金超过 1 亿日元的普通法人	基准法人所得分摊额	260%
特别法人		34.5%
资本金 1 亿日元以下的普通法人 公益法人等 投资法人等		37%
经营供电业（零售电力行业等、发电行业等除外） 煤气供应业 保险业的法人	基准法人收入分摊额	30%
经营供电业（零售电力行业等、发电行业等）的法人		40%

资料来源：总务省主页。（https://www.soumu.go.jp/main_sosiki/jichi_zeisei/czaisei/czaisei_seido/150790_10.html，最后访问日期：2024 年 10 月 25 日）

地方法人税是对公司经营所得而征收的国税。这是将此前向地方政府缴纳的地方税的一部分向国家纳税的制度。地方法人税的税率为法人税额的 10.3%。地方法人税的缴纳期限与法人税相同，是从会计年度末的第二天开始 2 个月以内。另外，地方法人税的纳税申报配合法人税的纳税申报进行。

三、个人所得征税概要

对个人的课税主要是所得税（国税）和个人居民税、个人事业税（地方税）。另外，个人事业税是对个人经营业务的人的课税，但由于偏离了本书的宗旨，故此处不作详细说明。

（一）居民的概念及课税范围

居民是指在日本国内有住所（指生活的据点）的人、在日本国内有 1 年以上住所（相当期间持续居住，但不至于达到生活的据点的程度）的人。居民又分为永久居民和非永久居民。非永久居民是指居民中没有日本国籍，并且在过去 10 年中 5 年以下在日

税率は次のとおりである。

■税額の計算方法

法人区分	課税標準	税率
資本金1億円超の普通法人	基準法人所得割額	260%
特別法人		34.5%
資本金1億円以下の普通法人 公益法人等 投資法人等		37%
電気供給業（小売電気事業等・発電事業等を除く） ガス供給業 保険業を営む法人	基準法人収入割額	30%
電気供給業（小売電気事業等・発電事業等）を営む法人		40%

出典：総務省ホームページ（https://www.soumu.go.jp/main_sosiki/jichi_zeisei/czaisei/czaisei_seido/150790_10.html）（最終閲覧日：2024年10月25日）。

地方法人税とは、会社が事業を行うことによって得た所得に対して課税される国税である。これまで地方公共団体に納付していた地方税の一部を、国に納税することとする制度である。地方法人税の税率は、法人税額に税率の10.3％となっている。地方法人税の納付期限は、法人税と同じく事業年度末の翌日から2か月以内である。なお、地方法人税の確定申告は、法人税の確定申告にあわせて行うことになっている。

三. 個人所得課税の概要

個人に対する課税は、所得税（国税）と個人住民税、個人事業税（地方税）が主なものである。なお、個人事業税は、個人で事業を営む者に対する課税であるが、本稿の趣旨からは外れるため、説明は割愛する。

（一）居住者の概念と課税の範囲

日本国内に住所（生活の本拠をいう。）を有する者、日本国内に1年以上居所（相当期間継続して居住する場所だが、生活の本拠という程度には至らないものをいう。）を有する者を居住者という。居住者はさらに永住者と非永住者に分かれる。非

本国内有住所或居所的人。

对永久居民，不论收入的来源地如何，其全球收入都需在日本缴纳所得税。非永久居民的国内源泉收入需缴纳所得税，但对于国外源泉收入，只要不在日本国内支付或向日本汇款，在日本便不课税。不过，即使是在国外支付的工资，若是基于日本的工作而支付的部分，也属于国内源泉收入，与在日本支付的工资合并计算，征收所得税。如果是居民，也要缴纳个人居民税。

居民以外的人称为非居民，非居民仅对其在日本的国内源泉收入征收日本所得税，日本所得税的课税方法几乎都是由支付者预扣的方式（不需要申报），但也有需要纳税申报的情形，如通过转让位于日本的不动产等而取得的收入和通过一定股份转让而取得的收入等。此外，对非居民不征收个人居民税。

如上所述，是否构成日本居民，是根据在日本国内是否有住所和居所这一事实关系来判断，有时会出现难以判断是不是日本居民的情形。此时，根据中日税收协定，应当由有权判断属于日本居民还是属于中国居民的政府当局（中日双方的税务当局）在协商的基础上达成协议，决定将其作为中日某一国家的居民来处理（只能成为一个国家的居民，不会成为多个国家的居民）。

（二）所得税的课税和税率

所得税是对从一年的所有收入中扣除所得扣除后的剩余课税收入，适用相应的税率，并计算税额。到2037年12月31日为止的各年份，将复兴特别所得税与所得税一起申报缴纳。

复兴特别所得税是将基准所得税额（从所得税额中，减去可以从所得税额扣减的金额以后的金额）乘以2.1%的税率来计算。

收入根据其性质分为以下10种，对于各种收入，规定了收入、必要经费的范围或收入的计算方法等。

①利息收入；

②分红收入；

③房地产收入；

④业务收入；

⑤工资收入；

永住者とは、居住者のうち日本国籍を有しておらず、かつ、過去10年間のうち5年以下の期間日本国内に住所または居所を有する者のことをいう。

永住者に対しては、所得の源泉地を問わず全世界所得に対して所得税が課税される。非永住者は、国内源泉所得は課税されるが、国外源泉所得については、日本国内で支払われたり、日本へ送金されたりしない限り日本では課税されない。ただし、国外で支払われる給与であっても日本の勤務に基づいて支給されているものは国内源泉所得に該当し、日本で支払を受けた給与と合算して所得税が課税される。居住者であれば個人住民税も課税される。

居住者以外の者を非居住者といい、非居住者については、日本の国内源泉所得についてのみ日本の所得税が課される。日本の所得税の課税方法は、支払者が源泉徴収するという方式がほとんど（申告の必要はない）であるが、日本に所在する不動産の譲渡等による所得や一定の株式の譲渡による所得など確定申告が必要となるものもある。個人住民税は課税されない。

以上のように、日本の居住者となるかどうかは、日本国内に住所や居所を有しているかどうかという事実関係に基づいて判断され、時として日本の居住者であるかどうかは明らかではない状況も生ずる。このような場合には、日中租税条約に基づいて、日本と中国いずれの居住者であるかを権限ある当局（日中双方の税務当局）が協議の上、合意をすることで、日中いずれかの国の居住者として扱われることになる（居住者となるのは1か国のみで、複数の国の居住者となることはない。）。

（二）所得税の課税と税率

所得税は、1年間のすべての所得から所得控除を差し引いた残りの課税所得に税率を適用し税額を計算する。なお、2037年12月31日までの各年分については、復興特別所得税を所得税と併せて申告・納付する。

復興特別所得税は、基準所得税額（所得税額から、所得税額から差し引かれる金額を差し引いた後の金額）に2.1％の税率を乗じて計算する。

所得は、その性質によって次の10種類に分かれ、それぞれの所得について、収入や必要経費の範囲あるいは所得の計算方法などが定められている。

　①利子所得；
　②配当所得；
　③不動産所得；
　④事業所得；
　⑤給与所得；

⑥退休收入；
⑦山林收入；
⑧转让收入；
⑨临时收入；
⑩杂项收入。

所得扣除的种类包括：发生灾害等时的灾损扣除、支付医疗费时的医疗费扣除、应支付的社会保险费的社会保险费扣除、生命保险费扣除、地震保险费扣除、进行捐赠时的捐款扣除、配偶扣除、有抚养的孩子等时的抚养扣除等。

此外，从一年的全部收入中扣除所得扣除后的剩余课税收入，适用税率而得到的税额中，还可以进一步享受税额扣除制度。例如，对于在外国支付的税金，有可以用一定的计算方法扣除税额的外国税额扣除等。另外，公债的利息和存款的利息等收入，与其他收入分离，以代扣代缴的形式课税。

在日本子公司和日本分公司工作的劳动者取得的工资收入，应从收入金额（代扣代缴前的金额）中减去工资收入扣除额，得出应纳税工资收入，再乘以税率计算税额。收入金额不仅包括金钱支付，还包括从工资支付者处获得的经济利益（如无偿或低价转让的商品、无偿或低价使用的土地或建筑物、无利息或低利息借用的金钱等），即实物工资。工资收入扣除，是指工资收入无法像业务收入那样扣除必要经费，故可从工资收入中扣除所得税法规定的工资收入扣除额。此外，若满足一定条件，可通过特定支出扣除（如研修费、资格取得费、单身赴任者的回家旅费等）进行纳税申报，从工资收入扣除后的金额中扣除。

工资收入者领取日本国内支付的每月工资时，所得税及复兴特别所得税将被代扣代缴。原则上，由于工作单位进行代扣代缴所得税的结算，即年末调整，所以在没有其他收入时，不需进行纳税申报。但如有其他收入，如不动产收入或其他收入金额一年超过20万日元时，需合并计算总收入并通过纳税申报计算税额。进行纳税申报后，年工资收入超过2000万日元的人或不属于年末调整对象的人需进行纳税申报。此外，在年末调整中无法结算的医疗费扣除等适用情况，也可通过纳税申报获得退税。

⑥退職所得；
⑦山林所得；
⑧譲渡所得；
⑨一時所得；
⑩雑所得。

所得控除の種類としては、災害等にあったときの雑損控除、医療費を支払ったときの医療費控除、支払った社会保険料に対する社会保険料控除、生命保険料控除、地震保険料控除、寄付を行った場合の寄付金控除、配偶者控除、扶養している子供等がいる場合の扶養控除などがある。

このようにして1年間のすべての所得から所得控除を差し引いた残りの課税所得に税率を適用して得られた税額からさらに差し引くことができる税額控除の制度もあり、外国で支払った税金について一定の計算方法で税額控除できる外国税額控除などがある。なお、公社債の利子や預貯金の利子などは、他の所得と分離して源泉徴収の形で課税されるものもある。

日本子会社や日本支店の従業員は、給与所得を得ることになるであろうが、給与所得は、収入金額 (源泉徴収される前の金額) から給与所得控除額を減じて、給与所得の金額を求め、これに税率を乗じることで税額が計算される。収入金額には、金銭で支給されるもののほか、給与の支払者から受けた経済的利益（無償または低い価額で譲り受けた商品、無償または低い使用料で借り受けた土地や建物、無利息または低い利息で借り受けた金銭等）、すなわち現物給与も含まれる。給与所得控除とは、給与所得に関しては事業所得などのように必要経費を差し引くことができないので、その代わりに所得税法で定めた給与所得控除額を給与等の収入金額から差し引くことができる。なお、一定の要件を満たす場合には特定支出控除（研修費や資格取得費、単身赴任者の帰宅旅費等）という形で、確定申告をすることにより給与所得控除後の金額から差し引くことができる。

給与所得者は、国内払いで月々の給与を受け取る際に所得税および復興特別所得税が源泉徴収されているが、原則として、勤務先において行われる源泉所得税等の精算、すなわち年末調整を受けるので、他に所得がない場合には、確定申告を行う必要はない。しかし、その他の所得、例えば不動産所得などがある場合やその他の所得の額が1年で20万円を超える場合、その所得金額と合計して総所得金額を算出し、確定申告により税額を計算することとなる。さらに、確定申告をすれば税金が還付される人を除き、年間の給与収入の金額が2000万円を超える人など年末調整の対象とならない人は確定申告を行う必要があるし、年末調整で精算できない医療

所得税的税率为超额累进税率，如下表所示。

■个人所得税的税率

应纳税所得额的分类		税率
—	1,950,000 日元以下	5%
超过 1,950,000 日元	3,300,000 日元以下	10%
超过 3,300,000 日元	6,950,000 日元以下	20%
超过 6,950,000 日元	9,000,000 日元以下	23%
超过 9,000,000 日元	18,000,000 日元以下	33%
超过 18,000,000 日元	40,000,000 日元以下	40%
超过 40,000,000 日元		45%

另外，工资收入扣除额如下表所示。

■工资收入扣除额的速算表（适用于 2020 年以后的工资）

工资收入金额		工资收入扣除额
—	1,625,000 日元以下	550,000 日元
超过 1,625,000 日元	1,800,000 日元以下	（工资收入金额）×40%−100,000 日元
超过 1,800,000 日元	3,600,000 日元以下	（工资收入金额）×30%+80,000 日元
超过 3,600,000 日元	6,600,000 日元以下	（工资收入金额）×20%+440,000 日元
超过 6,600,000 日元	8,500,000 日元以下	（工资收入金额）×10%+1,100,000 日元
超过 8,500,000 日元	—	1,950,000 日元

资料来源：JETRO 主页。（https://www.jetro.go.jp/invest/setting_up/section3/page7.html，最后访问日期：2024 年 10 月 25 日）

如需纳税申报，要在下一年 3 月 15 日前向管辖住所地的税务局提交纳税申报书。

費控除などの適用を受ける人も、確定申告によって還付を受けることになる。

税率は超過累進税率で、次のとおりである。

■個人所得税の税率

課税所得金額の区分		税率
—	1,950,000 円以下	5%
1,950,000 円超	3,300,000 円以下	10%
3,300,000 円超	6,950,000 円以下	20%
6,950,000 円超	9,000,000 円以下	23%
9,000,000 円超	18,000,000 円以下	33%
18,000,000 円超	40,000,000 円以下	40%
40,000,000 円超		45%

また、給与所得控除の額は次のとおりである。

■給与所得控除額の速算表（2020 年分以降給与に適用）

給与の収入金額		給与所得控除金額
—	1,625,000 円以下	550,000 円
1,625,000 円超	1,800,000 円以下	（給与の収入金額）× 40% － 100,000 円
1,800,000 円超	3,600,000 円以下	（給与の収入金額）× 30% ＋ 80,000 円
3,600,000 円超	6,600,000 円以下	（給与の収入金額）× 20% ＋ 440,000 円
6,600,000 円超	8,500,000 円以下	（給与の収入金額）× 10% ＋ 1,100,000 円
8,500,000 円超	—	1,950,000 円

出典：JETRO ホームページ（https://www.jetro.go.jp/invest/setting_up/section3/page7.html）（最終閲覧日：2024 年 10 月 25 日）。

確定申告が必要な場合は、翌年 3 月 15 日までに住所地を管轄する税務署に確定申告書を提出する必要がある。

（三）个人居民税[1]

个人居民税是指为了为行政服务活动提供资金，对居住在特定地区的个人征收的地方税，包括都道府县民税和市町村民税。纳税时，必须同时向所在市町村缴纳个人居民税，市町村再将都道府县民税部分上缴给都道府县。

个人居民税适用于当年1月1日时在市町村（或都道府县）有住所的人。个人居民税包括与收入相对应的"所得分摊部分"和与收入无关的"均摊部分"。所得是指从公司等处获得的收入中扣除必要经费后的金额。所得分摊部分的税率为收入的10%（道府县民税为4%，市町村民税为6%。在某些被称为政令指定城市的特定大城市中，道府县民税为2%，市民税为8%）。税额根据前一年的1月1日至12月31日的收入计算。

均摊部分的税额为5000日元（道府县民税为1500日元，市町村民税为3500日元）。此外，截至2023年度，道府县民税和市町村民税均提高了500日元。

以上税率为标准税率，各都道府县和市町村可根据自己的判断调整税率，并决定应缴纳的金额。

另外，道府县民税中，除所得分摊部分和均摊部分外，还有针对特定股份等所产生的收益进行课税的利息分摊、分红分摊和股份转让所得分摊。例如，在日本国内支付的公债利息和存款利息，由支付的银行和金融机构所在的都道府县按5%的税率征收利息分摊个人居民税。纳税方式为银行或金融机构在付款时特别征收（代扣代缴）。

缴纳个人居民税的方法有普通征收和特别征收两种。

普通征收是指市町村将记载应缴税额的纳税通知书发送给纳税义务人，纳税义务人根据该通知书缴纳税金。市町村依据纳税义务人申报的所得等（如所得税的纳税申报书）计算个人居民税额，并记载在纳税通知书上，发送给纳税义务人。

---

[1] 参见《个人住民税》，载总务省网站：https://www.soumu.go.jp/main_sosiki/jichi_zeisei/czaisei/czaisei_seido/150790_06.html，最后访问日期：2024年10月25日。

（三）個人住民税[1]

　個人住民税とは、行政サービスの活動費に充てる目的で、その地域に住む個人に課する地方税をいい、都道府県民税と市町村民税がある。納税する際には、一括して各市区町村に個人住民税を納めなければならず、都道府県民税は各市区町村によって、その都道府県に払い込まれる。

　個人住民税は、その年の1月1日時点で市区町村（都道府県）に住所がある人に対して課税される。

　個人住民税には、所得に応じた負担を求める「所得割」と、所得にかかわらず定額の負担を求める「均等割」がある。所得とは、会社などから受け取る収入から必要経費を差し引いた額をいう。所得割の税率は、所得に対して10％（道府県民税が4％、市町村民税が6％。一定の大規模な市で政令指定都市と呼ばれる市においては道府県民税が2％、市民税が8％）とされており、前年の1月1日から12月31日までの所得で算定される。

　均等割は、税額は5000円（道府県民税が1500円、市町村民税が3500円。なお、2023年度までは、道府県民税・市町村民税ともに500円ずつ引き上げられていた。）とされている。

　なお、以上は標準税率であり、これらの基準を踏まえ都道府県や市町村が自らの判断で税率を定め、納めるべき額を決定している。

　また、道府県民税には、所得割・均等割のほかにも、一定の株式などによる利益についても課税の対象とするもの（利子割、配当割、株式等譲渡所得割）がある。例えば、日本国内で支払われる公社債の利子や預貯金の利子は、支払がなされる銀行や金融機関の営業所等が所在する都道府県が5％の税率で課す利子割の対象となる。納税方法は、銀行や金融機関等による特別徴収（支払者が支払時に徴収する）である。

　個人住民税の納付の方法には、「普通徴収」と「特別徴収」がある。

　普通徴収とは、市町村が、納めるべき税額などを記載した納税通知書を納税義務者に送り、これに基づいて税金を徴収する方法をいう。市町村は、納税義務者から申告された所得など（所得税の確定申告書等に基づいて市町村に対する申告となる。）に基づき確定した個人住民税の税額を、納税通知書に記載して納税義務者に送

---

[1] 「個人住民税」総務省ウェブサイト（https://www.soumu.go.jp/main_sosiki/jichi_zeisei/czaisei/czaisei_seido/150790_06.html）（最終閲覧日：2024年10月25日）。

特别征收是指由纳税义务人以外的人（如支付工资的公司）代为扣缴税金，并替纳税义务人缴纳的方式。例如，对于公司的劳动者，原则上，根据年末调整等掌握的信息，向公司发送特别征收税额通知，公司从劳动者的工资中扣除个人居民税，并代为缴纳给市町村。对于日本子公司和日本分公司，由于采用特别征收形式，原则上不需另外进行任何申报或缴纳。

四、组织重组税制

在法人进行分立、合并、实物出资、股份转移等企业组织重组时，由于这些操作涉及转让资产或者转让股份，原则上应按市场价格对转移的资产或股份进行处置收益的课税。

但是，如果对包括公司合并和分立等在内的所有企业重组进行课税，则在某些情况下会产生巨额的税款，有可能阻碍企业重组行为。

为了解决这一问题，设置了企业组织重组税制，对于满足一定条件的企业组织重组，允许以账面价值承接资产和负债，以避免课税，这通常称为企业组织重组税制。

企业重组税制基于以下原则：如果在企业重组的资产转移前后，经济实际状态没有实质性的变更，即认定重组后对转移资产的控制仍在继续时，可以延期计入转移资产的转让损益。

具体而言，符合下列条件之一的组织重组，可视为适格组织重组，从而允许延期对转移资产的处置收益进行课税：

① 100% 直接或间接持股关系中的法人间的企业重组。
② 超过 50% 直接或间接持股关系中的法人间的企业重组。
③ 为了共同事业的特定企业重组。

不符合上述条件的组织重组则视为非适格组织重组，按市场价格对转移资产进行

付し、納税義務者は、この納税通知書に従って個人住民税を市町村に納めることになる。

特別徴収とは、納税義務者以外の者（給与の支払をする会社等）が、納税義務者から税金を徴収して、それを納税義務者の代わりに納める方法をいう。例えば、会社の従業員については、原則として、年末調整等により把握された情報をもとに、特別徴収税額通知が会社に送付され、会社がその会社員の個人住民税を給与から天引きして市町村に納めることになる。日本子会社や日本支店については、この特別徴収の形式となることとなるため、別途何らかの申告や納付等をすることとはならないのが原則である。

四．組織再編税制

法人が分割、合併、現物出資、株式移転等の組織再編を行う場合、それらは資産を譲渡し、あるいは、株式を譲渡しているのであるから、原則として移転された資産や株式については時価で譲渡損益についての課税が行われることになる。

しかし、合併や会社分割などを含むすべての組織再編において課税がなされるとすると、場合によっては多額の税金が発生することとなり、組織再編行為が阻害されるおそれがある。

このような問題に対応するために組織再編税制が設けられ、一定の要件を満たす組織再編については、資産・負債を簿価で引き継ぎ、課税が生じないような措置が取られている。これが、一般に組織再編税制と呼ばれるものである。

組織再編税制は、組織再編による資産移転の前後で経済実態に実質的な変更がなければ、すなわち、移転資産に対する支配が再編成後も継続していると認められるような場合には、移転資産の譲渡損益の計上を繰延べできるとの考え方に基づいている。

具体的には、100％の直接または間接の持株関係にある法人間の組織再編で一定のもの、50％超の直接または間接の持株関係にある法人間の組織再編で一定のもの、あるいは共同事業のための組織再編等として一定の要件に該当するものについては、適格組織再編としてその移転資産の譲渡損益の課税を繰延べることとされている。逆に、これらの状況にない組織再編については、非適格組織再編として、原則どおり時価で譲渡損益に課税されることとなる。

课税。

企业重组税制对象的主要企业重组行为包括公司合并、公司分立、股份交换、股份转移、实物出资、实物分配、现金收购（强制收购）等。由于业务转让是直接转让业务，需对处置收益进行课税，因此不在组织重组税制的范围内。

为了作为适格的企业重组而将课税延期，必须满足每个企业重组行为规定的要件。另外，如果重组中涉及外国法人，还需注意相关特例规定。

五、对外国法人、非居民的所得课税

对于在日本境内没有分公司等永久性设施的非居民或外国法人，对于特定的日本国内来源的所得，通常通过支付人代扣代缴的方式进行课税。

日本租税法中列举了源自日本国内的收入，主要包括以下几类：

①常设机构归属收入、日本国内资产的运用或持有产生的收入、日本国内资产的转让产生的收入。

②根据合伙合同等，通过常设机构进行的经营中产生的利益，以及根据该合伙合同分配的利润中的特定部分。

③日本国内土地、土地相关权利、建筑物及建筑物的附属设备或构筑物的转让的价款。

④与在日本国内提供的劳务相关的报酬。例如，电影演员、音乐家等艺人，职业运动员，律师，注册会计师等自由职业者，或具有科学技术、经营管理等专业知识和技能的人员提供劳务所得的报酬。

⑤通过在日本国内的不动产及相关权利的出租而收取的价款。

⑥日本国债、地方债券、日本国内法人发行的公司债券的利息，外国法人发行的债券的利息中与通过常设机构开展的经营有关的部分，以及存放在日本国内营业所的存款利息等。

組織再編税制の対象となる主な組織再編行為としては、合併、会社分割、株式交換、株式移転、現物出資、現物分配、キャッシュアウト（スクイーズアウト）などがある。事業譲渡については、まさに事業を譲渡しているため、譲渡損益に課税されることとなり、組織再編税制の対象とはならない。

適格組織再編として課税が繰り延べられるためには、それぞれの組織再編行為ごとに規定された要件を満たさなければならない。また、組織再編行為に外国法人が関与している場合には一定の特例があるため、そのような特例にも注意しなければならない。

五．外国法人・非居住者に対する所得課税

日本国内に支店等の恒久的施設のない非居住者や外国法人は、一定の日本国内に源泉がある所得については、基本的に支払者による源泉徴収という形で課税がなされる。

日本国内に源泉がある所得は日本の租税法に列挙されており、それらは次のとおりである。

①恒久的施設帰属所得、日本国内にある資産の運用または保有により生ずる所得、日本国内にある資産の譲渡により生ずる所得。

②組合契約等に基づいて恒久的施設を通じて行う事業から生ずる利益で、その組合契約に基づいて配分を受けるもののうち一定のもの。

③日本国内にある土地、土地の上に存する権利、建物および建物の附属設備または構築物の譲渡による対価。

④日本国内で行う人的役務の提供を事業とする者の、その人的役務の提供に係る対価（例えば、映画俳優、音楽家等の芸能人、職業運動家、弁護士、公認会計士等の自由職業者または科学技術、経営管理等の専門的知識や技能を持つ人の役務を提供したことによる対価等）。

⑤日本国内にある不動産や不動産の上に存する権利等の貸付けにより受け取る対価。

⑥日本の国債、地方債、内国法人の発行した社債の利子、外国法人が発行する債券の利子のうち恒久的施設を通じて行う事業に係るもの、日本国内の営業所に預けられた預貯金の利子等。

⑦从日本法人收取的股息、利润分红、剩余金的分配等。

⑧向在日本国内经营业务的人贷款的利息中，与在日本国内业务有关的部分。

⑨从在日本国内经营业务的人那里收取的工业所有权使用费、其转让价款，著作权使用费或其转让价款，机械装置等的使用费中，与在日本国内业务有关的部分。

⑩工资、奖金、劳务报酬中基于在日本国内进行的工作、劳务提供的部分，公共养老金、退休津贴等中基于居住期间进行的工作等的部分。

⑪为了在日本国内进行业务推广的奖金奖品。

⑫基于通过位于日本国内的营业所等签订的保险合同等的养老金等。

⑬在日本国内的营业所等收取的定期公积金的支付补助金等。

⑭就对在日本国内经营业务的人的出资，根据隐名合伙合同等的利益分配。

⑮其他与在日本国内经营的业务或与日本国内资产相关的保险金、补偿金或损害赔偿金相关的收入等国内源泉收入。

上述收入中，①至⑤将通过纳税申报确定最终税额。除此之外，如果在日本没有常设机构（PE），基本上只需代扣代缴，不需要再进行纳税申报。也就是说，收入取得方在日本没有特别的纳税义务。代扣代缴的税率通常为20.42%（包括复兴特别所得税）。

此外，依据中日税收协定，部分收入的税率有所调整。例如，对于⑨中的机械装置使用费，协定规定免税；对于⑥至⑨类的收入，代扣代缴税率从20.42%降低至10%。但是，为了享受这些税收协定优惠，中国企业需要通过位于日本的支付方，最迟在支付日前一天，向日本支付方所在地的管辖税务局提交税收协定适用申报书等材料，办理相关手续。

六、国际课税制度

（一）转移定价税制

如果企业将与海外关联企业的交易价格（转移价格）设定为与通常价格不同的金

⑦日本法人から受ける剰余金の配当、利益の配当、剰余金の分配等。

⑧日本国内で業務を行う者に貸し付けた貸付金の利子で日本国内業務に係るもの。

⑨日本国内で業務を行う者から受ける工業所有権等の使用料、またはその譲渡の対価、著作権の使用料またはその譲渡の対価、機械装置等の使用料で日本国内業務に係るもの。

⑩給与、賞与、人的役務の提供に対する報酬のうち日本国内において行う勤務、人的役務の提供に基因するもの、公的年金、退職手当等のうち居住者期間に行った勤務等に基因するもの。

⑪日本国内で行う事業の広告宣伝のための賞金品。

⑫日本国内にある営業所等を通じて締結した保険契約等に基づく年金等。

⑬日本国内にある営業所等が受け入れた定期積金の給付補てん金等。

⑭日本国内において事業を行う者に対する出資につき、匿名組合契約等に基づく利益の分配。

⑮その他日本国内において行う業務または国内にある資産に関し受ける保険金、補償金または損害賠償金に係る所得等の国内源泉所得。

上記のうち、①から⑤については、確定申告で最終的な税額を確定することとなる。それ以外については、日本にPEがなければ基本的に源泉徴収のみで、それ以上に確定申告をするといったことは必要ない。すなわち、支払の受領者側においては特にこれといって日本の課税上すべきことはない。源泉徴収の税率は多くのものが20.42%（復興特別所得税を含む。）である。

なお、上記は日中租税条約により変更され得る部分がある。例えば、⑨からは機械装置等の使用料については免税とされる。⑥から⑨については、源泉徴収の税率である20.42%が10%に軽減される。ただし、このような租税条約の特典を受けるためには、中国企業は日本に所在する支払者を通じて、日本の支払者の所在する地を管轄する税務署に租税条約適用届出書を、支払の日の遅くとも前日までに提出するなどの一定の手続きが必要である。

六．国際課税に関する制度

（一）移転価格税制

企業が海外の関連企業との取引価格（移転価格）を通常の価格と異なる金額に

额,则可以将一方的利润转移到另一方。例如,如果从日本子公司支付的使用费(许可费)的金额变大,许可费将构成日本子公司的损失(因此,可以减少在日本课税的金额),另一方面,许可费将构成中国母公司的利润,该许可费基本上在中国课税[如果中国母公司在日本没有常设机构(PE),则在日本只需支付代扣代缴部分]。

转移定价税制是为了防止这种通过与海外关联企业之间的交易将所得转移到海外的行为。该制度将与海外关联企业的交易视为以通常的交易价格(独立企业间价格)进行,并据此计算所得并征税。

如果因转移定价税制而受到日本税务当局的更正处分,通常会面临数亿日元的巨额罚款。因此,中国母公司与日本子公司在进行交易时,需谨慎设定交易价格,并确保其与通常的交易价格一致(独立企业间价格)。

(二)过小资本税制

企业从海外关联企业筹措资金时,如果减少出资(对关联企业的分红不能计入损益),而更多地依赖贷款(对关联企业支付的利息可以计入损益),就可以减轻在日本的税负。例如,如果向日本子公司大量出资,使资本金额很高,而将该资本作为经营资金,那么中国母公司为了回收该投资,通常是通过日本子公司的分红。然而,分红并不是日本子公司的损失,而是从日本子公司在日本缴纳税款后的盈余中支付的分红。另一方面,如果中国母公司向日本子公司贷款而不是出资,将该贷款作为经营资金使用时,贷款利息可以计入日本子公司的损益,这在税务上更加有利。

因此,过小资本税制是为了防止与海外关联企业之间,通过增加贷款而非出资来进行避税行为。根据该制度,不允许将超过外国母公司等资本权益一定倍数(原则上为3倍)的负债的平均余额所对应的支付利息计入损益。

中国母公司对日本子公司提供贷款时,需要注意避免其金额触发该税制的适用。

(三)过大支付利息税制

如上述"(二)过小资本税制"所述,在企业的收入计算中,通过将支付的利息计

設定すれば、一方の利益を他方に移転することが可能となる。例えば、日本の子会社から支払う使用料（ロイヤルティ）の額を大きくすれば、ロイヤルティは日本子会社の損金となる（その分、日本で課税される額を少なくすることができる。）一方で、中国親会社の益金となり、当該ロイヤルティについては基本的に中国で課税されることになる（日本での課税は、中国親会社が日本にPEを有していなければ、源泉徴収のみとなる。）。

移転価格税制は、このような海外の関連企業との間の取引を通じた所得の海外移転を防止するため、海外の関連企業との取引が、通常の取引価格（独立企業間価格）で行われたものとみなして所得を計算し、課税する制度である。

移転価格税制で日本の課税当局から更正処分を受けると、一般的には何億円という多額の処分となることが多い。そのため、中国親会社と日本子会社で何らかの取引をする場合には、その取引価格について慎重に設定し、通常の取引価格（独立企業間価格）となるように注意する必要がある。

（二）過小資本税制

企業が海外の関連企業から資金を調達するのに際し、出資（関連企業への配当は損金算入できない）を少なくし、貸付け（関連企業への支払利子は損金算入できる）を多くすれば、日本での税負担を軽減することができる。すなわち、日本子会社に多額の出資をして資本金を多額にして、その資本金を事業用の資金とすれば、中国親会社がその出資を回収するためには、基本的には日本子会社からの配当によることとなる。しかしながら、配当は日本子会社の損金とはならず、日本子会社が日本で課税を受けた後の剰余金から配当がなされることになる。一方で、中国親会社から日本子会社に対して、出資の代わりに貸付けを行い、その貸付金を事業用資金とする場合には、当該貸付金の利子は日本子会社の損金に算入されることとなり、上記の出資と配当による回収に比べて、税務上有利となる。

そこで、過少資本税制は、海外の関連企業との間において、出資に代えて貸付けを多くすることによる租税回避を防止するため、外国親会社等の資本持分の一定倍率（原則として3倍）を超える負債の平均残高に対応する支払利子の損金算入を認めないこととする制度とされている。

中国親会社が、日本子会社に対して貸付けを行う場合には、その額について本税制の適用を受けないようにするために、注意が必要である。

（三）過大支払利子税制

上記（二）の過小資本税制の項でも記載したように、企業の所得の計算上、支

入损益，可以压缩税负。如果支付的利息金额过大，便可以通过将过大的支付利息计入损益来减少应税所得。

因此，过大支付利息税制旨在防止通过支付与所得金额相比过大的利息来逃避税款。该制度规定，从对象净支付利息等的金额中，超出调整所得金额一定比例（20%）的部分不能计入当期损益。对象净支付利息等的金额是指支付利息等的金额中的对象外支付利息等的金额（收款人无需将该支付利息等作为其应税收入的部分）。

日本子公司在通过贷款筹措资金时，需注意该过大支付利息税制的影响。

七、税收协定

日本为了避免国际性的双重课税，就两国间的投资、经济活动，以调整可以课税的收入范围等为目的，与很多国家和地区签订了税收协定。这些国家和地区中不仅包含中国，还有新加坡和中国香港。

税收协定的规定优先适用于上述的国内税法。税收协定中变更的主要方面有与收入来源地相关的部分和税率。以下，除了中日税收协定以外，概述与中国企业关系密切的日本新加坡税收协定、日本香港税收协定。

另外，由于税收协定是双边条约，因此存在每个税收协定的内容不同的情况，所以需要确认适用的各税收协定。另外，税收协定大多减轻或免除日本国内税法的税率，但为了适用该税收协定，需要通过位于日本的支付方，最晚在支付日的前一天，向日本支付方所在地管辖税务局提交税收协定适用申报书，办理一定的手续。

払利子が損金に算入されることを利用して、過大な支払利子を損金に計上することで、税負担を圧縮することが可能である。

そこで、過大支払利子税制は、所得金額に比して過大な利子を支払うことを通じた租税回避を防止するため、対象純支払利子等の額（対象支払利子等の額の合計額からこれに対応する受取利子等の額の合計額を控除した残額をいう。対象支払利子等の額とは、支払利子等の額のうち対象外支払利子等の額（その支払利子等を受ける者の課税対象所得に含まれる支払利子等の額等）以外の金額をいう。）のうち調整所得金額の一定割合（20%）を超える部分の金額につき当期の損金の額に算入しないこととする制度とされている。

日本子会社においては、貸付金により資金調達する場合には、この過大支払利子税制に留意する必要がある。

七．租税条約

日本は国際的な二重課税を回避するため、二国間の投資・経済活動に関し、課税できる所得の範囲等を調整することを目的として多くの国や地域と租税条約を締結している。その国々や地域の中には、中国はもちろん、シンガポールや中国香港もある。

租税条約の規定は、上記で見てきた国内税法に優先して適用される。租税条約で変更される主要な点は、所得の源泉地に関するものと税率がある。以下では、日中租税条約のほか、中国企業と関係の深い場合も多い日シンガポール租税条約、日香港租税条約について概観する。

なお、租税条約は二国間条約であるため、租税条約ごとに内容が異なる場合があるので、適用のある各租税条約を確認する必要がある。また、租税条約は日本の国内税法の税率を軽減または免除している場合が多いが、その租税条約の適用を受けるためには日本に所在する支払者を通じて、日本の支払者の所在する地を管轄する税務署に租税条約適用届出書を、支払の日の遅くとも前日までに提出するなどの一定の手続きが必要である。

（一）中日税收协定[1]

在日本，若日本子公司向中国母公司支付股息[2]，根据日本国内税法，需代扣代缴20.42%的税款，但根据中日税收协定，该税率可减轻至10%。

当日本子公司向中国母公司支付利息时，日本国内税法要求代扣代缴20.42%，但中日税收协定将其减轻至10%。关于利息，根据日本国内税法，凡是与日本国内业务相关的部分，即使贷款利息的业务实施地在日本，也会被视为日本的源泉所得，而在中日税收协定中，则以债务人（利息支付方）的居住国家作为源泉地。

此外，对于中国母公司向日本子公司授权使用游戏软件、音乐、电影等著作权的许可（需要注意的是，即使合同名称为授权使用许可合同，实际情况中有可能不是授权使用许可，而只是单纯的劳务提供合同，因此需要从法律的角度慎重确定合同性质。如果是劳务提供合同，则无需代扣代缴，如果是授权使用许可合同，则需代扣代缴，处理方式不同），支付的使用费（许可费）税率可减轻至10%。关于使用费，与利息类似，根据日本国内税法，凡是与日本国内业务相关的部分，即使用费的业务实施地在日本，也会被视为日本的源泉所得，而在中日税收协定中，以使用费支付方所在国家作为源泉地。在使用费的对象中，日本国内税法中规定的机械装置的使用费在中日税收协定中被除外，不作为使用费的对象。

另外，如前所述，"工资、奖金、与在日本国内进行的工作或劳务相关的报酬"也属于日本的国内源泉所得。这意味着，例如中国公司的员工到日本出差并进行工作，其所领取的工资部分属于日本的国内源泉收入，也就是说，出差人员原则上需要在日本进行纳税申报。然而，根据中日税收协定，如果满足以下条件，则可在日本免税：①报酬领取者在该年内累计在日本逗留不超过183天；②报酬由非日本居民的雇主或其代理人支付；③报酬不是由雇主在日本国内拥有的常设机构或固定设施负担的。

---

[1] 正式名称为《中华人民共和国政府和日本国政府关于对所得避免双重征税及防止偷漏税的协定》。如本章开头所述，该协定的一部分已因《实施税收协定相关措施以防止税基侵蚀及利润转移的多边公约》而变更，变更后的条文请参阅 https://www.mof.go.jp/tax_policy/summary/international/tax_convention/SynthesizedTextforJapan_China_JP.pdf，最后访问日期：2024年10月25日。

[2] 无论是来自日本子公司，还是来自没有母子关系的日本法人，该税率都不会发生变化。以下，新加坡和中国香港的税收协定也相同。

（一）日中租税条約[1]

日本（子）会社から中国（親）会社に配当を支払う場合[2]、日本の国内税法では20.42%の源泉徴収がなされるが、日中租税条約では10%に軽減される。

利子を日本子会社が中国親会社に支払うときは、日本の国内税法では20.42%の源泉徴収がなされるが、日中租税条約では10%に軽減される。利子については、日本の国内税法においては、「日本国内業務に係るもの」として、貸付金の利子に係る業務が行われる地が日本である場合に日本の源泉所得とされるが、日中租税条約では債務者の居住者とされる国が源泉地とされる。

また、中国親会社が日本子会社に対してゲームソフトや音楽や映画といった著作権のライセンス（なお、著作権のライセンスに該当するかどうかは、仮に契約書でライセンス契約という名称が付されていても、実際にはライセンス契約ではなく、単なる役務提供契約である場合があるので、その契約の性質を法的な側面から慎重に確定する必要がある。役務提供契約であれば源泉徴収は不要であるが、ライセンス契約であれば源泉徴収は必要であり、取扱いが異なるからである）。の使用料（ロイヤルティ）については、10%に軽減される。使用料についても、利子と同様に、日本の国内税法においては、「日本国内業務に係るもの」として、使用料に係る業務が行われる地が日本である場合に日本の源泉所得とされるが、日中租税条約では使用料の支払者が居住者とされる国が源泉地とされる。使用料の対象からは、日本の国内税法において規定されている機械装置の使用料は、日中租税条約では除外されており、使用料の対象とはされていない。

なお、上記に記載したように「給与、賞与、人的役務の提供に対する報酬のうち日本国内において行う勤務、人的役務の提供に基因するもの」もまた日本の国内源泉所得されている。これは、例えば、中国の会社の従業員が日本に出張して労働を行って、その分の給与を受領した場合には、その分の給与は日本の国内源泉所得となるということを意味する。換言すれば、そのような出張者は日本において、原則として確定申告をする必要があるということを意味する。しかしながら、日中租税条約におい

---

[1] 正式名称は「所得に対する租税に関する二重課税の回避及び脱税の防止のための日本国政府と中華人民共和国政府との間の協定」である。本章の冒頭に記載したように「税源浸食及び利益移転を防止するための租税条約関連措置を実施するための多数国間条約」により変容を受けている部分があり、変容を反映させた条文は（https://www.mof.go.jp/tax_policy/summary/international/tax_convention/SynthesizedTextforJapan_China_JP.pdf）（最終閲覧日：2024年10月25日）参照。

[2] 当該税率は、日本子会社からであろうが、あるいは、親子関係のない日本法人からであろうが変動しない。以下、シンガポールや香港との租税条約においても同様である。

（二）日本新加坡税收协定[1]

当日本子公司向新加坡母公司支付股息时，根据日本国内税法，需代扣代缴20.42%的税款，但根据日本新加坡税收协定，①如果新加坡母公司在利润分配相关的会计年度结束之日前的6个月内拥有日本子公司至少25%的表决权股份，代扣代缴税率将降低至5%；②在其他所有情况下将降低至15%。

当日本子公司向新加坡母公司支付利息时，日本国内税法要求代扣代缴20.42%，但根据日本新加坡税收协定，税率将减轻至10%。关于利息，按照日本国内税法，凡是与日本国内业务相关的部分，即使贷款利息的业务实施地在日本，也会被视为日本的源泉所得，而在日本新加坡税收协定中，以债务人（利息支付方）所在国家作为源泉地。

另外，对于中国母公司向日本子公司授权使用游戏软件、音乐、电影等著作权的许可（需要注意的是，即使合同名称为授权使用许可合同，实际情况中有可能不是授权使用许可，而只是单纯的劳务提供合同，因此需要从法律的角度慎重确定合同性质。如果是劳务提供合同，则无需代扣代缴，如果是授权使用许可合同，则需代扣代缴，处理方式不同），支付的使用费（许可费）税率可减轻至10%。关于使用费，与利息类似，根据日本国内税法，凡是与日本国内业务相关的部分，即使用费的业务实施地在日本，也会被视为日本的源泉所得，而在日本新加坡税收协定中，使用费支付方所在国家被视为源泉地。在使用费的对象中，日本国内税法中规定的机械装置的使用费，在日本新加坡税收协定中被视为"产业上、商业上或学术上的设备使用或使用权利的代价"，因此包含在使用费的范围内。

---

[1] 正式名称为《日本国政府和新加坡政府关于对所得避免双重征税及防止偷漏税的协定》。该协定的一部分已因《实施税收协定相关措施以防止税基侵蚀及利润转移的多边公约》而变更，变更后的条文请参阅 https://www.mof.go.jp/tax_policy/summary/international/press_release/SynthesizedTextforJapan-SingaporeJP.pdf，最后访问日期：2024年10月25日。

ては、①報酬の受領者が当該年を通じて合計 183 日を超えない期間日本国内に滞在すること、②報酬が日本の居住者でない雇用者またはこれに代わる者から支払われるものであること、③報酬が雇用者の日本国内に有する恒久的施設または固定的施設によって負担されるものでないこと、という要件を満たせば、日本では免税となる。

（二）　日本シンガポール租税条約[1]

日本子会社からシンガポール親会社に配当を支払う場合、日本の国内税法では 20.42% の源泉徴収がなされるが、日シンガポール租税条約では①シンガポール親会社が、利得の分配に係る事業年度の終了の日に先立つ 6 か月の期間を通じ、日本子会社の議決権のある株式の少なくとも 25% を所有する法人である場合には、源泉徴収の税率は 5% に、②その他のすべての場合には 15% に軽減される。

利子を日本子会社がシンガポール親会社に支払うときは、日本の国内税法では 20.42% の源泉徴収がなされるが、日シンガポール租税条約では 10% に軽減される。利子については、日本の国内税法においては、「日本国内業務に係るもの」として、貸付金の利子に係る業務が行われる地が日本である場合に日本の源泉所得とされるが、日シンガポール租税条約では債務者（利子の支払者）の居住者とされる国が源泉地とされる。

また、シンガポール親会社が日本子会社に対してゲームソフトや音楽や映画といった著作権のライセンス（なお、著作権のライセンスに該当するかどうかは、仮に契約書でライセンス契約という名称が付されていても、実際にはライセンス契約ではなく、単なる役務提供契約である場合があるので、その契約の性質を法的な側面から慎重に確定する必要がある。役務提供契約であれば源泉徴収は不要であるが、ライセンス契約であれば源泉徴収は必要であり、取扱いが異なるからである。）の使用料（ロイヤルティ）については、10% に軽減される。使用料についても、利子と同様に、日本の国内税法においては、「日本国内業務に係るもの」として、使用料に係る業務が行われる地が日本である場合に日本の源泉所得とされるが、日シンガポール租税条約では使用料の支払者が居住者とされる国が源泉地とされる。使用料の対象には、日本の国内税法において規定されている機械装置の使用料は、日シンガ

---

[1]　正式名称は「所得に対する租税に関する二重課税の回避及び脱税の防止のための日本国政府とシンガポール共和国政府との間の協定」である。「税源浸食及び利益移転を防止するための租税条約関連措置を実施するための多数国間条約」により変容を受けている部分があり、変容を反映させた条文が（https://www.mof.go.jp/tax_policy/summary/international/press_release/SynthesizedTextforJapan-SingaporeJP.pdf）（最終閲覧日：2024 年 10 月 25 日）参照。

此外，如前所述，"工资、奖金、与在日本国内进行的工作或劳务相关的报酬"也属于日本的国内源泉所得。这意味着，如新加坡公司的员工到日本出差并进行工作，其所领取的工资部分属于日本的国内源泉收入，也就是说，出差人员原则上需要在日本进行纳税申报。然而，根据日本新加坡税收协定，如果满足以下三个条件，则可在日本免税：①报酬领取者在该年内累计在日本逗留不超过183天；②报酬由非日本居民的雇主或其代表支付；③报酬不是由雇主在日本国内拥有的常设机构或固定设施负担的。

（三）日本香港税收协定[1]

当日本子公司向香港母公司支付股息时，根据日本国内税法，需代扣代缴20.42%的税款，但根据日本香港税收协定，①如果香港母公司在收到该股息的日期之前的最后6个月内直接或间接拥有支付该股息法人至少10%的表决权股份，则代扣代缴税率将减轻至5%；②在其他所有情况下将减轻至10%。

当日本子公司向香港母公司支付利息时，日本国内税法要求代扣代缴20.42%，但根据日本香港税收协定，税率将减轻至10%。关于利息，按照日本国内税法，凡是与日本国内业务相关的部分，即使贷款利息的业务实施地在日本，也会被视为日本的源泉所得，而在日本香港税收协定中，以债务人（利息支付方）所在国家作为源泉地。

另外，对于香港母公司向日本子公司授权使用游戏软件、音乐、电影等著作权的许可（需要注意的是，即使合同名称为授权使用许可合同，实际情况中有可能不是授权使用许可，而只是单纯的劳务提供合同，因此需要从法律的角度慎重确定合同性质。如果是劳务提供合同，则无需代扣代缴，如果是授权使用许可合同，则需代扣代缴，处理方式不同），支付的使用费（许可费）税率可减轻至5%。关于使用费，与利息类

---

[1] 正式名称为《中华人民共和国香港特别行政区政府和日本国政府关于对所得避免双重征税及防止偷漏税的协定》。该协定的一部分已因《实施税收协定相关措施以防止税基侵蚀及利润转移的多边公约》而变更，变更后的条文请参阅 https://www.mof.go.jp/tax_policy/summary/international/tax_convention/SynthesizedTextforJapan_HongKong_JP.pdf，最后访问日期：2024年10月25日。

ポール租税条約では「産業上、商業上若しくは学術上の設備の使用若しくは使用の権利の対価」が使用料の対象として含まれている。

なお、上記に記載したように「給与、賞与、人的役務の提供に対する報酬のうち日本国内において行う勤務、人的役務の提供に基因するもの」もまた日本の国内源泉所得されている。これは、例えば、シンガポールの会社の従業員が日本に出張して、原則として労働を行って、その分の給与を受領した場合には、その分の給与は日本の国内源泉所得となるということを意味する。換言すれば、そのような出張者は日本において、原則として確定申告をする必要があるということを意味する。しかしながら、日シンガポール租税条約においては、①報酬の受領者が継続するいかなる12か月の期間においても合計183日を超えない期間日本国内に滞在すること、②報酬が日本の居住者でない雇用者またはこれに代わる者から支払われるものであること、③報酬が雇用者の日本国内に有する恒久的施設または固定的施設によって負担されるものでないこと、という要件を満たせば、日本では免税となる。

(三) 日本香港租税条約[1]

日本子会社から中国香港親会社に配当を支払う場合、日本の国内税法では20.42％の源泉徴収がなされるが、日香港租税条約では①中国香港親会社が、当該配当の支払を受ける者が特定される日をその末日とする6か月の期間を通じ、当該配当を支払う法人の議決権のある株式の10％以上を直接または間接に所有する法人である場合には、源泉徴収の税率は5％に、②その他のすべての場合には10％に軽減される。

利子を日本子会社が中国香港親会社に支払うときは、日本の国内税法では20.42％の源泉徴収がなされるが、日香港租税条約では10％に軽減される。利子については、日本の国内税法においては、「日本国内業務に係るもの」として、貸付金の利子に係る業務が行われる地が日本である場合に日本の源泉所得とされるが、日香港租税条約では債務者（利子の支払者）の居住者とされる国が源泉地とされる。

また、中国香港親会社が日本子会社に対してゲームソフトや音楽や映画といった著作権のライセンス（なお、著作権のライセンスに該当するかどうかは、仮に契

---

[1] 正式名称は「所得に対する租税に関する二重課税の回避及び脱税の防止のための日本国政府と中華人民共和国香港特別行政区政府との間の協定」である。「税源浸食及び利益移転を防止するための租税条約関連措置を実施するための多数国間条約」により変容を受けており、その変容を反映させた条約は (https://www.mof.go.jp/tax_policy/summary/international/tax_convention/SynthesizedTextforJapan_HongKong_JP.pdf)（最終閲覧日：2024年10月25日）参照。

似，根据日本国内税法，凡是与日本国内业务相关的部分，即使用费的业务实施地在日本，也会被视为日本的源泉所得，而在日本香港税收协定中，使用费支付方所在地被视为源泉地。在使用费的对象中，日本国内税法中规定的机械装置的使用费在日本香港税收协定中被除外，不作为使用费的对象。

此外，如前所述，"工资、奖金、与在日本国内进行的工作或劳务相关的报酬"也属于日本的国内源泉所得。这意味着，如中国香港公司的员工到日本出差并进行工作，其所领取的工资部分属于日本的国内源泉收入，也就是说，出差人员原则上需要在日本进行纳税申报。然而，根据日本香港税收协定，如果满足以下三个条件，则可在日本免税：①报酬领取者在该年内累计在日本逗留不超过183天；②报酬由非日本居民的雇主或其代表支付；③报酬不是由雇主在日本国内拥有的常设机构或固定设施负担的。

八、消费税

（一）消费税概要

消费税是对商品、产品销售和服务提供等交易征收的税种，由消费者通过经营者转嫁的形式承担，经营者作为纳税义务人缴纳该税款。消费税适用于商品、产品的销售和服务提供等交易，但为了避免在生产、流通等各个交易环节中出现重复征税，采用了累积税结构，这被称为进项税额扣除制度。然而，适用进项税额扣除的前提是买方和劳务接受方需保存由交易对方（卖方）作为登记经营者开具的发票等，并且发票上需记载必要事项。要开具包含上述必要信息的发票，经营者必须首先登记为消费税

約書でライセンス契約という名称が付されていても、実際にはライセンス契約ではなく、単なる役務提供契約である場合があるので、その契約の性質を法的な側面から慎重に確定する必要がある。役務提供契約であれば源泉徴収は不要であるが、ライセンス契約であれば源泉徴収は必要であり、取扱いが異なるからである。）の使用料（ロイヤルティ）については、5％に軽減される。使用料についても、利子と同様に、日本の国内税法においては、「日本国内業務に係るもの」として、使用料に係る業務が行われる地が日本である場合に日本の源泉所得とされるが、日香港租税条約では使用料の支払者が居住者とされる国が源泉地とされる。使用料の対象からは、日本の国内税法において規定されている機械装置の使用料は、日香港租税条約では除外されており、使用料の対象とはされていない。

　なお、上記に記載したように「給与、賞与、人的役務の提供に対する報酬のうち日本国内において行う勤務、人的役務の提供に基因するもの」もまた日本の国内源泉所得されている。これは、例えば、中国香港の会社の従業員が日本に出張して労働を行って、その分の給与を受領した場合には、その分の給与は日本の国内源泉所得となるということを意味する。換言すれば、そのような出張者は日本において確定申告をする必要があるということを意味する。しかしながら、日香港租税条約においては、①報酬の受領者が課税年度において開始し、または終了するいずれの12か月の期間においても日本国内に滞在する期間が合計183日を超えないこと、②報酬が日本の居住者でない雇用者またはこれに代わる者から支払われるものであること、③報酬が雇用者の日本国内に有する恒久的施設または固定的施設によって負担されるものでないこと、という要件を満たせば、日本では免税となる。

八．消費税

（一）消費税の概要

　消費税は、商品・製品の販売やサービスの提供などの取引に対して課税される税で、消費税が事業者から転嫁される形で負担し事業者が納税義務者として納付する税である。消費税は、商品・製品の販売やサービスの提供などの取引に対して課税されるが、生産、流通などの各取引段階で二重三重に税がかかることのないよう、税が累積しない仕組みが採られている。これを仕入税額控除という。ただし、仕入税額控除については、買手や役務の受領者は仕入税額控除の適用を受けるために、

纳税人。此外，来自未登记经营者的发票，不能对其转嫁的消费税部分进行进项税额扣除。

同时，对应征收消费税的交易还征收地方消费税，税率合计为10%（其中消费税率为7.8%，地方消费税率为2.2%）。对于食品等，适用8%（其中消费税率为6.24%，地方消费税率为1.76%）的优惠税率。

应税交易指的是在日本国内由经营者以业务形式进行并获得报酬的资产转让、资产租赁以及劳务提供。进口商品时，也在进口环节征收消费税（与关税一同征收）。

非课税交易包括：①除临时性交易外的土地转让与租赁；②有价证券、支付手段的转让；③利息、保证金、保险费；④特定场所内的邮票、印花税票等的转让；⑤商品券、预付卡等的转让；⑥居民票、户籍副本等行政手续费；⑦外汇交易等；⑧社会保险医疗服务；⑨除临时性交易外的住宅租赁等。

此外，还存在免税交易，如物品出口属于免税范围。

如上所述，消费税的征税依据是交易内容，与是否为日本法人或是否在日本国内设有据点等因素无关。因此，即便在无需申报所得税的情况下，可能仍需申报消费税。

不过，并非所有进行课税交易的经营者都成为纳税义务人。原则上，在课税期间（个人经营者为公历年，法人为会计年度）内，基准期间（个人经营者为上上年，法人为上上会计年度）的课税销售额超过1000万日元的经营者才需缴纳消费税（课税经营者）。即使基准期间的课税销售额未达到1000万日元，若特定期间的课税销售额超过1000万日元，也需在该课税期间内成为课税经营者。特定期间是指个人经营者从当年1月1日至6月30日的期间，法人则指该会计年度前一个会计年度起始之日后的6个月期间。此外，特定期间内的1000万日元判定，也可以根据工资等支付总额来判断，但外国经营者不能使用此方法。此外，是否成为消费税纳税义务人的判定过程有时相当复杂，需要特别研究并予以注意。基准期间的应纳税销售额和特定期间的应纳税销售额均未达到1000万日元的经营者（免税经营者），在当年（或会计年度）免除纳税义务。不过，免税经营者也可以选择成为课税经营者，并在办理了记载有法定必要事项的发票签发经营者登记期间内，不免除纳税义务。即为了使交易对方能够获得进项

原則として、取引相手（売手）である登録事業者から交付を受けた必要な事項が記載されたインボイスの保存などが必要である。このような必要な事項が記載されたインボイスを発行するためには、消費税について納税する事業者として登録を受けなければならない。また、そのような登録を受けていない事業者からのインボイスに基づいて、転嫁された消費税分については、仕入税額控除を受けることはできない。

消費税が課税される取引には、併せて地方消費税も課税される。税率はあわせて10％（消費税率7.8％、地方消費税率2.2％）であるが、食料品などについては8％（消費税率6.24％、地方消費税率1.76％）の軽減税率が課されることとなっている。

課税される取引は、国内において事業者が事業として対価を得て行う資産の譲渡、資産の貸付けおよび役務の提供とされている。外国から商品を輸入する場合も輸入のときに課税される（関税が賦課される場合には、関税とともに徴収される。）。

非課税取引としては、①一時的なものを除く土地の譲渡、貸付け、②有価証券、支払手段の譲渡、③利子、保証料、保険料、④特定の場所で行う郵便切手、印紙などの譲渡、⑤商品券、プリペイドカードなどの譲渡、⑥住民票、戸籍抄本等の行政手数料など、⑦外国為替など、⑧社会保険医療など、⑨一時的なものを除く住宅の貸付けなどがある。

このほか、免税となる取引もあり、物品の輸出などは免税とされる。

以上のように、消費税については、基本的に取引内容に着目しており、日本法人であるかどうか、国内に拠点があるかどうか、といった事情とは無関係に課税の有無が決せられる。そのため、所得税については申告を行う必要がない場合であっても消費税については申告を行う必要がある場合がある。

ただし、課税される取引を行った事業者がすべて納税義務者となるわけではなく、原則として、その課税期間（個人事業者は暦年、法人は事業年度）の基準期間（個人事業者は前々年、法人は前々事業年度）における課税売上高が1000万円を超える事業者が、消費税の納税義務者（課税事業者）となる。基準期間における課税売上高が1000万円以下であっても、特定期間における課税売上高が1000万円を超えた場合は、その課税期間においては課税事業者となる。特定期間とは、個人事業者の場合はその年の前年の1月1日から6月30日までの期間、法人の場合は、原則として、その事業年度の前事業年度開始の日以後6か月の期間のことをいう。なお、特定期間における1000万円の判定は、課税売上高に代えて、給与等支払額の合計額により判定することもできるが、給与等支払額の合計額により判定する方法は、外国事業者は用いることができない。このほか、消費税の納税義務者となるか否かの判定については、複雑な場合もあり、別途検討が必要となることも多いので注意が

税额扣除，必须成为消费税纳税义务人，并办理记载有法定必要事项的发票签发经营者登记。

个人经营者应在第二年 3 月底前，法人应在课税期间结束后 2 个月内，向所辖税务局申报缴纳消费税和地方消费税。

（二）课税交易的判断标准和近期修改

如上所述，日本对经营者以业务形式进行并获得报酬的资产转让、资产租赁及劳务提供征收消费税。商品销售、运输、广告等业务活动中大部分交易构成课税对象，但对于国际交易，消费税法规定了是否构成课税交易的判断标准。

例如，中国居民在中国购买饮料（国外交易），不会征收日本的消费税。这意味着日本仅对国内交易征税，而对国外交易不征收消费税（不适用日本的消费税法）。

对内容类企业而言，著作权的许可和转让是重要交易之一，但著作权的许可和转让是否征税需根据实施著作权转让或使用许可的人的所在地是否在日本国内或国外进行判断。假设中国法人实施著作权使用许可或著作权转让，由于其所在地在中国，因此不适用日本的消费税法，不征收消费税。

然而，对于非著作权的使用许可和转让交易，例如中国企业在网上发布电影、音乐、游戏等交易时，则需根据消费者或服务接受方的住所是否在日本国内进行判断。也就是说，例如当日本居民在中国企业的在线平台上玩游戏时，这被视为日本国内交易，并构成日本消费税的课税交易。因此，向日本提供游戏、音乐、电影等服务时，需要慎重研究该提供是作品使用许可还是单纯的服务提供。

此外，法律修订后，若日本的平台经营者（在线发行等平台服务的销售额超过 50 亿日元）通过平台向中国企业等外国企业提供在线发行服务，该服务将被视为平台经营者提供的服务，并需缴纳消费税，预定自 2025 年 4 月 1 日起适用。

必要である。基準期間の課税売上高および特定期間の課税売上高等が1000万円以下の事業者（免税事業者）は、基本的にその年（または事業年度）は納税義務が免除される。なお、免税事業者でも課税事業者となることを選択することができる。法律上必要な事項が記載されたインボイスの発行事業者の登録を受けている間は、納税義務は免除されない。すなわち、取引相手が仕入税額控除を受けられるようにするためには、消費税の納税義務者となった上で法律上必要な事項が記載されたインボイスの発行事業者登録を受けなければならない。

個人事業者は翌年の3月末日までに、法人は課税期間の末日の翌日から2か月以内に、消費税と地方消費税を併せて所轄税務署に申告・納付しなければならない。

（二）課税される取引の判断基準と近時の改正

国内において事業者が事業として対価を得て行う資産の譲渡、資産の貸付けおよび役務の提供に課税され、商品の販売や運送、広告など、対価を得て行う取引のほとんどは課税の対象となることは上記のとおりであるが、国際的な取引に関しては、課税される取引となるか否かの判断基準が消費税法上規定されている。

コンテンツ企業に関しては、著作権のライセンスや譲渡が重要な取引になるものと考えられるが、著作権のライセンスや譲渡に関しては、著作権等の譲渡またはライセンスを行う者の住所地が日本国内か国外かで判断することになる。そのため、仮に中国の法人が著作権のライセンスを行った場合や、著作権の譲渡を行った場合には、その所在地は中国なのであるから、日本の消費税法の適用はなく、消費税は課税されない。

ただし、著作権のライセンスや譲渡取引ではなく、例えばオンラインで映画や音楽、ゲームなどを配信するような取引を中国企業が行った場合には、オンラインで映画・音楽・ゲームを楽しむというサービスの提供を受ける者の住所や居所が日本国内にあるかどうかで判断される。すなわち、例えば、中国の企業がオンラインで提供するゲームで遊んだ消費者が日本の居住者の場合には、国内取引として日本の消費税の課税取引となる。このため、日本にゲームや音楽、映画等を配信する場合には、その配信がゲームや音楽、映画といった著作物のライセンスなのか、単なる配信としての役務提供なのか、慎重に検討することが必要である。

さらに、日本のプラットフォーム事業者（オンライン配信等のプラットフォームサービスの売上高が50億円以上）がプラットフォームを介して中国企業等外国企業のオンライン配信を課金した時は、そのサービスは当該プラットフォーム事業者

九、印花税

印花税是指在特定种类的合同或收据等文件上粘贴称为印花税票的纸片以完成纳税的一种税款。如果忘记粘贴，可能会被征收相当于漏贴印花税 3 倍的附加税。

印花税法规定了哪些文件需要缴纳印花税，未在印花税法中规定的文件不征税。此外，由于印花税是对纸质文件征税，因此电子形式的合同不征税。此外，在国外制作的文件也不征税。所谓的国外制作文件，即使当事人一方是日本法人，如果合同书上的最终签名或盖章是在国外进行的，通常也被视为在国外制作的文件。

作为需要征收印花税的文件，包括著作权转让合同（如果未记载转让金额，印花税金额为 200 日元，但当转让金额在 10 万日元至 50 万日元时，印花税为 400 日元，之后随着转让金额的增加，印花税也相应提高，最高为 60 万日元）、合并合同或吸收分立合同，以及新设分立计划书（印花税金额为 4 万日元）、持续交易基本合同（如特约店合同、代理店合同、银行交易协议等，与特定对象之间持续发生的交易的基本条件为内容的文件，印花税金额为 4000 日元）、消费借贷相关合同（未记载金额时，印花税金额为 200 日元，超过 10 万日元在 50 万日元以下时为 400 日元，之后随着借贷金额的增加，印花税也相应提高，最高为 60 万日元）等。此外，著作权使用许可合同不包含在课税文件中，因此不征收印花税。

需要注意的是，印花税的课税是根据文件的内容来判断的，因此，例如，即使文件标题为"著作权使用许可合同"，但如果文件内容涉及在使用许可结束时转让著作权，那么作为著作权转让合同，该文件可能需要缴纳印花税。

が提供したサービスであるとみなされて消費税が課税されることとする改正が予定されており、2025年4月1日から適用される予定である。

九. 印紙税

　印紙税とは、一定の種類の契約書や領収書などに、収入印紙と呼ばれる紙片を書類に貼付することで納税する税金である。貼り忘れると、貼り忘れた印紙税額の3倍などの割増税を課せられることもある。

　どのような文書に課税されるかは印紙税法に規定があり、そこに規定されていない文書には課税されない。また、文書に課税されるため、電子形態での契約書には課税されない。さらに、外国で作成された文書にも課税されない。外国で作成された文書とは、仮に当事者の一方が日本法人であったとしても、契約書に最後に署名や押印した企業が外国に所在していれば、一般的には外国で作成された文書ということとなる。

　印紙税が課税される文書としては、著作権譲渡契約書（譲渡金額が記載されていない場合には、印紙税額は200円であるが、10万円を超え50万円以下の譲渡対価の場合には400円、その後譲渡対価が高くなるにつれて印紙税額も高くなり最高額は60万円である。）、合併契約書または吸収分割契約書もしくは新設分割計画書（印紙税額は4万円である。）、継続的取引の基本となる契約書（特約店契約書、代理店契約書、銀行取引約定書その他の契約書で、特定の相手方との間に継続的に生ずる取引の基本となる一定の文書。印紙税額は4000円である。）、消費貸借に関する契約書（金額が記載されていない場合には、印紙税額は200円であるが、10万円を超え50万円以下の場合には400円、その後消費貸借額が高くなるにつれて印紙税額も高くなり最高額は60万円である。）などがある。なお、著作権のライセンス契約書は課税文書に含まれていないため、印紙税は課税されない。

　注意すべき点としては、印紙税の課税は文書の内容によって判断されるため、例えば仮に著作権のライセンス契約書との表題がついているものであっても、ライセンス終了時に著作権の譲渡が定められているような文書である場合には、著作権の譲渡契約書として印紙税が課税される場合もあり得ることである。

十、资本金额和课税

以上，从与内容行业企业相关角度出发，解释了各种日本税款。以下表格总结了与资本金额相关的课税情况：

税目等	资本金额等	概要等
法人税的减轻税率	1亿日元以下（大法人的全资子公司等除外）	所得金额年800万日元以下的部分，原则上适用15%的减轻税率（会计年度开始日前3年以内结束的各会计年度的所得金额的年平均额超过15亿日元的一定法人为19%）
法人居民税均摊部分	按一定计算方法计算的资本金等金额	根据资本金等的金额或在经营场所等工作的劳动者等的数量或其组合来征税
事业税外形标准课税	1亿日元以下（但是，预定修改法律，在减资时等，根据资本金和资本公积的合计额来判断适用）	不适用外形标准课税
消费税	不到1000万日元	两个会计年度免税（有例外规定）

十.資本金額と課税

　以上、コンテンツ企業に関連する観点から様々な日本の税金を解説してきたが、資本金額に応じた課税関係を表で表すと以下のとおりとなる。

税目等	資本金額等	概要等
法人税の軽減税率	1億円以下（大法人の完全子会社等を除く）	所得金額年800万円以下の部分につき原則15%の軽減税率を適用（事業年度開始の日前3年以内に終了した各事業年度の所得金額の年平均額が15億円を超える一定の法人は19%)
法人住民税均等割	一定の計算方法で計算された資本金等の額に応じて	資本金等の額もしくは事業所等で勤務する従業員等の数またはこれらの組み合わせに応じて課税
事業税の外形標準課税	1億円以下（ただし、減資の場合や、資本金と資本剰余金の合計額によって適用が判断される改正予定あり）	外形標準課税は適用されない
消費税	1000万円未満	2事業年度は免税（例外規定あり）

第 8 章

机遇与课题

一、全球化思考和本地化运营

（一）日本的热门内容[1]

在日本的热门内容中，有许多经久不衰、长期受到欢迎的作品。例如，光荣库特摩的历史模拟游戏系列《三国志》[2]自1985年首次发布以来，已经扩展到37个系列。到2020年，其全球累计出货量已超过900万份。该系列还通过与其他公司的合作和知识产权许可，被改编为智能手机游戏发行。

万代南梦宫的"高达"系列随着20世纪90年代开始播出的电视动画系列而受到欢迎，其模型被称为"高达模型"（Gunpla），并在20世纪90年代出口到美国，近年来在中国也有销售。此外，"高达"剧场版电影最近在中国上映。万代南梦宫在美国和中国均设立了本地子公司，通过这些子公司推广其内容。

---

[1] 参见 PwC 咨询合同会社《围绕内容 IP 强化我国内容产业竞争力的建议》（2022年3月），载日本经济产业省网站：https://www.meti.go.jp/policy/mono_info_service/contents/downloadfiles/report/r3contentskaigaitenkaisokushinjigyou.pdf，最后访问日期：2024年10月25日。

[2] 参见《合并报告书2023》，载株式会社光荣库特摩控股网站：https://www.koeitecmo.co.jp/ir/docs/ir3_202310244.pdf，最后访问日期：2024年10月25日。

第 8 章

チャンスと課題

一 . グローバルに考え、ローカルに活動する方法

（一） 日本の人気コンテンツ[1]

日本の人気コンテンツには、長期にわたって愛される、息の長いものが多い。

例えば、コーエーテクノの歴史シュミレーションゲーム「三國志」シリーズ[2]は、1985 年に発売され、37 本のシリーズ化がなされ、2020 年には世界累計出荷数が 900 万本を超えている。また、同社は、他社とのコラボレーションや、知的財産権の許諾により、同シリーズにつき、スマートフォンゲームなどの発売も行っている。

バンダイナムコの「ガンダム」は、1990 年代に放映が始まったテレビアニメシリーズから、「ガンプラ」といわれるプラモデルが人気となり、1990 年代には米国にガンプラが輸出され、近年では、中国でもガンプラが発売されている。さらに、中国では、近年、ガンダムの劇場版が公開されている。バンダイナムコは、米国・中国ともに、現地法人を設立し、それぞれの現地法人を通じて、そのコンテンツを展開している。

---

[1] PwC コンサルティング合同会社「コンテンツ IP を中心とした我が国のコンテンツ産業の競争力強化に向けた提言 -」（2022 年 3 月）、経済産業省ウェブサイト（https://www.meti.go.jp/policy/mono_info_service/contents/downloadfiles/report/r3contentskaigaitenkaisokushinjigyou.pdf）（最終閲覧日：2024 年 10 月 25 日）。

[2] 「統合報告書 2023」株式会社コーエーテクモホールディングスウェブサイト（https://www.koeitecmo.co.jp/ir/docs/ir3_202310244.pdf）（最終閲覧日：2024 年 10 月 25 日）。

"精灵宝可梦"[1]（也称"口袋妖怪"、Pocket Monsters）最初于1996年作为家用游戏机"GAMEBOY"的软件发售，经过卡牌游戏、电视动画化、剧场版动画、动画流媒体播放及手游"口袋妖怪Go"的发布，甚至与腾讯联合开发了《宝可梦大集结》，在过去的20多年里，以各种内容形式，成为全球广受欢迎的系列作品。

《火影忍者》[2]最早于1999年作为少年漫画连载，并于2003年在日本以其为原作改编成动画，还作为漫画在美国发布，全球累计发行量超过2.5亿册。在2007年和2008年，育碧发布了面向北美和欧洲市场的游戏软件，并在2016年授权腾讯开发移动游戏。《火影忍者》已被翻译成多种语言，并在包括阿拉伯国家在内的多个国家建立了主题公园。

近年来，少年漫画《鬼灭之刃》自2016年开始连载，已达到累计发行量1.5亿册，并被改编成电视动画和剧场版动画。其动画主题曲《红莲华》（LiSA演唱）也获得了广泛欢迎。此外，青年漫画《我推的孩子》自2020年开始连载，也被改编成电视动画，其主题曲《偶像》（YOASOBI演唱）不仅在日本国内，在美国等海外地区也广受欢迎。

（二）从热门内容来看广泛流通和对当地企业的授权许可

在全球范围内广受欢迎的日本内容具有全球广泛流通、流通方式多样性、多媒体融合以及对当地企业授权许可并在当地利用内容的特点。

以《火影忍者》为例，随着在日本的动画播出，同时也在美国开始发布漫画，并于2009年在Crunchyroll上开始动画同步播放。通过2016年授权腾讯开发手机游戏，也成功打击了盗版。

精灵宝可梦在1996年于日本发布GAMEBOY游戏后，于1998年在美国的111电视台开始播放动画《精灵宝可梦，我选择你！（Pokémon, I Choose You!）》，并发布了游戏软件，1999年在美国发布了卡牌游戏。2001年，精灵宝可梦设立了美国法人Pokemon USA Inc.，2003年设立了英国驻在员办事处。从2012年开始，在多个平台上

---

[1] 参见《来历》，载株式会社Pokemon网站：https://corporate.pokemon.co.jp/aboutus/history/，最后访问日期：2024年10月25日。

[2] 参见《火影忍者来历》，载株式会社万代南宫梦娱乐网站：https://naruto-official.com/about，最后访问日期：2024年10月25日。

ポケモン（ポケットモンスター）[1]は、1996年に、家庭用ゲーム機「ゲームボーイ」のソフトとして発売され、カードゲーム、テレビアニメ化、劇場版アニメ配給、アニメーション配信、「ポケモンGo」のモバイルゲーム化、Tencentと「Pokemon UNITE」の共同開発と、20年以上にわたって、様々なコンテンツとして、多くの人に楽しまれている。

NARUTO[2]は、1999年に少年漫画として連載された原作を、2003年に、アニメーションとして日本で展開し、米国でも漫画として展開、マンガの発行部数は、全世界累計2億5000万部を超えている。2007年・2008年にはUbisoftから北米・欧州向けのゲームソフトを発売し、2016年にはTencentに対しモバイルゲーム開発の許諾を行った。現在では、アラブ等を含む多くの国で多言語化され、現地テーマパークの展開もなされている。

近年では、2016年に少年向け漫画として連載が開始された「鬼滅の刃」が、累計発行部数1億5000万部を達成し、テレビアニメ化され、劇場版アニメとしても公開され、アニメのテーマソング「紅蓮華」（LiSA）とともに人気となっている。また、2020年、青年向け漫画として開始された「推しの子」が、テレビアニメ化、アニメ主題歌の（YOASOBIの「アイドル」）と、日本国内のみならず、米国を中心とした海外でも人気を博するようになっている。

（二）人気コンテンツに見る広範な流通と現地企業への許諾

世界各国で人気を博している日本のコンテンツの特徴として、日本国内にとどまらない広範な流通と、その流通方法の多様さ、マルチメディアミックス、現地企業への許諾や、現地法人を通じた現地でのコンテンツの利用が挙げられる。

NARUTOでは、日本でのアニメ放送と前後して、米国でのマンガ展開を開始し、2009年には、Crunchyrollにてアニメサイマル放送を開始している。また、2016年にTencentにモバイルゲーム開発を許諾することにより、海賊版の撲滅にも成功している。

また、ポケモンは、1996年の日本でのゲームボーイソフトの発売から2年後の1998年には、米国でテレビアニメ「Pokémon, I Choose You!」を111局で放送開始

---

[1]「あゆみ」株式会社ポケモンウェブサイト（https://corporate.pokemon.co.jp/aboutus/history/）（最終閲覧日：2024年10月25日）。

[2]「NARUTOとは」株式会社バンダイナムコエンターテインメントウェブサイト（https://naruto-official.com/about）（最終閲覧日：2024年10月25日）。

进行动画流媒体播放。

（三）知识产权保护

在数字文化产业中，代表性的知识产权包括著作权和商标权。

1. 著作权

在日本法律中，一旦创作出作品，著作权即自动产生，无需经过特别程序。根据日本著作权法，原著作者的权利也适用于衍生二次作品（《著作权法》第 28 条），因此，内容的使用需要考虑到著作权的转让和许可。虽然作者人格权的性质不能转让，但在实际操作中，通常会达成不行使作者人格权的协议，以避免因原作者对作品和标题主张同一性保持权（第 20 条）而对作品的使用产生重大限制。

另一方面，为了保护作品的世界观，尊重作者人格权、不侵犯原著作者的权利也很重要。此外，即使原作非常优秀，如果发生与原著作者或二次创作者之间的争议，也可能导致无法使用该作品的情况（Candy + Candy 案件）。因此，在内容开发中，充分协调原作等作品权利者之间的利益并保持良好沟通非常关键。

2. 商标权

商标权一旦注册，只要在指定商品、服务的范围内继续注册，就能够独占商标的使用权，在内容的利用中具有重要意义。特别是，当要在其他国家推广内容时，为了防止盗版，在内容推广之前注册商标权非常重要。

（四）知识产权的利用

日本的内容持有者在海外利用内容时，可以选择在当地设立法人（如精灵宝可梦）或向当地合作伙伴企业授予许可并进行共同开发（如光荣库特摩的《三国志》）。

するとともに、ゲームボーイソフトを発売し、翌年の1999年には米国でもカードゲームを発売している。2001年には、米国法人Pokemon USA Inc.を設立、2003年には英国駐在員事務所を設置している。2012年から多様なプラットフォームでのアニメ配信を行っている。

(三) 知的財産権の保護

コンテンツに生じる知的財産権としては、著作権及び商標権が代表的なものである。

1. 著作権

日本法においては、著作物が創作されると、特段の手続きを経ずに、著作権が生じる。日本の著作権法における原著作者の権利は、二次的著作物にも及ぶ（著作権法28条）ため、コンテンツの利用には、著作権の譲渡、許諾などが重要になる。著作者人格権は、その人格権的性質から譲渡できないが、著作者から著作物及びその題号に同一性保持権（20条）を強く主張されると、著作物の利用においては大きな制限となりうるため、実務上は、著作者人格権の不行使について合意することが多い。

他方、作品の世界観を守るためには、著作者人格権を尊重し、原著作者の権利を侵害しないようにすることも重要となる。

さらに、原作が素晴らしいものであったとしても、原著作者、二次的著作者との間に紛争が生じてしまうような事態が発生した場合、その作品の利用ができなくなるということが生じうる（「キャンディ・キャンディ事件」）。原作等の著作物に関する権利者間の利害調整や意思疎通を十分に図ることがコンテンツ開発の重要なカギとなる。

2. 商標権

商標権は、一度登録がなされると、その指定商品・役務の範囲で、登録を継続する限り、商標の使用を独占することができる権利であり、コンテンツの利用において重要な意義を持つ。

特に、コンテンツを他の国において展開しようとする際には、海賊版を防ぐためにも、コンテンツ展開に先立ち、商標権を登録しておくことが重要となる。

(四) 知的財産権の利用

日本のコンテンツホルダーが海外でコンテンツを利用する際に考えられる方法としては、自ら海外において現地法人を設立する方法（例: ポケモン）と、現地のパートナー企業に許諾を与え共同開発を行う方法（例: コーエーテクモ「三國志」）

像精灵宝可梦这样在海外拓展时预计会有一定规模需求时，可以自行进军海外并推广内容，这是在知识产权等权利的利用和保护方面更为可靠的方法。

另一方面，即使内容持有者期待内容在海外扩展，很多时候由于缺乏足够的资本和对当地业务的了解，需要找到可靠的海外合作伙伴来进行拓展。除了内容持有者自己计划进军海外并寻找合作伙伴之外，实际上也有很多时候是海外公司主动寻求内容授权许可。

为了找到可靠的合作伙伴，内容持有者需要了解该国的法律制度，充分讨论内容将以何种形式进行扩展，并就内容拓展的方法达成双方都能接受的协议。特别是当内容由海外合作伙伴制作时，需要明确著作权等权利的持有方式，例如，权利是共享的，还是在目标国家中合作伙伴为权利持有者。如果有原作，则还需要考虑如何尊重原作者的权利。

（五）本地化

在内容的海外拓展中，一个重要的方面是，要在多大程度上允许本地化以及对原创作品进行多大程度的修改。

通过与原作者等达成不行使作者人格权的协议，使内容能够适应拓展目的地国家的情况很重要，但是，如果与在日本推广的原创内容相差太远，可能会导致作品本身的魅力下降。

在决定拓展目的地国家时，必须考虑当地的文化和政治背景以及审查等的必要性，并根据需要对内容进行修改或补充必要的说明。

此外，在内容的翻译方面，需要进行不会削弱作品魅力的翻译，使内容能够有效地传达给受众。日本内容在海外拓展时，翻译几乎是必需的，这不可避免地导致翻译准备时间长，并可能导致盗版泛滥。尤其是在漫画等领域，通过使用 AI 翻译等手段，努力缩短日本发行和全球发行之间的时间差，海外拓展中的语言问题也正在逐步解决。

がある。

　ポケモンのように、海外進出時から一定規模の需要が見込まれる場合には、自ら海外に進出し、コンテンツを展開することが可能であり、知的財産権をはじめとする権利の利用・保護において確実な方法であるといえる。

　他方、海外進出が望まれるコンテンツであっても、コンテンツホルダーに十分な資本や当該国におけるビジネスの知見がない場合も多い。そのような場合、海外において信頼できるパートナーを見つけて、海外展開をしていくことになる。コンテンツホルダーが自ら海外進出を計画して、海外のパートナーを探すということもあるが、実際には海外の企業からコンテンツの許諾を求められて許諾を行うケースも多いと考えられる。

　海外において信頼できるパートナーを見つけるためには、当該国の法制を理解したうえで、コンテンツをどのような形で展開していくのかについて十分な協議をし、コンテンツ展開の方法について双方が納得できる形で合意を行う必要がある。

　特に、コンテンツを海外のパートナーにおいて制作してもらう場合、著作権をはじめとする権利をどのような形で保有するのか、例えば、共有とするのか、対象となる国においてはパートナーを権利者とするのかについて、明確に合意しておく必要がある。原作がある場合には、原作者の権利をどこまで尊重しなければならないのか、といったことへの配慮も必要となる。

　（五）ローカライゼーション

　コンテンツの海外展開において重要となるものの一つに、ローカライゼーションをどこまで認めるか、オリジナル作品をどの程度変更するかということがある。

　原作者等から著作者人格権の不行使の合意を取り付けること等により、コンテンツの内容について展開する国々の事情に対応できるようにしておくことは重要であるが、日本で展開されているオリジナルのコンテンツとあまりにもかけ離れた内容での展開は、作品そのものの魅力を失わせることにもなりかねない。

　展開先での文化的・政治的背景や検閲等の必要性を考慮に入れつつ、展開先を決定し、必要に応じて、その内容を変更したり、必要な説明を補ったりすることが重要である。

　また、コンテンツの翻訳においても、作品の魅力を減ずることなく、コンテンツの受け手に効果的に伝わるような翻訳を行うことが必要となる。日本のコンテンツは、海外展開の際に、翻訳の提供がほぼ必須となることから、翻訳の準備に時間がかかり、海賊版の氾濫を招くといった面も否定できなかった。特にコミ

（六）总结

尽管日本的内容产业在海外有需求，但在进入海外市场方面一直显得消极。特别是在采取制作委员会方式的电影等领域，尽管有"窗口权"的当事人，但由于权利分散，决策速度较慢。

相比之下，那些在海外拓展方面取得成功的内容持有者，通常对权利进行集中管理，并积极且战略性地进行海外拓展。例如，株式会社精灵宝可梦由精灵宝可梦的原始著作权人任天堂株式会社、株式会社 Creatures 和株式会社 GAME FREAK 共同出资成立，前身为宝可梦中心株式会社，通过更名后，其业务领域拓展到精灵宝可梦品牌的整体管理，通过内容和商品制作、营销等活动，挖掘精灵宝可梦的个性并广泛传播其魅力。作为一个集团，它在全球拥有 11 家公司和 11 个办事处，并在每个市场上以精灵宝可梦制作人的身份进行运营。[1] 精灵宝可梦的独特之处在于，涉及口袋妖怪的原案、视频游戏的开发、生产和销售等各个相关当事人融为一体，将精灵宝可梦这一内容推广到全球。

将富有魅力的内容以团队一体化的形式，战略性和有效地进行推广，这对于内容的拓展至关重要。

二、中日关于 AI 生成物著作权相关问题的异同探讨

近年来，中国人工智能生成物有关的裁判案例引发了广泛且热烈的讨论，日本虽然目前还没有法院裁判案例，但是日本法学积累了一百多年的法学理论研究，给中国近现代法学很多方面的发展都带来了影响，为应对技术的快速发展，中日法律相互学

---

[1] 参见《来历》，载株式会社 Pokemon 网站：https://corporate.pokemon.co.jp/aboutus/history/，最后访问日期：2024 年 10 月 25 日。

ックなどにおいては、AIを利用した翻訳などにより、日本での発売と世界での発売との時間差を縮める努力がなされており、海外展開における言語の問題も解決されつつある。

　（六）まとめ

　日本のコンテンツ産業は、海外からの需要がありつつも、海外市場に出ていくという点に関しては消極的な面があった。特に、製作委員会方式を取る映画などでは、「窓口権」を有する当事者がいるとはいえ、権利がさまざまに分かれており、意思決定も迅速になされないきらいがあった。

　これに対し、海外展開を効果的に行っているコンテンツホルダーでは、権利を一元管理し、積極的かつ戦略的に海外展開を行っている。例えば、株式会社ポケモンは、ポケモンの原著作権者である、任天堂株式会社、株式会社クリーチャーズ、株式会社ゲームフリークの共同出資により設立されたポケモンセンター株式会社を前身に、社名変更を経て、取り組む領域をポケモンのブランドマネジメント全般に拡大し、コンテンツや商品づくり、マーケティング等の活動を通じて、ポケモンの個性を引き出し、その魅力を広く伝えており、グループとして、世界に11社・11拠点を有し、それぞれのマーケットで、ポケモンプロデューサーとして取り組んでいる。[1]ポケモンでは、ポケットモンスターの原案、ビデオ・ゲームの開発、製造・販売などに関わったそれぞれの当事者が一体となって、ポケモンというコンテンツを全世界に展開している点で、他のコンテンツにはない強みを有しているといえる。

　魅力的なコンテンツをチーム一体となって、戦略的かつ効果的に展開することがそのコンテンツの拡大にとって重要となる。

二．日本と中国におけるAI生成物著作権に関する考えの相違についての考察

　近年、中国では人工知能生成物に関する裁判例が広くかつ熱心に議論されている。一方、日本では、現在のところ人工知能生成物に関する裁判例は存在しない。しかし、日本の法学は、百年以上にわたり理論研究を積み重ねており、中国の近現

---

[1]「あゆみ」株式会社ポケモンウェブサイト（https://corporate.pokemon.co.jp/aboutus/history/）（最終閲覧日：2024年10月25日）。

习借鉴将变得越来越重要，下文将介绍中日关于 AI 生成物著作权相关问题的异同。

（一）AI 生成物的作品性

1. 中国法

中国《著作权法》第 3 条将作品定义为文学、艺术和科学领域内具有独创性并能以一定形式表现的智力成果。通常将著作权客体要件解构为三个要素：①是否属于文学、艺术和科学领域；②是否具有独创性；③是否属于智力成果。其中，是否具有独创性是作品可版权性的逻辑前提，独创性认定存在"以作者为中心"的主观标准和"以作品为中心"的客观标准两种不同价值取向与判断逻辑。前者强调作品是否源自人类作者的精神贡献，能否体现作者的内在思想及独特个性。后者立足于普通观众视角关注作品外在的可识别性差异。目前，中国法院司法实践作了有益的探索。

在北京菲林律师事务所诉北京百度网讯科技有限公司侵害署名权、保护作品完整权、信息网络传播权纠纷案[1]（以下简称菲林诉百度案）中，北京互联网法院虽在客观标准上承认了案涉计算机软件智能生成文字内容的创造性，但进一步适用主观标准阻断了对"独创性"的认定，即软件用户提交关键词进行搜索，应用"可视化"功能自动生成分析报告等行为不能体现其思想、感情的独特表达，该分析报告即使具有一定程度创造性仍不能构成著作权法意义上的作品。

在腾讯诉盈讯 Dreamwriter 案[2]（以下简称 Dreamwriter 案）中，深圳市南山区人民法院从案涉文章表现形式和生成过程两个方面，在认定案涉文字与已有作品存在一定外在表现差异，具备最低程度创造性，且能够体现创作者个性化选择、判断及技巧等因素的基础上，认定 Dreamwirter 生成文章属于受到著作权法保护的作品。

---

〔1〕 参见北京互联网法院（2018）京 0491 民初 239 号民事判决书。
〔2〕 参见深圳市南山区人民法院（2019）粤 0305 民初 14010 号民事判决书。

代法学の多くの面に影響を与えてきた。技術の急速な進展に対応するために、中日法律を相互に学び参考にすることがますます重要になっている。以下では、中日間のAI生成物に関する著作権の問題について、相違を検討する。

(一) AI生成物の作品性

1. 中国法

中国の「著作権法」3条は、作品を「文学、芸術および科学の分野で独創性を持ち、特定の形式で表現できる知的成果」と定義している。一般的には、著作権の対象要件は三つの要素に分解される：①文学、芸術および科学の分野に属するか、②独創性があるか、③知的成果であるか。ここで、独創性の有無は作品の著作権性の論理的前提となるところ、独創性の認定には「作者中心」の主観的基準と「作品中心」の客観的基準の二つの異なる価値観と判断基準が用いられる。前者は、作品が人間の作者の精神的貢献から生じているかどうか、作者の内的思想や独自性を反映しているかを強調する。後者は、一般の観客の視点に立ち、作品の外的な識別可能な違いに注目する。現在、中国の裁判所の司法実務では、有益な探索が行われている。

北京フィリン法律事務所が北京百度ネットワーク技術有限公司を相手に著作権の署名権、作品の完全性保護権、情報ネットワーク伝播権の侵害を訴えた事件[1]（以下「フィリン対百度事件」とする）では、北京インターネット裁判所は、客観的基準において計算機ソフトウェアによって生成されたテキストコンテンツの創造性を認めたものの、さらに主観的基準を適用して「独創性」の認定を否定した。具体的には、ソフトウェアユーザーがキーワードを入力して検索し、「視覚化」機能を使って自動生成された分析レポートなどの行為は、その思想や感情の独自の表現を反映していないとされた。そのため、この分析レポートが一定の創造性を持っていたとしても、著作権法上の「作品」とは認められなかったのである。

テンセント対盈訊Dreamwriter事件[2]（以下「Dreamwriter事件」とする）において、深圳市南山区人民法院は、問題となった記事の表現形式と生成過程の両方から検討し、その記事が既存の作品と一定の外観上の違いを持ち、最低限の創造性を備えていると認めた。また、記事が創作者の個別的な選択、判断および技術を反映していることから、Dreamwriterによって生成された記事が著作権法によって保護

---

[1] 北京インターネット法院（2018年）京0491民初239号民事判決書。
[2] 深圳市南山区人民法院（2019年）粤0305民初14010号民事判決書。

在李某诉刘某侵害信息网络传播权案[1]中，北京互联网法院认为，涉案图片从外观来看，其与通常人们见到的照片、绘画无异，属于艺术领域范畴，且具有一定的表现形式。对智力成果要件的认定，北京互联网法院认为，从原告构思涉案图片起，到最终选定涉案图片止，这整个过程来看，原告进行了一定的智力投入，比如设计人物的呈现方式、选择提示词、安排提示词的顺序、设置相关的参数、选定哪个图片符合预期等。涉案图片体现了原告的智力投入，故涉案图片具备了"智力成果"要件。

2. 日本法

随着人工智能行业的迅猛发展，日本社会各界对于这一新兴技术可能带来的作者利益损害的担忧日益加剧。为了应对这一法律隐患，日本文化厅成立了由知识产权法学学者、律师和行政官员组成的"文化审议会著作权分委员会法律制度小委员会"，专门负责研究人工智能与著作权法的相关问题，并定期公开研究成果，征求社会各界意见。

2024年3月15日，该委员会发布了一份题为《关于AI与著作权相关问题的意见》的文件[2]，概括并讨论了与生成式人工智能相关的日本著作权法解释与适用问题。

人工智能生成物的可版权性也是需要具体情况具体分析的，需要综合考虑使用者在生成过程中的创造性贡献的程度，而不仅仅是以使用者付出了多少劳动为依据。具言之，在判断人工智能生成物的可版权性问题时，可以考虑以下因素：

（1）在使用生成式人工智能进行创作时，如果存在使用者发出的具体而详细的输入指令，便可视为使用者做出了创造性贡献，从而增加其生成物被认定为具有创作性的可能性。另一方面，即使指示非常冗长烦琐，但如果仅限于表达未能达到创造性表现程度的创意灵感而已，那么这些指令仍会被视为仅涉及了不具创造性的灵感创作（idea）的领域，不被视为创造性贡献。

（2）下达指令的次数：考虑到使用者可能进行了多次尝试，下达了多次指令以修改自己的创作要求，所以有必要对下达指令的次数对人工智能生成物的可版权性问题进行讨论。即多次下达指令的行为本身并不会影响使用者对创造性贡献存在与否的判

---

[1] 参见北京互联网法院（2023）京0491民初11279号民事判决书。
[2] 参见日本文化厅网：https://www.bunka.go.jp/seisaku/bunkashingikai/chosakuken/bunkakai/69/pdf/94022801_01.pdf，最后访问日期：2024年10月25日。

される作品であると判断した。

一方、李某が劉某を情報ネットワーク伝達権の侵害で訴えた事件[1]において、北京インターネット法院は、問題となった画像について、外観から見て通常の写真や絵画と変わらず、芸術領域に属し、一定の表現形式を有していると判断した。知的成果の要件に関して、北京インターネット法院は、原告が問題となった画像の構想段階から、最終的な画像の選定に至るまでの過程全体を考慮し、原告が一定の知的投入を行っていると認定した。具体的には、人物の表現方法のデザイン、プロンプトの選択、プロンプトの順序の配置、関連パラメータの設定、期待に合致する画像の選定などが含まれる。これらの知的投入を反映しているため、問題となった画像は「知的成果」の要件を満たしていると判断した。

2. 日本法

人工知能（AI）業界の急速な発展に伴い、日本社会の各界ではこの新興技術が著作者の利益に与える可能性のある損害についての懸念が高まっている。この法律上のリスクに対応するために、日本文化庁は知的財産法の学者、弁護士、行政官僚で構成された「文化審議会著作権分科委員会法律制度小委員会」を設立し、AI と著作権法に関する問題を専門的に研究し、定期的に研究成果を公開して社会各界の意見を求めている。

2024 年 3 月 15 日、この委員会は「AI と著作権に関する考え方について」と題する文書を発表し[2]、生成型人工知能に関連する日本の著作権法の解釈と適用問題を概括し、議論した。

これによると、人工知能生成物の著作物性も具体的な状況に応じて分析する必要があり、単に使用者がどれだけの労力を投入したかだけでなく、生成過程における使用者の創造的貢献の程度についても総合的に考慮する必要がある。具体的には、人工知能生成物の著作物性を判断する際には、以下の要素を考慮する必要がある：

（1）生成型 AI を使用して創作を行う際、具体的で詳細な入力指示が存在する場合、利用者が創作的貢献を行ったと見なされ、生成物が創作的であると認定される可能性が高まる。一方で、指示が非常に長く煩雑であっても、創造的な表現に至らないアイデアの表現に過ぎない場合、その指示は創作的貢献とは見なされず、単なるアイデアの領域に留まる。

---

[1] 北京インターネット法院（2023 年）京 0491 民初 11279 号民事判決書。
[2] 日本文化庁ウェブサイト（https://www.bunka.go.jp/seisaku/bunkashingikai/chosakuken/bunkakai/69/pdf/94022801_01.pdf）（最終閲覧日：2024 年 10 月 25 日）。

断，但是，结合第 1 点的内容，即在使用者确认生成物的表达内容后对其继续指示或输入新指令以对生成物不断修正、反复尝试的情况下，多次指令之下的表达可能会越发具体，那么是有可能认定该最终呈现的生成物是具有可版权性的。另外，如果人类在人工智能生成物中主动添加了创造性表达，那么这部分通常会认定为具有可版权性，而其他部分则没有。

虽然日本目前没有认定对 AI 生成物的创造性贡献的诉讼案例，但上述考虑的要素亦是北互判决的判断要素，可见中日著作权法认定 AI 生成物构成作品与否的逻辑框架相似。

（二）AI 生成物的作者要件

"作者"作为著作权主体制度的核心概念，是明确权利承受资格即著作权归属的依据。"作者—作品"在著作权法中具有"主体—客体"的逻辑联系；同时，"作者—著作权人"也构成了主体制度的当然内容。[1]

中国《著作权法》第 11 条规定，创作作品的自然人是作者。由法人或者非法人组织主持，代表法人或者非法人组织意志创作，并由法人或者非法人组织承担责任的作品，法人或者非法人组织视为作者。作者的范围限于自然人、法人或非法人组织。

日本《著作权法》第 2 条第 1 项第 1 款规定著作是表达创作的思想或者感情之物，而属于文艺、学术、美术或者音乐之范围。因此，日本学者归纳著作权要件为人类思想或者感情的表现、具有创造性，属于文艺、学术、美术、音乐的范畴。

1. 著作权人要件

依照日本《著作权法》第 2 条第 1 项第 2 款的规定，著作权人是指创作著作物的人，在著作完成之时，原始取得著作权及著作权人格权，而要称作著作人，必须是对创作行为有实质性的参与。一般而言，是自然人创作作品，因此原则上由自然人为著作权人，而在一定条件下，如职务创作等，也承认法人为著作权人。

---

[1] 参见吴汉东：《生成式人工智能的作品独创性和作者主体性》，载《中国法律评论》2024 年第 3 期。

（2）指示の回数について：利用者が創作要求を変更するために複数回の試行を行い、多くの指示を出した可能性を考慮し、指示の回数が人工知能生成物の著作物性に与える影響について検討する必要がある。つまり、指示を複数回行う行為そのものが創作的貢献の有無に影響を与えるわけではないが、第1点に関連して、利用者が生成物の表現内容を確認した後にさらに指示を出したり、新たな指示を入力して生成物を修正し続ける場合、指示が多いほど表現が具体的になる可能性があり、最終的に呈される生成物が著作権性を持つと認定される可能性がある。また、人間が人工知能生成物に創造的な表現を積極的に追加した場合、その部分は通常著作物性を認められ、その他の部分はそうではない。

現在、日本にはAI生成物に対する創作的貢献を認める訴訟例はないが、上述の要素は北互判決の判断要素とも共通しており、中日著作権法におけるAI生成物の作品性認定の論理的枠組みが似ていることがわかる。

（二）AI生成物の著作者要件

「著作者」という概念は著作権の主体制度の中心的な概念であり、権利の承継資格や著作権の帰属を明確にするための根拠である。「著作者—作品」は著作権法において「主体—客体」の論理的関係を持ち、同時に「著作者—著作権者」も主体制度の当然の内容を構成している。[1]

中国の著作権法11条では、作品を創作した自然人が著作者であると規定されている。法人または非法人組織が主催し、法人または非法人組織の意志を代表して創作し、法人または非法人組織が責任を負う作品については、法人または非法人組織が著作者と見なされる。著作者の範囲は自然人、法人、または非法人組織に限られている。

日本著作権法2条1項1号では、著作物は創作的な思想や感情を表現するものであり、文芸、学術、美術、音楽の範囲に属すると規定している。したがって、日本の学者は著作権の要件を、人間の思想や感情の表現、創作性があり、文芸、学術、美術、音楽の範囲に該当することと定義している。

1. 著作権者の要件

日本著作権法2条1項2号によれば、著作者とは著作物を創作した人を指し、著作が完成した時点で、著作権および著作権人格権を原始的に取得する。著作者と

---

[1] 呉漢東：「生成式人工智能の作品独創性と作者主体性」、『中国法律評論』2024年第3期に掲載。

2. 原创性与创造性要件

在保护要件方面，通说往往采纳独创性要件，当然这是一个相对的概念，不以绝对创新为前提，只需要在社会公众认为的独立地创作即可。因此，日本有些学者采用"创作性"为要件，因为条文中使用的是"创作的"，认为著作是人类独有的精神成果，并以展示创作者的"个性"为前提。因为一切的创作都要立足前人的创作成果，以此发展出新的思想，因此这里并不追求绝对的原创性，更多地重视著作权人本人人格的体现。

日本学者也指出，虽然日本法下著作权是以人的智力成果为前提，但是随着人工智能的发展，机器的深度学习越来越近似人脑，人工智能的创作成果的认定问题就显现出来。随着技术的发展，人工智能作曲等创作形式的著作权人认定也越来越困难。日本现行法并不能解决此类问题，因为日本现行法不包含人类以外的机器的创作形式。因此只能依靠立法解决。

在现有的 AI 生成物技术背景下，中日对 AI 生成物倾向于"工具论"，AI 是辅助人进行创作的工具，AI 生成物仍旧不能动摇著作权法激励人进行创作的核心目的。

（三）AI 训练合理使用问题

人工智能技术的发展需要海量的数据信息"喂养"，但作为人工智能研发者，面对不同类型的数据信息——包括但不限于文字、图片、视频、音像、狭义上的数据信息等，基本不可能挨个去寻求权利人的授权，即便找到了权利人，作品上过去、现在或未来存在的各种权利链条又将是一大障碍。2023 年 7 月，中国大模型语料联盟成立，2024 年各联盟成员开源了 400GB 的高质量数据，产业界的推动让 AI 训练中的作品使用行为是否应当纳入著作权合理使用变得更迫切，关涉 AI 产业发展的重要利益关系。

呼ばれるためには、創作行為に実質的に関与している必要がある。一般的には自然人が作品を創作するため、原則として著作者は自然人であるが、一定の条件下、例えば職務著作などの場合には、法人が著作者として認められることもある。

2. オリジナリティと創作性の要件

保護要件に関して、通説では独創性の要件を採用することが多いが、これは相対的な概念であり、絶対的な革新を前提とするものではなく、社会的に独立した創作と認識されることが求められる。そのため、日本の一部の学者は「創作性」を要件として採用している。条文には「創作的な」という表現が用いられているため、著作物は人間固有の精神的成果であり、創作者の「個性」を示すことが前提とされる。全ての創作は前の創作成果に基づき、新しい思想を発展させるものであるため、絶対的なオリジナリティを追求するのではなく、著作権者自身の人格の表現を重視している。

日本の学者も指摘しているように、日本法において著作権は人的な知的成果を前提としているが、人工知能の進化により、機械の深層学習が人間の脳に近づいてきたため、人工知能の創作成果の認定問題が浮上している。技術の進展に伴い、人工知能による作曲などの創作形式の著作権者の認定がますます難しくなっている。日本の現行法ではこのような問題を解決することができない。なぜなら現行法には人間以外の機械による創作形式が含まれていないからである。このため、立法によって解決する必要がある。

現在のAI生成物技術に関する背景として、日中両国ではAI生成物に対して「ツール論」を支持する傾向が見られる。AIは人間が創作を行う際の補助ツールであると考えられており、AI生成物は著作権法が持つ、人間の創作を奨励するという核心的な目的を損なうものではないとされている。

(三) AIの訓練における合理的使用の問題

人工知能技術の発展には大量のデータが必要であるが、人工知能の開発者として、文字、画像、動画、音声、狭義のデータなど、さまざまな種類のデータについて、個別に権利者の許可を得ることは基本的に不可能である。たとえ権利者を特定できたとしても、過去、現在、そして将来にわたる複雑な権利チェーンが大きな障害となる。2023年7月、中国で大規模モデルコーパス連盟が設立され、2024年には連盟の各メンバーが400GBの高品質データをオープンソース化した。産業界の推進により、AIトレーニングにおける作品の使用が著作権の「フェアユース」に該当するかどうかが、AI産業の発展における重要な利益に影響を与える、ますます緊急な

2023年7月10日，中国国家网信办等七部门联合公布《生成式人工智能服务管理暂行办法》，该办法明确生成式人工智能服务提供者应当依法开展预训练、优化训练等训练数据处理活动，使用具有合法来源的数据和基础模型；涉及知识产权的，不得侵害他人依法享有的知识产权。现行中国《著作权法》第24条明确了合理使用的12种类型，并以"法律、行政法规规定的其他情形"作为兜底规定。《著作权法实施条例》第21条规定，著作权合理使用的"三步检验法"，即"范围上的特例""不影响作品正常使用""使用结果不得影响著作权人合法权益"。关于著作权合理使用制度，美国法采用开放的立法模式，明确了"使用的目的和特征""使用作品的性质""使用作品的数量与质量""对相关作品价值和市场潜在影响"四大考量原则。这被视为美国著作权最重要和最负盛誉的限制手段。但是著作权合理使用制度的封闭与开放的双重立法策略，都难以真正解决人工智能训练阶段数据利用的合法性困境。

新技术发展浪潮下，日本著作权法合理使用规制从封闭逐渐走向开放，引入了柔性合理使用条款，增加了日本著作权法应对新技术的制度弹性。日本柔性合理使用条款并非单一条款，而是由多项合理使用条款形成的组合性限制规定，比如日本《著作权法》第30-4（Ⅱ）条规定是非享受性使用条款，"在如下所列情形以及其他情形下，当对作品的利用并非为了自己或他人享受作品所表达的思想或情感时，在使用的必要范围内，可以以任何方式利用作品。但是，如果根据作品的种类及用途，作品利用方式会对著作权人利益产生不当损害的情形下，不适用本规定。第一，用于与作品的录音、录像或其他使用相关的技术开发或实用化试验情形；第二，用于信息分析的情形；第三，除上述两种情形以外，在电子计算机信息处理过程中对作品表达所进行的不被人类感知和识别的利用情形，但不包括电子计算机执行计算机程序作品的行为"。[1]

---

[1] 参见郑重：《日本著作权法柔性合理使用条款及其启示》，载《知识产权》2022年第1期。

課題となっている。

　　2023年7月10日、中国国家インターネット情報弁公室など7部門が共同で発表した「生成型人工知能サービス管理暫定措置」では、「生成型人工知能サービス提供者は、法に基づき予備訓練や最適化訓練などのデータ処理活動を行い、合法的なデータおよび基盤モデルを使用すること；知的財産権に関わる場合、他人が法的に有する知的財産権を侵害してはならない」と明記されている。現行の中国「著作権法」24条では合理的使用の12種類を明示し、「法律、行政規則で規定されるその他の状況」を予備的規定としている。「著作権法実施条例」21条では、著作権の合理的使用について「三段階検証法」、すなわち「範囲に関する特例」「作品の正常な使用に影響しないこと」「使用結果が著作権者の合法的権益に影響を与えないこと」を規定している。

　　著作権の合理的使用制度について、アメリカ法では開放的な立法モデルを採用し、「使用の目的と特徴」「使用する作品の性質」「使用する作品の数量と質」「関連作品の価値と市場への潜在的影響」の4つの考慮要素を明確にしている。これはアメリカ著作権法において、最も重要で根拠のある制限手段と見なされている。しかし、著作権の合理的使用制度の立法戦略は、閉鎖的かつ開放的という二重の側面を有しているため、人工知能訓練段階のデータ利用の合法性のジレンマを実際に解決することは困難である。

　　新技術の発展の波の中で、日本の著作権法の合理的使用規制は、閉鎖的なものから徐々に開放的なものへと移行し、柔軟な合理的使用条項を導入することで、日本の著作権法は新技術に対応する制度の柔軟性を高めてきた。日本の柔軟な合理的使用条項は単一の条項ではなく、複数の合理的使用条項から成る組合せ制限規定である。例えば、「日本著作権法」30条の4(ii)項は非享受的使用条項を規定しており、「以下に示す状況及びその他の状況において、作品の利用が自分または他人が作品の表現する思想や感情を享受するためでない場合、使用の必要範囲内であれば、作品をあらゆる方法で利用することができる。ただし、作品の種類や用途に応じて、作品の利用方法が著作権者の利益に不当な損害を与える場合には、本規定は適用されない。第一に、作品の録音、録画、またはその他の使用に関連する技術開発や実用化試験のための利用。第二に、情報分析のための利用。第三に、上述の二つの状況以外で、電子計算機情報処理過程での作品の表現に対する人間の感知や認識を伴わない

早在 2016 年，日本就制定了《知识产权推进计划 2016》，旨在通过一系列措施和政策，为人工智能行业提供支持。2018 年日本《著作权法》修订增加了对机器学习合理使用的豁免条款，允许人工智能在未经版权所有者许可的情况下，自由使用受版权保护的作品。尽管日本新闻协会、报刊出版协会等要求政府修改著作权法中有关于机器学习的不合理内容，日本政府仍然重申，不会对人工智能训练中使用的数据实施版权保护，不允许使用任何数据进行训练（无论是用于非营利或商业目的，复制以外的行为，还是从非法网站或其他方式获取的内容）。[1][2]

随着 AI 技术的不断进步，中日两国在 AI 生成物著作权问题上的法律和实践可能会进一步演变和完善。中国可能会出台更加明确的法规以规范 AI 生成物的著作权归属问题，而日本则可能在现有法律框架的基础上进行调整，以适应新技术带来的挑战。

总体来说，中日两国在 AI 生成物著作权保护上的异同反映了各自法律体系和文化背景的差异。尽管存在不同的法律规定和实践操作，但两国都在积极探索如何在保护创作者权益的同时，促进 AI 技术的发展和应用。这一过程中的经验和教训将为全球范围内 AI 生成物著作权保护问题的解决提供有益的借鉴。

---

〔1〕 参见 https://www3.nhk.or.jp/news/html/20240603/k10014469141000.html。

〔2〕 然而，需要注意的是，上述注释指出，"在明知网站上发布了侵犯版权的盗版等权利侵害复制品的情况下，从该网站收集学习数据的行为应严格避免"。如果企业在明知网站是非法网站等并且内容为侵权复制品的情况下仍然收集学习数据，则该企业有可能作为由此开发的生成式 AI 导致的版权侵权行为的责任主体而被追究责任。

利用。ただし、電子計算機による計算機プログラム作品の実行行為は除外される」。[1]

　遅くとも 2016 年には、日本は「知的財産推進計画 2016」を制定し、一連の措置と政策を通じて人工知能産業を支援することを目指していた。2018 年、日本の著作権法の改正により、機械学習の合理的使用を許容する条項が追加され、人工知能が著作権者の許可を得ずに著作物を自由に使用できるようになった。日本新聞協会や報刊出版協会などが機械学習に関する不合理な内容を修正するよう政府に求めたにもかかわらず、日本政府は、人工知能の訓練に使用されるデータに対して著作権保護を適用せず、非営利または商業目的にかかわらず、コピー以外の行為か違法ウェブサイトまたはその他の方法で取得した内容かを問わず、いかなるデータも訓練に使用できることを再確認した。[2][3]

　AI 技術の進歩とともに、中国と日本の両国における AI 生成物の著作権問題に関する法律や実務は、さらに進化し、改善される可能性がある。中国は AI 生成物の著作権帰属問題を規制するために、より明確な規則を制定する可能性があり、日本は既存の法的枠組みのもとで調整を行い、新技術による課題に対応する可能性がある。

　一般的に、中国と日本の AI 生成物の著作権保護における異同は、それぞれの法律体系や文化的背景の違いを反映している。異なる法律規定や実務が存在するものの、両国とも創作者の権利を保護しつつ AI 技術の発展と応用を促進する方法を積極的に模索している。この過程で得られた経験と教訓は、グローバルな AI 生成物の著作権保護問題の解決に向けて有益な示唆を与えている。

---

[1]　鄭重「日本著作権法柔性合理使用条款及其啓示」、『知的財産』2022 年 1 号に掲載。
[2]　ウェブサイト（https://www3.nhk.or.jp/news/html/20240603/k10014469141000.html）（最終閲覧日：2024 年 10 月 25 日）。
[3]　ただし、前掲注は、「ウェブサイトが海賊版等の権利侵害複製物を掲載していることを知りながら、当該ウェブサイトから学習データの収集を行うといった行為は、厳にこれを慎むべきものである」とし、事業者が違法ウェブサイト等から権利侵害複製物であると知りながら学習データを収集した場合、当該事業者は、そこから開発された生成 AI により生じる著作権侵害についての行為主体として責任を問われる可能性が高くなることを指摘している点に注意が必要である。